기독교 종교교육과 신학

랜돌프 C. 밀러 엮음
고용수·박봉수 옮김

한국기독교교육학회
전문연구도서시리즈 ①

한국장로교출판사

Theologies of Religious Education

Edited by

RANDOLPH CRUMP MILLER

Tr. by

Young-Soo Koh
Bong-Soo Park

Originally published by Religious Education Press, in the U.S.A.
under the title THEOLOGIES OF RELIGIOUS EDUCATION.
Copyright © 1995 by Religious Press, Birmingham, Alabama
Korean Edition Copyright © 1998 by Publishing House PCK

1998

**Publishing House
The Presbyterian Church of Korea
Seoul, Korea**

역자 서문

본서는 가톨릭 교회에 속한 미국의 종교교육학자요, 본서를 출간한 종교교육 출판사(REP)의 발행인으로 책임을 맡고 있는 제임스 M. 리의 위촉을 받아, 미국 개신교에 속한 기독교교육학계의 원로학자인 랜돌프 C. 밀러의 편집으로 이루어진 현대 기독교 종교교육 이론의 신학적 접근들을 총망라한 가장 최근의 기독교 종교교육의 신학이론서이다.

기독교 종교교육 이론의 학문성 추구에 있어서 대두되는 가장 근본적인 이슈는 기독교교육 이론이 한편으로는 신학, 다른 한편으로는 사회과학에 어떻게 관련되는지의 물음일 것이다. 본서는 기독교 종교교육이 신학의 한 분야라는 입장에서, 최근에 이르기까지 기독교 종교교육 이론이 기초하고 있는 다양한 형태의 신학들을 교육신학의 관점에서 포괄적이고 심도 있게 다루고 있다.

편집자인 밀러는 1936년부터 캘리포니아 주 버클리에 위치한 성공회 신학교(Church Divinity School of the Pacific)에서 종교철학과 기독교 윤리학 교수로 재직 중, 그를 기독교교육학자로 획기적 전환을 하게 만든 문제작인 「기독교교육의 단서」(The Clue to Christian Education)를 1950년에 출간했다. 그로부터 2년 후(1952) 예일 대학교 신학부 기독교

교육학 교수로 옮겼고, 그 곳에서 그가 정년퇴직을 할 때(1981)까지 교수로서 연구 및 저술활동을 해왔다. 그리고 교수로 재직하면서 기독교 종교교육의 국제 학술지로 널리 알려진 「종교교육」(Religious Education) 계간 연구지의 편집인으로 20년간(1958-1978) 활동한 바 있다. 이처럼 그는 국제 기독교 종교교육학계의 원로학자로서, 20세기 어느 기독교 종교교육학자보다 힘있게, 그리고 일관성을 가지고 기독교 종교교육이 신학의 한 분야임을 주장해 온 대표적인 학자이다.

밀러는 1950년에 출판한 그의 문제작인 「기독교교육의 단서」에서 기독교교육에 이르는 단서(Clue)로서 "적절한 신학"(a relevant theology)의 필요성을 역설했다. 그 동안 커리큘럼 이론에서 계속 논쟁을 거듭해 온 '내용 중심'과 '방법(과정) 중심' 사이의 갈등을 진단하기를, 보수주의자들은 기독교 진리(내용)를 강조했지만 그것을 전달할 적절한 도구(방법)를 갖지 못했고, 진보주의자들은 효율적인 도구(방법이론)를 갖고 있지만 기독교 진리(복음)에 대해 아주 애매하게 말해 왔음을 밀러는 지적했다. 그래서 그는 양편의 딜레마를 극복할 수 있는 해결의 실마리(단서)를 '신학'에서 찾아야 함을 다음과 같이 제안했다.

> 기독교교육에 이르는 단서는 내용과 방법 사이의 간격을 메워 주고, 다리를 놓을 수 있는 적절한 신학을 발견하는 일이다. 이 신학이야말로 기독교 진리의 배경과 관점을 제공하면서, 학습자들로 하여금 예수 그리스도 안에서 계시된 살아 계신 하나님과 올바른 관계를 갖도록 하는 최선의 내용과 방법을 밝혀 줄 것이다.

밀러는 당시 진보적 종교교육 이론의 결정적 약점은 바로 이 신학이 잃어버린 요소가 되었음을 지적하면서, 기독교 종교교육이 '기독교적'이어야 한다면 교사는 반드시 교육을 위한 기초로서 신학을 가져야 함을 주장했다.

이 같은 밀러의 기독교교육의 초기 이론은 신학자 에밀 부르너와 윌리엄 탬플의 영향을 받았음이 확인된다. 그러나 그의 후기 이론은 신학의 변천과 함께 그의 교육을 위한 '적절한' 신학이 성서신학(1956), 교회신학(1961)에서 과정신학(1970년대)과 경험신학(1992) 쪽으로 향하면서, 최근 그의 교육신학 이론이 보다 경험신학 쪽으로 기울어진 감을 엿볼 수 있다. 그러나 밀러의 교육이론의 중심은 '관계'의 언어에 대한 신학적 이해를 바탕으로 형성된 교육신학적 접근임에는 변함없는 일관성을 유지하고 있음을 그의 글에서 확인할 수 있다.

본서의 내용 구성은 (1) 교회 중심의 신학, (2) 철학적 신학, (3) 특수상황에 기초한 신학들 등의 3부로 크게 나누어서, 모두 13가지 신학들을 기독교 종교교육 이론과 관련지어 분석, 정리하고 있다.

제 1부의 교회신학은 개신교의 개혁신학과 복음주의 신학, 가톨릭 교회의 토마스 아퀴나스 신학, 동방정교회 신학을, 제 2부의 철학적 신학은 과정신학, 경험신학, 실존신학을, 그리고 제 3부의 특수신학은 여성신학, 선포신학, 설화신학, 해방신학, 흑인신학, 생태신학 등을 관련지어서 각 장별로 기독교 종교교육 이론을 체계 있게 분석, 정리해 주고 있다.

각 장의 내용은 편집인의 서문에서 잘 요약되어 있으므로 여기서는 생략한다. 본서의 각 장은 해당 신학과 관련해서 각자의 독특한 교육이론 및 실천방향, 다양한 출발점과 결론들을 집필자들이 제시하고 있다. 그러나 각 장의 구성체제는 발행인과 편집인의 집필 요청에 초점을 맞추어 다음의 세 가지 공통점을 지니고 있음을 확인할 수 있다.

첫째, 각 장은 해당 신학의 특정한 형태에 대한 수준 있는 요약으로 이루어졌다.

둘째, 각 장은 어떻게 그 신학이 특정한 교육방법(교수-학습과정)들을 직접적으로 생성하거나, 아니면 그에 잘 어울리는지를 주의 깊게 성찰하고 있다.

셋째, 각 장은 해당 신학에서 직접적으로 끌어낸 특정한 교수이론들에 대한 요약으로 구성되어 있다. 각 장마다 겹치는 내용들도 있지만,

각 장마다 그 강조점이 다름을 알 수 있다.

기독교 종교교육이 만일 신학의 한 분야라면, "교육행위에서 교육적으로 무슨 일이 일어나는지를 신학이 만족스럽게 설명하고 예측하며 검증해 낼 수 있어야 하고, 그리고 신학이 교육자에게 어떻게 가르쳐야 할지를 분명히 제시해 주어야 한다."는 제임스 M. 리의 주장에 역자는 전적으로 동감한다. 이 문제는 기독교 종교교육자들에게는 근본적이고 직접적인 관심거리가 아닐 수 없기 때문이다.

신학과 기독교 종교교육학이 "힘을 합해서 다양한 문화와 다양한 종교들로 가득 찬 현세상 속에서 신학적으로 건전한 교육이론과 교육학적으로 실행 가능한 신학을 형성해야 한다."는 C.S. Song의 말에 공감을 가지고 우리는 이 책을 읽을 필요가 있다.

본서의 편집자의 주된 관심은 바로 이 점에 초점을 맞추어 밝혀 보려는 데 있고, 각 장의 집필자들 역시, 물론 정도의 차이는 있겠지만, 이 점에 관련해서 애쓴 흔적을 엿볼 수 있다.

따라서 기독교교육의 신학이론적 접근방법을 추구하는 일에 학문적 관심을 갖는 이들이라면, 누구나 최근의 교육신학의 동향에 대한 포괄적인 이해를 위해 본서는 꼭 읽어야 할 가치 있는 기초자료가 될 것이다.

끝으로, 본서의 번역은 제 1부(1-4장)와 제 2부(5-7장), 그리고 제 3부의 흑인신학과 종교교육(11장)은 고용수 교수가 번역했고, 제 3부의 특수신학 부분(8-10장, 12-13장)은 박봉수 박사가 번역했음을 책임상 밝혀 둔다.

1998년 2월 일
광나루에서
고 용 수

이 책은
한국기독교교육학회가
기독교교육학 전문연구도서로
기획 선정 추천하는 책이다

이 책은
출판사인 Religious Education Press로부터
정식으로 계약하여 번역, 출판하였다.
Copyright © 1995 by Religious Education Press
Korean Edition
Copyright © 1998 by Publishing House PCK

기독교 종교교육과 신학
차 례

역자 서문 / 고용수 ···3
발행인 서문 / 제임스 마이클 리(James Michael Lee) ··············11
편집인 서문 / 랜돌프 크럼프 밀러(Randolph Crump Miller) ········15

제 1부 교회의 전통적인 신학들   25

1. 개혁신학과 종교교육 / 사라 리틀(Sara Little)··················27
2. 토마스 아퀴나스 신학과 종교교육 / 마크 히이트(Mark Heath)······73
3. 복음주의 신학과 종교교육 / 케네스 O. 갱엘, 크리스티 설리번
      (Kenneth O. Gangel and Christy Sullivan)············115
4. 동방정교회 신학과 종교교육 / 콘스탄스 J. 타라잘
      (Constance J. Tarasar)·····························157

제 2부 철학적 신학들　　217

5. 과정신학과 종교교육 / 헬렌 고긴(Helen Goggin) ·············219
6. 경험신학과 종교교육 / 랜돌프 C. 밀러(Randolph C. Miller) ········257
7. 실존신학과 종교교육 / 데이빗 화이트, 프랭크 로저스
　　　　　　　(David F. White and Frank Rogers) ···············295

제 3부 특수신학들　　335

8. 여성신학과 종교교육 / 엘리자베스 D. 그레이
　　　　　　　(Elizabeth D. Gray) ················337
9. 선포신학과 종교교육 / 메리 C. 보이스(Mary C. Boys) ············385
10. 설화신학과 종교교육 / 제리 H. 스톤(Jerry H. Stone) ············421
11. 해방신학과 종교교육 / 다니엘 S. 쉬파니(Daniel S. Schipani) ········469
12. 흑인신학과 종교교육 / 그랜트 S. 쇼클리(Grant S. Shockley) ········509
13. 생태신학과 종교교육 / 랜돌프 C. 밀러(Randolph C. Miller) ········543

집필자 소개 / ··································579

발행인 서문

　의심할 바 없이 모든 종교교육에 있어서 가장 근본적인 이슈는 한편으로는 신학, 다른 한편으로는 사회과학에 이 학문 분야가 어떻게 관련되는가이다. 이 근본적인 이슈는 절대적으로 핵심적인 것인데, 왜냐하면 종교교육이 개념화되고 실행되는 방법 자체가 종교교육이 신학의 한 부분인지, 아니면 사회과학의 한 부분인지에 달려 있기 때문이다.
　본서 「기독교 종교교육과 신학」(Theologies of Religious Education)의 목적은 포괄적이고 깊이 있게 신학과 종교교육간의 유기적 관계—좀더 정확하게 말하자면, 다양한 현대신학들과 종교교육간의 관계를 살펴보는 것이다.
　만일 종교를 가르치는 것이 신학의 한 분야라면, 종교교육의 행위에서 교육적으로 무슨 일이 일어나는지를 신학이 만족스럽게 설명하고 예측하며 검증해 낼 수 있어야 한다.
　만일 종교를 가르치는 것이 신학의 한 분야라면, 왜 어떤 교육과정은 성공하고 실패하며, 왜 어떤 가르침의 활동은 성공하나 다른 것들은 실패하며, 어떤 특수한 가르침의 활동이 한 상황에서는 성공적이나 다른 상황에서는 그렇지 못한지 등을 신학이 만족스럽게 **설명**(explain)할 수 있음을 보여야 한다.
　만일 종교를 가르치는 것이 신학의 한 분야라면, 어느 교육활동이 언제 효과가 있을 것이며 언제 실패할 것인지, 언제 한 교수활동이 다른 활동보다 더 효과적일지, 언제 다양한 종류의 학습성과가 이런 혹은 저런 교육활동의 전개를 요구할 것인지 등을 신학이 만족스럽게 **예측**(predict)할 수 있음을 보여야 한다.
　만일 종교교육이 신학의 한 분야라면, 얻고자 하는 학습성과가 실제로 성취되었는지, 또 어느 정도까지 성취되었는지 등을 신학이 만족스럽게 **검증**(verify)해 낼 수 있음을 보여야 한다.
　만일 종교교육이 신학의 한 분야라면, 신학은 종교교육자에게 **어떻게 가르쳐야 할지**(how to teach)를 말해 주어야 한다. 즉, 신학은 종교교육학자에게 교수유형, 전략, 방법, 기술, 단계 등을 담은 완전한 레퍼토리를 만족스럽게 제시할 수 있어야 한다.
　만일 종교교육이 신학의 한 분야라면, 교수방법들은 사회과학과 같은 다른 학문 분야에서 빌려 오지 않고 신학 스스로가 **직접적으로**(directly) 생성해 왔고, 그렇게 해갈 수 있음을 만족스럽게 보여야 한다.
　신학과 종교교육의 관계를 고려할 때 일어나는 또 하나의 중요한 질문은 해방신학이나 개혁신학이나 아퀴나스의 신학 같은 하나의 특정한 신학이 교수실제의 **완전한 레퍼토리**(a whole repertoire)를 직접 생성해 낼 수 있는지, 아니면 하나의 신학은 단지 하나 혹은 소수의 교수방법만을 생성해 낼 수 있는지에 대한 것이다. 역으로, 한 특정한 신학과 충돌한다는 점 외에는 정당하고 일반적으로 수용되는 교육활동들을 처음부터 배제할 것인가를 물어 볼 수도 있다.
　지금까지 제기한 질문과 이슈들은 모든 진지한 종교교육자에게 근본적이고도 직접적인 관심거리이다. 그러므로 본인은 주된 현대신학들이 종교교수의 다이내믹스(dynamics)에 관계를 가지고 다루는 책자를 편집하도록 하는 것이 종교교육학계에 특별히 유익할 것이라고 생각했다.
　본서가 종교교육이 신학의 한 분야라는 입장을 가장 성공적으로 뒷받침하기 위해서는, 종교교육학계에서 저명하면서도 신학 일반과 특히 중요한 신학들에 식견이 있고, 종교교육이 신학의 한 분야라는 입장에 적극적으로 헌신적인 학자를 찾아야 했다. 누구를 선택해야 할지는 명백했다 : 바로 랜돌프 크럼프 밀러(Randolph Crump Miller)였다. 밀러는 종교교육에 대한 신학적 접근을 20세기의 어느 종교학자보다 일관성 있고 힘있게 주장해 왔다. 신학이 바로 종교교육의 이해와 실행의 실마리임을 밀러는 늘 단언해 왔다. 또한 종교교육에 대한 신학적 접근을 옹호하는 대부분의 현대학자들과 달리, 밀러는 신학에 식견이 있으며 신학 자료들을 일차적으로 인용하고, 신학적 관점에서 저술을 한다.

이제 80대에 접어든 젊지 않은 밀러는 본인의 제안을 기쁘게 받아들였고, 그는 평소의 활기와 기력을 가지고 작업을 시작했다.

밀러와 본인은 함께 본서에 포함될 주된 신학 학풍을 가려내었다. 우리의 목표는 2000년대가 가까운 지금, 활동적이고 중요한 신학 학파들을 모두는 아니더라도 대부분 포함시키는 것이었다. 본서가 필요한 신학적 포괄성을 갖추기 위해서는 그것이 부득이하고 필요했다.

종교교육에 대한 신학의 우위성을 가장 설득력 있게 제시하기 위해서는 해당 신학에 대해 매우 식견을 갖춘 종교교육학자나 다른 학자들을 찾는 것이 중요한 일이었다. 밀러와 본인은 후보명단을 거듭 검토한 끝에 본서의 집필자들을 결정하였다. 밀러는 우리가 그렇게 찾은 모든 학자들을 성공적으로 참가시켰는데, 이는 본서의 주제가 가진 중요성을 종교교육학계가 인식하고 있다는 것을 보여 주며, 또한 물론 이 분야에서 밀러가 누리는 그의 명성에 대한 찬사이기도 하다.

종교교육의 상위에 위치해서 군림하는 듯한 신학의 종주권(suzerainty)이라는 중심주제가 가능한 한 체계적이고 비교적인 방법으로 탐구되어질 수 있기 위해, 본인은 각 집필자에게 다음의 세 가지 주된 분야를 적절하게 다루어 주도록 밀러가 요청할 것을 부탁하였고, 밀러는 이에 기꺼이 동의했다.

첫째, 각 장은 해당 신학의 특정한 형태에 대한 수준 있는 요약을 포함하여야 한다.

둘째, 각 장은 어떻게 그 신학이 특정한 교수방법(혹은 절차)들을 직접적으로 생성하거나 혹은 적어도 그에 잘 어울리는지를 주의 깊게 가려내어야 한다.

셋째, 각 장은 해당 신학에 의해 직접적으로 생성한 특정 교육방법에 대한 수준급의 요약을 포함하여야 하며, 동시에 이런 교육방법들이 정말 그 신학에서 직접적으로 나온 것임을 결정적으로 보여 줄 수 있도록 이들 교육방법과 신학간의 만나는 점들을 선택적으로 연결시켜 주어야 한다.

밀러가 모든 원고를 모았을 때, 본인은 각 장의 집필자들이 밀러와 본인 자신이 만족할 정도로 위의 세 가지 조건이 충분히 다루어졌는지를 확인해 줄 것을 그에게 부탁했다. 밀러는 자신과 각 장의 집필자 모두 가능한 한 위의 세 축을 정밀하게 제시하였음을 확인해 주었다.

랜돌프 C. 밀러에게서 원고 전체를 받았을 때, 본인은 몇몇 장의 저술 문제와 내용에 대해 약간의 우려를 표명하였다. 그러나 본인은 저자들의 단어나 문구 하나도 가능한 한 변경하지 않고 저자의 견해가 외부의 영향 없이 전적으로 고스란히, 그리고 순수하게 남아 있도록 했다.

종교교육출판사(Religious Education Press)의 발행인으로서 본인의 소망은 본서 「기독교 종교교육과 신학」(Theologies of Religious Education)이 종교교육 이론에 있어서 신학이 결정적인지 아닌지, 그리고 신학이 종교교육 활동을 통제하는지 아닌지를 분명하게 밝혀 주는 일이다. 본인은 또한 본서가 자매편에 해당하는 「종교교육과 신학」(Religious Education and Theology, 노마 H. 톰슨 편집)과 함께 종교교육의 가장 근본적인 이슈, 즉 이 분야와 신학과의 관계에 대한 사려 깊고도 비이념적인 연구검토가 계속해서 흘러 나올 학문적 바탕을 이루어 줄 것을 소망한다.

알리바마 버밍햄에서
1994. 7. 25.(성 야고보 축일)
제임스 마이클 리(James Michael Lee)

편집인 서문

랜돌프 크럼프 밀러
(Randolph Crump Miller)

　1943년까지 거슬러 올라가는데, 내가 종교교육에 대해 글을 쓰기 시작했을 때 나는 이미 신학과, 그리고 신학의 종교교육 분야와의 관계에 대해 관심이 있었다. 그 당시 나는 다음과 같이 썼다. "기독교교육을 위한 신학이 필요하다. 기독교교육의 목적, 이론, 그리고 방법이 좀더 자기 의식적인 신학적 재구성 작업을 통해 무장되고, 어쩌면 개조되어야 할 필요가 있다." 또한 그 당시 "내용을 방법과 유기적인 통합체로 연결시킬 과제"가 있었다.[1)]
　1950년에 나온 책인 「기독교교육의 단서」(*The Clue to Christian Education*)에서, 나는 이러한 초기의 통찰력을 더 확장하여 "신학은 배

---

1. Randolph Crump Miller and Henry H. Shires가 함께 편집한 *Christianity and the Contemporary Scene*(New York : Morehouse-Barlow, 1943), p. 198.

경(후면)에, 그리고 은혜와 신앙은 전면에" 자리하고 있어야 한다는 슬로 건을 내걸었다. "기독교교육의 목적은 하나님을 중심에 두고 삶의 모든 면에 근본이 되는 기독교 진리의 관점 안에서 개인으로 하여금 하나님 과 동료 인간들과 바른 관계를 갖도록 인도해 주는 것이다."[2] 그렇다면 신학은 모든 교육과정의 전제이어야만 한다.

1950년 이후로 교육학 이론과 신학 모두에 있어서 새로운 방향의 연 구가 이루어져 왔다. 사회화, 사회과학, 그리고 실천(praxis)에 대한 강 조가 최근의 동향 중 몇 가지에 해당된다. 신학에서는 특별히 흑인신학, 여성신학, 과정신학, 그리고 다른 형식의 사고에서의 변화들이 상황을 복합적으로 만들어 놓았다. 그리하여 사라 리틀(Sara Little)의 표현을 빌리면, "신학은 많은 것들 가운데 하나의 영향력 있는 분야로 전락하였 다."[3] 그러나 신학적, 교육학적 다원주의가 교육자들의 신학적 책임을 면제해 주는 것은 아니다. 이미 1943년과 1950년에 그러했듯이 여전히 명백한 것은 리틀에 의하면, "신학에 대한 관심이 교육자에게 피할 수 없는 것으로, 신학은 교육자가 어떻게 내용을 선정하고, 적절하면서도 일관성 있는 교육과정을 선택하는지에 영향을 미친다."[4]

우리는 지금 우주의 역사와 자연을 신학적으로 이해해야 할 필요를 더욱 절실히 인식하고 있다. 샐리 맥패그(Sallie McFague)는 말하기를 "현대 과학이 우리에게 그려 주는 현실의 모습은 너무나도 매력적이어 서, 우리는 그 그림을 가지고 기독교 교리를 재형상화(reimaging)하고 재해석하기 위한 자원으로 사용하지 않는다면 어리석은 일이 될 것이

---

2. Randolph Crump Miller, *The Clue to Christian Education*(New York : Scribner's, 1950), p. 8.
3. Sara Little, "Theology and Education," in *Encyclopedia of Religious Education*, ed. Iris and Kendig Cully(San Francisco : Harper & Row, 1990), p. 652.
4. *Ibid.*, pp. 652-653.
5. Sallie McFague, *The Body of God*(Minneapolis : Fortress, 1993), p. 74.

다."⁵⁾ 이것은 신(神)의 개념을 확대하고 심화한다. 즉, 신이 우리와 관계를 가지는 설득력 있는 사랑의 능력으로 이해되고, 아울러 적어도 "빅뱅"(big bang)이 일어났던 시간 이후로부터 우리의 정신을 놀라게 하는 (mind-boggling) 전우주의 근원으로도 보여지게 한다.

편집인으로서 나는 이 책에 실린 여러 저자들의 협조에 고마움을 표한다. 그들 가운데 몇 분은 건강문제와 시간의 압박이라는 엄청나게 어려운 상황 속에서도 집필에 응해 주었다. 무엇보다도, 나는 그들이 신학과 종교교육의 분야 모두에 중요한 공헌을 하는 데 이룬 업적을 존경한다.

이 책은 세 부분으로 이루어져 있다. 즉, '보다 전통적인' 교회 중심적인 신학들, 철학적인 신학들, 그리고 특수한 신학들이 그것이다.

제1부 : 교회의 전통적인 신학들(Church Theologies)

사라 리틀이 집필한 첫 장은 개혁신학이 종교교육에 미친 영향에 대한 해석이다. 리틀은 신정통주의의 짧은 기간 동안의 지배와 그 이후에 계속되는 작은 영향력에 대해 주목한다. 장로교 전통은 언제나 교육을 가치 있게 여겼고, 신실성을 위한 교육의 도구적 성격, 진리를 위한 교육의 봉사, 그리고 공공 이익을 위한 교육의 관심 등을 중요시해 왔다. 개혁신학은 항상 개혁되고 있는 중이다. 에큐메니칼교회 내의 자유와 책임성과 함께 신의 선택에 대한 개혁신학의 강조는 하나님의 절대주권(sovereignty), 경건의 필요, 그리고 인간의 삶을 하나님의 능력과 관련하여 이해하는 것에 대한 지속적인 강조로 이어진다. 리틀은 송천성(Choan-Seng Song)의 글에서 인용하여 신학과 교육학은 "힘을 합하여, 다양한 문화와 종교로 가득한 이 세계 속에서 신학적으로 인도된 교육이론과 교육학적으로 실행 가능한 신학을 건설해야 한다."고 결론짓는다.

토마스 아퀴나스(Thomas Aquinas)가 제공한 신학과 교육철학은 비록 자주 수정되었지만, 지속적으로 영향을 끼쳐 왔다. 마크 히이트(MARK HEATH)는 토마스 생애의 전기를 짧게 살펴본 연후에 종교교육에 관련되는 신학적인 주제들을 제시한다. 토마스는 그리스도와 아리스토텔레스를 결합하고, 철학과 신학을 결합하고, 성서의 법과 일상의 보편법(common law)을 관련시키고, 헬라 전통과 기독교 전통 모두로부터 덕목들(virtues)을 끌어내고, 은총을 자연 속에서 역사하는 것으로 이해한다. 가르침의 일차적인 목적은 하나님을 알게 하는 것이다. 즉, 그것은 삶의 모든 부분에 대한 신 중심적인 접근이다. 종교교육은 교리적이어야 하지만, 하나님에 대한 지식을 전달하는 것 이상이어야 한다. 그것은 세상을 신성하게 하는 것이라고 할 수 있다.

보수적인 진영에서의 교육학적 진보는 자유주의적인 교회들에서의 그것보다 좀더 분명하고 실속 있는 것이었다. 그 이유 중의 하나는 케네스 갱엘(KENNETH GANGEL)과 크리스티 설리번(CHRISTY SULLIVAN)과 같은 이들의 책임감 있는 학문성과 지도력 때문이었다. 그들의 접근방법은 철저하게 성경적이면서도 성경의 무오류(inerrancy)에 대한 논쟁에 말려들지 않고 있다. 하나님은 성경 속에서 계시되어 있다. 그러나 하나님이 세상을 선하게 창조하신 후에 불순종과 사망이 뒤따랐다. 예수 그리스도를 믿는 신앙을 통한 구원은 우리를 하나님과 연합되게 하는 신비이다. 보수적인 학자들과 교육자들 사이에서도 폭넓은 다양성이 존재한다. 그러나 모두 공통적으로 성경의 가치를 강조한다. 세속적인 진리와 종교적인 진리 사이에는 그 어떤 차이도 없다. 왜냐하면 하나님은 모든 피조계의 하나님이기 때문이다. 학생들은 성령의 공동체 안에 있는 기독교적인 삶과 세계관을 향하여 움직이고 있다.

예전(liturgy)과 의례(ritual)는 모든 종교공동체의 심장부에 속한다. 아울러 예전과 의례가 박해의 시기에는 공동체를 생동감 있게 유지하는 유일한 활동이다. 콘스탄스 타라잘(CONSTANCE J. TARASAR)은 러시아 정교회의 예전활동이 러시아 정교회의 성격을 어떻게 결정하고 있고, 그리고 수세기를 경유하면서 러시아 정교회의 생존을 어떻게 가능케 했는지를 보여 준다. 신학과 종교교육은 모두 **교회에 속한 것**(of the church)으로, 하나님과 개인됨(personhood)에 대한 이해에 뿌리박고 있고, 그 충만한 가운데 전달되어야 한다. 교육을 통하여 신학은 교회생활 안에서 실행된다.

제 2 부 : 철학적 신학들(Philosophical Theologies)

다음으로 우리는 보다 철학적인 신학들을 살펴보고자 한다. 헬렌 고긴(HELEN GOGGIN)은 과정신학을 고찰하는데, 과정신학은 래리 라스무센(Larry Rasmussen)이 말한 대로 야구의 비유를 들자면, "마이너 리그(2군)에서 메이저 리그(1군)로 도약한" 것으로 본다. 모든 실재(reality)는 되어가는 과정이며, 동시에 소멸해 가는 과정(becoming and perishing)이다. 실재(reality)는 사건이지 실체(substance)는 아니다 ; 모든 사건들은 서로 관련되어 있다. 우리는 구현성(embodiedness)을 경험하는데, 이는 서로 관계 있는 실제 개체들(actual entities)로 구성되어 있다. 그래서 모든 실재는 사회적이며, 변화, 참신성(novelty), 그리고 창조성은 자유의 가능성을 열어 준다. 미래는 인간에게 뿐 아니라 신에게도 결정되지 않은 채 열려져 있다. 신은 이 우주(cosmos) 속에 참여하지만, 이 우주와 동일하지는 않다. 고긴은 종교교육을 위한 세 가지의 원리를 확인한다. 즉, (1) 실재와 신은 서로 관련되어 있고, 서로 연결되어 있다. (2) 창조는 신과 세상이 함께하는 진행 중인 활동으로 새로운 것으로의 진보가 그 핵심이다. (3) 학습은 인간 경험의 상호 관련성(interrelatedness) 속에서 일어난다.

내가 쓴 경험신학(empirical theology)에 관한 장은 경험적인 방법, 그리고 경험과 가치들을 통한 그 경험적 방법론의 접근을 다룬다. 신 개념의 다양성은 지도적 위치에 있는 경험주의 신학자들간의 차이를 보여준다. 경험주의는 광범위하게 해석되어 관계성, 전체에 대한 의식, 감식력이 있는 의식(appreciative consciousness)을 포함하며, 또한 희미한 감정적 색조(a vague affective tone)를 경험의 바탕으로 가진다. 신(神)은 신적인 "보다 더 큰"(the MORE)(윌리엄 제임스) 무엇으로 해석되기도

하고, "신적인 가치를 생산해 내는 요인"(Macintosh)으로 해석되기도 하고, "창조적 인터체인지"(Wieman)로 해석되기도 하고, 또한 "창조적인 여정"(Meland)으로도 해석된다. 예수는 역사적인 인물로, 그리스도 사건은 역사 안에서 일어난 계시적인 사건으로 이해된다. 교회는 공동체에 의하여 그 모습이 드러나는데, 그 공동체 중심에는 예배가 자리하고 있다. 종교교육의 목적은 신을 중심에 두고, 학습자를 신과 동료 인간들과의 올바른 관계를 가지도록 인도하는 것이다.

보다 전통적인 신학들에 대항하여 일어난 다양한 신학들 가운데 실존주의 신학은 몇 가지 어려움을 제시하고 있다. 데이빗 화이트(DAVID WHITE)와 프랭크 로저스 2세(FRANK ROGERS JR.)는 실존주의 철학의 주요 신조(주장)들을 나열한 후에, 그 신조들이 지닌 신학적 함의들을 발전시킨다. "불트만의 사상에서 예수는 기독교 진리의 핵심인 케리그마 속에서 부활, 곧 생명으로 다시 세워졌다. 우리는 인간으로서 예수 그리스도의 인격 안에서 – 케리그마 속에서 – 하나님의 말씀을 실존적으로 만난다." 실존주의자들은 인격적인 신에 중심을 둔 앎의 행위에 다시 열정(passion)을 돌이키게 했다. 강조는 더 이상 주제 내용(subject matter)에 있는 것이 아니라, 주관적 혹은 내면적 차원에서의 책임, 행위자(agent)가 되어 앞으로 무엇이 일어날 것을 함께 창조하는 일에의 참여를 강조한다.

제 3 부 : 특수신학들(Special Theologies)

제 3부에서 우리는 보다 특수한 신학들을 살펴볼 것이다. 엘리자베스 닷슨 그레이(ELIZABETH DODSON GRAY)는 여성신학이 신학과 신학사의 대부분을 완전히 새롭게 전면적인 개정을 요구한다고 주장한다. 대부분의 이야기들 속에 여성들이 빠져 있다. 그레이는 신의 여성적인 모형이나 혹은 여신을 요청하지 않고, 오히려 여성과 남성의 동등성의 인식, 그리고 모두를 포함하는 신학을 요청한다. 그녀는 오늘날의 기준으

로도 예수가 얼마나 급진적으로 여성을 인정했는지를 지적한다. 십자가 처형사건이 당신의 아들을 희생시키는 성부의 선택임을 강조함으로써, 우리는 복음의 핵심에 있는 생명을 긍정하는 메시지의 추진력을 상실하고 있다. 우리의 교육은 지배적인 가부장제와 그것으로부터 파생되는 제반 악들에서 우리를 자유롭게 해야 한다.

가톨릭 진영에서도 **케리그마**에 중심을 두는 특수한 유형의 신학이 생겨났다. 그것은 같은 시기의 성서신학과 비교될 수 있는데, 가령 아이리스 컬리(Iris Cully)와 같은 개신교 교육학자들 가운데 영향력이 있었다. 조셉 융만(Josef A. Jungmann)은 그리스도의 중심성과 구속사의 과정을 크게 강조했다. 그러나 이러한 견해는 약점들을 가지고 있다. 그것은 성서의 다양한 주제들을 지나치게 단순화시켰고, 유대교 전통을 깔보면서 '오래된' 그리고 '첫' 언약 '구약성서'를 정당하게 다루지 못했다. 메리 보이스(MARY BOYS)는 이러한 입장과 그것이 끼친 상당한 영향에 대해 간결하게 요약한 후에, 유대교에 대해 가졌던 그러한 태도에 대해서는 아쉬움을 표명한다. 그녀는 유대교와 기독교간의 평행적 종적을 보여 주는 케리그마를 강조하는 신학자들이 이용하지 못한 새로운 자료들을 제시하고 있다. 그 자료들은 강조점에 있어 두 종교가 동일한 모태에서 나온 것을 지적한다.

제리 스톤(JERRY H. STONE)은 "인간 경험의 모호한 가장자리들을 하나님의 신비한 현존에 관계시키는 최선의 길은 이야기의 사용을 통해서이다."라고 쓰고 있다. 이야기들은 그것이 역사적으로 사실이든 아니든, 사람들을 이끌어 그들 자신의 삶의 이야기들 속으로 통합시킬 수 있게 한다. 우리의 삶의 이야기들을 형성하는 표준적인 공동체의 이야기들이 있다. 우리가 어떤 한 이야기의 줄거리와 인물들간의 상호작용을 이해하면, 우리는 예수의 이야기도 우리의 관점에서 해석할 것이다. 예수의 비유들을 보면 결론이 개방적(open-ended)임을 우리는 발견할 것이다. 그 비유들은 본질적으로 세속적이지만, 동시에 그것들은 그 신비한 '타자'(other)를 가리켜 줌으로 심오하게 종교적이기도 하다.

다니엘 쉬파니(DANIEL S. SCHIPANI)는 해방신학이 그 어떤 다른 신학들보다 더 종교교육을 지향하고 있다고 주장한다. 해방신학은 세계적 변혁과정 내의 어떤 특수한 지역 상황에 자리잡고 있다. 즉, 그 신학은 교육적이요, 그 교육적 이론은 신학적이다. 해방신학은 이론이면서 동시에 실천(praxis)이다. 해방신학은 역사의 중심에서 예수 그리스도를 발견한다. 그 신학은 가난한 자들과 억압받는 자들에게 관심을 가지고, 실제 세상 속에서 예수 그리스도의 길을 분별해 내는 데 바탕을 둔 정치적이고 사회적인 분석으로 나아간다. 교회는 이러한 경험들을 공유하는 사람들의 기초공동체가 된다. 그리고 전통적인 흐름에 속해 있는 오래된 교회들은 이러한 경험들을 귀기울여 들을 필요가 있다. 종교교육은 자신의 관심의 초점을 재조명하여 접근방향을 새롭게 잡아서 그리스도의 제자들을 책임 있는 시민으로 개발하는 데서 출발한다.

그랜트 쇼클리(GRANT S. SHOCKLEY)는 흑인신학의 배경과 현재의 상황을 탐구한다. 흑인신학은 1966년에 시작되었는데, 흑인계 미국인들과 백인계 미국인들 사이의 엄청난 권력 및 영향력의 불균형을 인식하면서 일어난 블랙파워 운동(Black Power movement)에 의해 영향을 받았다. 흑인들의 무력함은 흑인들과 백인들 사이의 가치와 정의의 왜곡을 가져왔다. 미국 헌법에서조차도 흑인들은 겨우 6할짜리(3/5) 인간으로 간주되었다. 1954년에 이르러서야 대법원은 입장을 수정하였으며, 1964~1965년에 이르러 모든 사람들을 위한 인권이 문화적인 차원에서 이루어졌다. 흑인신학은 이러한 배경에서 발전하였다. 흑인신학은 아프리카의 뿌리에 대해 보다 예민하게 반응하게 되었다. 그것은 흑인들에게 도전을 주어 억압받는 사람들의 해방을 위해 일하게 했으며, 흑인의 당면 안건(agenda)을 성취하게 했고, 새로운 흑인교회의 패러다임을 만들어 내도록 도전했다.

생태신학(ecological theology)과 종교교육에 관한 마지막 장은 새로운 전망을 열어 준다. 최근까지 신학은 자연에 대해 관심을 갖고 다루지 않았다. 자연은 인간의 편의를 위해 존재했다. 신학은 군국주의적인 모델을 따라 악의 문제에 적절하게 대응하지 않았고, 환경에 관심을 가지지 않았으며, 그리고 인간의 자유의 문제를 그릇되게 취급하였다. 이러한 사고들은 우리 시대의 생태학의 새로운 인식에 의해 도전받고 있다. 윌리엄 제임스(William James)의 다원주의와, "함께 매달린 형태"(strung-along type)로 가는 환경을 가진 신은 실제적으로 손실과 패배자만이 존재할 세계를 열어 준다. 교육적으로, 우리는 유기적이든 무기적이든 모든 생명체의 상호 관련성을 가지고 시작한다. 그 목표는 자연의 이해를 포함한다. 자연을 온화하면서도 동시에 난폭한 것으로 보는데, 자연은 인간의 공업기술과 탐욕에 의해서 위협을 받으면서도, 피조계의 치유를 위해서는 여전히 과학기술이 필요한 것으로 본다.

이상에서 살핀 13가지의 신학은 모두 기독교 전통으로부터 파생된 것들로서 매우 다양한 종류의 출발점과 결론들을 제공하고, 아울러 각각의 신학은 그 자신의 독특한 종교교육의 이론과 실천을 가져온다. 종교교육은 모든 저자들이 함께 몸담은 – 물론 모든 경우에 있어서 강조점은 다르지만 – 분야이기 때문에 겹쳐지는 내용들도 있으나, 각 장마다 강조점은 다르다. 각 장은 독립적이어서, 독자는 본서의 내용 중 현재 관심을 둔 어느 곳에서든 읽기를 시작할 수 있다. 그러나 전체적인 그림은 이 책 전체를 읽은 연후에야 떠오를 것이다.

제1부
교회의 전통적인 신학들
(Church Theologies)

"신학이 종교교육을 위해 심오한 함축적 의미(含意)를 지니고 있다는 것과 건전한 신학이 건전한 교육철학을 낳는다는 것은 주요한 생각이다."

제1장
개혁신학과 종교교육
(Reformed Theology and Religious Education)

사라 리틀(Sara Little)

|||||||| **1부** ||||||||

이 장의 집필을 위해 필요한 연구로부터 얻을 수 있는 나의 결론은 세 가지인데, 이들을 최근에 발전된 이론들의 해석에 대한 검증을 위해 여기에 조심스럽게 제시했다. 첫째, 개혁교회 전통에 속하는 적당한 주제들이 개혁신학자들의 저서 속에서 교정하고 재해석하는 것처럼 보이는데, 그 내용은 내가 기대했던 것 이상의 역동성과 활력성이 있다. 물론 그 저서들 속에는 신정통주의가 이룩한 기여에 대한 세련된 기억과 설명이 포함된다(많은 논평가들의 가정을 따라, 나의 가정은 신정통주의가 지금은 "죽었다"는 것이었다). 둘째, 20세기 중반기의 10년 동안 기독교교육 이론 속에 자리했던 신정통주의 신학의 지배적인, 통제적이기조차 했던 영향력은 이제 사라져 가고 있다. 사실상 대부분의 이론가들의 저서 속에서, 그리고 교육적인 사역 프로그램 속에서의 신학의 역할은 50년대의 정황보다 지금은 훨씬 덜 분명한 실정이다. 그리고 신정통주의 신학이 이제는 주요한 영향력을 행사하고 있다고 말할 수 없음은 확실하다. 셋째, 20세기의 마지막 10년을 보내고 있는 지금에 있어서 개혁신학과

기독교교육의 관계성이 무엇이어야만 하는가에 대한 질문이 새롭게 중요하게 제기되고 있다.

본 연구는 현재의 상황에 초점을 맞춘다. 위에 진술된 결론들은 적어도 현재의 상황에 대한 맥락과 배경을 보지 않고는 이해할 수 없기 때문이다. 누가 개혁교회 전통에 속한 집단의 구성원들인가? 일반적인 의미에서 개혁교회 신앙공동체를 특징짓는 것으로 이해될 수 있는 신학적 주제들 또는 에토스의 '물려받은 전통'은 무엇인가? 이러한 질문을 출발점으로 제시할 경우에 우리는 다음의 세 가지의 질문들에 대한 고찰을 통한 세 가지의 결론에 보다 쉽게 접근할 수 있을 것이다. 즉, 개혁교회 신학자들에 의해 제공되고 있는 '신학적인 또는 교육학적인' 주제들과 강조점들은 무엇인가? 그 주제들과 강조점들의 내용이 개혁교회 교육사역을 위한 이론과 실제에의 연결점은 무엇인가? 신학과 기독교교육의 관계성에 대해 제기될 수 있는 비판(critique)은 무엇인가? 등이다.

개혁교회의 유산

개혁교회 전통을 일반적인 방식으로 말할 때, 우리는 기술적으로 미국의 경우 대략 열두 개의 교파들(denominations)을 포함하게 된다.[1] 이들은 전세계적으로 354개의 교파들 가운데 일부분으로,[2] 이 모든 교파들의 뿌리는 16세기의 종교개혁, 보다 구체적으로는 존 칼빈(John

---

1. *The World Almanac and Book of Facts 1993*(New York : Scripps Howard, 1993), p. 718. 미국에서 열 개의 개혁교회 교파들이 주요한 목회연구에 참여했다. 그 가운데 넷은 그 규모에 있어서 다른 교파들보다 압도적으로 크다. David S. Schuller, Merton P. Strommen, 그리고 Milo L. Brekke가 함께 편집한 *Ministry in America*(San Francisco : Harper & Row, 1980), p. 458을 보라. 15장 "Presbyterian Reformed Family"의 p. 457-466은 여기에서 연구되는 교파들에 대해 유용하게 개관해 준다.
2. David B. Barrett이 편집한 *World Christian Encyclopedia*(New York : Oxford University Press, 1982)에 들어 있는 "개혁교회" 항목의 p. 841.

Calvin)에게로 소급된다. 유럽 대륙에서 이주해 온 영어권 교파들은 그들의 정치체제(polity)를 강조하면서, **장로교**(Presbyterian)라는 명칭으로 알려지게 되었다. 장로교 교파들은 개혁교회 전통 가운데 가장 큰 교파이다. 그러나 이 장에서는 우리의 목적을 위해서, 주로 미국에 있는 개혁교회와 장로교 교파들만을 언급할 것이다.

개혁교회 전통 속에서 우리가 대표하는 것은 무엇인가? 1959년에 브라질의 상파울루에서 모임을 가진 제 18차 세계개혁교회연맹 총회에서 주어진 연설은 위의 질문에 도움을 준다. "400년 후의 우리 기독교 동료들에게 부치는 글"이라는 제목의 이 연설문은 존 칼빈의 탄생 450주년과 그의 「기독교 강요」 결정판이 나온 지 400년을 기념하기 위하여 주어졌다. 그 연설문은 전체의 종교개혁에 대한 감사의 표현으로 시작하고 있다. "개혁교회 유산에 대한 감사"라는 제목을 달고 있는 부분으로부터 여기서는 두 단락만을 인용한다.

우리가 하나님의 주권을 선포하고 다른 사람들에게 그것을 강조하는 것처럼 보일 때, 하나님께 속한 우리는 하나님의 지칠 줄 모르는 사랑과 장엄한 신뢰성이 기독교적 확신을 위한 유일하고도 확실한 근거요, 영원성을 지닌 지속적이고도 확고한 기초라는 점을 증거한다. 이 근거와 기초로부터 기독교인들은 인간 기업의 모든 분야에 자신을 던진다. 그리고 자신이 있는 그 자리에서 그의 창조세계 전체를 지탱하는 하나님의 뜻을 따라 일한다. 그래서 자신들의 신앙고백 속에서 하나님의 주권을 강조하는 그리스도인들은 진지한 윤리적인 노력을 그들의 감사의 표현인 헌신의 큰 부분으로 삼고, 하나님의 뜻을 찾기 위하여 말씀을 연구하고, 그의 말씀을 이 세상의 길잡이로 삼기 위하여 노력한다.

금번 기념행사를 맞이하여 이 전통의 계승자들로서 우리는 감사한 마음을 가진다. 우리는 우리 전통의 선배들로 인해, 자유를 위한 그들의 투쟁으로 인해, 새로운 형태의 혁명적인 정치적이고 경제적인 삶을 추구하려 했던 그들의 의도적인 노력으로 인해, 교육에 대한 그들의 관심과 학문의 확대로, 그리고 모든 사랑과 치유적인 활동에 그들이 참여한 것으로 인해 하나

님을 찬양한다.[3]

개혁교회 전통을 특징짓는 교리의 목록들이 여기에 거명할 수 없을 정도로 너무나 많은 자료들에서 사용되고 있다. 그 가운데 가장 중요한 강조점들이 위의 연설문 속에 포함되어 있다. 즉, 하나님의 주권, 신앙과 신실성(경건)의 삶, 또는 하나님의 은혜에 대한 응답으로서의 복종의 삶, 성서의 권위, 교육의 중요성 등이 그것이다.

우리가 주목해야 할 다른 특성들도 여기 있다. 연설문 속에는 계속해서 인간 본성의 교리에 대한 전통적인 관심을 반영하는 "개혁교회의 회개"(Reformed repentance)에 대해 언급하고 있다. 그러나 교육에 대한 언급은 "하나님을 향한 섬김"으로서의 지성의 삶(the life of the mind)에 대한 강조가 공평하게 다루어지지 않고 있다. 장로교 전통의 신학자인 잭 스토츠(Jack Stotts)는 그 점을 강력하게 지적한다.

> 장로교 전통의 한 가지 - 유일한 것(the)은 아닐지라도 - 특성은 신실성을 위한 도구로서 교육에 귀중한 가치를 부여하고 헌신하는 점이었다.……
> 이러한 교육은 진리에의 섬김 속에서 지속되어 왔는데, 그것은 곧 선을 추구하는 섬김 속에 자리하고 있다. "진리는 선을 위하여 존재한다."라고 우리는 말해 왔다. 따라서 장로교의 교육의 유산의 한 징표는 공공선에 대한 관심에 있다.[4]

상파울루 모임으로부터 나온 총회의 공식 메시지는 "신(神)의 선택 또는 부르심에 대한 개혁교회의 강조"에 대해 언급하고 있다. 그것은 하나

---

3. Marcel Pradervand, ed., *São Paulo Story*(Geneva : Alliance Offices, 1960), p. 177.
4. John C. Purdy가 편집한 *Always Being Reformed : The Future of Church Education*(Philadelphia : Geneva Press, 1985)에 들어 있는 Jack Stotts의 글 "Education for the Public Good," pp. 26-27.

님의 섭리와 목적을 인식하면서 살아가는 사람들의 '자유와 책임성'을 설명하고 있다.⁵⁾ 이 메시지 속에는 개혁교회의 '교회일치에 대한 확신' (ecumenical conviction)을 언급하고 있는데, 그것은 에큐메니칼교회에 대한 관심이 전통의 일부분이라는 점을 지적하고 있다. 확실히 에큐메니칼교회에 대한 관심은 칼빈주의와 루터주의를 화해시키려고 시도할 당시부터 칼빈의 교리와 그의 활동들의 일부분이었다. 교회일치론자인 존 맥카이(John Mackay)는 개혁교회연맹의 성명문을 다음과 같이 인용하고 있다. "장로교파의 참된 본성은 단순히 그 교파 자체 내에 목적이 있는 것이 아니라 그의 몸인 교회, 즉 예수 그리스도의 우주적인 교회를 섬기는 것이다."⁶⁾

장로교 전통에 대한 마지막 언급은 역사적으로 그리고 교리적으로, 이 전통의 에토스가 마치 이미 '끝난 개혁'(reformed)이어서 [단지] 그 기초로부터 나아갈 수 있는 것처럼, 이미 완결된 것으로 말해질 수 없다는 것이다. 오히려 그 용어는 프린스턴의 에드 다우이(Ed Dowey)가 라틴어로 된 슬로건 **"개혁교회는 항상 개혁하는 교회"**(*Ecclesia reformata, semper reformanda*)에 대한 언급에서 말하듯이, "개혁교회에 속한 교회는 항상 새롭게 개혁되고 있는" 교회이고, 그리고 계속 개혁하는 교회로 이해되어야 한다. 그것은 "개혁된, 그리고 항상 개혁되어야 할 교회"⁷⁾로 번역된다. 교회의 부르심과 지속적인 개혁과정의 일부분은 교회로 하여금 새로운 상황 속에서 거듭 성서로 돌아가 교회의 신앙을 고백하도록 하게 하는 것이다. 잭 스토츠는 언급하기를 "1983년에 두 개의 주요한

---

5. *Ibid.*, p. 21.
6. Marcel Pradervand가 편집한 *Proceedings of the Seventeenth General Council of the Alliance of the Reformed Churches Holding the Presbyterian Order, Held at Princeton, N.J., U.S.A., 1954*(Geneva : Office of the Alliances, 1954), p. 115.
7. Ed Dowey의 *Always Being Reformed*에 들어 있는 "Always to Be Reformed," p. 9.

장로교 교파(미국 연합장로교와 미국 남장로교)가 연합했을 때, 합의조항들은 새로운 신앙에 대한 진술을 요구했다."라고 했다.[8] 이 신앙진술문(Brief Statement of Faith)이 신앙고백서(Book of Confessions)의 열한 번째 문서로 1991년 총회에서 채택되었을 때, 그것은 하나의 새로운 교파로 통하는 교리적 기초로서의 위상을 지니고 있었다. 뿐만 아니라 그 문서는 - 개혁교회의 고백서들이 그렇듯이 - 당대의 상황을 잘 표명하고 있었다. 다우이에 의하면, 개혁교회의 이중적인 기능은 장로교에 있어서는 매우 중요한 것이었다. 즉, 그것은 성경말씀을 교회의 전통 속에 뿌리를 내리게 하면서, 그 전통을 늘 새로운 상황 속에서 해석하는 일이다.

16세기에 칼빈과 다른 개혁자들이 함께 참여하여 공식화되기 시작한 개혁교회 전통에 대한 이러한 언급은 개혁교회의 유산에 주의를 환기시킨다. 물론 여기에서 언급된 점들에 대해 여러 번 반응하면서 수차례의 변화와 수정이 이루어졌다. 이들 핵심적인 주제들을 현재의 상황에 관련시키기 전에, 먼저 우리는 1930년대(유럽에서는 1920년대)로부터 1950년대에 이르는 시기에 일어난 주요한 신학운동인 이른바 신정통주의를 간단하게 살펴볼 필요가 있다.

신정통주의(Neo-Orthodoxy)

신정통주의가 여기서 특별한 관심을 가지고 선택하게 되는 이유는 그 신학이 개혁교회 전통에 병행해서 이어져 온 하나의 신학사조이기 때문이다. 오히려 개혁교회의 주요한 전통의 끊임없이 반복되는 표지인 '항상 개혁되는 것'과 관련된 '개혁'(reformed)에 대한 다우이(Dowey)의 이해는 위에 지적된 점을 훌륭하게 분명히 설명해 주기 때문이다. 달리 표

---

8. Donald K. McKim이 편집한 *Encyclopedia of the Reformed Faith* (Louisville : Westminster/John Knox Press, 1992), pp. 39-40.

현하면 신정통주의는 개혁교회 전통을 현재의 상황에 관련시키려는 엄청난 노력이 있었다. 또한 신정통주의를 대신해서 사용된 용어인 '위기신학'과 '변증법적 신학'은 신정통신학이 취한 형식을 기술적으로 제시해 준다. 그 이야기는 여기에서 더 이상의 고찰이 필요없을 만큼 너무나 잘 알려져 있다. 1차 세계대전과 경제공황으로 인해 유토피아의 환상이 깨어지고, 일종의 '근원(nerve)의 실패'와 결부되어 인간의 노력(능력)에 대한 불신과 자유주의가 기독교 지식의 기초 자원으로 삼았던 종교적 경험에 대한 반동은 성서의 재발견에의 개방, 계시에 대한 새로운 개념(이해) 발전, 그리고 교육적인 사역의 주요한 수정을 형성하는 일에 제휴했다.

칼 바르트, 에밀 부르너, 폴 틸리히, 라인홀드와 리차드 니이버 형제, 그리고 그 밖의 다른 여러 신학자들 사이에 강조점의 차이가 있음에도 불구하고, 이들 모두는 "성서가 단순히 행위의 준거가 되는 책이나 법전이 아니라, 다른 책들과는 발생학적으로 상이한 기원을 가진 책"이라는 점을 발견했다. 왜 그런가? 성서는 "역사 속에 나타난 하나님의 활동하심의 사실과 의미를 증거하기" 때문에, 인간을 위하여 "하나님이…… 심판과 구원인 치유 가운데 나아오신다는 사실적이고도 경험적인 지식"을 가능하게 하기 때문이다. 이러한 하나님의 나아오심은 관계 안에서 하나님 그 자신을 나타내 보이심, 곧 계시이다.[9]

신정통주의의 몇 가지의 핵심적인 요소들에 대한 묘사는 그것이 성서신학으로 알려진 운동과 얼마나 밀접하게 관련되었는지를 나타내 준다. 신정통주의 이후에 일어난 성서신학 운동은 자유주의의 기술적이고 역사비평적인 성서 학풍의 다소 메마른 분위기를 극복하고, '하나님의 말씀'을 들을 기대감을 가지고 성서를 '신앙의 눈'으로 보려는 노력으로 2

---

9. 필자의 책 *The Role of the Bible in Contemporary Christian Education* (Richmond, Va. : John Knox Press, 1961), pp. 153–154에 나오는 요약적인 진술을 보라.

차 세계대전 시기 즈음에 시작되었다. 많은 성서학자들이 이 운동에 참여하게 되었다. 아마도 버나드 앤더슨(Bernhard Anderson)의 책인 「성서의 재발견」(Rediscovering the Bible)은 이러한 경향을 나타내는 단행본일 뿐만 아니라 주된 관점들을 잘 요약해 주고 있다. 예일 대학교의 성서학자인 브레바드 차일스(Brevard Childs)는 1982년에 "성서신학의 흥망"이라는 주제를 가지고 열린 목회자 회의에서 연설 중 말하기를, 학자들은 사람들이 성서가 정말로 "세속세계를 향해 말할" 수 있다는 점을 알기 시작했던 것처럼, "활력과 열정"의 감각을 회복시킬 "새로운 방식의 신학하기와 성서 연구하기"를 추구하고 있다고 했다.[10] 성서신학 운동은 특별히 미국적인 정황에 초점을 둔 것으로 드러났고, 비록 그 영향이 광범위했음에도 불구하고, 그 어떤 진영도 개혁교회 진영보다 폭 넓게 이 운동을 수용하지 않았다. 차일스 자신은 그의 주저 「구약과 신약의 성서신학 : 기독교 성서에 대한 신학적 성찰」(Biblical Theology of the Old and New Testaments : Theological Reflection on the Christian Bible)에서 제시했듯이, 그의 '정경적인 접근'(canonical approach) 속에서 이 운동의 몇 가지 공헌을 보존하려고 여전히 노력하고 있다.

성서신학의 신정통주의 관점에서 신학은 교육적 사역을 위한 자원과 동시에 규범이 된다. [아마도 이러한 경향의 실천적 적용의 한 예로서] 미국 연합장로교회가 개발한 「그리스도인의 신앙과 생활」 교육과정 속에 '적용된' 신학의 사례보다 더 분명한 경우는 없을 것이다. 「그리스도인의 신앙과 생활」 교육과정은 캐나다 출신으로 성서신학자였던 제임스 스마트(James Smart)가 교육과정 개발 편집책임자로 참여하여 1948년에 완성한 후 교회에서 사용하기에 이르렀다. 스마트는 그의 책 「교회의 교육적 사역」(Teaching Ministry of the Church, 장윤철 역, 「교회의 교육

---

10. Paul Vieth, Christian Education Service(New Haven, Yale Divinity School, 1982)가 이 회의내용을 녹음 제작한 테이프인 "The Rise and Fall of Biblical Theology."

적 사명」)에서 삼위일체론을 시작 부분에 먼저 다룸으로써 인간의 필요와 경험을 가지고 시작하는 교육이론적 접근과 분명한 대조를 보여 주었다. 스마트는 구원을 "오직 믿음에 의해서만 의롭게 된다."는 이신칭의론과 관련시켰다. 이 책은 「그리스도인의 신앙과 생활」 교육과정 속에서 개발한 내용을 신학적으로 해석한 것이다. 강조점이 '내용'에 두어지고 있는데, 여기에서 내용이란 그리스도인들이 그것을 통해 이 세상 속에서 교회로 존재하도록 부름을 받는-그리고 훈련을 받는-계시의 내용을 말한다. 따라서 교육의 목적은 제자화를 위해 모든 준비를 갖춘다. 이 교육과정 계획의 "교회와 가정을 위한 포괄적인 프로그램"은 20세기에 들어와 교육사역에 있어 가장 생산적인 교육 중의 하나로 불려지고 있다. 기독교교육에 있어 신학이 통제(규범)의 기능을 수행해야 할 학문(discipline)임이 분명해졌다. 스마트에 의하면, 기독교 종교교육은 신학과 제휴하여 잘못된 신앙을 고백하지 못하도록 가르친다. 신학은 맹신, 불신앙, 불성실(unfaithfulness), 그리고 죄의 실체를 밝혀 내고, 아울러 그것들을 너무 늦기 전에 경고하고, 진리를 보수할 목적으로 교회가 '감시탑'(the watchtower)을 오르는 길이요, 그리고 "교회의 신앙과 생활 전체"를 자세히 살피는 통로이기도 하다.[11] 그러나 신학은 '감시탑'에 오르는 길 이상의 기능을 한다. 즉, 신학은 인간에게 회개에로의 초청과 구원의 은총을 대면케 하는 도구(방편)가 되는 성서의 메시지에 대한 분명한 해석이다. 그러한 대면 속에서 그 메시지의 내용은 그것을 듣는 사람의 내적인 존재(속사람)를 변화시키는 통로가 된다. 그러나 성서의 도덕주의적 접근은 양심을 '계도'하고, 그리스도인들 가운데 경험하는 '비참한 모순'(deplorable incoherence)을 극복하는 신념(beliefs) 형성에 대한 강조로 대치된다. 방법들은 신학에 의해 결정되지는 않는다. 방법들은 교육에서 개발된 의사소통의 가장 최선의 수단들 가운데서 선택된

---

11. James Smart, *The Teaching Ministry of the Church*(Philadelphia : Westminster, 1954), p. 33.

다. 그럼에도 불구하고 우리가 어떤 방향으로 돌리든지, 한 가지 분명한 사실은 바야흐로 신정통신학과 성서의 범주들 속에서 현재 재형성된 개혁교회 전통의 유산이 있음을 주목하게 된다.

다른 교파적인 관심들과 제휴해서 신정통주의의 다른 강조점들이 상이한 교육적 프로그램으로 나타났다. 50년대에 시작된 폴 틸리히의 상관방법(method of correlation)은 남장로교회(현재의 미국 장로교회)의 종교교육 이론가인 루이스 쉐릴(Lewis Sherrill)을 통하여, 언약의 삶 교육과정(Covenant Life Curriculum)을 개발하는 데 영향을 주었다. 그 외의 다른 신정통주의 신학자들도 장로교회에 영향을 미쳤지만, 쉐릴은 그의 책 「능력의 선물」(The Gift of Power, 김재은 역, 「만남의 기독교교육」)의 제 5장에서 명명한 대로, "곤경과 주제"(predicament and theme)가 계시적인 성서의 메시지를 개인과 세상에 관련시키는 성경공부 방법이 되었다. 같은 기간(50년대와 60년대 초)에 신정통주의와 다른 신학들이 개혁교회 이외의 다른 교파들에게도 영향을 미쳤다. 그러나 그것에 대한 흥미로운 설명은 이 책의 범위를 넘어선다. 장로교의 신앙과 생활(Faith and Life) 교육과정 프로그램은 기독교교육에서 신정통주의적 관점이 지배한 중요한 한 예(例)이다(1950년대에 들어서면서 '종교교육'이 현재의 '기독교교육'으로 바뀌게 된 것을 주목해 보라).

오늘의 개혁신학

20세기 중반기에 지배적이었던 신정통주의 신학 이후의 몇십 년은 신학적으로 무질서한 불확실성이 뒤따라온 시기였다. 신정통주의가 자유주의 신학에 대한 반동이었듯이 동요, 분열, 그리고 초점의 상실은 50년대 신정통주의의 지나친 확신(자만)에 대항한 반동이었다. 바르트는 아마도 훌륭하고 새로운 교육 프로그램들과(하나님보다는) 신학에 대한 신뢰성조차도 만물 위에 계시는 하나님을 두려워하고 사랑하기 위한 인간 노력의 대체에 불과했다고 말하고 싶었던 듯하다. 이 시기의 변화는 신학적인 변천보다도 더욱 복잡했다. 역사적이고 사회학적인 관점으로부터 도출된 결론은 시드니 올스트롬(Sidney Ahlstrom)이 부른바 "혼란스런 60년대"(turbulent sixties)가 새로운 "우주적 징조들"과 "미국의 도덕적이고 종교적인 태도에 근본적인 변화"를 가져왔다는 것이다. 케네디 대통령과 마틴 루터 킹 목사의 암살의 해, "신(神) 죽음" 신학의 등장, 그리고 2차 바티칸 공의회에서 날아온 희망적 선언은 어떤 이에게는 "흥분과 해방을 가져다 주었고, 또 다른 사람들에게는 당혹감과 고통"을 가져다 준 시간들이었다.[12] 대중매체와 기술공학 혁명, 다문화 현상과 다원주의에 대한 강조, 신학교육에서의 세계화, 그리고 거의 어떤 환경(setting)에서도 언급할 수 있는 다양성에 대한 강조가 결합되어 **'변화'**(change)라는 용어를 20세기의 마지막 사분기를 규정짓는 핵심 단어로 만들었다. 명백하게 변화를 향한 새로운 방향의식과 더불어, 현대의 상황을 새롭게 말해야 하는 개혁신학의 부담은 더욱 커졌다.

개혁교회에 속한 신학자가 [도대체] 누구인지를 알기가 더욱더 어렵다는 사실이 인식됨에 따라 상황은 더욱 복잡해졌다. 신학자들은 때때로 자신들의 전통적인 유산보다는 학문적 풍토에 의해서, 그리고 교회를 위해서 저술하기보다는 신학자들 서로를 위해 저술하도록 보다 더 영향을 받는다는 얘기를 듣게 되었다. 신정통주의 신학자들은 때로는 바르트보다는 부르너에게 속하는 주장에, 니이버 형제들보다는 틸리히의 주장에 동조하곤 했었다. 그러나 이제는 더 이상 상황이 예전 같지 않다. 이제 우리는 '여러 신학들 사이에' 있는 시기를 빠져 나온 것처럼 보인다. 하지만 교파적인 전통의 유산이나 사상의 학파들의 범주들보다 더욱 논리적인 것처럼 보이는 다른 범주들이 있는 것처럼 보인다. 즉, 여성해방, 생태학, 다원주의, 억압받는 자들, 그리고 다른 주장을 하거나 특별한 관심을 지닌 집단들에 대한 강조가 그것이다. 그러므로 현재

---

12. Sidney Ahlstrom, *A Religious History of the American People*(New Haven : Yale University Press, 1972), pp. 1080, 1082.

의 상황에서 개혁신학의 문제를 논하는 것은 어려운 과제이기에 여기서는 우리가 잠정적으로 말해야만 할 것이다.

어떤 사람이 개혁교회의 관점에서 말하는지 아닌지를 확인할 수 있는 한 가지의 방법은 그/그녀가 속해 있는 교파적인 전통을 주목하는 일이다. 프린스턴 신학교의 다니엘 미글리오리(Daniel Migliore)가 저술한 「이해를 추구하는 신앙 : 기독교 신학서설」(Faith Seeking Understanding : An Introduction to Christian Theology, 1991)이라는 새로운 조직신학 교과서는 현재 나와 있는 많은 출판물들 가운데서 '조직신학을 위한 새로운 활력'을 야기시키고 있음을 보게 된다. '주류에 속하는' 북미권의 신학자들에 의해 최근에 쓰여진 대부분의 신학서적들이 비록 "에큐메니칼적인 정신을 보여 주지만," 여전히 "그 저자들의 교회적 전통(ecclesial tradition)의 어떤 특성이 있음은 명백하다."[13] 이러한 개혁교회 전통의 '특성들'을 지닌 저자들은 조직신학 이외의 다른 영역에서도 저술활동을 펴오고 있는데, 가령 특별한 사회적 관심사들을 취하여 다루거나, 혹은 그들이 그 주제들을 다루는 가운데서 신학적 소명을 되찾으려고 추구한다. 여기서 시도되는 것은 현재의 교육이론과 실제를 알리는 개념들과 가치들을 결정하기 위하여 개혁교회 신학자들에 의해 이들 주제 혹은 강조점들 중 몇 가지를 뽑아 내는 작업이다. 여기에 사용된 틀(schema)은 리치먼드에 있는 장로교 기독교교육 대학원(P.S.C.E.) 교수를 역임한 바 있는 신학자 리 배러트(Lee Barrett)에 의해 연구 개발된 것이다.[14]

배러트는 개혁교회에 속한 신학자들의 최근 저서들을 근거로 해서 다섯 가지 그룹으로 분류한다. 첫 번째는 사실상 신정통주의 입장을 계속

---

13. Daniel Migliore, "New Life for Systematic Theology," *The Presbyterian Outlook* 175 : 26(July 5-12, 1993), p. 11.
14. 여기에서 제안된 내용들은 1993년 11월에 리 배러트와의 매우 유용한 대화를 기록한 노트에서 온 것이다. 물론 그 노트의 내용은 허락받아 인용하였다. 그는 1994년에 랑카스터 신학교의 교수로 옮겨 갔다.

견지하는 몇몇 저자들로 이루어져 있는데, 그들은 현재의 삶의 이슈를 고려하여 보다 전통적인 개혁교회 전통의 범주들의 사용에 의해서 길들여진(tempered) 해석들에 비추어 작업한다. 여기에 속한 저자들은 여러 신정통주의 신학자들보다는 한 사람의 특정한 신정통주의 신학자의 영향을 보다 많이 받고 있다. 이 경우 아마도 바르트가 여전히 가장 지배적인 영향을 미치고 있을 것이다. 이들 저자들 가운데에는 존 라잇(John Leith)이 있는데, 그의 저서 속에는 비판적인 판단에 의해 균형을 이룬 개혁교회 전통에 대해 감사를 표시하는 실질적이고도 지속적인 경향이 발견된다.[15] 라잇 뿐만 아니라, 셜리 거쓰리(Shirley Guthrie), 에드 다우이(Ed Dowey), 도널드 다위(Donald Dawe), 그리고 다니엘 미글리오리(Daniel Migliore)가 이 그룹을 대표하는 학자들이다. 배러트는 자신을 스스로 이 그룹에 소속시킨다. 그는 개혁교회를 포함하는 몇 개의 그룹들이 합친 교파로서 개혁교회 흐름을 구체화하고 있는 연합교회(United Church)에 속한 신학자이다.

두 번째 그룹은 "리차드 니이버(H. Richard Niebuhr)의 계승자들"로 명명되고 있다. 이 그룹은 중재적인 신학자들처럼 봉사하면서 칼빈으로부터 기원하여 조나단 에드워즈, 슐라이에르마허를 거쳐, 신 중심을 강조하는 다른 신학자들에 이르는 전체 전통을 주장한다. 제임스 거스탑슨(James Gustafson)과 더글러스 오탓티(Douglas Ottati)가 이 흐름의 대표적인 신학자들 가운데 속한다.

세 번째 그룹은 경험적(experiential) 대화의 능력을 포함하여 17세기의 교리적인 역동성의 부분을 회복하려고 노력하는 몇몇 신학자들인데, 이들은 신복음주의적인 엄격한 개혁교회 칼빈주의(neo-evangelical scholastic reformed Calvinism)를 대표하고 있다. 이 입장을 대변하는 신학자들로는 도널드 블러쉬(Donald Bloesch), 잭 로저스(Jack Rogers),

---

15. John Leith, *Introduction to the Reformed Tradition*(Atlanta : John Knox Press, 1977), p. 7.

그리고 도널드 맥킴(Donald McKim)이 있다.

다양한 관심사를 보여 주는 네 번째의 그룹은 개혁교회에 속한 해방 신학자들로 분류될 수 있을 것이다. 다시 말하면, 이 그룹의 학자들은 개혁교회의 관점을 주장하면서 여러 교리들을 특별한 그룹들에 관련시킨다. 알버트 윈(Albert Winn), 로버트 맥카피 브라운(Robert McAfee Brown), 레티 러셀(Letty Russell, 만일 여성해방 운동 그룹이 분류 범주에 들어 있다면, 그녀는 마땅히 거기에 속할 것이다.), 그리고 송천성(C. S. Song)이 대표적인 신학자들이다.

마지막으로, 배러트가 후기 자유주의적 개혁신학자들이라고 부른 그룹이 있다. 이들은 개념적인 범주들과 함께 신학방법론에도 관심을 가지고 있는 학자들이다. 여기에는 데이빗 켈지(David Kelsey)와 윌리엄 플래쳐(William Placher) 같은 학자들이 속해야 할 것이다.

위에서 제시한 다섯 그룹을 대표하는 신학자들로부터 반영되는 강조점들과 공헌점들은 기독교 종교교육자들이 80년대 후반 이후 계속 연구해 온 신학적 맥락에 대한 우리의 이해에 필요한 정보를 제공해 줄 것이다. 그것은 종합적 개관은 아니다. 물론 신학적이고 종교적인 영향의 전 범위를 보여 주기 위해서는 전체적인 에큐메니칼 상황, 더 나아가 종교 간의 대화(interfaith)의 발전을 개관해야만 할 것이다. 그러나 위의 다섯 가지의 분류는 그것들이 교육적인 사역을 수행할 때 장로교와 개혁교회 안에서 현재 기능하고 있는 몇 가지 주요한 원천자료들과 안내들을 제시해 준다.

다니엘 미글리오리는 첫 번째 범주, 즉 아직도 계속되고 있는 신정통주의 입장에 선 그룹에 속한 탁월한 대표적 학자이다. 그의 책 「이해를 추구하는 신앙」은 강의안으로부터 발전된 것인데, 특별히 프린스턴 신학교의 목회자 양성과정(Master of Divinity) 학생들을 위한 강의로부터 발전시켜 나온 것이다. 그에게 있어 신학의 과제는 "예수 그리스도 안에서 알게 된 하나님의 충만한 진리에 대한 계속적인 탐구"[16]이다. 따라서 미글리오리가 바르트와 그 외의 다른 신정통주의 신학자들의 주요한 신학적 주제들-계시론, 성서론, 삼위일체론, 기독론, 섭리론, 그리고 그 이외의 다른 개혁교회 전통의 신학적 주제들-을 다루고 있음을 발견하는 것은 놀라운 일이 아니다. 거기에는 최근의 신학적 강조점들과의 일종의 대화가 있다. 예를 들면, 미글리오리가 말하듯이 "현대신학에서 계시에 대한 지나치게 부풀린 대화"가 있어 왔다. 그러나 하나님의 자기 노출(self-disclosure)이 어떤 방식으로 일어났는지를 이해하는 것이 중요하다. 그것은 하나님에 대한 정보(지식)의 전달을 훨씬 넘어서는 것이다. 미글리오리는 현재의 관심사들을 뽑아 내면서, 그가 심지어 성서와 성육화된 말씀인 예수 그리스도의 중심성을 강조하는 칼빈으로부터 시작된 오랜 전통을 원천자료로 선택하면서도, 그는 계시에서의 이성과 상상력의 역할에 대하여 논하고 있다. 전통과 현재에 제기되고 있는 삶의 이슈를 서로 결합하려는 그의 이러한 경향성은 그의 저서 속에서 발견된다. 즉, 예를 들면 "선한 창조"에 관한 장에서 다루어지는 생태학의 문제, 기독론과 그 이외의 다른 장에서 다루어지는 해방신학, 그리고 "성령과 그리스도인의 삶"에서 다루어지는 영성 등이 그것들이다. "삶과의 상호 연결성"에 대한 다음의 진술 속에서 미글리오리가 과거와 현재를 어떻게 관련시키는지를 주목해 보라.

> 오늘의 개성화되고, 사유화되고, 관료적이고, 그리고 표면적으로 아름답게 꾸미는 형식의 기독교가 놓치고 있는 점은 고전적인 기독교 신앙의 모든 기본적인 교리들과 상징들 속에 표현되고 있는 삶과의 상호 연결성에 대한 참다운 이해이다.[17]

계속해서 그는 "새로운 공동체"라는 장에서 다음과 같이 말한다.

---

16. Daniel Migliore, *Faith Seeking Understanding*(Grand Rapids, Mich.: Eerdmans, 1991), p. 1.
17. *Ibid.*, p. 188.

하나님을 삼위일체적인 친교(communion)로 이해하고, 구원을 하나님의 사귐집단(society) 속에서 피조물들의 자유로운 참여로 보는 기독교적 이해는 기독교 신앙과 신학을 위한 교회의 중요성을 조명해 준다.[18]

미글리오리가 추구하는 것은 현재의 삶의 이슈들의 맥락 가운데서 신학적 교리의 타당하고 또 이해할 만한 해석을 보여 주는 일이다. 즉, 그것은 "신학이 완전히 혼란한 상태에 놓여 있다."는 견해를 반박하려는 움직임인 것이다. 그는 이렇게 말한다.

> 내가 이 책을 쓰는 목적은 고전적인 신학적 전통에 대해 비평적으로 존경의 태도를 보여 주고, 동시에 최근의 신학에서의 새로운 목소리들과 강조점들에 대해서도 비평적으로 개방적 태도를 보여 주는 기독교 신학의 서설을 제공하는 것이다. 내가 바라는 것은 우리 시대의 해방신학들 – 특별히 여성해방 운동, 흑인해방, 그리고 라틴 아메리카의 해방신학 – 의 영향이 이 책 전체를 통하여 분명하게 보여졌으면 하는 점이다.[19]

라잇, 거쓰리, 그리고 이들 그룹에 속하는 그 이외의 다른 신학자들도 미글리오리의 글에서 표명된 위의 목적을 지니고 있다. 물론 이들은 다양한 스타일과 강조점을 지니고 있다. 신정통주의는 실제로 존재하고 있을 뿐만 아니라, 상당한 영향을 미치고 있다는 나의 첫 결론을 격려한 것은 바로 이 첫 번째 그룹의 연구에 근거하고 있다. 배러트의 분류체계의 다른 범주들에 속해 있는 저자들은 이 운동의 장기간에 걸친 영향을 보여 준다. 그러나 그들 모두에 의해서 많은 수정이 이루어졌는데, 바르트의 주장보다 훨씬 작은 목소리를 내고 있는 것이 그 하나의 예가 될 것이다. 바르트의 위기성(urgency)은 해방신학자들의 목소리에서 나타나는 위기성으로 대체되었다. 그러나 개혁교회 전통 안에서 발언하는

---

18. *Ibid.*
19. *Ibid.*, x–xi.

사람들은 신정통주의에 대해 낯선 사람들이 아니다. 하지만 성서신학 운동은 "성서의 유일한 (중심)이야기"(One story of the Bible)를 하나의 신학 텍스트로 돌리려고 했던 보다 초기의 노력으로부터 벗어 나온 것처럼 보인다. 교회를 위해 영향을 미치고 있는 책들과 커리큘럼 텍스트들은 아직도 여전히 사용되고 있다. 그러나 기독교교육자들의 접근은 보다 초기의 운동에 의한 것보다는 최근의 성서학과 교육이론의 영향을 많이 받고 있다.

리차드 니이버의 신학 속에 구체화된 어떤 가치들에 몰두하는 학자들은 그들 자신을 니이버의 제자로 간주하지는 않는다. 그들은 니이버의 주권적인 하나님(the sovereign God)에 대한 깊고도 설득력 있는 헌신, 그가 그리스도와 문화를 통해 분석하고 연구했던 그의 현실주의(realism), 그리스도인을 위한 삶의 방식으로서 **회개**(metanoia)에 대한 그의 신념과 그의 변혁론자의 관점에다, 그렇게도 중요하게 보았던 종교개혁의 주제들을 끌어내어 발전시키고 있다. 제임스 거스탑슨은 그의 책 「신 중심적 관점의 윤리학」에서 "광범위한 학문적이고 교육학적인 관심들"을 끌어내면서 다음과 같이 주장한다.

> 종교는 점차 주관적인 일시적 인간 목적들, 즉 행복에의 욕구, 성공에의 욕구, 죄책과 불안으로부터의 자유를 위한 도구로 발전되고 있다. …… 이러한 경우 개인적인 경건과 사회적인 경건들은 모두 하나님께 감사, 하나님께 영광, 혹은 하나님을 향한 섬김의 수단이 아니라, 신성(Deity)이 거추장스런 방해물이 아니라면 그것은 [단지] 부수적으로 수반하는 목적들을 유지(지탱)하는 수단이 될 뿐이다.[20]

임상적 치료가 인기 있고, 추구되는 것이 '값싼 은혜'이고, 거기에 더해 '우리 상황(환경)'에 대한 설득력 있는 분석들로 만연되어 있다는 거스탑

---

20. James Gustafson, *Ethics from a Theocentric Perspective*(Chicago : University of Chicago Press, 1981), p. 18.

슨의 비판적 견해는, 그가 말하는 점이 "개혁교회 전통을 좋아함"[21]을 분명하게 보여 주고 있고, 이 관점에서 그의 신 중심적인 신학적 윤리학을 예견케 해준다.

지면의 제한성을 고려해 볼 때, 거스탑슨이 개혁교회 전통 안에서 아마도 강조하기를 원하는 세 가지의 요소들을 인용하는 것이 여기서는 내가 할 수 있는 최선일 것이다.

> 세 가지 요소들이란 (1) 칼빈 이후 발전된 하나님의 절대주권에 대하여 쓰여진 능력이 충만한 절대타자(Other)에 대한 의식, (2) 종교적이고 도덕적인 삶에서의 경건 혹은 종교적 감정(affections)의 중심성…… 공경과 경외의 태도, 헌신과 의무감, 그리고 책임의식을 수반한 존경의 태도, (3) 인간의 삶을 능력이 충만한 타자와의 관계 속에서 이해하는 것으로, 이것은 인간의 모든 활동이 하나님의 목적에 대해서 분별될 수 있는 것과의 관련 속에서 적절하게 질서를 세울 수 있다는 점을 요구한다.[22]

여기에서는 상세하게 설명되어질 수 없는 이들 확신들에 대한 암시조차도, 그것들이 지닌 잠재적 능력에 대해 무엇인가를 말해 주고 있다.

더글라스 오탓티는 거스탑슨과 동일한 주제들의 일부를 고찰하지만, 그것들을 다르게 접근하고 있다. 그는 '개혁하는'(Reforming) 개신교라는 용어를 선호하면서 계속되는 자기 비판적인 개혁의 과정과 변혁적인 세계 참여를 요구한다. 그는 이렇게 말한다. "개혁하는 개신교는 세계를 변혁시키고, 모든 것을 포용하는 하나님의 복지에 충실하게 참여하려고 하는 신 중심적 경건을 촉진한다."[23]

갱신하고 갱생시키려는 노력들은 '심각한 내적 갈등'으로 인해 어려

---

21. Ibid., p. 157ff.
22. Ibid., pp. 163-164.
23. Douglas Ottati, "Conservatives, Progressives and the Spirit of Reforming Protestantism," The Christian Century, p. 740. 이 문단에서 인용한 오탓티의 다른 부분은 같은 논문 pp. 740-743에 있는 것이다.

움을 당하고 있다. 보수주의자들과 진보주의자들 사이의 문화적 분리현상이 교회 안에서 반영되어 나타난다. 이를테면 "개혁성향을 띤 보수주의자들은 기독교의 독특한 정체성을 형성하려는 목적을 지닌 활동들을 지지하는 경향"이 있을 뿐만 아니라, "성경공부, 교파적인 유산, 기도와 복음전도"를 강조한다. 동시에 "갈등을 일으킬 여러 갈래의 충동들과 잠재성"의 한복판에서 진보주의자들은 "범세계적인 문화에 참여하려는 목적을 지닌 활동들을 지지하는 경향이 있다." 이러한 "양극화된 교회적인 에토스"와 "교육과 신학적인 담론을 위한 공동체 환경의 파괴"의 와중에서도 보수주의자들과 자유주의자들의 가치들은 모두가 중요하다. "개혁하는 개신교도들은…… 기독교 정체성의 생존에 대하여 염려할 충분한 이유들을 지니고 있지만," 그와 동시에 우리가 살고 있는 "복잡하게 얽혀 에워싸서 영향을 미치는 조직(web)" 속에서의 태도들과 제도들에 대한 참여, 해석, 재평가에 대해서도 관심을 가질 충분한 이유들을 지니고 있다. 이러한 복잡한 상황 속에서, 오탓티는 "항상 개혁하는 신실한 참여의 정신"을 회복시키려는 노력을 요청하고 있다. 오탓티의 입장이 지니고 있는 고무적인 전망 가운데 하나는 그가 제안한 미래를 위한 방향 속에서 그가 설명한 기본적인 관점을 동반할 교육적인 가능성과 함축적 의미들을 알고 있다는 사실이다. 그가 이러한 사고들을 앞으로 나올 그의 책인 「개혁하는 개신교를 위한 신학」(A Theology for Reforming Protestantism) 속에서 보다 충분히 발전시키기를 기대해 본다.

오탓티가 "독특한 정체성 형성을 위한 보수주의적 충동들"[24]이라고 부른 그러한 흐름의 확신을 지닌 세 번째 그룹의 신학자들은 도널드 맥킴에 의해 대표된다. 그가 편집한 「개혁신앙의 백과사전」(Encyclopedia of the Reformed Faith)은 정확히 위의 목적에 주요한 기여를 하고 있다. 편집인으로서 그는 단지 하나의 관점이나 사상의 학파를 끌어오지 않고, 개혁신학의 흐름을 이해하고 가치를 부여하는 데 기여하는 광범위

---

24. Ibid., p. 740.

한 스펙트럼의 주제들에 관해 주석하는 사람들의 수고한 업적들을 활용한다. 그가 편집한 「개혁전통의 주요한 주제들」(Major Themes in the Reformed Tradition)은 동일하게 인상적인 방식으로 위와 동일한 목적을 가지고 다루어지고 있다. 이 논문집은 언급된 전체 스펙트럼의 입장을 대표하는 신학자들의 글을 모은 것으로, 존 라잇의 "개혁전통의 에토스"(The Ethos of the Reformed Tradition)를 시작으로 하여 앨런 셀(Alan Sell)의 "오늘날의 개혁전통의 가족"(The Reformed Family Today)에 관한 결론적인 반성과 함께, 신씨아 캠벨(Cynthia Campbell)의 "여성해방신학들과 개혁전통"(Feminist Theologies and the Reformed Tradition)으로 끝맺고 있다. 맥킴 자신은 그의 책에서 다른 주제들 뿐만 아니라 "사회 속의 교회의 선교에 관한 개혁교회의 관점"(A Reformed Perspective on the Mission of the Church in Society)을 다룬다. 이 글의 기획은 "주요한 주제들의 발전을 여러 다양한 개혁교회 신학자들의 저서를 통하여 역사적으로 추적하는" 것이고, 그리고 "신학적 주제들을 개혁교회의 관점으로부터 다루는" 것이다.[25]

맥킴은 그의 저서인 「기독교인들이 성서에 대하여 믿는 것」(What Christians Believe About the Bible)에서 다양한 전통들 속에 나타나는 성서에 대한 견해를 탐구하고 비교하는 데 요구되는 과제를 다루고 있다. 개혁교회의 신앙고백서(confessions)의 관점에서 개혁교회의 입장을 바라보면서, 맥킴은 16세기 개혁교회의 신앙고백들이, 예를 들면 루터교회의 그것보다 성서에 대한 보다 분명한 진술을 보여 준다는 점을 발견한다. 그들은 권위 있는 고백서들로서 "성서와 전통의 혼합을 추구하는" 가톨릭교회와 "종교적인 권위의 유일한 원천으로서 성서의 조명을 강조했던" 재세례파의 중간의 입장을 점유하고 있다. 사실상 개혁주의자들에게 있어서 성서는 "하나님의 말씀으로서의 자기 확증적인(self-

---

25. Donald McKim, ed., *Major Themes in the Reformed Tradition*(Grand Rapids, Mich. : Eerdmans, 1992), xi.

authenticating) 권위를 갖게 한다." 성령은 성경말씀에 영감을 주고, 조명하고, 그리고 해석한다.[26] "바르멘 신학선언"과 "1967년 신앙고백서"에서, 맥킴은 성서가 증거하는 하나님의 말씀으로서의 예수 그리스도에 대해 증언하면서 전통과의 연속성을 발견한다. 그럼에도 불구하고 성서는 "인간의 말들"이며, 그래서 "문자적이고 역사적인 이해"를 필요로 한다.[27] 잭 로저스는 장로교 「신앙고백서」에 대한 그의 주석에서 여러 다양한 저자들이 그러하듯이, 미래를 형성하는 데 있어서 개혁교회의 유산과 정체성에 대한 해석의 중요성을 입증해 보이고 있다.

네 번째 그룹의 신학자들은 오탓티가 "적절한 현실 참여에 대한 진보적인 요구들"이라고 부른 강조점에 보다 더 집중한다. 맥킴이 편집한 「개혁전통의 주요한 주제들」 속에 들어 있는 "개혁전통과 해방신학"(The Reformed Tradition and Liberation Theology)이라는 글을 쓴 알버트 윈은 "해방신학"의 그 어떤 기술적인 주장보다도 오히려 사회정의와 공적인 책임성에 대한 개혁전통의 관심을 표상하는 해방에 대한 '강조'에 주의를 촉구한다. 그는 몇 가지의 주제들을 명확히 하면서 '혼란'(trepidation)과 "모든 주제들의 목록이 결국은 풍자적으로 묘사하는 것(caricatures)으로 끝난다는 유머러스한 인식"을 가지고 라틴 아메리카의 해방신학을 선택한다.[28] 그 신학적 주제들은 다섯 가지로 분류된다. (1) 하나님은 억압받는 사람들의 편이다. (2) 라틴 아메리카에서 억압은 구조적(systemic)이다. (3) 해방에 참여하는 것이 구원사역이다. (4) 교회는 가난한 자들의 교회가 되어야 한다. (5) 신학은 실천(praxis)에 대한 비판적인 성찰이다.

---

26. Donald McKim, *What Christians Believe About the Bible*(Nashville : Nelson, 1985), p. 32.
27. *Ibid.*, p. 33.
28. Albert Winn, "The Reformed Tradition and Liberation Theology," in *Major Themes in the Reformed Tradition*, p. 78. 이 부분에 나오는 모든 목록들은 같은 논문의 pp. 77-91에 들어 있다.

윈이 해방신학자이든지 아니든지, 그가 취한 입장의 많은 부분은 이러한 강조점들을 제시해 준다. 하여튼 그는 개혁신학이 해방이라는 전문용어와의 진지한 대화를 통하여 어떻게 심화될 수 있는지를 알고 있다. (1) 우리는 우리 자신의 오랜 정치적 참여의 역사를 기억해 낼 수 있다. (2) 우리는 개혁신학이 본래 억압받는 사람들의 신학이었다는 점을 기억해 낼 수 있다. (3) 우리는 성서에서 소홀히 여겨졌던 부분을 진지하게 취급할 수 있도록 도움을 받을 수 있다. (4) 우리는 칼빈주의와 자본주의 사이의 연결성을 재고려하는 방향으로 나아가는 데 도움을 받을 수 있다. (5) 우리는 진리를 행하는 의미를 지닌 프락시스가 오래된 칼빈주의적 관습이었음을 상기시켜 낼 수 있다. 그러나 윈은 개혁신학이 강조하는 점들 가운데 해방주의자들이 들어야 할 필요가 있는 다른 점들이 있음을 지적한다. 그것들 가운데 우리 모두는 "죄의 실재(reality)와 사악함(pervasiveness)"과 "하나님의 말씀의 적절한 위상"에 대해 상기할 필요가 있다. 만일 장로교인들이 공동선을 위한 공적인 영역에서 책임과 행동을 요구하는 역사에 대한 중요성 강조를 강력히 주장한다면, 장로교 신학자들은 어떤 의미에서 해방신학자들이다.

　로버트 맥카피 브라운(Robert McAfee Brown)은 윈이 언급한 신학자들 가운데 한 사람인데, 그는 '성서에서 소홀히 여겨졌던 부분들'을 진지하게 연구해 왔다. 그러한 연구를 하는 가운데 그는 개혁교회 전통 속에서 예언적 목소리의 대변인이 되었다. 브라운은 자신의 폭넓은 기초를 지닌 성서연구를 체계화하면서, 그의 책 「뜻밖의 소식 : 제 3세계의 시각으로 읽는 성서」(Unexpected News : Reading the Bible with Third World Eyes)에서 보여 준 것처럼, 신학에서 현재에 초점을 맞춘 대화에 중대한 기여를 해왔다. 몇몇 다른 학자들 – 가령 '파트너쉽'에 관한 책에서의 레티 러셀 – 은 해방신학자들의 관심들의 여러 국면들을 다루고 있다. 아마도 개혁신학자 가운데 해방신학에 의해 영향을 받고 해방신학을 가장 옹호하는(for) 대변인과 같은 사람은 대만 장로교회 출신으로서 미국 개혁교회에 속해 있는 송천성(C.S. Song)일 것이다. 캘리포니아 버클리에 소재해 있는 태평양 신학교(Pacific School of Religion)의 교수인 송천성은 지금까지 설화신학(narrative theology)에 대해 저술을 해왔는데, 지금은 여러 권으로 된 기독론에 관한 저서를 준비하고 있다. 그리고 「제 3의 눈의 신학」(Third-Eye Theology)과 그 밖의 여러 저서를 통하여 그는 그의 주장을 우아하게 펼치고 있다. 그는 우리 교육학자들을 위하여 몇 마디 조언을 건네 주고 있는데, 이 조언은 나중에 결론 부분에서 인용될 것이다.

비록 대부분의 신학자들이 약간의 가정된 혹은 명시적인 방법론에 따라 그들의 연구를 수행하기는 하지만, 여러 다양한 전통 속에 속해 있는 몇몇 신학자들은 다섯 번째 그룹에 속해 있는 신학자들처럼, 특별히 그들 자신의 접근방법을 명확하게 하는 데 관심을 가지고 있다. 로마 가톨릭교회에 속해 있는 데이빗 트레이시(David Tracy)는 그의 책 「질서를 위한 거룩한 열망」에서 우리의 "검증하는 다원주의"을 통해 유익을 얻고, 동시에 "지적인 카오스를 위장할 수 있는 상식적인 절충주의"의 게으른 관용을 피하기 위하여, 그는 "명시적인 탐구방법을 분명히 밝히고 또 그것을 변호하려고 애쓴다. 그래서 우리의 일상생활 속의 상징들과 텍스트들을 기독교의 그것들 [상징들과 텍스트들]과 변증법적으로 해석할 그러한 방법을 사용했다."[29] 트레이시는 그의 적합한 신학방법론으로 수정주의적 모델(revisionist model)을 발전시킨다. 우리가 살펴본 개혁신학자들 가운데 몇몇은 - 한 사람만을 예로 들자면 더글라스 오탓티 - 그러한 과제에 대해 진지하게 고려하고 있다. 그러나 내가 알기로는, 그 어느 누구도 데이빗 트레이시만큼 그 과제를 그렇게 진지하게 다루지 않았다.

이 장을 읽는 사람들에게 특별히 흥미로운 점은 신학교육에 대한 최근의 토의일 것이다. 그 토의의 목적은 무엇인가? 미래의 신학교육의 모

---

29. David Tracy, *Blessed Rage for Order : The New Pluralism in Theology* (New York : Seabury, 1975), p. 3.

습은 어떠해야 하는가? 개혁교회 신학자인 데이빗 켈지는 최근 10년 동안 이루어진 이러한 대화들에 참여해 왔고, 그의 최근의 두 책 「하나님을 진정으로 이해하기 위해서 : 신학교육에 대한 신학적인 것」(To Understand God Truly : What's Theological about Theological Education)과 「아테네와 베를린 사이에서 : 신학교육 논쟁」(Between Athens and Berlin : The Theological Education Debate)에서, 그는 내가 아는 것 가운데 가장 포괄적인 분석과 제안들을 제시하였다. 그의 탐구들에 있어서의 역사적이고 철학적인 '분야의 지도 그리기'(mapping of the field)를 뒷받침할 자료에 대한 그의 관심은 방법론적인 명료성(clarity)을 보여 주고 있다. 두 가지 대안적인 모델 가운데 「아테네와 베를린에 대한 분석」은 신학교육의 근본이 되는 이론적 근거, 목적과 커리큘럼에 대한 조사와 함께 신학교육이 관심가져야 할 것이 결국은 하나님이라는 결론으로 인도해 준다. 그리고 '하나님을 진정으로 이해하는 것'이 신학교육의 목적이다. 그러면 어떻게 그러한 목적에 의해 인도된 교육을 계획함에 착수할 것인가? "신학교는 기독교인 회중에 대한 질문의 지평 안에서 신학의 다양한 주제들을 연구하는 것에 초점을 맞춤으로써 하나님을 보다 진정으로 이해하려고 노력하는 사람들의 공동체이다."[30] 이러한 틀(framework)이 제시될 경우에, 우리는 보다 구체적인 내용들에 대한 계획을 세울 수 있다. 비록 이러한 구체적인 내용들이 토론의 가치가 있긴 하지만, 그것들은 여기에서는 다루어질 수 없다. 그러나 구체적인 방법론의 가치는 명백해진다.

윌리엄 플래쳐(William Placher)는 여러 이슈들에 대한 그의 역사적이고도 철학적인 접근방법에 있어 방법론으로서 조사연구에 관심을 보여 준 개혁교회의 한 신학자이다. 프린스턴에서 1992~1993년에 개최된 스톤 강좌(Stone Lectures)에서, 그는 그의 청중들이 하나님에 대한 일체

---

30. David Kelsey, *To Understand God Truly*(Louisville : Westminster/John Knox Press, 1992), p. 131.

의 문화적이고 역사적인 이미지들을 제쳐버리고, 오직 나사렛 출신 목수의 아들인 예수만을 바라다보는 것은 아닌지, 그리고 "그것이 [도대체] 어떤 종류의 하나님을 함축하는 것인지"[31]를 물었다. 그는 마가복음을 가지고 시작하면서 그 과제를 계속 추구하는데, 그가 사용한 방법은 "신학을 수행함에 있어서 성서에 나오는 이야기 형태들(narrative shapes)의 사용"[32]이다. 여러 가지의 어려움들에도 불구하고, 우리는 "하나님이 모든 것 이상으로 자유롭게 사랑하시고, 아울러 그 사랑 가운데서 상처받는 것을 기꺼이 감수하시고 또 고통받는 것을 감수하심"[33]을 가정하게 된다. 플래쳐는 한스 프라이(Hans Frei : 지금은 고인이 된 예일 대학의 조직신학자 - 역자주)를 인용하면서, 기독론에 있어서 "그리스도에 대한 교리가 그리스도 예수의 이야기의 의미인 것이 아니라, 오히려 그리스도 예수의 이야기가 그 교리의 의미이다."[34]라고 말한다. 이러한 이야기와 신학의 상관성은 그 이해를 풍성히 하기 위한 잠재력의 측면에서 생산적이다. 플래쳐의 책 전체에 대한 포괄적인 분석이 유익할 것이라는 점은 의심의 여지가 없다.

배러트에 의해 명명된 다섯 그룹들에 밀접한 관계를 유지하고 있거나, 혹은 그들의 경계 밖에 서 있는 또 다른 현대의 개혁신학의 해석자들이 있다. 그들 가운데 가장 유명한 한 사람은 역사신학자인 브리안 게리쉬(Brian Gerrish)이다. 그는 개신교 전통의 연속성과 변화성을 다루는 데 특별히 익숙하다. 게리쉬는 그의 저서 시작 부분에서 그가 인용한 칼빈의 다음 글은 자신의 목표이기도 하다 : "우리의 밤과 낮에 걸친 지속적인 노력은 단지 전통을 충실하게 전수하는 것 뿐만 아니라, 우리가 생각하기에 최선일 것이라고 판단하는 형태로 그것(전통)을 바꾸는 일이

---

31. William Placher, "Narratives of a Vulnerable God," *The Princeton Seminary Bulletin* 14 : 2(New Series 1993), p. 134.
32. *Ibid.*
33. *Ibid.*, p. 142.
34. *Ibid.*, p. 148.

다."[35] 그 강조점에 있어서 게리쉬는 칼빈을 해석하는 학자들[36]과 리차드 니이버를 통해 이어지는 그의 '계승자들'과 많이 유사한 것처럼 보일 수도 있다. 그러나 다른 사람들이 하는 것처럼 그는 니이버의 주장을 직접적으로 끌어오지는 않는다. 게리쉬 이외 캐나다 신학자인 더글러스 홀(Douglas Hall), 루이스 멋지(Lewis Mudge), 벤 클라인(Ben Kline), 그리고 다른 많은 신학자들의 저서들도 여기에 포함시키는 것이 유익할 것이다. 그것들은 적어도 교회의 전통에 활력을 새롭게 제공하는 그러한 활동성의 의미를 주는 하나의 실례로서 선택된 것들이다. 이러한 실례를 찾는 탐구작업은 알버트 윈이 개혁신학에 나타나는 해방의 주제들의 '목록들'을 작성할 때 느꼈던 그러한 류의 두려움(trepidation)을 나타내 준다. 그럼에도 불구하고, 비록 그것이 한계를 지니고 있긴 하지만 실례를 찾는 탐구작업은 우리에게 개혁교회 전통 속에서 작업하는 기독교교육자들에게 미치는 강력한 영향력의 배경을 볼 수 있게 하는 기초를 제공해 준다.

2부

개혁교회 교육사역에서의 이론과 실제

역사적으로 시작에서부터 현재에 이르기까지 발전된 방식으로 나타난 개혁교회의 신학적 주제들은 우리에게 계속 강조되어야 할 것으로

---

35. 이 인용문은 칼빈의 "Defense Against Pighius"로부터 브리안 게리쉬에 의해 그의 책 *Tradition and the Modern World : Reformed Theology in the Nineteenth Century*(Chicago : University of Chicago Press, 1978), p. 13에 인용된 것이다.
36. 사실상 게리쉬는 칼빈의 사상을 다른 신학자들의 사상과 관련시키는 작업에 특별히 익숙하다. 위에서 인용한 논문 "Continuity and Change : Friedrich Schleiermacher on the Task of Theology"에서 게리쉬는 칼빈과 슐라이에르마허 사이에 있는 많은 유사성(kinship)을 발견한다.

다가온다. 즉, 신 중심적인 초점, 경건생활과 하나님의 목적을 향한 참여에로의 부르심의 삶, 성서의 권위, 그리고 교육의 중요성 등이 개혁교회가 강조하는 신학적 주제들이다. 변화의 주제들과 특수한 관심사들-예를 들면 해방신학적인 주제들과 교회와 문화와의 관계-은 이러한 주요한 강조점들에 비추어 해석될 수 있다. 그래서 우리는 다음과 같이 물어야 한다. 만일 우리가 오늘 이 시점에 이르기까지 고려된 사상들의 본질적인 핵심에 이를 수 있다면, 그것이 기독교교육을 위해 의미하는 것은 무엇인가? 오늘날 교육사역을 위한 적용, 아니 더 나은 표현으로 하면 교육사역을 위한 함의(시사점)는 무엇인가? 그것의 목적은 무엇인가? 그것의 주제(subject matter)는 무엇인가? 그것을 수행하는 기관들(agencies)과 전략들은 무엇인가? 등이다. 너무 많은 것을 압축하고 단순화하려는 위험성이 우리에게 여전히 도사리고 있다는 점을 인정하면서, 우리는 교육에 있어서 우리를 위하여 모습을 나타낼 개념적인 범주들-일차적으로 **내용**(content)으로서, 그리고 **관점**(perspective)으로서-이 무엇인지를 고려해 보자. 여기에서는 교육사역을 위한 기초가 되는 일곱 가지의 주요한 개념들이 제시된다(원서에는 여덟 가지 [eight major concepts]로 기록되어 있으나 실제로 내용은 일곱 가지 주요 개념을 소개하고 있다. 집필자인 S. Little이 1997년 10월 17일 장신대를 방문했을 때 문의한 결과 일곱 가지 개념들임을 재확인했다-역자주).

1. 교회의 목적, 교회의 사역, 그리고 교회의 교육은 웨스트민스터 소요리문답(Westminster Shorter Catechism)**의 첫 질문과 대답으로 요약될 수 있을 것이다.**

질문 : 인간의 주된 목적은 무엇인가?

대답 : 인간의 주된 목적은 하나님을 영화롭게 하는 것이고, 그를 영원토록 즐거워하는 것이다. 성차별적인(sexist) 언어는 바뀌지 않고 아직도 그대로 남아 있다. 따라서 그것은 개정이 필요하다. 마찬가지로 전체 요리문답도 개정이 필요하다. 그리고 예수 그리스도의 단순한 언어는

"그 자신의 목적과 그의 주변에 모여 있는 공동체의 목적을 가장 잘 이해할 수 있는 열쇠"인데, 말하자면 그 목표가 "하나님 사랑과 이웃 사랑을 사람들 가운데 증가시키는 것"이라는 리차드 니이버의 진술[37] 조차도 개정되어야 한다. 이웃 사랑은 하나님의 사랑 속에 함축되어 있는 것이 확실하다. 그러므로 목적은 사변적인 내용이 아니라 기질적인 것(the disposition), 의지적인 것(the will), 심정적인 것(the heart), 또는 조나단 에드워즈가 말하듯이 "일반적으로 존재에의 사랑"인 "참된 덕"(true virtue)[38]의 문제이다.

우리가 인용한 거의 대부분의 학자들에 의해 제시된 신 중심적 관점은 여기에 요약되어 있고, 아울러 개혁전통을 위한 초점으로 제시되어 있다. 칼빈은 말한다. "우리는 우리 자신의 것이 아니다.…… 다른 한편으로 우리는 하나님의 것이다. 따라서 그를 위해 살고, 또 그를 위해 죽자." 그러므로 첫 번째 단계는 "우리 자신을 버리는 것이요, 그리고 우리 마음(minds)의 전에너지를 하나님을 섬기기 위해 바치는 것이다."[39] 칼빈과 개혁자들에게 나타나는 특징적인 요소인 섬김의 중심사상은 감사, 공경, 경외, 사랑, 기쁨 등 신 중심적 초점의 한 부분 전체를 상기시키는 '하나님에게 속함'(belonging to God)이라는 것의 단지 한 부분일 뿐이다.

사실상 우리가 고찰한 신학자들은 교회를 이러한 성서적이고 역사적인 중심(center)에로 향하고 있다. 만일 우리가 많은 자료의 내용물에서 교육적인 프로그램들을 살펴본다면 그 전망은 혼란스럽게 되거나, 혹은 거스탑슨이 말한 대로 인간 중심적이 될 우려가 있다. 그러므로 여기서 우리는 기억해야 하고 다시 회복해야 할 필요가 분명해진다.

---

37. H. Richard Niebuhr, *The Purpose of the Church and Its Ministry*(New York : Harper and Brothers, 1956), p. 31.
38. *Christian Ethics : Sources of the Living Tradition*, ed. Waldo Beach and H. Richard Niebuhr(New York : Ronald Press, 1955), p. 391에서 인용.
39. *Ibid.*, p. 284.

2. "이해를 추구하는 신앙"은 개혁교회의 교육사역을 위한 적합한 준거의 틀이다. 아마도 우리는 여기에다 "신실성을 추구하는 신앙"을 덧붙여야 할 것이다.

"이해를 추구하는 신앙"은 여러 컨텍스트(context) 안에서 자주 등장한다. 그리고 비록 그것이 적어도 안셀름(Anselm)까지 소급된다고 할지라도, "이해를 추구하는 신앙"은 특별히 개혁교회 진영 안에서 자주 들려진다. 사실상 이해(understanding)는 신학자들이 교육자들에게 말하고 싶어하는 말들 중의 핵심 용어이다. 질문, 의심, 왜(why)를 묻는 행위는 그것이 인간됨에 대해 의미하는 것의 한 부분이다. 이러한 이해는 하나님의 존재를 증명하지 않을 뿐더러, 신앙의 성장도 보장하지 않는다. 그러나 그것은 기독교공동체를 연결시키고, 공동의 충성과 공동체를 위한 가치체계를 세움으로써 돕는다. 이해는 때때로 고통스럽고 명령적인 특별한 환경 속에서 무엇을 하는 것이 옳고 선한지를 분별하는 도덕적인 행위의 결정을 하는 데 돕는다. 다른 말로 하면, 신실하게 된다는 것은 하나님이 우리에게 마땅히 되어야 하고(to be), 또 행해야 하는(to do) 것이 무엇인지를 이해할 것을 요구한다.

미국 교회교육에 대한 주요 연구로 1990년에 완성해서 출판된 「효과적인 기독교교육」[40]에서, 장로교인들은 이 연구에 참여한 대부분의 다른 교파들보다 '따스하고 다정한 분위기'(warm and friendly atmosphere)보다는 '생각하는'(thinking) 분위기를 훨씬 더 가치 있게 여기는 것으로 밝혀졌다. 그러나 연구 전체를 살펴볼 때, 보다 많은 사람들은 '지적인 사고와 토의'에 의해 고무되기보다는 따스한 분위기를 생생하게 경험한 것으로 나타난다. 다정함은 회중의 충성심에 영향을 미친다. 그러나 사고는 신앙성숙(신앙성숙이란 용어는 연구를 위해 설정된

---

40. *Effective Christian Education : A National Study of Protestant Congregations, A Report for the Presbyterian Church*(U.S.A.). (Minneapolis : Search Institute, 1990), pp. 2-14, 40-42.

구체적인 세부적 특성들 가운데 하나임)에 보다 큰 기여를 한다. 사람들은 정치와 사회적 행위를 다루는 방법에 대해 아는 것에 많은 도움을 구하지 않고, 오히려 그 도움 [자체]를 원한다. 장로교의 젊은이들은 다른 주요 교파들의 젊은이들보다 '많은 것을 배운' 것으로 보고되고 있다. 지금까지 미국에서 실시된 조사연구 중 가장 규모가 큰 이 전체 연구는 탁월성(prominence)이라는 측면에서 인상적이다. 그 연구는 젊은이들의 신앙과 그 신앙 안에서의 성장에 대해 보고하는 사람들에 의해 종교교육에 도움을 준다. 그것은 또한 신앙(faith)과 신실성(faithfulness) 같은 용어의 의미를 포착하는 데 있어서의 어려움을 지적해 준다. 여기서 신앙은 하나님의 은혜를 '추구하는' 의미이고, 신실함은 하나님의 은혜에 대한 '반응'으로서 이 두 용어는 성취할 수 있는 특성에 의해 구분되는 것 이상의 의미를 지닌다. 우리가 심리학과 사회학 등 사회과학의 연구 성과물들을 사용하는 것처럼 신학자들이 우리에게 반드시 말해야 하는 것(내용)은 매우 중요하다. 그리고 교육학자들이 이들 제반 학문들의 공헌점에 대하여 말해야 하는 것도 역시 필요하다.

교육과의 관련 속에서 신앙에 대한 또 다른 한 가지의 성찰인 신앙과 신앙의 발달에 대한 과도한 관심은 그 분석에 동기를 부여해 준 바로 그 기대에 파괴적인 기능을 하는 것처럼 보인다. 아니, 보다 적절하게 표현하면, 신학자들에 따르면 신 중심적 초점이 인간 중심적 초점을 선호하는 가운데 왜곡된다는 것이다. 교육학자들은 "나의 개인적인 이야기를 말하는" 활동(이것은 너무나도 자주 반복되는 것이다.)이 신앙을 사소(평범)하게 만든다는 점을 인식할 것이다. 우리가 꼭 기억해야 할 것은 – 이것은 칼빈이 말한 것인데 – 하나님의 지식과 자아의 지식은 상호 의존적이라는 점이다. 그러나 이것이 하나님에 **대한**(about) 지식만이 아니라, 하나님**의**(of) 지식이라는 점을 주목하라. 그것은 한 개인이 그/그녀가 누구인지를 알게 되는 것 안에서 생기는 신뢰(trust), 믿음(belief), 그리고 확신(confidence)으로 이루어진 하나의 경험된 관계성이다.

3. 기독교인의 삶은 경건의 삶으로 묘사되는 것이 보다 적절한 표현일 것이다.

경건(piety)은 최근의 개혁교회 신학자들의 사상 속에서 매우 자주 등장하는 용어이다. 이 경건은 개혁교회 신학자들로 하여금 자신들의 개혁교회 유산을 탐구하게 만드는 최근의 상황 속에서 그들을 위해 필수적으로 질문을 제기해 온 개념이다. 하워드 라이스(Howard Rice)에 따르면, 칼빈에게 있어서 경건은 "그리스도인의 자유를 행사하는 방식이다. 여기서 그리스도인이라 함은 그 삶이 은혜에 의해 접촉되고, 그 결과 하나님에게 강렬하게 책임을 인식하는 존재들을 의미한다." 그는 계속해서 말한다. "우리의 경건은 하나님의 현존(임재)하심에 주의를 기울임으로써 우리가 그분의 현존성에 반응하면서 우리의 삶을 영위하는 방식이다."[41] 따라서 경건의 도전은 '경건하게' 되는 방법이 아니라, '순종하는 제자도의 기쁨을 발견하는' 방법이다.[42] 경건에 대한 이러한 이해는 교육적인 결정을 내려야 할 몇 가지 영역을 우리에게 가리켜 준다.

그러한 영역 가운데 하나는 교육계에서 거의 유행이다시피 한 영성(spirituality)에 대한 현재의 강조 부분이다. 하틀리 홀(T. Hartley Hall)에 의하면, 그 용어는 "'영성'이라는 단어가 모든 고전적인 개혁교회 신학자들의 저작에서 눈에 띌 정도로 나타나고 있지 않다는 점에서 무엇인가 양립할 수 없는 말을 서로 짜맞추어 수사적 효과를 올리려는 모순어법(oxymoron)이다. '의미와 통전성을 위한 개인의 내면적 탐구'인 영성에 대한 대중적인 이해로서 그 개념과 실제 적용에 있어 광범위하게 관련되고 있는 현재의 영성 이해는 제 2차 바티칸 공의회 이후의 개념이다. 홀의 경우에 더 선호되는 용어는 '경건'[43]이다. 이것은 라이스가 영

---

41. Howard Rice, *Reformed Spirituality : An Introduction for Believers*(Louisville : Westminster/John Knox Press, 1991), p. 46.
42. *Ibid.*, p. 47.
43. T. Hartley Hall, "The Shape of Reformed Piety," in *Spiritual Traditions for the Contemporary Church*, ed. Robin Maas and Gabriel O'Donnell

성의 적합한 의미에 대해 언급했던 그런 종류의 용어이다. 이 두 저자의 경우에 있어서 그 개념의 발전은 하나님의 현존하심에 대한 깨달음, 전체 기독교공동체 역할의 일부분인 사회적 책임성에 대한 깨달음, 하나님에 대한 기쁘고 존경스러운 반응인 순종적인 제자도에 대한 깨달음에 입각하여 이루어진다. "현대의 삶이 무미건조하고, 열정이 식어지고, 목적의식이 사라지게 되어 버렸다는 느낌"[44]으로부터 생겨나는 종교적인 경험을 위해 그리스도인들 속에서 느끼는 갈망을 채우려는 것은 이를 시도하는 사람들에게 있어서는 교육적이다. 영적인 형성(spiritual formation)에 대한 강조는 또한 생의 기쁨과 목적을 경험하는 그런 사람이 되는 과정에서 도움을 주는 필요요소인 것처럼 보인다. 교육자인 로렌스 형제(Brother Lawrence)의 "하나님의 임재 가운데 사는 연습"(the practice of the presence of God)에 대하여 우리는 무엇을 말하고 있는 것인가? 교육적으로 볼 때 우리가 사용하는 용어에서 구별해야 하는 차이점은 무엇인가? 우리는 그것들을 어떻게 해석하고, 또 어떻게 이해하고 있는가? 경건의 삶을 가리키고 유지하는 데 기여하는 연습의 실제는 무엇인가? 다시 말하건대, 교육학자들과 신학자들은 대화를 해야 할 필요가 있다.

두 번째의 영역은 교리와 경건의 삶과의 관계이다. 이 점에서 칼빈은 분명하다.

> 교리는 혀의 문제가 아니라 삶의 문제이다.…… 그리고 교리는 그것이 전 영혼을 소유하고, 또 그 자리와 처소를 우리 가슴의 가장 깊숙한 곳에 자리한 것을 발견할 때만이 진리로 받아들여진다.…… 우리는 우리의 종교[경건]가 포함되어 있는 교리에 첫 번째 자리를 부여해 왔다. 이유는 그 교리에 의해서 우리의 구원이 시작하기 때문이다 ; 그러나 그 교리는 우리의 가슴속으로 스며들어야 하고, 아울러 행위로 나아가야 한다. 그리하여 우

(Nashville : Abingdon, 1990), p. 202.
44. Rice, *Reformed Spirituality*, p. 7.

리를 그 교리의 진리 그 자체로 변형하지 않으면 안 된다. 왜냐하면 나무는 그의 열매로 자신의 질이 증명되기 때문이다.[45]

교리는 **진리**(truth)와 관계가 있다. 우리는 이미 잭 스토츠의 말을 인용했다. "진리는 선하기 위해 존재한다." 종교교육은 교리에 관한 지식뿐 아니라 선에 대해서도, 그리고 '하나님의 임재 가운데 거하는 방식'과 동시에 공동선(共同善)을 위해 관심을 두고 있다. 물론 교리에 대한 이러한 설명은 우리의 동기, 우리의 이기주의, 우리의 죄성에 의해 제한된다. 그러나 경건의 삶은 겸손과 감사한 마음으로 주어지는 구원의 선물을 받아들이는 사람에게는 가능하다. 교육자는 이렇게 복잡한 교리의 이해를 어떻게 전달할 수 있는가?

4. 삶은 하나님의 목적을 향하도록 방향이 설정되어야 한다.

경건의 삶에 밀접하게 뒤따르는 것은 하나님의 목적을 향한 삶이다. 개혁전통에 속한 그리스도인들이라면, 그들은 하나님의 목적들이 무엇인지를 분별하려고 노력하는 에큐메니칼 진영에 속한 모든 사람들과 협력하고, 또 그들이 그 길을 계속 진행하도록 애쓰는 데 협력하는 것이 바로 그들의 사명이다. 이러한 변혁론적 관점은 개혁교회 지도자들이 정치적인 문제들과 여러 종류의 공적인 이슈들에 대한 역사적인 참여와 함께 깊은 관심을 가지고 관계를 하지 않으면 안 되게 부름받고 있다. 하나님은 이 세계를 창조했고, 제자들은 단지 교회를 유지하도록 부름받은 것이 아니라 하나님께 속한 피조계 전체를 돌보도록 부름받았다.

5. 개인과 공동체는 신학적인 성찰을 수행해야 하는 과제에로 초대받고 있다.

---

45. John Calvin, *Institutes of the Christian Religion*, trans. Henry Beveridge, 2 vols.(London : James Clarke, 1949), BkⅢ, chap. vi, par. 4.

이 진술 속에는 적어도 두 가지의 요점이 함축되어 있는데, 그것은 우리가 이미 고찰한 몇몇 신학자들 가운데 지녔던 하나의 가정을 반영해 준다. 첫 번째 요점은 신앙공동체의 모든 참여자들은 하나님의 목적을 삶에 구체적으로 관련시키려고 노력해야 한다는 점이다. **모든 참여자들은 삶 속에서** '신학을 해야'(do theology) 한다. 이것이 개혁교회 입장(perspective)의 한 부분이다. 다시 말하면, 그것은 '믿는 자들의 제사장 됨'(priesthood of believers)의 사상과 관련된다. 때때로 개혁교회 안에는 목회자와 평신도 사이에 다른 어느 교파들보다 많은 긴장이 있다.[46] 물론 정치 형태(polity)는 그렇지 않은 것을 나타내는 것처럼 보일지도 모른다. 상이한 정황들이나 심사해야 할 문제들, 지식과 경험의 여러 배경들을 고려해 볼 때 신학적인 작업(enterprise)을 위해 공동체의 지혜가 필요하다. 두 번째 요점은 전통을 해석하고 아울러 그것을 현재의 삶에 관련시키는 과제인데, 그 과정은 그 전통이 전유(專有)되고 재해석되는 바로 그 과정이기도 하다는 점이다. 공동체의 자기 이해의 공헌은 또한 전통의 해석을 통한 자기 인식에의 과정에 의해서 우리가 교육된다는 점이다.

지금 기술되고 있는, 여기서는 해석학적인 것으로 보여지는 이 제안은 현재 실천신학계에서 강조하고 있는 경향의 한 측면이다. 장로교 교육학자요 실천신학자인 리차드 오스머는 사람들로 하여금 그들의 삶 속에서 개별적인 상황들을 '의미 있는' 방식으로 해석할 수 있는 기회를 가지게 하기 위해 교회교육에서의 그 중요성을 다음과 같이 언급하고 있다.

---

46. Schuller et al., *Ministry in America*, p. 458을 보라. 아담스(Arthur Adams), 호게(Dean Hoge), 그리고 뢰셔(Lefferts Loetscher)에 의해 여기에서 요약된 진술은 또한 "이제 막 시작하는 목사가 기독교에 대한 숙달된(learned) 이해와 제시(presentation)를…… 지니는 문제에 대해 평균 이상의 강조"를 하고 있다는 점 뿐만 아니라, 개혁전통의 구별되는 특성들에 대해 말해진 것을 지지하는 다른 특성들이 있다는 점을 제시한다.

세상을 향한 하나님의 목적들에 대해 분별할 수 있는 빛 안에서 자신들의 삶을 해석해야 하는 그리스도인들의 노력(struggle)에서, 우리가 실천신학적 성찰을 자리매김해야 할 곳은 바로 여기이다. 이러한 신학적 성찰은 아카데믹한 전문가들(specialists)의 특수한 영역이 아니다. 그것은 경건의 성찰적(reflective) 차원이다. 그것은 그리스도인들이 이 세상 속에서 그들의 소명들(vocations)을 감당하며 살려고 노력할 때, 그들이 책임 있는 응답을 위해 지닌 신학적이고 도덕적인 논리적 사고이다.[47]

조직신학자들은 교회의 삶 속에서 다른 목적을 가지고 섬긴다. 여기서 우리는 개별적인 그리스도인과 회중에 대해 말하고 있다. 실천신학적 성찰의 과정은 오스머에 의해 조심스럽게 설명되고 있다. 그 설명은 "구체적인 반응의 입법(enactment)과 그것이 지닌 효과들의 계속적인 성찰"에 대한 평가와 분석의 단계들을 통하여 "현재 진행되고 있는 것의 확인"으로 시작하고 있다.[48]

6. 가르침의 사역(the teaching ministry)은 교회가 그 사명을 수행하는 데 있어서 핵심적으로 중요하다.

가르침의 사역에의 헌신은 칼빈의 생애와 활동에서 분명하게 나타나고 있고, 이 점은 많은 개혁교회 신학자들의 저서들에 나타난 하나의 가정이다. 뿐만 아니라 가르침의 사역 강조는 잭 스토츠에 의하면, 장로교의 분명한 특성('장로교의 정신')으로 인정되기도 한다. 모든 그리스도인들을 신학적인 성찰에 참여토록 초대하는 일에 비추어 볼 때, 그러한 전통의 회복과 이를 위한 목사들의 가르침의 역할을 분명하게 함이 여기에서 특별히 요구되어진다.

---

47. Richard Osmer, *A Teachable Spirit : Recovering the Teaching Office in the Church*(Louisville : Westminster/John Knox Press, 1990), pp. 164-165.
48. *Ibid.*, p. 167. 이 성찰의 연속적인 단계들은 p. 167부터 시작되는 부분(section)에서 분명하게 기술되고 있다.

개혁전통 안에서 '가르침의 직임'(the teaching office)이 의미하는 것을 공식화하려는 움직임이 진행 중에 있다. 리차드 오스머는 그의 책 「가르칠 수 있는 영 : 교회 안에서 교수직의 회복」(A Teachable Spirit : Recovering the Teaching Office in the Church-번역책명 : 「교육목회의 회복」)에서, 그는 최근 몇 년 동안 그 주제에 대한 가장 포괄적이고 학문적인 연구를 제공해 주고 있다. 그는 교수직의 세 가지 중심체를 제시함으로써 그 개념을 재개념화한다. 즉, 학문적인 탐구와 목회자 교육을 담당하는 전문적인 신학자들과 신학교들, 각 교파 내 전체 교회를 대신해서 가르침과 교육을 담당할 총회의 대표적인 지도자들과 기구들(예컨대 총회교육부), 그리고 개교회 내 실천신학적 성찰과 평신도 교육을 담당할 회중들이 그것이다.[49] 따라서 안수를 받은 교회 목회자들의 역할은 "교회 내에서의 가르침의 권위를 가진 여러 중심 기관들 가운데서 그들과의 대화를 촉진"하는 일이다. 목회자들은 그들이 책임을 지고 있는 "교육과 교파에 대한 특수한 관계성" 때문에, 이 과제[50] 수행을 위해 칼빈이 말한 "가르칠 수 있는 영"(teachable spirit)을 발전시키는 일에 '유일하게 자격을 지니고' 있다. 오스머의 이 제안은 복잡하지만 계속 탐구할 가치가 있다.

7. 신앙공동체는 오늘의 교육환경(educational ecology)을 다시 생각하도록 요청받고 있다. 부연해서 설명하면, 교회의 전승화와 변혁적인 사명을 수행함에 있어서 신앙공동체는 서로 보완하는 기능을 통해 서로에게 관련되어 있는 과거의 형태들을 평가하는 일과 새로운 기구나 제도들, 그리고 기관들을 세우기 위해 계획을 세우도록 요청받고 있다.

공립학교와 주일학교, 가정과 교회, 교회가 세운 대학들과 저널들, 회중들과 신학교들 등 여러 기구들이 과거에는 서로 연결해서 개신교에

---

49. *Ibid.*, p. 179.
50. *Ibid.*, p. 207.

속한 주류 교회들의 교육을 도왔다. 로버트 린(Robert Lynn)은 버지니아에 있는 유니온 신학교의 1989년 스프런트 강좌(Sprunt Lectures)인 "교회와 공공복리의 비전"(Visions of Church and Commonwealth)에서 이 점을 분명하게 지적하면서, 그러나 오늘의 교회 안에 지난 세기의 낡은 체제의 붕괴를 메울 그 어떠한 새로운 교육제도나 기구도 나타나지 않았다고 문제를 제기했다.

더글러스 오탓티는 이 문제를 다음과 같은 제안을 가지고 접근하고 있는데, 그것은 우리가 "항상 개혁하는 개신교의 제도적인 환경에의 열정적이고, 지속적이고, 그리고 창조적인 관심"을 제공해 주고 있다는 점이다. 사실상 그는 다음과 같은 나름대로의 구체적인 가능성을 제공한다.

> 확장된 교육 프로그램들은 회중들과 지방 법원들(local judicatories), 평신도 학문기관들(lay academies), 신학연구소들 또는 '연구집단들'(think-tanks), 교회관련 학교들, 대학생 연합회들, 교회관련 저널들 - 이들 기관은 발전될 수 있는 그러한 성격의 기구들이다 - 에 의해 협동적으로 지원되었다. 개인적으로, 나 또한 회중 예배순서에 분위기를 맞추는 평신도들을 위한 신학교육에 호의를 가진다.[51]

이러한 교육기관들(foundations) 가운데 많은 것들이 유일하게 개혁교회에 속해 있다고 주장될 수 없다는 것은 명백하다. 그러나 그것들은 개혁교회의 신학적 흐름으로부터 출현한 주제들이요, 강조점들이다. 그것들 가운데 많은 것은 약간의 변화 형태들을 지닌 채, 다른 주류 교파 학자들의 저서 속에서도 발견될 수 있다. 그렇지만 여기에서 그것들은 순수하게 개혁교회에 속한 교파들을 특징짓는 특성들을 지니고 있다. 그리고 그 특성들조차도 우리는 개혁교회 교파들 안에서 여러 변화 형태

---

51. Ottati, "Conservatives, Progressives, and the Spirit of Reforming Protestantism," p. 743.

들을 볼 수 있다.

　이 장에서는 교육적 사역(educational ministry)에 있어 우리가 가르쳐야 하는 것이 정확히 무엇인지에 대한 상세한 방향제시가 없다. 다만 그것이 함축하는 의미는 분명하다. 즉, 만일 우리가 우리의 전통이 후손에게 계속 이어지기를 원한다면, 몇 가지 핵심되는 신념들과 목표들을 무시해서는 안 되고 꼭 기억해야 한다. 위의 일곱 가지의 진술 가운데 함축되어 있는 원리는 동일한 중요성을 지닌다. 즉, 우리의 태도와 관점들은 아마도 개별적인 주제들만큼 중요할 것이다. 바로 그것이 원리들을 진술하는 교육적인 방식이다. 경건, 기쁨과 섬김의 삶에 대한 겸손과 헌신의 태도를 지니도록 교육받은 사람들은 하나님의 은혜에 대한 감사의 반응을 보이는 삶에 **대한** 가르침 이상을 지니는 변혁주의적인 접근(transformationist approach)을 구체화하고 있다.

　특별히 우리의 기독교 종교교육 이론들을 발전시키는 데 있어서 중요한 내용과 관점에 대해 상기시켜 볼 때 문제는 여전히 남아 있다. 즉, 우리는 무엇을 해야 하는가? 실천사항들로서 추천될 만한 것은 무엇인가? 신학자들 중에도 어떤 이는 행동(조치)들을 명백하게 말하는 모험을 감히 하지 않는다. 물론 그렇지 않은 학자들도 있다. 그들은 그러한 위험을 감수하면서까지 구체적인 조치들을 명백하게 진술하기도 한다. 여기에 적절한 사례로서 새로운 제도들에 대한 더글라스 오탓티의 생각들(ideas)을 들 수 있다. 하지만 많은 사람의 글 가운데도 신학적인 제안들에 대해 우리가 교육적으로 성찰할 때 이미 나타났던 실천을 위한 몇 가지 명백한 제시사항들이 있음을 발견하게 된다.

　영성과 영적인 형성을 위한 교육의 강조, 교리문답식 교육 혹은 교리에 관한 명제적인 접근에 대한 저항, 그리고 교육사역이 의존하고 있는 관료적이고도 제도적인 체제의 불만 등에 관해 생각해 보자. 신학자들은 계속 반복해서 개혁전통의 핵심적인 강조점으로서 삶 또는 경건을 다룬다. 그들은 '경건'이 '영성'의 개념으로 끼워 넣어질 수 있지 않느냐고 묻는다. 그러나 헌신적인 모임들, 자원단체들, 영적인 훈련에 대한 연구, 영적인 안내자의 활용, 그리고 그 이외의 실천들에 대한 폭넓은 반응들이 지닌 함의들(implications)은 무엇인가? 우리는 이러한 개인적 차원에서의 종교적인 경험의 필요 가운데 표현된 갈망들을 들을 필요가 있다. 그와 동시에 우리는 우리의 활동들을 보다 신 중심적인 맥락 가운데 자리매김하도록 요청받고 있다. 우리가 현재의 인식들(perceptions)을 살펴볼 때 경건이라는 언어의 사용조차도 문제시될 필요가 있을지도 모른다. 확실히 현재 영적으로 성장하는 그룹들의 내용과 방법들은 마땅히 연구되어야 한다.

  신학에 의한 하나의 질문이 제기된다. 신학자들에 의해 강조되는 교리의 중요성은 교리주입 교육을 두려워하는 교육자들에 의해 종종 너무나도 가볍게 무시되고 있다. 그러나 교리를 변혁적인 과정으로 보는 견해, 교사들이나 목회자들만이 아니라 전체 교인들에 의해 신학적 성찰이 이루어져야 한다는 요청 등과 같은 이 모든 것은 방법들과 목적을 보는 우리의 초점을 다시 설정해야 한다는 것을 암시한다. 확실히 '우리가 믿는 것을 이해하는 것'은 교육의 목적에 기본적인 것이다. 그리고 교사들에 의해 주어지는 직접적인 해석은 우리의 목적을 이루는 데 필요한 하나의 길, 혹은 하나의 단계이다. 교육 이론가들 가운데 가르침의 모델들과 방법들을 선택하는 문제에 대한 복잡미묘한 논의(sophistication)가 충분히 이루어지고 있다. 물론 그 모델들과 방법들은 우리를 위한 다양한 목표들을 적합하게 설정하기 위하여 그 지식을 교리에 관해 관심 있는 신학자들과의 대화 속으로 끌어들인다. 그러나 주된 문제는 주제(subject matter)를 선택하는 데 있다. 신정통주의가 지배했던 시기에 교리가 분명하게 표명되었던 그 명료성을 뒤돌아볼 때, 그러한 환경 속에서도 우리는 상이한 방식으로 얼마나 많은 목소리들과 세부 지침들이 교육 프로그램을 계획하는 사람들에게 영향을 주었는지를 깨닫게 된다. 이제 그러한 명료성이 나타날 것 같지는 않다. 그러나 우리는 다양한 관점들 안에서 개혁교회가 강조하는 점들을 인식하고, 또 신학적인 사고 안에서 이루어지는 활력이 제공하는 유익을 얻기 위하여 함께 노력해야 할 필요가 있다. 아마도 이러한 노력과 관련해서 최근에 이르러 교수직의 권위회복에 대한 리차드 오스머의 견해는 꽤 실질적인 주목을 끄는 대목이다.

신학적으로 뿐만 아니라 역사적으로, 그리고 사회적으로도 우리는 새롭고 변화된 기구들에 대한 학문적(disciplined)이면서도 상상으로 가득 찬 사고를 가지도록 요청받고 있다. 이미 언급한 제시사항들은 이 점을 입증해 준다. 우리는 여기서 과거의 교육의 제도적 환경(ecology) 속에서 구체화되었던 거대한 개신교와 개혁교회 원리들이 현재 우리들의 사고 속에 생생히 살아 있지 않으면 안 된다는 요청을 받고 있다. 우리는 직제(order), 정치 형태(polity), 형식(form)에 관심을 가지고 있다. 그러나 우리는 교회와 공공복지(the church to the public and the common good)의 관계에 대해서도 마찬가지로 관심이 있다.

교육적 사역에 대한 세 가지의 이슈들이 신학적인 강조점들에 대한 연구로부터 나온다. 하나는 이론으로부터 교육적인 실행으로 나아가는 방식인데, 이러한 움직임은 신학과 교육을 관련시키는 절차의 한 방식이다. 또 다른 방식은 교육의 측면에서 문제를 제기하고, 신학적인 규정들(formulations) 속에서 발견될 수 있는 방향제시들 또는 도움들이 무엇인지를 발견하는 일이다. 그러한 토의문제 가운데 하나는 성서의 역할과 관련된다. 비록 신학자들과 교육학자들 모두 계속해서 성서의 권위에 대한 전통적인 입장의 긍정을 반복하고 있지만, 그 진술의 실천적인 함의(implications)에 대해 기독교교육의 활동에서는 그다지 분명한 명료성을 지니고 있지는 않다. 도널드 맥킴이 그의 책「기독교인들이 성서에 대하여 믿는 것」에서 보여 준 연구작업은 이러한 점을 이해하는 데 도움을 준다. 우리는 구태의연한 낡은 성서신학의 부활을 필요로 하지 않는다. 단지 우리는 성서학자들과 신학자들간의 대화에 참여해 우리의 방법론을 분명하게 천명하고, 또 그 방법론을 성서에 대한 명료성을 직접 추구하는 사람들에게 해석해 줄 필요가 있다.

아마도 여기서 제기되어야 할 가장 중요한 질문들(questions) 가운데 하나는 대중매체와 기술공학의 영향에 관한 질문으로서, 신학에서 얻을 수 있는 도움이 무엇인지를 확인하는 문제일 것이다. 우리는 교리를 '가르치기' 위하여 컴퓨터를 사용하는가? 그렇다면 우리는 적어도 용어들, 이름들, 날짜들에 대하여 분명하게 알고, 그런 다음 다양한 방식으로 자유롭게 의미를 탐색하고 있는가? 우리는 텔레비전 프로그램을 엄밀히 살펴서 가르쳐지고 있는 가치들에 대해 인식하고, 낡은 개신교적 시민윤리 덕목을 신속히 대체하고 있는 문화에 대해 연구할 그룹들을 세우고 있는가? 우리는 프로그램을 개발하는 모험적인 시도(production venture)를 착수하고 있는가? 우리는 자신의 아이들이 보지 않을 프로그램에 동의하는 부모들의 모임을 만들고 있는가? 가능성들은 끝이 없다. 지금까지 구체적으로 진술한 기본적인 원리들 그 어느 것 가운데에서 직접적인 대답들을 발견하기는 어려운 것처럼 보인다. 하지만 전망들과 가치들에 관해서 명료하게 할 필요가 있다는 점은 분명하다. 바로 이 필요성이 에큐메니칼한 교회의 중요성을 수용하는 개혁교회의 입장이 대단히 중요하게 자리하는 지점이다. 공동체들, 에큐메니칼 교구모임들, 과제수행팀(task forces)은 전망과 가치의 명료성을 이루기 위하여 함께 일할 필요가 있다. 물론 그렇게 하는 것은 검열(censorship)을 위해서가 아니라, 보다 적합한 교육사역을 위해서이다.

　현실과의 관련성이 중요하다는 인식은 정체형성을 위한 필요성이라는 다른 축(pole)을 동반한다. 복합문화(multiculturalism) 현상과 다원주의의 상황 속에서, 교육은 이 정체성을 어떤 방식으로 형성해야 하는 것인지 신학으로부터 도움을 받을 필요가 있다. 신학자 송천성(C.S. Song)은 이 영역에서 신학과 교육 사이의 학문적 작업 분리는 "형편없는 신학과 형편없는 교육"[52]이 되고 만다는 견해를 제시한다. 그가 제시하는 하나의 가능성은 이야기 말하기(story-telling)에 초점을 두고, 이를 위한

---

52. C.S. Song, "Christian Education in a World of Religious Pluralism," p. 170. 이 단락에서의 다른 인용문들은 p. 170 이하에 들어 있다.

우주적인 사랑을 회복하는 일이다. 왜냐하면 "교리들은 우리를 소외시키지만, 반면에 이야기들은 하나로 연합시키기" 때문이다. 만일 다른 신앙과 문화에 속해 있는 사람들이 서로에게 귀를 기울이고, 신화들에 귀 기울여 듣고, 이야기-전통들과 비유들에 귀기울여 듣는다면, 우리는 "이야기들 스스로가 지닌 '궁극적인 관심들'을 드러내게끔 그 이야기들 속으로 파고 들어가는 법(관통)"을 배우게 된다. 그럴 때 일어나게 되는 것은 그리스도인들이 그들 자신, 그리고 그들이 누구인지를 더 잘 이해하게 하도록 지평들은 확대될 것이고, 우리는 서로에게로부터 "하나님의 창조의 풍성함을 발견하도록 배우게" 될 것이다. 송천성의 주장을 따른다면, 우리는 형이상학적인 논쟁들에 빠지기보다는 오히려 예수가 가르친 것처럼 '이야기 말하기' 방식으로 가르쳐야 한다. 우리가 응용할 수 있는 다른 접근들과 이해들은 무엇인가? 이 질문에 대답하기 위하여 우리는 함께 작업해야 할 필요가 있다. 다원주의에 관한 정보의 공격(도전)과 복합문화적인 교육을 수행함에 관련된 충고로 인해 좌절된 회중 지도자들(congregational leaders)은 이 상황에서 무엇을 해야 할 것인지를 알지 못함으로 인해 죄의식을 느낀다. 그리고 직관적으로 신학적인 질문들을 제기하게 된다. 지도자들이 개혁전통이 강조하는 내용들에 충실하고자 노력할 때, 우리에게는 현실에의 관련성(적합성)과 정체성을 형성하는 과제 모두가 중요하게 인식된다.

  마지막 하나의 이슈는 커리큘럼 개발의 문제이다. 개혁교회에 초점을 맞춘 커리큘럼을 개발하는 일에 집중할 것인가? 아니면 교파 차원에 초점을 맞춘 커리큘럼을 개발하는 일에 집중할 것인가? 아니면 방향을 바꾸어서, 목표들과 신학적인 맥락을 명확하게 하는 독립된 출판업자들에게 의존할 것인가?의 문제이다. 에큐메니칼 자원센터는 커리큘럼의 여러 가지 선택거리를 제공해서 친숙도를 자극(촉진)하고, 선택의 결단을 내리게 하는 데 도움을 줄 것이다. 역사적으로, 20세기의 중반에 규모가 큰 교파들이 각기 개발해서 사용해 오던 커리큘럼들의 쇠퇴 이후에 60년대 후반에 12개 주요 교파들이 함께 참여하여 진행된 하나의 커리큘럼 계획은 "기독교교육 : 분할된 접근들"(Christian Education : Shared Approaches)이라고 불려진 프로그램이었다. 거기에는 네 가지의 접근 이론이 있었다. 즉, "말씀을 알기"(Knowing the Word), "말씀을 해석하기"(Interpreting the Word), "말씀따라 살기"(Living the Word), 그리고 "말씀따라 행동하기"(Doing the Word) 등이 그것이다. [이 접근 이론들 사이의] 차이들은 신학적인 것이 아니라, 단지 방법론적인 차이이다. 이 커리큘럼의 개발계획은 1993년 11월에 스스로 조용히 해산했던 교단 연합사업인 공동 교육개발(Joint Educational Development) 사업의 일부분이었다. 50년대에 신정통주의와 더불어 일어났던 교파적인 정체성의 필요가 60년대에 와서 새로운 협동정신에 의해 대체되었었다. 그러나 다시 교파적 정체성과 통제의 필요성이 제기되었다. 장로교파의 경우, 1983년의 교단의 재통합 결정은 그 통합과 더불어 커리큘럼의 새로운 계획으로 착수하여 1988년부터 교재 출판이 시작되었고, 1994년에 주요한 개정을 시작한 "장로교와 개혁교회의 교육사역"(PREM)이라는 새로운 커리큘럼 계획의 발전을 가져왔다. 이 계획에는 "성서발견"(Bible Discovery) 커리큘럼과 "찬양"(Celebrate) 커리큘럼의 두 가지의 선택거리가 제공되고 있다. PREM이 기초한 교육철학의 원칙들은 개혁교회의 교육이 성서에 기초를 두고(biblically grounded), 역사적 전통유산을 전달하고(historically informed), 에큐메니칼 사역에 관여하고(ecumenically involved), 사회적 관심사에 참여하고(socially engaged), 그리고 공동체의 친교적 삶을 통해 양육된다(communally nurtured)는 것 등이다. 그 원칙들은 우리에게 우리의 신학적인 근거들을 상기시킨다. 그러나 우리는 여전히 우리 자신의 전통, 아니 그 이상을 알 필요가 있는 다원주의적인 세계 속에서 살아야 하는 딜레마에 직면하고 있다. 명시적으로 상세하게 규정한 자료들에 한정된 교단 출판기관과 함께 다른 출판 대행사들 가운데서 자료들을 선택해야 한다는 생각(idea)은 교회 직원 훈련(church officer training), 입교교육(confirmation), 신입교인을 위한 교육준비 등에 관한 한, 현재의 상황에서는 현실적인 접근으로 나타날지도 모른다. 그러나 어떤 방향으로 선택되든지, 그것에 관한 주의 깊은 관심이 요구된다.

문자적으로 실제 영역에서 제기되는 수십 가지의 이슈들은 신학적인 입장(가정)들에 매달리게 된다. 신학에서 교육으로 나아가는 순서든지, 아니면 교육에서 신학으로 나아가든지 간에 양자간의 대화가 필요하다.

신학적 전망에서 본 교육사역

대부분의 기독교교육자들이 [교육을] 신학에 관련시킬 필요와 성서의 중요성을 긍정할 필요를 기꺼이 분명하게 표명하고자 하는 움직임이 최근 10년 동안에 일어났다. 그러나 이 움직임은 물론 20세기의 중반에 한시적으로 작용했던 신학적 지배(신정통주의의 지배 - 역자주)에서 분명하게 나타났던 것보다 분명히 훨씬 덜한 진지함을 지니고 있었다. 이 시기에 신학자들은 하나님을 섬김에 있어 지성(the mind)의 삶에 대해 기꺼이 말하려고 하고, 그러면서도 이들 가치들을 실행하기 위한 적절한 실천사항들에 대해 과감히 성찰하려는 움직임이 발견된다. 설교에서의 언급들(references)은 체계적인 구조(systematics) 안에 포함되는 것이지만, 가르침에 대해서는 거의 언급되지 않았다 ; 물론 극적인 예외들이 있었는데, 그것들 중의 약간은 앞에서 언급했다. 개혁전통 안에서의 신학자들과 교육학자들의 관계성에 대한 그러한 비판은 직접적으로 다음과 같은 송천성의 결론을 이끌어 냈다. 즉, 신학과 교육은 "여러 복합문화(multiculturalism) 현상과 다원주의 세계 속에서 신학적으로 인도되고, 교육학적으로 실행 가능한 교육을 위해 양자가 힘을 합쳐야 한다."[53] 신학과 교육 **양자 모두** 이러한 관점에서의 개혁에로 열려져야 한다.

이런 종류의 관찰은 보다 광범한 중요성을 지닌 결론을 이끌어 낸다. 즉, 개혁전통 안에 속해 있는 우리는 교육사역에 끌어들일 이해를 재개

---

53. *Ibid.*, p. 171.

념화하지 않으면 안 된다. 이를 위한 우리의 과제수행을 위해 간학문적인 접근(interdisciplinary approach)을 취하지 않으면 안 될 것이라는 결론이다.[54] 그 소재(topic)는 미래에 분명하게 표명되어야 한다. 우리는 교리적인 주장(공식)들이 학문간의 상호 대화의 과정을 통해 수행된 교육적인 성찰들로부터 유익이 될 것으로 기대한다. 그 과정이 전통에 의해 인도될 때도 마찬가지의 결과를 기대할 수 있을 것이다. 그래서 항상 개혁하는(the Reforming) 입장은 계속된다.

---

54. 로더(James Loder)는 바로 이 점을 탐구하는 탁월한 논문을 가지고 있는데, 그는 논문 "Interdisciplinary Studies," *Encyclopedia of Religious Education*, ed. Iris V. Cully and Kendig Brubaker Cully(San Francisco : Harper & Row, 1990), pp. 327-328에서 상호 학문적인 연구를 수행하는 대안적인 방식들을 설명하고 있다. 그리고 그 자신이 직접 추천도 하고 있다.

제 2 장
토마스 아퀴나스 신학과 종교교육
(Thomistic Theology and Religious Education)

마크 히이트(Mark Heath)

|||||| 1부 ||||||

서 론

 종교교육에서 성 토마스 아퀴나스 신학의 자리는, 가령 그 교육이 13세기의 경우였다면 아마도 작았을 것이다. 그러나 13세기의 신학이 오늘날 우리가 종교교육이라고 부르는 매우 다양한 경험들에 대하여 무엇을 말해야만 할까라는 보다 깊은 질문은 매우 가치가 있다. 사정이 그러한 데에는 몇 가지의 이유가 있다.
 첫째는 7세기가 넘는 기간 동안 성 토마스 아퀴나스는 독보적인 가치와 우월성을 향유하는 신학자로서 그의 글은 로마 가톨릭교회 당국에 의해 인용되었고, 또 로마 가톨릭교회의 지적인 저작들, 철학적이고 신학적인 저작들 가운데 스며들었다.[1]

---

1. 아퀴나스의 신학적이고 철학적인 저작에 대한 로마 가톨릭교회의 찬사와 칭찬의 역사를 간단하게 요약한 내용은 W.A. Wallace와 J.A. Weisheipl(1966)에 의한

이러한 독보적 대우는 19세기 후반에 시작되어 거의 20세기 전체를 통하여 지금도 계속되고, 가장 최근의 시기에서도 마찬가지로 동일하게 특별히 인정되고 있다.

또한 수세기 동안 짧은 신학적 저작이나 설교들로 확인된 그의 작품들 가운데 다섯은 최근 몇 년 동안 재분류되었고, 또 교리문답 교육을 다루는 책들 속에서 인용되었다. 과거 몇 년 동안 그것들은 영어 번역서로 보급되어 이용할 수 있게 되었다.[2]

성 토마스 아퀴나스의 생애와 연구 업적

토마스 아퀴나스는 중세의 도미니크 수도원 수도사였다. 그의 짧은 인생은 로마와 나폴리 사이의 중간에 자리하고 있는 몬테카시노(Monte

---

Thomas Aquinas, Saint, *The New Catholic Encyclopedia*, p. 14에서 찾을 수 있을 것이다.

2. 아퀴나스의 다섯 작품의 영어 번역은 비평을 거치지 않은 텍스트들을 번역한 것으로 Joseph B. Collins, *Catechetical Instructions of St. Thomas Aquinas*(New York : Wagner, 1939, 1953) 가운데서 찾을 수 있을 것이다. 콜린스의 번역은 부분적으로는 Laurence Shapcote, Westminster, Md : *The Three Greatest Prayers*(London : Burns Oates and Washbourne, 1937 and Westminster, Md : Newman, 1956, and Sophia Institute Press, Manchester, NH : (1990) and Laurence Shapcote, *The Commandments of God*(London : Burns Oates and Washbourne, 1937)로부터 한 것이다.
역사적이고 본문적인 서론을 지닌 교황 레오시대(Leonine)의 비평적 텍스트로부터 이루어진 번역은 Nicholas Ayo, C.S.C., *The Sermon Conferences of St. Thomas Aquinas on the Apostles Creed*(Notre Dame, Ind. : University of Notre Dame Press, 1988) 안에 들어 있다.
원래의 텍스트들은 이렇다. *Collationes super Credo in Deum ; Collationes super Pater Noster ; Collationes super Ave Maria ; Collationes de decem praeceptis ; and De articulis fidei et Ecclesiae sacramentis ad archiepiscopum Panormitanum*(Collins는 단지 둘째 부분만을 번역하고 있다). 진정성(authenticity)과 편집에 관한 노트는 아마 James A. Weisheipl, O.P., *Friar Thomas d'Aquino*(Garden City, N.Y. : Doubleday, 1974), pp. 392, 401-402에 들어 있을 것이다.

Cassino) 근처 마을인 로카세카(Roccasecca)에서 1225년에 시작되었다. 몬테카시노의 베네딕투스 수도사들 가운데 소년으로 참여하면서, 그는 그 곳에서 그의 공부와 종교적 경건훈련(religious formation)을 한 연후에 14세에 나폴리 대학으로 보내어져 자유주의적인 예술과 철학의 연구를 계속했다. 그 곳에서 그는 아리스토텔레스의 저작물과 그의 아랍 주석가인 아베로즈(Averroes)의 작품들을 읽었다.

1244년 4월에 그는 도미니크 수도원에서 새롭게 만들어진 한 공동체(The community of Order of Preachers)에 들어갔다. 그 공동체는 그 수도원의 창시자 스페인의 구즈 출신인 도미니크(the Spaniard, Dominic of Guzman)가 죽은 지 몇 년 지나지 않아 만들어졌다. 이러한 결단을 하는 과정에서 아퀴나스는 그의 가족의 반대로 인한 약간의 어려움들을 겪게 되었지만, 이를 극복한 후에 그는 1245년에 파리로 보내어졌고, 그 이후에 당대의 가장 위대한 아리스토텔레스 학자요 교사였던 도미니크 수도원 출신의 성 알베르트(St. Albert the Great)와 함께 연구하기 위하여 꼴로뉴(Cologne)로 보내졌다. 1250년 꼴로뉴에서 그는 사제로 서품되었다.

그는 박사학위를 준비하기 위하여 1252년에 빠리로 돌아왔다. 그 곳에서 그는 그의 인생에 있어 가장 화려한 특징을 드러내는 학문적인 활동을 즉시 시작했다 : 그는 피터 롬바르드(Peter Lombard)의 *Sentences*와 성서를 강의하고, 공적인 토론에 참여하고, 아리스토텔레스의 저작들에 대한 주석을 집필했다. 그러한 강의활동과 집필활동은 비떼르보(Viterbo)와 오르비또(Orvieto), 로마와 나폴리, 그리고 파리와 꼴로뉴(Cologne)에 있던 교황청의 사제단(papal curiae)과 신학교들에서 20년 동안 영예롭게 진행되었다.

1272년에 그는 새로운 도미니크 신학교를 세우는 문제와 그 지역에 있는 탁발 수도사들의 설교를 조직화하는 문제로 인해 나폴리에 머물렀다. 1273년 사순절 기간에 그는 사도신경, 주기도문, 십계명, 그리고 성모 마리아 찬양(the Hail Mary)에 관한 일련의 회의를 책임 맡아 진행했다. 이들 회의는 성 도미니크 교회당에서 거의가 대학 관계자들

(university people)로 구성된 회중을 대상으로 하여 사순절 기간 동안 매일 오후에 열렸다. 설교는 그의 비서 피뻬르노의 레기날드(Reginald of Piperno)에 의해 기록되어 라틴어로 번역되었고, 그가 죽은 직후에 출판되었다. 1273년에 행해진 이 설교들은 20세기에 들어와 함께 묶어 「교리문답의 가르침」(Catechetical Instructions)[3]이라는 제목으로 출판되었다.

사순절이 지난 후에 그는 다시 그의 강의활동과 저술활동으로 돌아왔다. 그러나 1273년 12월 6일에 그는 그의 건강 때문에 갑자기 그리고 뜻하지 않게 강의활동, 저술활동, 그리고 비서에게 구술을 통해 받아쓰게 하는 활동(dictating) 등을 중단했다. 그리고 다음해 봄, 그는 다가오는 1275년 총회(General Council)를 위해 리용으로 가는 도중에 포싸노바(Fossanova)의 성 마리아 씨스터시안 수도원(Cistercian Abbey)에서 죽었다. 그 때가 1274년 3월 7일이었다. 그때 그의 나이가 막 쉰(50)이 되는 해였다. 그의 저작들과 고결한 삶이 너무나도 광범위하게 알려지면서 50년 후인 1323년 7월 18일에 그는 성인(聖人)으로 추대되었다.

그의 저술활동과 학문적 연구활동에 대한 기록을 대충 살펴보거나, 그의 전집 「오페라 옴니아」(Opera Omnia)[4]가 소장된 도서관을 방문해보면 그의 연구가 어느 정도였는지에 대한 감을 잡을 수 있을 것이다.

수세기에 걸쳐서 아퀴나스의 전집(Opera Omnia)은 대략 완전한 형태

---

3. Collins, *The Catechetical Instructions of St. Thomas Aquinas*. 레기날드의 라틴어 역본은 사도신경(the Creed), 우리의 아버지(Our Father) 등의 텍스트에 대한 스콜라적인 주석서들로 재빠르게 바뀌었다. Weisheipl, *Friar Thomas d'Aquino*, pp. 401–403.

4. 가장 완전한 카탈로그는 I.T. Eschmann, O.P. *A Catalogue of St. Thomas' Works : Bibliographical Notes*, in Etienne Gilson, *The Christian Philosophy of St. Thomas Aquinas*(New York : Random House, 1956)에 들어 있는 것이다. 노트들을 포함하고 있는 카탈로그는 Weisheipl, *Friar Thomas d'Aquino*, pp. 335–405. 그리고 Wallace와 Weisheipl, *Thomas Aquino Saint*(1967), pp. 111–115에서도 발견된다.

로 열 차례 정도 출판되었다. 이들 전집들의 결정판은 레오시대판(Leonine Edition)이라고 불려지는 것으로서 50또메(Tomes)의 분량인데, 이는 대략 2절(折)판으로 50~60권에 해당하는 분량이다. 이 전집은 1880년에 교황 레오 13세에 의해 설립된 레오위원회(Leonine Commission)에 의해 출판되었다. 레오판에 앞선 전집으로 가장 쉽게 구할 수 있는 두 전집판은 2절판(folio) 25권으로 되어 있는 「파르마 전집」(Parma Opera Omnia, Parma : Fiacacadori 1852-1873)과 4절판(quarto)으로 된 34권 분량의 「비베스 전집」(Vives Opera Omnia, Paris : Vives 1871-1872)이다.[5]

종교교육에 적합성을 지닌 신학적 주제들

토마스의 신학적 지혜의 엄청난 보고(寶庫) 가운데 어떤 부분들이 종교교육자들에게 가치가 있는가?

신학자 토마스는 그의 논박문(論駁問)인 「진리」(Truth) 속에 들어 있는

---

5. 저작들을 출판의 종류대로 나누면 다음과 같다.
   1) 세 개의 긴 신학 종합판 : 「피터 롬바르드의 명제집」(the books of the Sentences of Peter Lombard)에 관한 저작들, 「반이교도 대전」, 그리고 「신학대전」.
   2) 다양한 길이로 출판된 일곱 개의 주요한 공적인 학문적 반박문과 열두 개의 다른 반박문들(하나를 예로 들면, 「진리에 관하여」는 영어 번역으로 세 권 분량에 해당한다).
   3) 아리스토텔레스의 열한 권의 책에 대한 주석들, 특별히 「경험적인 분석론」(On The Posterior Analytics), 「물리학」, 「영혼론」, 「형이상학」, 「윤리학」, 그리고 「정치학」에 관한 주석서들.
   4) 성서의 책들에 대한 주석서들 : 주로 예언서들에 대한 주석서인 구약의 다섯 책에 대한 주석과 신약에서는 마태복음, 요한복음, 그리고 바울의 편지들에 대한 주석서들.
   5) 여러 가지의 논쟁적인 저서들과 교황에 의해 자주 요청된 간추린 견해들, 그리고 서신들, 단편적인 예전서들과 설교들.

하나의 문항과 「신학대전」(Summa Theologiae) 속에 다루어진 한 논문(이와 관련된 내용은 나중에 언급될 것이다.)을 제외하고는 종교의 가르침에 대하여는 직접적으로 거의 아무것도 쓰지 않았다.[6] 그러나 그의 신학은 종교교육의 영역에서 한 역할을 수행해 왔다.

그의 신학의 진술들(statements)은 항상 교회에 의해 공인된(canonized) 방식으로 된 신앙의 진술은 아니었지만, 신앙을 가르치는 공인된(approved) 방식이 되었다. 이렇게 사용되는 가운데 그의 신학은 교리문답들과 그 외의 다른 종교교육 자료들의 내용과 텍스트들을 형태지었다.[7]

따라서 우리는 종교교육에서 하나의 역할을 수행할 성 토마스 아퀴나스의 신학적 신조들(tenets : 이 신조들이란 기독교 신앙의 진술들과 구별됨.)이 무엇인지를 질문해 볼 수 있다.[8]

---

6. James V. McGlynn, S.J.(Chicago : Regnery, 1953)에 의해 번역된 Truth 3 vol.(Questiones Disputatea De Veritate) 2Q. 11 "The Teacher"; Summa Theologiae I, q. 117, a.1. 또한 II Sentences 9, 2, 그리고 4 ; 28, 5. 그리고 Contra Gentiles II, 75.
7. 종교교육에서 토마스 아퀴나스의 신학의 위상을 나타내는 표지(標識)는 로마 가톨릭교회의 위대하고도 권위 있는(authoritative) 교리문답들 가운데 그의 저작이 다양한 방식으로 언급되어 있다는 점이다. 「로마 가톨릭교회의 교리문답」[또는 「교구사제들을 위한 트렌트 회의의 교리문답」(Catechism of the Council of Trent For Parish Priests), 1566]의 신학적 가르침은 350년 넘는 기간 동안 신앙의 교리문답적 표현을 위해 규범적이기에 이르렀다. 그리고 신(新) 「가톨릭교회의 교리문답」(1922)은 앞으로 다가올 시대의 교회의 신앙과 가톨릭 교리의 가르침을 위한 가치 있고도 권위 있는 도구와 표준이 될 것이다. 이 두 개의 교리문답서 모두 토마스의 신학이 나타나는 특징을 보여 주고 있고, 아울러 두 번째 교리문답서는 구체적인 세부적 언급들을 보여 주고 있다.
8. 비록 그 어떤 개별적인 사례도 하나의 유형론 안에서 할당된 자리에 완전하게 들어맞는 것은 없지만, 성 토마스 아퀴나스의 종교교육은 An Invitation to Religious Education(Birmingham, Ala. : Religious Education Press, 1975)에서 Harold William Burgess에 의해 확인된 「전통적인 신학적 접근」(Traditional Theological Approach)에 가장 밀접하게 들어맞는다.

분명히 그의 저작물은 너무나 방대하고, 그의 가장 성숙된 저작인 「신학대전」 하나만 해도 너무 포괄적이다. 그러므로 여기서 우리는 종교교육에 관련시켜서 중요한 것으로 여겨지는 몇 가지 신학적 주제들 혹은 신학적 교훈과 구조들만을 선택할 수 있을 것이다.

토마스 신학에 기초한 종교교육은 체계적이다.

가장 편하게 접할 수 있는 토마스 아퀴나스의 저작들과, 특별히 그의 이름을 연상시킬 정도로 가장 잘 알려진 저작인 그의 두 「대전」 (Summas)은 그것들의 가장 명백한 특성이 종합적인 것이라는 인상을 준다. 두 대전의 구성 부분들인 부(parts), 문항(questions), 소론(tracts), 논제(articles)들은 마치 제복을 입은 군대행렬처럼 페이지를 이루며 행진해 내려간다. 그 속에서 각각의 단위는 그것 자체의 지도자와 이름을 가지고 다른 단위를 따른다. 혹은 다른 말로 표현한다면 부, 문항, 그리고 논제는 마치 고딕 성당의 구성요소들처럼 영원히 자신의 자리에 서 있다. 즉, 기둥들, 둥근 천장들, 회중석, 성가대, 높이 솟은 유리창들이 함께 어울려 놀라운 유기적인 하나의 통일체를 이루고 있다.

토마스 아퀴나스의 책에 친숙하지 않은 사람들조차 최근의 반세기 동안 종합(synthesis)이 토마스의 신학저작의 가장 두드러진 특성이라는 판단을 실제로 의식해 왔다. 리차드 니이버는 그의 초기 저작인 「그리스도와 문화」(Christ and Culture)[9]에서 아퀴나스를 "역사상 가장 위대한 종합자"(synthesist)로 보았다. 아퀴나스가 성취한 것의 범위를 보여 주

---

9. H(elmut) Richard Niebuhr, *Christ and Culture*(New York : Harper, 1951), x와 259. 그리고 (English edition : London : Faber & Faber, 1952, 256). 그리고 (New York : Harper Torchbooks, 1956). 이 책은 그 자체가 신학적 종합의 저작으로 기독론과 교회에서의 성서 해석의 유형들이나 모델들에 대한 로마 가톨릭교회의 공적인 연구를 포함하고 있으며, 신학의 유형론 혹은 모델들을 다루는 다른 책들의 선두주자였다. 이 책은 출판된 이래 지속적으로 서점에서 구할 수 있었고, 신학코스에서 사용되었다.

기 위해서 니이버는 그의 책에서 다음의 영역들을 인용한다.[10]

  1) **그리스도와 아리스토텔레스** : 토마스는 모든 영역, 즉 교의학, 도덕, 그리고 영적인 영역에서 기독교 신앙의 통일성과 통전성을 이해하기 위한 모체를 제공하기 위하여 아리스토텔레스의 철학을 이용한다.
  2) **철학과 신학** : 「신학대전」 속에 들어 있는 동일한 주제영역의 논제들(articles)은 철학과 신학 사이를 왔다갔다 한다. 이는 복음과 인간의 지혜가 유기적인 지식체계로 결합되어 서로를 강화하고 조명해 준다는 증거를 제공해 준다.
  3) **국가와 교회** : 「신학대전」의 법에 관한 논문에서, 주제(text)가 극적으로 히브리성서(biblical Hebrew)와 기독교 복음의 법을 통하여 인간법에로 나아가는데, 긴장이나 대립(opposition) 없이 각각의 독특성을 보존하고 있다.
  4) **기독교의 덕목들과 시민적 덕목들** : 아리스토텔레스의 「윤리학」의 구별되는 특징들과 분석들이 복음과 기독교의 덕목들인 믿음, 소망, 그리고 사랑의 해석적인 구조들로 사용된다. 아리스토텔레스적 덕목들인 분별(prudence), 정의, 절제, 용기 또한 기독교적 영성생활의 덕목들이다.
  5) **그리스도와 문화** : 그 자신들의 독특성을 지닌 이들 두 영역의 기초는 은총과 자연이다. 천여 곳에서 토마스는 은총은 자연을 파괴하는 것이 아니라 오히려 자연을 세운다고 주장한다. 신적인 은총의 삶은 기본적으로 피조된 인간의 삶과 조화를 이룬다. 그러나 은총은 문화보다 훨씬 위에 있다.

  따라서 종합은 토마스 아퀴나스의 신학이 종교적인 가르침의 영역에

---

  10. 표제들(headings)은 니이버가 붙인 것이다. 각 부분들의 세부적인 발전적 설명은 니이버에 의한 것과 나에 의한 것이 함께 있다.

서 추구하려고 하는 하나의 가치이다. 그것은 모든 종류의 종교교육의 특성이 되어야 한다. 초보자들에게조차도 그렇다.

이것이 토마스 아퀴나스가 염두에 두었던 의도일 것이다. 그가 이러한 의도를 지지했을 것이라는 표지는 그의 가장 성숙한 저작인「신학대전」의 서론 혹은 프롤로그(Prologue)에 분명하게 나타나는데, 즉 그 서론은 어떤 수준에서든 종교교사들의 헌장일 수 있다.

> 가톨릭교회의 진리의 교사들은 앞서 있는 사람들을 양육해야(build up)만 할 뿐 아니라 걸음마 수준에 있는 사람들(초보자)도 바르게 인도해야 한다. 즉, 사도 바울이 "내가 그리스도 안에서 어린아이들을 대함같이 젖으로 먹이고 단단한 음식으로 먹이지 아니했다."(고전 3 : 1-2)는 말씀대로 우리가 이 책에서 우리 앞에 설정한 목적은 초보자들의 훈련을 위하여 도움이 될 수 있는 스타일로 기독교적 경건(religion)에 속하는 것들을 전달하려는 것이다.
> 우리는 이러한 가르침에 참여한 초보자들이 그 주제를 다루는 다양한 저작물에 의해 얼마나 크게 방해받고 있는지를 고려했다. 거기에서 방해받는 이유는 부분적으로는 요점 없는 많은 수의 문항들, 논제들, 그리고 논증들 때문이요, 부분적으로는 본질적인 정보가 건전한 교육방법에 따라서가 아니라 본문주석의 필요 또는 학문적 논쟁의 계기들의 필요에 따라 주어지기 때문이요, 부분적으로는 반복성이 그들이 사고할 때 지루함과 혼란을 야기시키기 때문이다.
> 그러므로 이런저런 결점들을 피하고 하나님의 도움을 신뢰하기를 갈망하면서, 우리는 기독교 신학에 의해 주장된 진리들을 추구하고, 그 진리가 허락하는 한 정확하고 분명해지도록 해야만 할 것이다.[11]

하나님과 창조에 대한 진리를 설명하는 체계는 전체적인 유기적 통일성을 반영하는데, 유기적 통일성은 하나님 자신의 내적인 통일성을 표

---

11. *Summa Theologiae*, I, Prologue.「신학대전」의 본문번역들은 McGraw-Hill, New York, 1964에 의해 출판된 판(版)으로부터 가져온 것들이다.

현한다. 기독교의 진리를 가르치는 교사들에게 있어서 이러한 통일성은 성부, 성자, 그리고 성령의 통일성에 참여한다.

그의 저작 중 가장 종합적인 「신학대전」에서 토마스 아퀴나스는 1) 보편적이고도 필연적인 하나님과 창조의 속성들과 2) 은총의 사역, 예컨대 구속사 속에서 발견되는 하나님의 자유와 인간의 자유의지의 우발적이고도 자유로운 사역을 하나의 비전 가운데 결합한 통합된 지식을 성공적으로 표현했다.

이러한 종합(synthesis)의 기본 구조는 토마스에 의해 주어진 개요 속에 보여진다.

> 우리가 이미 보아 왔듯이, 신성한 가르침의 근본적인 목적은 하나님이 그 자신 스스로 존재하실 뿐만 아니라 만물의 시작과 마지막으로서 이성적 사고의 능력을 가진 피조물 속에 알려지게 하시기 때문에, 우리는 지금 무엇보다도 먼저 하나님을 다루고, 그 다음으로 이성적인 사고를 하는 피조물들의 하나님을 향한 여정을 다루고, 그리고 마지막으로는 인간이면서 우리를 하나님에게로 인도하는 길이 되신 그리스도에 대해 다룸으로써 이러한 신적인 가르침을 시작하려고 한다.[12]

비록 토마스가 그것을 명시적으로 확인시켜 주는 것은 결코 아니지만, 이러한 구조체계(scheme)의 원천자료는 신플라톤적인 유출-회귀(emanation-return/*exitus-reditus*)설이다. 유출과 회귀에 의해 사물들이 하나님으로부터 나오고 하나님께로 돌아간다는 이 부분은 「신학대전」의 개요 가운데 다음과 같이 상세하게 설명되어 있다.

1부 : 하나님에 관하여, 그리고 하나님으로부터 기원하는 피조물들의 유출(emanation)에 대하여. 이 부분은 하나님과 신적 속성들, 그리고 삼위일체의 위격들(persons)에 대한 신학을 포함하고 있다. 그리고 창조와 천

---

12. *Summa Theologiae*, I, q. 2, Prologue.

사들, 6일 동안의 창조사역, 인간과 신적 통치.
2부 : 합리적인 피조물의 하나님에로의 회귀. 인간의 행복 ; 그리고 인간의 자유로운 행위의 요소들 ; 열정들, 습관들, 그리고 덕목들, 율법, 은총 ; 신학적인 덕목들 ; 믿음, 소망, 그리고 사랑 ; 그리고 주요 덕목들(4主德) : 분별, 정의, 절제, 그리고 용기 ; 그리고 남자와 여자의 부류(classes)에 관련된 신앙.
3부 : 하나님에게 회귀하는 길인 그리스도. 성육신, 그리스도의 속성들 ; 그리스도의 유아 시절, 어린 시절, 그리고 성년 시절 ; 그의 수난과 죽음, 부활과 승천 ; 성사들(聖事, the Sacraments) ; 마지막(종말 때의) 일들.

「신학대전」이 보여 주는 영광스러운 종합은 기독교의 가르침의 모든 부분들을 다음과 같은 하나의 단일체(unity)로 융합시킨 것이다.

1) 그것은 논리적인 계획(a logical plan)이다. 그것의 모든 부분들이 너무나도 탄탄한 틀거리를 이루고 있어서, 거기에는 논리적인 구조에 생명력을 부여하는 내적인 흐름의 움직임이 있다.
2) 종합(synthesis)은 바깥으로부터 부과되는 분류 그 이상이다 ; 그것은 성서이야기(biblical narrative)에 속하는 사물들과 사건들의 본성을 형성하는 유기적인 총체이다. 물론 성서적인 이야기에 속하는 사물들과 사건들은 그들 자신의 명료성(intelligibility)을 지니고 있다.[13]

다시 말해서 「신학대전」은 조직화한 과학이 요구하는 논리적인 필연성을 향유하고, 또 그러면서도 그것은 구속사의 사건들의 은총 - 우발성(the grace - contingency)을 존중하고 또 결합한다.
이러한 회로도(circuit, 回路圖) 위에 토마스는 성서의 역사 속에 기록된 사실들과 행위들을, 그 사실들과 행위들의 우발성과 동시에 하나님

---

13. M(arie) D(ominique) Chenu, O.P., *Toward Understanding St. Thomas*(*Introduction a L'Etude de St. Thomas d'Aquin*)(Chicago : Regnery, 1964), 301 - 310 passim.

과 인간의 자유의지에 대한 그들의 의존성이 함축하는 모든 것과 함께 자리매김하고 있다.

토마스 신학에 기초한 종교교육은 신 중심적이다.

만일 토마스에게 있어서 종교적 가르침의 모든 특성 가운데 첫 번째가 체계적이라면, 두 번째는 신 중심적이라는 것이다. 이러한 판단의 근거는 단지 그의 학문적 체계의 조직원리, 예를 들면 그의 학문체계에 골조 혹은 기본적인 구조를 부여해 주는 형식적인 근거(formal reason)나 실재(reality) 혹은 가치가 무엇인지를 물을 필요가 있다. 아퀴나스에게 있어서 그것은 하나님이고, 또 비전 속에서의 신적 존재에의 사로잡힘(the possession of the divine being in vision)이라는 것이 명백하다.

「신학대전」에서 인간론을 다루는 부분의 시작에서 그는 이렇게 쓰고 있다.

> 인간은 하나님의 형상으로 만들어져 있고, 아울러 이 점은 다메섹의 경험(Damascene)이 우리에게 말하듯이, 인간은 지성을 가지고 자유롭게 판단하고 또 그 자신의 주인이고, 그 결과 하나님이 만물의 모범적인 원인자이시고, 만물은 하나님의 의지를 통하여 그분의 능력으로부터 산출된다는 점을 우리가 동의하기 때문에 우리는 이 하나님의 형상, 다시 말하면 그 자신에게 속하고, 그의 책임과 통제 아래에 놓이는 행위들의 원천으로서 하나님의 형상을 지닌 인간을 계속해서 보게 된다.[14]

모든 종교교육은 인간 활동의 궁극적인 목적인 하나님, 존재의 근원, 온전한 인간됨의 의미, 그리스도를 닮은 삶의 의미, 형제, 자매, 그리고 이웃 사랑의 의미, 가난한 사람들에 대한 섬김 혹은 환경보호의 의미 등을 다룬다. 이들의 각각이 그 어떠한 교육(instruction)에서든 가르침의 모든 개별적인 요소들로 취해서 하나의 통합된 단일체제(unity) 속으로

---

14. *Summa Theologiae*, I‐II, Prologue.

끌어모으는 종합의 형식적인 근거가 될 것이다.

그러나 토마스에게 있어서 하나님과의 관계성(the relation to God)은 교육의 모든 주제 선택에 영향을 미치고, 또 각각의 소논문(tract), 문항, 그리고 논제가 종합 안에서 차지하고 있는 위치 설정에 직접적이고도 즉각적인 근거가 된다.

토마스는 신학의 성격이 그에게 이 점을 분명히 제공해 준다고 판단했기 때문에 신학은 곧 하나님 존재 자체에 대한 연구이고, 또 모든 만물들이 그들 자체의 원천과 목적인 하나님과 가지는 관계성에 대한 연구라는 확신을 가졌다.

이러한 확신이 그에게 하나님, 곧 삼위일체 하나님에게서 나오고 하나님에게 돌아가는 피조물들, 그리고 하나님의 형상으로서의 인간됨(human person)의 본성에 관해 그의 책 많은 부분을 할애해야 할 이유를 부여해 주었다.

인간 노력(striving)의 방식으로 추구하는 온전한(whole) 도덕적 삶의 근거는 궁극적 선(善)인 하나님 안에서 그 자신의 자리를 발견한다. 그리고 모든 인간 행위의 옳음(rightness)은 그 자신의 본성에 적합한 행복을 추구하는 것과 동시에 목적(the end)이 되시는 하나님을 향한 고유의 행복을 추구하는 것으로부터 도출한다. 동일한 방식으로 도덕적 삶은 하나님의 초월성이 덕목들과 은사들의 선의 원천이라는 점에서 하나님을 위한 자리를 확고히 세운다.

마지막으로 예수의 본성과 사역이다. 즉, 성육신과 구원, 그리고 교회의 성사들(sacraments)은 인간이 하나님에게 돌아가는 길로서 그것들은 신 중심적인 위상을 부여받는다.

토마스의 저작 속에서 이러한 신 중심적 특성은 매우 분명하다. 그것은 아퀴나스 이전의 수세기 동안과 그 이후의 7세기 동안 종교의 가르침 가운데 자리했던 고유한 것으로서, 아퀴나스가 1273년에 행한 설교에서 사용했던 교리문답적 교훈(catechetical instruction)의 3부로 된 모델(three-part model) 속에서 증명되었다.

1. **신조(Creed)** – 이것은 두 부분을 포함하고 있다 : a) 하나님과 창조, b) 구세주이며 인간이면서 하나님이신 예수 그리스도(the man-God-Jesus Christ)의 본성과 역할
2. **법전(Code)** – 계명들 : 예수님에 의해 구속받은 사람들의 삶의 방식
3. **의례(Cult)** – 기도 : 예수님이 가르친 하나님과의 연합 가운데 사는 삶의 방식

종교가 신 중심적이어야만 한다는 점은 아퀴나스가 처음 사용한 새 기틀은 아니었다. 그것은 오랜 세기 동안 종교교육의 선포와 그 내용의 모형틀이었다.

토마스 신학에 기초한 종교교육은 교리적이다.
토마스 아퀴나스는 종교교육 혹은 종교의 가르침은 마땅히 교리적이어야 함을 매우 강조하면서, 그것은 신앙의 지식에 관심을 가지는 지적인 노력이라고 가르친다.
바로 이 주장이 종교교육 이론에서의 결점을 드러낸다는 점에서 반대할 수도 있을 것이다. 즉, 그것은 종교적인 가르침의 목적이 되는 삶 속에서 신앙을 뿌리내리는 데 결점이 있는 것처럼 보인다. 사람들은 "도대체 교리 이해가 신앙생활에 어떠한 동기를 부여할 수 있다는 말인가?"라고 질문을 던진다.
아퀴나스가 교육은 교리적이어야 한다고 생각했던 것은 그의 전생애의 의도성이 종교적인 교리를 가르치는 것이란 사실로부터 확실하게 도출된다. 그러나 종교적 교리는 일차적으로 사변적이다. 왜냐하면 교리는 하나님과 신적인 일들을 다루기 때문이다. 그리고 이차적으로 실제적인데, 그 이유는 교리가 하나님과의 관계 안에 있는 인간의 행동에 관심을 가지기 때문이다.
이러한 사고는 신앙에 대한 그의 이해에 의해 생겨난다. 즉, 신앙의 대상은 제일 진리(First Truth)로서의 하나님이고, 나아가 모든 만물들

의 원천이요 목적인 하나님과의 관계 안에 있는 그 만물들에 관한(of) 것이다.

현재의 종교교육학자들은 신앙교육(education in faith)에 대해 실제적이고 목회적인 의미로 생각하는 것을 선호한다 ; 즉, 하나님 자신을 제일 진리(First Truth)로 계시할 뿐만 아니라 성서 속에 묘사된 그의 본성 가운데 아버지, 친구, 주(主), 주인(master), 교사, 재판관 등으로 계시하는 하나님을 생각하는 것을 선호한다. 그래서 상호적 관계에 있는 신앙은 일차적으로는 인간의 자아에 대한 반응과 같은 역동적인 의미, 즉 신자들에게 동의, 복종, 신뢰, 존경, 그리고 사랑의 총체적 반응을 촉발시키는 하나님의 현현(顯現)으로 가르쳐진다.

이러한 차이가 생기는 이유는 아퀴나스의 사고 속에서 신앙은 소망과 사랑과는 구별되는 형식적인 의미로 이해된다는 점 때문이다. 따라서 신앙은 일차적으로 인지적이고 객관적인 것이다. 그것은 하나님 - 그분의 선이 오직 신앙에 의해서만 알려지는 그 하나님 - 에 대한 온전한 인간의 반응을 구성하는 다른 덕목들과는 구별된다.

그러나 신앙에 관한 그의 소논문의 거의 첫 페이지부터 토마스는 주장하기를, 인간의 지성의 구조 속에서 진리는 주어와 술어의 판단들과 구성의 형식을 취한다고 한다. 그러나 아퀴나스는 신앙의 행위는 명제에서가 아니라 그것이 전달하는 실재(reality)에서 종결된다고 주장한다.

> 신앙의 대상은 두 가지의 방식으로 고려될 수 있을 것이다. 즉, 첫째로 그것은 믿어지는 대상 그 자체에 관계된다. 그리고 그 결과 신앙의 대상은 단순한 그 무엇, 다시 말하면 우리가 그것에 대해 신앙을 가지는 대상 그 자체(the thing itself)이다.
> 둘째로 믿는 자들의 편에서 보면, 그리고 이러한 측면에서 신앙의 대상은 명제의 방식에 의해(by way of) 복합적인 그 무엇이다.[15]

---

15. *Summa Theologiae*, II-II, q., 1 a. 2.

이러한 고대의 확신은 에릭 다끄(Eric D'Arcy)의 주장을 뒷받침해 준다.

> 교회는 교리들이 인간의 언어로 된 명제 속에서도 의미를 상실하지 않고 소통될 수 있는 객관적인 진리로 이해한다(이것은 계시에 대한 명제적인 설명을 가정하지도 수반하지도 않는다). 그러한 이해는 고틀로프 프레게(Gottlob Frege)의 사고(Gedanken) 개념과 상호 교환해 봄으로 그 뜻이 쉽게 드러난다. 프레게는 형식적 그리고 철학적 분야 모두에서 현대 논리학의 아버지였다. 그의 철학에서의 본질적인 요소인 사고는 존재하는 방식에 대한 그의 객관적인 설명이다. 즉, 사고(Gedanken)는 (1) 진리의 일차적인 운반자(bearers)이고, (2) 인간의 언어로 이루어진 명제 속에서 의미를 상실하지 않고 전달할 수 있다는 것이다.……
> 시간의 흐름에 따라 교리적인 지식이 참된 신앙의 성숙에 필수적인 요소임을 보여 준다. 뉴먼(Newman)에 의하면, "'우리의 통속적인 기독교' 라는 모호한 말을 나는 그것이 명제로 전환될 수 없다는 이유 때문에 불신한다. 기독교는 신앙이고, 신앙은 교리를 함축하고, 교리는 명제들을 함축한다."[16]

토마스 아퀴나스가 자신의 실제 모범과 말로 가르치려고 했던 종교교육은 마땅히 교리적이어야만 했다. 때때로 이것은 교육 이해를 제한하는 것처럼 보여 왔다. 그러나 1274년 이래 수세기 동안 등장했던 로마 가톨릭교회의 종교교육 프로그램 속에 나타나는 많은 진취적 면모들(initiatives) 속에서, 그리고 인종의 모든 언어들 속에서, 크고 작은 교리 문답서와 학교 교과서들, 그리고 성인용 교재들 속에서 남녀 집필자들, 연구원들과 부모들은 이 책임을 신실하게 감당해 왔다.

토마스 신학에 기초한 종교교육은 학생과 교사의 공동작업이다.

---

16. Eric D'Arcy, "The New Catechism and Cardinal Newman," *Communio* 20 : 3(Fall 1993), pp. 485-502.

토마스 아퀴나스의 저작 속에서 종교교육학의 이론을 찾는 학자들 혹은 연구자들은 교육과 관련된 자료를 드물게 발견할지도 모른다. 원천자료들은 이렇다. 1)「교사론」(De magistro)이라고 불려지는 논박문(the Disputed Question)인 「진리」(Truth) 속에 들어 있는 네 편의 논제들(articles) 가운데 한 문항(question)인데, 이 논박문은 토마스의 교직 경력의 초기인 1257년에 쓰여져서 논쟁이 되었다. 2) 그로부터 9년 후인 1266년에 쓰여진 「신학대전」 속에 들어 있는 한 논문(I, q. 117, a.1)으로, 이것은 그 이전의 작품의 첫 논제를 요약하고 있다.

「교사론」의 네 편의 논제들은 다음과 같은 질문들 각각에 관련된 다수의 엇갈리는 견해들에 대한 해결책들을 제공한다.

    1. 한 사람 혹은 오직 하나님만이 가르칠 수 있고, 또 교사라고 불려질 수 있는가?
    2. 한 사람은 그 자신의 교사라고 불려질 수 있는가?
    3. 한 사람이 천사에 의해 가르쳐질 수 있는가?
    4. 가르침은 명상적인 행위인가, 아니면 활동적인 삶의 행위인가?

「신학대전」에 들어 있는 논문의 제목은 "한 사람이 다른 사람을 가르칠 수 있는가?"[17]이다.

이런 작품(저술)들, 즉 그 내용이나 그 작품들이 가르침의 이론에 공헌한 바의 중요성에 대해서는 그 동안 거의 연구나 언급이 되지 않았다. 한편, 「교사론」(De magistro)의 영어 번역본은 1953년 그것이 논박문집인 「진리론」(On Truth)[18]의 전체 번역 3권 가운데 일부분으로 출판되기까지는 일반적으로 이용되지 않았다. 1953년 이전의 유일한 번역본은

---

17. *Summa Theologiae*, I, q. 117, a. 1.
18. *St. Thomas, Truth(De veritate)*, 3 vol., trans Mulligan–McGlynn–Schmidt(Chicago : Regnery, 1952–1954).

마케트 대학교(Marquette University)의 존 맥코믹(John McCormick, S.J.,)이 개인적으로 1929년에 출판한 작은 분량으로 된 「성 토마스 아퀴나스의 교육철학」(Philosophy of Teaching of St. Thomas Aquinas)이 있다.

「교사론」에 나오는 가르침의 내용을 확대요약한 첫 단락에서, 토마스 길비(Thomas Gilby)는 이렇게 쓰고 있다.

> 지식의 획득은 덕의 습득과 물질계에서 물질적인 형태들의 일상적인 '이끌어 냄'을 묘사하는 eductio와 같다. 토마스는 두 가지의 극단적인 견해를 거절하고 중간 입장을 취한다. 즉, 한편으로는 학습자의 지성이 보다 고도의 지성으로부터 나오는 관념들을 단순히 받아들이는 견해와, 다른 한편으로는 지식이 이미 학습자의 내면에 잠재되어 있어서 그것을 단지 일깨우면 된다는 견해이다. …… 토마스 자신의 이론이 가능적인 존재 혹은 '일 수 있는'(can be) 존재는 실재하지만, 그러나 그것은 작용인(作俑因) 혹은 운동인(運動因, efficient cause)의 활동이 부여될 때 '있음'(is)의 현실적인 존재…… 즉, 그 자체가 지금 고려되고 있는 측면에서 볼 때 현실적인 실재가 된다는 그의 일반 철학의 추론을 적용한다. 그래서 지식은 그것을 발견하거나 습득해야만 하는 지성 속에서 잠재적일 수 있고, 아직 현실적이 아닐 수도 있다.[19]

「교사론」(De magistro)에 관한 주석에서, 메리 헬렌 메이어(Mary Helen Mayer)는 다음과 같이 관찰한다.

> 「교사론」은 교수(instruction)와 발견의 차이를 주목하고 분명히 한다 ; 하나님이 인간에게 그분의 잠재력을 부여해 주는 데에서 주로 인간을 가르치는 것이라고 가르친다 ; 인간은 그 자신을 통하여 발견의 방법들 혹은 교수행위로 이러한 잠재적 요소들을 발전시킬 수 있다. 그는 의사가 환자

---

19. *Summa Theologiae*, I. q. Volume I, Christian Theology, trans., notes, glossary by Thomas Gilby, O.P.(New York : McGraw-Hill, 1964), p. 59.

에게 "치료과정에 도구로서 자연(nature)이 사용하는 약품들을 응용"하 듯이, 그의 본성에로 양육하는 교사의 도움을 받아들일 수도 있다. …… 지 식의 한 행위(act)를 끝마칠 때 교사는 상징과 함께 그의 개념들을 제시한 다는 점에서 그 누군가가 자신을 스스로 이끌 수 있는 것보다 빠르고도 쉽 게 지식에로 인도할 수 있다. 그리고 "교사의 말들은 지성의 바깥에 놓여 있는 단순한 지각가능한 사물들보다 지식을 야기시키는 데에 보다 밀접한 관계를 지닌다."[20]

토마스 신학의 역사 후기에 이르러, 자끄 마리땡(Jacque Maritain)은 학습을 위해 요구되는 교사와 학생의 협동적 노력에 대해 토마스의 「교 사론」의 첫 번째 논제의 논증을 요약하려고 했다.

그는 먼저 플라톤의 입장을 요약한 다음에 그것을 거절했다. 그리고 계속해서 이렇게 쓰고 있다.

> 교사는 학생이 가지고 있지 않은 지식을 소유하고 있다. 그는 실제로 그의 영이 몸으로 연합되기 전의 신적인 관념들(the divine Ideas)을 그에 앞 서 숙고하지 못한 학생들에게 지식을 전달해 준다 ; 학생들의 지성은 감각 지각과 감각경험에 의해 풍요롭게 되기 이전의 상태, 곧 아리스토텔레스 가 사용하듯이 단지 백지상태(tabula rasa)이다.
> 그러나 교사에 의해 영향을 미치는 일종의 인과관계(causality) 혹은 역동 적인 조치는 무엇인가? 가르치는 활동은 예술이다 ; 교사는 예술가이 다. …… 교육의 예술성은 오히려 의학의 예술(의술)에 비교된다. 의학은 내재적인 생명력과 내적인 건강의 원리를 지니고 있는 생명체를 다룬다. 의사는 환자를 치유하는 데 있어서 당연하게도 실제적인 인과율을 작용시 킨다. 그러나 매우 특수한 방식으로 수행한다. 즉, 자연이 스스로 운행되 는 대로의 자연의 길을 모방함으로써, 그리고 자연 스스로가 생물학적인 평형을 유지하기 위하여 스스로의 역동성에 따라 사용하는 적합한 치유책

---

20. Mary Helen Mayer, *The Philosophy of Teaching of St. Thomas Aquinas*(Milwaukee : Bruce, 1929), 104-119 passim.

을 제공함을 통하여 자연을 도움으로써 인과율을 작용시킨다.
다른 말로 하면, 의학은 협동적인 자연의 예술(ars cooperativa naturae)이요, 돌봄의 예술(art of ministering)이요, 자연에 복종하는 예술이다. 그리고 교육도 마찬가지다. 그러나 그것이 함축하는 것은 실제로 훨씬 더 멀리 미친다.
그러나 지식의 활력적이고 활동적인 원리는 우리 모두 각자 속에 존재한다. 본래 그리고 처음부터 감각경험을 통하여 모든 지식이 의존하는 일차적인 관념들을 지각하는 지성의 내적인 통찰력은 그러한 과정을 통하여 그것 [내적인 통찰력]이 이미 아는 것으로부터 그것이 아직 알지 못하는 것으로 나아갈 수 있다.……
교사는 무엇보다도 이러한 내적인 원리를 존중하지 않으면 안 된다. 그의 기술은 지적인 자연이 스스로 운행하는 대로의 방식들을 모방하는 데 있다. 그래서 교사는 지성에 경험으로부터의 사례들이나 혹은 학생이 이미 아는 것을 토대로 하여 판단할 수 있는 개별적인 진술들, 아울러 학생이 계속해서 발견하게 될 더 넓은 지평들로부터 사례들을 제공한다.……
이 모든 것은 학습자 쪽에서의 지성의 본래적인 활동과 교사 쪽에서의 지적인 안내가 모두 교육에 있어서 역동적인 요인들이라는 사실을 요약해 준다. 그러나 교육의 주된 주체는…… 교육받아야 할 대상 안에 있는 내적인 생명원리이다.
교육자 혹은 교사는 비록 참으로 효과적이긴 하지만, 이차적인 역동적 요인이요, 돌보는 주체(ministerial agent)이다.[21]

위에 인용한 긴 내용은 토마스 신학에 기초한 교육학의 심장이다. 즉, 북쪽으로부터 불어오는 신선한 바람과 같은 분석이다. 그것은 종교의 가르침을 새롭고도 혁명적인 방향에로 자리매김을 한 19세기의 독일 심리학자들이 내놓은 소식과 같은 것이다.

---

21. Jacques Maritain, *Education at the Crossroads*(New Haven : Yale University Press, 1943), pp. 30-31.

토마스 신학에 기초한 종교교육은 행동에로 지도될 수 있다.

신학적인 가르침의 고대 원천자료인 키케로와 아리스토텔레스의 이론들을 아퀴나스는 「신학대전」의 도덕신학 부분에서 결합시키고 있는데, 그것은 외적으로 보여지는 것과는 다르게 수세기 동안 젊은 남녀들에게 그들의 종교교육, 그들의 도덕훈련을 형성하는 원리, 그리고 그들의 사회적 영향을 효과적으로 이끄는 원리가 되었고, 지금도 계속되고 있다.

그것은 사주덕(四主德) 가운데 하나인 분별(prudence)의 세 가지의 활동에 대한 토마스 아퀴나스의 분석이다. 그 자체로 보면 그것은 단순하고도 직선적인 분석인 것처럼 보인다. 그러나 창조적인 사상가와 지도자의 머릿속에서, 그것은 20세기의 기독교공동체들 속에서 발전된 가장 효과적인 교육방법이 되었다. 아래의 글은 토마스 아퀴나스의 본문이다.

> '올바른 이성'이라는 분별의 정의를 인간의 행위에 응용했다고 가정할 때, 분별의 주된 행위는 행위에 몰두하는 것으로서의 제 3의 이성의 행위일 것이라는 추론이 따르게 된다.
> 여기에서 이성의 활동은 3단계를 통하여 진행된다. 첫째 단계는 상담(조언)을 기초로 해서 생각을 하는(taking counsel) 단계인데, 그것은 우리가 이미 보아 왔듯이 발견하기 위해 행하는 탐구이다.
> 둘째 단계는 발견되어 온 것에 대한 독자적인 의견(판단)을 가진다 (forming a judgment).
> 그러나 실행은 또 다른 문제다. 왜냐하면 무엇인가를 행함을 의미하는 실제적으로 유용한 이성(practical reason)은 세 번째의 행위, 다시 말하면 명령의 행위(commanding)에로 밀고 나아가게 한다. 이것은 면밀하게 사고되고 결정된 것을 실행하는 데 있다. 그리고 이것은 실제적으로 유용한 이성이 추구하는 것에 보다 밀접하게 접근하기 때문에 그것은 실천이성의 주된 행위요, 또한 분별의 주된 행위이다.[22]

---

22. *Summa Theologiae*, II-II, q. 47 a. 6.

위의 내용은 모든 인간들이 행위를 위한 결단에 이르게 되는 방식에 대한 간단하고도 간결한 묘사이다. 그러나 만일 각 단계를 위한 절차들로 공식화된다면, 그것은 특별히 작은 집단(small group)의 경우 그들 자신의 사고과정들에 대해 성찰하고, 또 그들이 할 수 있고 또 마땅히 해야만 하는 일에 대해 결정에 이르기 위하여 남녀들을 훈련시키는 하나의 방식이 될 수도 있다.

이러한 일이 일어났다는 것이 많은 사람들, 특별히 젊은 산업체의 근로자 혹은 농업 노동자들, 고등학생들과 대학생들과 결혼한 부부들의 경험이다. 그것이 토마스 아퀴나스가 종교교육의 사역에 미친 가장 결실 있는 기여일 것이다.

||||||| 2부 |||||||

토마스 신학에 기초한 종교교육 이론의 일반적인 적용

종교교육은 체계적이다.

「신학대전」의 모든 교육적인 특성들 가운데 가장 현저한 것은 종합적이라는 것이다. 아퀴나스의 가르침에서 발견되는 이러한 사실과 그것이 「신학대전」 속에서 취하는 형식은 위에서 이미 언급했었다. 왜 그것이 중요한가? 그것이 오늘날의 교육을 위해 의미하는 것은 무엇인가?

신앙에 대한 체계적이고 유기적인 묘사가 종교교육에 가장 중요하다는 점은 최근 사반세기 동안 세계의 모든 곳에 있는 로마 가톨릭교회 안에서 종교교육 자료들에 대한 연구로부터 확인될 수 있다.

1960년대 후반에 시작된 고전적인 교리문답 교육(catechesis)에 대한 거의 보편적인 변형을 언급함에 있어, 추기경 조셉 라칭거는 1983년에 이렇게 관찰했다 : "우리는 더 이상 신앙을 그 자체에 있어서 유기적인 전체로 제시할 용기를 지니고 있지 못하다. 단지 총체성에 대한 어떤 불신 속에 세워진 부분적인 인간학적 경험들의 선택된 성찰로서 제시할 용기를 가질 뿐이다. 그것은 신앙의 위기에 의하여, 아니 보다 정확히는 고금을 통하여 교회의 공동의 신앙 위기에 의해 설명되어질 수 있을 것이다."[23]

제 4차 주교회의 총회 이후에 쓰여진 가톨릭교회의 종교교육 노력에 관한 사도적인 권면 속에서, 교황 요한 바오로 2세는 종합(synthesis)의 개념을 규정하는 교훈(instruction)의 특성들 몇 가지를 요약적으로 제시했다.

> 그것(종교교육)은 체계적이어야 하고, 즉흥적으로 마련되어서는 안 되고, 정확한 목표에 이르도록 계획되어야 한다.
> 그것은 논쟁이 되는 문제들을 해결하자거나 그 문제 자체를 신학적인 연구나 과학적인 주석으로 변형하자는 주장 없이 본질적인 내용을 다루어야 한다.
> 그럼에도 불구하고 그것은 우리가 케리그마에서 가진 것과 같은 초창기의 기독교적 신비의 선포에서 잠깐 그치지 말고 충분히 전부가 갖추어져야 한다.
> 그것은 기독교적 삶의 모든 다른 요인들에 개방적인, 하나의 통전적인 기독교적 기초 지도이어야 한다.[24]

이들 기준은 일반적이고, 따라서 그것들은 다양한 방식으로 만족시킬 수 있다 ; 사실상 종교교육이 실현될 방식들에는 그 어떤 제한도 없다. 그것들은 「신학대전」에서 아퀴나스에 의해 충족되었고, 트렌트 회의 (1566)의 로마 가톨릭교회 교리문답서(*Roman Catechism*) 가운데 충족시켰다.

---

23. Bishop Christoph Schonborn에 의해 인용된, Joseph Cardinal Ratzinger, "Major Themes and Underlying Principles of the Catechism of the Catholic Church," *Living Light* 30 : 1(Fall 1993), p. 56.
24. Pope John Paul II, *Apostolic Exhortation Catechesi Tradendae*, Vatican Polyglot Press, Rome 1979, pp. 30–31.

그것들은 1992년에 제정된 신판 가톨릭교회 교리문답서(*Catechism of the Catholic Church* : CCC)의 표준(the marks)이 되기도 한다. 새로운 교리문답서가 출판되고, 또 그 교재의 사용이 보편적으로 가능하게 될 때, 의심할 여지 없이 그 교재가 그들 기준에 충실한 방법들에 대한 평가를 포함하는 연구가 이루어질 것이다.

이미 한 논문이 나왔다. 즉, "가톨릭교회의 교리문답의 주요 주제들과 그 기저를 이루는 원리들"(Major Themes and Underlying Principles of the Catechism of the Catholic Church)[25]로, 이 글은 교리문답이 세 가지의 측면 아래 신앙에 대한 유기적인 관점에서 하나의 종합을 이루고 있다는 점을 설명하고 있다 : 1) 진리의 분류(조직)체계의 원리, 2) 시간과 공간 속에서의 교회전통의 통일성, 3) 신앙의 내용에 접근하는 데 있어서의 현실주의(realism)가 그것이다.

다른 신앙전통들이나 유일한 신앙에 대한 많은 신학적 전통들 속에 있는 다른 교리문답서들이나 종교교육 자료들은 또 다른 원리들에 입각하여 그들의 종합을 구축하고 있을지도 모른다. 그러나 그것들도 모두 다 함께 유기적인 가르침을 위한 필요를 보는 것을 놓쳐서는 안 된다.

토마스 신학에 기초한 종교교육은 신 중심적이고 교리적이다.

토마스 신학에 기초한 종교교육이 어떻게 실제에 있어 신 중심적이어야 하는가라는 것은 교재 집필가들, 편집자들, 그리고 교사들을 위해 중요한 문제이다. 종교교육과 관련된 인간 과학들로부터 흘러 나오는 홍수와 같은 엄청난 견해와 이론은 교재 집필자들이 설계하는 일에, 그리고 교사들이 인간 중심적인 종교교육을 제시하기에 매력적인 가능성을 제공한다 ; 그러나 그것이 취해진다면 비판과 실망으로 귀결될 소지가 있다. 따라서 그러한 지식의 사용은 성서학의 사용 경우와 마찬가지로 분별 있게 이루어져야 한다.

---

25. Schonborn, "Major Themes and Underlying Principles," pp. 54-64.

그리스도 중심적이라고 불려지는 종교교육은 본질적으로 하나님을 향한 그것의 지향성을 피할 수 없다. 왜냐하면 성서와 예전 가운데 있는 예수의 생애와 가르침은 성부 하나님을 가리키기 때문이다. 따라서 그리스도 중심적인 교리교육은 신 중심적이고 동시에 그리스도 중심적 (Christo-con-centric)이다.

그러므로 교리적인 종교교육에서 주요한 특성은 그것이 정확해야 한다는 것이다. 성공적인 문답식 교리교육이 유지되고 있는 것은 바로 이 점에서인데, 이는 짧은 시간이 지난 후에 실패했던 많은 분량의 신앙에 대한 제시들에 의해 증거되고 있다.

"교리문답서라는 장르"가 그 힘을 얻는 것은 여기에 있다. 비록 교리문답서들이 교육학자들이 아닌 신학자들의 작품이기 때문에 비록 "교리문답"이 비판받았을(그리고 계속해서 비판받을)지라도, 그 강점은 학습된 것이 그것에 대한 영속된 가치를 가진다는 점이었다. 비록 "이해할 수 없는 말들과 구절들의 기억"이 한 아이에게 무례하게 보일지라도, 기억된 공식(교리규정)들은 나중에 성인이 된 후의 삶에 이해를 가져다 주는 중요한 의미를 지니고 있다.[26]

토마스 신학에 기초한 종교교육은 교사와 학생이 함께 참여한다.

「교사론」(De magistro), 「교사론에 관한 논박문(論駁問)」에서 아퀴나

---

26. 이 섹션에서 제기된 질문들은 영속적이다. 로마 가톨릭교회와 다른 종교교육자들은 아래에서 발견되는 제시들에 의해 지지될 것이다.
General Catechetical Directory(Directorium Generale Catechesticum), U.S. 공인번역(Washington, D.C. : U.S. Catholic Conference, 1971)과 주석 : Berard L. Marthaler, O.F.M. Conv. Catechetics in Context(Huntington, Ind. : Our Sunday Visitor, 1973)과 Sharing the Light of Faith : National Catechetical Directory for the Catholics of the United States(Washington, D.C. : U.S. Catholic Conference, 1979)와 Sharing the Light of Faith : An Official Commentary(Washington, D.C. : U.S. Catholic Conference, 1981).

스는 가르침의 실행과 처리를 위한 일반적인 안내지침을 제공하는 몇 가지의 특성들과 활동들을 확인해 주고 있다. 조셉 콜린스는 토마스의 기본적인 가르침을 현대의 용어로 다음과 같이 요약하고 있다.[27]

> 「교사론」은 학습을 효력 있는 동기들에 의해 활성화하고, 또 기능적이 되게끔 할 목적을 지닌 기본적인 원리들을 포함하고 있다.
> 교육의 과정은 본질적으로 학생의 입장에 선 자기 활동(self-activity)의 하나이다. 교사는 훈련되고 경험 있는 안내자이다.
> 학습은 자기 개발이요, 발견의 한 형태이고, 학생이 지니고 있는 내적인 능력을 완전에 이르게 하는 것이다. 그러므로 가르침은 협동적인 활동이다.
> 학습자는 마음속에 학습의 목적, 목표, 결과를 지니고 있어야 한다.
> 교사는 학생들이 이 목표에 도달하도록 안내하고, 자극하고, 지원해야 한다.

이것들과 다른 규준들(canons)이 19세기의 중반기에 교육심리학자들에 의해 경험적으로 발견되었다. 그리고 그것들은 그때 이후로 계속해서 교육의 고정적인 규칙들이 되었다.

세부적인 교육방법들과 역사적으로 확인된 토마스주의의 신학적 가르침들

지금까지 토마스 아퀴나스의 신학이 종교교육에 영향을 미치고, 종교교육을 형성하는 방식에 대한 네 가지의 일반적인 관찰을 살펴보았다. 이제는 토마스의 일반적인 원리들이 가르침을 형성하는 것으로 보여지

---

27. Joseph B. Collins, S.S. *Teaching Religion : An Introduction to Catechetics*(Milwaukee : Bruce, 1953), p. 17.

는 **세부적인**(specific) 방법들이나 프로그램들에 주의를 돌린다. 이 방법들은 그 방법들이 놓여 있는 역사적 맥락 속에서 확인될 것이다.

토마스 신학에 기초한 종교교육은 체계적이고, 신 중심적이고, 교리적이다.

루터교의 가르침과 칼빈주의적 가르침에 대한 반응으로 간헐적으로 (1545-1563) 열렸던 트렌트 공의회의 노력이 진행되기 이전과 진행되는 동안, 몇 차례에 걸쳐서 가톨릭교회는 교구신자들을 위한 공적인 교육 교재를 공급하기 위한 통일되고 포괄적인 지침서(manual)를 제시하자는 제안이 나왔다.[28] 1546년에 처음 언급된 사안은 어린이들과 교육받지 못한(uninstructed) 어른들을 위한 교리문답서였다. 그러나 이러한 아이디어를 처음으로 승인한 후에, 1562년까지는 그 이상의 어떤 소식도 들리지 않았다. 1562년 2월 26일에 위원단이 임명되었다.

이 위원단의 구성원들은 공의회의 사제들(fathers)이었다. 의장인 추기경 세리판도(Seripando O.S.A.), 주교 칼리니(Carlini), 두 명의 도미니크 수도원 출신의 주교인 마리니(Marini)와 포르카라리(Forcarari), 그리고 도미니크 수도원 출신의 신학자인 포레이로(Foreiro)가 그들이다. 한 팀의 컨설턴트(consultant)들이 지명되었고, 계획된 책의 내용 항목(section)들이 할당되었다. 즉, 신조(Creed), 성사(Sacraments), 십계명(Commandments), 그리고 우리의 아버지/기도(=주의 기도, Our Father/Prayer)가 그 항목들이다. 20명의 컨설턴트들 가운데 네 명은 도미니크 수도원 계열이고, 둘은 프란시스칸 계열이고, 둘은 어거스티니안 계열이고, 나머지 열둘은 다른 수도원 출신이었다. 그들은 개별적인 견해들, 가령 개인들과 학파들을 피하고, 특별히 트렌트 공의회의 칙령들을 염두에 두면서 보편적인 교회의 가르침을 표명하라는 지침을 받았

---

28. E. Mangenot, *Catechisme in Dictionnaire de Theologie Catholique 2-2*(Paris 1905), Col. 1917-1918.

다. 그 책의 논조(tone)는 논쟁적이거나 논증적이지 않도록 계획되었다.

공인된 초안이 인쇄소에 보내어졌을 때 어떠한 제목도 그 초고에 붙지 않았다. 아마도 네 개의 영역 때문이었을 것이다. 마침내 신조, 성사(聖事), 십계명, 그리고 주의 기도서가 합쳐서 "교리문답서"라는 명칭을 부여받았다.

그것은 분량이 큰 교재였다. 1909년판인 라틴어 교재는 470쪽에 달한다.[29] 현재 영어 번역본은 589쪽으로 된 4절판으로 이루어져 있다.

토마스 아퀴나스의 신학이 이러한 종교교육 교재에 영향을 미쳤는지에 대해 그 교재의 연구가들은 영향을 미쳤다고 주장한다.

공적인 교리문답서에는 단지 성경본문에 대한 각주들과 이따금 교회 교부(Father of the Church)가 텍스트에서 인용될 때에 한해서 교부의 각주들을 제공하고 있을 뿐, 아퀴나스나 그 외의 어떤 신학자에 대해서도 일체의 언급이 없다.

그러나 이 교리문답서의 영어 번역[30]을 편집한 두 명의 근대 편집자인 도미니크 수도원 출신의 존 맥휴(John J. McHugh)와 찰스 캘런(Charles J. Callan)은 교리문답서에 대한 각주를 통하여 아퀴나스의 「신학대전」에 나오는 본문 332군데를 확인하면서, 그것들은 "성 토마스와 관계 있는 구절들에 대한 현재의 주석들과 지시들"로서 교리문답서와 관련 있다고 했다.

아퀴나스의 「신학대전」을 전문적으로 연구한 도미니칸 신학자들이 교리문답서를 저술하는 데 그렇게도 중요한 역할을 수행했다는 사실을 받아들이고 있다. 그들에 의하면, 비록 토마스에 대한 어떠한 단일한 견해도 허용되지는 않을지라도, 그럼에도 불구하고 교리문답서의 신앙의 진

---

29. *Catechismus Romanus ex decreto Concilii Tridentini*(Ratisbonae, Romae, Neo Eboraci et Cincinnati Pustet 1907).
30. John J. McHugh, O.P. and Charles J. Callan, O.P., *Catechism of the Council of Trent for Parish Priests*(New York : Joseph Wagner, 1923).

리들을 제시하는 내용(substance)과 방식들이 토마스의 것이라는 어떤 강력한 실마리를 제공해 준다.

「로마 가톨릭교회 교리문답서」(Roman Catechism)를 인용하는 것이 중요하다. 왜냐하면 실제로 1566년과 1900년 사이에 발행된 가톨릭교회의 종교교육을 담은 모든 책들이 이 교리문답서를 참고하여 신앙을 정의하고, 판단하고, 그리고 표준적인 설명을 하고 있기 때문이다. 「로마 가톨릭교회 교리문답서」는 문서화된 모든 자료들 가운데, 16세기에서 19세기에 이르는 어려운 기간 동안 가톨릭교회 공동체의 일치를 위한 근거(reason)였다. 그러므로 이 교리문답서의 권위와 영향력은 대단히 큰 것이었다. 16세기에서 19세기에 이르는 시기 동안 그것은 기독교 신학의 고전적인 표명이었고, 아울러 그것은 로마 가톨릭교회 교육의 교리적이고 신 중심적이면서, 그리고 체계적인 특성의 원천이었다. 「로마 가톨릭교회 교리문답서」의 진술들, 정의들, 그리고 구절들은 수세기에 걸쳐서 이어지는 여러 교리문답서들 속에, 아이들의 마음속에, 그리고 그들의 기억들과 그들의 입술을 인도하는 길잡이 역할을 했다.

「로마 가톨릭교회 교리문답서」는 교리문답이라기보다는 오히려 신학의 지침서, 그리고 그 장르에 있어서 하나의 교회의 연속간행물(church success)이기 때문에 종교교육의 발전은 그것과는 별도로 일어났다.

트렌트 공의회의 나중 몇 년과 일치하는 시기에, 네덜란드 출신의 예수회 신학자인 성 피터 카니시우스(St. Peter Canisius)는 독일에 있는 학생들을 위한 세 개의 교리문답서를 작성해서 출판했다. 이들 교리문답서를 작성함에 있어서 피터 카니시우스는 토마스 아퀴나스에게 진 그의 부채를 인정했다.

40년 후에 또 다른 예수회 신학자로 이탈리아 출신인 성 로베르토 벨라르민(St. Robert Bellarmine)은 두 개의 교리문답서를 발행했다.

이 교리문답서들은 세계 전역의 주교 교구회(dioceses)에서 채택된 모델이 되었다. 주교들과 그 이외의 다른 저술가들이 이 교리문답서들을 번역하고, 아울러 그 지역에서 사용할 수 있도록 그것들을 수정했다. 로마교회 당국이 수년 동안 성장하고 있던 19세기의 미국교회에 주교들을 격려하여 교회의 보편적인 교리문답서로 채택하게 했던 것도 바로 벨라르민의 교리문답서였다. 19세기가 그 끝을 향하여 나아가는 무렵인 1873년에 열린 제 1차 바티칸 공의회는 전체 교회(로마 가톨릭교회-역자주)를 대상으로 하는 단일한 교리문답서를 작성하자는 제안을 승인했다. 그러나 공의회는 그 제안에 대하여 그 이상의 어떤 조치도 취하지 않았다. 왜냐하면 그 당시 가리발디(Garibaldi)의 군대가 로마를 침공했기 때문에 공의회는 정회되었고, 그 이후 다시는 모이지 못했다(1962-1965년 사이에 열린 2차 바티칸 공의회는 완전히 다른 새로운 공의회로 여겨졌다).

이것은 설사 공의회가 모임에 불과했을지라도, 이미 가르침의 장르인 교리문답의 차원을 넘어 나아가면서 로마 가톨릭교회의 종교교육의 새로운 시대를 열려는 자세가 되어 있던 유럽과 미국에서 온 교사들, 교리문답 교육자들, 그리고 심리학자들이 모였기 때문에 그 모임은 신의 섭리에 따른 모임이었다.

이러한 새로운 활동의 근거는 19세기 중반에 독일에서 탄생한 실험심리학(experimental psychology)과 이 심리학의 지식을 교육에 적용하는 것에서 왔다. 이러한 활동이 아이들의 학습의 발달단계를 더욱 예민하게 인식하는 흐름으로 발전했다. 이러한 새로운 가톨릭교회 종교교육의 연구, 출판, 그리고 실험의 중심지는 독일과 미국이었다. 즉, 뮌헨과 워싱턴이 그 중심지였다. 뮌헨에 있던 일군(一群)의 교리교육 전문사제들이 적극적인 지도자들이었는데, 이들은 사실상 뮌헨 방법론(the Munich Method)의 창시자들로 통한다. 그리고 신학과 심리학으로 훈련된 미국의 사제인 토마스 에드워드 쉴즈(Thomas Edward Shields)는 워싱턴에 있는 미국 가톨릭 대학교에 봉직하고 있었다.

토마스주의 신학에 뿌리들 두고 있는 세부적인 교육방법들

토마스 신학에 기초한 종교교육은 체계적이고, 신 중심적이고, 그리고 교리적이다.

　종교를 가르치는 교리문답 방식의 변형은 느린 과정을 겪었는데, 그것은 2차 대전 이후까지 끝나지 않고 지속되었다. 그 때까지 로마 가톨릭교회가 출판한 모든 종교교육 자료는 체계적이었는데, 그 이유는 종교육 자료들이 기존의 세 가지의 구성요소, 물론 지금은 네 가지 구성요소, 즉 신조, (성사), 십계명, 그리고 주의 기도에 기초하고 있었기 때문이다. 아울러 가톨릭교회 종교교육 자료들은 신 중심적이고도 교리적이었는데, 그 이유는 그 자료들이 축복받은 성모 마리아(무흠수태의 정의 : 1854)의 독특한 거룩성과 신앙과 이성, 그리고 교황의 권위(1871-1873년에 열린 제 1차 바티칸 공의회의 교황의 무오류성에 대한 정의)에 대한 신앙에 의해 고양된「로마 가톨릭교회 교리문답서」라는 보고(寶庫)를 원천으로 삼았기 때문이다.

　이러한 고전적인 강점을 지닌 교리문답서는 전통적인 토마스주의적 영향을 보존하고 있었다. 그러나 그것들은 새로운 세기와 더불어 시작되고 있었고, 새로운 방식의 종교교수 방법에 의해 풍성해졌다. 이러한 새로운 흐름은 뮌헨과 워싱턴으로부터 왔다. 그러나 토마스주의 사상의 영향은 새로운 흐름의 종교교수 방법들에도 여전히 나타났다.

　토마스 신학에 기초한 종교교육은 교사와 학생을 함께 참여시키고, 아울러 세계와의 대화 속에서 실천의 면모를 지닐 수 있다.

뮌헨 협회와 방법

　로마 가톨릭교회의 교리문답서 시대 이후의 로마 가톨릭교회의 교리문답 교육에서의 최초의 의미 있는 발전과 토마스 아퀴나스의 신학 혹은 철학이 커리큘럼이나 방법을 형성하는 데 역할을 수행한 최초의 사례는 19세기가 저물어 가는 시기에 독일과 오스트리아에서 이루어졌다. 그것은 뮌헨 교리문답협회(Munich Catechetical Association)의 구성원들이 개발한 이유로 해서 **뮌헨 방법**(Munich Method)이라고 불리어졌는

데, 그 방법은 요한 헤르바르트(Johann F. Herbart)에 의해 고안된 방법의 직계 후손뻘되는 방법이었다. 그것은 헤르바르트의 추종자 가운데 하나인 튀스킨 칠러(Tuiskin Ziller)와 헤르바르트의 교육방법을 로마 가톨릭교회의 교리문답 교육에 적용하는 것을 처음으로 발전시켰던 그의 제자 빌만(O. Willmann)을 통하여 종교교육 분야에 도입되었다.

교육의 과정에서 한편으로는 모든 교육은 인격을 형성하는 데 이바지해야 한다는 헤르바르트의 방법의 목적이 가톨릭교회의 교리문답 교육 지도자들에 의해 채택되면서도, 다른 한편으로는 헤르바르트 철학의 많은 부분이 뒤로 내버려두었다. 그래서 뮌헨 방법은 사실상 가톨릭 철학에 의해 쉽게 동화되었고, 토마스 아퀴나스 철학 속에서 한자리를 차지하는 결과를 낳았다.

처음 가톨릭교회에 의해 채택될 때, 뮌헨 방법은 단지 세 단계를 지니고 있었으나 그 이후의 개정판에서는 다섯 단계로 늘어났는데, 새로운 두 단계는 처음 판의 첫 번째 단계의 앞과 세 번째 단계 다음에 각각 첨가되었다. 다섯 단계를 간단하게 확인하면 다음과 같다.

1. 준비(Preparation) : 주제(topic)에 대한 학생의 관심에 초점 맞추기
2. 제시(Presentation) : 가령 성서의 이야기와 같이 구체적인 형식으로 된 교훈(내용)을 포함하고 있는 자료
3. 설명(Explanation) : 교리문답 교육, 교훈은 담화(narrative) 속에 있는 것으로 알려진다.
4. 적용(Application) : 모여진 진리들을 강화하고, 심화하고, 나아가 그것들을 삶의 목적을 위해 이바지하도록 확대한다.
5. 요점의 개괄(Recapitulation) : 요약, 과정을 간단하게 반복 등

이 방법은 교사가 교리문답서의 내용(text)을 소개, 설명하고 텍스트로부터 행위의 교훈을 연역하고, 그런 다음 학생이 그 내용을 암기하는 방식에 대한 하나의 대안으로 보여졌다. 이러한 새로운 방식으로 전개될 때 그 학습은 구체적이고, 그 과정은 보다 귀납적이며, 그리고 교사

와 학생이 함께 진리에 도달하기에 이른다.

　A. 뮌헨 종교교수 방법(Munich method)은 아퀴나스가 그의 책「교사론」의 철학적 분석에서 수행했던 가르침의 취급방식을 600년 후에 인정한 것이었다.

　1. 그 방법은 학생이 학습과정에서 수동적이라기보다는 능동적인 역할을 수행함으로써 학습의 주요한 주체가 된다는 원칙을 긍정하고 동시에 강화했다(이 방법의 추후의 발전은 학습과정에 있어서 학생의 능동성을 보다 더 많이 인정했다).

　2. 그 방법은 학습의 협력적인 활동으로 교사와 학생을 연관시켰다.

　3. 학습(lesson)이 아이들의 상상력의 이해와 발달수준에 적합한 이야기(narrative)를 가지고 시작한다는 점에서 그 방법은 구체적이었다. 그것은 감각적인 경험(sensory experience)에 뿌리를 박고 있으면서, 동시에 지적인 성찰에로 나아가게 하는 학습이었다. 그리고 그것은 의지와 감정들을 점유하고 있는 적용으로 끝맺었다.

　4. 그 방법은 학생들의 자유로운 의지를 존중하면서 수행되었다(헤르바르트는 만일 그 과정이 정확하게 수행된다면, 이러한 교육과정에 참여한 아이들은 예외없이 모두 도덕적 교훈을 받아들일 것을 배우게 될 것으로 보았다).

　위에서 열거한 뮌헨 방법의 가치들은 독일에서 대학원 과정을 이수하고 나중에는 뉴욕에 있는 로체스터 신학교의 교수가 된 미국 출신의 사제(priest)인 조셉 비얼리(Joseph J. Bierle)의 눈에 주목되어 1919년에 그에 의해 미국에 소개되었다. 그 다음 그 방법은 미네소타에 있는 성 바울 신학교의 밴더스(R.G. Bandas) 교수와 오하이오에 있는 클리브랜드 신학교의 푸어스트(A.N. Fuerst) 교수에 의해 지침서(manuals) 형태로 발전되었다. 뮌헨 방법은 그 후에 다시 30년 동안 모든 가톨릭 학교들에서 사용되었던 교재로 번역되었다.

　B. 뮌헨 방법은 토마스 아퀴나스의 또 다른 신학적 원리를 효과적인 교육적 형식으로 재긍정한 것이기도 하였다. 즉, 그것은 학습의 한 방식으로서 분별(prudence)의 덕목을 구체적으로 실천하는 데 있어서 다음

의 세 단계를 인식했고, 아울러 그것을 교육방법의 기초로서 체계적으로 사용했다.

뮌헨 방법은 그 시초부터 학생들이 도덕적인 판단과 해결능력을 형성하는 데 있어서 열쇠가 되었다. 그 방법의 세 가지의 중심적인 단계들을 성찰해 보면 1) 성서적이거나 혹은 다른 이야기 사건(narrative event)에 대한 인식(perception), 2) 이러한 구체적인 실제 상황 속에서의 선 혹은 악에 대한 판단, 3) 행위에의 적용과 해결능력을 보여 준다.

토마스 신학에 기초한 종교교육은 신앙과 인간의 지식을 통합한다.
19세기 후반과 20세기 초반에 일어난 로마 가톨릭교회의 종교교육의 심리학적인 갱신을 선도한 개척자들은 빌만(O. Willmann)과 뮌헨에서 뮌헨 방법을 사용해 온 사제들로 구성된 교리문답 교육자들, 그리고 워싱턴 시에 소재해 있는 미국 가톨릭 대학교의 에드워드 페이스(Edward Aloysious Pace) 교수와 토마스 쉴즈(Thomas Edward Shields)였다.

토마스 쉴즈는 1862년 5월 9일 미네소타 주 멘도타(Mendota)에서 태어났다. 그는 아일랜드에서 이주한 대가족 농가의 여섯째로 태어났다.[31] 그는 특별한 재능을 지닌 소년이 아니었다. 초등학교 시절에는 성공적이지 못했을 뿐만 아니라 뒤떨어진 아동이었고, 특별히 책을 읽는 능력이 심각하게 부족했기 때문에 그는 학교로부터도 세 번이나 학업을 중단당했었다. 그러나 그후 새로운 주임사제와 새로운 교사의 격려, 그리고 특별한 사사(私師)와 독서 덕분에 그는 급속도로 발전했다. 이러한 그의 지난 10년간의 경험을 자원으로 해서 후에 그는 「지진아 만들기와 지진아 만들지 않기」(The Making and the Unmaking of a Dullard)라는 책을 썼다. 이 책을 쓰게 된 동기는 그가 학교에서 실패한 이유는 보잘것

---

31. Justine Ward, *Thomas Edward Shields : Biologist Psychologist Educator*(New York : Scribner's, 1947). 관계자(an associate)와 친구에 의한 전기.

없는 타고난 능력이라기보다는 학교에서 시행하던 형편없는 교육방법이었다는 사실을 발견했기 때문이다.

주임사제와 교사의 격려 덕분에 그는 밀워키에 있는 대학에 속해 있는 신학교와 그 후에 그 자신의 성 바울 교구에 있는 주요 신학교에 들어가기에 충분한 지식을 획득할 정도로 성장했다. 그 곳에서 그는 그의 동료 학우들과 나란히 경쟁하는 가운데 교수와 주교에 의해 특별한 재능을 지닌 학생으로 인정받았다. 그는 그의 급우들과 함께 29세가 채 되지 않던 해인 1891년 3월 14일에 사제로 서품되었다.

성 바울 성당에서의 짧은 봉사의 기간을 거친 후에, 그는 계속 연구할 수 있는 기회를 부여받았다. 먼저 볼티모어에 있는 성 마리아 신학교에서 신학을 연구하고 나서, 같은 볼티모어에 있는 존스 홉킨스(John's Hopkins) 대학교에서 생리학과 생물학을 연구한 후에, 존스 홉킨스 대학교에서 1895년에 철학박사 학위를 받았다.

그 후에 그는 성 바울 신학교에 돌아와 실험과학과 생리학 교수가 되었다. 그 신학교에서 프로그램과 커리큘럼을 정착시킨 해인 1902년 가을 학기에, 그는 미국 가톨릭 대학교의 생리학과 심리학 교수로 임명되기에 이르렀다.

이 시기는 그가 1921년 2월 14일에 59세의 나이로 죽기까지 계속된 19년 동안의 가장 결실 있고, 창조적이고, 활동적인 시기의 시작이었다.

존스 홉킨스 대학교에서의 3년 동안, 그는 실험심리학으로 박사과정을 마쳤던 또 다른 젊은 사제인 에드워드 페이스의 가까운 친구가 되어 그 관계를 지속하게 되었다. 그들은 몇 년 후에 로마 가톨릭교회의 종교교육을 갱신하는 데 확고한 동료가 되었다.

에드워드 페이스는 1861년 플로리다 주의 스타크(Starke)에서 쉴즈보다 일곱 달 먼저 태어났다. 그는 로마에서 신학을 공부했고, 1885년에 사제로 서품되었다. 그는 플로리다에 돌아온 후에 잠깐 동안 그 지역 성당의 본당신부(rector)로 봉사한 후에, 곧 개교하기로 되어 있던 미국 가톨릭 대학교의 교수로 초빙되었다. 이 교수직의 충실한 수행을 준비하기 위하여 그는 먼저 볼티모어에 있는 존스 홉킨스 대학교에서 심리학을 연구하던 중 그 곳에서 쉴즈를 만났다. 그 후에 그는 유럽으로 돌아가서 루뱅(Louvain), 파리, 그리고 라이프치히에서 두루 연구한 후에, 1891년 라이프치히에서 빌헬름 분트(Wilhelm Wundt)의 지도하에 실험심리학 분야에서 최우등(magna cum laude)으로 박사학위를 받았다.

돌아온 후에 그는 미국 가톨릭 대학교의 심리학 교수로 임명되었다. 그 곳에서 봉직하는 동안, 그는 1902년에 만난 그의 친구인 토마스 쉴즈에게 주어질 교수직의 청빙을 준비했다.

페이스는 곧 그의 관심을 심리학에서 철학으로 바꾸었고, 머지않아 그는 미국 철학계의 지도자가 되었다. 그는 많은 양의 책을 출판하고 편집했다. 그는 특별히 스콜라주의와 성 토마스 아퀴나스 철학에 관심을 기울였다. 그 분야로부터 그는 가톨릭교회의 교육, 특별히 종교교육을 갱신하는 혁신적인 작업에서 토마스 쉴즈와 긴밀하게 협력작업을 수행할 수 있었다.

종교교육학자로서 일반적으로 관심이 집중된 인물은 주로 토마스 쉴즈였다. 왜냐하면 주로 쉴즈가 종교교육에 쏟아 부은 엄청난 정력과 노력 때문이었다. 페이스는 다만 그를 매우 많이 지원하는 역할을 수행했다.

쉴즈의 기여는 모든 분야에 영향을 미치고 또 노력을 쏟았다는 점이다. 그는 이론적인 영역과 실천적인 영역 모두에서 풍부한 아이디어를 가지고 있었다. 새로운 교육학에 대한 열정과 전파에 깊은 관심을 가져서, 그는 미국 가톨릭 대학교 신문에 새로운 가르침에 관한 긴 논문을 쓰기 시작했다. 그가 쓴 글 가운데 많은 부분이 묶어져서 교육에 관한 그의 서신집(correspondence courses)을 출간했다. 그리고 나중에 그가 쓴 책들 안에 포함시켜 출판이 되었는데, 이들 책은 모두 가톨릭교육출판사에 의해 출판되었다. 이 출판사는 쉴즈에 의해 세워졌고, 이 출판사에 의해 출판된 책들이 판매되어 수익을 낼 수 있을 때까지 쉴즈 개인의 경제적 지원으로 운영되었다.

그가 출판한 책들은 다음과 같다. 즉, 앞서 소개한 「지진아 만들기와 지진아 만들지 않기」,「우리 소녀들의 교육」(The Education of Our Girls),「일차적인 방법」(Primary Methods),「교육철학」(Philosophy of Education) 등이다.

그 후에 그는 여덟 단계로 이루어진 학교교재를 집필했다. 즉,「가톨릭 학교 교육교재 시리즈」(Catholic Education Series of Textbooks for the Schools)가 그것이다. 그는 에드워드 페이스와 함께「가톨릭 교육 리뷰」(Catholic Education Review)를 창간하고 편집을 맡았다.

그의 저작들은 폭넓은 대중적인 인기를 누렸다. 그는 특별히 대부분의 시간을 수녀들로 이루어진 가톨릭 학교들의 교사들을 위한 강의와 워크숍을 주재하면서 한 해 내내 분주한 생활을 지냈다.

쉴즈의 생애의 절정은 그가 그 대학(그 당시까지도 등록은 오직 남자들에게만 한정되었다.)에서 여름 프로그램을 만들어 수녀들(religious sisters)을 위해 현대 교육방법들을 사용해서 대학 수준에서의 훈련의 기회를 성공적으로 제공했고, 마침내는 그가 직접 세웠고 학감으로 봉직한 씨스터즈 대학(Sisters College)의 완성된 대학 커리큘럼을 성공적으로 정착시킨 일이었다.

이 마지막 프로젝트인 씨스터즈 대학의 커리큘럼 정착을 위하여, 그는 개인적으로 교황 비오 10세(Pius X)의 승인과 부지조사 및 구입, 건축자금 마련, 그리고 새롭게 인가를 받아냈지만 끝마치지 못한 캠퍼스 내 수녀들을 위한 주거시설 건축을 위하여 몇몇 종교공동체들의 고위급 사제들을 계속해서 설득해야만 했다. 이 전체 프로젝트는 그가 59세라는 나이로 1921년 2월 14일 이 세상을 서둘러 떠나야만 할 정도로 계속적인 노력을 요구했다.

「신가톨릭 백과사전」(New Catholic Encyclopedia)은 이렇게 쓰고 있다. "토마스 에드워드 쉴즈는 아마도 20세기의 첫 사반세기 동안 미국에서 지도적인 가톨릭 교육학자일 것이다."

토마스 아퀴나스의 세 가지의 신학적 원리들은 토마스 쉴즈의 종교교육에 관한 저서들 속에 명백하게 보여진다.

1. 학생은 자신을 대상으로 하는 교육의 주체(principal agent)이다.
2. 종교교육은 신 중심적이어야 한다.
3. 교육 프로그램 가운데 종교 부분은 전체 커리큘럼을 통합하는 원리여야 한다.

쉴즈는 종교가 다른 학문적 연구들과 통합적으로 관련되어 있지 않다는 점을 지적하면서, 그 당시의 로마 가톨릭교회의 종교교육을 자주 비판하곤 했었다. 종교는 초등학교 커리큘럼 전체를 통합하는 원리여야 한다. 그리고 이것은 총체적인 교육이 신 중심적이어야 한다는 것을 보증한다.

쉴즈가 평소에 가졌던 초등교육의 비전을 공유하기도 했고, 또 커리큘럼을 작성하고 각권에 음악 부분을 준비, 제공함에 있어 쉴즈와 함께 일했던 가까운 그의 한 동료는 통합(integration)의 문제에 대하여 다음과 같이 썼다.

> 존 듀이는 쉴즈 박사에 앞서 학생들에게 제시되는 다양한 주제들을 함께 연계시킬 상관관계의 중심점(center)이 필요하다고 썼다.…… 상관관계는 쉴즈의 경우, 그의 교육 전체의 주요한 기본 주지(基本主旨)의 하나가 되었다. 그것은 동화와 균형잡힌 발전을 위해 필수적인 요소였다.…… 쉴즈는 확실하고도 근본적 가치들은 변화하지 않고 보존된다고 주장했고, 그것들 가운데 궁극적 실재인 인격적인 하나님은 모든 피조물들을 다스리고, 그 피조물들이 도달해야 할 궁극적 목표에로 인도한다고 주장했다.…… 쉴즈에게 하나님과 하나님의 도덕법칙들을 무시한 교육이란 불완전한 것이고, 방향 설정원리가 결핍된 유기적 조직체계였다. 교실에서 종교의 기능은 단순히 하나님에 대한 정보를 전하는 것일 뿐만 아니라 인간의 삶을 성화하는 것이었다. 종교적인 진리는 모든 주제를 통일하고 조명해야 할 뿐더러, 발생할지도 모르는 모든 가능한 상황에서 각각의 모든 어린이들의 행동을 안내하면서 그들의 삶을 변혁해야 한다. 쉴즈에게 있어서 종교는 모든 지식의 핵심이었다. 모든 주제들은 그 중심점으로부터 발산되어야 한다.[32]

토마스 쉴즈는 그와 협력했고 또 그와 공동으로 책을 집필하기도 했던 에드워드 페이스와 함께, 연재물로 간행한 「종교」(Religion)지(誌)에다 책들의 각권의 이름을 정하고, 매학년 단위에서 가르쳐야 할 초등교육의 주제들을 독자를 위해 개별적으로 분류함으로써 통합에 대한 열정을 나타내었다. 종교는 매학년 단위에서 가르쳐야 할 초등교육의 모든 주제들 가운데 가장 첫 자리에 위치하는 주요한 주제였다.

신 중심적이고도 통합적인 커리큘럼은 이상(理想)이다. 어떤 수준에서든 쓰고 가르치는 것은 어려운 일이다. 토마스 쉴즈는 매학년 수준의 교육영역에서의 자료들과 함께 교리문답서를 포함하고 있는 신 중심적(God-centered)인 교육자료들을 제공함으로써 이러한 어려운 과제를 성취하려고 했다.

신 중심적인 주제들을 중심으로 한 상관관계 혹은 통합을 이루려는 이러한 바람은 토마스 아퀴나스의 신학으로부터 배웠는가? 쉴즈가 추구한 방법의 의도에 대해 저스틴 워드(Justine Ward)는 쉴즈가 토마스 아퀴나스의 신학으로부터 배웠다고 생각하지 않는 것 같다고 기술하고 있다. 토마스 쉴즈가 배운 것은 그 시대의 교육심리학자들과 존 듀이와 같은 교육자들에 의해 제안된 교육적 이상이었다.

그러나 쉴즈가 그의 책에서 많은 부분들을 할당해 토마스 아퀴나스의 신학을 다루고 있다는 사실은 그가 상관관계와 통합을 통해 커리큘럼을 작성하려고 했다는 근거를 제공해 준다. 인간의 지식이 신에게 종속된다는 이념은 「신학대전」의 첫 문항인 "신성한 교리에 관하여"(On Sacred Doctrine)[33] 라는 소론에서 발견된다. 거기에서 다루어지는 몇 문항에 대한 논의는 커리큘럼을 작성하는 일에, 그리고 여덟 권으로 이루어진 쉴즈의 연재물인 「종교」지(誌)에서 우리가 읽을 내용들을 선별하는 일에 탄탄한 기초와 지속적인 비전을 제공해 줄 것이다.

---

32. Ward, *Thomas Edward Shields*, 218, 220-221 passim.
33. *Summa Theologiae*, I q.1, a. 1-8.

물론 이들 중세의 신학적인 자료들을 사용하는 데 있어서 신성한 교리를 신학적인 학문성을 가지고 취급한다거나 그 신성한 교리와 중세 신학의 관계성을 또 다른 열쇠, 즉 학교의 커리큘럼과 그 커리큘럼을 구성하는 주제들로 바꾸는 것은 필수적인 과제이다. 그리고 '신성한 교리'는 하나의 주제인 '종교'가 되고, '다른 학문들'은 각 학년등급의 다른 주제들이 된다.

이렇게 할 때, 아퀴나스로부터 얻은 통찰들로부터 커리큘럼을 형성하는 제일의 원리는 종교가 오직 하나님만 아는 진리, 즉 하나님께서 우리에게 계시해 주고 우리에게 주신 은혜로 말미암아 알게 되는, 신앙이라고 불려지는 진리들과 관계한다는 점이다. 반면에 그 이외의 다른 주제들은 인간의 마음(minds)과 지성, 그리고 연구의 능력에 의해서 알려진다. 그리고 많은 다른 기본적인 결론들은 그것(종교적 진리)으로부터 거침없이 흘러 나온다.

첫째는 하나님께서 그의 비밀들을 우리와 함께 공유하기 때문에, 우리 인간의 행복은 우리가 종교의 진리를 아는 것에 좌우된다는 것이다. 이들 진리는 하나님이 그 자신을 아는 것과 하나님 자신에 관한 진리를 우리에게 말씀해 올 때 그분이 지닌 정직성(honesty) 때문에 보장되는 확실성(sureness)과 함께 알려진다. 결국 우리는 다른 주제들에서 배우는 진리들보다는 이러한 하나님의 진리들을 더 확신하게 된다.

그러나 우리는 종교를 더욱더 잘 이해하는 데 도움을 받기 위하여 다른 주제들에서 배운 것을 활용할 수 있고, 또한 다른 주제들을 이해하기 위하여 종교에서 배운 것들을 활용할 수도 있다.

때때로 우리는 종교의 진리들을 이해하지 못한다. 그 이유는 하나님이 그 자신에 대해 가진 지식과 우리 자신에 대해 가진 지식을 우리가 그분과 함께 공유하고 있는데, 그것이 우리에게는 언제나 신비하게 남아 있다는 점 때문이다. 우리는 하나님이 거짓말하지 않기 때문에, 그리고 하나님이 우리에게 가르치는 것이 우리가 다른 주제들에서 배우는 것보다 훨씬 더 중요하기 때문에 종교의 진리들을 의심하지 않는다.

하나의 커리큘럼과 다른 가르침(내용)의 통합(integration)의 가능성을 제공하는 이러한 사고들은 토마스주의 신학의 공통적인 가르침이요, 사실상 토마스 쉴즈와 에드워드 페이스가 분명히 익숙하게 알고 있던 스콜라 신학 일반의 공통적인 가르침이기도 하다. 그러한 사고들은 불가피하게 쉴즈를 추종하는 제자들이 취한 학습의 상관관계의 신학적인 원리들이었다. 그것들은 워드(Justine Ward)가 쉴즈에게 있어 종교는 하나님에 대한 정보를 전달하는 것 이상이라는, 즉 종교는 이 세상을 성화(聖化)하는 내용(재료)이라는 점을 긍정할 수 있었던 근본적인 이유이다.

제 3 장

복음주의 신학과 종교교육
(Evangelical Theology and Religious Education)

케네스 O. 갱엘, 크리스티 설리번
(Kenneth O. Gangel and Christy Sullivan)

서 론

이 장에서는 저자들에게 두 가지의 도전들이 제시된다. (1) 적절한 포용성과 함께 적당한 보수적 배타성을 유지하면서 모든 복음주의자들을 위한 신학적인 공통점들을 규정하는 일과 (2) 종교교육이 실제로 우리의 신학적인 기초를 반영하는지의 여부를 결정하는 종교교육의 철학과 과정을 기술하는 일이다. 요컨대 우리는 다음의 질문들에 대답해야 할 것이다. 즉, "우리가 지금 하고 있는 것을 우리는 왜 하는가?" 그리고 "우리가 지금 하고 있는 것을 우리는 어떻게 하는가?"

구약의 이야기(또는 설화) 문학을 연구하는 연구자들은 각 장의 구조 (structure)에 익숙한 좌우 대칭구조(chiasm)를 인식할 것이다. 이 장의 시작과 끝은 우리가 예배하고 근본으로 삼는 절대자 하나님(the One)에

---

* 복음주의 신학자들은 일반적으로 '성서' 보다 '성경' 이란 용어사용을 선호한다. 이들의 정서를 고려해서 본 장에서는 scripture(성서)를 제외하고는 Bible을 모두 '성경' 으로 번역했다.(역자주)

게 초점을 맞춘다. 그리고 중간 부분은 권면과 교수(instruction)의 내용으로 채워진다.

제 1 부 : 신학적인 근거 설정

우리가 경배하는 대상은 누구인가?

그 어떤 신학에서든 사람들이 경배하는 대상에 대한 약간의 이해를 가지고 시작해야 하는 것은 공통적이다. 우리가 그 존재를 경험하거나 혹은 이해하는지에 상관없이 절대주권을 지니고, 강력한 능력을 지니고, 아울러 선하고, 그 존재의 본성은 인간 지식의 범주를 넘어서 있는 어떤 존재가 실재한다는 사실을 우리는 긍정한다.

우리가 예배하는 대상을 기술(記述)하려고 할 때, 우리는 많은 것이 신비로 남아 있다는 점과 유한한 지성을 지닌 존재인 인간들이 무한의 특성을 지니고 있는 그 특별한 존재(Someone)를 명쾌하게 정의할 수 없다는 점을 인식하지 않을 수 없다. 우리는 그러한 무한한 인격적 존재(Being)가 우리의 지적인 능력의 범위를 넘어선다는 점을 놀랍게 여겨서는 안 된다. 우리는 신성한 땅을 밟고 있기 때문에 경외스러운 불확실성(즉, 우리는 무한한 인격적 존재에 대해 확실하게 말할 수 없다는 자세를 지녀야 한다.)을 가지고 발을 옮기는 것이 마땅하다.

하나님에 대해 연구하는 연구자들이 신성의 면모(a picture)를 포착하고자 할 때에 몇 가지의 자료들을 찾는다. 즉, 우리를 에워싸고 있는 세계를 통해 드러나는 일반계시와 구속사의 한 시점에서 우리가 계시에 접근할 수 있게 하는 역사(처음에는 구전으로, 그 후에는 성서)를 통한 하나님의 특별한 행위들과 그분의 인격적인 현현(disclosure, 예를 들면 성경의 특별계시), 그리고 전통, 종교적인 질문들에 대한 대답을 찾기 위하여 수세기를 통해서 시간과 정력을 쏟아 부은 사람들을 통해서 전해 내려온 연구 성과물들과 사상들이 그것들이다.

자연계시

자연을 관찰해 보면 풍성한 창조의 능력을 드러내는 하나님이 계시되고 있음을 알 수 있다. 복음서 기자는 시편 기자의 입장을 수용한다. "하늘이 하나님의 영광을 선포하고 궁창이 그 손으로 하신 일을 나타내는도다"(시 19 : 1).[1] 생명의 본성 그 자체로 인해 우리는 숨이 가쁠 정도로 하나님을 찬양하게 된다. 끊임없이 유동하는 DNA에 의해 너무나도 복합적인 방식으로 조절되면서, 그렇게도 무한히 다양한 분자군(molecular collections)은 호흡하고 생명을 영위하는 유기체들을 낳고, 그것들이 모여서 사회와 얽힌 관계들을 이룬다. 미시적 차원에서 우리가 규명하려고 하는 것이 가장 작은 입자인 것처럼 여겨질지라도, 여전히 그것보다 더 작은 어떤 물질이 존재하는 것처럼 보인다.

거시적인 수준으로 나아가 보면, 우리는 완전히 다른 종류의 경외감을 느낄 수 있다. 도대체 하나님은 어떤 분인데, 우리가 헤아릴 수 없는 방식으로, 또 우리가 결코 완전히 확신할 수 없지만 단지 사변적으로 추론할 수 있는 수단들을 가지고, 하나의 별에서 나온 빛이 우리에게 이르는 데 수백 년씩이나 걸리는 그러한 광대한 우주를 어떻게 만드실 수 있었을까? 우리는 가히 상상할 수도 없을 만큼의 광대한 능력과 장엄성을 드러내는 그분의 모습을 우리 앞에 가지고 있다. 그러한 모습은 우리가 왜 그 어떤 하나님의 이미지도 추구해서는 안 되는지를 이해하게 해준다. 두렵게도 하나님의 그 어떤 이미지도 그분의 본래의 이미지에 못미친다는 것은 피할 수 없는 사실이다. 이에 관해 도널드 블뢰쉬(Donald Bloesch)는 우리에게 다음과 같이 상기시킨다. "교부들의 교리적인 격언(maxim)은 하나님은 언제나 우리가 생각하는 것보다 위대하신 분(*Deus semper maior*)이라는 것이었다. 이 격언은 우리로 하여금 하나님의 이미지를 추구하는 것을 금했던 그 정신을 이해하게 해준다. 신학에 있어

---

1. 만일 다른 번역본의 표시가 없으면, 모든 성경구절은 1989년판 *New Revised Standard Version Bible*로부터 인용한 것으로 한다.

서 하나님은 하나의 종류(種類, genus)에 속하지 않는다. 그분은 인간의 사고의 원리들과 범주들을 무한히 초월한다."[2]

특별계시

성경 속에 들어 있는 보다 특별한 계시에로 방향을 전환하면, 하나님이 거룩함, 의로움, 그리고 정의라는 특성을 지니고 있음도 우리는 알 수 있다. 모세가 여호와 하나님과 대면했을 때, 그는 "이리로 가까이하지 말라. 너의 선 곳은 거룩한 땅이니 네 발에서 신을 벗으라."(출 3 : 5)는 말씀을 듣는다. 신명기 28장에서 우리는 이스라엘을 향해 분명하게 선포된 복종에 대한 축복과 불복종에 대한 저주의 말씀을 본다. 이러한 축복과 저주의 말씀들은 여호와 하나님을 인간들 사이, 그리고 인간과 하나님 사이에서 의로운 관계에 헌신하는 분으로 보여 준다. 우리는 또한 여호와 하나님께서 스스로 정의를 이루시는 것을 배운다. 에릭슨(Erickson)이 표현하듯이, "하나님은 인격적으로 단지 그 어떤 도덕적인 사악함 혹은 악으로부터 자유로운 것만이 아니다. 그분은 악의 현존을 참으시지를 못한다. 말하자면 그분은 죄와 악에 대해 아주 싫어하는 반응을 보이신다."[3]

성경은 또한 하나님의 마음이 어쩌면 그렇게도 지속적으로 의의 표준을 따라 살지 못하는 인간들을 향한 동정심으로 박동하고 있다는 사실을 계시해 주고 있다. 시간의 흐름 속에서 우리는 고난을 대신해서, 과부와 고아의 염려를 대신해서, 그의 백성들을 향한 계약적 사랑(hesed)에 의해 그가 지닌 은혜로 말미암아 예언자들의 중재를 기꺼이 받아들이시는 야훼 하나님의 사랑을 읽는다.

우리는 또한 계시의 진전을 통하여, 가장 일반적으로는 삼위일체로

---

2. Donald G. Bloesch, *Christian Foundations : A Theology of Word & Spirit*(Downers Grove, Ill. : InterVarsity Press, 1992), p. 41.
3. Millard J. Erickson, *Christian Theology*(Grand Rapids, Mich. : Baker, 1985), p. 285.

알려진 세 위의 하나됨(a tri-unity of persons), 한 분 안에 셋(the Three-in-One)으로 표현된 신성(godhead) 가운데에 나타나는 복수(plurality)의 뜻을 안다. 우리의 지성이 성경이 계시하는 내용, 즉 셋이면서도 여전히 오직 하나가 존재한다는 성경의 계시 내용을 이해하려고 노력함에 따라 신비는 점점 더 커진다. 많은 기독교인들은 궁극적인 특별계시가 성육신, 즉 영원하신 하나님이 죽을 육신을 지니고 인간의 땅에 오셨다는 신비 속에서 발견될 수 있음을 믿는다.

역사적 신학(신학전통)

우리가 하나님을 이해하는 세 번째의 자료는 친근감을 느끼면서도 이해할 수 없는 그 존재를 묘사하고 설명하려고 씨름했던 역사상의 인물들의 저작들과 사상들로 이루어져 있다. 제한된 지면관계로 우리는 여기서 우리의 신학을 단지 기술할 뿐 그것을 변호할 수는 없다. 비록 사정이 그렇긴 하지만, 하나님에 대한 우리의 이해는 성경을 통하여 계시된 삼위일체의 개념을 가지고, 지금 우리가 하는 것처럼 씨름했던 초대교회의 교부들에게까지 역사를 거슬러 올라간다. 주후 325년에 쓰여진 니케아 신조는 우리가 하나님에 대하여 말할 때조차도 여전히 그분을 정의할 수 있다거나 설명할 수 있다고 주장하지 못하게 하는 한계를 설정하게 해준다. 니케아 신조의 표현들은 오늘도 여전히 우리 신학의 기초가 된다.

> 우리는 만유를 다스리시는 아버지요, 보이는 것과 보이지 않는 만물의 창조자이신 한 분 하나님을 믿습니다.
> 그리고 아버지의 독생하신, 즉 아버지의 본체로부터 나신 하나님의 아들이요, 하나님으로부터 나오신 하나님, 빛으로부터 나오신 빛, 피조되지 않고 나신, 아버지와 동일본질이신 그분을 통하여 하늘과 땅에 있는 만물이 존재하게 된, 참 하나님으로부터 나오신 참 하나님이시요, 한 주이신 예수 그리스도를 믿습니다. 그는 우리 인간과 우리의 구원을 위하여 이 땅에 내려오시사 성육신, 즉 인간이 되셨습니다. 그는 고난을 받으시고 죽으시고

3일 후에 다시 살아나셔서 하늘로 오르셨습니다. 그리고 그는 산 자와 죽은 자를 심판하기 위하여 오실 것입니다.
그리고 [우리는] 성령을 [믿습니다.]
그러나 그가 존재하지 않았던 적이 있었다고 주장하거나 혹은 그의 출생 이전에 그가 존재하지 않았던 적이 있었다고 주장하거나 혹은 그가 무로부터 생겼다고 주장하거나 혹은 하나님의 아들이신 그가 [아버지와-역자주] 다른 본체(hypostasis)나 본질(ousia)이라고 주장하거나, 혹은 그가 피조물이라거나, 가변적이라(changeable)거나, 변덕스럽다(mutable)고 주장하는 사람들을 보편적이고 사도적인 교회(the Catholic and Apostolic Church)는 파문한다.[4]

따라서 우리는 매우 장엄한 하나님, 그분이 하고자 하는 대로 할 수 있는 최상의 힘과 능력을 지닌, 그리고 그러한 자유를 가지고 대단히 인격적인 방식으로 인간들과 교통하시기로 결정한 분을 모시고 있다. 몰트만(Moltmann)이 그 점을 잘 표현해 주고 있다.

> 아브라함 헤셸(Abraham Heschel)이 이스라엘에 대한 하나님의 열정(passion)과 이스라엘과 함께 나누는 그의 고통을 보여 주기 위하여 "신정념의 신학"(Theology of the Divine Pathos)을 내놓게 되었을 때, 그는 양극적인 하나님 사상을 제안해야만 했다. 즉, 하나님은 자유롭고 발생할지도 모르는 그 어떤 것에도 종속되지 않지만, 그럼에도 불구하고 그는 그의 파토스(pathos)를 통하여 계약 가운데 이스라엘에게 자신을 얽어맨다. 그는 하늘에서 왕관을 쓰고 있었지만, 낮고 겸손하게 살았다. 그의 '내주하심'(indwellings, shekinah)을 통하여 전능자는 그의 백성의 모든 고난을 함께 나누신다. "하나님이 직접 자신을 둘로 나누신다. 그는 그의 백성들에게 자신을 내어 주신다. 그는 그들의 고난 가운데 그들과 함께 고난당하신다.……" 유대 개념인 신의 정념(theopathy : 오로지 신을 생

---

4. 니케아 신조(325), *Creeds of the Churches*, 3rd ed., ed. John H. Leith(Louisville : John Knox Press, 1982), pp. 30-31.

각함으로써 일어나는 종교적 감정)은 이러한 신성 안의 구별을 전제한다. 따라서 하나님의 전능성은 고난당할 수 있는 그분의 맥락 속에서 보여져야 한다.[5]

아주 간단하게 말하면, 하나님은 사랑(요일 4 : 16)이시고, 적극적으로 그 사랑을 우리에게 표현하신다.

하나님 앞에 선 인간의 상태는 어떠한가?

인간들, 남자와 여자, 사랑의 수혜자인 우리는 누구인가? 이 질문에 대한 대답은 성경말씀이 우리의 본래의 모습에 대해 말할 때, "하나님이 자기 형상, 곧 하나님의 형상대로 사람을 창조하시되 남자와 여자를 창조하시고"(창 1 : 27)의 말씀이 의미하는 것이 무엇인지를 우리가 이해하기에 달려 있다.

하나님의 본성에 대한 간단한 위의 논의로부터 우리가 배웠듯이, 하나님은 우리가 이해할 수 있는 한계보다 훨씬 넘어서 존재한다. 그러나 어떤 사람들은 하나님의 속성을 나누어 교류할 수 있는(communicable) 것과 교류할 수 없는 속성으로 분류한다. 교류 가능한 속성들은 부분적인 형식으로나마 인간이 공유할 수 있고, 교통할 수 없는 속성들은 인간이 공유할 수 없는 것들이다.[6] 후자에 속하는 속성들을 예로 들면, 우리는 전지 혹은 전능과 같은 속성을 분류할 수 있다. 왜냐하면 우리는 하나님의 온전한(혹은 충만한) 지식이나 현존은 결코 공유할 수 없기 때문이다. 하지만 우리는 어느 정도의 사랑(a measure of love), 정의가 행해지는 것을 보고자 하는 바람, 약한 자에 대한 연민, 그리고 억압자들에

---

5. Jürgen Moltmann, "The Motherly Father : Is Trinitarian Patripassionism Replacing Theological Patriachalism?" *God as Father?* ed. Johannes-Baptist Metz and Edward Schillebeeckx, English Language Editor, Marcus Lefebure(New York : Seabury, 1981), p. 54.
6. Erickson, *Christian Theology*, p. 266.

대한 분노 등은 공유한다. 우리가 하나님의 도덕적 속성들을 실천할 때 우리는 자신이 하나님의 형상대로 지음받은 하나님을 닮은 존재라는 사실을 분명하게 알게 된다.

타락한 세계

슬프게도 우리가 살고 있는 세계를 관찰해 보면, 신적인 도덕적 속성들에 대한 불신이 만연되고 있음을 발견하게 된다. 신적인 도덕성들에 대한 신뢰 대신에 계속적인 권력남용, 여러 형태의 정부의 부패, 동료 인간들에 대한 잔인한 행위, 무자비한 환경파괴(rape), 그리고 대인관계에서 나타나는 계속적인 '자리다툼'(one-upmanship)을 우리는 보게 된다. 감수성이 예민한 가슴을 지닌 사람들은 눈물 없이 신문을 읽거나 방송뉴스를 지켜보는 것이 어렵다는 것을 알게 된다.

물론 모든 것이 악한 것은 아니다. 사람들은 친절한 행동들을 한다. 이타적인 행동들을 알리는 보고서들은 그래도 선이 존재한다는 우리의 희망을 재확인시켜 준다. 그럼에도 불구하고 강한 이기심의 뿌리는 인간 행동의 보다 중요한 동기가 되는 것처럼 보인다.

우리는 창세기 3장에 실려 있는 이야기를 통해서 인간들이 일그러졌지만(defaced), 그럼에도 불구하고 지워지지 않은 것이 확실한 하나님의 형상을 지금도 세상을 향해 표현하고 있는 이유를 이해할 수 있다. 대부분의 복음주의자들(evangelicals)은 이 구절을 역사적인 이야기(narrative)의 방식으로 보겠지만, 그 뿐만 아니라 이 구절은 하나님으로부터 독립해서 살고자 하는 인간 운명의 보편적인 예(例)로 읽혀질 수도 있을 것이다. 그것은 단순히 '아주 먼 과거의' 사건이 아니라, 유혹과 죄의 패러다임(paradigm)인 것으로 증명되었다.

인간의 타락 이야기는 단순하고 또 잘 알려져 있다. 남자와 여자는 에덴동산에서 살고 있었다. 그 곳에서 두 사람은 벌거벗고 살면서도 서로에 대해서 부끄러움을 느끼지 않았다(창 2 : 25). 그 곳에서 그들은 단 한 가지, 즉 선과 악의 지식의 나무는 먹지 말라(창 2 : 17)는 것을 제외하고는 그들이 원하는 대로 할 수 있는 자유를 가지고 있었다.

결과적인 이야기지만, 아담과 하와에게 뱀이 접근했다. 비록 구체적으로는 여자에게 말하고 있지만, 뱀은 다수의 청중들(אכלכם, 예를 들면 5절에서)에게 말을 건네고 있는 것처럼 보인다. 캐더린 자켄펠드(Katherine Sakenfeld)는 2인칭 대명사인 너(you)의 동사는 모두가 복수라는 점을 주목하면서, "이 히브리 본문은 남자와 여자가 이 이야기(episode)가 진행되는 동안 계속해서 함께 있다는 사실을 분명하게 해준다."라고 지적한다.[7] 이야기 속에서 대화가 진행되면서, 우리는 금지된 나무의 열매가 아담과 하와에게 먹음직스럽고, 보기에도 좋고, 그리고 그 열매를 먹는 일에 함께 참여하는 것이 유용한 결과를 가져올 것으로 기대되었던 것 같다(창 3 : 6). 그래서 그들은 불순종을 선택했고, 그 결과 타락을 경험했다.

타락의 결과들

신약성서 로마서 5장에서 분명하게 밝혀 주고 있듯이, 죄가 바로 그 시점에 세상 속에 들어왔고, 죄와 더불어 죽음도 들어왔다. 더욱이 "너는 하나님처럼 되리라."는 사단의 유혹은 우리 인간의 모든 유혹의 원형(archetype)이다. 유진 피터슨(Eugene Peterson)은 "나는 그것을 주어진 것, 다시 말하면 우리 모두가 하나님을 경배하기보다는 우리 자신이 만든 신들(gods)을 더 선호하는 경향성으로 간주한다. 에덴의 이야기는 오늘도 날마다 재연되고 있다."[8]고 쓰고 있다. 성경의 설명의 진실성을 믿는 사람들은 그 성경의 묘사가 타락된 세계의 현실과 정확하게 상관된다는 점을 깨닫고도 전혀 놀라지 않는다.

인간은 본성적으로 뿐만 아니라 자신의 의지를 통하여 선택적으로도

---

7. Katharine D. Sakenfeld, "The Bible and Women : Bane or Blessing?" *Theology Today* 32 : 3, 225.
8. Eugene H. Peterson, *Under the Unpredictable Plant : An Exploration in Vocational Holiness*(Grand Rapids, Mich. : Eerdmans, 1992), p. 7.

하나님의 거룩함과 의로운 표준에 이를 수 없는 반역의 상태에 있는 자신을 발견한다. 우리는 가시덤불과 엉겅퀴와 더불어 힘들게 일해야 하는 세계 속에서 살고 있다(창 3:18). 이러한 세계에서 남자와 여자는 서로간에 가까운 동반자 관계로 살기보다는 갈등적인 관계로 살아간다(창 3:16). 피조물들은 이제 더 이상 그들이 창조된 그대로 기능하지 않는다(창 3:14). 뿐만 아니라 그것이 가져오는 죽음, 부패, 그리고 그것이 가져오는 슬픔은 이제 모두 피할 수 없는 것이다(창 3:19). 그래서 우리는 타락한 세계에서 타락한 피조물로 살아가는 것이다.

이러한 정황이 우리를 절망하게 하는가? 하나님과 인간 사이의 단절은 회복될 수 없는가? 우리는 그렇다고 생각하지 않는다. 조지 피터스(George Peters)는 이 점을 분명하게 밝혀 주고 있다.

> 타락은 비록 그것의 역사적이고 영원한 결과로 볼 때 끔찍한 것이긴 하지만, 사단에게 결국은 실망을 가져다 주었다고 나는 확신한다. 사단은 타락으로 성취하려고 의도했던 모든 것을 성취하지는 못했다. 인간은 여전히 인간으로 남아 있고, 구속받을 수 있는 피조물로 남아 있다. 타락의 깊이는 인간의 가장 핵심적인 차원까지 이르지는 않았다. 타락은 하나님의 형상을 말소시키지(obliterate)는 않았다.[9]

하나님과 인간의 관계는 무엇인가?

참된 성서신학은 영광스럽게도 인간의 타락과 하나님의 거룩 사이에 자리한 빈틈(gap)이 채워졌다고 선언한다. 물론 그것은 우리 자신의 노력에 의한 것은 아니다. 이해를 돕기 위해 이제 우리는 잠시 동안 삼위일체 - 성부, 성자, 그리고 성령 - 로서의 하나님에 대한 이해에로 돌아가야 한다.

인간에게 이해할 수 없는 사랑을 표현하는 방식에 있어서 성자 하나

---

9. George W. Peters, *A Biblical Theology of Missions*(Chicago : Moody, 1984), p. 78.

님은 인간의 모습(form)으로 이 땅에 오셨다. 수세기에 걸친 희망과 예언의 절정을 가져오면서 그는 그의 생명을 우리를 위한 대속물로 지불했다.

구속론에 대한 강조

구속론의 쟁점을 검토할 때, 우리는 이 장의 목적 - 우리가 그것을 통하여 기독교 종교교육을 위한 기초를 결정하는 복음주의 신학의 공통적인 근거를 묘사하는 일 - 을 반드시 명심해야 한다. 구속론에 대한 다양한 이해들은 수세기를 걸쳐 오면서 교회를 분열시키는 요인이 되었다. 학자들은 많은 질문들이 지닌 함축(含蓄)적 의미들을 탐구한다. 즉, 성경이 선택에 대해 말할 때 의미하는 것은 무엇인가? 누구나 예수의 이름을 부르고 구원받을 수는 없는가? 사람들이 예수님이 누구인지, 그리고 그분이 어떻게 구원을 가져다 주는지를 오해하면 어떻게 되는가? 하나님은 구원의 계획에 대해 언제 인식하셨는가? 타락 전인가? 아니면 타락 후인가?

이러한 딜레마들과 그 이외의 다른 문제들은 활발하게 토론을 불러일으켰고, 신학자들의 계속적인 관심의 대상이 될 만하다. 그러나 일차적으로 기독교교육에 종사하고 있는 우리들은 우리의 초점을 좁혀 하나님께서 하나님으로서의 은혜와 자비로 주도권을 행사하고, 또 신앙의 반응을 요구한 합의(consensus)에 집중해야만 한다.

간단하게 말해서, 메시야인 예수님은 그 자신을 모세에 의해 이스라엘에게 주어진 율법의 완성자로 나타내 보였다. 성막 안에서 이스라엘을 대신해서 레위인에게 위임된 의례들은 최종적인 희생(犧牲)제사를 시사하고 있다. 이 예수님의 마지막 희생제물이 드려진 이후에 구약의 의례들은 더 이상 불필요하게 되었다.

구원의 수단 - 곧 그의 생명을 우리를 위해 지불했지만, 그러나 우리의 신앙이 헛된 것이 되지 않게 하기 위하여 죽은 자로부터 부활한(고전 15 : 14) 예수님에 대한 믿음 - 은 바뀌지 않는다. 거의 모든 아이들이 주일학교 수업에서 암송하는 가장 중요한 구절은 이 진리를 강력하면서도 단순하게 선포한다. 즉, "하나님이 세상을 이처럼 사랑하사 독생자를 주셨으니 이는 저를 믿는 자마다 멸망치 않고 영생을 얻게 하려 하심이니라."(요 3 : 16)는 말씀이다. 이 말씀은 우리로 하여금 기독교 진리가 오직 믿음으로 말미암아 중생하고, 하나님의 가족의 일원으로 입양되고, 그리고 하나님을 "아바, 아버지"(롬 8 : 15)라고 부를 수 있는 특권을 부여받은 우리 자신임을 깨닫게 한다. 이 신비는 정말 우리를 창조주와 긴밀하게 결합시키는 것이요, 타락으로 상실되었던 하나님과 인간 사이의 본래적인 관계를 회복시키기 위해 취해진 첫 조치이다.

우리의 교육의 목표와 성장의 수단들은 무엇인가?

일단 이러한 새로운 관계 안으로 들어가면, 새신자들은 흔히 성화(영적인 형성)로 알려진 과정에 참여하게 된다. 성화의 최종적인 목표는 그리스도와 같은 삶을 영위하는 것이다. 그들은 다른 그리스도인들과 함께하는 예배와 봉사사역(work)의 맥락 안에서 그 목표를 성취하면서 살아간다. 이러한 이해는 교회론(ecclesiology)에 대한 우리의 이해에로 연결된다.

성숙의 목표

세상 속에 있는 자녀들이 성장하고 성숙하여 하나의 성인으로서 온전히 기능하는 것이 부모들의 바람이듯이, 기독교교육자들 역시 새신자들이 기독교적인 성숙의 상태로 성장하기를 희망한다. 아이들이 육체적으로 성장할 때와 마찬가지로 그 과정도 시간을 필요로 한다. 너무 빨리 성장시키기 위해 행사하는 압력은 자칫 불행한 결과를 초래하기 쉽다. 전체로서의 교회는 성숙한 성인들로 세우는 양육과정에 대한 책임을 수행한다. 이를 위해 기독교교육에 종사하는 우리들은 우리의 에너지의 대부분을 여기에 투자한다.

우리는 성숙을 반드시 기독교적인 맥락 안에서 정의하려고 해야 한다. 성숙한 신자는 어떤 모습인가? 에베소서 4 : 14~16은 그것을 다음과 같은 짧은 몇 문장으로 표현해 주고 있다.

> 이는 우리가 이제부터 어린아이가 되지 아니하여 사람의 궤술과 간사한 유혹에 빠져 모든 교훈의 풍조에 밀려 요동치 않게 하려 함이라. 오직 사랑 안에서 참된 것을 하여 범사에 그에게까지 자랄지라. 그는 머리니 곧 그리스도라. 그에게서 온몸이 각 마디를 통하여 도움을 입음으로 연락하고 상합하여 각 지체의 분량대로 역사하여 그 몸을 자라게 하며, 사랑 안에서 스스로 세우느니라.

따라서 성숙한 그리스도인은 건전한 교리에 대한 확고하고도 잘 정리된 이해를 가지고 있다. 그 결과 근본적인 진리들에 있어서의 안정성이 그들의 삶의 특징을 이룬다. 성숙한 신자들은 사랑스럽고 또 진실한 방식으로 서로에게 관계할 뿐만 아니라, 언제나 모든 구성원들의 머리는 그리스도라는 점을 이해한다. 비록 우리가 권위체제하에서 행동할지라도, 하나님에 대한 우리의 관계는 그리스도에 의해 매개되는 것이지 다른 사람들에 의해 매개되는 것은 아니다. 폴 스티븐즈(Paul Stevens)가 신약성서에서 교회 지도자들은 지역교회들의 머리 – 이 호칭은 예수님에게만 사용되도록 제한된 것이다 – 로 부름받은 것이 아니라는 점을 우리에게 상기시킬 때 중요한 점을 잘 지적하고 있다. "그러므로 사람들은 지도자들에 의해 인도됨에 의해서가 아니라 머리이신 예수님에 의해 직접 동기부여되고 준비되고 인도됨에 의해 그들의 사역들을 발견한다. …… 다른 말로 표현하면, 교회는 위계제도(hierarchy)가 아니라 그리스도가 왕으로 통치하는 군주제(monarchy)이다."[10]

성숙한 신자는 각자의 성장과 선을 추구하면서 그리스도의 전체 몸의 선을 향해 사역한다. 왜냐하면 각각의 지체들이 사랑으로 얽힌 관계로

---

10. R. Paul Stevens, *Liberating the Laity : Equipping All the Saints for Ministry*(Downers Grove, Ill. : InterVarsity, 1985), p. 36.

다른 지체들과 연결되어 있기 때문이다. 이들 관계(연결)들은 특정 건물이나 성직 혹은 봉사를 위한 시간을 정하는 그런 것이 아니라 교회를 규정한다. 스탠리 그랜쯔(Stanley Grenz)는 여기서 명료한 해석을 제공해준다. 즉, "기독교공동체의 호칭으로 에클레시아(ekklesia)의 선택은 교회론을 위해 중요한 함축을 지닌다. 그것은 신약성서의 그리스도인들이 교회를 위계체제나 시설(edifice)로 본 것이 아니라, 사람들 - 그리스도를 통해 하나님에게 소속되도록 성령에 의해 함께 부름받은 사람들 - 곧 하나님의 백성들로 본다는 점을 제시한다."[11]

공동체적, 그리고 개인적인 성장

성화(聖化)의 과정은 (한 아이가 부모와의 관계 안에서 성장하듯이) 개인적이고, 또 (한 아이가 전가족구조 안에서 기능하도록 배우듯이) 공동체적이다. 그 아이는 때때로 화를 자극하는 형제들과 자매들, 그리고 꼭 최악의 때에 나타나는 이상한 친척과의 관계도 역시 배우지 않으면 안 된다. 활력이 넘치는(vibrant) 가정은 항상 저녁식사 테이블에 한 사람 정도는 더 앉을 수 있는 여분의 자리를 마련하고, 적극적으로 가족 구성원의 일부가 될 수 있는 사람들에게까지 나아가는 여유를 보인다. 그리고 교회가족은 울타리 밖에서 살고 있는 사람들의 삶의 일부(part)가 되려고 애쓴다.

복음주의교회론은 교회정치(governance)의 정해진 형태를 강요하지 않고, 하나님이 그들에게 주신 은사를 따라 기능하는 지도자들의 다양성을 포함하고 있는 보다 훌륭한 모델을 제시한다. 지역교회가 어떠한 형태의 교회정치 제도를 채택하든지, 핵심이 되는 것은 오늘날 신자들은 하나님의 은혜와 영광이 거하는 살아 있는 성전으로 기능하고 있다는 점을 이해하는 것이다. 일단 공동체 안에 도사리고 있는 죄에 의해 소멸되었던 그 영광이 예수 그리스도의 인격 안에서 다시 회복되었고(요

---

11. Stanley J. Grenz, *Revisioning Evangelical Theology : A Fresh Agenda for the 21st Century*(Downer Grove, Ill. : InterVarsity, 1993), p. 171.

1 : 14), 지금은 공동체적인 수준에서와 개인적인 수준에서 모두 교회생활의 일부분으로 자리한다(고전 6 : 19, 고후 3 : 7 - 18). 에릭슨은 그 과정에 대한 유용한 정의를 다음과 같이 제공해 준다.

> 성화(sanctification)는 신자들의 삶 속에서 신자를 실제로 거룩하게 만드는 하나님의 지속적인 말씀이다. 여기서 '거룩한' 이라는 단어는 '실제로 하나님과 닮게 되는 것' 을 의미한다. 성화는 신자의 도덕적인 조건이 하나님 앞에서의 그의 법적인 상태와 조화를 이루는 과정이다. 그것은 새로운 삶이 신자에게 주어지고 스며들었을 때인 중생에서 시작된 것의 연속이다. 특별히 성화는 예수 그리스도에 의해 이룩된 사역을 신자들의 삶에 적용시키는 성령의 사역이다.[12]

우리의 지식의 원천은 무엇인가?

지금까지 우리는 복음주의 신학의 기본적인 명제들을 설명하고 지지하기 위하여 자유롭게 성경말씀을 인용해 왔다. 이제 우리는 텍스트 자체에 우리의 관심을 돌려야 하는데, 그 이유는 인간을 향한 하나님의 영감으로 된 권위 있는 계시인 성경에 대한 믿음이 우리의 전체 신학을 강화해 주기 때문이다.

성경에 대한 그러한 관점을 마주 대할 때, 혹자는 틀림없이 다음과 같이 물을 것이다. "이것은 불필요하게 단순화한 견해는 아닌가?" 우리는 그렇게 생각하지 않는다. 만일 우리가 이 점을 인정한다면, 이 명제는 공개적으로 문자적인 성경읽기로 나아갈 수 있고, 그 결과 맥락을 무시한 증명을 위한 본문 골라내기(proof - texting)를 통해 심각한 오용에 이를 수 있다. 그러나 적절하게 취급하면, 그것은 신학에 대한 유일한 일관성을 지닌 기초를 제공해 준다. 우리는 성경숭배와 성경본문을 모종의 영적인 "토끼의 뒷다리"(rabbit's foot), 곧 행운의 부적으로 취급하는 것을 수용하지 않는다. 우리는 확고한 성경론(bibliology)을 추천한다.

---

12. Erickson, *Christian Theology*, pp. 967 - 968.

복음주의 성경론의 기초

교리적 입장을 확장해서 우리의 관점으로부터 볼 때, 복음주의 성경론은 다음과 같이 가정된다.

- 성경은 인간에게 행한 하나님 자신의 계시다.
- 이 성경은 (원본에서) 하나님에 의해 완전히 영감되었다.
- 이 계시는 적절하게 이해될 때, 신앙과 행위의 문제에서 뿐만 아니라 역사와 과학에 관련된 문제에 있어서도 권위를 지닌다.
- 본문비평과 고등비평의 원리들에 대한 이해를 포함하여, 적절한 해석적 도구들은 하나님의 계시를 보다 온전하게 읽고 해석하는 데 여전히 필요하다.

하나님의 자기 계시

우리는 일반계시 혹은 자연계시에 대한 연구를 통하여 하나님에 대하여 많은 것을 배울 수 있다는 사실을 이미 다루었다. 그러나 성경은 하나님의 문자화된 특별계시로서 인간들로 하여금 하나님의 구원에 반응하도록 이끌어 내고, 아울러 그들에게 행위를 위한 표준을 주는 데 필요한 지식을 공급해 준다. 비록 성경이 하나님의 계시를 확실하게 **포함하고** 있는 것은 사실이지만, 그 진술만으로는 불충분하다. 복음주의자들은 성경이 곧 하나님의 계시라고 주장한다. 물론 이 주장이 성경에 대한 철저한 지식이 하나님에 대한 철저한 지식이라는 것을 의미할 수는 없다.

하지만 계시된 하나님은 초월적인 존재이다. 그는 우리의 감각경험 밖에 존재한다. 성경은 하나님이 그의 지식과 능력에 있어서 무한하다고 주장한다. 그는 시간과 공간의 제약을 받지 않는다. 따라서 계시는 하나님 편 (그 단어의 좋은 의미로)에서의 낮추심(condescension)을 포함한다. 인간은 하나님을 탐구할 만큼 높이 이를 수 없거니와, 설령 이를 수 있다고 하더라도 이해할 수 없을 것이다. 그래서 하나님은 인간(anthropic)의 형태와 속성을 지닌 계시에 의해 자신을 나타내 보이셨다. 그러나 이것은 신인

동형론(anthropomorphism)으로 여겨져서는 안 되고, 단지 인간의 언어와 인간적인 범주의 사고와 활동으로 오시는 계시로 간주되어야 한다.[13]

이 계시는 완결된 것인가? 만일 그것이 구원과 행위의 표준을 위해 필요한 모든 지식을 포함하고 있다면, 하나님은 오늘 개인들에게 더 이상 말씀하지 않을 것인가? 개인들이 자신들을 하나님의 직접적인 말씀을 받는 자로 여기는 심오하고도 강력한 경험을 우리는 어떻게 이해하는가?

예수 그리스도는 하나님의 직접적인 자기 계시의 절정으로 나타난다는 점을 기억하자. 그는 우리가 더 이상의 규범적 계시, 예를 들면 모든 인간에게 적용될 수 있는 계시를 필요로 하지 않을 정도로 적절하게 성부 하나님을 계시해 보이셨다.

이것은 개인적인 경험들이 반드시 타당하지 않다거나 상상적인 것이라고 주장하는 것은 아니다. 오히려 현명한 사람은 이미 성경에 의해 제공된 계시에 의거하여 그러한 개인의 경험적 사건들(happenings)을 분별한다. 성경에 대한 확고한 지식을 가지고 있는 사람은 초자연적인 것처럼 보이는 경험들을 면밀히 살피고 판단하는 기준이 되는 보다 객관적인 진리의 안전수단을 가지고 있다. 블뢰쉬가 주장하듯이, "복음주의 신학은 성경이 교회 뿐만 아니라 종교적 경험에 대해서도 우월성을 지니고 있다고 주장한다."[14]

영감과 무오류성

복음주의자들은 성경의 영감, 즉 본문 속에 하나님의 숨결이 스며들어 있다는 것을 믿는다. 그러나 적어도 40명의 다른 저자들이 성경의 구

---

13. Ibid., p. 178.
14. Donald G. Bloesch, *Essentials of Evangelical Theology, Volume One : God, Authority, and Salvation*(San Francisco : Harper & Row, 1978), p. 61.

성에 기여했다. 각각의 저자들은 다른 스타일과 다양한 이유를 가지고 성경을 기록했다. 그들이 기록한 성경은 많은 서로 다른 문학적인 장르들 - 이야기(narrative), 시, 잠언, 예언, 풍자, 주의 깊게 사유된 논리적인 주장과 신기한 비유 - 을 사용하고 있다. 이들의 특징들은 기계적인 축자영감(mechanical dictation)을 함축한다는 암시를 배제한다.

성경 자체가 그 자신의 영감성(딤후 3:16)에 대해, 다시 말하면 하나님의 능력에 의해 말씀되어진 사실(벧전 1:20-21, 살전 2:12)에 대해 말하고 있다. 그러나 영감된 성경이 성경 안에 포함된 진리나 오류의 문제에 대해서는 어떤 식으로 말하고 있는가? 그 문제에 대한 충분한 탐구는 이 장의 논의 범위를 훨씬 넘어서는 것이다. 그러나 우리는 하나님의 말씀에 대한 우리의 확신을 표명해야 한다.

보수적인 신학자들은 성경의 원본(original autographs)의 무오류성에 대해 말한다. 비록 우리의 텍스트들이 매우 잘 보존되어 있을지라도, 텍스트상의 차이들(variants)은 엄연히 존재하고, 그 차이들은 주목할 만하다. 반센(Bahnsen)의 표현대로, "오류가 있을 수 없는 본문이 전달되는 과정에서 오류가 생겼다는 주장과 어떤 문서가 거룩한 문서(the Holy Writ)의 복제(copy)라는 사실이 반드시 그 문서가 전적으로 옳다는 것을 의미하는 것은 아니라는 주장은 전혀 모호하지 않다."[15]

분명하게 어떤 문제들, 즉 명백하게 해소될(reconcile) 수 없는 것처럼 보이는 영역들이 존재한다는 점에 대해서는 아무도 반박하지 않는다. 이러한 많은 문제들은 원저자가 성경을 기록할 때 사용하고 속해 있던 문학적인 장르와 문화에 대한 오해에서 생겨난다. 예를 들면, 시(詩)는 본성상 은유적(metaphorical)이다. 그것은 과학적인 진리로 여겨져서는 안 된다. 문제는 성경이 문제를 지니고 있다기보다는 부적당한 지식의 기초를 가지고 연구하는 해석자들이 훨씬 더 많이 문제를 지니고 있다.

---

15. Greg L. Bahnsen, "The Inerrancy of the Autographa," in *Inerrancy*, ed. Norman L. Geisler(Grand Rapids, Mich. : Zondervan, 1980), p. 175.

우리는 과장적인 표현이 매우 부정확한 것으로 여겨질 수 있는 서구적인 관점을 가지고 연구한다. 하지만 다른 문화들에서 그러한 표현은 궁극적인 진리를 표현할 실재와의 필수적인 엄격한 조화(일치) 없이 일종의 비유적인 언어(a figure of speech)로 기꺼이 이해된다. 성경의 저자들은 현대의 저널리스트들과 같은 관점을 지니고 있지 않았다. 따라서 그들이 그러한 표준을 지니고 있었다고 덮어씌우는 것은 매우 부적절한 것이다.

우리는 무오류(inerrancy)라는 용어가 성경을 서술하기 위해 사용되고, 그 결과 어떤 사람들에게 위협이 되는 견해를 창출하게 될 경우에 쉽사리 혼란을 야기시키는 개념이 되어 버리는 것을 인식한다. 우리가 이것을 더욱더 발전시켜 나갈 때, '무오류성'은 성경에 대한 온전한 신빙성, 의존성, 그리고 신뢰성을 간단히 확언하는 것이라는 점을 독자들의 머릿속에 심어 주고자 한다. 파인버그(Feinberg)는 여덟 가지의 일반적인 오해의 목록을 제시해 준다.

1. 무오류론(inerrancy)은 문법의 규칙들에 대한 엄격한 집착을 요구하지 않는다.
2. 무오류론은 비유적인 언어나 기존의 문학적인 장르의 사용을 배제하지 않는다.
3. 무오류론은 역사적인 혹은 의미론적인 정확성을 주장하지는 않는다.
4. 무오류론은 현대 과학의 기술적인(technical) 언어를 주장하지 않는다.
5. 무오류론은 구약성경이 신약에서 인용될 때 문자적인(축어적인) 정확성을 요구하지 않는다.
6. 무오류론은 예수의 어록(*Logia Jesu*, the sayings of Jesus)이 예수님이 직접 하신 말씀(*ipsissima verba*, the exact words), 오직 예수님의 직접적인 목소리(*ipsissima vox*, the exact voice)만을 포함하고 있다고 주장하지 않는다.
7. 무오류론은 그것들이 어디서 어떻게 관련되어 있는지에 대한 어떤 단일한 설명이나 혹은 복합적인 설명들에 대해 완전한 이해를 보증하지

는 않는다.
8. 무오류론은 성경 기자들에 의해 사용된 영감되지 않은 자료들의 무오류성(infallibility or inerrancy)을 주장하지는 않는다.[16]

이러한 한계들을 고려한 상태에서, 그러면 우리는 왜 성경의 권위를 그렇게도 강하게 주장하는가? 그 이유는 정확히 이러한 한계들이 보다 나은 상호 이해를 위한 복음주의적 견해를 적절하게 규정해 주기 때문이다. 그것들은 모든 책들, 특별히 고대의 책들에 적용된다.[17]

성경의 무오류성 교리는 엄격한 도그마티즘과 단단히 결합된 문자주의적인 진리에 대한 집착과 혼동되어 왔다. 그러나 그 둘은 같지 않다. 블뢰쉬가 지적하듯이, 현대의 경험철학과 과학이 이 개념에 대한 성경의 고유한 이해에 대해 그것의 정의를 부과하게 내버려두어서는 안 된다.[18] **무오류성 교리는 그것을 적절하게 해석하면, 성경은 그것이 말씀하는 모든 영역 안에서 의도된 정확성의 정도까지는 전적으로 참된 것으로 증명되리라는 점을 긍정한다.**

우리는 그 교리를 살아 있는 것으로 여겨야 한다. 왜냐하면 그 교리가 연구자들을 자극시켜 하나님의 진리 전체를 탐구하도록 유도하고, 그 신비를 알고자 하는 탐구가 온전히 다 밝혀지지는 않을 것이라는 깨달음에 이르도록 유도하기 때문이다. 이 교리는 진리를 규제하지 않는다. 오히려 그것은 상대주의 세계 속에서 믿을 만하고 절대적인 진리의 원천이 존재한다는 점을 인정한다.

본문비평과 고등비평
마침내 우리는 본문비평과 '고등' 비평의 원리들이 우리가 연구하는 데

---

16. Paul D. Feinberg, "The Meaning of Inerrancy," in *Inerrancy*, pp. 299-302.
17. *Ibid.*, p. 303.
18. Bloesch, *Essentials of Evangelical Theology*, p. 67.

있어서, 그리고 성경을 이해하는 데 있어서 도움을 준다는 점을 주목한다. 본문비평은 그 본문이 쓰여진 이후에 본문 속에서 나타난 어떤 변화들을 추적한다. 구약과 신약의 여러 사본들(multiple manuscripts)은 매우 고도로 정확한 기준을 가지고 원본을 결정하고, 또 원본을 결정하는 작업을 수행하는 데 있어서 확고한 토대를 제공해 주는 데 도움을 준다.

'고등'비평 연구가들, 특별히 양식비평과 수사비평(rhetorical criticism)을 가지고 연구하는 연구가들의 연구의 많은 부분은, 그들의 연구결과들이 성경의 여러 다양한 이야기들과 장면들을 서로 결합하는 통일적인 원리들을 제공해 줄 때 성경의 문학적인 전경(landscape)을 열어 보이는 매우 큰 역할을 할 수 있다. 이런 유형의 비평은 독자들이 뒤로 돌아가서 성경의 전체상을 보고 그 안에서 여러 개별적인 부분들이 어떻게 작용하고 있는지를 이해하는 데 있어서 도움을 줄 수 있다. 성경의 영감설을 지지하면서도, 우리는 계시된 말씀을 더욱 잘 이해하기 위한 모든 자료들(가령 여러 비평들 – 역자주)로부터 도움을 구할 수 있다.

제 2 부 : 교육을 위한 신학적 기초

우리의 지식의 원천은 무엇인가?

우리는 분명히 성경, 우리의 **성경론**, 계시에 대한 지식은 우리의 길에 빛으로 기능한다는 이해를 가지고 시작한다. 그 불빛이 높이 달려 있기 때문에 우리는 교육과정을 도울 수 있는 연구로 깊이 들어갈 자유를 가지게 된다.

교육철학들은 풍부하다. 복음주의 진영 안에서조차 우리는 반드시 합의(agreement)를 발견하는 것은 아니다. 예를 들면, 로버트 파즈미뇨(Robert Pazmiño)은 잘 알려진 네 명의 기독교교육학자의 초점과 입장을 비교하면서, 모두가 비록 성경의 진리에 잘 기초하고 있긴 하지만 강조점들이 약간씩 다르다는 점을 주목한다.

교육자	초 점	서 있는 자세
프랭크 개벨라인 (Frank Gaebelein)	내실 있는 형식적인 교육 성경의 권위하에 학문적인 탁월성	현명한 학자/ 교장
로이스 르바 (Lois LeBar)	성령으로 충만한 균형잡힌 교육 학생의 필요에 민감한 교육	영감 있는 교사
로렌스 리차즈 (Lawrence Richards)	양육에 초점을 둔 비형식적인 교육 그리스도의 몸의 구조 안에서 제자 화와 모델화	열정적 비전가
진 게츠 (Gene Getz)	신실한 개교회 교육(형식적인, 그리 고 비형식적인 교육) 복음전도와 덕성 함양(edification)	분별력 있는 목사/안내자[19]

획일성이 목표는 아니다. 우리는 모든 것을 똑같게 생각하는 로봇처럼 그리스도인들을 만들어 내는 주형틀 속으로 밀려들어갈 수 있는 그러한 획일적인 무리의 사람들로 길들여지도록 교육시키지는 않는다. 오히려 우리는 학문의 세계 속에 이르러 성경의 진리로 모든 지식을 통합할 수 있는 사람들을 위한 모델이 되어, 균형 있고 거룩한 그리스도인과 교육자들을 배출하기를 원한다.

진리의 통합

비록 저자들 가운데 한 사람이 이 주제에 관하여 다른 글에서 광범위하게 다루었지만, 여기서 진리의 통합(truth integration)이라는 개념의 핵심 요점들을 요약적으로 제시하는 것은 가치가 있다.[20]

---

19. Robert W. Pazmiño, *Foundational Issues in Christian Education*(Grand Rapids, Mich. : Baker, 1990), p. 149.
20. 충분한 설명을 위해서는 Kenneth O. Gangel이 *Bibliotheca Sarca* 135 : 537-540(1978)에 쓴 네 편의 논문을 보라.

'진리의 통합'이라는 구절은 **학생들이 자연계시와 특별계시의 통일성을 볼 수 있도록 하기 위하여 하나님의 총체적인 진리의 일부분으로서의 모든 주제들에 대한 가르침**을 지시한다. 비록 이것이 너무 단순하게 보일지는 모르지만, 그것은 평생에 걸친 노력을 필요로 하고, 교사들이 이 과제수행을 위해서 할 수 있는 최선의 가능한 교육을 필요로 한다.

우리는 이미 진리통합의 제일 원리, 즉 **성경의 권위에 대한 믿음**에 관해서 상세하게 논의했다. 이것은 우리를 둘째 원리로 인도한다. 신앙과 학문의 통합은 **성경과 성령의 동시성(contemporaneity)에 대한 인식**을 요구한다. 여기서 교육학자는 권위 있고 오류가 없는 성경이 학생의 삶의 모든 측면들에 어떻게 관계되는지를 설명한다. 위대한 일반 의미론자(general semanticist)인 코르치프스키(Korzybski)의 개념대로 표현한다면, '여기 지금'(here and now)은 '그때 거기'(then and there)에 매우 크게 의존한다. 성경은 그 대부분의 경우가 '지금 여기'에서 계속되고 있는 '그때 거기'에서 일어난 경우들을 정확히 기록하고 있다.

그러나 성경은 특별히 복음적인 관점의 교수-학습과정을 결코 발전시키지는 않는다. 복음주의 교육학자들 역시 하나님의 진리를 주 예수 그리스도가 그의 제자들에게 하셨던 말씀들에 일치시켜 해석하는 데 있어서 성령의 역할을 인정한다.

> 진리의 성령이 오시면 그가 너희를 모든 진리 가운데로 인도하시리니 그가 자의로 말하지 않고 오직 듣는 것을 말하시며 장래 일을 너희에게 알리시리라. 그가 내 영광을 나타내리니 내 것을 가지고 너희에게 알리겠음이니라. 무릇 아버지께 있는 것은 다 내 것이라. 그러므로 내가 말하기를 그가 내 것을 가지고 너희에게 알리리라 하였노라(요 16 : 13 - 15).

성령의 역할을 이해하면 통합적인 과정에서의 세 번째 원리로 나아가게 된다. 즉, **진리의 본질, 진리의 원천자료, 진리의 발견, 그리고 진리의 전파**에 대한 분명한 이해가 세 번째의 원리이다. 우리는 모든 진리가 하나님의 진리라고 이해한다. 그러나 그것이 의미하는 것은 무엇인가? 단순하게 이해하면, 우리가 어디에서 진리를 발견하든지 그 진리는 궁극적으로 성경의 하나님에게로 소급될 수 있다는 뜻이다. 그리고 성경의 하나님은 또한 창조의 하나님이기도 하기 때문에, 자연계시와 특별계시 사이의 참된 관계는 기독교적 인식론이 논의될 때 등장하기 시작한다. 개벨라인(Gaebelein)은 다음과 같이 쓰고 있다.

> 바야흐로 기독교교육은, 만일 그것이 그 자신의 가장 깊은 믿음과 헌신에 충실하다면, 세속적인 진리와 거룩한 진리를 나누는 거짓된 분리를 결정적으로(once and for all) 부인해야 한다. 그것은 과학, 역사, 수학, 예술, 문학, 그리고 음악 가운데 나타나는 진리가 종교로 나타나는 진리처럼 똑같이 하나님께 속해 있다는 사실을 알아야 한다. 기독교교육은 성경 속에서 계시되고, 그리스도 안에서 성육신된 영적인 진리의 우월성을 인정하면서도, 모든 진리는 그것이 어느 곳에서 발견되든지 간에 하나님께 속해 있다는 점도 인정해야 한다. 기독교교육에 있어서는 진리의 그 어떤 불연속성도 존재하지 않는다. 다만 진리의 모든 측면이 모든 진리의 하나님 안에서 그 통일성을 발견해야 한다.[21]

사려 깊은 그리스도인들은 연구와 실험을 두려워하지 않는다고 우리는 말해 왔다. 모든 진리가 하나님의 진리이기 때문에 그 사람이 중생한 자이든지 아니면 중생하지 않은 자이든지 상관하지 않고, 그의 연구결과가 보다 진지한 노력에 의해 이루어진 것이라면 궁극적으로 하나님의 진리를 발견하는 방향으로 귀결되지 않으면 안 된다는 점을 그들은 이해한다. 바로 이러한 사고가 자연계시에 기초한 일반 은혜(common grace)가 의도하는 것이다.

커리큘럼을 있는 것 가운데 선택할 것인가, 그리고/아니면 새로 만들

---

21. Frank E. Gaebelein, "Towards a Christian Philosophy of Education," *Grace Journal* 3(Fall, 1962), p. 13.

것인가의 문제는 기독교교육자들이 '해야 할' 일의 목록 위에 아주 큰 문제로 다가온다. 그리고 이것은 통합적인 과정이 근거하는 네 번째의 원리로 나아가게 한다. 즉, **특별계시의 중심성 위에서 총체적으로 구성된 커리큘럼을 작성하는 것이다.**

특별계시는 커리큘럼 작성의 기초를 이룬다. 많은 그리스도인들은 자연계시를 단지 하나님이 창조하신 피조계에 대한 연구로만 생각하는 경향이 있다. 그러나 사실상 모든 아름다움(美)은 모든 진리가 하나님의 진리인 것과 마찬가지로 하나님의 아름다움인 것이다. 결과적으로 하나님의 계시는 자연과학과 같은 엄격한 과학들(hard sciences) 뿐만 아니라 인문과학들을 통해서도 온다. 물론 인문과학들이 아주 전문적인 학문 분야로부터 더 멀리 떨어져 나올수록 보다 쉽게 부패되기 쉬울지도 모른다는 것도 사실이다.

특별계시의 중심성과 그에 상응하는 통합성에 기초하여 양육받은 기독교교육자들은 학생들의 삶 속에서 진리의 역할을 강조한다. 학생들은 그 자신들, 대인관계, 가족생활, 직업기술, 시민의 자질, 그리고 많은 다른 덕목들을 배우게 되는데, 이것들은 균형잡힌 성인 그리스도인 – 삶에 있어서의 진리의 통전적 관점 – 을 배출하게 한다.

성경의 진리에 중심을 둔 균형 잡힌 교육과 더불어 우리는 다섯 번째의 원리로 나아간다. 즉, **기독교적인 세계관과 인생관을 개발하라는 요구이다.** 복음주의 교육자들은 우리 그리스도인들이 사고하는 데 있어서 성스러운 것과 세속적인 것 사이의 이분법은 존재하지 않는다는 점을 상기시켜 주는 개벨라인의 견해에 동의한다. 진정한 기독교교육이 무엇인지를 이해하는 교사는 용기를 가지고, 단지 인지적인(cognitive) 지식의 기초가 아니라 하나님의 진리의 내면화를 발전시키는 과제를 추구할 것이다. 그리고 아더 홈즈(Arthur Holmes)가 쓰고 있듯이, 영적인 활력(spiritual vitality)에 대한 이해는 "우리로 하여금 그렇지 않을 때보다 더 지각 있고, 더 열정적이고, 더 숙련된 학습자들이 되게 할 것임에 틀림없다."[22]

이것은 우리를 온전한 순환관계(full circle ; 변증법적인 관계 - 역자주)로 이끈다. 나는 성경의 명령에 응답하는 그리스도인 학자요 교사이다. 영성과 학문 사이의 연계성은 신앙과 학문 사이의 관계성의 일부분이다. 신앙은 성경의 가르침의 내용이 아니라, 하나님 자신에 대한 나의 지속적인 반응상태(responsiveness)다. 따라서 신앙과 학문의 통합은 영성을 나의 연구작업(work) 속으로 통합하는 것을 포함한다. 중세인들과 같이 우리는 하나님을 위한 단련된 사랑의 행위로서 우리의 연구실과 도서관에서 연구하고, 강의와 학위논문을 발전시켜야 한다.[23]

성/속의 이분법을 제거하라

이렇게 한다고 해서 우리가 '세상적인' 정신을 고무하려고 하는 것은 결코 아니다. 오히려 삶의 모든 측면들에 대해 기독교적으로 생각할 수 있는 능력을 고무시키기를 원하기 때문이다. 너무도 많은 그리스도인들이 인내심을 발휘하면서 듣는 주일 아침설교와 부모 자식간에 시끄러운 갈등으로 빠져드는 월요일 아침의 혼란을 연결시키지 못한다. 거짓된 성/속의 이분법을 버림으로써 젊은 엄마는 아이의 기저귀를 바꾸어 주는 일이 거룩한 행위라는 점을 깨달을 수 있다. 사업가는 재정적인 손실에도 불구하고 내린 윤리적인 결단이 성례전에 규칙적으로 참여하는 것처럼 그리스도인의 삶에 있어서 중요한 일이라는 점을 이해할 수 있다. 교회 지도자는 건전한 교회관리의 원칙들이 하나님을 섬기는 데 사용되어야 한다는 점을 인식할 수 있다.

이같이 통합적인 원리를 적극적으로 적용하는 것은 교육자들로 하여금 교수/학습 방법론들과 동기부여 전략들에 관한 산더미같이 쌓인 연구 성과물들로부터 자유롭게 끌어다 이용하는 것을 가능하게 한다. 존 듀이의 교육적인 실천 원리들(practices)을 다루는 문제는 우리에게 좋은

---

22. Arthur Holmes, "Reintegrating Faith and Learning - The Biblical Mandate," *Perspectives*(Christian College Coalition, Fall, 1993), p. 4.
23. *Ibid.*, p. 4.

예를 제공해 준다. 초자연주의 혹은 절대적인 진리를 거부했던 실용주의자요 자연주의자였던 듀이는 지성과 과학적인 절차들의 적합한 사용이 질병, 빈곤, 그리고 악을 일소할 것이라는 확신을 가졌다.[24] 복음주의 교육학자는 그러한 결론들의 유용성을 인정한다.

철학 안에서의 근본적인 불일치에도 불구하고, 듀이의 절차들에는 애써서 얻을(emulating) 가치가 있는 요소들이 많이 있다. 기독교교육자들은 자주 듀이의 집단 역학(group dynamics)에 대한 이해, 창조적인 사고, 조절된 환경, 학생들의 참여, 관심을 통한 동기부여, 그리고 사회적인 관련성 등의 이해로부터 도움을 받는다. "따라서 듀이의 지적인 접근에 있어 그의 무신론적인 철학은 배제하고, 그의 실질적인 방법론은 기독교교육의 과정에 적용시키는 형식으로 받아들여야 할 것이다."[25]

우리의 교육목표와 성장의 수단들은 무엇인가?

우리는 어느 정도는 신학적인 범주들과 인간학, 구원론, 그리고 성화론에 대한 쟁점들을 단절시킬 수 있다. 그러나 인간은 그렇게 쉽사리 분리할 수는 없다. 왜냐하면 건강한 인간은 통전적으로 기능하지, 일련의 무관한 부분들로 기능하지 않는다. 하지만 논의를 분명하게 하기 위해서 우리는 이 섹션(section)에서 성화과정에 대한 교육자의 관계성을 다룰 것이다. 그리고 인간학적인 문제들과 구원론적인 문제들은 그 다음 섹션(Ⅱ)에서 다룰 것이다.

공동체의 환경 안에서 이루어지는 성화

성화의 문제, 혹은 거룩을 지향하는 인격적인 성장의 문제는 필연적으로 **교회론**(ecclesiology), 혹은 신자들의 공동의 삶에 대한 이해와 결합

---

24. Kenneth O. Gangel and Warren S. Benson, *Christian Education : Its History & Philosophy*(Chicago : Moody, 1983), pp. 292-294.
25. *Ibid.*, p. 303.

되지 않으면 안 된다. 로마서는 우리의 목표를 정의하고, 그 둘 사이의 연결을 보여 주는 일에 도움이 된다.

우리는 로마서 8 : 29에서 우리가 그리스도의 형상을 본받도록 정해져 있다는, 말하자면 그리스도인은 예수를 바라봄으로써 그리스도인의 성숙을 향한 단계를 측정하게 된다는 사실을 알게 된다. 우리는 지금 우리 자신의 창조에 대한 이해-하나님의 형상으로 만들어진 인간-에로 돌아왔다. 구속과 더불어 창조의 본래적인 목적을 향한 발을 내디딜 가능성이 존재하게 된다. 따라서 기독교교육자들은 그들의 학생들 곁에 나란히 서서 그들이 그리스도의 형상을 닮도록 도와줄 무거운 책임감을 지니고 있다. 다행히도 로마서의 뒷부분의 장들은 이러한 영적인 성장을 위한 수단들을 규정하는 데 도움을 주는 내용을 담고 있다.

로마서 12~15장은 공동체의 맥락 안에서 기독교적 삶을 영위하는 '방법'(how)을 설명하는 일련의 명령법의 동사들(이 세 장에 32번 나온다.)을 포함하고 있다. 로마서 12 : 1~2은 개인적인 헌신이 필요함을 다시 강조하고 있다.

> 그러므로 형제들아 내가 하나님의 모든 자비하심으로 너희를 권하노니 너희 몸을 하나님이 기뻐하시는 거룩한 산 제사로 드리라. 이는 너희의 드릴 영적 예배니라. 너희는 이 세대를 본받지 말고 오직 마음을 새롭게 함으로 변화를 받아 하나님의 선하시고 기뻐하시고 온전하신 뜻이 무엇인지 분별하도록 하라.

이 말씀 뒤에 이어지는 로마서의 다음 세 장에 나오는 명령문들은 신자들의 공동체 안에서 이러한 거룩한 희생제사의 삶을 살기 위한 구체적 지침(the practice)을 담고 있다. 우리는 우리 자신을 너무 자고하게 여기지 말아야 될 상세한 내적 연관성과 필연성이 우리 앞에 전개되어 있음을 즉각적으로 알게 된다. 이 장들의 많은 부분은 그리스도인들 사이의 적절하고도 사랑으로 가득한 관계에 대한 권면들로 이루어져 있다.

이 권면들을 연구해 보면, 우리는 그리스도인의 성장과정이 일차적으로 교회의 공동체적인 환경 안에서 일어난다는 점을 알게 된다. 대부분의 명령문들은 순전히 개인적인 차원에서가 아닌, 보다 큰 교회 맥락의 일부분으로서만 순종적으로 받아들여질 수 있다. 달리 말하면, 성경은 공동체의 다른 지체들로부터 자신을 고립시키려고 하는 그리스도인은 아마도 건전한 방식으로 기능하지 않는다는 점을 가르쳐 준다(고전 12-14장, 엡 4:1-16, 골 3:12-17을 보라). 리더보스(Ridderbos)는 "그러므로 '몸' 이라는 개념의 독특한 특징은 많은 지체들이 그리스도에게 공통적으로 소속되는 방식에 의해 그리스도 안에서 지체들간의 새로운 통일을 이룬다는 점이다. 그들은 서로 개별적인 것이 아니라, 그리스도 안에서 모두가 함께 하나의 공동체적인 통일체로서 존재한다."[26] 라고 쓰고 있다.

통전적인 교육이 필요하다

기독교교육자의 책임은 공동체적 통일성과 성화의 과정에 연결되는 지점이 어디인가를 밝히는 일이다. 통합적인 세계관과 삶의 전영역에 대해 기독교적으로 생각하는 법을 이해할 목표를 지닌 기독교교육자는 학습자료가 어느 정도 학생들의 삶의 나머지 부분으로 스며들 것이라는 막연한 기대를 가지고 단지 인지적인 수준에서만 가르치려고 해서는 안 된다. 오히려 우리는 전인격을 고려해야 한다. 말하자면, 만일 우리의 학생들이 통전적으로 배우기를 우리가 기대한다면, 통전적으로 가르치는 것이 필요하다.

우리는 관계의 맥락 안에서 가르친다. 우리는 교육이 습득된 지식 속에서 뿐만 아니라, 강화된 그리스도의 몸 안에서도 자신의 역할을 할 수 있다는 기대를 지니고 있다. 우리는 고립주의를 고무시키는 교수법, 프

---

26. Herman Ridderbos, *PAUL An Outline of His Theology*, trans. John Richard DeWitt(Grand Rapids, Mich. : Eerdmans, 1975), p. 371.

로그램들, 그리고 커리큘럼들을 배척하고 공동체를 선호하는 계획을 선택할 수 있을 것이다.

교육공동체

공동체는 주고받기, 상호성(mutuality), 상처받기 쉬운 특성, 눈물과 기쁨, 상처받고 또 치유받는 일, 머리의 지식이 가슴의 사랑으로 전달되는 것, 소속감, 필요와 결핍감, 그리고 무엇보다도 용서받는 경험을 필요로 한다. 공동체는 종(섬김)의 지도력(servant leadership) 아래에서 번창한다. 비록 우리가 권위 있는 하나님의 말씀을 가르치긴 하지만, 우리는 정직한 상호 교류를 막는 권위적인 방식으로 가르쳐서는 안 된다.

공동체는 성(性), 인종, 외모, 재력 혹은 배경 때문에 그 누군가를 배척하지 않는 모든 구성원들의 동의를 끌어낸다. 우리가 다른 구성원들과의 관계를 통하여 기독교적 삶을 살아간다는 주장은 결코 새로운 것이 아니다. 예를 들면, 성자 바질(Basil the Great)은 "우리는 우리의 육체적이고 아울러 정신적인 복지를 위해 서로를 매우 필요로 하기 때문에, 고립은 우리의 진정한 이해에 반대된다."[27]라고 썼다. 하지만 그것은 고립주의와 '자수성가한' 사람이 모든 다른 사람들보다 존경을 받아야 한다는 생각을 조장하는 세속문화 속에서 편안함을 느끼는 그러한 사고가 아니다. 유진 피터슨은 과도한 개인주의가 야기시키는 파괴적 결과에 관해 다음과 같은 흥미 있는 평가를 내리고 있다.

'캘리포니아에서 뉴욕' 까지 이르는 '흡사 리본 같은 고속도로' - 굉장히 거대한 미국의 주요 도로 - 위에서 대중들은 완전히 자기 도취에 빠진 것처럼 보인다. 지금으로부터 150년 전에 알렉시스 드 토크빌(Alexis de Tocqueville ; 프랑스의 정치사상가 - 역자주)은 프랑스로부터 미국을 방

---

27. Saint Basil, *Ascetical Works in The Fathers of the Church : A New Translation : 9*, trans. Sister M. Monica Wagner, C.S.C.(New York : Fathers of the Church, 1950), p. 248.

문한 후에 다음과 같이 썼다. "모든 시민이 매우 흥미 있는 대상이 자기 자신에 대한 명상 속에 습관적으로 빠지곤 한다." 그후 150년 동안 사정은 더 나아지지 않았다.…… 우리는 아직도 자아의 문제를 지니고 있고, 그 문제는 잘못되고 있는 모든 문제들의 원인이 된다.[28]

공동체가 종교교육에서 중요하다는 인식은 확실히 이러한 관찰을 복잡하게 한다. 좀더 설명하면, 복음주의공동체 안에는 교육의 내용, 즉 단지 인지적인 결과만을 성취하면 된다고 만족하는 것에 초점을 맞추는 현저한 경향성이 존재한다. 공동체로 나아가고, 미로와 같은 복잡한 개인들간의 관계성 안으로 나아가기 위한 우리의 노력은 자료로 빽빽하게 채워진 상자들과 산뜻하게 정의된 범주들을 뒤로 내팽개치는 결단을 절대적으로 필요로 한다. 물론 뒤로 내팽개쳐야 할 것은 사람들이 잘 적응하지 못하는 자료뭉치와 범주들을 말한다. 게다가 우리가 양육하려고 하는 사람들 가운데 많은 수는 미리 포장된 비인격적인 커리큘럼 계획에 불만을 표시한다.

따라서 공동체와 관계성의 우월성에 대한 이해는 본질적으로 학습집단의 소단위 그룹을 강조하는 방향으로 나아가게 한다. "우리는 우리가 수행하고 있는 작업을 어떠한 방법으로 수행하는가?"라는 질문에 대답하기 위해서, 우리는 많은 복음주의 진영 안에서 활발히 확산되고 있는 소그룹 운동을 살펴보아야 한다. 많은 상이한 이름들 - 세포 그룹, 무리(flock) 그룹, 보호(care) 그룹, 소형교회(mini-church), 메타교회 - 을 가지고 활동하면서, 이들 모임들은 대중적인 경험보다는 개인을 강조하면서 서로간의 섬김과 성장을 위한 기회를 제공하고 있다.

하나님과 인간은 어떤 관계인가?

---

28. Eugene H. Peterson, *Earth and Altar : The Community of Prayer in a Self-Bound Society*(Downers Grove, Ill. : InterVarsity, 1985), p. 13.

하나님과 그분의 피조물인 사람 사이의 화해는 기독교의 위대한 메시지로 부각된다. 그러면 이 메시지가 어떻게 기독교교육자의 사역에 영향을 미치는가?

우리는 우리의 타락됨(에덴 이야기)이 구속(예수 이야기)과의 전투를 계속하고 있다는 점을 인식하기 때문에, 기독교교육자는 영적인 성숙과정을 계속해서 강조한다. 앞에서 진술한 대로, 성장은 육체적인 영역에서 일어나는 것과 똑같이 영적인 영역에서도 일어난다. 하지만 인간의 육체의 능력이 나이가 들면서 감소되는 반면에, 영적인 성장 혹은 성숙을 위한 능력은 계속해서 발달한다는 것을 우리는 안다.

기독교교육자들은 개인을 그리스도의 형상대로 성장시키도록 고무시킬 영적인 훈련의 실천을 긍정한다. 달라스 윌러드(Dallas Willard)는 몇 가지의 금욕의 규율들을 제시한다. 물론 그는 결코 이 규율의 목록이 완전하다고는 생각하지 않는다. 그가 제시하는 금욕의 규율목록은 고독, 침묵, 금식, 절약, 순결, 비밀, 그리고 희생이다.[29] 이러한 활동들과 또 다른 유형의 활동들을 실천하는 것은 하나님의 구속행위에 대한 우리의 이해를 강화시킨다.

그러나 그 행위를 공공연히 드러내기 위해 하는 훈련은 그 어떤 영성도 유지하지 못한다. 우리는 하나님의 자녀들의 성장을 돕기 위해 마련된 이러한 일관된 행위들을 모델로 삼을 뿐만 아니라 동시에 가르치기도 해야 한다. 그것이 사적인 현실이든, 아니면 공동체적인 현실이든지 간에 영적인 훈련의 공동체성(commonality)은 교리를 삶으로 변형하는 것을 나타낸다. 그리고 기독교교육의 많은 부분과 마찬가지로, 규율을 실행으로 옮기는 것이 따분한 것으로 여겨지는 것이 아니라 지혜로운 것으로 교육되어지지 않으면 안 된다. 우리는 포스터(Foster)의 평가를 좋아한다.

---

29. Dallas Willard, *The Spirit of the Disciplines*(San Fransisco : Harper & Row, 1988), p. 158.

우리는 영적인 훈련을 지구 표면으로부터 웃음을 근절시키는 것을 목적으로 하는 것처럼 힘들고 따분한 일로 여겨서는 안 된다. 기쁨이 모든 훈련의 요지(keynote, 要旨)이다. 훈련의 목적은 숨막힐 것 같은 자기 이해와 두려움의 노예상태로부터의 해방이다. 내적인 영이 자신을 억누르는 모든 것으로부터 해방된다면, 그것은 거의 힘들고 따분한 일로 묘사될 수 없을 것이다. 노래하고 춤추고, 심지어 소리를 지르는 행동은 영적인 삶을 위한 훈련의 성격을 지니고 있다.[30]

아하! 바야흐로 하나님의 현존이 그의 백성 안에서 사랑의 불꽃을 태운다. 이제 천사들의 유쾌한 찬양이 구속받은 자들의 혀를 통해 메아리친다. 이제 **행동**(doing)에 옮기는 실천적인 신학이 그리스도인**됨**(being)의 본질이 되고, 진부한 문구(clichés)는 성숙되어 명료성을 발한다.

우리는 누구를 모범으로 삼는가?

기독교교육자로서 우리는 위대한 교사의 모범을 따를 자유를 향유한다. 성경에 대한 우리의 확신은 우리에게 그분(예수 그리스도)이 가르쳤던 방법들, 그분이 사람들을 접촉했던 방식(how), 그분이 자신의 주위에 있던 사람들에게서 기대했던 것(what)으로부터 배울 자유를 부여해 준다. 예수의 삶과 교육방법에 기초하고 있는 기독교교육은 지성과 삶 두 가지 모두의 변화를 목표로 한다.[31]

자, 이 위대한 교사를 살펴보자. 우리는 그의 교육신학, 그의 교육방법들, 그를 따랐던 사람들에 대한 그의 기대의 성격을 어떻게 기술할 수 있을까? 우리가 그러한 시도를 할 때, 그것은 그 모든 것들을 공통적으로 꿰고 있는 맥락(threads), 원리들과 실천지침들, 학습경험을 야기시켰던 대인관계들을 확인하는 데 도움을 줄 것이다.

---

30. Richard J. Foster, *Celebration of Discipline : The Path to Spiritual Growth*, rev. ed.(San Francisco : Harper & Row, 1988), p. 2.
31. 롬 12 : 1-2.

위대한 교사이신 예수

우리는 신약의 첫 네 책(4복음서) 말고 도대체 다른 어디에서 더 나은 교육모델을 발견할 수 있는가? 우리가 예수의 교육장면들을 살펴보면, 교육에 대한 그 어떤 분명한 형태나 "이것이 먼저 행해진다." 또 "저것은 나중에 행해진다."라는 식의 말이 즉각적으로 나타나지 않는다는 것을 알게 된다. 오히려 개별적인 사람들에 대한 융통성과 강렬한 관심이 각각의 접근방식의 특징을 이룬다.

예수님이 바리새인 시몬의 집에서 식사를 하러 왔을 때, 한 죄 많은 여인이 예수에게 기름을 붓자(눅 7:36-50), 그녀의 죄 많은 삶에도 불구하고 그녀의 커다란 사랑을 인식한 예수님은 대단히 관대함과 연민의 마음을 가지고 그녀를 대한다. 마태복음 15장에 나오는 상황은 그 반대로 나타난다. 여기서 예수는 바리새인들과 서기관들(율법의 교사들)을 대하고 있다. "당신의 제자들이 어찌하여 장로들의 유전(전통)을 범하나이까? 떡 먹을 때에 손을 씻지 아니하나이다."라는 그들의 질문 이면에 가로놓여 있는 동기를 인식하면서, 예수님은 이전에 죄 많은 여인에게 보여 주셨던 관대함이나 연민의 흔적은 조금도 찾아볼 수 없이 그들을 위선자라고 비판한다. 그의 제자들은 예수님의 그러한 반응이 바리새인들의 감정을 상하게 했다는 점을 주목했다.

한번은 자신에 대한 직접적인 질문을 받았을 때, 예수님은 질문자들에게 그 문제를 통해 적절한 대답을 찾아보라고 요구하시면서 간접적으로 답변하셨다. 즉, 세례 요한이 보내 온 자가 그에게 "오실 그분이 당신이오니이까? 우리가 다른 이를 기다리오리이까?"라고 물었을 때, 그 대답은 분명하게 "그렇다"가 아니라, 단지 그들이 보고 들어 왔던 것을 되새겨 보라는 권면이었다(눅 7:18-23). 그의 제자들이 "천국에서는 누가 가장 크니이까?"라고 물었을 때, 예수님은 근처에 서 있던 한 아이로부터 실물 교훈을 끌어내시면서 구체적으로 대답하셨다(마 18:1-9).

이방인들(소외된 자들)에게 다가가시는 예수

분명하게 예수님은 청중들의 특성에 맞게 대답하셨다. 마태복음 12장에 나오는 안식일을 지키지 않은 것에 대한 비난을 다루는 두 본문을 살펴보자. 첫째, 굶주린 제자들이 밀이삭을 잘라먹는 장면이다. 본문은 비난자들이 바리새인들이라는 점을 확인해 준다. 예수님은 그에게 맞서 비난하고 있는 바리새인들이 사용했던 바로 그 무기인 성경을 직접 정확하게 인용하면서 대응하고 있다. 그들은 자신들이 율법에 지식이 있고 정통한 것으로 알았다. 그래서 예수님은 그의 대답을 바리새인들의 자기 인식(너 자신을 알라!) 위에 기초해서 대응했다.

두 번째 장면은 회당에서 일어난다. 비록 보다 많은 교육을 받은 집단이 있을지라도, 우리는 역시 농촌지역 주민 가운데 교양이 부족한 청중들이 있었을 것이라고 가정할 수 있다. 예수님은 지금 그들에게 그 자신을 말씀하고 있다. 그는 안식일에 구덩이에 빠진 양과 그 목자들을 비유로 들어 청중들에게 그들의 책임을 상기시킴으로써 손 마른 사람을 치유할 준비를 하신다.

요한복음 4장에 나오는 우리가 잘 아는 예수님과 사마리아 여인의 이야기를 자세히 살펴보는 것은 틀림없이 유익할 것이다. 이 이야기는 종종 개인전도를 위한 모델로서 인용되기도 하지만, 그 모델은 예수님이 교육할 수 있는 계기로 포착하여 그 여인에게 일어난 심오한 변화의 요점을 제시하기 위하여 사용하고 있기 때문에 유용하다.

예수님은 그녀의 경험, 다시 말하면 우물에서 물을 길어 올리는 경험을 기초로 삼아 그 여인에게 다가가셨다. 예수님이 다가오신 것을 알고 놀란 여인은 충격을 받고 예수님에게 사회의 계층구조에서의 그녀의 위치를 상기시켜 드린다. 예수님은 그녀에게 그의 인격의 어떤 내용(something), 즉 모든 사람들을 그 자신에게 인도할 그의 목적(요 12 : 32)에 부합하는 내용을 즉각 계시하신다. 그는 새로운 진리를 가르치기 위하여 친숙한 지명(territory)을 사용하면서 물에 대한 은유로 말씀하시기 시작한다.

이러한 예수님 자신의 부분적인 계시에 흥미가 끌려, 그녀는 자신의 민족의 조상인 야곱보다 예수님이 더 높은지를 확인하려고 하면서 다른 질문을 한다. 계속해서 물에 관련된 은유를 사용하면서 주님은 그 비유를 그녀 스스로가 깨달을 것 같지 않은 방향으로 확대시킨다. 비록 그녀는 자신의 육체적인 필요를 지각하고 있긴 하지만, 예수님은 [심령의] 훨씬 더 깊은 곳을 관류하는 참된 필요(영적 생수)를 식별케 하신다. 예수님은 그녀에게 그녀의 불경한 결혼상황을 상기시켜 줌으로써 그녀에게 채워져야 할 궁극적 관심(필요)을 인식시켜 주려고 하신다.

그녀는 예수님을 예언자로 부르면서 그분의 인격을 인식하는 데 있어서 또 다른 진전을 보여 준다. 주님은 계속해서 한 유대인으로서라기보다는 사마리아인으로서 예배를 드릴 때의 그녀의 종교적 경험과 그녀의 불안감을 말씀하심으로써 그녀가 깨닫도록 인도하신다. 그녀가 마침내 오실 메시야에 대한 믿음(belief)을 고백했을 때, 예수님은 그 약속된 자가 바로 당신 자신임을 완전히 알리셨다. 바로 그때 그녀는 자기 중심성("주여, 이런 물을 내게 주사 결코 목마르지 않게 하소서.")에서 타자 중심성("여인이 마을로 돌아가 사람들에게 말하기를, '내가 행한 모든 일을 내게 말한 사람을 와 보라. 이는 그리스도가 아니냐?'")에로의 위대한 도약을 하고 있다. 예수님은 그녀를 알았다. 그녀를 사랑했다. 그리고 그녀를 감동시켰다.

이 두 장면에서 하나의 공통분모는 예수님께서는 그와 관계한 사람들에게 '진리'를 말씀했다는 점이다. 예수님은 질문 배후에 있는 실재를 분별하셨고, 가르침의 내용에 있어 실제적인 문제들을 다루셨지 피상적인 문제를 다루시지 않았다. 예수님은 당신의 청중을, 그들의 배경을, 그들의 이해를, 그들이 자신을 지각하는 방식을 모두 아셨다. 예수님은 죄인이 용서의 필요를 인식하고, 종교학자(예컨대, 서기관)들이 율법에 대한 상세한 지식으로 마음에 편안함을 누리려는 그러한 자아인식에 대해 말씀했다. 예수님은 당신이 가르치신 사람들의 자아에 대한 인식(self-concept)의 중요성을 결코 무시하지 않았다.

예수님이 그에게서 배우라는 초청을 받아들인 사람들에게서 기대한 것은 무엇인가? 여기서 우리는 보다 일반적인 청중으로부터 그와 친숙한 모임을 형성했던 사람들에게로 관심을 돌릴 필요가 있다.

그의 제자들이 행동 지향적이기를 기대하시는 예수

예수님이 제자들을 불렀을 때, 그들은 무엇보다도 그와 함께 있게 하기 위하여 선택되었다. "또 산에 오르사 자기의 원하는 자들을 부르시니 나아온지라. 이에 열둘을 세우셨으니 이는 자기와 함께 있게 하시고 또 보내사 전도도 하며"(막 3:13-14).

그는 지적인 동의보다는 오히려 행동적이기를 기대하였다. **그의 미래의 제자에게** : "예수께서 거기서 떠나 지나가시다가 마태라 하는 사람이 세관에 앉은 것을 보시고 이르시되 '나를 좇으라' 하시니"(마 9:9). **영생을 얻기를 원한 부자 청년에게** : "한 가지 부족한 것이 있으니 네게 있는 것을 다 팔아 가난한 자들을 나눠 주라. 그리하면 하늘에서 보화가 네게 있으리라. 그리고 와서 나를 좇으라"(눅 18:22). **예수님이 그 자신과 동일하게 여긴 사람들에게** : "내 양은 내 음성을 들으며 나는 저희를 알며 저희는 나를 따르느니라"(요 10:27). **그가 그리스도임을 이해한 사람들에게** : "무리와 제자들을 불러 이르시되 아무든지 나를 따라오려거든 자기를 부인하고 자기 십자가를 지고 나를 좇을 것이니라"(막 8:34). 여기에서 핵심 단어는 '좇으라'[32]이다. 이 말은 삶의 모든 영역을 포괄하는 행동 지향적인 말이다.

---

32. *A κολουθεω*, come after, accompany, go along with, 비유적으로, 제자로서 누구를 따른다는 의미(*A Greek-English Lexicon of the New Testament and Other Early Christian Literature*, ed. William F. Arndt and F. Wilbur Gingrich, 2nd ed., F. Wilbur Gingrich and Frederick W. Danker [Chicago : University of Chicago Press, 1979], p. 31). G. Kittel(TDNT, 1 : 213-214)은 신약성경에서 이 단어가 그리스도를 따르는 사람들에게 국한되어 사용되고 있다는 점과 그 단어가 모든 다른 유대를 끊어 버리는 의미에서 자기 헌신을 함축한다는 점을 증명한다.

가르칠 때 전략을 적용케 하는 예수

예수님은 그의 추종자들에게 그들이 복음을 전하고 치유하도록 보냄으로써 그들이 본 것을 실천할 기회를 주셨다(눅 9:1-6). 이러한 실천의 시기 이후에 예수님은 당신의 정체성(identity)의 문제를 제자들 스스로가 대답하게 하였다. "'사람들이 나를 누구라 하느냐?' …… '너희는 나를 누구라 말하느냐?'"(눅 9:20). 그는 변화산에서 "주(主)는 그리스도이십니다."라는 그들의 결론에 대해 확인시켰다(눅 9:28-36).

그는 진리를 가르치기 위해 적절한 순간마다 일상적인 삶 속에서 경험한 실물적 교훈을 사용했다. 예를 들면, 마가복음 12장에 나오는 과부의 두 렙돈은 진정한 사랑(charity)을 나타내고, 요한복음 3장에 나오는 육체의 탄생 이야기들은 영적인 중생을 조명해 주는 데 도움이 된다. 예수님은 그의 제자들이, 가령 베드로가 물 위를 걸으려고 했을 때의 모습처럼(마 14:22-31), 넘어지고 충분히 채워지지 않을 때조차 위험을 감행하면서라도 그들의 신앙을 시도해 보도록 고무시켰다.

예수님은 상황에 대한 민감성을 드러내는 실제적인 예화와 엄청난 융통성을 지니고 가르치셨다. 그는 가르치기에 적당한 기회를 포착해서 선용하였고, 그를 따르는 제자들이 변화된 삶을 체험하기를 기대했다. 그는 그의 청중을 자세하고도 친밀하게 알았기 때문에, 그들의 삶의 경험에 근거하여 변화를 이끌어 냈다. 그는 그의 제자들이 한발 한발씩 나아가도록 이끌었고, 그들이 준비가 되었다고 확신할 때에야 다음 단계로 나아가게 했다. 그리고 이런 과정에서 예수님은 그가 보여 주었던 교훈들을 실천할 기회를 제자들에게 재빠르게 제공해 주었다. 비록 그들이 발달과제 교육(developmental task education)의 원리들을 이해하지 못했을지라도, 제자들은 그 원리의 현대적 개념의 한 실제적인 모델을 우리에게 제공해 주고 있다.

노출된 응용 가능한 원리들

많은 유사한 설명들이 성경 속에 있다. 그러나 이것들은 하나의 견본

(sampling)으로서 충분하다. 우리가 복음서에 나타난 시범적인 학습 경험에 대한 간단한 개관으로부터 이끌어 낼 수 있는 기독교교육의 원리들은 무엇인가? 비록 그것들 가운데 어느 것도 공식적인 교육환경에서 생겨난 것은 아닐지라도, 그것은 반드시 교육에 적합한 장소로서 교실을 배제하는 것은 결코 아니다. 그것은 단지 학습과정을 증진시키는 방법들이 교실 경험 안에 반드시 포함되어져야 한다는 의미를 **강조할 뿐이다.**

첫째, 교사는 학생들의 자아인식에 기초하여 학생들에게 접근하기 위하여 학생들을 잘 알아야 한다. 배경에 대한 지식을 가지고 무장한 후, 교사들은 보다 확실하게 학생 개개인의 가슴(hearts)을 목표로 해야 할 것이다. 그리하여 삶의 변화라는 목표에 보다 더 밀접하게 다가서야 할 것이다. 이러한 사례들은 학습이 교사와 학생간의 강렬한 인격적 만남의 경험을 포함한다는 점을 암시한다. 우리 주님의 가르침은 언제나 한결같이 의존으로부터 자아 지향적인 학습에로 학습자를 의도적으로 끌어내었다. 제자들의 학습 경험이 가장 극적인 실례를 제공해 준다.

둘째, 학습자는 학습자 자신의 경험을 기초로 하여 출발해야 한다. 그것이 우물에서 물을 길어 오는 체험이든지, 아니면 질병을 다루거나 혹은 방대한 교육적 배경을 즐기는 것이든 간에 자신의 경험을 기초로 한다는 것이 중요하다. 경험들은 그 위에 세워질 의식적인 지식의 기초를 제공해 준다. 그리고 그것들은 현재의 능력이 그 상황을 해결하는 데 부적절한 것으로 판명될 때에는 보다 발전된 학습의 필요를 드러내 준다.

셋째, 학습 경험은 '지식'(know) 지향적이라기보다는 훨씬 더 '행동'(do) 지향적이다. 학습자는 가능한 한 빨리 지금까지 설명하거나 혹은 제시했던 교훈들을 실행으로 옮겨야 한다. 지적인 승인이나 이해만으로는 충분하지 않다. 따라서 실행은 학습자가 학습을 촉진시키는 교사(learning facilitator)와의 보다 빈번한 상호작용을 바라는 그 이상의 필요를 표면에 드러낸다. 예수님이 그의 제자들에게 적용한 방법론은 이 점을 특별히 분명하게 해준다.

넷째, 학습 경험은 시간을 필요로 한다. 사람들을 알고, 그들이 자기 자신들을 어떻게 보는지를 이해하고, 그들의 경험과 필요를 분별하고, 상상력을 사로잡는 예화들이나 이야기들을 생각하고, 실제적인 적용을 계획하여 학습이 단순한 지적인 활동에서 삶을 변화시키는 차원으로까지 나아가게 하는 데는 시간이 필요하다. 진정한 학습은 여유로운 속도를 요구하는 것처럼 보인다. 그리고 지체하지 않고 즉각적으로 적용하는 것은 오늘 우리의 교육을 위한 기초를 놓는 것이다.

예수님의 모델은 기독교교육의 쟁점에 대해 무엇을 말하는가? 말끔하게 조직된 단계들의 목록, 즉각적인 보장된 결과를 드러내 보임으로써 무엇을 이야기하고 있는 것이 아님은 분명하다. 오히려 우리는 상이한 문화와 시간 속에서, 그들의 고유한 학습 경험을 통해 성장한 사람들에 대한 이야기를 읽는다.

비록 상황은 서로 다를지 모르지만, 복음주의 기독교교육학자들은 우리가 교육방법론에서의 창의성을 추구할 때 이러한 사례를 자유롭게 이끌어 낸다. 변화가 느리게 온다는 것은 인정할 수 있다. 많은 교육자들은 계속해서 일상적으로 그들의 삶과 거의 연관이 없는 무미건조한 교훈으로 가득 찬 수업에 참여하는 일을 따분하게 여긴다. 하지만 복음주의 기독교교육의 지도적인 가장자리에서 활동하는 사람들은 교사와 학습자간의 능동적인 참여를 증진시키려고 노력하고 있다. 호워드 헨드릭스(Howard Hendricks)가 쓰고 있듯이, "내가 아는 가장 최고의 동기부여자들 가운데 몇몇은 교실에서 일하지 않는다. 그들은 딱지(label) - 제자도를 가르치고 다른 사람들의 삶과 전망을 변화시키는 사람들이라는 딱지 - 가 없는 교사들이다. 왜 그런가? 그들은 기꺼이 다른 사람들의 삶 속으로 흘러들어가기 때문이다."[33]

---

33. Howard G. Hendricks, *Teaching to Change Lives*(Portland, Oreg. : Multnomah, 1987), p. 152.

결 론

　능동적인 참여, 우리로 하여금 다양한 방법들을 사용하도록 자유케 하는 예수님의 모델, 다른 사람들의 삶 속으로 기꺼이 참여해 들어가려는 노력, 소그룹과 공동체의 지지를 이용하는 노력, 인간의 경험 밖에 있는 진리의 원천에 대한 인식 - 그리스도를 닮는 일(Chirst-likeness)과 형상과 구속에 대한 능동적인 이해를 고무시킬 목적을 지닌 모든 것 - 등은 오늘의 복음주의 기독교교육의 지도적인 가장자리에서 발견할 수 있는 특징들이다. 우리가 '그 모든 것을 얻었다' 거나 보다 창조적이고 개인 지향적인 교육이 문제가 없는(problem-free) 학습으로 귀결되었다는 사실을 제시하려는 것이 분명히 아니다. 그럼에도 불구하고 기독교교육 분야에서의 현재 교육자들과 미래의 지도자들 가운데서 우리는 우리의 신학과 부합하는 고무적인 움직임을 발견한다. 우리의 인간학은 우리가 결코 완전을 이룰 수 없다. 그러나 하나님에 대한 우리의 이해는 다른 사람들의 삶에 충격을 주고자 할 때 용서하시는 은혜를 향해 우리로 하여금 나아가도록 허용한다.
　우리는 기독교교육이 제반 사회과학들에 의해 정보를 제공받는 하나의 신학적인 분야라고 믿는다. 학교라는 매체를 통하는 과정에서 기독교교육은 유용한 통찰력을 얻는 많은 학급들(classes)을 만난다. 그러나 기독교교육이 자리할 만한 공간(home room), 처음과 끝은 오직 확고한 성경적인 그리고 교리적인 맥락 안에서만 발견될 수 있다. 그 곳에서 기독교교육은 발전될 수 있다. 그 곳에서 기독교교육은 가장 잘 기능한다. 그 곳에 기독교교육이 속해 있다.

제 4 장
동방정교회 신학과 종교교육
(Orthodox Theology and Religious Education)

콘스탄스 J. 타라잘(Constance J. Tarasar)

|||||| 1부 ||||||

동방정교회에서 신학과 교육은 서로 관계가 있는 것으로 여겨지며, 또 그 관계가 계속 발견되는 과정에 있다. 여기서 '여겨진다'(is assumed)라고 말한 이유는 신학(하나님의 지식)의 렌즈를 통하여 교회생활의 모든 면을 보게 되기 때문이며, 또한 '발견되는'(being discovered) 과정이라고 말한 이유는 현대의 종교교육의 과업이 비교적 새로운 활동이기 때문이다. 더욱이 그 동안 동방신학의 교부적 뿌리들이 회복되어 오고 또한 서방신학에 포로가 된 사실이 드러남[1]에 따라서, 동방신학 자

---

1. Georges Florovsky의 "Western Influences in Russian Theology," in *Aspects of Church History*(Belmont, Mass. : Nordland, 1975)를 보라. 플로로프스키는 동방신학의 '서방 포로화'와 '부정형'에 대해서 말하면서, 교부들의 원천으로 돌아갈 것을 주장한다. 또한 이것의 재발견과 쇄신에 기여했던 현대 동방정교회 신학자의 대표인인 Vladimir Lossky, Alexander Schmemann, Dimitru Staniloae, John Meyendorff, John Zizioulas, Christos Yannaras의 저작들을 보라.

체는 20세기에 와서 하나의 재발견이나 갱신의 주제가 되어 왔다. 현재 이 갱신과 이에 따른 교부적 시각의 재평가와 재통합에 영향받지 않은 신학 분야와 교회생활의 차원은 존재하지 않는다. 예배론, 교회론, 교회역사와 교회법(canon law), 교의학, 성서연구, 예배음악 등에서 이전에도 이루어져 왔고, 현재도 계속 진행되고 있는 중요한 신학적 작업은 신학작품들의 수집물을 현대어로 펴내는 일이다.

종교교육과 목회신학의 분야들은 일반적으로 이 과정의 시작 단계에 와 있다. 이 연구 분야는 오늘날 여러 가지 면에서 새로우며, 또한 새로운 형식들을 띠게 된다. 그리고 이 과정은 수세기의 교회역사와 전승 안에 있는 연속성과 불연속성을 발견해 내는 과정이다. 이 과정은 다음의 노력을 포함한다.

(a) 성서적이고 신학적인 전승자료와 이 자료들의 구체적인 내용을 알아내는 작업
(b) 이 자료들을 출판하고 지탱했던 교회의 부대상황과 경험의 빛 안에서 성찰해 보는 작업
(c) 어느 시대나 교회생활에 기본이 되는 원리나 개념들을 이끌어 내는 작업(동시에 그것이 나온 시대의 특수한 점을 주로 주목한다.)
(d) 교회신학과 실행과의 일관성을 유지하면서, 현대의 필요를 충족시키기 위하여 전승으로부터 어떤 형태의 변형과 재창조가 새로운 응용을 위해 가능한지를 결정하는 작업

이러한 맥락에서, 나는 신학과 종교교육의 관계에 대한 동방교회의 접근방법을 제시한다. 여기에는 세 가지의 기본적인 전제들이 기초를 제공한다. (1) 신학과 종교교육은 근본적으로 교회에 속한 것이다. (2) 신학과 종교교육은 삼위일체 하나님 이해, 우리와 하나님과의 관계, 그리고 우리와 다른 사람과의 인격적인 관계에 뿌리를 둔다. (3) 신학과 종교교육은 이런 관계들의 전체 안에서 의사전달이 되어야만 한다.

첫 번째 전제인 "신학과 종교교육이 둘 다 **교회에 속한**(of the church)

것이어야 한다."는 의미는 그들이 교회생활과는 분리될 수 없다는 것이다. 신학과 종교교육의 기본적인 목적은 하나님에 관한 객관적인 지식이 아니라 하나님의 지식이다. 즉, 하나님 안에서 그분과 함께하는 교통의 경험이며, 다른 사람과 모든 창조물과의 교통의 경험이어야 한다. 따라서 신학과 종교교육은 삶에 관심을 갖는데, 그 삶은 하나님 안에 주어지는 영원히 사는 삶이다. 우리는 하나님이 생명의 근원이시기 때문에 하나님을 추구하며, 하나님의 지식 안에서 성장하기를 바란다. 알렉산더 슈머만(Alexander Schmemann)은 신학 자체는 "예전에서 깊은 영감을 받을 때, 즉 예전의 진정한 의미가 계시될 때"[2] 시작된다고 말한다. 그는 우리가 주로 예전 경험을 통하여 하나님을 알게 되고 이해하게 된다고 말한다. 그가 '예전교육'(liturgical catechesis)으로서 묘사한 과정을 보면,

> 종교교육의 목적이 교회에 의해 이해되는 것처럼, 예전교육은 우리에게 무엇보다도 먼저 교육의 주된 목적을 보여 준다. 이 목적은 개인을 교회생활 속으로 안내하는 일이다. 그런데 이 목적은 단순히 '종교적 지식'을 전달해서 인간을 '선한 사람'으로 훈련시키려는 것이 아니며, 그보다는 오히려 그리스도의 몸의 지체나 또는 오순절 날에 시작된 '택하신 족속'과 '거룩한 나라'의 백성으로 '세우는 것'이다(벧전 2:9). 세례식 기도는 "그를 그리스도의 거룩한 무리들 속에 사려 깊은 자가 되게 하시며, 또한 교회의 존경받는 일원이 되게 하소서."라고 말한다. 종교교육은 결국 한 사람이 물과 성령을 통하여 거듭나고, 교회의 일원이 되었을 때 그 사람에게 일어난 것을 밝혀 주는 것이다.[3]

---

2. Alexander Schmemann, *Of Water and Spirit*(Crestwood, N.Y. : St. Vladimir's Seminary Press, 1974), p. 12.
3. Alexander Schmemann, *Liturgy and Life : Christian Development through Liturgical Experience*(New York : DRE-Orthodox Church in America, 1974), p. 11.

두 번째 전제는 삼위일체 하나님과 위격(位格, Personhood)의 본질간의 불가분의 개념에 초점을 두는데, 이 개념들의 중심에는 인격적인 관계, 자유, 사랑, 그리고 친교의 원리들이 있다. 이러한 개념들과 원리들은 정교회 신학과 삶에 근간을 이루며, 우리의 교회와 교회의 일원이 된다는 것의 의미를 이해하는 데 기초가 된다.

세 번째 전제는 교회 전체 안에서 교육을 통하여 교회의 신학을 전달하는 방식이다. 슈머만은 초기교회에서의 교육은 다음과 같았다고 말한다.

> 교육은 항상 가르침, 예전의 경험, 그리고 영적인 수고, 이 세 가지가 불가분의 통일성을 이루고 있는 것으로 이해되었다. 이 통일성은 무엇보다도 오늘날 우리에게 필요하다. 이는 신학교나 주일학교든 간에 교육에 관한 한 성서, 교리, 예배, 영성이 실질적으로 모두 서로 분리되어 있으며, 커리큘럼 안에서 느슨하게 연합된 자율적인 '여러 분야들'(depart-ments)로 구성되어 있기 때문이다. 그래서 이들 각각은 하나의 지적인 추상적 개념이 되고 있으며, 뿐만 아니라 이들 중에 그 어떤 것도 구체적이며 진실로 실존적인 의미에서 신앙을 드러내 줄 수는 없다는 것이다.[4]

이러한 이유 때문에 정교회 신학을 분리된 범주로 명료하게 말할 수 없다. 신앙생활을 말할 때 통일성은 필수적이다. 따라서 다음에서 다룰 신학적 논거들은 넓은 주제들 속에 표현되어 있다. 그리고 이 주제들 사이에서 몇몇은 겹쳐 있기도 하다. 더욱이 신학적 개념들은 성서적이고 교리적인 용어와 신앙고백문을 통해서 뿐만 아니라 예전적이고 영적인 자료들, 즉 교회의 살아 있는 신앙의 경험을 통하여 표현되어진다.

신학적 기초들

---

4. Schmemann, *Of Water and the Spirit*, p. 152.

삶의 비전

기독교적 삶의 기초가 되는 비전은 하나님과의 연합과 친교(코이노니아)의 삶이다. 정교회 교인들에게는 이러한 비전은 찬송으로 시작하는 부활절 의식의 교회 경험을 통하여 주로 가장 강력하게 전달된다. 그 부활절 의식 찬송은 "그리스도는 죽음에서 부활하셨고, 죽음으로 죽음을 승리하셨으며, 무덤에서 잠자는 이들에게 생명을 주셨다."라고 시작한다(Paschal Troparion).

부활절 밤에 교회에 참석해서 그리스도의 부활을 선포한 후에, 사람들은 부활절 찬송을 부르기 시작한다. 여기서 부르는 첫 번째 찬송은 세례의 중요성을 말하는데, 즉 세례는 천국으로 순례하는 생명, 즉 교회의 생명에 우리가 결합하는 것이다.

> 이 날은 부활의 날입니다. 주님의 부활을 백성에게 비추소서.
> 사망에서 생명으로, 땅에서 하늘로 그리스도 우리 주님이 우리를 이끄시네.
> 우리가 승리의 노래를 부를 때 그리스도는 사망에서 살아나셨네!
>
> 우리 마음을 정결케 하면 부활의 빛 가운데 있는 그리스도를 보겠나이다.
> 우리는 기뻐하라! 말씀하시는 주님의 음성을 듣나이다.
> 우리가 승리의 노래를 부를 때 그리스도는 사망에서 살아나셨네!
>
> 하늘이여! 땅이여! 기뻐하라.
> 온 세상아! 축제를 열어라.
> 이는 그리스도가 살아나셨으니 우리의 영원한 기쁨이라.

부활절 밤에 교회에서 이런 찬양을 부른 경험이 있는 사람은 누구나 이 찬양을 듣거나 읽게 될 때면 자신들의 첫 번째 부활절이나 가장 최근의 부활절을 떠올리게 된다. 정교회 교인들은 항상 자신들에게 생명을 준 하나님의 구원 행동과 그 비전을 회상하면서 부활절에서 다음 부활절까지의 삶을 산다.
 이와 같은 부활절 의식 동안에 하나님의 세상 창조와 그의 구원을 선포하게 된다.

> 태초에 말씀이 계시니라. 이 말씀이 하나님과 함께 계셨으니 이 말씀은 곧 하나님이시니라. 그가 태초에 하나님과 함께 계셨고 만물이 그로 말미암아 지은 바 되었으니 지은 것이 하나도 그가 없이는 된 것이 없느니라. 그 안에 생명이 있었으니 이 생명은 사람들의 빛이라. 빛이 어두움에 비취되 어두움이 깨닫지 못하더라.…… 말씀이 육신이 되어 우리 가운데 거하시매 우리가 그 영광을 보니 아버지의 독생자의 영광이요 은혜와 진리가 충만하더라.…… 우리가 다 그의 충만한 데서 받으니 은혜 위에 은혜러라. 율법은 모세로 말미암아 주신 것이요, 은혜와 진리는 예수 그리스도로 말미암아 온 것이라. 본래 하나님을 본 사람이 없으되 아버지 품속에 있는 독생하신 하나님이 나타내셨느니라(요 1 : 1 - 18).

이들 예전에 선포되는 성서의 구절들은 기독교의 구원 메시지의 본질을 담고 있으며, 우리에게 기독교적 삶의 비전과 목표를 제시해 준다. 이 비전은 그리스도의 죽음과 부활을 통해서 가능해진 것으로 우리도 죽음에서 생명으로 옮겨졌음에 초점을 맞추고 있다. 이 비전은 이 땅에서 하늘로 가는 여정으로 하나님의 생명과 빛인 그리스도에게 인도되는 길이다. 그 곳에서 우리는 왕국의 영원한 빛 가운데서 하나님과 그의 영광을 볼 것이다. 이 비전은 우리 뿐만 아니라, 우리를 통해서 모든 피조물을 포함한다. 전우주가 모두에게 생명을 주시는 그리스도의 부활로 인하여 변화되고 구속되는 비전이다

신적 공동체 : 삼위의 하나님

 동방정교회의 첫 번째 진리는 하나님은 성부, 성자, 성령의 삼위로서 본질에 있어서 하나라는 것이다. 하나님은 사랑을 통하여 연합된 각 위격간의 신적인 사귐의 형태로 존재한다. 정교회의 신학에서 **위격**

(person)이란 한 존재가 존재하는 특별한 양식을 말한다(희랍어의 의미로 볼 때, 우리는 누군가가 혹은 무엇이 위격화되는 *hypostasized* 방식을 말할 수 있을 것이다). 하나님의 경우에 **존재**(본질, 본성, *ousia*)는 "하나님의 성품이 무엇인지"(What is God)에 대한 물음에 답변하는 것인 데 반하여, **위격**(*person* 또는 *hypostasis*)은 하나님은 "어떤 분"(which one) 혹은 "누구"(who)인가에 대한 물음에 답을 준다고 토마스 홉코(Thomas Hopko)는 말한다. 즉, "'하나님의 성품이 어떠한가?'라고 물을 때 우리는 하나님은 거룩하고 완전하며, 영원하고 절대적이라고 대답한다.…… 그리고 '하나님은 어떤 분인가?'를 물었을 때 우리는 하나님은 성부와 성자, 그리고 성령 하나님이라고 대답한다."[5]

크리스토스 야나라스(Christos Yannaras)는 다음과 같이 설명한다. "실존의 초기의 가능성, 즉 존재의 최초의 가능성을 이루는 것이 바로 위격이다.…… 성부 하나님의 위격(person)은 자신의 본체(Essence)보다 선재하며, 그 본체를 규정한다. 즉, 성부 하나님은 자신의 본체에 의해서 미리 결정되지 않으며, 또한 자신의 실존의 필요에 종속되지 않는다는 것이다.…… 하나님은 사랑이시기 때문에 존재하며, 그의 사랑은 최상의 자유의 사건이다. 또한 자유와 사랑으로부터 성부 하나님은 자신의 존재를 삼위의 위격 안에서 자리매김하며, 인격적 자유와 사랑의 공동체로서 자신의 실존(Existence)의 원리와 양식을 취한다."[6]

그러므로 하나님은 관계적인 존재이다. 우리는 삼위일체 안에 있는 세

---

5. Thomas Hopko, *An Elementary Handbook on the Orthodox Church, Vol. 1 Doctrine*, p. 141. 또한 Deborah Belonick, "Revelation and Metaphors : the Significance of the Trinitarian Names, Father, Son, and Holy Spirit" in *Union Theological Quarterly* 40(1984), pp. 31 – 42를 보라. 여기에서 그녀는 창조자, 구원자, 성화자나 또는 어머니, 딸, 성령이라는 말의 사용보다 오히려 이 독특한 이름들의 적절성에 대해서 의문을 제기한다.

6. Christos Yannaras, *Elements of Faith*(Edinburgh : T & T Clark, 1991), pp. 34 – 35.

위격의 관계들을 고찰해 봄으로써 하나님이 누구인지, 그분이 어떻게 행동하시는지, 사랑의 관계와 사귐의 관계 안에 있다는 것이 어떤 것을 의미하는지 인식할 수 있다. 오순절의 기도문인 다음 구절은 삼위일체 하나님의 세 위격이 어떻게 관계하며 함께 행동하는지를 보여 준다.

> 오라, 우리가 성령과 함께 성부 안에 있는 성자, 삼위의 하나님께 예배하자.
> 성부께서는 영원 전에 영원한 아들을 낳으셨다.
> 성령은 아버지 안에 있으며, 아들과 함께 영광을 받으실 분이다.
> 하나님은 한 본질이며, 한 하나님이시다.
> 하나님을 경배할 때 우리 모두 말하자.
> 성부 하나님은 성령과 함께 아들을 통해서 모든 것을 만드셨고,
> 우리는 성자를 통해서 성부를 알 수 있으며,
> 성부를 통해서 성령이 이 세상에 왔으며,
> 성령은 위로의 영이시며, 아버지로부터 나와 아들 안에 거하셨도다.
> 오 삼위일체 하나님이시여, 당신에게 영광이 있으소서!
> (오순절 만도)

이 기도문으로부터 우리는 삼위일체의 각 위격들이 다른 방식으로 존재하며 행동하는 것을 알 수 있다. 그러나 각 위격은 결코 홀로 행동하지 않으며, 다른 두 위격과 영원한 관계 속에서 협력하여 행동한다. 야나라스의 지적처럼, 이것을 가능하게 하는 유일한 방법은 완전히 하나가 되고, 또 하나로 행동하고자 하는 바람과 사랑 안에서 자신의 전부를 다른 위격에게 줌으로써만 가능하다.

야나라스는 또한 사랑은 모든 생명의 기초라는 사실을 강조한다. 이것은 신의 공동체 뿐만 아니라 인간공동체에도 적용된다.

성서는 우리에게 "하나님은 사랑이시다."(요일 4 : 16)라고 가르쳐 준다. 이것은 하나님께서 사랑을 가지고 있다는 말이 아니고, 사랑이 하나님의 속성이라는 말이다. 즉, 하나님은 삼위일체로서 역동적으로 사랑을 실현

시키며, 깨뜨려질 수 없는 사랑의 연합을 이루고 있다는 것이다. 각 위격은 자신을 위해서 존재하지 않고, 다른 위격과의 사랑의 연합 안에서 자신을 내어 줌으로써 존재한다. 각 위격들의 생명은 본래부터 함께 내재한 하나의 생명이다. 이는 자신의 생명은 다른 존재의 생명이 된다는 뜻이요, 그들의 실존(Existence)은 사귐을 통한 생명의 현실화에서, 그리고 자신을 내어 주는 사랑과 동일시되는 삶으로부터 가까이 다가온다.[7]

그는 덧붙여서 말한다. "하나님의 존재양식이 사랑**이기** 때문에, 또 이 존재양식(사랑)으로부터 각 생명의 가능성과 표현이 나타날 수 있기 때문에, 생명을 현실적으로 묘사하기 위해서는 사랑으로 기능해야만 한다. 각 위격은 사랑으로 생명을 현실적으로 묘사할 수 있는데, 이는 자유로운 활동으로 나타난다."[8]

성 안드레이 루블레프(St. Andrei Rublev)의 구약의 삼위일체 하나님에 관한 성화(聖畵)는 - 아브라함의 환대(cf. 창 18장)에 관한 성화에 근거한다 - 관계하는 각 위격들간의 개념에 관한 진리를 형상화시키고 있다. 아브라함과 사라에게 보여 준 하나님의 방문은 세 명의 '낯선 사람'의 형태로 나오는데, 루블레프는 이를 형상화시키고 있다. 이들은 그들 상호간에 완전한 원을 형성하면서 테이블에 모여 있다. 가운데 사람의 머리와 오른쪽 사람의 머리가 왼쪽에 있는 사람에게 향해 있는데, 이 사람은 자신들에게 생명을 준 성부 아버지를 형상화시킨 것이다. 중앙에 있는 인물은 그리스도가 - 그는 육신을 입고 구체적으로 우리에게 계시되었다 - 지도자로서 다른 성화들에 그려져 있는 것처럼 대담한 색깔과 의복을 입은 채로 그려져 있다.[9]

우리에게 나타난 하나님의 계시는 신의 공동체, 즉 서로 분리되면서

---

7. *Ibid.*, p. 36.
8. *Ibid.*
9. Cf. Leonid Ouspensky and Vladimir Lossky, *The Meaning of Icons*(Crestwood, N.Y. : St. Vladimir's Seminary Press).

도 완전히, 그리고 영원히 사랑 안에서 연합되어진 각 위격들간의 공동체 형태이다. 이러한 신적 공동체는 인간적인 공동체가 어떤 것이어야 하는지를 우리에게 보여 주고 있다. 다양한 인간, 즉 남자와 여자, 그리고 다양한 문화와 인종과 언어를 가진 인간으로서 우리는 연합하여 함께 사랑하도록 부름받았다. 더욱이 우리가 함께해야 할 사랑은 타락한 인간성의 잘못된 사랑이라기보다는 성령 안에서 성부와 함께 공유되어지는 그리스도의 사랑에 연결되어 있다. 이것이 영적 교제, 즉 코이노니아이며, 우리는 이를 위해서 창조되었다.

이러한 이유 때문에 신적 공동체, 곧 거룩한 삼위일체는 우리 인간을 위해서 다른 사람과의 관계나 친교 안에 자리하는 생명에 대한 하나의 원형이 된다. 다양한 인간들의 공동체인 인류는 또한 하나의 공동의 본성을 가지고 있다. 야나라스는 이 점을 다음과 같이 설명한다.

> 하나님은 한 본성과 세 위격을 가지신 분이다. 인간도 한 본성과 '셀 수 없이 많은' 인격을 가지고 있다. 하나님은 본성에서 동일하며, 위격에서 세 분이시다. 인간도 본성에서 동일하지만 인격은 무수하다. 그런데 창조자와 피조물의 본성의 차이점은 공통의 존재방식의 수준에서 초월될 수 있다. 이 진리는 하나님의 성육신, 예수 그리스도의 인격에 의해서 우리에게 계시되었다. 인간에게 있어서 하나님의 형상이 된다는 것은 그리스도가 자신의 생명을 사랑과 자유로서 깨달았던 것처럼, 각 사람이 자신의 존재를 깨닫는다는 것을 의미한다. 각 사람은 삼위일체 하나님의 각 위격과 같이 자신의 존재를 하나의 인격으로서 이해할 수 있다. 결과적으로 상호내재성(co-inherence)과 사귐의 삼위일체 하나님의 생명이 영원하고 타락할 수 없는 것처럼, 인간도 자신의 존재가 영원하며 타락할 수 없다는 것을 깨달을 수 있다.[10]

하나님 자신의 생명 안에서 이 초월 혹은 공유가 어떻게 일어날 수 있는

---

10. *Ibid.*, p. 59.

가? 칼리스토스 바레(Kallistos Ware) 주교는 어떻게 하나님이 우리에게 감추어지면서 동시에 계시될 수 있는지를 설명한다. 그는 하나님의 초월성 또는 타자성과 하나님의 내재성 또는 현존하심을 명확하게 구분한다. 그는 다음과 같이 말한다.

> 동방정교회의 전통은 하나님의 본질, 본성과 그분의 활동, 능력 있는 행동 사이의 차이를 구별한다.…… 그분의 타자성은 하나님의 본질을 나타내며, 그분의 근접성은 하나님의 활동을 나타낸다. 하나님이 우리의 이해를 초월하는 하나의 신비이기 때문에 우리는 결코 그분의 존재 자체를 알 수 없다. 만약에 신의 본질을 알려고 한다면, 우리는 하나님이 자신을 아시는 것과 같은 방식으로 하나님을 알아야만 할 것이다. 그러나 우리는 이렇게 할 수 없다. 그것은 하나님은 창조자이고 우리는 피조물이기 때문이다. 그러나 하나님의 내적 본성이 우리의 이해력을 넘어선다 할지라도 그분의 활동, 은총, 생명, 능력은 전우주를 가득 채우며, 또 우리가 직접적으로 접근할 수 있는 것이다.
>
> 동방정교회가 신의 능력(divine energies)을 말할 때, 그들은 이것이 하나님으로부터 방출된 것, 즉 하나님과 인간 사이의 하나의 매개물, 또는 하나님이 수여하신 어떤 선물을 말하는 것은 아니다. 반대로 신의 능력이란 자기 행동과 표현 속에 있는 하나님 자신이다. 인간이 신의 능력에 참여하고 있다는 사실을 알 때, 그는 진정으로 바로 하나님을 알고 있으며, 또한 그분 안에 참여하게 된다. 피조된 존재에게 이것이 가능하다면…… 그러나 하나님은 하나님이시고 우리는 인간이다. 그래서 그가 우리를 소유할 수 있지만, 우리는 그와 같이 그분을 소유할 수 없다.[11]

결과적으로 인간이 하나님의 본체가 아니라 그분의 능력에 참여할 때, 거기에 융합이나 혼돈이 아닌 연합이 있다. 이 진리로 인해 우리는 모든

---

11. Archimandrite Kallistos Ware, *The Orthodox Way*(Crestwood, N.Y. : St. Vladimir's Seminary Press, 1979), p. 27.

인간이 부름받은 거룩한 생활로의 성장 또는 신격화(theosis)의 개념이 무엇인지 이해할 수 있다. 이것이 인간과 하나님 사이의 직접적이고 신비적인 연합(union)이 가능할 수 있는 길이다.[12]

여기 사용된 언어가 어떤 사람에게는 익숙하지 않을 수도 있겠지만, 하나님과 위격에 관한 기본적인 개념들은 비교적 간단하다. 요약하면 다음 아래의 내용이다.

1. 하나님은 삼위일체 하나님이시다. 세 위격(three hypostases)과 한 본성(one ousia 또는 본질)을 가지신 분이시다.
2. 삼위일체 하나님은 하나의 신적 공동체이다. 이는 자신들의 실존이 인격적 자유와 사랑에 근거한 그러한 인격간의 연합과 사귐의 공동체라는 뜻이다.
3. 위격의 특질은 자유롭게 존재하고 또한 자기 자신의 실존을 결정할 수 있는 가능성이다. 또한 이는 사랑으로 자신을 자유롭게 다른 이에게 주며, 다른 사람과 사랑 안에서 연합의 관계로 들어가는 것이다.
4. 삼위일체 하나님은 우리에게 공동체 안에 있는 생명의 완전성을 계시해 주며, 또한 하나님의 형상으로 지음받은 인간을 불러서 자유와 사랑 안에서 통일성과 거룩함을 지닌 생명을 모방하도록 하셨다.

이러한 기본 개념들, 특히 위격의 특질(Personhood)과 친교(Communion)의 개념에 함축된 의미는 다른 신학적인 중요점들을 발전시키면서 확장될 수 있을 것이다.

창조와 인간공동체

하나님과의 친교(코이노니아)[13]를 추구하는 것은 생명 자체를 추구하는

---

12. *Ibid.*, p. 28.
13. Constance J. Tarasar, "Worship, Spirituality and Biblical Reflection : Their Significance for the Churches' Search for Koinonia," in *The Ecumenical Review* 45 : 2(April 1993), Geneva : World Council of

것과 같다. 친교 안에 있는 것은 영원한 생명을 주는 하나님의 생명 안에 있는 것이다. 살아 있다는 것은 하나님 안에서 산다는 것이다. 이것은 성서적 메시지의 핵심이다. 인간은 하나님과의 친교를 위해서 하나님 자신의 형상으로 창조되었다. 이것이 바로 하나님이 자신의 말씀과 성령의 능력으로 생명을 창조하시고 지탱하시는 이유이다. 이것은 신앙의 두 번째 진리이다. 알렉산더 슈머만은 종종 세상을 하나의 성례전(sacrament)이라고 말한다.

> 성서에서 사람이 먹는 음식과 생존을 위해서 함께 어울려야만 하는 세상은 하나님이 인간에게 주신 것이다. 아울러 세상은 하나님과의 친교를 위해서 주셨다.…… 존재하는 모든 것은 인간에게 준 하나님의 선물이며, 이 모든 것은 하나님을 인간에게 알리기 위해서 또한 인간이 하나님과 친교를 갖도록 하기 위해서 존재한다. 결국 신의 사랑이 음식과 생명을 만드셨다. 하나님은 자신이 창조한 모든 것을 축복하셨는데, 성서 언어로 이 말이 의미하는 바는 하나님은 모든 피조물을 자신의 임재와 지혜, 사랑과 계시의 수단으로서 창조하셨다는 의미이다. "주님의 선하심을 맛보아 알지어다."[14]

알렉산더 슈머만은 계속해서 말하기를, 동물과 다른 생물과 같이 인간은 배고픈 존재이며, 먹기 위해서 존재한다는 것이다. 그러나 오직 인간만은 자신들의 배고픔과 갈망이 궁극적으로 하나님에 대한 갈망이라는 점에서 독특하다.

> 모든 피조물은 음식에 근거하여 살아간다. 그러나 우주 안에서 인간의 독특한 위치는 오직 그만이 하나님으로부터 받은 음식과 생명에 대하여 하나님께 감사한다는 것이다. 오직 그만이 감사로써 하나님의 축복에 응답

Churches, pp. 218-225를 보라.
14. Alexander Schmemann, *For the Life of the World*(Crestwood, N.Y. : St. Vladimir's Seminary Press, 1973), p. 14.

한다.······ 그리고 성서에서 하나님께 감사하는 것은 '종교적'이고 '제의적인' 행동이 아니라 바로 삶의 양식이다.······ 축복된 세상을 인간에게 주신 하나님에 대한 인간의 자연스러운('초자연적'이 아닌) 응답은 하나님께 찬양으로 보답하고 감사하고, 하나님이 보시는 대로 세상을 바라본다. 그래서 인간은 감사와 찬양의 행위 속에서 세상을 이해하고, 세상을 이름짓고 다스린다.[15]

인간은 '피조물들의 제사장'이 되도록 부르심을 받았다고 슈머만은 말한다. 인간은 하나님의 축복의 선물을 계속적으로 받고, 또한 감사로서 이러한 선물을 하나님께 다시 돌려 드리도록 창조되었다. 그래서 우리는 우리의 삶을 변화시켜 하나님 안에 있는 생명, 즉 그와 함께하는 친교의 삶이 되게 해야 한다. 그는 계속해서 말하기를 "세상은 하나의 '물질'로서, 즉 성찬식에 쓰는 물질로서 창조되었고, 인간은 이 우주적 성례식을 집행하는 사제로서 창조되었다."고 한다.[16]

그러나 하나님이 창조하신 인간은 '모든 피조물의 사제'로서의 자신의 소명을 수행하지 않았다. 인간의 타락(창 3장) 이야기는 우리에게 세 번째 진리를 제시해 준다. 즉, 우리에게 인간은 세상을 하나님과의 친교의 수단으로서라기보다는 오히려 '독자적으로 존재하는 것'(thing in itself)으로 보려고 한다는 사실을 보여 주고 있다. 그러나 하나님으로부터 독립하는 행위로서 하나님같이(창 3:5) 되려는 바람은 자신을 생명 자체로부터 단절시키는 것이다.

우리가 세상을 그 자체로서 하나의 목적으로 보게 될 때, 모든 것은 그 자체로 하나의 가치를 가지나 결국에는 모든 가치를 잃어버린다. 왜냐하면 오직 하나님 안에서만 모든 것의 의미(가치)는 발견될 수 있으며, 단지 하나님의 임재의 '성례전'일 때만 세상은 의미가 있기 때문이다. 세상의 사

---

15. *Ibid.*, p. 15.
16. *Ibid.*

물을 단순히 그 자체로 존재하는 것으로 취급하는 것은, 오직 하나님 안에서만 그들이 어떤 생명을 가질 수 있기 때문에 자신을 파괴하는 것이 된다. 세상 자체가 생명의 원천과 분리되어진다면 하나의 죽은 세상일 뿐이다. 음식 자체가 생명의 원천이라고 생각하는 사람에게 먹는 것은 죽은 세상과의 친교일 뿐이다. 음식 자체만은 죽은 것이다. 또한 그것은 죽었기 때문에 시체와 같이 냉장고에 보관되어야만 한다.[17]

죄(amartia, 문자적으로는 '표적을 빗나감')는 하나님으로부터 우리 자신이 분리되는 것이다. 그것은 하나님으로부터 돌아서는 우리 자신의 고의적인 행동으로 하나님과 우리의 관계를 '단절시키는 것'이다. 그러한 단절의 결과는 죽음이다. 이것이 에덴동산으로부터의 아담과 하와의 축출사건의 의미이다. 죄는 결과적으로 죽음(롬 6 : 20 - 23)을 초래하는데, 이 죽음은 에너지와 능력을 공급받는 원천으로부터 램프의 심지가 단절되는 것과 같은 결과를 가져온다. 하나님과의 관계, 즉 우리의 힘과 능력의 원천이 되는 그분과의 관계에 있는 한 우리는 하나님과의, 다른 사람과의, 그리고 모든 피조물과의 사랑의 관계 - **친교 안에, 그리고 생명 안에** - 안에 있다.

동방정교회 전통에서 사순절은 그리스도인이 하나님과 또 다른 사람들과, 그리고 모든 피조물들과의 자신들의 분리됨을 알고 회개하려고 노력하는 때이다. 알렉산더 슈머만은 사순절을 이렇게 부른다. "사순절은 모든 그리스도인들이 자신들의 신앙을 깊게 하고 재평가하며, 그리고 가능하다면 자신의 생활을 변화시키기 위하여 매년 찾아가야 할 **일종의 회개**의 학교이다. 이것은 동방정교회의 신앙의 원천들에 대한 아주 훌륭한 하나의 과정이다."[18] 회개(metanoia)는 자신의 전존재에 영향을 미치는 완전한 변화를 반영시키는 마음과 의지와 행동의 변화 - 자신

---

17. Ibid., p. 17.
18. Alexander Schmemann, *Great Lent*(Crestwood, N.Y. : St. Vladimir's Seminary Press, 1974), p. 9.

의 생활을 완전히 돌아서는 것 - 를 내포한다. 하나님의 생명 안으로 자기 생명을 돌리는 것이 진정한 회개이다.

사순절 바로 전 주일은 에덴동산에서의 아담과 하와의 추방을 기념한다. 다음 예전의 내용은 이를 상기시켜 준다.

> 아담은 먹는 음식으로 인해 낙원에서 추방당했다.
> 그 앞에 앉아서 그는 울었다 : "나에게 화가 있기를……"
> 내가 하나님의 율법을 범했는데, 이로 인해서 나는 모든 좋은 것을 잃어버렸다.
> 오! 거룩한 낙원, 나를 위해서 세워졌는데, 아! 이제는 들어갈 수 없구나.
> 내가 다시 당신의 꽃으로 채워질 수 있도록 당신의 창조자에게 기도해 주시오.
> 그때 구세주가 그에게 대답하셨다 : 나의 피조물이 멸망하는 것을 원하지 않는다.
> 오히려 그들이 구원받고 진리를 알게 되기를 바란다.
> 나에게 돌아오는 자는 절대로 돌려보내지 않을 것이다.
>
> (Aposticha, Cheesefare Sunday)

사순절 기간이 시작되는 죄의 용서 주일의 만도(the Vespers) 동안에 다음의 시편말씀이 읽혀진다. "내게 고통이 있으니 당신의 어린아이로부터 얼굴을 돌리지 마소서. 나의 말을 속히 들으시고, 영혼 가까이 오사 나를 구원하소서"(시 69편). 죄의 용서의식은 각 회개자가 교회 안에 모여든 각 사람에게 죄의 용서를 부탁한 다음, 그들과 함께 평화의 입맞춤을 함으로써 거행되는데, 이 의식은 하나님과 친교하는 것은 '개인적인' 경험이 아니라 인격적이고 공동적인 경험이라는 사실이다. 죄를 지었을 때 우리는 하나님으로부터 분리될 뿐만 아니라 다른 사람과도 분리된다.

동방정교회에서는 '개인적'(individual)이라는 말과 '인격적'(personal)이라는 말의 사용을 엄격히 구분한다. 개인이라는 말은 고립적이고, 자기 중심적이며, '홀로 하기를' 바라거나 '자기 방식대로' 일을 하려는 것을 말하는 데 반해, 인격적이라는 말은 다른 사람과의 '관계 속에 있는 사람'(person-in-relation)이며, 다른 사람을 전제하며, 자신을 다른 사람과의 의존 속에서 인식한다. 그래서 인간 본성의 '타락'은 하나님과의 친교가 깨어지는 것 뿐만 아니라 우리 모두의 관계가 깨어지는 것도 포함된다. 이 비극적인 '관계단절'의 결과는 죽음이고, 이 죽음은 하나님과 영원히 사는 생명을 잃는 것이다. 우리의 생명 안에서 고통을 주는 상처와 왜곡의 상태에서 회복이 필요한 것은 바로 우리 안에 있는 하나님의 **형상**(image)이다.

우리와 함께 계신 하나님 : 성육하신 하나님

신앙에 관련된 그 다음의 진리는 인간 본성에 대한 구원이 하나님의 독생자이신 예수 그리스도의 성육신을 통해서 왔다는 사실이다.

> 그는 근본 하나님의 본체시나 하나님과 동등됨을 취할 것으로 여기지 아니하시고, 오히려 자기를 비어 종의 형체를 가져 사람들과 같이 되었고, 사람의 모양으로 나타나셨으매 자기를 낮추시고 죽기까지 복종하셨으니 곧 십자가에 죽으심이라. 이러므로 하나님이 그를 지극히 높여 모든 이름 위에 뛰어난 이름을 주사 하늘에 있는 자들과 땅에 있는 자들과 땅 아래 있는 자들로 모든 무릎을 예수의 이름에 꿇게 하시고, 모든 입으로 예수 그리스도를 주라 시인하여 하나님 아버지께 영광을 돌리게 하셨느니라(빌 2:6-11).

성 수태고지일(The Feast of the Annunciation)은 모든 인간에게 이 사실을 공표함으로써 기뻐한다.

> 하늘이여, 땅이여, 기뻐하라!
> 이는 하나님과 동일 본질이시며 동등하신 그분의 아들이 자신을 비우사 인간이 되셨기 때문이다.
> 그는 성령으로 거룩하게 동정녀의 몸에 잉태되셨다.

하나님이 인간으로 오셨다. 무한자가 여인의 몸에 들어오셨다.
영원자가 시간 속으로 들어오셨다. 더 영광된 것은 동정녀의 몸에 잉태되셨으니, 형언할 수 없는 신비로구나!
하나님이 자신을 비우사 인간의 몸을 입으셨다.
천사들은 거룩한 여인에게 잉태를 알렸다.
기뻐하라! 은총의 충만으로 주님이 당신과 함께 있으소서.
(Aposticha, 성 수태고지 만도)

하나님이 인간의 육신을 취하고 시간과 이 세상 속에 들어오셨다는 사실이 우리에게는 이해되어질 수 없다. 그것은 하나님의 능력, 위엄, 그리고 영광의 빛 안에서만 단지 우리를 위해서 하나님이 베푸신 신비로서 이해되어질 수 있다. 하나님은 사랑이시고, 사랑 안에서 우리를 창조하셨고, 또한 우리를 그의 사랑하는 자로 택하셨기 때문에 하나님은 우리의 구원을 위하여 자기를 겸손히 낮추신다. 사순절 첫 주일의 찬송은 이러한 행동이 타락한 인간을 자신의 원래의 형상으로 회복하도록 하는 행동이라고 말한다.

아버지의 말씀을 설명할 수 있는 사람은 아무도 없네.
그러나 그 말씀이 성모(Theotokos)[19]로부터 육신을 입으셨을 때, 그 말씀은 설명되어지네.
그 말씀은 타락한 형상을 거룩한 아름다움에 인도하여 이전의 상태로 회복시키셨네.
우리는 말씀 안에서 우리의 구원을 고백하고 선포하네.
(Kontakion, 사순절 첫 주일)

이 찬송에는 몇 가지의 신학적 진리들이 선포되고 있다. 첫째, 신성의 충만함이 하나님의 아들과 말씀의 성육신의 신비 안에 참여하고 있다는

---

19. 문자적으로 보면, 헬라어로 이 말은 '하나님을 낳은 사람' 또는 '하나님의 어머니'로 번역되는데, 특히 하나님의 아들 예수의 어머니 마리아를 지칭한다.

사실이다. 자유롭게 그리고 사랑 때문에 성부 하나님은 인류를 구원하기 위하여 자신의 독생자를 세상에 보내신다. 아들(성자)은 기꺼이 겸손하게 되사 인간의 육신 속에 거하게 됨을 받아들이신다. 그리고 성령이 동정녀의 몸에 잉태케 하신다. 두 번째 진리도 동일하게 중요한데, 마리아의 겸손과 순종을 통해서 모든 인간이 값없이 하나님을 육신 안에 받아들일 수 있다는 것이다. 마리아의 '긍정'(yes), 즉 "당신의 말씀대로 내게 이루어지소서."(눅 1 : 38)라는 대답은 하나님의 주도권을 인정한다. 성 수태고지일의 또 다른 예식문은 우리의 동의가 그리스도의 '말씀과 형상'[20]에 대한 신앙고백을 통해서 계속되는 것처럼, "궁극적 화해가 하나의 공동의 동의를 통해서 온다!"고 말한다. 세 번째 진리는 그 참여와 영향이 모든 피조물에 미친다는 것이다. 축제 기간에 교회는 하나님의 창조물들이 세상의 타락 속에서 고통받으며 구속 안에서 기뻐한다고 이해한다. 성탄절 기도인 다음의 내용은 주님의 탄생 안에서 전우주가 참여하고 기뻐함을 반영한다.

> 우리를 위해서 인간으로서 이 땅에 오신 그리스도여!
> 우리가 당신에게 무엇을 드리리까?
> 당신에 의해서 지음받은 모든 피조물이 당신에게 감사를 드립니다.
> 천사들은 찬송을 부르며, 하늘들은 별을, 현자는 선물을, 목자들은 경이로움을, 황무지는 말구유를 당신에게 드립니다.

---

20. 사순절 첫째 주의 이 kontakion의 다른 번역들은 '행위와 말씀'이라고 말한다. 예를 들면, Mother Mary와 Archimandrite Kallistos Ware가 번역한 *The Lenten Triodion*(London : Faber and Faber, 1978), p. 306을 보라. Leonid Ouspensky는 "이 단어(행위)가 kontakion에서 이중적 의미, 즉 내적 의미와 외적 행위들을 말한다는 사실에 주목한다.…… 이 단어는 성화된 사람 [또는 자신의 내적인 성화를 가시적으로나 또는 말로 형상화할 수 있는 사람]이 말이나 형상으로 표현하는 경험, 즉 교회의 살아 있는 경험을 나타낸다." Cf. *Theology of the Icon*, vol. 1(Crestwood, N.Y. : St. Vladimir's Seminary Press, 1992), pp. 164–165.

우리는 당신에게 동정녀를 드립니다.
오, 영원하신 하나님! 우리에게 자비를 베푸소서.

(Sticheron, 성탄절 만도)

그러나 모든 피조물과 함께 교회는 또한 그리스도의 고통과 죽음에 참여한다.

오, 그리스도여! 당신이 십자가에 달리심을 볼 때 모든 피조물들은 두려움으로 변했습니다.
해는 빛을 잃고 땅의 기초는 흔들리며, 모든 것들이 창조자인 당신과 함께 고통받았습니다.
우리를 위해서 이 모든 것을 기꺼이 참으신 주님! 당신에게 영광이 있으소서!

(Aposticha, 성 금요일 朝禱)

그리스도의 고난과 죽음은 성육신하신 하나님의 궁극적인 수치이다. 하나님의 자기를 비움(kenosis)은 아버지에 대한 전적인 복종의 행위였다.

그리스도는 인간의 육체적인 자기 존재의 모든 갈망을 완전히 버리고서 자신을 죽음에 내어 주었고, 이것은 존재와 생명을 하나님과의 관계 안으로, 아버지의 뜻에 복종함으로, 아버지의 손에 자신의 '영혼'을 맡기는 것으로 바꾼 것이다.[21]

십자가에 죽으심으로 성육신하신 하나님은 죽음 자체인 지옥에 내려가셨다. 그리고 그는 자신이 사랑하는 사람을 구원하기 위해서 "자신의 죽음으로 사망을 짓밟으시고"(Eastern Troparion) 승리하셨다. 일 년 중에 그리스도가 지옥에 들어가신 시적인 묘사가 구원의 의미를 설명한다는

---

21. Yannaras, *Elements of Faith*, p. 109.

면에서, 아마도 가장 생생하게 표현한 예식문은 성 금요일의 예식문일 것이다. 이 묘사는 조도시간에 천천히 그리고 빨리 발전하게 된다.

> 오, 생명을 주시는 양 그리스도시여! 당신은 무덤 속에서 잠자셨습니다. 이는 무거운 죄의 잠에 깊이 빠져 있는 모든 인간을 깨우기 위한 것이었습니다(Ⅱ.4).

> 아담을 구원하기를 원하셔서 당신은 땅으로 내려오셨습니다. 그러나 당신은 땅에서 아무도 발견하지 못하자 아담을 찾으러 지옥에 내려가셨습니다(Ⅰ.25).

> 아담은 하나님이 낙원을 걸어다니실 때 매우 두려웠습니다. 그러나 이제 기쁨으로 그는 하나님이 지옥 한가운데로 활보하시는 것을 봅니다. 낙원에서 그는 실족했지만 이제 일어설 것입니다(Ⅱ.17).

> 밀이 묻혀 있는 땅 속 어두운 곳에서, 한 알의 밀이 죽음으로 죄의 사슬로부터 아담의 자손을 자유롭게 풀어 주는 풍성한 열매를 맺게 될 것입니다(Ⅰ.29).

> 오 메시야, 예수는 나의 왕, 모두의 주인이십니다. 당신은 누구를 찾고 있습니까? 당신은 죽을 인간을 자유케 하기 위해서 오셨습니까?(Ⅰ.5)

> 모든 사람을 두려움에 사로잡았던 지옥이 이제 당신을 봄으로 두려워 떱니다. 서둘러 그가 자신의 죄인들을 풀어 줍니다. 오, 영광받으실 불멸의 아들이시여!(Ⅱ.55)

> 온 세상이 고통과 두려움에 떱니다. 오, 말씀이시여! 당신의 위대한 빛이 세상에 감추어지자 낮의 해가 빛을 잃었습니다(Ⅰ.26).

> 지옥이 어떻게 당신의 오심을 감당할 수 있습니까? 오, 주님! 죽음이 당신의 광채로 인해 눈이 멉니다. 당신의 찬연한 빛으로 죽음의 어둠이 사라집

니다(Ⅰ.10).

지옥이 생명의 바위를 삼킬 때, 큰 고통 가운데서 그는 산산이 부서졌습니다. 모든 시대에 포로로 잡혔던 죽은 사람들이 해방되었습니다(Ⅰ.23).[22]

성육하신 하나님이 죽음으로써 지옥에 들어가셨을 때, 단지 죽은 한 사람만 거기에 있었던 것이 아니라 하나님 자신의 생명과 사랑도 거기에 있었다. 바로 이 사랑을 악마는 감당할 수 없었다. 창조는 하나님의 사랑의 열매이지만, 이제 지옥에서 새 창조나 세상의 재창조가 그리스도의 궁극적인 자기 비움의 희생적 사랑의 결과로 시작되었다. 안에 생명이 자라는 계란의 형상과 같이, 생명이 충만해져서 껍질이 더 이상 생명을 감쌀 수 없을 때가 온다. 안에서 생명이 자라는 힘은 껍질을 깨며, 새 생명은 자신의 무덤을 깨고 나온다. 생명, 사랑, 그리고 빛이신 그리스도가 지옥으로 들어가셨을 때도 그와 같다. 죽음은 더 이상 인간을 포로로 붙잡아 둘 수 없는데, 이는 그리스도가 모든 곳을 자신의 무한한 사랑의 능력으로 채웠기 때문이다. 그는 자신의 죽음으로 '사망을 짓밟았으며' 무덤에 생명과 빛을 가져왔다. 성 금요일 만도예배 시간에 부활의 능력과 기쁨은 나타나기 시작한다. 그때 지옥은 크게 외치며 패배를 선언한다.

이제 지옥은 신음하면서 고통당하고 있습니다 : 아, 나는 마리아의 아들을 받아들이지 않았어야 했는데!
그는 나의 능력과 지옥의 문을 파괴했구나!
하나님으로서 그는 내가 포로로 잡았던 영혼들을 일으키는구나!
오, 주님! 당신의 십자가와 부활에 영광이 있으소서.

---

22. *Matins of Holy Saturday*(Syosset, N.Y. : DRE-Orthodox Church in America, 1982).

이제 지옥은 신음하면서 고통당하고 있습니다 : 아, 나의 지배는 이제 모
두 다 끝났구나!
나는 죽은 사람의 하나로 그를 받았는데, 그러나 나는 그를 이길 수가 없
었다.
영원부터 나는 죽은 자를 다스려 왔으나, 그러나 보라, 이제 그가 모두 일
으켜 세우는구나!
그 때문에 나는 멸망할 것이다.
오, 주님! 당신의 십자가와 부활에 영광이 있으소서.

이제 지옥은 신음하면서 고통당하고 있습니다 : 아, 나의 능력이 짓밟혔
구나!
목자가 십자가의 못박힘으로 아담이 일어나는구나!
나는 그 동안 지배했던 자들을 잃게 되는구나!
내가 힘으로 삼켰던 자들을 이제 포기해야 하다니…….
십자가에 못박히신 그분이 무덤을 텅 비게 하셨구나!
죽음의 능력은 추방되었다.
오, 주님! 당신의 십자가와 부활에 영광이 있으소서.[23]

동방정교회의 부활절 초상화(icon)는 지옥으로 - 바로 지옥에서 부활
이 시작되었다 - 그리스도가 내려가심을 그리고 있는데, 이것은 놀라운
것이 아니다. 이 초상화는 밝고 흰 옷을 입은 부활하신 주님이 그의 영
광을 나타내는 금빛에 둘러싸여서 부서진 지옥문에 서 있는 그림이다.
그리고 팔을 뻗어서 땅 깊은 곳에서 아담과 하와를 끌어내고자 그들에
게 손을 뻗치고 계신다. 구약의 다른 인물들은 그 배경으로서 암벽 바위
사이에 서 있다. 이 그림의 특징은 텅빈 무덤이나 부활 현현 후의 무덤
을 나타내려는 것이 아니라, 인간을 지옥의 구속으로부터 구하려는 하
나님의 능력과 영광을 나타내려는 것이다. 이 비전은 부활절에 더 큰 기

---

23. *Great and Holy Saturday : Vespers and Divine Liturgy of St. Basil the Great*(Syosset, N.Y. : DRE - Orthodox Church in America, 1976).

쁨으로 표출되는데, 즉 부활절 조도의 축하시간에 나타난다.

　그리스도가 승천하는 승천절은 또 다른 진리를 보여 준다. 그리스도가 승천하심으로 인간의 육체가 하늘에까지 높이 들려지며, 모든 사람들이 다시 하나님과 연합에 들어갈 기회를 가지게 된다. 승천절의 기도문이 선언하는 내용을 보면,

　　　하나님의 품을 떠나 인간으로서 인간과 함께 사셨던 분,
　　　이제 당신은 영광 가운데 승천하시어, 그 긍휼로 우리의 타락한 본성을 일으키사 아버지와 함께 보좌에 앉게 하셨네.
　　　인간을 향한 당신의 그 크신 사랑을 보고 천사들이 매우 놀라네.
　　　천사들의 기도로 우리를 당신의 선택된 백성이 되게 하소서.
　　　　　　　　　　　　　　　　　　　　　　　　(승천절의 만도)

　그리스도는 제자들을 버리지 않고 자신이 다시 올 때까지 그들과 함께 있기 위해서 위로자인 성령을 보내 주실 것이라고 확신시킨다.

　　　당신이 우리를 위한 사역을 마치시고 하늘과 땅을 하나로 연결시키셨을 때
　　　오, 그리스도 우리의 하나님! 당신은 영광 가운데 올라가셨습니다.
　　　그러나 당신은 사랑하는 이들로부터 떠나지 않으셨습니다.
　　　그들과 함께 남으셨습니다. 그리고 말씀하셨습니다 :
　　　내가 너희와 함께 있어 너희를 대항하는 사람은 없을 것이다.
　　　　　　　　　　　　　　　　　　　　　　　(승천의 *Kontakion*)

　　　오, 그리스도 하나님, 당신은 영광 중에 올라가셨습니다.
　　　그리고 성령에 대한 약속으로 당신의 제자들에게 기쁨을 주셨습니다.
　　　그 축복을 통해서 그들은 당신이 하나님의 아들이며, 세상의 구원자라는 것을 확신했습니다.
　　　　　　　　　　　　　　　　　　　　　　　(승천의 *Troparion*)

4. 동방정교회 신학과 종교교육

오순절에 교회는 성령의 강림과 삼위일체 하나님의 나타남을 기념한다.

> 성령은 처음과 끝이 없이 과거나 현재나 미래에도 있을 것입니다.
> 영원히 아버지와 아들과 함께 연합해서 말입니다.
> 그는 생명이시며 또한 생명을 창조하시는 분이십니다. 그는 빛이시며 또한 빛을 주시는 분이십니다. 그는 자신이 선이시며 선의 근원이십니다. 이 성령을 통하여 아버지는 우리에게 알려지며 아들은 영화롭게 됩니다.
> 우리 모두는 한 능력, 한 질서, 성삼위 하나님의 한 예배를 인정합니다.
> (오순절 만도)

모든 것이 이제 그리스도의 구원사역 안에서 이루어졌다. 초점은 이제 우리에게 맞추어진다. 하나님은 그의 아들 예수 그리스도의 인격 안에서 세상 속에 들어오셨다.

> 그는 창세 전부터 하나님이셨습니다. 그는 거룩한 동정녀의 몸을 입음으로써 이 세상에 나타내 보이셨으며, 인간 사이에 사셨습니다. 즉, 그는 그의 영광의 형상으로 우리를 닮게 하기 위하여 우리의 낮은 몸을 닮아 종의 형상을 취하사 자신을 비우셨습니다. 이는 인간에 의해서 죄가 세상에 들어오고 죄로 인해 사망이 들어온 것처럼, 그렇게 아담 안에서 죽은 이들이 그리스도 안에서 살도록 하기 위해…… 당신의 독생자 아들로 하여금 이 육신의 죄를 담당케 하셨던 것입니다.…… 그는 우리에게 진정한 하나님 아버지인 당신을 알게 해주셨습니다. 또한 그는 우리를 물로 깨끗케 해주셨으며, 성령으로 거룩케 해주셨습니다. 죽음에 대한 속전을 지불하셨습니다.…… 그리고 모든 것을 자신으로 채우기 위해서 십자가를 통해 지옥에 내려가셔서 사망의 고통을 푸셨습니다. 생명의 주관자가 악의 희생물이 될 수 없었기에, 그는 삼일 만에 살아나셨습니다. 이로 인해 모든 육체가 죽음으로부터 부활할 수 있는 길을 열어 놓으셨습니다. 그는 자신이 모든 것 가운데 첫째가 되기 위해서 잠자는 이들 가운데 첫 열매가 되셨습니다. 하늘로 승천하사 그는 하나님의 보좌 오른편에 앉으셨고, 각 사람의

행위에 따라 모든 사람을 심판하시러 오실 것입니다.

(성찬기도, 성 바질 예식문)[24]

"그는 각 사람의 행위에 따라 모든 사람을 심판하러 오실 것입니다." 그리스도는 우리가 하나님과 함께 친교를 회복하는 데 필요한 모든 일을 행하셨다. 그러나 우리의 구원에 대한 책임은 우리에게 있다. 오순절 만도가 끝나갈 때쯤에, 성도들은 세 가지 '긴' 기도를 위해서 부활절 밤 이후 처음으로 무릎을 꿇는다. 이 긴 기도는 회개와 죄 용서, 성령의 인도하심에 대한 요구, 그리고 이 세상을 떠나서 하나님의 사랑 안에서 우리와 함께 연합되어 있는 사람들을 기억하는 것에 초점이 맞추어져 있다.

성찬식을 통해서 우리는 그리스도 안에 있는 새 생명을 맛보아 아는데, 매 성찬식의 마지막에 우리는 우리의 생명이 여전히 "하나님 안에서 그리스도와 함께 감추어져"(골 3 : 3) 있다는 사실과 우리가 '이 세상'으로 나아가도록 부름받았다는 사실을 기억한다. "교회는 이제 막 시간 속에서 자신의 순례를 시작하려고 합니다. 다시 밤이 다가오고, 이 밤 동안 유혹과 실패가 우리를 기다립니다. 바로 이때 무엇보다도 우리는 신적인 도움, 즉 성령의 임재와 능력을 필요로 하는데, 이 성령은 이미 우리에게 기쁨으로 계시되었으며, 구원과 성화를 향한 노력에서 우리를 도와줄 것입니다."[25]

친교로서의 교회

그리스도인으로서 우리는 세례를 통하여 그리스도의 몸인 교회로-이 교회는 오직 성령으로 새롭게 되어 "하나님을 따라 의와 진리의 거룩함으로 지으심을 받은 새 사람"(엡 4 : 23-24)이 되었다-들어가 하

---

24. *The Divine Liturgy*, 2nd ed.(South Canaan, Pa. : St. Tikhon's Seminary Press, 1977), p. 131.
25. *The Vespers of Pentecost*, "Introduction" by Alexander Schmemann(New York : DRE-Orthodox Church in America, 1974), p. 4.

나님과의 새로운 친교와 새 생명에 참여한다. 이와 같이 우리는 세례받아 한 일원이 된 모든 사람들과 새로운 관계를 맺는다. 우리의 한 몸의 지체의식은 현세적이거나 시간적인 구조에 제한을 받지 않고 시간과 공간을 초월하는 것이다. 교회 안에서 그리스도와 성령을 통하여 하나님과 친교하는 것은 우리가 오늘날 함께 예배하고 살아가는 이들과의 친교 뿐만 아니라 **모든 시대**, 즉 과거와 현재, 그리고 모든 장소에서 주님 안에서 잠든 이들과의 친교도 포함한다. 우리의 정체성은 우리가 교회로서 함께 모일 때 하나님과의 이러한 친교 안에서 실현되고 깨달아질 수 있다.[26]

토마스 홉코는 교회를 다음과 같이 설명한다.

> 교회는 본질적으로 지상의 인간적인 형태로 나타나 하나님 왕국의 신적인 실체로서 존재하며, 신적인 존재와 삶, 진리와 사랑의 충만함의 신비로서 존재한다. 이 교회는 그리스도가 주도하며, 성령에 의해서 생명을 공급받은 인간의 공동체 안에서 나타나며, 신적 충만에 참여한 사람들 안에서 성육신하는 형태로 역사 속에서 동일하며 계속되어 나타나는 공동체인 것이다. 이 교회의 본질적 내용과 형식은 성례전적이고 신비적이다.[27]

이 새로운 공동체의 가장 중요한 예전적인 차원은 회상(anamnesis)이다. 알렉산더 슈머만은 이 말을 "사랑하는 것은 기억하는 것(to remember)"[28]이라는 말로 바꾼다. 성찬식에서 우리를 위한 그리스도의 말씀과 행동을 **기억하는** 것 뿐만 아니라, 시간과 공간을 초월하여 그리스도 안에서 살고 있는 모든 이들을 기억하며 함께 기도한다. 기억한다

---

26. Tarasar(cf, 각주 13), *Ecumenical Review* 45 : 2(1993).
27. Thomas Hopko, "Catholicity and Ecumenism," in *All the Fullness of God : Essays on Orthodoxy, Ecumenism and Modern Society*(Crestwood, N.Y. : St.Vladimir's Seminary Press, 1982), p. 103.
28. *Orthodox America 1794–1976*, ed. Constance Tarasar(Syosset, N.Y. : Orthodox Church in America, 1975).

는 것은 **생명 '안에'** 있는 것이다. 하나님은 계속해서(심지어 죽음 이후까지도) 우리를 기억하시고 우리에게 신실하시며, 자신의 사랑 안에서 우리를 지키시고 자신의 생명 안에서 우리를 보존하신다. 이는 그리스도의 십자가를 통해서 우리가 새 생명을 받았기 때문이다. 우리는 교회 안에서 서로를 생명 안에서 사랑하고 기억하며 살도록 부름받고 있다.

우리의 모든 관계에서 불신앙과 무관심, 즉 사랑과 기억이 없는 것은 항상 죽음과 같은 결과를 초래한다. 우리의 사고와 행동과 기억에 의해서, 우리는 다른 사람을 영적으로 육체적으로 살도록 도와줄 수 있으며, 또한 그들을 죽이게 할 수 있다. **무관심**의 죄는 '다른 사람'이 우리의 삶 안에 전혀 자리를 잡지 못하고 또한 우리 마음 안에 **살지** 않는 것인데, 이는 결과적으로 우리를 향한 모든 의도와 목적이 **죽은** 것이다. 다른 사람들이 우리의 삶에 우리를 위해 존재하지 않을 때, 또 우리가 그들이 육체적으로나 정신적으로 살든지 죽든지 관심을 갖지 않을 때, 그리고 우리가 그들을 우리의 삶이나 모든 관계, 그리고 우리의 의식이나 기억으로부터 차단시킬 때 우리는 그들을 죽이게 된다. 결과적으로 이 맥락에서 죄(*amartia*)란 분리로서, 이 분리 개념은 그리스도 안에 있는 생명과 그의 몸인 교회의 친교에 반대되는 명제이다.

교회에서 기억(remembrance)이란 항상 사랑 자체로서 교회의 중앙에 서 있는 성모 마리아로부터 시작된다. 마리아는 모든 인류를 위해서 하나님이 자신의 아들을 세상으로 보내시려는 뜻에 '긍정'(yes)으로 대답했다. 그리스도가 하늘로 승천하려는 성화에서 마리아는 제자들의 중앙에서 양 옆에 하얀 옷을 입은 천사와 함께 서 있다. 교회의 건물에서 아들을 품은 마리아의 성화(icon)는 항상 중앙 문 왼쪽에 있다. 맞은편 오른쪽에는 왕위를 받은 그리스도가 있다. 예전적 자료들에서 그녀는 "케루빔(Cherubim)보다 훨씬 더 존경을 받으며, 세라핌(Seraphim)보다 비교도 안될 만큼 훨씬 더 영광을 받는다." 또한 그녀는 '살아 있는 하나님의 성전'으로서 인정받는다. 구약 성전의 모든 형상은 그녀를 설명하기 위해서 사용되어진다. 블라디미르 로스키(Vladimir Lossky)는 다음과 같이 말한다.

> 하나님의 어머니(육신을 받은 하나님의 아들의 어머니로서의 성모 마리아를 지칭 - 역자주)와 교회 사이의 관계를 이해하는 것은 이미 가능한 일이다. 하나님의 어머니인 마리아가 예언적 말씀들을 보존하고 수집하고, 교회는 전통을 보존한다는 점에서 이 둘 사이의 관계가 설정되는 것이다. 여기서 하나(성모)는 그 다른 실재(교회)의 원시 형태(germinal form)이다.[29]

로스키는 그녀가 자원하여 죽음을 받아들이려고 했지만, 죽음이 더 이상 그녀를 지배할 수 없었다고 말한다.

> 자기의 아들과 같이, 그녀는 죽은 자로부터 일어나서 하늘로 올라갔다. 그녀는 세상을 창조하신 마지막 목적이 완성된 첫 번째 인격이다. 그래서 교회와 전우주는 모든 피조물들이 성화될 수 있는 길을 열어 주는 자기만의 독특한 업적과 왕관을 가지고 있다. 교회에서 선물이 주어지지 않는다면 영광스러운 교회의 첫 열매이신 하나님의 어머니의 도움도 있을 수 없다.[30]

이 새로운 인간성 실현에 있어서 성모의 위격과 그리스도의 몸인 교회는 불가분리적으로 연결되어 있다. 플로로프스키(Florovsky)는 이를 다음과 같이 말한다.

> 진정한 보편교회인 성도의 교제 안에서 이 새로운 인간성의 신비가 새로운 실존적 상황으로 드러나 있다. 그리고 이러한 관점에서 축복된 성모의

---

29. Vladimir Lossky, "Panagia," in *The Mother of God*, ed. E.L. Mascall (London : Dacre Press, 1959), p. 28.
30. Vladimir Lossky, *The Mystical Theology of the Eastern Church* (Crestwood, N.Y. : St. Vladimir's Seminary Press, 1976), p. 194.

인격은 완전한 빛과 완전한 영광 가운데 나타난다. 바야흐로 교회는 성모 마리아를 완전의 상태로 묵상한다. 그녀는 "전능하신 아버지 하나님의 우편에 앉아 계시는"…… 그녀의 아들 예수 그리스도와 나누어질 수 없게 연합되어 있는 것으로 보인다. 교회다운 교회의 참 모습은 무엇보다도 먼저 예배하는 교회이다. 교회의 존재는 그리스도의 중재사역과 구속적인 사랑의 사역에의 생생한 참여이다. 교회의 본질이기도 하고, 전체 그리스도인의 실존의 본질이기도 한 그리스도와의 연합(incorporation)은 무엇보다도 인류를 향한 그리스도의 희생적인 사랑에의 연합이다. 그리고 여기에 특별히 친근한 모성적인 사랑과 헌신으로 구속자와 연합되어 있는 성모 마리아를 위한 특별한 자리가 있다. 신의 어머니(The Mother of God)는 진정 모든 생명체, 성령과 진리 안에서 태어나거나 거듭난 전체 그리스도인의 공통적인 어머니이기도 하다.[31]

신적인 생명에 이르는 성장

그리스도 혹은 신적인 생명에 이르기까지의 영적인 성장과정은 데오시스(theosis) - 달리 표현하면 신격화(deification), 성화, 변형, 신성(神性)에 기초한 성장(growth in holiness), 성령 안에서의 성장(growth in the Spirit) - 로 알려져 있다. 그것은 "우리가 하나님의 영광을 보고 있는 동안" 하나님의 모양(likeness)으로 성장할 수 있게 하고, "한 단계의 영광으로부터 또 다른 단계로" 변화될 수 있게 하는 노력이다.

주는 영이시니 주의 영이 계신 곳에는 자유함이 있느니라. 우리가 다 수건을 벗은 얼굴로 거울을 보는 것같이 주의 영광을 보매 저와 같은 형상으로

---

31. George Florovsky, "The Ever-Virgin Mother of God," in *The Mother of God*, pp. 62-63. 성모 마리아(Mary the Theotokos)에 대한 보다 상세한 개관과 종합을 위해서는 *Woman : Handmaid of the Lord*(Constance Joan Tarasar의 M. Div. Thesis, St. Vladimir's Orthodox Theological Seminary, Crestwood, N.Y., 1965)(Theological Research Exchange Network [TREN] #015-0051 마이크로필름을 이용할 수 있다.)의 2장을 보라.

화하여 영광으로 영광에 이르니 곧 주의 영으로 말미암음이니라(고후 3 : 17-18).

19세기의 러시아의 성인인 사로프의 세라핌(St. Seraphim of Sarov)의 이야기 가운데 하나님의 신성의 빛이 그 자신의 삶 가운데 나타난 사람의 한 예(例)를 제공해 준다. 그의 친구요 제자인 모토빌로프(Motovilov)와의 유명한 대화 가운데, 세라핌이 마치 모세가 시내산에서 보았던 것처럼(출 34 : 30-35) 신적인 빛 안에 나타난 성령과 하나님의 은혜의 포착(acquisition)에 대하여 말했을 때 모토빌로프는 물었다. "내가 이러한 성령의 은혜 안에 있다는 사실을 어떻게 알 수 있습니까?…… 내가 그것을 완전히 이해하기 위해서는 어느 정도의 시간이 걸립니까?" 그때 세라핌은 그의 어깨에 손을 얹고 대답했다. "친구여, 이 순간에 자네와 나, 우리 둘 다 성령 안에 있는 것일세. 자네는 왜 나를 보지 않는가?" 그러자 모토빌로프는 대답했다. "나는 당신을 볼 수 없습니다. 당신의 눈과 얼굴에서 나오는 빛의 섬광이 해보다 밝아서 나는 어지럽습니다." 세라핌은 대답했다. "하나님의 친구여, 두려워 말라. 자네도 나와 똑같이 빛나고 있네. 자네 역시 지금 성령의 충만한 은혜 안에 있네. 그렇지 않다면 자네는 자네가 나를 보는 것처럼 볼 수 없었을 것일세." 그리고 나서 그는 이런 말을 덧붙였다. "성령이 내려와 충만하게 영혼을 채우면, 우리는 그리스도께서 말씀하신 기쁨, 세상이 빼앗아 갈 수 없는 기쁨을 경험하네. 그리고 자네가 지금 자네의 가슴속에서 느끼는 기쁨은 사도 바울이 서술하고 있는 내용에 가장 잘 비교될 것일세. '기록된바 하나님이 자기를 사랑하는 자들을 위하여 예비하신 모든 것은 눈으로 보지 못하고 귀로도 듣지 못하고 사람의 마음으로도 생각지 못하였다 함과 같으니라'"(고전 2 : 9).[32]

---

32. Valentine Zander, *St. Seraphim of Sarov*(Crestwood, N.Y. : St. Vladimir's Seminary Press, 1975), pp. 89-92.

크리스토스 야나라스(Christos Yannaras)에게 있어서 신앙의 성장은 사랑에 의존한다. 그리고 사랑은 "감정주의 혹은 단순한 선한 의도가 아니라, 교회(Church)가 말하는 신성인 자기 초월을 위한 최상의 노력"[33] (struggle)이라고 그는 말한다. 그는 말하기를, 교회의 진리는

> 성만찬(the Eucharist)의 사건이다. 즉, 그것은 개인적인 생존이 사랑과 자기 초월 – 인간이 사랑받고 사랑하는 바로 그 사실로부터 자신의 실존과 정체성을 이끌어 내려고 할 때에만 가능한 자아(the ego)의 부정 – 의 선물로서 교류(communicated)되는 생으로의 변화이다. 너희는 '구원을 얻기' 위하여 '죽지'(lost) 않으면 안 된다고 복음은 말한다.······ 교회의 진리는 생명의 구원을 받기 위해 모든 일시적인 자기 방어와 확실성의 파괴를 요청하는데 그것은 생명의 성취이고, 따라서 끊임없이 감행하는 자유의 모험이다.[34]

야나라스는 교회의 이러한 진리의 나눔은 "삼위일체적(triadic)인 본래적 참된 삶에 일치하는 사랑의 교제에로 변화"를 전제한다는 점을 덧붙인다.

금욕주의, 회개, 용서, 자기 관리 혹은 자기 규율, 자기 비움 혹은 자기를 내어 줌, 그리고 무엇보다도 기도 등이 신격화(deification)를 위한 노력과 관련된 다양한 방도들이다. 어떤 사람들에게 있어서 이러한 노력은 가정에서의 일상적인 삶 가운데, 결혼과 가정생활이라는 '세상 가운데서' 일어난다. 또 다른 사람들에게 있어서는 '수련장'(workplace)에서, 예컨대 수도원공동체, 은둔적인 처소나 동굴 등에서 일어난다. 둘 가운데 그 어느 것이 '보다 나은 방도'라고 단정지을 수는 없다. 그 이유는 각자는 자신에게 합당한 통로를 통하여 자신에게 필요로 하는 고유한 구원을 이루어야 하기 때문이다. 그러나 하나님 나라를 위하여 애쓰

---

33. Yannaras, *Elements of Faith*, xiv.
34. *Ibid.*, p. 156.

는 사람들에게 있어서 "성령의 열매는 사랑, 희락, 화평, 오래 참음, 자비, 양선, 충성, 온유, 절제이다"(갈 5 : 22). 그러나 이중 근본적인 열매는 모든 관계로 이루어진 사랑이다. 즉, 하나님과 함께, 다른 사람들과 함께, 자신의 고유한 자아(영, 혼, 그리고 몸으로 된)와 함께, 그리고 모든 피조물과 함께하는 사랑이다.

성인들과 고행자들(ascetics), 그리고 그들의 전체적인 삶의 목적과 방향성은 '하나님을 추구하고 삶을 추구하는'(암 5 : 4, 6, 14) 사람들의 영적인 생활에서의 성장을 보여 주는 모델들이다. 아이콘(icon)에 나타나는 성인들의 이미지는 주(主)를 추구하면서 '그리스도를 덧입는'(갈 3 : 27), 그래서 신적인 빛, 즉 하나님의 영광을 그들의 삶 가운데서 반사하는 사람들의 내적으로 변화된 본질적 모습을 보여 준다. 어떤 사람들은 기도와 금식(이집트의 안토니와 마리아의 경우처럼)만으로 이것을 추구하였고, 다른 사람들은 수도원 공동체의 공동체적인 생활 안에서 추구했고(이집트의 파코미우스, 키반 동굴의 테오도시우스의 경우처럼), 그리고 또 다른 사람들은 가족생활 안에서와 세상 한가운데서 그리스도를 섬기는 가운데(Juliana Ossorguin, John Chrysostom, John of Kronstadt, 그리고 Herman of Alaska의 경우처럼) 추구했다. 그 외에 셀 수 없을 정도로 무수한 성인들이 존재하기 때문에 여기에서 다 언급할 수는 없다. 물론 '유형들'로 분류하더라도 너무 많아서 마찬가지로 언급할 수 없다. 그러나 그들의 삶에 대한 설명은 모든 기독교 전통들을 기록한 문헌들을 통해서 쉽사리 읽을 수 있다. 그들은 우리가 하나님을 찾는 노력에 있어서의 영적인 안내자들이요 스승들이다.

||||||| **2부** |||||||

종교교육을 위한 신학적이고 실천적인 함의(含意)들

나는 신학과 종교교육이 다음과 같다는 가정을 가지고 이 장을 시작했다. 즉, (1) 교회에 속하고(of the Church), (2) 하나님과 그분의 인격성(Personhood)에 대한 이해에 근거한, (3) 온전하고도 전체적으로(in their fullness and wholeness) 전달되어야 한다는 것이다. 나는 또한 교회의 예전적인 삶이 예배를 통해서 교회의 신앙과 삶의 본질적인 진리를 실어나르고 전달한다는 점을 주목했다. 이 점이 바로 지금부터 분명해져야만 한다. 이것이 목표들을 결정하고, 내용을 선별하고, 그리고 그것들을 통해서 종교교육이 영향을 발휘하는 맥락과 과정을 선택하는 데 영향을 미치는 정교회(Orthodox) 종교교육의 근본적인 측면이다.

예배의 중요성에 대한 현대의 예는 공산주의가 붕괴된 이후의 동유럽과 특별히 이전의 소비에트연방(USSR)권 안에서 발견될 수 있다. 70년이 넘는 기간 동안, 러시아의 교회는 그 어떤 종교교육 기관과 종교교육을 시행하는 그 어떤 종류의 학급들을 교회건물 안에서조차도 가지고 있지 못했다. 교회는 어떤 성격의 모임도 개최할 수 없었을 뿐만 아니라, 병원에서든 아니면 다양한 수단들의 사회적 봉사를 통해서든, 다른 사람들을 위한 그 어떤 종류의 섬김의 사역에도 종사할 수 없었다. 교회가 할 수 있도록 허용된 유일한 활동은 엄격한 제약과 그것도 오직 교회건물 안에서만 한다는 조건하에서 이루어진 '예전의식,' 다시 말하면 '예전활동'이었다. 그럼에도 불구하고 이러한 제한된 활동을 통해서도 교회는 생존할 수 있었고, 간접적으로는 가르칠 수도 있었다. 많은 부모들과 조부모들은 (자주 비밀리에) 그들의 자녀들에게 세례를 받게 했고, 기독교적인 삶 속에서 그들을 양육했다. 보복의 위협 아래에서도 많은 사람들이 여전히 교회예배에 참석해서 복음을 들었고, 찬송을 불렀고, 절기를 기념했고, 성례전에 참여했고, 아이콘(icon)들과 존경받는 성인들 앞에서 기도했다. 혹심한 제약과 위험에도 불구하고 무수히 많은 사람들이 신앙의 고백자와 순교자로 고난당했던 것처럼, 기독교의 신앙과 증거로 인한 많은 '기사와 이적들'이 생겨났다. 신앙은 교회건물 안에서든 혹은 감옥과 힘든 '굴락'(Gulag) 수용소 안에서든 상관없이 어디에서든지 기도, 기념, 그리고 증언(달리 말하면 *martyria*) 가운데 모인 교회공동체의 생생한 현존과 증거를 통하여 일차적으로 선포되었다. 그 결과 러시아의 기독교인들은 서로에게 기독교 신앙의 본질을 전파하고 가르쳤다.

정교회에 있어서 신학은 책 안에 자리한 지식의 체계를 넘어서 교회 생활의 전체적인 맥락 안에서의 하나님과의 생생한 만남이다. 사도행전에서 우리는 오순절에 예루살렘에 모여 베드로의 설교를 들은 사람들이

> 그 말을 받는 사람들은 세례를 받으매 이 날에 제자의 수가 삼천이나 더하더라. 저희가 사도의 가르침을 받아 서로 교제하며 떡을 떼며 기도하기를 전혀 힘쓰니라. 사람마다 두려워하는데 사도들로 인하여 기사와 표적이 많이 나타나니 믿는 사람이 다 함께 있어 모든 물건을 서로 통용하고, 또 재산과 소유를 팔아 각 사람의 필요를 따라 나눠 주며, 날마다 마음을 같이하여 성전에 모이기를 힘쓰고, 집에서 떡을 떼며 기쁨과 순전한 마음으로 음식을 먹고, 하나님을 찬미하며 또 온 백성에게 칭송을 받으니 주께서 구원받는 사람을 날마다 더하게 하시더라(행 2 : 41-47).

는 말씀을 읽는다. 사도행전에 나오는 것과 같이 개인과 공동체 생활의 맥락 안에서의 예배, 가르침, 그리고 실천(praxis)의 통합이 교회교육에서의 열쇠이다.[35] 알렉산더 슈머만(Alexander Schmemann)은 이 점을 표현하면서 초대교회의 교육은 "항상 **가르침, 예전적 경험과 영적인 노력**의 보이지 않는 통합으로 이해되었다."[36]라고 진술하였다.

종교교육이 예배하고 증거하는 공동체의 맥락(context) 밖에서 수행된다면, 그 교육은 '그 자체 속에' 머물게 되고, 그 결과 교회생활에서의 심각한 부패를 야기시킬 수 있는 결과를 가져다 주는 '것'이 되고 만다.

---

35. Constance J. Tarasar, "The Orthodox Experience," in *A Faithful Church : Issues in the History of Catechesis*, ed. John H. Westerhoff III and O.C. Edwards Jr.(Wilton, Conn. : Morehouse-Barlow, 1981), pp. 236-260.
36. Schmemann, *Of Water and the Spirit*, p. 152.

이러한 경향의 극단적인 사례는 로마교회 스콜라주의와 독일 경건주의 시대에서 발견될 수 있다. 이 두 시대에 하나의 믿을 만한 축소주의가 발생했다. 즉, 예배는 교리문답서의 공식들을 기계적인 암기에 의해 가르치는 공허한 예전주의로 축소되었고, 아울러 기독교적인 실천은 개인주의적인 경건과 형식주의적이고 최소주의적인 행동에 대한 법조항으로 축소되었다. 기독교 신앙과 삶의 통전성의 이러한 파괴는 오늘까지 서방 뿐만 아니라 동방의 교회의 삶에도 계속해서 영향을 미치고 있다.

우리는 다양한 학급들(classes)[의 운영], 출판사업, 그리고 다른 교육적 프로그램의 결과로서 생겨날 새로운 기적들을 예측하면서 공식적인(formal) 교육에만 우리의 모든 노력을 쏟아 버리고 싶은 유혹을 받을 수 있다. 그러나 우리는 기독교교육과 교회 안에서의 삶의 온전성이 밀접하게 관련되어 있을 뿐만 아니라 서로 의존되어 있다는 점을 결코 잊어버릴 수 없다. 슈머만은 더 나아가서 모든 종교교육의 목표로서의 교회의 비전과 교회의 삶을 설정한다.

> 정교회의 종교교육의 목표는 아이(혹은 어른)를 교회로 인도하여 교회의 삶 – 은혜의 삶, 하나님과의 교제의 삶, 사랑의 삶, 영원한 구원을 향한 일치와 영적인 과정의 삶 속으로 통합하는 것이다. 왜냐하면 이러한 것들이 교회의 본질적인 목표이기 때문이다.[37]

기본적인 이론적, 그리고 실제적 요소들

종교교육의 프로그램들은 이러한 전체적인 교회적 현실(reality) 안에서 어떻게 이론적으로 뿐만 아니라 실제적으로 상정될 수 있는가? 이미 제시된 신학적인 구조를 기초로 하여 몇 가지의 요소들이 떠오른다.

    1. 정교회 신앙과 삶의 근본적인 신학적 진리는 삼위일체 하나님과 하나님의 인격됨의 본성(the nature of personhood) 위에 세워진다. 삼

---

37. Schmemann, *Liturgy and Life*, p. 23.

위일체 하나님과 하나님의 인격됨의 본성에 대한 이해는 교회, 교제, 그리고 하나님, 인간, 그리고 피조계 사이의 관계들에 대한 이해에로 나아가게 한다.
2. 교회 구성원들의 몸(ecclesial body)으로서의 교회는 기독교적인 삶에 대한 이해와 실천에 있어서 가르침, 예전적 경험, 그리고 영적인 노력을 통하여 기독교인들을 교육시키기 위한 장(context)이다.
3. 교회의 예전적 삶 속에 표현된 교회의 신학과 신앙은 폭넓은 교육적 목표들을 분명히 제시하기 위한 기본적인 내용을 제공한다.[38]
4. 종교교육은 '지식' 요소로 제한될 수 없다. 비전과 경험(분명하게 표명되었든 안 되었든 간에 상관없이)은 영적인 성장에 영향을 미치는 중요한 '작용요소'(affects)를 지니고 있다. 효과적인 커뮤니케이션을 위해서 비전/메시지의 통합과 통전성이 필요하다.
5. 영적인 삶에 있어서의 성장은 신학적인 진리들과 태도들과 그것들에 수반되는 가치들, 예를 들면 회개(metanoia), 겸손과 자기 비움(kenosis), 죄, 용서 등에 대한 기본적인 이해를 포함한다.

예전적인 교리문답 교육으로서의 종교교육을 개념화하기

이 장의 시작 부분에서 제시한 알렉산더 슈머만의 말은 신학 그 자체가 "예전에 대한 영감 있는 성찰로서, 예전의 진정한 의미에 대한 계시로서 시작했다."[39]는 점을 우리에게 상기시켜 주었다. 슈머만은 또한 다

---

38. Cf. Constance Joan Tarasar, *A Process Model for the Design of Curriculum for Orthodox Religious Education*, Ed. D. Dissèrtation, State University of New York at Albany, 1989, UMI #90-13327. 통과의례(the liturgy of initiation), 다시 말하면 성례의 기본적인 내용인 세례와 종유(Chrismation)를 이용하여 60항의 신학적 진술들이 예전 교재에 대한 분석으로부터 발전되었고, 하나님, 인간들, 세계, 그리고 교회의 상관관계들과 관련된 10가지의 범주들로 조직되었다. 각각의 범주의 진술들을 종합함으로써 29가지의 폭넓은 교육적 목표들이 지식/이해, 태도/가치, 그리고 행위/기술이라는 3가지의 범주로 공식화되고 조직되었다. 보다 구체적인 목표는 상이한 발전 단계들을 위해 발전되었다.
39. Schmemann, *Of Water and the Spirit*, p. 12.

음과 같이 말한다.

> 정교회 신앙은 예배에서 그 자신의 가장 적합한 표현을 발견한다. 그리고 진정한 그리스도인의 삶은 우리가 예배 가운데 받는 은혜, 비전, 가르침, 영감, 그리고 권능의 성취이다. 그러므로 우리가 정교회의 독특한 종교교육의 원리를 발견하는 것은 교회의 예전적인 삶과 교육적 노력 사이의 유기적인 연계성 안에서이다.[40]

종교교육에 대한 정교회의 접근방법을 개념화하면서 슈머만은 묻는다.

> 만일 기독교교육이 교회의 생활로의 초대, 교회생활의 의미, 내용, 목적을 드러내는 것이 아니라면, 도대체 기독교교육은 무엇이어야 하는가? 그리고 그것이 만일 한편으로는 예전의식에의 참여에 의해, 그리고 다른 한편으로는 예전적인 의례들에 대한 설명에 의해서가 아니라면, 기독교교육은 어떻게 사람들을 교회의 삶 속으로 초대할 수 있는가? "주님이 얼마나 선하신지를 맛보아 알지어다." 첫째는 맛보는 것이고, 그런 다음에 보는 것, 달리 말하면 이해하는 것이다. 예전적인 교리문답 교육의 방법은 정교회(the Orthodoxy)의 진정한 종교교육 방법이다. 왜냐하면 그것은 교회로부터 나오고, 교회는 그것의 목표이기 때문이다.[41]

그러므로 예전적인 교육은 예배의 모든 것이 어떻게 하나님의 교회인 우리에게 관계하고, 우리를 그리스도의 살아 있는 몸이 되게 하고, 그 몸의 살아 있는 지체인 나에게 관계하는지를 설명하는 데 있다. 예전적인 교육의 본질적인 역할은 교회(the Church)의 공동적이고 공적인 예배인 레이투르기아(leiturgia)에의 참여를 통하여 우리의 사적인, 그리고 공적인 삶 속에서 우리가 어떻게 그리스도의 증인들, 교회의 책임 있는 구성원들, 혹은 간단하게 그리스도인들 - 이 단어의 온전한 의미로 - 이 될 수 있는가를

---

40. Schmemann, *Liturgy and Life*, p. 5.
41. *Ibid.*, p. 13.

보여 주는 것이다. 예배에 대한 이해는 기독교 교리를 이해하고, 기독교적 삶을 실천하는 단계로 발전되지 않으면 안 된다.[42]

어떤 의미에서 교회는 이미 예전적인 '커리큘럼'을 형성했던 교회의 신학의 빛 안에서 종교교육을 개념화했다. 모든 예전적인 의식, 기념축제와 절기는 사람들을 하나님의 삶 속으로 인도하기 위하여 신앙의 기본적인 진리들을 전달하고 축하하도록 의도적으로 구성되었다. 커리큘럼 전문가들의 역할은 이러한 진리들을 교육적인 과제의 시각에서 분명하게 밝히는 것이다. 아울러 목사들, 교사들, 부모들, 교회음악가들, 청년지도자들, 그리고 교회 안에서 교육적 기능을 수행하는 그 외의 다른 사람들을 위해 구체적인 목표를 세우는 것이다. 그리고 교회생활의 모든 영역에서 이들 목표들을 충실하게 해석하기 위하여 보다 비공식적인 양육수단들 뿐만 아니라 교육을 계획하는 책임을 맡고 있는 사람들을 지원하기 위한 것이다.

이러한 개념화를 이론적이고 실천적인 결과로 바꾸기 위해서는 네 가지의 주요한 요소들이 필요하다.

1. 교육과 양육을 위한 교회의 장
2. 내용에 대한 종합적/공관적(synoptic) 접근
3. 개인적인 신앙과 삶을 위한 관계적 목표들
4. 변혁적인 성장을 북돋아야 한다는 발전적이고 영적인 인식

교육과 양육을 위한 교회의 장

종교교육은 교회공동체의 온전하고도 통전적인 전체적 삶을 포함한다. 교회생활의 모든 측면은 교회의 가르침이 긍정적이든지 부정적이든지 간에 교육을 위한 기회가 될 수 있다. 아나니아와 삽비라의 이야기(행

---

42. *Ibid.*, p. 23.

5 : 1-11)는 초대 기독교공동체에 엄청나게 큰 교육적 영향을 미쳤다. 그 이야기는 '모든 물건을 함께 나누어' 가지는 문제(행 2 : 44-45)에 대하여 중요한 교훈을 전달해 주고 있다. 기독교교육은 교회생활의 모든 차원, 다시 말하면 예배, 공식적 가르침, 그리고 실천에서 이루어지는 의도적인 과정이다. 기독교교육이 교회의 통전성과 온전한(sobornal)[43] 생활을 정착시키는 데 기여하고, 또 효과적이 되게 하기 위하여 이러한 맥락들 혹은 차원들은 통합적으로 관련되어야 한다. 우리가 작성하는 모든 형식 혹은 계획, 모든 종류의 커리큘럼은 공동체 안에서의 우리의 삶의 온전성을 통하여 어떻게 교육이 이루어지는가를 반드시 고려하지 않으면 안 된다. 예배하는 공동체로서, 기독교적인 친교로서의 우리의 성장과 발전의 징표들(signs), 다른 사람들을 향한 우리의 개방성과 봉사, 그리고 우리의 직접적인 필요를 넘어서는 문제들 혹은 쟁점들에 대한 우리의 증거와 깨달음과 같은 이러한 모든 것이 교회생활 속에서 공식적으로 또 비공식적으로 수행되는 교육활동의 특성을 반영한다.

예비적인 모델(그림 1을 보라.)은 교회 안에서 기독교교육을 계획하고 추진하기 위한 개념적인 모델을 제공한다. (a) 예배, (b) 가르침, (c) 실천의 맥락은 교회가 전통적으로 통전적인(holistic) 교육, 그리고/혹은 양육을 위해 필요한 것으로 이해했던 영향력 있는 세 영역이다.[44] 이들 맥락에 유비되는 용어는 (a) 교회, (b) 학교, (c) 가정과 공동체 생활 - 각각 예배, 교육, 그리고 실천이 일반적으로 이루어지는 실제적인 자리를 가리키는 - 이 될 것이다. 이 모델 속에서 서로 맞물려 있는 세 개의 원은 세

---

43. 특별히 교회의 공동체적 본성과 관련된 보편성(catholicity), 통전성(wholeness), 온전성(fullness)에 대한 이해를 담고 있는 러시아 단어인 'sobornost'를 가리킨다.
44. 슈머만의 Liturgy and Life 외에 또한 Sophie Koulomzin, Our Church and Our Children(Crestwood, N.Y. : St. Vladimir's Seminary Press, 1975)을 보라. James D. Smart, The Teaching Ministry of the Church(Philadelphia : Westminster, 1954), pp. 108-130.

맥락을 나타낸다. 그것들은 예배와 공식적인 가르침, 공식적인 가르침과 실천, 그리고 실천과 예배의 관계를 표시하기 위해서 서로 교차되는 영역을 보여 주고 있다. 각각의 맥락의 일차적인 초점, 내용과 방법[45]은 그림 2에서 보다 상세하게 설명되어진다. 이들 세 영역에서 이루어지는 활동의 통합은 개인들의 삶 안에서 이루어진다. 다음 문단은 각각의 맥락 안에서 작용하는 요소들을 기술할 것이다.

[그림 1] 정교회 기독교 종교교육의 기본 모델

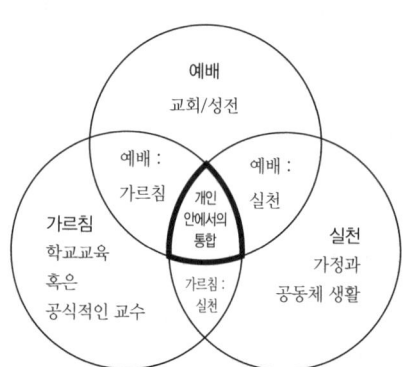

예 배

예배(교회)는 일차적으로는 교회건물 안에서 이루어지는 예전적인 의식을 가리킨다. 그러나 그것은, 예를 들면 채플이나 퇴수회처럼 예배가 신앙을 전달하는 일차적인 수단이 되는 모든 장(context)을 포함한다. 교회성전에서의 예배는 사람들을 **하나님 나라와 우리 가운데 임하는 하나**

---

45. 노트 : 예배, 교육, 그리고 실천의 맥락을 기술하는 문단에 이어서 나오는 내용 가운데 많은 부분은 각주 38에 제시한 박사학위 논문과 Marlene Mayr 편집의 *Does the Church Really Want Religious Education?*(Birmingham, Ala. : Religious Education Press, 1988)에 들어 있는 Constance J. Tarasar의 논문인 "Taste and See," pp. 74–76에서 뽑은 자료들을 정교화시킨 것이다.

님의 **현존**의 실재에로 초대한다. 예배의 차원에서 우리는 **비전과 현현** (manifestation) - 하나님이 어떤 분이고, 그분이 우리를 위해 하신 내용 (what), 그리고 우리가 그분의 사랑에 응답하도록 기대되는 방식에 대한 **계시** - 을 마주한다. 예배의 내용은 하나님이 우리를 위해 하신 그 **'무엇'**(What) 혹은 우리의 기독교적인 경험이다. 우리가 직접적으로 그리고 간접적으로 하나님을 만나고, 그분의 나라의 실재를 **경험하는** 곳은 바로 여기다. 그러한 축제들을 통해 우리는 신비적으로 그리고 직관적으로 그리스도가 우리를 구원하신 구원의 사건들과 행동들을 경험한다. 그것들은 우리가 성경말씀과 교회의 찬양에 참여할 때 우리에게 나타나거나 '재현'(re-presented)된다. 예를 들면, "오늘이 우리 구원의 시작이요, 영원한 신비가 계시되는 순간이다! 가브리엘이 은혜의 임재를 선언할[46] 때 하나님의 아들이 동정녀의 아들이 된다.……"(Troparion of Annunciation).

[그림 2-A] 정교회 기독교 종교교육 커리큘럼의 맥락

종교교육 프로그램은 종교적인 교육, 양육, 그리고 발달이 이루어지는 영향력 있는 몇 가지의 관점 혹은 영역으로부터 조망되어야 한다. 종교교육에 대한 통전적이고도 통합적인 접근을 확실히 하기 위해서, 이러한 각각의 영역들이 커리큘럼 계획과정 속에서 고려될 필요가 있다. 그러한 요소들은 다음과 같은 것들을 포함한다.

	예 배	가르침	실 천
초 점	"무엇"(What) 사건의 실재 (세계관)	"왜"(why) 사건의 의미	"어떻게"(How) 사건의 통합 (삶의 스타일)
내 용	예전(Liturgy) 계시 비전, 하나님의 현현	교리(Doctrine) 설명 신앙에 대한 해설	윤리(Ethics) 적용 신앙의 실현
교육의 장	교회(성전)	학교(공식적 교육)	가정/공동체 생활 교구 교제

[그림 2-B] 커리큘럼의 실행을 인도하는 요소들(factors)

형식들과 언어	신비적, 영적, 직관적, 정서적, 비논리적 형식의 사용 : 상징, 비유적 표현, 시, 그리고 찬미의 언어	합리적, 인지적, 개념적, 분석적 언어	관계적, 사회적, 실제적, 기능적 언어
과정 혹은 방법	관찰, 몰두(immersion), 참여, 통합, 수용, 기념(예배)	연구, 조사탐구, 분석, 종합, 성찰, 토론 등	관찰과 적용 ; 행동, 리허설, 모델링 ; 디아코니아/섬김의 증거와 봉사 ; 영적인 삶과 친교
담당요원(personnel)	예배공동체 : 예배인도자, 예배복사(服事) 담당자, 합창단, 말씀봉독자(Readers) 등	교사들, 학생들, 동료 그룹들, 청년과 성인 지도자들, 전문스탭 : 아이콘 화가들, 음악가들, 그리고 기타	장로 : 제자관계, 부모 : 아이들, 고해신부 : 고해자, 코치 : 선수 ; 캠프 지도자들, 가족, 동료들, 공동체 등
자원(RESOURCES)	전통의 자료들 : 성서, 교부들의 저작(patristics), 예전, 예전음악과 찬송곡집, 성화상집(iconography), 성인들 등 ; 공동체 자원들 : 에큐메니칼, 사회적 자료 등		

Copyright 1989, Constance J. Tarasar ; revised 1944

하나님의 말씀은 여러 가지 예전적인 형식을 통하여 선포된다. 즉, 시(poetry), 성화상(iconography), 몸짓(movement), 색깔 등을 통하여 선포된다. 그 언어는 비논리적(nondiscursive)이다. 음악, 리듬과 반복되는 가락, 어두움과 빛, 향연, 행렬(processions), 그리고 그 외의 다른 예전 활동들에 의해 고양된 성화상과 찬송가를 통한 비유적인 표현은 사람들

---

46. 단어들의 시제가 현재임을 주목하라. 즉 '오늘', '된다', '선언한다' ; 그리고 이전에 인용했던 것처럼 "오늘은 지옥이 신음하면서 비명을 지른다.……"

을 신비적이고 상징적인 새로운 실재 속으로 용해시킨다.[47] 이러한 몰두를 통하여 직관적이고도 통전적으로 의미를 지각하게 된다. 그리고 새로운 비전이 생겨난다. 일반적으로 언어, 특별히 그 가운데서도 설교는 합리적인 담론(discourse)이라기보다는 하나님의 메시지를 우리에게 포고하거나 혹은 선포하는 **케리그마**이다. 사제는 성서의 성문화된 말씀을 취하여 그것을 우리를 위한 - 여기 지금, 이 순간을 위한 - 살아 있는 말씀으로 변형한다. 그리고 우리의 날마다의 삶 속에서 그 말씀과 하나님의 영의 활동에 의해 우리 자신을 변화시킨다. 이러한 비전과 말씀은 우리의 감사, 찬양, 회개, 고백, 혹은 희생의 기도와 행위를 통하여 우리 안에 신앙의 반응을 야기시킨다.

비록 종교교육이 예배의 일차적인 목표는 아니지만, 그것은 살아 있는 직물과 같이 짜여진 예전적인 행위를 구성하는 각각의 구성 부분을 이루게 된다. 다시 말하면, 여러 절로 이루어진 찬송의 가사들(stikhira, aposticha, the odes of the kanon), 구약성서 봉독(parameya), 그리고 각각의 예전의 순환(cycle)이 성서봉독(낭송), 찬송, 그리고 그 이외의 다른 예전행위들의 통합을 통해 이루어지고 진행되는 방식으로 예전이 구성된다는 것이다. 여기서 함축된 '커리큘럼' 혹은 교육계획은 예배자를 성만찬적인 공동체의 삶, 하나님 나라 안에서의 삶 속으로 **통합시킬**(integrate) 뿐만 아니라 **연결시키려는**(communicate) 의도를 지니고 있다.

우리가 예배를 통하여(in), 그리고 예배를 위하여(for) 사람들을 교육시키는 방식에는 고유한 방법론이 있다. 학습자는 성례전을 관찰하고, 참여하고, 찬양(기념)하고, 그것을 통해 주어지는 은혜를 받고, 또 다른 것들을 기념하고 기억함으로써 지식, 행위, 그리고 태도를 습득한다. 그것은 능동적인 학습 형태(mode)이다. 그러나 그것은 예배가 찬양하고,

---

47. '상징'을 어떤 실재(그 밖의 어떤 것에 대한 '대체물'로 보기보다는)에 대한 참여로 보는 정교회의 이해에 대한 슈머만의 비평을 보라. in *The Eucharist : Sacrament of the Kingdom*(Crestwood, N.Y. : St. Vladimir's Seminary Press, 1988), pp. 37 - 40. 그리고 in *For the Life of the World*, pp. 135 - 151.

경청하고, 공유되고, 그리고 참여자가 예배에 진정으로 몰입되는 정도에 따라 기대한 의도를 잘 전달한다는 조건 위에서만 효과적이다. 만일 우리의 예배가 하나님의 계시를 우리에게 전달해 주는 것이 아니라면, 우리는 하나님의 계시가 전달될 수 있기 위해서 마땅히 수행되어야 하는 것이 무엇인지를 깨달을 필요가 있다. 예배에서 각자 맡은 기능을 수행하고, 말씀에 앞서서 적합한 음악을 선택하고 연주하는 문제를 놓고 성가대 지휘자를 도울 수 있는 적절한 기술과 태도를 지니고 있는 낭독자와 찬양자를 준비시키고, 예배 중에 일어나는 것과 도움이 되는 행위와 방해가 되는 행위방식을 이해하고, 아울러 예배가 가장 효과적으로 전달될 수 있게 하기 위해서 예배를 준비하는 목회자를 지원할 수 있는 교구의 평의회(parish council) 구성원들을 훈련시키기 위하여 도구적인 내용과 학습이 필요할 수도 있다.

가르침

학교식 가르침(teaching, schooling)은 공식적인 교육이 이루어지는 교실의 상황을 나타낸다. 그러나 그것은 학습지도(instruction)가 일차적인 활동이 되는 덜 구조화된 환경을 지시하기도 한다. 예를 들면, 열린 교실(open classroom), 캠프 교실, 젊은이들 혹은 어른들과 함께하는 거실 토론과 같은 상대적으로 덜 구조화된 환경들이다. 경험의 **의미**, 그것의 **이성적인** 내용이 학교에서 이루어지는 공식적인 가르침의 초점이고 내용이다.

학교 교실에서 행하는 가르침의 차원에서, **설명**은 성서, 예전, 교리, 그리고 신앙 내용의 다른 자료에 표현된 하나님의 행위에 대한 이해를 전하기 위한 수단이다. 교리에 대한 설명도 하나님의 계시를 의식적으로 성찰할 기회를 제공하여, 그 결과 우리의 기독교적인 경험의 **'이유'**(Why; 그림 2를 참조 – 역자주)를 이해할 수 있게 하고, 아울러 하나님이 창조하시고 보존하시는 이 세상 속에서의 우리의 위치를 이해할 수 있도록 도움을 준다.

공식적인 가르침의 상황에서 성서와 전통에 대한 합리적인 사고, 연구, 분석, 종합, 그리고 지침이 되는 성찰을 포함하는 연구방법들은 우리의 신념체계의 기초를 이루는 개념들과 원리들을 도출하는 데 도움을 줄 수 있다. 교실 혹은 토의 그룹도 우리가 우리의 공동체적 삶 - 우리가 우리의 가정과 이웃 가운데서 경험하는 것들 뿐만 아니라 예전을 통해서 경험하는 예배의 삶과 공통적인 행동의 삶 - 에 대해 (우리가 믿는 것에 비추어) 함께 성찰할 수 있는 장소이다. 여기서 우리는 말과 행위의 관계에 대해 토론할 수 있고, 우리의 행위를 위한 대안들을 검토해서 우리의 지식과 경험에 기초한 목표들을 설정할 수도 있다. 공식적인 가르침은 우리의 교회생활의 필수적인 부분이다. 그러나 그것은 예배와 실천의 다른 차원들에 의해 대체될 수도 없고, 그리고 대체되도록 허용되어서도 안 된다. 예배와 가르침은 함께 기독교적 **세계관 수립**의 발전에 기여하는데, 기독교적 세계관은 기독교적 삶의 **스타일**의 실천을 통하여 동화되거나(assimilated) 실현된다.

실 천

실천(가정 혹은 공동체에서의)은 가족 혹은 교구에서 이루어지는 교제 뿐만 아니라, 사람들이 자신들이 지닌 신앙을 실천하려고 애쓰면서 서로의 관계를 통하여 배우는 모든 맥락을 가리킨다. 가정과 교회의 교제 속에서 실천을 통하여 기독교적 경험이 개인의 삶 속으로 통합된다.

우리의 예배와 가르침이 행동으로 바뀌어지는 것은 영감에 충만하고 계도된 기독교적 경험의 차원을 통해서이다. 여기서 우리는 우리의 삶 속에서의 하나님의 계시에 대한 비전과 이해를 **통합하고, 또 적용하는** 문제에 관심을 집중한다. 만일 예배가 그리스도인으로서의 우리의 삶의 '내용'(What)이고, 교육은 그러한 삶을 왜 살아야 하는지에 대한 '이유'(Why)라면, 기독교적 실천의 차원은 '어떻게'(How) 살 것인가 - 기독교 윤리를 날마다 실천하는 것과 같은 공동체의 신앙과 신념의 실현, 동화, 그리고 적용 - 의 문제이다. 이 차원에서의 교육은 인격적(개인적), 관계적, 그리고 사회적이다. 그것은 우리가 **신격화**(theosis), 다시 말하면 알렉산더 슈머만이 "은혜의 삶, 하나님과의 교제, 사랑, 일치, 그리고 영적인 구원을 향한 영적인 과정"이라고 간단히 기술한 신성화(deification)의 과정을 추구할 때, 우리의 영적인 발전을 돕거나 혹은 방해하는 기술의 실천, 가치들의 습득, 그리고 태도들로부터 나오는 활동과 관련된다.

가족과 신앙공동체의 교제 안에서 우리는 말을 행위로 바꾸는 법을 배운다. 우리는 모방, 리허설, 그리고 모범에 의해 배운다. 우리는 자신의 구원을 이루려고 노력하고 있는 사람들과 함께 나란히 활동하고, 또 자주 그러한 과정에서 도제와 제자들이 됨으로써 배운다. 우리는 섬기고 서로 보살피는 법, 하나님의 피조물들을 돌보는 법, 올바르고 정의롭게 행동하는 법, 인내하고 침묵을 지키는 법, 듣는 법, 그리고 말하는 법을 배운다. 우리가 우리 자신의 영혼들을 돌보고 하나님의 뜻을 행하려고 애쓸 때, 다른 사람들은 이러한 우리의 노력으로부터 배울 수 있다. 우리는 아이들, 친척들, 친구들, 이웃들, 그리고 이방인들을 위한 교사요 지도자들이 될 수도 있다. 이러한 측면에서 볼 때 우리 모두는 교회의 지체로서 하나의 교육자이다. 우리의 교육이 '건전한' 지, 그렇지 않은지는 우리가 하는 말, 우리가 보여 주는 태도, 그리고 우리가 하는 실천에 달려 있다.

우리는 또한 영적인 지도자(staretz) 혹은 고해신부(father confessor)의 조언과 인도를 통하여, 성인들의 삶에 대한 독서와 명상을 통하여, 그리고 개인적인 기도의 노력을 통하여 우리의 삶을 변화시키는 방법을 배울 수 있다. 남녀 수도원공동체는 공동체 안에서의 학습과 삶을 위한 모델 뿐만 아니라 영감의 원천을 제공한다.[48]

비록 실천교육이 보다 비공식적인 방식으로 수행되더라도, 실천을 통

---

48. Mother Euphrasia, *"Life in All Its Fullness,"* Plenary Presentation, 6th Assembly of the World Council of Churches, Vancouver, British Columbia, July 1983을 보라.

한 교육을 사람들이 어떻게 '우연하게'(happen) 행동하게 되는지 그들이 주어진 시간에 누구와 함께 있는지, 혹은 그들이 특별한 순간에 무엇을 관찰하는지 등의 문제에만 의존하는, 일반적으로 비의도적이거나 비계획적인 어떤 것으로만 다루는 것은 잘못일 것이다. 실천을 통한 교육은 비록 그것이 교실 수업과 동일한 방식으로 계획되지 않더라도 의도적이다. 예를 들면, 부모들은 그들의 자녀들이 그리스도인으로 성장해주기를 바라는 기대 내용에 대한 목표, 바람, 그리고 목적을 가지고 있다. 부모들은 직접적이지는 않지만 사려 깊은 방식으로 가치들을 주입시키고, 또 그들의 자녀들을 보게 되는 사람들이나 사건들에 대한 이해를 발전시킬 수 있다. 책임 있는 부모들은 그들의 자녀들을 유익한 활동들과 판단 혹은 도덕적이고 문화적인 가치들에로 의도적으로 인도하려고 애쓰거나, 그들에게 해가 될 수 있는 사람들이나 사건들을 피하는 방향으로 인도하려고 애쓴다.

그러나 반드시 주목되어야 할 주의사항들이 있다. 우리는 '수업' 시간표를 짜거나 프로그램 형식의 수업시간표를 계획함으로써 실천교육에 대한 의도적인 계획으로 접근해서는 안 된다. 가정, 캠프, 혹은 비공식적 교제의 자리(settings)에 부과된 '학교식 교육'(Schooling) 방법은 일반적으로 그다지 성공적이지 못하다. 그러나 목회자들과 그 이외의 활동적인 그리스도인들은 사람들을 도와 책임을 지고, 그들 자신의 영적 투쟁에 참여하고, 증거와 사역을 위해 필요한 기술들을 습득하고, 우정과 교제의 유대를 강화하고, 그리고 다른 사람들을 향한 사랑과 정의의 활동에 참여해야 될 필요를 깨닫게 할 수 있다. 사람들이 의도된 장기간의 교육목표들을 이루도록 도움을 주기 위하여 경험들은 덜 공식적인 방식으로 (오히려 구체적인 날짜나 프로그램보다는 '기회' 시간표 - 'opportunity' scheduling - 에 더 의존하는 방식으로) 계획되어질 수 있다.[49]

---

49. Cf. Elliot W. Eisner, *The Educational Imagination*, 2nd ed.(New York : Macmillan, 1985). 그리고 John Westerhoff, "Formation, Education,

기독교적 실천의 종교교육적 측면을 회복하기 위하여, 우리는 사람들로 하여금 가족, 교회, 공동체, 진정한 우정과 교제에 대한 이해에 이르도록 가르치고, 인도하고, 안내할 필요가 있다. 그 결과 이러한 형태의 관계 혹은 관계 단위들이 다시 한번 교회에서 그것들이 수행하는 교육적 역할을 발전시키고, 또 책임을 떠맡을 수 있다. 신실한 대인적인 관계들보다는 개인주의를 조장하고, 그리고 가족과 공동체 단위들이 계속해서 몰락하고, 혹은 이제 더 이상 존재하지도 않는 현대 사회에서 교회의 공동체적 삶은 교회공동체에 속해 있는 지체들 가운데, 그리고 넓게는 사회 안에서 '관계 안에 존재하는 인간'(persons-in-relation)임을 촉진시키는 데 치유하는 역할과 지탱하는 역할을 제공할 수 있다.

전통적으로 교회는 예배로 함께 모일 때마다 자신의 근본적인 가르침들을 표현해 왔고, 자신의 공동체적인 삶을 축하해 왔다. 비교적 가까운 과거에, 그리고 오늘 여러 종류의 사회에서 오직 교회만이 예배를 위해 자주 모인다. 물론 예배는 최소한의 활동이다. 공식적이고 비공식적인 교육과 학습을 위한 교제의 빈도는 줄어들었는데, 특별히 그 회중이 대도시와 그 교외지역에 걸쳐 흩어져 있거나, 혹은 그 지역에 교회가 거의 없거나 전혀 없는 공동체들에서 그런 현상들이 발생한다. 우리는 오늘 교회에 의해 제공되는 삶의 비전 뿐만 아니라, 우리 자신의 특수한 상황 속에서 그리스도인으로서 가지는 삶의 방식들을 회복할 필요가 있다. 그리스도인들의 공동체가 먼저 확고하게 세워져야 하고, 자신의 공동체를 벗어나 밖으로 나아가 그 교회공동체가 속해 있는 도시들, 마을들,

---

Instruction," *Religious Education* 82 : 4(1987), pp. 578-591. Eisner의 작품은 커리큘럼을 공식화하는 데 있어서 종교교육자들에게 보다 많은 유동성을 허용해 준다. 그는 커리큘럼을 "교육적인 결과를 이루도록 의도된 일련의 계획된 사건들"(p. 45)로 정의한다. 학생들을 이러한 활동들 혹은 사건들에 참여시키는 과정에서, 그는 이들 유익들(결과들)의 약간은 운용적인 용어들로 미리 묘사되거나 분류될 수 있을 것이다. 그러나 다른 것들 - 아마 일반적인, 폭넓은 혹은 산만한 것들 - 은 단지 그 활동에 이어지는 것으로 인식될 수 있다.

그리고 나라 전체의 삶을 재건하지 않으면 안 된다. 우리는 기독교공동체의 총체적인 삶 안에 있는 사람들을 교육시킬 필요가 있다. 다시 말하면 함께 예배를 드리고, 함께 연구하며, 증인의 삶을 살고 함께 봉사하는 일을 통해서 배울 필요가 있다. 오늘 우리 사회에서 종교교육을 시행하는 데 있어서 중요한 세 가지 맥락인 예배, 가르침, 실천 모두가 필요하다. "주님이 얼마나 선하신지 맛보아 알지어다."라는 말씀은 위대한 사순절(Great Lent) 기간 중에 낭송되는 친교의 구절이다. 말하자면 **경험**하고 **이해**하고, 그런 다음에 **행동하라!**는 것이다. 이것이 바로 기독교공동체가 자신의 삶을 형성하고, 이어지는 모든 세대를 교육하고, 그리고 자신의 신앙과 전통을 전수한 방식이다.

내용에 대한 종합적/공관적 접근

어떤 유형 혹은 범주의 신학적 내용 – 예를 들면 성서적, 역사적, 예전적, 교리적, 영적 – 은 전통적으로 종교교육의 기초를 형성해 왔다. 각각의 내용들은 수세기를 거쳐오면서 살아 있는 신앙 경험에 특별한 관점을 제공해 오고 있다. 그것들은 함께 하나의 이야기 – **교회의 삶**의 이야기, 하나의 공동체로서의 **우리의 삶**의 이야기, 하나님 안에서의 나의 삶의 이야기 – 로 짜여지는 실들이 된다. 여기서 중요한 것은 그것들이 서로간에 고립된 것으로 보여지지 않는다는 점이다. 왜냐하면 우리가 신앙공동체의 통전성을 발견하는 것은 이들 '주제들'의 종합 안에서이다. 만일 교회의 '살아 있는' 경험으로 나타난다면, 이러한 내용은 정보의 단편들과 목록들로서 제시되기보다는 **삶**의 본질과 근거로서 충만하고도 온전한 모습으로 보여질 수 있을 것이다. 각각의 영역에 초점을 맞추기 위한 소수의 예들은 커리큘럼의 개발자와 교사들을 인도할 수 있다.

1. 성서의 내용

구약성서(이른바 외경을 포함해서)의 내용은 신앙공동체 – **우리의** 신앙공동체인 교회 – 에 대한 기록이다. 구원의 이야기는 우리의 이야기요,

우리의 역사요, 우리의 문화이다. 나는 바로 그 역사의 일부분이고, 내가 세례를 받고 그리스도에게 연합된 때로부터 비로소 그 이야기는 나의 이야기가 된다. 마이클 올렉사(Michael Oleksa)가 설명하듯이, 거룩한 이야기들을 전하는 핵심적인 이유는 **"그 문화가 진정한 '인간' 으로 간주하는 그런 행위를 야기시키기 위한 것"**[50]이다.

이야기는 공동체 안에서 기억되고 또 기념된다. 그것은 또한 공동체 안에서 모든 것이 말해지고 행해지는 방식의 기초가 된다. 다시 말하면, 그것은 다른 사람들과의 공동의 삶을 위한 준거의 틀이 된다. 성서적인 관점으로부터 볼 때, 이야기는 그 이야기가 생겨난 공동체에 의해 사용되고 해석된다. 그 공동체의 해석은 가령 하나님 자신이 역사에 들어온 그리스도의 성육신과 같은 중요한 사건에 의해 때때로 변경되거나 변형될 수 있다. 기독교공동체의 맥락 속에서 구약의 이야기를 조명하는 데 돕는 것은 신약 이야기이다. 그러나 거꾸로 보면, 우리는 또한 그리스도와 성령 안에서 우리의 구원을 가져온 신약의 사건을 보다 명백하게 이해하도록 돕는 '몇 가지 유형'의 인물들과 사건들을 볼 수 있다. 오늘날의 많은 사람들은 그들의 역사적인 그리고 발생적인 '뿌리들'을 발견하는 데 관심을 가지고 있다. 종교교육자의 과제의 일부분은 하나님의 백성들의 이야기들을 통하여 그들이 자신의 영적인 뿌리들을 찾도록 돕는 것이다.

2. 역사적인, 그리고 교리적인 내용

---

50. Michael Oleksa, "The Confluence of Church and Culture," in *Perspectives on Orthodox Education : Report of the International Orthodox Education Consultation for Rural/Developing Areas*, ed. Constance J. Tarasar(Syosset, N.Y. : SYNDESMOS and DRE-Orthodox Church in America, 1983), p. 12. Oleksa는 오늘에 있어서의 종교교육을 위한 함축을 끌어내기 위하여 전 근대사회에서 이야기들, 의식들, 제의 담당자, 그리고 샤만 혹은 영적인 지도자가 수행한 역할을 고찰한다.

거룩한 이야기들은 성서로 끝나지 않는다. 그것들은 계속해서 역사적인 교회의 삶의 이야기들을 통하여 증대된다. 교회 안에서의 투쟁들의 이야기, 신앙의 순교자들과 신앙고백자들의 이야기, 신앙의 조항들을 재규정하고 분명히 하기 위하여 모였던 공의회와 이단들의 이야기도 또한 오늘 우리 시대와 이후의 시대까지 계속될 구원의 역사의 일부분이다. 오늘 우리가 고백하는 신앙은 신앙의 선배들이 가치 있다고 간주하여 싸워서 - 심지어는 그들의 목숨을 던지면서 - 지킨 것이다. 나의 정체성은 내가 교회의 지체로서 계속해서 믿고 증거하는 내용에 의해 형성되고, 또 계속해서 강화된다. 교회의 역사와 교리는 그것들이 오늘의 사회 속에서 이루어지는 현재의 투쟁과 증거의 빛으로 제시되고 해석될 때 그 의미를 지닌다.

3. 영적인 내용

성인들의 삶과 우리의 영적인 신앙의 선배들에 대한 기억은 우리가 영적인 삶에서 마주치는 투쟁을 위한 모범들과 영감을 제공한다. 그들의 삶과 저서들, 그리고 영적인 조언들은 내가 나의 삶을 성찰하는 데 도움을 준다. 그들은 내가 하나님 나라를 위해 분투 노력하면서 이 세상 속에서 살아가기 위한 나의 투쟁과 나의 죄 가운데서 홀로 내버려진 존재가 아니라는 점을 알게 한다. 성화(icons) 속에 들어 있는 이러한 성인들의 이미지들은 내가 기도할 때 나와 함께한다. 그들은 그들의 삶 속에서 하나님의 빛을 드러내고, 또 그들의 신뢰를 주님 안에 둠으로써 오는 평화와 기쁨을 드러낸다. 그들의 개인적인 이야기들은 우리의 타락된 본성과 이 세상의 죄들을 극복할 수 있게 하는 많은 방도들을 보여 준다. 그 결과, 나는 다가올 세상의 영광을 획득할 수 있게 된다.

경험이 풍족하고 영적으로 충만한 현인들의 도움으로 나는 회개와 용서, 사랑과 진리, 평화와 기쁨의 길을 따르려고 할 때 인도와 안내를 받는다. 이러한 안내자들 - 고해신부들(father confessors), 경험이 풍부한 수도승과 수녀들, 그리고 그들의 기독교적 삶으로 인해 알려진 그 이외의 모범적인 신앙인들 - 은 내가 쓰러질 때 일으켜 주고, 또 내가 의기소침해서 희망을 잃을 때 용기를 북돋워 준다. 영적인 센터들의 방문, 젊은이들과 어른들을 위한 퇴수회, 추천받은 영적인 책들, 그리고 그리스도의 증인으로 적극적인 삶을 사는 사람들과의 접촉은 종교교육의 모든 프로그램에 있어서 본질적인 부분이 되어야 한다.

마지막으로, 이 세상 속에서의 우리 그리스도인의 삶은 교회가 하나님 안에서 이루어지는 모든 삶을 '친교'와 '축복'으로 이해하는 한에서 성례전적인 소명으로 이해되지 않으면 안 된다. 영적인 삶은 하나님이 우리를 부르신 곳이 어디든지 간에, 그리고 그 때가 언제든지 간에 봉사(diakonia)와 순교적 증인의 삶(martyria)을 포함한다. 다시 말하면 영적인 삶은 우리의 가정, 이웃, 도시 등에서의 봉사와 증인됨의 삶을 포함한다. 윤리적이고 도덕적인 문제들은 피조물들을 향한, 인간의 삶과 개인들의 관계를 향한, 그리고 세상의 변혁과 구원을 향한 하나님의 뜻에 비추어 이해되지 않으면 안 된다. 우리가 이 세상에서의 우리의 삶과 사역의 방향을 결정하게 해주는 이해와 태도를 이루어 내기 위해서는 능동적인 참여가 필수적이다.

4. 예전적인 내용

이 장의 전반부에서 기술하고 설명했던 내용의 대부분을 반복하지 않기 위해서, 모든 다른 내용의 영역들은 통합적인 예배의 내용 속에서 온전하게 표현되어 있다는 점을 말하는 것으로 충분하다. 우리가 하나님의 백성으로서의 우리의 이야기를 기억하고 축하(기념)하는 것은 예배를 통해서이다. 니콜라스 로스키(Nicholas Lossky)는 다음과 같이 말한다. "모든 연구 분야가 만나고, 결합하고, 유기적인 전체 - 구원, 즉 인간, 세계, 우주(cosmos)의 구원을 전적으로 향하는…… - 로 통일되는 곳은 바로 교회의 예전 안에서이다. 만일 우리의 연구들이 이 모든 것을 교회의 예전적 삶에의 참여로 통일시키지 못한다면, 그 연구들은 메마른 사변에 불과한 것이 되고 만다."[51] "누가 정교회 교인이고, 또 그들이 믿는 것은 무엇인가?"라는 질문에 대한 정교회의 가장 적합한 대답은 이 문장 속에 들어 있다. "와 보라!" 오직 예전적인 전통의 온전함과 통전성에 자신을 몰두시킴으로써만 우리는 신앙을 진정으로 알 수 있게 된다. 그러나 교실에서 사람들이 예전 가운데 이루어지는 행위들과 그와 관련된 서적들이 지니는 의미에 친숙해지도록 돕는 것이 유용하다. 그것은 가정에서 그리스도인의 실천을 통하여 능력을 얻는 것과 마찬가지이다. 위의 두 맥락(가정과 교실 : 역자주) 속에서, 금식절기와 축제절기인 사순절과 부활절(Pascha)은 삶을 지속적인 신앙과 친교의 의식으로 만드는 일련의 준비와 성취의 과정으로 보여지고 또 이해될 수 있다.

개인적인 신앙과 삶을 위한 관계적 목표들

예전은 관계적인 성격을 가지고 있다. 예전의 내용-모든 기도와 찬양-은 하나님, 인간들, 세계, 그리고 교회간의 상관성을 표현한다. 이들 네 가지의 개념들 혹은 범주들은 기독교적인 관점으로 이해될 때 각각 신학(하나님의 본성), 인간학(인간의 본성), 우주론(세계의 본성), 그리고 교회론(교회의 본성)의 분야를 대표한다. 이러한 개념들이 예전을 통해서, 즉 교회의 기도를 통해서 표현될 때 그것들은 인격적인(personal) 용어들과 관계들로 표현된다. 예를 들면, 세례 예식서에는 다음과 같이 쓰여져 있다.

> 진리의 주님이신 당신의 이름으로, 또 당신의 독생자와 성령의 이름으로, 나는 당신의 거룩한 이름 속으로 피할 자격을 지니고 있고, 당신의 날개의 은신처로 피할 자격이 있는 당신의 종(이름, name)의 머리 위에 손을 얹습니다.……
>
> 그녀가 날마다 당신께 찬양하고 찬송하며, 아울러 당신의 위대하고 높으

---

51. Nicholas Lossky, Commencement Address, delivered at St. Vladimir's Orthodox Theological Seminary, May 1987.

신 이름을 항상 경배하고 영화롭게 하도록 그녀가 수고하는 일과 그녀의 모든 자손에게서 기쁨을 누리게 하소서.……

동일하신 주님이시여, 당신의 피조물들을 적의 포로상태에서 구원하신 주님께서 그녀를 당신의 하늘 왕국으로 영접하십니다.…… 그녀를 적들의 날름거리는 모든 혀로부터 구원하고, 악을 만나지 않게 하고, 정오의 악마와 사악한 생각들로부터 구원할 빛의 천사에게 맡기십니다.……

그리고 그녀를 당신의 명령에 따라 살고, 또 신성한 확증의 증표를 유지하고, 더럽혀지지 않는 옷을 보존한 빛의 자녀요, 당신의 왕국의 유업을 받을 자, 성별된 그릇인 그리스도의 거룩한 양무리에 속한 이성을 부여받은 양(a reason-endowed sheep), 그리고 당신의 교회의 고귀한 지체로 만드십니다.[52]

모든 기도 속에는 분명하게 표명된 혹은 함축된 관계가 있다. 즉, 개인과 하나님의 관계가 있다. 개인 자신과의 관계 혹은 다른 사람들과의 관계가 있다. 피조된 세상과의 관계(위에 든 예에서 악 혹은 천사와의 관계와 같은) 혹은 교회와의 관계가 있다. 따라서 예전적인 교리문답 교육은 개인적인 학습성과를 정확하게 표현한 목표들을 필요로 한다. 세례 예식서에 들어 있는 한 가지 예의 목표(십대층 가운데서 실행될 수 있을 것이라는 약간의 암시를 지닌 목표)는 다음과 같을 것이다.

태도 목표

하나님에 대한 교회의 응답으로서 공동체의 예배, 감사를 드리고, 또 이 세상을 위한 중보기도를 드려야 할 그의 백성들의 공통적인 책임을 인식하고 받아들이는 것이다.

---

52. *Baptism*(Syosset, N.Y. : DRE-Orthodox Church in America, 1983), pp. 32-33, 38-39.

이미 제시된 교육수행의 맥락들, 방법들, 그리고 양태들

예배 :
규칙적으로 예배에 참여하라 : 성만찬(the Eucharist), 만도(晚禱, Vespers), 조도(朝禱, Matins)에 규칙적으로 참여하라.
규칙적으로 성만찬받는 일에 참여하라.
당신이 아는 사람들 가운데 특별한 필요를 가지고 있는 사람들을 위해 중보기도를 드리라 : 병자, 고난을 당하는 자, 최근에 이 세상을 떠난 자들을 위해서 중보기도를 드리라.
당신의 가족과 교구공동체의 구성원들을 위해 감사와 기억의 기도를 드리라.

가르침(학교교육) :
성구사전을 이용하여 감사, 중보기도, 공중예배, 그리고 친교에 관련된 사도행전과 서신들의 구절들을 확인하라.
예전에 관한 교재들을 조사하여 감사, 기억, 그리고 중보기도의 내용과 빈도의 사례들을 찾아보라.
성화(iconography) 속에 나오는 중보기도의 사례들을 조사하라.
"사랑하는 것은 기억하는 것이다."라는 구절이 지닌 예전적인 혹은 실행적인 함축된 의미들에 대해 토론하라.

실천 :
작은 교회로서의 가정에 대한 인식을 창출하라 ; 우리의 기도와 관심을 필요로 하는 사람들과 저녁에 함께 모여 식사하는 일을 기억하라.
TV에서 뉴스를 보거나 신문을 읽으면서 우리의 관심과 증거, 기도, 그리고 봉사를 필요로 하는 세상의 사람들과 사건들을 머릿속에 담아 성찰하라. 그리고 당신의 가족과 교구공동체의 구성원들과 함께 그 내용에 대한 당신의 느낌과 성찰의 내용을 서로 나누라.
또 다른 사람들에게 당신이 그들의 필요를 기억하거나 혹은 당신이 그들의 사역이나 우정을 이해하고 있다는 점을 알게 하기 위하여 구체적인 어떤 일을 실행하라.

감사와 중보에 관한 그러한 단위의 연구가 이루어지는 동안 학생들이 서로 교제하고, 사제와 교구의 지체들과 교제하고, 성가대 지휘자, 그리고 가족 구성원들과 교제할 기회가 대단히 많다. 그들은 또한 다른 사람들을 위한 섬김과 봉사의 계획에 참여하게 될 것이다. 그 결과 우리의 디아코니아와 기도를 필요로 하는 사람들에 대해 보다 더 잘 인식하고, 그리고 더 민감해질 것이다.

변화의 성장을 촉진하기 위한 발전적인, 그리고 영적인 인식

교육의 개인적 특징은 또한 서로 다른 발달단계들, 즉 아이들 뿐만 아니라 어른들을 위해 필요한 상이한 접근을 요구한다. 우리가 각각의 교육적인 맥락을 위한 목표를 설정하고 실행할 때, 상이한 성장의 측면들에 대한 포괄적인 혹은 종합적인 이해 - 인지적, 육체적, 사회 심리적 등 - 가 필요하다.[53] 다음의 예들은 우리가 폭넓은 교육적 목표를 네 가지의 발달단계들과 상이한 유형의 목표들(지식, 태도, 행위)에 어떻게 보다 구체적으로 적용할 수 있는지를 제시해 준다.

포괄적인 목표 : 세례가 우리를 교인으로 등재시키고, 그리스도의 몸인 교회의 지체들이 되게 한다는 점을 알게 한다.

단계 1(3 - 6/7세)
세례를 받을 때 우리가 그리스도의 가족의 지체로서 그에게 속한다는 점을 알게 한다.
가족으로서의 구성원의 권리와 책임감에 대한 인식을 발전시킨다.
우리 교회 가족의 구성원들, 교회 가족 안에서의 그들의 역할들, 그리고

---

53. 비록 내가 나의 박사학위 논문에서 James Fowler의 단계들을 사용했지만, 나는 각각의 개별적인 단계들을 비교하기 위하여 여러 다양한 발달이론가들(developmentalists)의 저작을 고찰하는 것이 유용할 것이다. 교사들은 또한 주어진 나이의 아이들과 혹은 그들이 살고 있는 특수한 장(예를 들면 교구)에 의해 영향받을 수도 있는 어른들과의 직접적인 인격적 경험에 의존할 필요가 있다.

우리의 교회 가족이 모이는 교회의 이름을 명명하게 한다.

단계 2(7-16/17세)
우리의 신앙의 기초와 우리 교회의 역사를 형성하는 이야기들을 알게 한다.
가족, 교회와 이웃 안에서 다른 사람들과 협력할 수 있는 정신(기꺼이 협력하는 마음)을 발전시킨다.
교회 구성원들의 필수적인 은사들, 특권들, 그리고 책임들을 알게 한다.

단계 3(17-35세 이상)
교회를 살아 있는 몸-그리스도의 몸-으로 이해하고, 아울러 한 몸 안에 속해 있는 지체가 됨의 함축적 의미를 알게 한다.
신앙 안에서의 우리 자신의 인격적인 발달 혹은 성장(교회 안에서 개별적인 기능을 성취하기 위해 필요한 영적인 삶, 교육, 그리고 기술이나 행위들)에 대한 책임을 지게 한다.
교회 안에서의 구성원의 자격을 개인적인 선택과 사회적으로 관심이 집중되는 문제에 대한 참여에 관련시킨다.

단계 4(중년기와 그 이후)
교회를 영적인, 그리고 역사적인 실재로(다시 말하면, "성령의 전, 선택받은 백성, 왕 같은 제사장, 거룩한 나라, 하나님 자신의 백성"-참조성경 : 에베소서, 고린도 전서, 베드로 전서, 그리고 히브리서) 알게 한다.
교회의 생활과 증거에 있어서의 리더십에 대해 정해진 규칙에 따라 주도적이 되게 한다.
기본적인 필요를 충족시키는 문제에 도움을 필요로 하는 교회의 지체들뿐만 아니라 사회의 다른 사람들을 사랑으로, 사심이 없는 태도로 돌보게 한다.

우리가 잊어서는 안 되는 것은 영적인 목표들과 그 영적인 목표들 안에 고유하게 내재한 발달 형태들, 그리고 그것들이 다른 발달 양태들에 관련되는 방식이다. 이것은 아직 충분히 발전하지 못한 영역이다. 그러나 영적인 성장과 영적인 단계들에 관한 성찰에 유용할지도 모르는 교부들의 저작과 금욕적인 수도승들의 저작 속에서 [그와 관련된] 정보와 경험적인 사례들을 발견할 수 있다.[54]

비전의 전달

이 장에서 나는 정교회의 하나님에 대한 비전, 인간들에 대한 비전, 피조세계에 대한 비전, 그리고 교회에 대한 비전의 기초가 되는 삶의 비전을 나누어 보려고 노력했다. 그것은 본질적으로 하나님 안에서의 영적 친교(communion)의 비전이요 경험이다. 그것은 하나님의 아들 예수 그리스도와 함께하는 하나님의 영 안에서의 사랑과 기쁨의 관계이다. 그것은 이미 우리가 작은 방식으로 '맛보고 안' 하나님 나라의 기대요 준비이다. 아마도 교회의 교육자들을 위한 일차적인 함축적 의미는 이러한 비전의 전달 혹은 교류가 교실 안에서는 기본적으로 이루어지지 않는다는 점을 이해하는 것이다. 이러한 새로운 삶이 경험되고, 공유되고, 그리고 찬양(기념)하게 되는 곳은 교회 가족의 총체적인 삶, 즉 하나님의 백성들의 성체성사(synaxis) 혹은 모임 안에서, 특별히 예배 가운데서이다. 나의 삶에 있어서 그것은 시간과 공간을 진정으로 초월하는 공동체 속에 즐거운 마음으로 참여하는 것과, 종종 고통스럽지만 고통을 함께 나누는 것을 의미한다. 무엇보다도 그것은 인격적인 관계와 친교 안에 근거하고 있는데, 그 관계와 친교는 너무 깊어서 마치 아주 친한 친구로부터 수천 마일의 떨어짐, 그리고 이 세상을 이미 떠난 사람들과의 이별이 단지 일시적인 육체적 '불편함' 정도로밖에 느껴지지 않는 그러한 성격을 지닌다. 왜냐하면 우리를 그리스도 안으로 묶는 사랑이 그

---

54. 만일 신격화(theosis)가 영적인 성장과정이라면, 이 과정은 다른 성장 형태들과 완전히 단절될 수 없다. 특별히 그 성장 형태들이 기독교적인 삶의 목표들에 입각하여 볼 때 바람직스러운 것에 대한 이해 뿐만 아니라 태도들과 행위들의 발달에 관계될 때는 더욱더 그렇다.

들을 내 생각과 기도만큼 가깝게 유지시켜 주기 때문이다. 하나님 안에서, 그리고 하나님과 함께하는, 그리고 그의 나라에서 다른 사람들과 함께하는 이러한 경험, 이러한 메시지, 이러한 삶의 비전과 기쁨을 전달하는 것은 우리가 그것을 위해 부름받은 과제이다. 우리는 우리의 '커리큘럼'의 일부로서 우리가 계획할 수 없는 것을 우리 자신을 통해서(in ourselves) 전할 수 있다. 왜냐하면 "우리는 인간의 지혜에 의해 가르쳐진 말들을 통해서가 아니라, 성령을 소유한 사람들에게 영적인 진리들을 해석해 주는 성령에 의해 가르쳐진 말들로 이것을 전하기 때문이다"(고전 2 : 13).

제2부
철학적 신학들
(Philosophical Theology)

"무엇보다도, 우리는 내가 '부동의 관념'(Inert Ideas)이라고 부르는 것들 — 즉, 이용되거나 검증되거나 새로운 조합들에 포함되지는 않은 채 단순히 정신(mind)이 받아들이기만 하는 그런 관념들은 경계해야 한다."
─화이트헤드

제5장
과정신학과 종교교육
(Process Theology and Religious Education)

헬렌 고긴(Helen Goggin)

|||||| **1부** ||||||

"그대의 자녀들을 그대 자신의 생각들(ideas)로 제한시키지 말라.
그들은 다른 시간 속에서 태어났다." [1]

과정사상의 간략한 역사

지금의 이 시간은 역사 속에서 특별한 시간, 다른 어느 시간과도 같지 않은 시간일까? 그렇다. 고대의 살상력이 이제는 핵의 대학살을 통해 아예 출생조차 방지할 수 있는 힘이 된 - 우리는 전혀 다른 시간에 살고 있다. 전통적인 신의 압제 권력적/가부장적 이미지가 가져온 부정적인 사회적 영향들이 생태운동 혹은 여성해방 운동 등의 활동들을 통해 새로운 의식을 일깨우는 지금 - 우리는 전혀 다른 시간에 살고 있다. 진화이

---

1. A quote from the *Talmud* from Sophia Lyon Fahs, *Today's Children and Yesterday's Heritage*(Boston : Beacon Press, 1952), p. 87.

론과 양자이론을 통해 삶의 모든 것이 상호 연결성과 상호 의존성을 철학적 개념으로서가 아니라 현실(reality)의 본질로 이해하게 될 때 - 우리는 분명히 다른 시간에 살고 있다. '물질'의 본질이 실체적, 객관적, 정적이거나 우리의 개념적 도구들로 관찰 가능하거나 완벽히 묘사 가능하다고 더 이상 생각되지 않을 때 ; '시간'이 더 이상 날과 해로 측정되지 않고 동작과 빛으로 측정될 때 ; '공간'이 더 이상 사물들간에 존재하는 것이 아니라 현실을 구성하는 사건들이 흘러 지나가는 구간으로 보여질 때 ; 원자수준의 세계가 기계적 인간관계가 아닌 불확실성, 무작위성과 비국지적 연결 등의 성격을 지닌 '질서들'로 묘사되는 '의식적인' 자유를 드러낼 때 - 우리는 정말 다른 시간에 살고 있다.

신이 어떻게 형상화되고, 교회에서 종교교육이 어떻게 수행되는지에 대해 이것(다른 시간)은 무엇을 의미할 것인가? 이 다른 시간이 새로운 반응, 오랫동안 중시되어 오던 신 및 신과 세상의 관계에 대한 견해들의 재개념화를 요청하는가? 과학자, 철학자, 신학자, 여성주의자, 그리고 우리 종교계 내의 많은 평신도들에 이르기까지 그러한 물음에 확고하고도 긴박한 "그렇다"라는 답을 던지고 있다.

30여 년 전 토마스 쿤은 20세기의 과학의 진보에 있어서 패러다임 변화의 중요성을 우리에게 일깨워 주었다. 양자이론에서 드러난 변칙적 현상들은 당시 수용되던 뉴턴식의 현실관(view of reality)에 들어맞지 않아 기존의 이론을 수정하는 것만으로는 불충분해졌다. 입자물리학자들이 관찰하는 세계는 정말 전혀 다른 세계였다. 아인슈타인처럼 명석한 과학자조차 말하기를, "그것은 마치 발 아래 지반이 사라져 버려서 무언가를 올려 쌓을 수 있는 든든한 기반을 전혀 찾을 수 없는 것과 같았다."[2] 쿤에 의하면, 그런 패러다임 변화는 누적되는 것과는 거리가 멀고, 오히려 "새로운 근본들로부터의 재건", 알려진 것보다는 그저 거기

---

2. Thomas Kuhn, *The Structure of Scientific Revolutions*, 2nd ed. (Chicago : University of Chicago Press, 1970), p. 83.

존재하는 것을 관찰하는 것에 해당한다.[3]

  과학이든 철학이나 종교에서든 사람들이 기준으로 삼고 삶을 영위하는 진리들을 담은 오래도록 유지되어 온 입장과 신념들은 쉽사리 변하지 않는다. 현재 포스트모던(Postmodern)이라는 용어가 신학, 철학, 과학 및 다른 학문에서 우리가 살고 있는 이 시간의 새 패러다임을 설명하는 데 사용되고 있다. 이 용어는 우리로 하여금 이것이 새로운, 심지어 '최근 유행하는' 사고방식이라고 생각하게 할지도 모르지만, 사실 여기에는 긴 역사가 있는데 신을 세계의 영혼(the Soul)으로, 세계를 신의 육체로 보는 플라톤의 만유재신주의(panentheism)로부터 시작된 것이다. 플라톤은 모든 피조물이 자유로우며, 신이 그들의 행동을 전적으로 결정하지 않는다고 가르쳤다. 만유재신주의는 세계는 신의 존재의 일부로서 신(神) 안에 있다고 보고, 신이 우주 속에 참여하나 우주와 동일하지는 않은 것으로 이해하는데, 이는 신과 우주가 동일하다고 보는 범신주의 혹은 범신론(panentheism)이나, 신이 우주와 완전히 독립된 것으로 보는 유신론(theism)과는 다르다.

  거의 2000년간 만유재신주의적 신관은 기본적으로 무시되거나 오해되었다. 1600년경 그 창시자 소시누스(Socinus)의 이름을 따서 소시니안주의라고 불리는 한 '이단적인' 입장은 신이 우리의 결정들을 영원히 결정하지 않으며, "우리의 자유로운 결정을 통해 우리는 신적인 지식에 새로운 내용을 더함으로써 신을 변화시킨다."[4]라고 주장했다. 고전적인 유신론 교리에 대한 이러한 대안적 주장은 그러나 최근까지 역사가와 학자들에 의해 주로 무시되었다. 하지만 17~18세기 쉘링(Schelling), 크라우제(Krause, 만유재신주의라는 용어를 처음 사용), 그리고 페흐너(Fechner, 물리학자이기도 했던) 같은 철학자들이 역사 속에 일어나는 일을 결정하지 않고, 실재 속에 있으나 실재와 동일하지는 않은 그런 신에

---

  3. *Ibid.*, p. 85.
  4. Mircea Eliade, ed., *The Encyclopedia of Religion*(New York : Macmillan, 1987), p. 168. The historical information is from this reference work.

대해 논하였다. 19세기 말에서 20세기 초, 만유재신주의적 신관은 이탈리아의 베르나르디노 바리스코(Bernardino Varisco)와 미국의 찰스 퍼어스(Charles Peirce) 및 알프레드 노스 화이트헤드(Alfred North Whitehead)에 의해 더욱 발전되었다. 이 학자들은 전능, 전지, 불변성을 가진 것으로 신을 보던 고전적 견해와는 다른 유기적 사고의 가느다란 실타래(thread) 위에서 주장을 펴나갔다.

현재 만유재신주의적 신관은 이전의 주창자 중에서 하나의 동지를 발견하였다. 1989~1991년 사이에 열린 기포트(Gifford) 강좌에서 이언 바버(Ian Barbour)는 종교와 과학간에 존재하는 불편한 관계를 살펴보고, 토마스 쿤이 언급한 새로운 패러다임들이 어떻게 이 역사적인 갈등 속에 있는 종교와 과학간의 유익한 관계에 대한 새로운 관심을 불러일으켰는지를 보여 주었다. 바버는 과학과 종교간의 새로운 관계가 알프레드 노스 화이트헤드의 과정 형이상학(process metaphysics)과 화이트헤드의 사상으로부터 나온 (좀 잘 알려진 신학자들만 언급하자면) 찰스 하트쇼온(Charles Hartshorne), 다니엘 데이 윌리엄스(Daniel Day Williams), 존 캅 2세(John Cobb Jr.), 데이빗 레이 그리핀(David Ray Griffin), 매저리 슈코기(Marjorie Suchocki) 등의 신학에 뿌리박고 있다고 한다.[5] 20세기 과정신학이라는 용어를 처음 쓴 이는 "기독교 신앙의 신학적 구조의 재인식 작업"[6]에 대해 저술한 시카고 대학의 버나드 루머(Bernard Loomer)였다. 1964년에 저술한 글에서 존 캅은 처음으로 포스트모던이라는 용어를 사용하였다.[7] 과정사상 혹은 포스트모던 사상 뿐 아니라 수

---

5. Ian Barbour, *Religion in an Age of Science*(San Francisco : Harper & Row, 1990).
6. Norman Pittenger, "Process Theology and Christian Education," *Religious Education* 68 : 3(1973), p. 308.
7. David Ray Griffin, William A. Beardslee, and Joe Holland, *Varieties of Postmodern Theology*(Albany : State University of New York Press, 1989), p. 7.

학과 과학에서까지 화이트헤드가 차지하는 중심적 위치를 고려해 볼 때, 그의 사상에서 기본적 가정들을 가져오는 신학을 이해하는 데 있어서 출발점은 그의 사고에 대한 간략한 소개가 되어야 할 것이다.

과정신학 : 철학적 배경

화이트헤드의 유기적 철학(organic philosophy)은 실재(reality)를 존재하는 것(being)이라기보다는 되어가고 있는 것(becoming)으로 본다. 실재란 뉴턴 물리학에서 이해되었던 실체(substance)가 아니라 사건(event)이다. 심지어 가장 작은 실제 개체(양자물리학의 양성자, 중성자, 쿼크[quarks] 등) 혹은 화이트헤드가 부르는 대로 "경험의 방울들" 혹은 **실제 기회들**(actual occasions)조차도 과거에 의해 영향받으며(포착 : prehension), 미래에 그것이 실현(만족 : satisfaction)할 것을 지극히 작은 현재의 순간에 선택(유착 : concrescence)한다. 이런 동시적 과정을 통해 모든 실제적 기회 혹은 기회의 집단(society of occasions) – 거시적 수준의 실재를 위해 화이트헤드가 사용한 용어 – 은 계속하여 되어가고 있으며(becoming), 소멸하고 있다(perishing). 그런 '사건들'이 일어나는 속도는 미시적 수준에서 볼 때, 실재(reality)는 실체적 성격보다는 유동적 성격을 가졌음을 의미한다. 역설적으로 거시적 수준에서는 동일한 그 속도가 우리로 하여금 실재를 기간(duration)을 지니고 실체를 가진 것처럼 경험하게 한다.[8]

그런 모호하고 추상적인 이야기들을 일상생활에서 어떻게 경험하는

---

8. 소우주(microcosm)는 입자 가속기 같은 고성능 기구를 통해 양자 물리학자들에 의해 밝혀진 원자 이하 수준의 실재(reality)를 가리킨다. 한편, 대우주(macrocosm)는 우리가 몸으로 체험하는 사물과 사람들을 가리킨다. 시속과 변화, 참신성과 안정성, 질서와 창의성 같은 대비된 것들(contraries)은 두 수준에 모두 적용된다. 화이트헤드는 이 대치된 것들을 모순이라기보다는 하나의 실재를 구성하고 있는 양극으로 보았다.
Donald W. Oliver, "Introduction and Overview," *Process Studies* 17 : 4 (Winter 1988), p. 212.

가? 시간의 측정을 예로 생각해 보자. 어떤 주어진 경험의 순간에도 과거, 현재, 미래가 모두 연루되어 있다. 시간이란 현재에만 사로잡을 수 없는 것이다. 왜냐하면 현재란 우리가 "바로 지금이다."라고 말할 수 있기 전에 직전의 과거가 '아직 오지 않은' 미래로 흘러가고 있는 것이기 때문이다. 우리의 삶은 어제, 오늘, 내일의 정연한 순서로 측정되지만, 경험은 여기 지금과 존재 뿐 아니라 흐름, 움직임과 되어감을 포함한다. 자신, 타인, 사물들의 지속성, 질서와 실체성은 인식, 이성, 기억과 양자 질서에 깔린, 앞에 언급한 성질들을 통해 경험된다. 변화, 참신성(novelty)과 창조성은 자연적 질서의 모든 수준의 본질인 자유로부터 흘러 나온다. 이 모든 성질들은 우리 경험의 일부이다. 이것들은 철학적 추상에 불과한 것이 아니다.

바로 이것이 화이트헤드가 **포착**(prehension), **유착**(concrescence)과 **만족**(satisfaction) 같은 단어를 써서 전통적인 사고방식을 깨뜨리고자 할 때 말하려고 하는 것이다. 그러나 그의 주된 목적은 언어유희를 하려는 것이 아니라, 실재가 '기초 벽돌'로 쌓인 것이 아니라 '사건'임을 분명히 하고자 하는 것이다. 자유, 참신성, 그리고 창의성은 인간적 이상이 아니라 모든 의식을 지닌 주체에 의해 경험되는 물리적 실재의 본질이다 - 실제 기회들(원자세계) 또는 기회의 집단들(바위, 나무, 나, 너)과 같이 '경험하지 않는' 사물은 없다. 단지 다른 앞의 주체들을 유기적 혹은 내면적으로 자신에게 연관된 것으로 **포착**(prehend)하는 주체들이 있을 뿐이다. 과정 실재 속에는 현실화된 현재나 미래가 존재하지 않듯이, '타자성'(otherness)도 존재하지 않는다 ; 상호 연관성이 있을 뿐이다. 그러나 "납덩어리 속의 한 전자가 인간 뇌세포 속의 한 전자와 동일하지는 않다."[9]는 것에 주목하는 것이 중요하다. 실재의 서로 다른 질서들의 특징은 그 구성요소 뿐 아니라 그들간의 관계의 산물이다. 구현성

---

9. Charles Birch, *A Purpose for Everything*(Mystic, Conn. : Twenty-Third Publications, 1990), p. 44.

(embodiedness)이 독특한 개인주의의 의식을 주지만, 개인들은 관계성에 의해 이루어진다. 모든 실재는 사회적이고, 모든 만물은 경험의 복합성 속에서 연합을 구한다.

과정철학과 과학은 내면적으로 관련된 사건들의 동적 세계를 알고 형상화하도록 도와주었다. 먹이사슬에 대한 지식과 우리 시대의 생태계 파괴에 대한 늘어가는 인식은 원자질서의 기이한 사건들을 우리가 경험하는 세계에 연관시켜 형상화할 수 있게 해준다. 상상을 통해 우리는 일상에서 직접 관찰할 수 없는 모든 피조물간의 친밀한 관계를 느낄 수(혹은 포착할 수) 있다.

실재가 유기적이고 유동적이라는 주장은 화이트헤드에게 실재가 사실일 가능성보다도 더 중요하고 흥미 있다. 실재에 대한 이러한 견해는 만족을 가져오는데, 이는 한 절대의 포착으로서가 아니라(이는 어려운 목표이다.) 더 심화된 참신성이나 존재의 새로운 방법들로의 유혹으로서이다. 인간의 만족이 오는 순간은 실재의 좀더 적절한 표현을 찾고 이에 따라 자아, 우주, 그리고 신에 대한 심화된 이해를 창조적으로 생성해낼 때이다. 화이트헤드에게는 신이 이 변화, 참신성과 창조성의 근원이자 자유와 미래에 대한 개방성의 가능성이다.

본 서론은 화이트헤드의 역작 「과정과 실재」(Process and Reality)에 나오는 다수가 구하는 한 존재에 대한 화이트헤드의 심오한 비전의 가장자리들만을 건드릴 뿐이며, 또한 이 철학적 신학에 끼친 그의 영향에 대한 개요를 제공한다.

과정신학의 기본 가정들

실재(reality)는 되어가는 것과 소멸해 가는 것의 한 과정, 어느 주어진 순간에 참신성이 나올 수 있는 창조적인 운동이다. 과거의 영향은 현재에 계속되나, 피조계의 선택들을 제한하거나 통제하지 않는다. 실재는 뉴턴 물리학에서처럼 기계와 같이 작동하지 않는데, 이는 자유가 그 본질에 있기 때문이다. 그러므로 신적인 명령이나 과거의 사건들이 미시

세계 혹은 거시세계의 질서 내에서 미래를 결정하지 않는다. 결정들은 결과를 가져오지만 미래는 언제나 열려 있다 - 우리는 결정주의, 운명, 혹은 어떤 고립된 능력의 형태를 띠는 우연에 좌우되지 않는다.[10] 실재는 사회적이다. 즉, 과학이 이전에 가정한 대로 근본적으로 기초석들로 구성된 것이 아니라, 내면적으로 서로 연관되어 있다. 우주의 중심 동인(central motivational factor)은 신이다 - 압제적 권력이 아니라 설득적 사랑으로서,[11] 과정신학은 그러므로 신과 우주의 관계에 대한 만유재신적 관점을 택하며, 신과 세상의 관계를 이해하는 데 자유의 개념이 근본이 된다고 주장한다.

신(God)

그의 저서 「만물의 목적」(A Purpose for Everything)에서 오스트리아의 생물학자 찰스 버어치(Charles Birch)는 오늘날의 신에 대한 중심 질문을 제기한다. 우리가 초자연 혹은 신성에 대해 말할 때 우리는 무엇을

---

10. 질서(order)는 여기서 물리학자 데이빗 보음(David Bohm)이 사용했을 그런 의미로 사용되었다. 그는 질서의 위계구조가 더 이상 존재하지 않는 방식으로 상호 관련되어 있는 실재 전체를 관통하는 생성적인(generative) 질서와 함축(내포)적인(implicate) 질서에 대한 이론을 제시한다. 그러한 질서는 마치 레이저 영상(holograph)처럼 서로 겹쳐져 있다. 우리는 새로운 형태의 보는 방식을 요구하는 내포적 질서보다는 관찰할 수 있는 설명적인(explicate) 질서 위에서만 논하는 경향이 있다. 그는 예술을 예로 들어, 어떻게 실재의 새로운 비전들을 볼 수 있는지 설명한다.
    David Bohm and David Peat, *Science, Order and Creativity*(New York : Bantam Books, 1987), Chapter 4.
11. 신(神)을 강제적이라기보다는 설득적인 권세자로 봄으로써 제기되는 철학적 질문들에 대한 상세한 논의를 위해서는 David Ray Griffin's *Evil Revisited*(Albany : State University of New York Press, 1991)를 보라. 그리핀은 신학이 논증함에 있어 '공적인 기준'을 사용해야지, 계시를 주장하면서 전통을 형성하는 인간적 구성을 더 이상 인정하지 않는 전통적인 순환논쟁에 의존해서는 안 된다는 우려를 가지고 글을 쓰고 있다.

의미하는가? "외부로부터 우주를 통제하는 신적 존재라는 옛 개념은 더 이상 신빙성이 없다. 지금 필요한 질문은 도대체 어떤 의미에서 우주 안에 신적 활동이 있느냐는 것이다." 중요한 질문은 "신은 죽었는가?"가 아니라 "어느 신이 죽었는가?"이다.[12] 죽어야 할 신의 개념들이 있는데, 버어치는 그중 쉽게 생각할 수 있는 몇 가지를 언급한다 – 모든 것을 할 수 있는 신, 즉 유태인 대학살을 방지할 수 있었으나 하지 않은 신 ; 기적적으로 간섭할 수 있으나 좀처럼 그렇게 하지 않는 신 ; 우리가 설명할 수 없는 간격을 메워 주는 신 ; 우주의 전화선 저쪽에서 우리의 모든 요구를 들어주는 우주적 전화 심부름꾼 ; 찬양을 필요로 하고 희생을 요구하는 신 ; 전쟁에서 늘 우리 편이고, 서로 죽이는 것을 정당화하는 신 ; 공포와 체벌로 다스리는 심판의 신 등이다.

이에 반해 과정신학은 화이트헤드의 말을 인용하여 "진, 선, 미의 비전을 가지고 세계를 부드러운 인내로 안내하는 세계의 시인"인[13] 신을 이야기한다. 신은 쌍극적(dipolar)으로 묘사되는데, 이 표현 때문에 과정신학의 신은 이원적(dualistic)이라는 비판을 받았다. 그러나 두 개의 극 혹은 대조는 한 개체의 보완적 활동을 드러내는 것으로 서로를 반대하거나 모순관계에 있지 않다. 정신적 혹은 **원시적**(primordial) 극은 다른 어떤 개체에게서도 영향을 받지 않아서 모든 실재, 즉 과거의 완료된 행위가 아니라 현재 진행 중인 신의 활동인 피조계의 바탕이 되는 하나의 실제 개체라는 이미지이다. 신의 물질적 혹은 **결과적**(consequent) 극은 신을 명제적으로 지식을 가질 뿐 아니라 세상 속에서 일어나는 모든 것에 내적으로 영향을 받는 것으로 묘사한다. 신은 우리와 함께 웃고, 함께 울고, 함께 사랑하고, 우리가 고통당할 때 그 고통을 느끼며, 우리와 함께 만족을 누리고, 우리가 서로에게 상처를 입히고 지구를 상하게 할

---

12. Birch, *A Purpose for Everything*, p. 88.
13. Donald W. Sherburne, *A Key to Whitehead's Process and Reality* (Chicago : University of Chicago Press, 1981), p. 183.

때 비극적 결과에 대해 고통한다.

이런 신관은 샐리 맥패그(Sallie McFague)가 세상을 신의 육체(body)로, 신을 세상의 영혼(the Soul)으로 본 이미지, 즉 이 장의 앞서 소개된 역사적 개관에서 본 대로 플라톤의 사상에 기원을 둔 형상(image)에 의해 명백해진다. 우리의 육체, 정신과 영혼이 내면적으로 연결된 것으로 경험하듯이 신과 피조계는 내면적으로 연결되어 있다.[14] 그런 신의 형상은 본래 성육신적인 것으로 나사렛 예수에게서 뿐 아니라 신의 계속되는 세상의 경험에서도 그렇다. 예컨대, 우리의 존재 전체가 함께 고통하는 범위를 넘어서서 육체나 정신의 일부만이 고통할 수 없듯이, 신은 우리가 육체의 고통을 느끼는 것처럼 피조계의 고통을 느낀다. 신을 포함한 모든 만물은 실재의 흐름 속에 내면적으로 연관되어 있다. 오래 전 시편 기자가 깨달았듯이 신의 존재를 떠나갈 수 있는 곳은 어디에도 없다(시 139편).

신은 신 자신(Godself) 안에 피조계에서 실현될 수 있는 모든 가능성을 가지고 있지만, 그러나 그중 어느 가능성이 실제로 이루어지고, 동시에 어느 가능성이 상실될지를 결정하는 것은 인간들과 자연질서의 개체들이다. 그러므로 신조차도 아직 오지 않은 미래에 대해서는 알지 못한다. 신은 과거의 모든 것을 알지만, 현재 순간에 어떤 선택이 이루어져서 미래의 가능성들에 영향을 미칠지를 알지 못한다. 이것은 신이 세상에 압제적 권력으로서가 아니라 "부드러운 동반자의 사랑의 설득"[15]으로 관련하기 때문이다. 신은 항상 우리를 신의 원래 목표인 조화, 만족 및 신과의 연합으로 유도하려고 애쓰고 있다.

이런 안목들 때문에, 그리고 여성신학자들의 가부장적 종교에 대한

---

14. Sallie McFague, *Models of God*(Philadelphia : Fortress, 1987), p. 69 ; McFague, *The Body of God*(Minneapolis : Fortress, 1993).
15. Randolph Crump Miller, "Theology in the Background," in *Religious Education and Theology*, ed. Norma H. Thompson(Birmingham, Ala. : Religious Education Press, 1982), p. 35.

비판 때문에, 금세기 후반을 통틀어 신을 묘사하는 이미지에 대한 우려와 관심이 자라났다. 화이트헤드는 나사렛 예수의 삶의 "짧았던 갈릴리 비전"에 대해 이렇게 말한다.

> 그의 비전은 지배자 시이저나 냉혹한 도덕주의자나 부동의 동인(the unmoved mover)을 강조하지 않는다. 그것은 사랑 안에서 느리고도 조용한 가운데 말하는 세상 속의 부드러운 요소들 위에 자리한다. 사랑은 지배하지도 않고 부동적이지도 않다. 그리고 도덕에 대해 약간은 망각적이기도 하다.[16]

만약 과정적 견해가 옳고, 신은 압제적 권력이 아니라 설득적 사랑이라면 두 가지 중요한 통찰이 따라온다. 첫째로 군주, 재판관, 정복자 같은 신의 형상은 재고해 볼 여지가 있다. 세상 속에서 서로와의 관계를 가지는 방법으로서 이러한 신의 형상은 폭력의 사용을 포함해서 타인 위에 군림하는 권력을 중히 여기도록 장려한다. "인간사의 비극 중 많은 부분은 다른 사람들과 사건의 진행을 통제하는 것이 신성에 참여하는 것이라는 생각에 기인한 데서 볼 수 있다."[17] 둘째로 여권주의 사상가들은 이것들이 남성적 이미지이며, 남성들로 하여금 여성 위에, 억압받는 소외계층 집단 위에, 그리고 자연세계 위에 권력과 통제를 행사하는 데서 신적인 특성을 드러내는 것으로 보도록 장려해 왔다는 것을 지적했다.

존 캅은 또한 그러한 신의 형상은 예수가 많은 사람들에게 '좋은 소식'이 아니었음을 의미한다고 관찰했다.[18]

---

16. Sherburne, *A Key to Whitehead's Process and Reality*, pp. 178-179.
17. John B. Cobb Jr. and David Ray Griffin, *Process Theology : An Introductory Exposition*(Philadelphia : Westminster, 1976), p. 53(emphasis mine).
18. The reference here is to John B. Cobb's *Can Christ be Good News Again?*(St. Louis : Chalice Press, 1991).

나사렛 예수

화이트헤드가 예수의 삶을 "짧았던 갈릴리의 겸손의 비전"(the brief galilean vision of humility)이라고 부르는 것은 타인 위에 군림하는 권력이 아니라 타인들에게 권력을 부여하고, 압제적 권력이 아니라 사랑의 관계, 권위적 통제가 아니라 신의 뜻과 합치된 삶을 산 자로서의 권위를 강조한다. 그렇게 신과의 합치 속에서 살고자 하는 우리의 바람에도 불구하고 우리는 매순간에 최상의 가능성을 위한 신의 본래의 목적(initial aim)을 현재의 상태와 이상적으로 가능했던 상태 사이의 긴장으로, 그리고 우리가 선택한 행동과 선택했었더라면 하고 바라는 행동 사이의 긴장으로 경험하는 경향이 있다.

예수가 하나님(神)과 가졌던 관계를 과정사상적 입장에서 가장 선명하게 표현한 것 중의 하나는 캅(Cobb)과 그리핀(Griffin)의 저서 「과정신학」(Process Theology)에 나온다.

> 예수가 말하는 것으로 인정되는 어구들(Jesus' authentic sayings) 속에는 신성의 타자성(otherness)을 경험하지 않는 한 존재가 드러난다. 대신 그의 존재 자체는 스스로의 개인적 과거 못지않게 그 속에 있는 신적인 지위(agency)로 이루어진 것 같다. 본래 목적과 과거로부터 받은 목적 사이의 정상적인 긴장이 존재하지 않는다. 이는 그 과거의 목적 자체가 신의 목적에 부합되는 것이었으며, 각 미래의 순간마다 신의 부름에 응답한 기본적인 준비가 되어 있었기 때문이다. 그리스도는 모든 사람 속에 성육(成肉)해 있지만 예수만이 바로 그리스도 자신인데, 이는 성육신이 그의 존재의 본질이기 때문이다.[19]

이것은 예수의 하나님의 아들됨에 대한 전통적 해석이 아니지만, 신의 아들이나 딸이 된다는 것의 의미를 보기 드물게 잘 설명한 것에 해당한다 - 즉, 신의 '타자성'을 경험하지 않는 사람이라고. 그러한 '타자성'

---

19. Cobb and Griffin, *Process Theology*, p. 105.

은 다른 많은 신학적 입장에 본질적인 것이다. 왜냐하면 그런 신학들은 관계 지향적 형이상학이 아니라 실체 지향적 형이상학에 바탕을 두고 있기 때문이다. 상호성의 형이상학에서 인류는 '죄'와 심판으로 알려진 신과의 관계보다는, 신이 제공하는 기회들을 통해 그리스도의 원리를 세상 속에서 성육화하도록 부름받는 것으로 보게 된다. 우리는 예수의 삶 속에서 성육화되었던 신의 사랑의 상호성과 개방성 속에 참여하도록 권고받는다. 그리스도인들은 예수의 이야기를 그들 경험의 본질적 요소로 삼고 살지만, 과정사상가들은 예수가 신에 대해 가르친 것에 비추어 볼 때 이것이 잘못된 해석이라고 주장한다. 헬라철학의 이원론이 갈릴리 비전의 겸손함과 부드러움을 짓눌렀다는 것이다.

로즈메리 래드포드 류더(Rosemary Redford Ruether)가 제시한 전통적 예수 해석에 대한 비판이 이 점을 말해 준다.

> 예수는 신(神)이 과거에 말했던 것이 아니라 지금 말하고 있다고 선포한다.…… 그리고 예수는 자신을 '신(神)의 마지막 말'로 생각하지 않고 자신을 넘어 '앞으로 올 분'임을 가리킨다. 그러므로 예수는 신의 예언적, 구속적 활동이 사람들의 현재 경험과 그 경험으로 드러나는 새로운 가능성들을 통해 현재-미래 속에 일어나고 있다는 의식을 회복시킨다. 예수를 먼 과거 속에 계셨던 분으로서 기독교 교사들의 틀 속에 짜맞추어진 신의 마지막 말이요, 단번에 신을 드러낸 것으로 묶어 두는 것은 예수의 정신(the spirit)을 거부하고, 예수 자신이 대항한 입장을 다시 세우는 것이다.[20]

과정사상은 '시대에 맞지 않는'(out-of-date) 개념에 바탕을 둔 해석

---

20. Rosemary Radford Ruether, *Sexism and God-Talk*, 121-122 quoted in Carter Heyward, "An Unfinished Symphony of Liberation : The Radicalization of Christian Feminism Among White U.S. Women," *Journal of Feminist Studies* 1 : 1(Spring 1985), p. 115.

학보다는 해석의 개방성을 지지한다.[21] 신은 오래 전 그 누군가의 실재를 통해서가 아니라 우리 실재의 현재 경험을 통해 이야기한다. 예수 이야기와 이스라엘 이야기는 기독교를 아는 데 중요하지만, 과거에 한 번 있었던 사건이 아니라 직접적으로 경험될 필요가 있다. 이것이 예수가 사용했던 관계 지향적 교수모형이다. 그는 사람들이 스스로 깨닫도록 도전했다. 창조도 구속도 한 번의 사건이 아니며, 그러므로 모든 피조물이 신과 함께 창조의 협력자요 구속의 협력자로 참여한다. 진리는 재개념화될 수 있다. 패러다임도 변할 수 있다. 그러나 이런 개방성은 신념과 가정(assumption)이 더 이상 일상에 비추어 맞지 않을 때도 그들을 수호하고자 하는 우리 경향 때문에 종종 방해받는다. 여기서 우리는 하나의 딜레마에 직면한다. 창조성과 진리를 찾는 데에는 지속적인 헌신 또한 필요한 것이 사실이다. 창조성이 신과 실재의 본질적 요소라면, 데이빗 보옴(David Bohm)이 제안한 대로 이 양극단 사이의 가운데를 찾아 "넓은 범위의 가정을 신뢰와 확신으로 받아들이되, 그중 어느 것도 진지한 의문에서 벗어날 만큼은 신성하게 여기지 않는 것"[22]이 필요하다.

성령과 삼위일체

앞의 인용구는 창조적 변혁, 즉 삶을 즐기는 데 필요한 성장과 변화의 움직임에 대해 이야기한다. 과정신학은 이 변혁의 원천이 로고스, 즉 그리스도이신 예수 안에 나타난 하나님의 영임을 발견한다. 삼위일체의 언어를 사용하는 것은 숫자유희가 아니라, 신의 창조적(원시적) 사랑과 반응적(결과적) 사랑 사이의 내면적 연관성에 대해 말함이다. 신은 세

---

21. 이 문구는 마샬 맥루한의 형제 모리스(Maurice)와의 대화에서 가져왔는데, 그는 이것이 유행에 뒤떨어진 것이라거나 쓸모없다는 의미가 아니라, 즉각적(immediate)이거나 직접적(firsthand)이 아닌 경험이라는 뜻이라고 지적했다. 경험이 관념화되는 순간, 그것은 시대에 뒤떨어진 것(out of date)이 되고 만다. 실재는 그것을 넘어서서 새로운 되어감(becoming)의 길로 들어섰기 때문이다.
22. Bohm and Peat, *Science, Order and Creativity*, p. 264.

'위격'(persons)이 아니라 매순간마다 만물의 중심에서 창조적, 설득적, 반응적 사랑의 연합체, 즉 창조 속에, 사람들 속에, 그리스도의 몸으로서 교회의 삶 속에 계속하여 성육화되는 사랑의 연합체이다. 실체(substance) 형이상학과 과정(process) 형이상학간의 차이, 외부적으로 관련된 객체들(objects)과 내면적으로 관련된 주체들(subjects)간의 차이에 대한 이해는 삼위일체라는 형식적인 문구의 재개념화를 가능케 한다. 우리가 실재를 주관적으로 관련된 사건이라기보다는 분리된 실체적 객체로 보면, '성부, 성자, 성령'의 형상은 분리된 인격들로 보게 된다. 그러나 우리가 실재를 과정으로 보면, 신(神) 경험의 사건들은 '하나 속의 셋'으로가 아니라, 모든 피조물과 특히 전적으로 의식적인 인간의 반응성과 교감하는 창조적-구속적 사랑의 조화로서 통일된다. 이성적으로 우리는 경험을 이해 가능한 조각들로 나누기 위해 유비와 정의를 사용하지만, 직감적으로는 하나님의 영이 계속하여 우리를 우주적 실재의 목표인 연합으로 인도하고 있음을 느낀다.

악(惡), 역사, 그리고 구속

과정사상에서 악이란 신의 사랑과 구속적 활동을 인간간의 상호관계에서 실현해 주지 않는 선택들로부터 나오는 것이다. 인간역사는 그런 윤리적 선택으로 이루어진다. 신앙에 있어 가장 중요한 질문 중 하나가 선과 악의 관계에 대한 것이다. 비극이 닥쳐올 때 사람들은 무슨 일이든 신의 뜻임에 분명하다는 말로 대체해 왔다. 20세기에 일어난 사건들은 그런 식의 생각에 종지부를 찍었다. 전쟁의 폭력, 대학살과 히로시마의 참사, 그렇게도 많은 사람들을 누르고 있는 압제, 계속되는 핵 종말의 위협, 이런 것들이 신의 뜻이라면 그런 신을 믿을 이유가 없을 것이다. 그 신이 악을 방지할 수 있으면서 하지 않는다면, 그런 잔인한 신이 왜 우리의 예배를 받을 만하다는 것인가? 하지만 만약 신이 역사를 '주관'(in control)하지 않는다면? 그것이 사실이라면 악과 구속의 문제에 대한 매우 다른 견해가 드러난다. 만약 신도 우리처럼 역사의 사건들에 놀랄 수 있다면? 만약 현실의 자유를 인정하며 신이 미래에 무엇이 일어날지 알지 못한다면? 그렇다면 우리는 어렸을 적 아버지가 모든 것을 할 수 있다고 믿었듯이, 누군가가 사건들을 주관하고 있다고 생각하고 싶기 때문에 전통적 견해를 받아들여 신이 전능하며(만사를 주관하며) 전지하다(무엇이 일어날지 알면서 방지하지 않는다.)는 입장을 고수할 것인가? 금세기 계속되는 비극과 생명의 위협, 그리고 '아버지'(혹은 어머니)가 모든 일을 주관한 적이 없다는 성숙한 깨달음을 가지고 볼 때, 우리는 압제적 권력의 신이 과연 우리가 따르는 나사렛 예수가 보여 준 신이었는지 물어 보아야 한다. 우리는 과연 대담하게 그다지 도움이 되지 않는 전통적 신앙해석을 변혁해 볼 수 있을 것인가? 우리는 계속되는 신의 계시에 대해 창조적이고 개방적일 수 있는가? 과정신학과 여성신학은 현재 기독교와 지구의 미래에 그러한 변혁이 필수적이라고 주장하고 있다.

과정신학자들은 질문한다 : 역사의 책임자는 누구인가? 신인가? 우리인가? 그것이 우리라면 – 경험적 증거는 압도적으로 이를 뒷받침한다 – 이제 우리는 자라나서 하나님 아버지의 집을 떠나 우리의 삶과 우리가 사는 세계에 대한 책임을 져야 할 때가 아닌가? 사람들은 오늘날 이 책임을 진지하게 받아들이기 시작했지만 종종 이는 제도적 교회 바깥에서 이루어졌다.

화이트헤드는 악이란 특정한 행위의 문제이거나 도덕적 규율을 지키지 않는 문제가 아니라, 사람들간의 관계의 파기라는 점을 인식하였다. 육체적으로 표현되는 성적(sexual) 행위는 그 자체로는 나쁘지 않다. 그런 행위가 결혼계약을 파기하거나 임신을 한 수태 아이를 책임 있게 돌볼 수 없을 때, 혹은 합의적이든 강제로든 다른 사람을 자신의 쾌락만을 위해 이용함으로써 사람의 존엄성을 부인하게 될 때 '죄'를 짓게 되는 것이다. 개인적 관계에서나 세계의 사건에서나 모든 일은 '신의 뜻'이기 때문이 아니라 사람들의 선택에 의해 일어난다. 과정사상의 세계에서는 거리와 상관없이 모든 사건이 다른 사건들에 영향을 끼친다. 예를 들어 이혼은 두 사람 사이의 매우 개인적인 경험이지만, 최근 출판된 연구결과들은 자녀들에 미친 부정적인 영향이 사회 전체의 복지에 두드러진 차이를 가져온다는 것을 보여 준다.[23]

악에 대한 이러한 해석은 아직 대답 없는 많은 질문들을 제기한다. 이 견해에 대한 만만치 않은 비판들이 있는데, 그중 명백한 것으로 신이 유한적이며 덜 권능적이 된다는 점과 피조계의 자유를 받아들일 때 신이 악의 원천이 된다는 점이다. 「다시 살펴볼 악」(Evil Revisited)에서 데이빗 레이 그리핀은 이런 비판에 대해 대답한다. 예를 들어 그리핀은 우리가 심미적 악, 고통(suffering)과 도덕적 악, 사악(perversity)을 혼동하는 경향이 있다고 한다. 고통하는 사람 속에 있는 악은 "의도된 악이 아니라 경험된 악이다. 그것은 도덕적 악이 아니라 심미적 악(aesthetic evil)이다."[24] 신이 고통당하는 사람들과 함께 경험하는 것은 이런 심미적 악이다. 최근의 예로 에이즈에 감염된 사람들을 들 수 있을 것이다. 고의로 다른 사람을 전염시키는 에이즈 감염자는 도덕적 악을 범한다. 알지 못한 채 사랑하는 사람에게 전염시킨 환자는 두 사람이 함께 경험하는 심미적 악에 참여한다.

우리 모두 경험하는 매우 사실적인 이 악 속에서 구속은 어디에 있는가?

화이트헤드는 신의 구속활동을 "아무도 잃어버리지 않으려는 부드러운 배려"로 본다. 그는 신의 심판을 신의 경험 속으로 지나가는 세계를 구원하는 신의 필연적 본성(consequent nature)의 활동으로 본다. "그것은 구원할 수 있는 것은 아무도 잃어버리지 않으려는 자비의 심판이다. 그것은 또한 잠깐뿐인 세상 속의 단순한 파괴에 불과한 것들을 사용하는 지혜의 심판이다."[25] 구속은 영원한 가능성들을 가진 실현되지 않는 신의 본래 목표 속에 베풀어진다. 신과의 공동 창조자요 공동 구속자로

---

23. Barbara Dafoe Whitehead, "Dan Quayle Was Right," *The Atlantic Monthly*, 271 : 4(April 1993).
24. Griffin, *Evil Revisited*, p. 204.
25. Sherburne, *A Key to Whitehead's Process and Reality*, p. 182.

서 사람들은 역사 내에서 신의 영역을 실현하는 선택을 한다. 그러므로 구속은 개인적이라기보다는 사회적이다. 구체적으로 이것은 무슨 뜻인가? 1980년대 초 "마음속의 자리들"(Places in The Heart)이라는 한 상업영화가 자신들의 세상을 좋게, 혹은 나쁘게 공동 창조하고 서로에게 공동 구속자가 되어 주는 사람들의 이야기를 그려 주었다. 이야기 속 여러 군데에서 경제 대공황 당시 미국 중서부에 사는 한 과부역을 맡은 배우 샐리 필드가 다른 사람들, 절도혐의를 받는 어느 흑인과 가족들에게 버림받은 어느 맹인에게 구속의 도구가 된다. 그녀 또한 자신이 법으로부터 '구원' 해 낸 흑인이 자신의 집과 농장을 지키도록 도와준다는 점에서 구속을 경험한다.[26] 그러나 이 '구속'은 희생 없이는 이루어지지 않는데, 이 경우에는 이 과부가 다른 흑인들과 함께 목화밭에서 허리가 끊어질 만큼 힘든 노동에 참여하는 것으로 그려진다. 구속은 상호 연관된 희생적 노력을 통해 온다. 이같이 구속은 사회적이다.

고립됨 속에 악의 씨앗이 있다. 화이트헤드의 자주 인용되는 어구 "종교는 우리의 독거(獨居, solitariness)와 더불어 무엇을 행하는 것이다."[27]는 이 시대에 보다 더 중요성을 인정받는 사회적 차원을 강조하고 있다. 개인적인 신비 경험은 영적 순례에 매우 가치가 있지만, 고립되는 것이 반드시 종교적이 되는 것은 아니다. 신의 현실 참여 때문에 우리는 사랑받고 사랑하며, 주위에 흐르는 생명과의 진정한 상호성으로 들어갈 때 신의 사랑을 경험한다. 종교적 추구는 실로 우리가 독거(solitariness)

---

26. Places in the Heart는 Robert Benton이 극본을 쓰고 감독하였으며, Arneen Donovan이 제작하고, Tri Star 영화사가 배급한 영화이다. 이 영화의 이야기를 통해 여러 등장인물들은 각기 다른 때에 서로에게 구속적인(redeeming) 방법으로 행동하여, 실제적인 삶의 상황에서 하나님의 사랑을 현실화한다. 영화의 마지막 장면은 개신교의 성찬예배를 담고 있는데, 여기에는 산 사람, 죽은 사람을 막론하고 영화의 모든 등장인물들이 나타난다. 이것은 서로를 구속하는 '성도의 교제'(communion of saints)와 함께 우리의 상호 연결됨에 대한 강렬한 이미지이다.

27. Alfred North Whitehead, Religion in the Making(New York : New America Library, [1926] 1960), p. 16, but see p. 137.

와 더불어 무엇을 행하는 것(do)이다. 그것은 분리성과 파편화를 초월하고자 하는 우리의 갈망이다.

부활이나 불멸성에까지 끌고 가는 구속의 개념은 과정신학에서 아직 완전히 발전되지 않은 분야이다. 화이트헤드는 '영원성'을 천국 이미지와 연관된 최종의 합일성으로 보았으며, 개인적 불멸성에 대해서는 중립성을 보였다. 캅과 그리핀은 과정적 실재에도 상실(죽음)이 존재하나, "반응적 사랑은 현세의 잠시적 존재의 최종적 악을 극복할 능력을 가지고 있기"[28] 때문에 이것이 마지막일 이유가 없다고 본다. 다니엘 데이 윌리엄스는 부활에 대해 말하면서 이것이 "용서의 인간 경험, 사랑의 재활, 소망의 재생 등과 유사"[29]하며, 부활을 죽음 뿐 아니라 죄에 대한 승리로 보는 것이 중요하다고 언급한다. 그리핀은 부활에 대한 포스트모던적 견해와 과정신학적 견해를 구분한다. 그는 포스트모던주의는 화이트헤드의 사상을 '근대화'(modernize)하지는 않으나 과정신학은 영혼과 정신의 동일성 및 육체와 물질의 동일성을 이야기할 때 근대화한다고 한다. 포스트모던주의는 심령현상에 자주 나타나는 신체이탈 경험과 '비국지적'(nonlocal) 연결[30]에 대한 최근의 증거들을 수용할 여지를 둔다.

매저리 수코키(Marjorie Suchocki)는 신약성서의 증거가 부활 자체가 아니라 부활의 결과에 대한 것이라는 점을 상기시킨다. 수코커에게 "부활은 단지 신이 실행할 수 있는 것으로서가 아니라 신의 본질인 것으로 신의 실재에 의존한다."[31] 과정신학 내에서 부활의 개념에 대한 논의는

---

28. Cobb and Griffin, *Process Theology*, p. 123.
29. Daniel Day Williams, *The Spirit and the Forms of Love*(Lanham, Md. : University Press of America, 1981), p. 169.
30. 현대의 양자이론은 과거 '당구공' 모형에서 보여 주는 그러한 인간관계의 '원인과 결과'(cause and effect) 같은 관계가 전혀 없이, 서로 멀리 떨어진 채로 영향을 주고받는 입자들(particles)에 대해 이야기한다.
31. Marjorie Hewitt Suchocki, *God-Christ-Church*(New York : Crossroad, 1982), p. 115.

계속되고 있다. 그러나 우리가 우주에 대한 실체적 견해 대신 과정적 견해를 수용하고, 실재를 기본적으로 '구간'(interval) 또는 창조적 영으로 본다면 사망시에 오는 실체의 상실처럼 보이는 일은 과정 자체의 종말은 아니라고 할 수 있다.

그러므로 교육자들이 과정적 관점에서 활동한다면, 이상과 같은 과정신학의 입장들이 어떻게 교육이론과 실체에 영향을 주는가? 그리핀은 오늘날 필요한 것은 "신들 사이에서 살 용의가 있는 세대"[32]임을 말한다. 즉,

> 지성적으로서가 아니고서는 완전히 신이라고 느껴지지 않는 신의 개념들을 가지고 일할 종교 지도자, 예술가와 부모들의 세대에 속한 그들은 신의 형상을 자신들의 영향 아래에 있는 어린 세대에게 상징, 이야기, 교리와 예를 통해 가르치고, 그들이 자라나면 지성적으로 뿐 아니라 종교적으로 가장 깊은 의미에서 만족스러운 신에 대한 이해를 갖기를 소망한다.[33]

오늘날 교회교육의 모호성에 대한 그리핀의 안목은 교회와 신학교들에서 성인교육에 대한 커다란 도전을 제시한다. 만약 모든 종교교육자와 목사들이 그리핀이 제안하는 대로 가르치고자 한다면, 종교교육은 어떤 모습을 띨 것이며, 어떤 교육이론이 그 실행을 안내할 것인가?

||||||| **2부** |||||||

과정신학과 교육이론

서 론

교육에 대해 글을 쓰는 것은 현실의 내면적 연관성을 구체적으로 경

---

32. Griffin, *Evil Revisited*, p. 211.
33. Ibid.

험하는 기회이다. 가르침에 대해 이야기하며 동시에 학습을 이야기하지 않거나, 이를 인식론 또는 학습환경으로부터 떼어 이야기하는 것은 어려운 일이다. 우리가 무엇을 어떻게 알게 되는가의 다중적 측면은 너무나도 많이 함께 얽혀 있어서 하나를 논하자면 동시에 나머지를 모두 이야기해야 한다. 그러나 교육에 대해 말을 하고자 한다면 우리는 범주들과 정의들을 사용해야 하고, 이러한 질문들을 던져야 한다 : 포스트모던 혹은 과정신학에 바탕을 둔 종교교육의 안내 원리들은 무엇인가? 이런 원리들에 의해 계획과 실행이 이루어진다면 교육이라는 사건은 어떤 모습을 띨 것인가? 이 원리들에 바탕을 둔 교육방법이 왜 이 시대에 선호될 교수/학습상황이 될 것인가?

교육을 과정적 접근에 근거할 세 가지 안내 원리가 있다(다른 사람들은 물론 다른 원리를 선택할 수도 있을 것이다). 첫째, 실재와 신은 지금껏 이해되지 않았던 방식들로 내면적으로 연관되어 있고 상호 연결되어 있다(만유재신주의). 둘째, 실재의 본질은 자유와 창조성이다. 창조는 단번에 이루어진 사건이 아니라, 신과 세계가 동시에 참여하는 진행 중인 활동이다. 그러므로 참신성으로의 진보가 실재의 중심에 있다(과정). 셋째, 인간들은 세상의 공동 구속자이다 ; 우리는 역사에 대해 책임을 진다(압제적 권력으로가 아니라 설득적 사랑으로서의 신).

포스트모던/과정 원리들이 종교교육 원리에 어떻게 영향을 주는가?

실재의 상호 연관성

α) 인식론

양자이론과 유기철학의 새로운 패러다임들은 실재의 질서가 가진 상호 연관성과 상호 연결성에 대한 인식을 높여 주었다. 신학에 대한 과정사상 및 포스트모던적 접근은 신의 필연적 본성에서 실재에 내면적으로 연관되었다고 보는 보완적인 신관을 제안한다. 이런 제안들은 물질, 시간, 공간과 인과관계, 그리고 '신성'(divinity)의 이미지에 대해 아는 이전의 방식들을 근본적으로 바꾸어 놓아서 역사 속의 현재 시점을 어느 때와도 다른 시기로 만들었다.

과정철학은 안다는 행위를 관계적, 건설적 활동으로, 밥 고윈(Bob Gowin)은 "사건 인식론"(event epistemology)[34]이라고 부르는 것으로 이해한다. 명제적이 아닌 관계적인 앎의 행위는 추상성이나 관념들을 '시대에 맞지 않는 것'으로 본다. 그런 앎은 추상적 관념에 배경이 되어 주는 구체적인 '사건들' 속에 일어난다. 관념, 명제, 범주와 합리적 설명은 지식의 내구성을 위해 필수적이지만 참여자들의 계속되는 삶의 경험 속에서 항시적으로 검증될 필요가 있다. 화이트헤드를 인용하자면,

> 무엇보다도 우리는 본인이 "부동의 관념"(inert ideas)이라고 부르는 것들-즉, 이용되거나 검증되거나 새로운 조합들에 포함되지는 않은 채, 단순히 정신을 받아들이기만 하는 그런 관념들은 경계해야 한다.[35]

개념들이 그 가치를 인정받고 유용해지려면 학습자는 관념들을 다른 여러 가지 문맥들 속에서 만나 볼 필요가 있다. 과정적 세계관에서 앎은 과거의 영향을 받으며, 현재 순간이 제공하는 가능성들에 의해 인도되어 놀라움과 참신함에 열린 자세를 지닌 채 미래로 움직여 가는 것이다. 알게 되는 것은 비판적 사고를 행사하는 과정, 우리가 아는 것을 보게 되는 것이 아니라 우리가 보는 것을 아는 것의 과정이다.

b) 학습

---

34. D. Bob Gowin, *Educating*(Ithaca, N.Y. : Cornell University Press, 1981), p. 28.
35. Alfred North Whitehead, *The Aims of Education*(New York : Free Press, [1929] 1967), p. 1.

제임스 마이클 리(James Michael Lee)는 우리가 종교에 대해 학습하는 방식은 이성, 지각, 상상, 느낌과 직관을 사용해 다른 어떤 것을 학습하는 방식과 동일하다는 것을 일깨워 준다.[36] 학습은 인간 경험의 모든 국면의 상호 연관성 내에서 일어난다.

화이트헤드의 포착(prehension), 유착(conscresence), 만족(satisfaction)이라는 개념들의 상호관계는 그의 학습이론에 철학적 바탕을 제공한다. 거시적 차원의 실재에는 이것들이 화이트헤드의 교육리듬(rhythm of education) - 낭만, 정밀과 일반화 - 의 바탕이 되는데, 이때 학습은 내면적으로 동기부여된 것으로 이해된다. 이는 질문, 탐구와 경이의 활동들 - 낭만의 단계(stage of romance) - 에서 시작되는데, 이때 지식이 될 대상은 "반은 엿보이는 가능성들과 반은 숨겨진 풍부한 재료들로 아직 탐구되지 않은 연결점들을 담고 있다."[37] 그러한 지식을 사용하기 위해 학습자들은 정밀의 단계(the stage of precision)로 옮겨 가서 깊어 가는 이해와 기술로 그 주제에 대한 숙달을 견고히 한다. 일반화 단계(the stage of generalization)는 낭만으로의 회귀인데, "구분된 개념들과 적절한 기술들이 덧붙여졌다는 장점"[38]을 가지고 있다. 정밀의 단계에서 필요했던 작업들을 넘어서서 참신한 관계로 개념들을 조합할 수 있는 자유가 성취되며, 그런 창조성과 식별력은 **만족**(satisfaction)을 가져온다.

화이트헤드는 오늘의 이론가들과는 다르게 이 '단계들'을 이해한다. 학습은 개선(improvement)이 아니라 리듬을 지닌 움직임(rhythmic movement)이다. "개선의 과정으로서의 성장은 학습자에게 부족한 점이 있고, 타인이 학습자로 하여금 추구하게 하고자 하는 성취수준이 있다고 가정하는 것이다. 움직임으로 본 성장은 학습자측에서 '새로운 것들

---

36. James Michael Lee, *The Shape of Religious Instruction*(Birmingham, Ala. : Religious Education Press, 1971).
37. Whitehead, *The Aims of Education*, p. 17.
38. *Ibid.*, p. 19.

을 진보하고자 하는' 충동을 가진 것을 가정한다."[39]

c) 환경

내면적 환경에 의해 형상화된 연합성을 반영하도록 고안된 학습환경에서는 사람들에 대한 존중이 핵심 요소가 된다. 학습자들은 어린아이들이든 청소년이든 혹은 성인이든 간에, 화이트헤드가 말한 대로 "짐을 채워 넣어야 할 여행가방"[40]이 아니다. 위에서 내비친 대로 사람들은 그들의 세계 속에서 경이를 가지고 질문하며, 관계들을 찾을 수 있는 능력을 갖추고 학습할 성향을 내면적으로 가진 적극적인 행위자들로 보여진다. 학습사건 속의 모든 사람은 그들의 공헌이 중히 여겨질 것이며, 거기 참여하는 것이 좋다고 느낄 필요가 있다.

d) 가르침

가르침은 종종 교육학 저술에서 가장 먼저 다루는 분야이다. 이를 요약의 범주에 놓는 것은 바로 앞절까지 논해 온 모든 측면 내에서 교수/학습 연속체(teaching/learning continuum)를 포함하는 교육의 '고리'(loop)[41]를 가르침이 매듭짓는 것으로 형상화하는 것이다. "교육작업의 맥락 안에서 가르침은 인간들이 의미를 나누게 되는 사회적 사건이다."[42]

---

39. Kathleen Gershman and Donald W. Oliver, "Toward a Process Pedagogy," *Process Studies* 16 : 3(Fall 1987), p. 193.
40. 화이트헤드가 아동을 "portmanteaus"라고 설명한 것은 프레이리가 현행 학교육의 "은행저축식 교육"(banking education)에 대해 우려했던 것을 50년 이상 앞서 이루었다.
    Alfred North Whitehead, "Discussion Upon Fundamental Principles of Education"(1919), intro. and ed. by Robert Brumbaugh, *Process Studies* 11 : 1(1984), pp. 41-43.
41. 양자이론(Quantum theory)은 실재의 질서들이 함축적인(implicate) 질서들, 창의성과 상호 연결성간의 끊임없는 무희 속에 서로에게 기대고 있는 고리들과 같다고 말한다.
42. Gowin, *Educating*, p. 62.

과정신학은 인간이 신의 창조적-반응적 사랑을 세상 속에서 실현할 자유를 가진 것으로 본다. 학습자에 대해 긍정적인 전망을 가지고 시작하는 교사는 교과내용을 고려해 보고, 경험에 비추어 시험해 볼 제안으로 사랑과 자유 속에서 제시한다.

그래서 가르친다는 것은 학습자들의 세계를 교과내용의 세계에 연관시키는 것이다. 기독교 종교교육은 성서와 전통을 학습자들의 삶과 연관지어 주는 성육신적 활동이다. 철학자 프레드릭 터너(Frederic Turner)의 말을 바꾸어 쓰자면 : 학습자들은 성령의 기운, 자연의 의식, 그리고 자유라는 것에 무시무시한 책임을 느껴야 한다 ; 그들은 예배의식의 언어들 속에서 과거와의 연결을, 진행 중인 창조에 대한 흥분을, 그리고 우리의 공적인 유산에 대한 경외를 무수한 별들과 모든 피조물 속에 있는 신의 임재에서 감지하여야 한다. 종교교사들은 과학자이자 시인이어야 한다 ; 과학자들은 점점 더 영(the Spirit)에 대해 우리에게 가르쳐 주고 있으며, 시인들은 언제나 그래 왔다.[43]

창조성과 공동 창조

a) 인식론

과정사상은 창조성과 자유가 우주의 본질이라고 말한다. 그렇기 때문에 "완벽함을 정적으로 유지하는 것은 결코 가능하지 않다." 진보냐 쇠퇴냐가 인류에게 주어진 유일한 선택이다. 순수 보수주의자는 우주의 본질에 대항하여 싸우고 있다.[44] 그러므로 과거-전통과 성스러운 문헌들, 인문학의 '위대한 저서들', 과학적 사실들-만을 아는 것은 화이트

---

43. Frederik Turner, *Rebirth of Value*(Albany : State University of New York Press, 1991), pp. 124-125. 터너는 일반 교육에 대해 이야기한다. "나는 그의 논의를 종교교육의 문맥으로 변형하였다."
44. A.H. Johnson, "Whitehead's Philosophy of History," *The Journal of the History of Ideas* 7 : 2(1946), p. 8.

헤드에게는 "부동의 관념"만을 아는 것이다. 아동기에 가르쳐진 믿음의 개념들은 다른 견해가 전혀 제시되지 않고 질문이 제기되지 않기 때문에 성인기까지 그대로 넘어오게 된다. 미신 혹은 거부가 유일한 선택이 된다. 그러나 이 과거의 앎이 학습자의 구체적 경험과 창조적 조합이 될 때 학습자와 교사 모두 지식인으로서 존중되며, 지식의 대상이 그들 자신의 것이 될 수 있다. 그들은 신과 공동 창조자가 된다. 공동 창조는 우리가 이미 아는 것을 보기보다는 우리가 보는 것에 놀랄 수 있는 비판적 사고의 행사이다.

b) 학습

첫 번째 절에서 움직임으로서의 성장은 "새로운 것들로 진보하는 것"에 대한 동인을 외부세력이 부과하는 것이라기보다는 학습자 내면에서 나오는 것으로 이해한다는 점을 지적했다. "부동의 관념"은 학습에서 창조성의 실패라고 보았다. 종교적 전통을 학습할 때 교리와 의식들은 "이용되거나 검증되거나 새로운 조합들에 포함되지는 않은 채 단순히 정신(mind)이 받아들이기만 하는 관념"이면 부동의 관념이 될 수 있다. 과정신학 접근에 바탕을 두는 종교교육은 학습자들로 하여금 현실의 새로운 패러다임에, 그리고 여전히 창조 중이며 모든 피조계를 흥분되는 참신성(novelty)으로의 여행에 참여하도록 초청 중인 신에게 열려 있도록 장려한다.

c) 환경

과정사상의 개념들을 가지고 일하는 교사는 그러한 비판적이고 창조적인 사고가 장려되는 환경을 만든다. 종교교육에서 교리적 추상화에는 구체화(embodiment)가 보완되어야 한다. 초자연적인 것보다는 자연적인 질서에서 신의 임재가 발견된다. 각 사람의 신과 삶에 대한 경험이 중시된다. 새로운 안목은 기대되고 환영받으며, 신의 선물로 여겨진다.

d) 가르침

창조성과 자유를 실재의 본질로 볼 때, 가르침은 가르침받는 사람들 속에 이 두 가지 특성을 장려하고자 노력하게 된다. 창조적 활동으로서의 가르침은 학습자들이 실험하고 사색하고 이상을 보며 꿈을 꿀 기회를 열어 준다. 종교교육자는 그의 삶 속에서 신의 설득적 사랑을 성육화하는 사람이다. 그는 정의, 돌봄, 그리고 자유의 책임 있는 사용에 대해 가르치는 사람이다. 질문을 하고 의문점과 발견된 모호성을 나누도록 장려함으로써, "그렇지만 만약 이렇다면……" 하고 질문함으로써, 학습자의 반응을 소중한 것으로 받아들임으로써 성육신적 교사는 위에서 그려 본 수용적(accepting) 환경을 만들어 낸다.

공동 구속(Co-redemption)

a) 인식론

어떻게 우리가 알며, 무엇을 우리가 아는가는 중요한 문제이다. 정말 우리가 매일의 결정들을 통해 우리 자신을, 그리고 어느 정도까지는 우리가 살고 있는 세계를 건설해 나가고 있다고 한다면, 우리가 가진 철학적, 신학적, 실제적 개념들이 매우 중요해진다. 데이빗 레이 그리핀은 다른 신의 형상에 의해 생성된 다른 '혼들'(souls)의 종류를 말하면서 이 점을 설명해 준다. "근대적 교리들(초자연주의와 유물주의)이 십자군이나 권력 정치적 현실주의자를 산출하는 경향이 있었던 데 비해, 자연주의 유신론은 신적인 설득의 교리를 가지고 평화적인 혼들(pacific souls)을 산출해 내는 경향이 있을 것이다." 그는 '평화주의적'(pacifistic) 대신 '평화적'(pacific)이라는 단어를 사용하는데, 이는 그가 다루고 있는 것이 인격이지 윤리학이 아니라는 것을 강조하기 위함이다. "평화적인 영혼들은 동료들과 평화롭게 살기 원하는 이들로서, 그러므로 그들은 평화로운 관계를 증진하는 사회질서 형태를 자연스럽게 추구할 것이며, 불가피하게 남아 있는 갈등들의 평화스런 해결을 자연스럽게 추구할 것이다."[45] '평화적인' 혼들은 과정신학의 '부드러운 동반자'[46]처럼 타인들 위에 권력을 갖기보다는 공동 구속자가 되고자 할 것이다. 그들은 자신의 집인 지구를 포함한 모든 생물들의 만족을 초래할 삶의 질을 바랄 것이다.

b) 학습

과정사상은 신이 결과적 성격을 가진 것으로 이해한다. 즉, 신이 피조계가 경험하는 모든 것을 구체적으로 경험하며, 그렇게 과거를 신의 앎 속에 영원하게 한다. 그러므로 세계의 모든 사건은 신의 지식을 증가시킨다. 신은 선함, 아름다움, 진리와 조화를 증진하는 행동을 사용하며 세계의 구속을 촉진한다. 마찬가지로 인간들이 파괴적으로 행동할 때 신이 느끼는 고통은 신의 세계에 대한 지식의 일부가 된다. 그러나 신은 궁극적으로 구원될 수 있는 것이라면 모두 구속하고, 화이트헤드가 말하는 대로 우리가 '단순한 파괴'(mere wreckage)라고 보는 것들을 구속적 방법으로 사용한다.

그러나 학습자들이 구속이 무엇인지 이해하려면 그들 자신의 삶에서 그것을 경험할 필요가 있다. 이 장의 전반부에서 영화 "마음속의 자리들"을 예로 들었던 것이 여기에도 적절하다. 우리가 용서와 돌봄을 구체적으로 경험하지 않는 한 '구속'과 같은 추상적 개념을 이해하기는 어렵다. 그러한 이해 없이는 다른 사람들을 향해 구속적으로 행동하기도 어렵다.

---

45. David Ray Griffin, *God and Religion in the Postmodern World*(Albany : State University of New York Press, 1989), pp. 7-8.
46. 화이트헤드는 신을 '위대한 동반자'(the Great Companion)로 형상화한다 (*Process and Reality*) ; Sallie McFague는 '친구'(Friend)라는 은유를 사용한다(*Models of God*) ; 그리고 위의 문구는 각주 15번에서 언급한 Randolph Crump Miller의 글에서 나온 것이다.

c) 환경

교수/학습을 위한 구속적 환경을 마련하는 일은 다른 두 가지 기본적 원리들에 관해 이미 지적한 여러 가지 일을 행하는 것이다. 이는 개방적, 환대적, 긍정적, 그리고 돌보고 용서하는 분위기의 학습공간을 만드는 데서 시작한다.

학습자들에게 구속적 경험이라기보다는 억압적이고 비창조적인 것으로 종종 느껴지는 일반 교육의 평가과정과 비교해 볼 수 있을 것이다. 대부분의 종교교육 상황에서 교사들은 점수를 매기지 않는다! 그러므로 우리들은 일반 교실들보다는 더 쉽게 구속적 환경을 만들 수 있다. 신앙공동체의 상황에서 종교교육에 대한 과정적 접근은 낭만의 상태를 강조하여야 한다. 아동, 청소년과 성인들은 학문적 활동에서 요구되는 정밀도가 없이도 광범위한 종교적 지식을 접할 수 있다. 화이트헤드는 "종교적 진리를 표현하는 옳은 길이 많이 있겠지만, 성급하게 정밀의 단계를 추구하는 것은 종교의 종말이 된다."[47] 라고 했다. 참가자들이 서로의 공동 구속자가 되도록 장려하는 구속적 환경은 처음부터 낭만의 단계의 개방성을 중히 여기는 것이다. 그러나 각 단계 모두 중요하며, 그 상호관계성이 학습을 교육리듬을 따라 진보시킨다.

d) 가르침

공동 구속이라는 과정적 개념을 가지고 일하는 교사는 배우기 위해 온 이들을 대표하며, 그러한 구속에 자신이 참여하는 것으로 보고 배우러 온 이들만큼이나 자신도 구속을 필요로 한다는 것을 인식한다. 교수/학습 경험의 상호성은 여러 가지로 모형화된다. 교사는 학습자들의 발견의 기쁨을 증진하는 방법으로 자신이 그 교과주제에 가진 애착을 나눈다. 구속적 가르침은 교육이 불가피한 딜레마를 다룬다는 점을 인식한다. 어떻게 낭만의 단계에서의 기쁨을 잃지 않은 채 정밀의 단계의 숙

---

47. Whitehead, *The Aims of Education*, p. 39(emphasis mine).

련도를 생산해 낼 것인가? 어떤 피아노 연주자라도 인정할 수 있듯이, 음악은 창조적으로 해석하기 위해서는 자유스럽게 되기 위한 숙련도 중요하지만 연주회장까지 다다르는 것 자체는 음계를 연습하는 수많은 어린이들에게 거침돌이 되어 온 것이다. 학습자들이 기술을 습득하는 단조로움을 견디고, 어느 교과를 숙달하도록 해주기 위해서는 낭만의 단계의 참신성과 일반화 단계의 만족이 구속적 교육리듬의 일부가 항상 되어야 한다.

이 원리들이 우리 계획과 실행에 응용된다면 교육적 사건은 어떤 모습을 띨 것인가?

인식론

종교교육의 가장 주된 활동은 중심 이야기(The Story)를 나누고 참여자들의 이야기들[48]을 들음으로써 '시대에 맞지 않는' 개념들을 학습자들의 현실과의 긴밀한 관계 속에서 알게 하는 것이다. 인생여정의 신화들은 세계관을 형성하고, 비유들은 감정 이입과 상상을 자극하고 현실을 보는 세계관을 제공함으로써 그들을 변혁시킨다. 성서, 교회 이야기, 그리고 참여자들의 세계관들까지도 소개될 필요가 있다. 그러한 상호 연관적 앎은 참가자들이 비판적 사고를 통해 신의 개념들을 시험해 볼 수 있게 해줄 것이다. 사회학적, 인류학적 비평을 사용해서 학습자들은 '새로운 이야기', 오늘날 인류에게 전달 가능한 공통적인 우주적 이야기를 쓸 수 있게 도와줄 수 있는 방법으로 전통적 신앙체계를 볼 수 있다.[49]

---

48. 이 용어들은 Thomas Groome이 그의 책 *Christian Religious Education*(번역책명, 「기독교적 종교교육」)에서 소개하였고, *Sharing the Faith*의 the updated shared praxis approach에서 현재 사용하는 것과 같은 방식으로 사용되고 있다.

49. The reference here is to Thomas Berry's call for a new creation story, "The New Story," *Teilhard Studies*(New York : The American Teilhard Association for the Future of Man, 1 Winter 1978).

성서에 대한 과정적 접근은 이스라엘 백성의 역사를 통한 신앙여정의 상호 연관적이고 진전되는 특성을 보는 것의 중요성을 강조한다. 불행하게도 많은 교육과정에서 이루어지는 성서의 가르침은 영양가 있는 식사보다는 빠른 시간에 먹을 수 있는 간식에 대한 갈망을 채우려는 공통점이 있다. 학습자들은 족장시대의 신앙에서 시작하여 예언자적 안목을 통해 나사렛 예수 속에서 로고스의 성육신으로, 그리고 오늘까지 계속되는 신의 창조적-반응적 사랑의 연합됨을 히브리 경전과 기독교 성서를 통해 감지할 필요가 있다.

교육의 실행이 윤리적임은 중요하다 - 그리고 윤리교육의 일차적 요소는 알아야 할 것을 제공하는 것이다. 너무나 오랫동안 '거짓말, 비밀, 침묵'[50]이 교회의 교육적 실행의 일부가 되어 왔다. 고대문화 속의 문서로서 성서를 현실적으로 다루는 오늘의 성서학자들의 연구에 대해 침묵이 있어 왔다. 교리들은 공적으로 판단될 수 있는 개념보다는 종교의 상투적 문구들에 바탕을 둔 순환논리의 사용을 통해 이해할 수 없게 신비스러운 것으로 둔갑되었다. 소피아 리온 파즈(Sophia Lyon Fahs)가 아동교육에 대해 거의 반세기 전에 다음과 같이 썼다.

> 신에 대한 신앙의 시작을 오늘날 세대가 더 이상 사실이라고 여기지 않는 우주관의 개념 위에 쌓아올리는 것은 성서에 대한 존경심을 잃어버리는 길을 닦아 놓는 것이다. 그리고 더 심하게는, 아동이 스스로 배울 만큼 나이가 들었을 때는 냉소적인 무신론으로 인도하는 것이다.[51]

고의로 거짓말을 한 것은 아니겠지만(나는 그렇게 믿고 싶다.) 신이 역사를 주관하고, 기도가 문자적으로 응답된다는 가르침이 일상 경험에 비추어 받아들일 수 있는지 의문을 던질 수 있다. 파즈의 「오늘의 아동과 어제

---

50. Taken from the title of a book by Adrienne Rich, *On Lies, Secrets and Silences, Selected Prose 1966-1978*(New York : Norton, 1986).
51. Fahs, *Today's Children and Yesterday's Heritage*, p. 11f.

의 유산」(Today's Children and Yesterday's Heritage)에 나오는 한 이야기는 분명치 않은 전달 혹은 전통을 정직하게 다루기 두려워하는 것 때문에 어떻게 우리의 가르침이 잘못 해석될 수 있는지 잘 보여 주는 예가 된다. 그녀는 수영을 못하지만 예수께 기도만 하면 성서에서 베드로를 도왔던 것처럼 자신을 물에 뜨게 해줄 것으로 믿고 물에 뛰어든 한 어린 소년에 대해 이야기한다. 물에서 구조된 뒤 화가 난 그 어린이의 반응은 "주일학교에서 거짓말을 했구나. 내가 기도만 하면 예수가 나를 언제나 도와준다고 그랬는데 도와주지 않았잖아?"였다. 교사들이나 부모가 의도적으로 이 아이에게 거짓말을 한 것이 아니지만, 그 아이가 받아들인 내용은 가르치려고 의도했던 내용이 아니었던 것이다.[52] 우리는 종교적 진리를 가르침에 있어 은유와 유비들을 정직하게 다룰 필요가 있다.

과정 접근에서 학습을 위한 풍부한 환경에는 "인간들이 새 사건들을 일으키는 데 사용할 수 있는 지난 사건들의 기록"[53]이라고 여겨지는 교육과정이 포함된다. 그러한 교육과정은 과학으로부터 안목을 제공하며, 성서의 말씀들을 공적인 영역에서 시험하는 직접 경험을 환영한다. 그러한 가르침은 학습자 스스로 알 수 있는 내면의 능력과 방향을 존중하며, 개방성과 상호성 안에서 학습리듬을 진보시킨다.

학 습

과정-중심 접근에서 교회교육은 신체(body), 정신(mind)과 영(spirit)을 모두 동원한다. 인간의 전체에 도전을 주는 개념들이 대화 속에서 제공되고, 이야기를 통해 내면화된다. 음악, 무용, 그림, 조각, 연극과 시 등의 활동을 사용하여 진리에 대한 심미적 감식을 장려한다.[54] 예배, 기

---

52. *Ibid.*, pp. 11-12. 이 책 속에 '과정 지향적'인 가르침에 대한 많은 예(例)들이 있다.
53. Gowin, *Educating*, p. 55.
54. 화이트헤드는 *The Aims of Education*, 제 3장에서 예술을 교육에 포함시켜야 한다는 주장을 펼쳤다. 오늘날 Maria Herris, Gloria Durka, Joanmarie Smith 같은 종교교육자들도 심미적 활동을 통해 상상력을 자극하는 것의 중요성을 볼 수 있게 해주고 있다.

도와 명상을 통해 직관적 '신앙화'(intuitive 'faithing')가 장려된다.

신의 개념은 과거로부터 전해진 말에 불과하다. 그것은 "시대에 맞지 않는다." 학습자들의 삶 속에 직접 다가오도록 만들어지기 전까지는 ; 다시 말하면, 진흙덩어리 하나가 신을 새롭게 형상화하거나, 혹은 예배가 생생한 기쁨과 경이의 순간에 새롭게 태어나기 전까지는 신의 개념은 어떤 다른 사람의 말이다. 실재의 모든 내면적 관계에 대한 인식을 가짐으로 우리는 우리가 서로 함께 살 때 구속적 방법으로 행동하고자 노력하면서 신의 진행 중인 창조성에 동참한다.

환 경

학습자들이 차지하는 공간은 학습이라는 모험으로 초대하는 환대 (hospitable)의 열린 장소이어야 한다. 자주 언급되지 않는 점은 학습자뿐 아니라 교사에게도 환경이 창조적이고 돌봄이 있고 긍정적인 것으로 경험되는 것이 중요하다는 것이다. 그 곳은 이야기를 듣고 말함을 통해 '성도들의 교제'(communion of saints)가 만나는 공간이다. 아동, 청소년, 성인들에게 그 곳은 신과 자연세계와 삶의 경험에 대한 행동/성찰의 공간이다. 위에서 말한 대로 참가자들이 학습되고 있는 내용에 대해 환영받는 느낌을 가지고 도전받고 흥분되기 위해서는 그 곳이 "거짓말, 비밀과 침묵"이 발붙일 곳 없는 윤리적 환경이어야 한다.

사용되는 방법론은 다양한 학습 형태를 수용하여 모든 참가자들에게 자신이 무언가 제공할 것이 있는 장소라고 느끼게 도와야 한다. 한 아동이나 청소년 혹은 성인이 학습장소에 올 때 "내가 여기에서 환영받는다는 것을 나는 안다."라고 말할 수 있어야 한다. 이 곳은 무언가 새로운 것을 보도록 도전받을 장소이다. 나는 위협감을 느끼지 않으며, 내가 공헌하는 것도 중시될 것임을 안다. 그러한 학습의 분위기를 창조하는 일은 교육사건들을 과정적 관점에서 설계하여 교사와 학습자 모두 전통에 대해 '유연한 태도를 지니도록' 도와주고, 오늘의 학습자들에게 창조적이고 참신하고 현실감 있는 신의 이미지들을 여러 가지로 생각해 볼 수 있게 해줄 때 자연스럽게 이루어질 것이다.

가르침

과정사상의 접근을 가지고 가르치는 이들은 '산파적' 교사들로서 "학생들이 스스로의 생각을 만들어 내고, 그들이 가진 숨은 지식을 밝혀 내고 완성시키는 것을 도와주는"[55] 사람들이다. 이들은 교육사업에서 그들의 상대자와 공동 학습자가 되는 교사들이다. 그들은 자신의 의문들과 질문들에 대해 이야기하기를 두려워하지 않고, 자신의 이해가 불완전함을 인정하면서도 열정과 헌신으로 지키는 자신의 신앙을 나눈다. 그들은 신앙하는 과정의 허약함과 안전하게 매사를 주관하기 원하는 우리 모두의 필요에 대해 민감한 교사들이다. 그런 교사들은 그들의 가르침 중 일부는 사산아처럼 '사망' 할 수도 있음을 인정한다. 그러나 벨렌키(Belenky)와 그녀의 동료들이 지적하듯, 산파적 교사들은 다양한 의견을 환영하고 교수/학습 행위에서 상대자들에게 관심을 가짐으로써 연결의 분위기를 마련할 수 있는 이들이다. 그들은 훈련된 주관성을 행사하며, 어느 누구의 공헌도 가치 없게 여겨 지나치거나 경멸하지 않도록 한다.

과정신학에 바탕을 둔 가르침의 행위는 그러므로 성격상 대화적

---

55. Mary Field Belenky, Blythe McVicker Clinchy, Nancy Rule Goldberger, and Jill Mattuck Tarule, *Women's Ways of Knowing*(New York : Basic Books, 1986), p. 217f. Although the following do not use this metaphor one can find this kind of teaching in the article by Eleanor Duckworth, "The Having of Wonderful Ideas," in Milton Schwebel and Jane Raph, *Piaget in the Classroom*(New York : Basic Books, 1973), in the final chapter of the third edition of David Elkind, *Children and Adolescents*(New York : Oxford University Press, 1981), in Maria Harris, *Teaching and Religious Imagination*(San Francisco : Harper & Row, 1987), and Jerome Berryman, *Godly Play*(San Francisco : Harper & Row, 1990).

(dialogical)이어서 학습자들에게 자신의 삶과 주위의 세계 속에 있는 신의 활동에 대해 스스로의 의식을 가지도록 자유를 준다. 성서의 이야기로부터, 그리고 전해 오는 인간의 지혜 및 일상생활로부터 가져온 이야기를 통해, 이 이야기들을 학습자 자신의 삶과 연관짓는 질문들이 제기된다. 그러한 질문은 오랫동안 고수된 진리들을 창조적으로 재개념화할 수 있으며, 근본적인 신념들에 대해 건전한 회의(의심)를 유지하도록 도와준다. 과정 중심적 교사는 그의 가르침 속에 신의 설득적 사랑의 자유를 성육화함을 통해 구속적으로 행동하며, '인간이 만든' 교리적 진술문의 권위를 주장하기보다는 성서를 새로운 방법으로 듣게 해준다. 금세기 중반까지도 대부분의 신학은 남성의 관점에서 쓰여졌다. 이제 여성 신학자들과 성서학자들로부터 나오는 중요한 안목들은 복음을 새롭게 듣게 하는 데 공헌하고 있으며, 이 점은 좀더 널리 알려져야 한다.

과정 원리에 바탕을 둔 교육이론이 왜 우리 시대에 선호되어야 할 교수/학습 상황이 될까?

과정적 교육철학이 오늘의 세계에 중요한 이유들을 다음과 같이 나열할 수 있다. 미래의 다른 시기에는 분명히 다른 접근들이 나올 것이다. 대화는 계속되는 것이다.

1. 우리의 지구와 여기 속한 사람들이 생존하자면 과학이 기초되고 관계 지향적인 바탕을 둔 철학과 신학이 필요한데, 이를 통해 생태학적 인식을 지원하고 '평화적인' 혼들('pacific' souls)을 창조해 내는 일을 장려하게 될 것이다. 공격, 착취와 압제는 이제는 더 이상 이 지구상의 관계들을 위해 생존에 적합한 선택거리가 아니다. 과정주의 혹은 포스트모던주의는 이 시대의 필요를 충족하는 하나의 주된 현대신학이다.

2. 사람들에게 미래를 건설할 책임에 대한 인식을 개발하는 것이 필요하다. 우리는 더 이상 체념한 채 사건들이 일어나게 내버려두거나 역사를 '신의 뜻'으로만 돌릴 수 없다. 과정신학, 포스트모던 신학과 여성신

학은 모두 이 책임을 진지하게 받아들여 신의 세계의 공동 구속자가 되도록 우리에게 도전한다.

3. 신에 대한 새로운 이미지들(new images)이 필요하다. 전통적 이미지인 압제적 권력과 가부장적 군림은(예배의식과 찬송에 잘 드러남) 분열된 관계들을 가져왔고, 진리의 새로운 개념에 대한 정신적 장애물이 되었다. 신의 '신성'과 '타자성'을 재정의하는 것이 필수적이다. 과정신학을 통해 신자들은 종교적 가르침을 죽은 자들로부터 내려온 불변의 유산으로서가 아니라 살아 있는 전통으로 접근할 수 있다.[56]

4. 세계의 민족들이 평화를 누리기 위해서는 서로의 신앙공동체들을 존중하는 것이 필요하다 ; 아무도 '유일한 진리'(The Truth)를 가지고 있지 않다는 점을 인정하는 것이 필요하다. 확실성에 대한 우리의 열망에도 불구하고 우리의 가장 위대한 지성적 체계를 항상 벗어나는 그 이상의 것을 의식하고 있음을 인정하는 것이 필요하다. 세 가지 주된 유일신 종교인 기독교, 이슬람교, 유대교에서 근본주의가 일어나고 있다는 점은 이런 의식화의 고양을 특히 급박한 과제로 만든다. 과정사상은 우리가 삶의 진화과정에서 내면적으로 연관된 세계의 모든 민족들과 대화를 갖도록 장려한다.

5. 사람들은 과거가 신(神) 안에서 영원하지만, 우리가 그것을 되풀이할 필요가 없음을 알아야 한다. 신은 계속해서 세상 속의 선함, 아름다움, 조화와 평화의 실현을 위한 가능성을 베푼다. 신의 본래 목적은 모든 피조물에게 삶이 즐길 만하고 만족스러운 것이 되게 하는 것이다. 그러나 세상 속에서 그 목적을 실현하는 것은 인간의 손에 달려 있다. 과정신학은 우리가 세상의 공동 창조자가 되도록 도전한다.

6. 이제는 뉴턴적/데카르트적/가부장적 세계관의 이원론적 사고방식과 거기에 따르는 정신/육체 ; 영혼/물질 ; 남성/여성 ; 친구/원수의 계

---

56. Edward Robinson, "Enfleshing the Word," *Religious Education* 81 : 3 (1986), pp. 356-371.

층 구분들로부터 옮겨 갈 때이다. 내면적으로 연관된 실재에는 '우리' 만이 있다. 우리 안의 계층들이란 낮은 것에 대한 높은 것의 군림을 나타내기보다는 실재를 향해 적극적으로 침투하고, 그 속에 거하는 내재적 일반 원리로 보여진다.[57] 그러므로 과정사상은 오늘날 세계가 직면하고 있는 지도력의 위기에 공헌할 수 있다. 제안(proposal), 나눔의 지도성(shared leadership), 집단 기획(team projects)에 의한 지도력은 경영학계에서 더 잘 이해되어 있는데, 교회와 교회 당회실에서도 이러한 지도력이 장려될 필요가 있다.[58]

7. 모든 종교적 가르침이 실재(reality)에 대한 올바른 개념에 근거를 두어야 한다는 윤리적 의무가 있다. 건설적 포스트모던주의[59] 내의 과학, 철학과 신학간의 상호관계는 그 의무를 성취하도록 우리를 도와준다.

8. 우리는 종교적 가르침이 서로간에 돌보는 상호 연결의 필요를 강조하여야 하고, 직접 혹은 TV를 통해 폭력적이고 적대적이고 돌봄 없는 세상에 노출되어 있는 아동들이 현재 경험하고 있는 역사적 갈등과 증가되는 '분리감'을 극복하도록 도와주어야 할 윤리적 의무가 있다.[60] 포

---

57. Bohm and Peat, *Science, Order and Creativity*, p. 164. 보음과 피이트는 실재의 질서들이 가진 연결성에 대한 새로운 비전을 보여 주는데, 여기서 다시 한번 과학이 과정사상을 보충해 주고 있다.
58. Harrison Owen, *Leadership Is* ; Parker Palmer, *Leadership From Within* ; John Cobb's essay, "The Holy Spirit and Leadership by Proposal," in *Can Christ Become Good News Again?* 등의 자료들은 과정 지향적인 사고가 이 분야에 끼친 영향들의 실례들이다.
59. Griffin, Beardslee, and Holland, *Varieties of Postmodern Theology*. 포스트모더니즘은 신학적으로 철학적으로 여러 가지 다른 형태를 가지고 있다. 건설적인 포스트모더니즘은 현대라는 시대에 있어서 무엇이 가치 있는 것인지를 확인하고자 한다. 이 책은 다양한 접근들에 대한 훌륭한 개관을 제공한다.
60. Tom Keogh, "Raging Angels," *Globe and Mail*, Toronto, 6 March 1993, D5 which referred to Ken Magid and Carole A. McKelvey, *High Risk Children Without a Conscience*.

스트모던주의는 '평화적인' 혼들(souls), 즉 평화적 사회질서와 갈등의 해소를 위해 노력하는 사람들을 개발해 내도록 장려한다.

결 론

어느 인간의 사상체계도 세상의 모든 병을 치유할 수는 없지만, 화이트헤드의 말을 인용하자면 변화를 가져올 수 있는 실재에 대한 좀더 적절한 사고가 있음에도 그런 안목을 나누지 않는 것은 덜 윤리적이고 덜 사랑하는 삶을 사는 것이다. 2차 세계대전 이래 대학살은 문명이라는 얄팍한 판자를 통해 유령 같은 광선을 비추고 있다 ; 안이한 자기 만족의 태도는 영원히 박살낸 공포의 프리즘이다. 과정사상과 건설적 포스트모던주의는 신과의 공동 창조자가 되는 것이 무엇을 의미하는지를 더 잘 이해하게 도와줄 수 있는 인간 조건을 보는 새로운 길을 제공하는가? 구원될 수 있는 것들을 구원하고 공동 구속자가 되도록 우리를 부르는 설득적이고 부드러운 동반자를 꿈꾼 갈릴리의 비전은 책임감 있고 돌보는 태도를 지닌 삶의 방식을 끌어낼 수 있는가? 과정신학은 실재와 신을 이해하는 그런 비전을 제공하며, 관계적이고 창조적이고 구속적이며, 교회와 함께 미래와 2000년대로 전진하는 종교교육의 한 접근을 제시하고 있다.

제 6 장
경험신학과 종교교육
(Empirical Theology and Religious Education)

랜돌프 크럼프 밀러(Randolph Crump Miller)

|||||||| **1부** ||||||||

경험신학은 하나의 미국적 현상이다. 그 선도자들은 윌리엄 제임스(William James), 더글라스 클라이드 매킨토쉬(Douglas Clyde Macintosh), 헨리 넬슨 위이만(Henry Nelson Wieman), 버나드 유진 멜랜드(Bernard Eugene Meland)와 알프레드 노스 화이트헤드(Alfred North Whitehead) 등이었다. 이 장의 전반부에서는 먼저 경험적 방법, 그에 대한 증거, 가치를 통한 접근과 신에 대한 이해를 간략히 설명할 것이다. 다음에는 일부 과정신학자들의 주장과는 구별되는 이 선도자들이 가졌던 신의 개념, 그리고 예수 그리스도와 교회에 대한 이해를 소개할 것이다. 이는 종교교육에 대한 접근의 배경이 될 것이다.

경험적 방법

경험신학은 관찰, 실험적 검증과 이성의 방법을 사용한다. 그리고 여기에 개념의 상상력을 갖춘 구성들이 따라오는데, 이들은 어떻게 작용하는가에 의해 확인된다. 경험이란 감각 경험보다는 넓은 의미인데, 여기에는 관계들, 전체에 대한 감각, 그리고 멜랜드가 "감식력이 있는 의식"(appreciative consciousness)이라고 부른 것이 포함된다. 경험의 바탕에는 또한 "은은한 감정적 색조"(vague affective tone-화이트헤드)가 있다. 문화와 그 시대 사상 형태의 영향들은 경험 해석에 영향을 끼친다. 이 기반(matrix)으로부터 역사적이고 형이상학적 관점에서 구성되고 현대적 가정들과 일관성 있는 모형(models)과 형상(images)들로 풍성해지고, 자연주의적 유신론으로 이어지는 신학적 개념들이 나온다.[1]

경험은 다양한 방식으로 확장될 수 있겠다. 매킨토쉬는 "복합체 속의 지각"(perception in a complex)[2]에 대해 말했다. 위이만은 다음과 같이 이야기했다.

> 감각 경험을 포함한 지각은 가장 심오한 감식, 꿰뚫어보는 직관, 높은 상상적 통찰력, 가장 황홀한 개인적 관계, 가장 변혁적인 신성의 인식, 가장 강력한 집단적 기독교 경험을 가져올 수 있다.[3]

제임스는 경험에 있어 결과만큼이나 관계가 기초적이라고 주장함으

---

1. Randolph Crump Miller, ed. *Empirical Theology : A Handbook* (Birmingham, Ala. : Religious Education Press, 1992), p. 1을 보라. 경험신학의 역사와 주제들에 대한 개관을 위해서는 그 책 속의 Tyron Inbody, "History of Empirical Theology," pp. 11-35와 Nancy Frankenberry, "Major Themes of Empirical Theology," pp. 36-56을 보라.
2. Douglas Clyde Macintosh, *The Reasonableness of Christianity*(New York : Scribner's, 1925), p. 200. 같은 저자의 *The Problem of Religious Knowledge*(New York : Harper, 1940), pp. 163-213을 보라. 매킨토쉬에 대한 현재의 평가를 위해서는 Preston Warren, *Out of the Wilderness*(New York : Peter Lang, 1989)를 보라.
3. Robert W. Bretall, ed., *The Empirical Theology of Henry Nelson Wieman*(New York : Macmillan, 1963), p. 42. Wieman's reply to Miller.

로 경험을 재해석했다. 그러므로 급진적 경험은 경험된 대상들간의 연결의 현실을 보여 줌으로써 로크(Locke)와 흄(Hume)의 문제들을 극복했다. 여기에 보태진 것은 의식의 '가장자리'(fringe)에 대한 그의 이론이었는데 여기서는,

> 흐릿한 것이나 뚜렷한 것이나 마찬가지로 특별하다. 뚜렷한 형상이나 흐릿한 형상의 일반적인 특성은 그것이 대표적인 기능을 가지고 느껴지는가에 달려 있다. 이 기능이란 신비한 여분(the mysterious plus), 이미 이해된 의미이다.…… 물결 중에서 덧없이 흘러간다는 측면도 특별하고 비교적 고정된 측면만큼이나 전체의 진정한 일부라는 것은 인정하기만 한다면, 이 문제는 더 이상 어렵지 않다.[4]

화이트헤드는 경험적 방법을 풍성하게 한 또 하나의 요인을 제공하였다. 그의 비감각적 인식(nonsensuous perception) 혹은 인과적 효과(causal efficacy)의 이론은 더 넓은 세계를 가리켜 보여 주는 것으로서 지나간 정신적, 신체적 상태들을 그 전체적인 상황 속으로 끌어들여 왔다. 이는 전통적 경험주의를 완전히 돌려 놓았다. '희미한 총체성'(vague totality)이 우선이고 자세한 내용은 부차적이다. 이 점은 사람들로 가득 찬 방에 들어가 보거나 그랜드캐년을 처음 바라보는 것으로 검증해 볼 수 있다.[5]

증 거

---

4. William James, *The Principles of Psychology*, vol. I(Boston : Henry Holt ; New York : Dover, 1950), pp. 478-479. note.
5. *The Future of Empirical Theology*, ed. Bernard Eugene Meland (Chicago : University of Chicago Press, 1969), pp. 81-82에서 Schubert Ogden의 글을 보라. 훌륭한 도약을 위해서는 같은 책의 Meland의 글, "The Empirical Tradition in Theology at Chicago," pp. 1-62를 보라.

제임스는 그의 저서 「종교적 경험의 다양성들」(*The Varieties of Religious Experience*)에서 증거를 추구하였다. 그는 종종 병적으로 보이는 개인적 경험들에 대한 보고를 수집했는데, 이는 사람들이 행복과 축복의 증가를 위해 항복과 희생을 의도적으로 구한 경우들이었다. 누그러뜨릴 수도 있는 엄청난 경험들을 사용하여 제임스는 '보다 큰'(the MORE) 무엇이라는 용어로 그의 신 개념에 대한 증거를 제시했다.[6]

1919년 매킨토쉬는 「경험과학으로서의 신학」(*Theology as an Empirical Science*)을 저술했다. 그는 종교와 과학이 함께 합쳐질 수 있다고 보았다. 그 증거는 '올바른 종교적 적응' 속에서 신학의 법칙들을 수립하고, 신의 존재를 '신적인 가치 생성의 요인'으로 정립함으로써 발견될 수 있다고 보았다. 그러나 이 적응에 강렬함(intensity)과 인내(persistence)가 동반되지 않으면 두드러진 변화가 없을 수도 있다.[7]

위이만은 이런 질문에서 출발했다. "인간이 삶의 안정감, 복지와 증가하는 풍요를 위해 의존하고 있는 그 무엇"[8]이 무엇인가? 창조적 선으로서 신은 드러나고 있는 선의 원천이다. 궁극적으로 위이만에게 증거는 인류를 통해, 그리고 인간과 함께 일하는 '창조적 인터체인지'(creative

---

6. William James, *The Varieties of Religious Experience*(New York : Longmans, Green, 1902), pp. 50, 508. 신학자들은 "모두 '보다 더 큰'(the More) 무엇이 정말 존재한다고 동의한다 ; 어떤 이들은 그것이 인격적 신이나 신들의 형태로 존재한다고 보고, 또 다른 이들은 세계의 영원한 구속에 스며 있는 이상적인 경향의 흐름으로 보는 것으로 만족한다. 그러나 이들 모두 그것이 존재할 뿐만 아니라 행동하며, 당신이 당신의 삶(생명)을 그 손안에 내던질 때 무언가가 정말 좋은 방향으로 영향을 끼친다는 것에 동의한다"(p. 510).
7. Douglas Clyde Macintosh, ed., *Religious Realism*(New York : Macmillan, 1931), p. 9. Macintosh, *The Problem of Religious Knowledge*, pp. 172-173 ; Warren, *Out of the Wilderness*, pp. 103-105 ; William Dean, in *Empirical Theology : A Handbook*, pp. 116-120.
8. Henry Nelson Wieman, *Religious Experience and Scientific Method*(New York : Macmillan, 1926), p. 9 ; Willam Dean, *Empirical Theology : A Handbook*, pp. 120-123.

interchange)를 가리킨다. 신은 우주의 창조적 선보다는 "인간의 선의 원천이다."[9]

멜랜드의 "감식력이 있는 의식"(appreciative consciousness)의 해석은 아마도 경험신학자들 중 가장 포괄적이고 민감한 해석이다. 앙리 베르그송(Henri Bergson) 제임스와 화이트헤드의 통찰들을 결합하여 멜랜드는 감식력이 있는 의식이 과거와 현재를 질적인 성취와 신비 속에 결합한다고 주장했다. 그는 제임스가 말한 의식의 "가장자리"(fringe)와 "사고의 흐름으로서 정신"(mind)을 "적극적인(active) 신학적 과정"으로 사용했다.[10] 이 접근은 "관계와 창조적 가능성이 의미의 본질을 구성하는"[11] 곳에서 특히 적절했다. 과거 혹은 정밀하게 다룰 수 없는 무언가로부터 오는 영향, 뜻밖의 창조적 참신성이나 감춰진 채 작동하는 높은 희망들은 닫힌 정신에게는 쉽게 감지되지 않는다. 이 감식적 의식이 종교와 예술의 영역으로 인도하는 것이다. 이런 류의 민감한 인식은 감각과 함께 연속적이나 그 범위를 확장한다. 그것은 여전히 경험적이지만, 그러나 차이점이 있다.

계시는 여전히 경험신학의 일부분을 이루고 있지만, 초자연적 영역에서 오는 것으로 인식되지는 않는다. 윌리엄 템플(William Temple)의 말을 사용하자면 "하나의 특별한 계시적인 사건과 하나의 특별한 감식적

---

9. Frederick Ferré, in *Empirical Theology : A Handbook*, p. 232 ; Wieman, *Seeking a Faith for a New Age*, ed. Cedric Hepler(Metuchen, N.J. : Scarecrow Press, 1975), p. 266을 보라 : "이것은 인간 실존을 지탱하는 것으로서 외에는 인간 이하의 우주를 배제한다 ; 그리고 모든 존재의 기반에도 같은 것이 적용된다.
10. Bernard Eugene Meland, *Higher Education and the Human Spirit* (Chicago : University of Chicago Press, 1953), p. 51.
11. *Ibid.*, p. 71 ; Henry Nelson Wieman and Bernard Eugene Meland, *American Philosophies of Religion*(Chicago : Willett, Clark, 1936), pp. 291-306 ; Randolph Crump Miller, *The American Spirit in Theology*(Philadelphia : Pilgrim Press, 1974), pp. 60-64, 75-99 ; William Dean, *Empirical Theology : A Handbook*, pp. 123-125.

인 정신의 우연의 일치"[12]로 해석될 때, 계시는 경험적 데이터의 원천이 될 수 있다. 그러므로 계시된 진리들은 존재하지 않으나, 경험적으로 바탕을 둔 계시의 진리들은 존재한다. 민감한 정신을 지닌 이들이 해석할 수 있는 특별한 증거가 종종 존재한다. 예측되지 않고 기대되지 않는 식별이나 폭로의 순간들은 타인들에 의해 더 검증되어야 한다. 이런 관점에서 증거의 해석에 따라 계시의 진리들이 존재한다.

가치들

경험이론에는 사실과 가치간의 구별이 없다. 이 둘은 언제나 함께 경험된다. 가치란 느끼고 인지되는 감식적 경험이다. 감식(appreciation)의 수준을 나타내며 일종의 의무감을 함께 가진 느낌들이 있다. 우리는 어떤 현실들에 대해서 깊이 느끼나 다른 현실들에 대해서는 그다지 느끼지 못함으로 인해 어떤 가치들을 다른 것보다 높게 여긴다. 더구나 가치는 사건 속에서 발견되는 창조성을 통해 존재하게 된다. 그래서 신은 가치를 생성하고, 신성과 접촉하는 어떤 물체나 사람의 창조적 변혁을 가능케 하는 창조적 존재이다. 위이만이 "의미와 가치의 성장"에 대해 썼을 때 그는 하나의 최초의 신 개념을 제시했다.[13]

화이트헤드는 "단순히 부동의 사실(inert fact)에 불과한 것은 이 세상에 하나도 없다. 모든 실재는 느낌(feeling)을 위해 있다. 그것은 느낌을 조장하고 느껴진다."[14]라고 했다. 가치 인식의 위층에는 인간 개인, 그

---

12. William Temple, *Nature, Man and God*(New York : Macmillan, 1934), pp. 315, 499-500.
13. Randolph Crump Miller, *The Theory of Christian Education Practice*(Birmingham, Ala. : Religious Education Press, 1980), pp. 115-117.
14. Alfred North Whitehead, *Process and Reality*, cor. ed., eds. David Roy Griffin and Donald W. Sherburne(New York : Free Press, 1978), p. 310.

리고 도덕 원리의 실제가 있다. "개성은 한 형태의 가치의 지속적 실현의 극단적 예이다."[15] 그리고 신에 대한 우리의 관계는 "세계의 심미적 일관성의 척도"로서 신성(deity)에 있다.[16]

경험신학자들의 민감성은 아마도 제임스가 제임스 류우바(James Leuba)에게 보낸 편지의 날카로운 구절에 잘 드러나는데, 류우바는 모든 종교적 개념을 자기 본위로 축약시킨 사람이었다. 제임스는 이렇게 말했다.

> 하나의 신비적인 세균(a mystical germ), 이것은 매우 보편적인 세균이다. 신자들의 횡렬과 종렬을 만들어 낸다. 이 신비적 세균이 우리 믿음에 영향을 주게 허락한다면 내 입장에 모두 서게 될 것이라고는 나는 믿는다.[17]

제임스가 주장한 만큼 보편적으로서든 아니든 간에, 그것은 분명 많은 신자들의 민감한 부분 중 하나이다.

경험주의와 경험이라는 단어들이 어떻게 사용되는지를 이해하기 시작할 때면 우리는 경험신학을 신봉할 수 있다. 이는 감각 경험에 바탕을 둔 호소일 수도 있으며, 항상 감각 경험을 포함하지만 어떤 직관 혹은 신체적 인식으로까지 확장될 수도 있다. 그것은 항상 관찰 그 이상인데 참가자를 과정 속에 포함시키기 때문이다. 데이터의 검증은 통제된 실험에 의해 이루어질 수도 있고,[18] 혹은 이언 램지(Ian Ramsey)가 "경험

---

15. Alfred North Whitehead in *The Philosophy of Alfred North Whitehead*, ed. Paul Schilpp(Evanston, Ill. : Northwestern University Press, 1941), p. 690.
16. Alfred North Whitehead, *Religion in the Making*(New York : Macmillan, 1926), p. 99.
17. Ralph Barton Perry, *The Thought and Character of William James* (Boston : Little, Brown, 1935), vol. II, p. 351.
18. Karl Peters, in *Empirical Theology : A Handbook*, pp. 79 - 82 ; Nancy

적으로 짜맞추기"(empirical fit)라고 부른 것을 통해서일 수도 있다. 경험들은 신비적일 수도 있고, 좀더 넓은 의미에서 실험에 근거한 경험적(empirical)일 수도 있으며, 모든 다양한 종류의 경험(experience)일 수 있다. 제임스의 신비적인 세균에 대한 반응일 수도 있다. 경험주의에 깔려 있는 기본적 가정은 자연주의의 틀 속에 자리한 하나의 현실주의적 신학이다. 데이터가 수집되고 평가되고 나면 그 이상의 추측, 그리고 증거와 일관된 과도한 신념들(overbeliefs)의 개발이 가능한데, 여기에서 어떤 이들은 과정신학으로 나아간다.[19]

경험신학의 신

로마서에서 바울은 이렇게 단언하였다.

> 이는 하나님을 알 만한 것이 저희 속에 보임이라. 하나님께서 이를 저희에게 보이셨느니라. 창세로부터 그의 보이지 아니하는 것들 곧 그의 영원하신 능력과 신성이 그 만드신 만물에 분명히 보여 알게 되나니 그러므로 저희가 핑계치 못할지니라. 하나님을 알되 하나님으로 영화롭게도 아니하며 감사치도 아니하고, 오히려 그 생각이 허망하여지며 미련한 마음이 어두워졌나니(롬 1 : 19 - 21).

바울은 경험신학자는 아니었지만, 이 구절에서 그는 하나님을 영화롭게 하지 않는 자에 대한 경고를 줄 뿐 아니라 경험신학의 과정에 대한 기초

Frankenberry, in ibid., pp. 43 - 48 ; Ian T. Ramsey, *Models and Mystery*(London : Oxford University Press, 1964), pp. 17 - 21, 38 - 40을 보라. 경험적 '맞추기'(fit)를 말할 때 Ramsey는 예배, 경이와 경외의 느낌을 강조했다. "그러한 경험적 근거가 없이는 우리의 모든 신학적 사고는 헛된 것이며, 논란과 논쟁이 있을 때 그 해결은 예배 속에서 성취되는 것을 찾아내야 한다." Ian T. Ramsey, *Religious Language*(London : SCM Press, 1957), p. 89.

19. Miller, *The Theory of Christian Education Practice*, p. 72.

를 제공하였다.

신에 대한 우리의 지식은 다양한 범위의 경험에서 온다. 제임스는 종교적 경험에 대한 그의 연구의 목적을 위해 이렇게 강조했다.

> 종교란…… 우리에게 개인들이 신적이라고 생각하는 그 무엇과 그들 자신을 관련시켜 이해하는 한에서 그들의 독거(獨居, solitude) 속에서 가지는 느낌, 행동과 경험들을 의미할 것이다.[20]

화이트헤드의 표현도 비슷했다 : "종교란 개인이 자신의 고독(solitariness)을 지니고 무엇을 행하는 것이다."[21] 그러나 그는 제임스가 그러했을 것처럼 여기에 보충설명을 달았다.

> 종교는 일차적으로 개인적이다.…… 표현, 특히 교리의 표현은 개인의 고독(solitariness)으로부터 사회에로의 회귀이다. 절대적 고독이라는 것은 없다. 모든 개체는 환경을 필요로 한다. 그러므로 인간은 자신을 사회로부터 분리시킬 수 없다.[22]

이는 개인을 자기 기만에서 보호하며 공동체에 증거를 심사할 기회를 제공하는데 이로 인해 경험적 기초가 넓어진다.

제임스는 증거를 검토한 후 우리의 경험과 연속선상에 신적인 '보다

---

20. James, *The Varieties of Religious Experience*, p. 31.
21. Whitehead, *Religion in the Making*, p. 16.
22. *Ibid*., p. 137. 사람의 고립됨의 사회적 효과에 대해 이야기하는 이 구절을 많은 독자들이 놓친다는 것은 놀랍다. W.H. Auden은 화이트헤드가 "다음과 같은 어리석은 말 : '종교는 개인이 그의 고립됨을 가지고 무엇을 하는가이다.'"라고 했다고 썼다. 그러나 아우덴은 그 다음에 나오는 다음과 같은 주장을 읽지 않은 것 같다 : "절대적 고립됨이란 없다.…… 비밀스럽게 알려진 것은 공동으로 사용되고, 공동으로 검증되어야 한다." pp. 137-138 ; Dag Hammarskjöld, *Marking*(New York : Knopf, 1964), xxi를 보라.

큰'(The MORE) 무엇이 있다고 결론지었는데 이 '보다 큰' 무엇은 정의되지 않는다. 이는 야훼(YHWH)가 "나는 스스로 있는 자니라."(I AM WHO I AM, 출 3 : 14)라고 응답해 온 모세의 경험과 유사하다. 모세가 신에 관해 알 수 있었던 것은 단지 신이 애굽인들에 대항한 행동 속에 함께했다는 점이었다.

매킨토쉬도 개인에서 출발하였다. 그는 "신적인 가치 – 생성요인"(divine value – producing factor)에 대한 증거를 검토하였다. 한 사람이 죄로부터 돌이켜 올바른 길을 따름으로 올바른 종교적 적응을 한다면, 신은 그를 더 나은 삶으로 인도할 것이다.[23] 그러나 이것만으로는 불충분하여, 매킨토쉬는 합리적인 신앙의 기초에 대한 몇 가지 믿음들을 보태고 허용할 수 있는 추측들을 마지막으로 보충하여 정통 기독교로 나아갔다.

위이만은 '신'이라는 단어를 개인 속에서 일어나는 창조적 변혁이라는 뜻으로 사용하며 출발했다. "'신의 은혜'란 그렇다면 인간의 삶 속에 지배적이 된 창조적 변혁이 될 것이다."[24] 이러한 이해에 중심이 되는 것은 '창조적 사건'으로 이는 네 가지 부수적인 사건들로 되어 있다. 사람은 질적인 의미에 주의를 기울이게 되며, 이를 다른 의미들과 결합하고 그 의미를 확장하여 결국에는 이 과정에 참여하는 이들 사이에 깊어가는 공동체가 생기게 된다.[25] 이는 개인적이면서 동시에 집단적이다.

1971년 예일 대학교 신학부 학생이었던 마이클 잭슨(Michael Jackson)은 이틀간의 위이만과의 대화를 녹음한 적이 있다. 이때 위이만

---

23. Macintosh, *The Reasonableness of Christianity*, pp. 239-240 ; Macintosh, *The Problem of Religious Knowledge*, pp. 202-210, 357-382.
24. Henry Nelson Wieman, *The Source of Human Good*(Chicago : University of Chicago Press, 1946), p. 49 ; John B. Cobb Jr., in *Empirical Theology : A Handbook*, pp. 254-257.
25. Wieman, *The Source of Human Good*, p. 58.

은 인간이 창조성에 반응할 수 있는 공동체 속에서 가치를 찾는 의식을 깊이 있게 가진 유일한 종(種 : species)이라고 주장했다.

> 나는 개미와 벌과 벌레들 또는 개나 말에게 적용될 그런 류의 과정에 매달려 있을 수 없다. 나는 인간 존재 속에 작용하는 창조성에 매달려야 하는데, 왜냐하면 거기에서만 가치를 찾는 의식을 무한정 확장하는 일에 우리가 헌신할 가치가 있기 때문이다.[26]

멜랜드는 종종 위이만과 가깝게 여겨지나 중요한 차이점들이 있었다. 멜랜드는 이런 식으로 표현했다.

> 위이만은 진리를 명시 가능한 구조(specifiable structure)로 말한다. 나도 명시 가능한 구조가 진리와 관련된다고 보지만, 그러나 나는 이 공식보다는 진리가 더 창조적이거나 동적인 구조를 가졌다고 주장한다. 창조적 사건 속에서의 현존하는 사실(actuality)로서 진리는 우리에게 닥쳐온 기회에 의해 살아져 온 끈기 있는 가치들 사이 곳곳에 스며 있는 내면의 극작품과 같다.[27]

"감식력이 있는 의식"에 대한 명쾌한 장에서 멜랜드는 '살아지는 시간'(time that is lived), '의식의 흐름'(the stream of consciousness), '사고의 흐름으로서의 정신'(mind as a stream of thought), '의식의 가장자리'(the fringe of consciousness), 그리고 '순수 경험'(pure experience)[28] 등의 개념들을 사용하여 제임스의 사상 위에 자신의 체계를 쌓아올렸다. '정확함' 보다는 '모호함'이 더 중요한 가치를 지닌다.

---

26. Michael Jackson, "A Conversation with Henry Nelson Wieman, April 18-19, 1971," a paper in my private files.
27. Meland, *The Empirical Theology of Henry Nelson Wieman*, p. 68 ; Jackson, "Conversation," pp. 85-92.
28. Meland, *Higher Education and the Human Spirit*, pp. 50-57.

정신과 육체가 함께 일하나 육체는 "유기적 존재의 더 깊은 지층으로의 문턱…… 그리고 자아의 전체는 유기체가 더 높은 차원으로 지각하게 하는 넓은 의식을 가지고 깨어난다."[29]

이는 "경험의 즉각성과 더불어 깊이 있는 궁극성으로서 먼 우주적 신비에로의 방향전환"[30]으로 이끌어 준다. 신은 인간들이 서로에게, 그리고 우주를 향해 책임을 갖고 사는 다원적 우주 속에서 다원적으로 일하고 있다. 멜란드는 신을 "창조적 통로"(the creative passage)라고 부른다. 그는 제임스에 동의하여 우리가 '다중우주'(multiverse) 안에 살고 있는데, 이것도 "순수하고 단순한 하나의 우주(a universe pure and simple)도 아니고, 그렇다고 순수하고 단순한 하나의 다중우주(a multiverse pure and simple)도 아닌", 그러나 관계의 경험을 중심으로 인식하는 "함께 묶인 유형"(the strung-along type)의 우주라고 본다.[31] "또 하나의 세계(another world)가 아니라 더 넓은 세계(a wider world)가 종교적 관심의 초점이다."[32]

경험적 신학방법론에서 드러나는 신관들은 여러 가지이나 모두 가치의 증대, 인간의 바람들을 잘 받아주는 접근하기 쉬운 신, 그리고 신과의 관계에서 새 삶을 위해 일하는 변혁적 존재(entity)를 가리킨다. 그런 신은 유한적이요 환경을 가지고 있으며, 인간의 삶의 기이한 복잡성들, 세상의 결합성(cohesion)과 불협성(dissonance), 심지어 버나드 루머(Bernard Loomer)가 고집했던 "신과 삶의 모호성"까지도 소화한다. 관

---

29. *Ibid.*, p. 6 ; Whitehead, "The Exactness Is a Fake," in *The Philosophy of Alfred North Whitehead*, p. 700.
30. Meland, *The American Journal of Theology and Philosophy*(May-September 1984), p. 113.
31. James, *Pragmatism*(New York : Longmans, Green, 1907), p. 148 ; *A Pluralistic Universe*(New York : Longmans, Green, 1909), p. 325. See chapter on *Ecology*, pp. 336-358.
32. Nancy Frankenberry, *Religion and Radical Empiricism*(Albany, N.Y. : SUNY, 1987), pp. 103-104.

계는 유기적이며 우리가 무어라고 이름을 붙이던 그 '보다 큰'(the More) 무엇과 관계하는 이들의 창조적 변혁을 가져온다.[33]

과정신학

많은 경험주의자들은 화이트헤드의 과정신학 쪽으로 기우나, 낸시 프랑켄베리(Nancy Frankenberry)는 세 가지 차이점을 지적한다 ; 첫째는 과정신학들이 신을 말할 때 사용하는 신을 의인화한(anthropomorphic) 형상과 언어이다 ; 둘째는 선한 것의 보존에 대한 그들의 낙관적 희망이다. 대조적으로 제임스 같은 경험주의자는 실제적인 손실, 실제적인 패자들과 승자들, 그리고 격렬하고 가혹한 무언가가 종말에 있을 것이라고 했다 ; 셋째로 경험신학자들은 일원론적, 총괄적 전체에 대해 회의적이고, 제임스의 느슨한 다원주의를 선호한다. 프랑켄베리는 계속해서 말한다.

> 버나드 멜랜드의 글에 가장 잘 설명된 즉각성과 궁극성이 함께 움직인다는 사상은 경험의 일차적 흐름 자체를 성지(聖地)로, 우리가 세속에서 찾을 수 있는 모든 성스러운 것을 그 생명력 있는 즉각성 속에서 생성해 내는 것으로 보도록 주의를 불러일으킨다.[34]

매킨토쉬 같은 그러한 신학자들은 그들의 세상 속에 프랑켄베리가 거부할 신인동형론적(anthropomorphic) 모형을 포함시킨다. 사물과 실체들의 언어, 실재의 표현으로서 명사(nouns)적 언어를 회피하기는 어렵다. 하지만 우리는 모든 현실이 되어감과 소멸해 감의 과정이며, 동사들(verbs)이 우리의 이야기를 말해 준다는 것을 안다. 그때 우리는 창조하고, 성육화하고, 용서하고, 구속하고, 그리고 사랑하는 행위들이 진행

---

33. Nancy Frankenberry, in *Empirical Theology : A Handbook*, pp. 50-52.
34. *Ibid.*, pp. 52-53.

중인 과정 속에서 이야기할 수 있다. 이 과정 속에 우리가 살고 있으며, 우리는 신의 설득함과 사랑함에 매달려 있다. 왜냐하면 신은 그 신이 무엇을 하는가로 결정되기 때문이다.[35]

경험신학에서 본 예수 그리스도

전체적으로 경험신학자들은 예수 그리스도의 개념을 체계적으로 다루어 오지는 않았다. 그 동안 논의된 내용들도 중요하겠지만, 출발점은 역사라는 정보의 빈약한 자료 속에 기록된 예수이다. 처음부터 구전된 전통이 있었으나 나중에 이르러서야 이것들이 기록되게 되었다. 사복음서는 신자들에 의해 쓰여졌는데, 이 자체가 나쁜 것은 아니지만 이것이 전기문(biographies)은 아니었다. 그들의 목적은 독자들을 신자로 만드는 것이었다. 바울의 서신들을 보면 예수가 어떻게 죽었다가 다시 살아났는가가 그 이전 활동보다 더 중요했다.[36]

많은 사람들이 시도를 했지만 예수의 삶은 현대적인 의미에서 재구성하기가 어렵다. 예수의 세례 이전에 대해서는 아는 바가 없다는 것이 일반적으로 동의된 사실이다. 그는 아마도 나사렛에서 기원전 4~6년경에 태어났으며, 적어도 네 명의 형제와 둘 혹은 그 이상의 자매들을 가진 장남이었다(막 3:21-35, 6:1-6, 마 13:53-58, 눅 4:16-30). 그는 몇 명의 추종자를 모으고 회개를 선포하며 등장했다. 그는 갈릴리 주변을 다니며 가르치고 병 고치는 일을 했다. 그는 비유를 이야기하는 훌륭한 가르침의 기술을 가졌었는데 그중 일부는 독창적이었고, 일부는 전해져

---

35. Miller, *The Theory of Christian Education Practice*, pp. 7-21 ; "God is What God Does," *The Christian Century*(March 24, 1976), pp. 284-287. Jeffery Rowthorn의 찬송가 "창조의 하나님, 당신의 손가락은 가장 먼 곳까지도 힘찬 계획을 그려냅니다." *The Hymnal '1982'* (New York : Church Pension Fund, 1985), p. 394를 보라.
36. Gerard Sloyan, *Empirical Theology : A Handbook*, pp. 142-154.

온 것이었으며, 이 비유들이 종교교육의 중요한 자료가 되었다. 큰 무리가 그를 추종한 적은 없었으며, 몇몇 관원들의 미움을 사서 결국은 십자가에 처형되었다. 어떻게 해석을 하든, 그의 부활의 소식에 대해 사람들의 관심이 일어났으며, 이것이 그를 주와 그리스도로 믿는 신앙의 기초가 되었다.[37]

위이만은 예수의 영향을 창조적 사건의 관점에서 해석하였다.

> 창조적 변혁의 능력은 물론 예수와 상관없이 일어날 수는 없었겠지만 인간 예수 속에 있었던 것은 아니다. 그것보다는 그가 그 능력 속에 있었다고 해야 한다. 그것은 그 혼자만의 의지 외에도 다른 여러 가지를 필요로 했다. 히브리의 문화적 유산, 이런 반응을 보일 특별한 능력을 갖춘 제자들, 그리고 의심할 바 없이 우리가 알지 못하는 다른 여러 가지를 필요로 했다. 창조적 능력은 이 사람들 가운데 일어나던 상호작용 속에 들어 있었다.[38]

예수의 죽음 이후 이 창조적 능력은 풀려 나와 초대교회의 상징과 의식과 문서들을 통해 다른 이들을 지배하게 되었다.[39]

멜랜드는 그리스도 사건을 역사 속의 계시적 근거로서 그 유대교적 배경에서 일어나 새로운 수준의 의식을 낳아서, 사랑이 "감식력이 있는

---

37. Randolph C. Miller, *This We Can Believe*(New York : Hawthorn, Seabury, 1976), pp. 70-74 ; Gerard Sloyan, *Jesus in Focus*(Mystic, Conn. : Twenty-Third Publications, 1983) ; Leander E. Keck, *A Future for the Historical Jesus*(Philadelphia : Fortress, 1981) ; Marcus J. Borg, *Jesus : A New Vision*(San Francisco : Harper San Francisco, 1987).
38. Wieman, *The Source of Human Good*, p. 41.
39. *Ibid.*, p. 44 ; Sloyan, *Empirical Theology : A Handbook*, pp. 152-154 ; Harold Rosen, *Religious Education and Our Ultimate Commitment* (Lanham, MD : University Press of America, 1985), pp. 59-66 ; John B. Cobb Jr., *Can Christ Become Good News Again?*(St. Louis : Chalice Press, 1991) ; Miller, *This We Can Believe*(New York : Hawthorn, Seabury, 1976), pp. 70-99.

의식으로 표준이"[40] 이 되게 되었다고 썼다. 역사의 관점에서 우리는 "그리스도 속의 이 새 생명에 대한 반응으로 개인적, 집단적 인간 삶의 변혁"[41]에 대한 명백한 증거를 가지고 있다. 고통하고, 정의를 베풀며, 은혜와 용서를 제공하는 사랑이 "인간들의 상함 가운데 구원과 치유의 힘으로 승리하였다."[42]

멜랜드에게 힘과 개성을 지닌 그리스도론은 기독교적 주제에 하나의 초점을 제공한다. 그것이 포용적(inclusive)이라면, 사람들이 그리스도 안의 계시가 통합적이고 변혁적 사건이라는 발견을 하게 그들을 인도할 것이다. 그리스도론이 배타적(exclusive)이라면, 궁극적으로 주어졌던 것의 거부임이 드러날 것이다. 그리스도론이 부족하다면, 다른 어떤 기준의 척도가 사용될 것이다. 그러므로 기독교 신학을 하나의 확고한 그리스도론과 성서의 증언 위에 기초를 놓는 것이 중요한데, 이유는 그리스도의 사건은 계속되고 있는 계시이기 때문이다. 현대 삶 속의 증언과 성서의 증언 사이의 의사소통선은 계속해서 열려 있어야 한다. 그렇지 않으면 "유대-기독교적 증언을 통합하는 깊이 깔린 신화를 잃게 될 것이다."[43]

다니엘 데이 윌리엄즈는 그의 그리스도론을 신의 고통의 바탕 위에 세웠다. 신은 우리 속에서 화해를 위해 일한다. 우리는 십자가와 부활의 효과 속에서 그것을 보는데, 왜냐하면 이 사건들로부터 변화된 인간과 새로운 공동체의 창조가 나왔기 때문이다. 예수의 죽음에서 드러난 대로 신으로부터의 분리는 이제 극복되었다. 그러므로 우리는 베드로 전

---

40. Bernard Eugene Meland, *The Realities of Faith*(Oxford : Oxford University Press, 1962), p. 258.
41. *Ibid.*, p. 260 ; Bernard Eugene Meland, *Fallible Forms and Symbols* (Philadelphia : Fortress, 1976), pp. 145-148.
42. *Ibid.*, p. 262 ; Cobb, *Can Christ Become Good News Again?* Marjorie Suchocki, *God-Christ-Church*(New York : Crossroad, 1982), pp. 93-121.
43. Meland, *Fallible Forms and Symbols*, p. 146.

서의 권고를 받아들일 수 있다.

> 너희 염려를 다 주께 맡겨 버리라. 이는 저가 너희를 권고하심이니라. 근신하라 깨어라. 너희 대적 마귀가 우는 사자같이 두루 다니며 삼킬 자를 찾나니 너희는 믿음을 굳게 하여 저를 대적하라. 이는 세상에 있는 너희 형제들도 동일한 고난을 당하는 줄을 앎이니라. 모든 은혜의 하나님 곧 그리스도 안에서 너희를 부르사 자기의 영원한 영광에 들어가게 하신 이가 잠간 고난을 받은 너희를 친히 온전케 하시며 굳게 하시며 강하게 하시며 터를 견고케 하시리라(벧전 5 : 7 - 10).

이것은 배타적인 기독교 경험이 아니다. 왜냐하면 윌리엄스는 신이 한 줄기의 역사나 장소 뿐이 아니라 모든 세상에서 증인이라고 믿기 때문이다. "어디든 인간의 영혼이 준비, 지식 혹은 성취에 있어 사랑에 의해 움직일 때면, 그 곳에서 성령은 반응을 발견하고 있는 것이다." 그러나 그는 덧붙이기를 "예수의 속죄행위에 의해 세우진 공동체에 믿음 안에서 참여하는 이들은 성령이 세상 속에서 그 표현을 위한 새 몸을 창조하는 것을 경험한다."[44]

제라드 슬로얀(Gerard Sloyan)은 우리가 가진 것은 예수에 대한 교회적 전통이라고 결론짓는다. "복음서의 예수는 초대 기독교 전통의 그리스도이다." 그리스도에 대한 이 신앙을 우리는 신자로서, 교회의 일원으로서 모든 시대를 통한 실제적 경험에 바탕을 두고 공유한다. 이런 의미에서 예수 그리스도에 대한 경험적 인식은 그리스도의 삶의 중심에 있으며, 인간 삶의 창조적 변혁으로 인도한다.[45]

---

44. Daniel Day Williams, *The Spirit and Forms of Love*(New York : Harpers, 1968), pp. 190, 186 - 191.
45. Sloyan, *Empirical Theology : A Handbook*, p. 154 ; Miller, *This We Can Believe*, pp. 84 - 99.

교 회

신약성서는 교회에 대한 많은 모델(models)과 이미지들(images)을 제시한다. 이 이미지는 너무나도 풍부해서 꼭 들어맞는 하나를 집어내기는 어려우나, 깔려 있는 가정(assumption)은 회중 속에 함께하는 삶이 있다는 것이다. 몇 가지 이미지들이 돋보이는데, 예를 들면 신과 그 백성간의 언약, 불러낸 이들(에클레시아)의 교제, 그리스도의 몸, 하나님의 백성, 신자의 교제(코이노니아)에 참여하는 이들, '참 길'(the way)을 따르는 이들[46] 등이다.

교회는 여인들, 후에는 제자들이 부활을 경험한 후 드러난 공동체이다. 그다지 깔끔하지 못한 방법으로 초대교회는 그 구조와 사역의 형태들을 정립하였다. 처음부터 두 가지 성례, 곧 세례와 성찬이 있었다. 세례는 유기적으로 이해되어 교회라는 포도나무에 접붙여짐으로, 그리스도의 죽음과 부활을 함께 나눔으로, 그래서 교회가 그리스도를 머리로, 그리고 모든 세례받는 이를 구성원으로 하는 그리스도의 몸이라고 말할 수 있게 되었다.[47]

---

46. Miller, *Christian Nurture and the Church*(New York : Scribner's, 1961), pp. 4-15 ; Paul Minear, *Images of the Church in the New Testament*(Philadelphia : Westminster, 1960), pp. 268-269 for 96 images ; Loren B. Mead, *The Once and Future Church*(Washington, D.C. : Alban Institute, 1991) ; Sallie McFague, *The Body of God*(Minneapolis : Fortress, 1993), pp. 205-207 ; Meland, *Realities of Faith*, pp. 316-320.

47. Miller, *Christian Nurture and the Church*, p. 24 ; Bernard Lee, *The Becoming of the Church*(New York : Paulist, 1974) ; Bernard Lee, in *Empirical Theology : A Handbook*, pp. 175-202 ; Williams, *The Spirit and Forms of Love*, pp. 187-191 ; Miller, *The Theory of Christian Education Practice*, pp. 144-147 ; Henry Nelson Wieman, *Man's Ultimate Commitment*(Carbondale, Ill. : Southern Illinois Press, 1958), pp. 163-185 ; Randolph Crump Miller, *The Clue to Christian Education*(New York : Scribner's, 1950), pp. 71-89.

초대교회에 중요한 의식으로 성찬식이 있었는데 이는 떡을 떼는 모임이라고도 불려졌다. 그것은 기념의식으로 시작되었으나 곧 부활한 그리스도가 함께 임재한 것으로 믿어졌다. 그것은 새로운 언약의 선포, 교제의 행위, 그리고 감사의 방법이었다. 그 반응은 헌신의 재다짐이었다.[48]

초기에도 이미 성례와 설교는 불가분의 관계였다. 설교는 대개 예수에 대한 이야기였고, 자료가 많아짐에 따라 새로운 이야기들도 더해졌다. 그러나 또한 회개에의 촉구, 용서에 대한 약속, 그리고 그리스도를 통해 신이 베푸는 창조적 변화의 선물을 받으라는 도전도 있었다.

처음에는 성직자와 평신도를 구분할 만한 것이 별로 없었는데, 이는 두 집단 모두 복음전도에 참여하였기 때문이다. 복음은 새로운 지역으로 퍼져 나갔고, 곧 대부분의 회심자들은 헬라어를 말하는 이방인들이었다. 정경적 복음서들이 규격화되기 전까지는 예수와 제자들에 대한 이야기들이 계속해서 발전해 갔으나, 사역수준이 형성되고 콘스탄틴 황제가 교회를 공인하면서 일종의 경직성이 생겨났다.

예배는 초대교회의 삶의 중심이었고, 오늘날 교회에서도 중심으로 남아 있다. 그것은 종교적 비전에 대한 즉각적인 반응이다. 화이트헤드가 쓴 대로 "신의 능력은 신이 영감을 주는 예배이다." 그러나 예배는 비전에 대한 반응 이상의 것이다. 즉, 예배는 하나의 현실적인 존재, 알려지거나 믿어지는 존재이며, 창조적 변화의 원천이어서 예배를 받으시기에 합당한 이의 현존하심 가운데 자리한다. 예배 속에서 우리는 신을 찾게 되고, 그리고 우리와 함께 예배하는 타인들에 대해 최소한 무의식적으로도 의식하게 된다. 회중의 공통적인 초점은 가치에 대한 헌신을 강화하고, 회중 내의 개인들을 위로하고 도덕적, 사회적, 정치적 행동으로 인도한다.[49]

---

48. Miller, *Christian Nurture and the Church*, pp. 23 – 26.
49. Milller, in *Empirical Theology : A Handbook*, pp. 264 – 267 ; Alfred North Whitehead, *Science and the Modern World*(New York : Macmillan, 1925), pp. 275 – 276 ; Miller, *Clue to Christian Education*, pp. 154 – 169.

오늘날의 경험적 교회는 교회의 유기적 본질이 계속해서 드러나는 가운데 역사적 발전으로 이끄는 상속자이다. 전통은 경험적 관점에서 해석된다. 교회는 회중이 작든 크든, 어디든 사람들이 예수 그리스도의 이름으로 모이는 곳이며, 혹은 둘이나 셋이 그리스도의 이름으로 모이는 곳, 나아가서 기초공동체들, 교단들, 교회협의회들, 그리고 세계교회협의회(WCC)까지 포함한다.

지역 회중은 전통, 설화, 의식, 예배의식, 상징 등에 바탕을 둔 그들만의 언어공동체를 가지며, 위이만에 의하면 이것들이 그들의 개성들을 풍부하게 하고, 그들을 지탱하고 구원하고 변혁하는 실재에로 인도한다.[50] 그것은 자기 검토로 인도하여 그들의 실패, 죄, 자기 기만들을 직면하고 용서, 헌신의 재개, 그리고 그들의 품성의 변화에까지 이를 수 있는 복합적인 과정이다. 이 회중들은 언제나 성자들과 죄인들의 혼합체이며, 이들은 성경공부, 설교, 기도와 교육, 심지어 신학으로부터 나올 더 깊은 이해를 필요로 한다.

||||||| 2부 |||||||

2부에서 나는 경험신학과 교육이론 및 실제 사이의 연관점들을 보여 줄 것이다. 우리는 먼저 학습자에 대해 살펴보고, 학습과정 속에 관계가 차지하는 자리, 그리고 경험신학과 일관되는 여러 가지 교육이론을 살펴본 후 마지막으로 실행에 대해 살펴 볼 것이다.

하나님의 백성을 하나님의 세계 속에 살도록 무장시키기 위해, 우리는 학습자의 성향에 대한 경험적 접근을 필요로 한다. 인간들은 진화과정으로부터 나온 자연적 피조물이며, 유전적, 문화적 유산들로 만들어져 있다. 그들은 신흥문화의 창조자들이다. 필립 헤프너(Philip Hefner)

---

50. Wieman, *Man's Ultimate Commitment*, p. 166 ; Miller, in *Empirical Theology : A Handbook*, pp. 226-267.

는 다음과 같이 말한다.

> 지구라는 행성은 이제 인간들이 자기 정체성-곧 자의식을 지닌 문화의 창조자들-을 실현하는 데 성공하는 것이 지구상의 인간이 아닌, 거주자들을 포함한 지구 전체의 생태체계를 위해 매우 중요한 시점에 이르렀다. 우리의 현시대는 우리에게 급진적인 도전을 던져 주어서 우리 세계를 평가하고 의미의 틀을 구성하며, 건전한 행위를 낳을-수 있는 우리의 능력이 심각하게 흔들리고 있는 혼돈된 상태에 있다. 이것은 문화적(그리고 종교적) 정보의 존립 가능한 체계를 빚을 우리의 능력에 대한 도전이다.[51]

여러 세대 이전에 비슷한 이유로 신화(myth)와 의식(ritual)들이 생겨나 인간들을 파괴로부터 구하였다. 신화란 오늘에 적합한 의식들에 기초를 제공하는 만물의 시작에 대한 이야기의 전통적 방식이며, 그리하여 신화는 사람들이 자신과 세계를 이해하도록 도와준다. 우리는 과학적 발견 및 결과와 우리의 신화적 및 의식적 유산들을 함께 합칠 필요가 있다. 과학이 삶의 사실들을 가르쳐 줄지 모르나 우리는 방향, 의미와 목적을 위해서는 신화와 의식을 필요로 한다.[52]

경험적으로, 한 사람은 두 흐름의 통합이다. 유전적 유산과 문화적 정보, 이 둘의 관계는 잘 이해되지 않고 있으며, 종종 둘 사이에 심각한 긴장이 존재한다. 자유가 기초적으로 결정론적 진화과정에서 생겨 나왔는데, 아마도 전체 체제의 일부인 유연성(plasticity)으로부터 나와 환경에 대한 탐구, 여러 대안적 결정과 행동간의 선택, 그리고 사회적 관계를 탐구하고 다른 이들의 복지를 위해 일하는 것을 허용하는 후원적인 사회 매트릭스(social matrix)를 경험하는 것으로 이른다. 이 틀(framework) 안에서 우리는 가치에 대한 관심과 도덕성 및 종교의 발달

---

51. Philip Hefner, *The Human Factor*(Minneapolis : Fortress, 1993), pp. 19-21 ; McFague, *The Body of God*, p. 110.
52. Hefner, *The Human Factor*, p. 21.

을 발견한다.[53]

 인간이라는 동물은 다른 고등 포유동물과 가깝게 관련되나 그 차이점은 분명하다. 인간은 도구와 종교를 약 25000년 전 개발한 언어를 가진 동물이다. 생존은 물리적 힘에 달려 있었고, 인간은 이 수준에서는 매우 불리했으나 두뇌, 언어, 상상의 발달은 생존과 군림을 가능케 했다. 유전적 구조는 탄생시에 존재하나 다른 나머지는 학습되어야 하는데, 여기에는 인간 정신, 언어, 태도, 반감(antipathies), 사랑, 슬픔, 그리고 종교적 신앙이 포함된다.[54]

 화이트헤드는 가치감각이 종교적 신앙에 기본적이라고 강조했다. 그는 또한 인간을 공동 창조자로 해석하여 그들에게 존엄성과 위엄성을 주었다.[55] 이는 너무 낙관적인 인간관인 것 같다. 우리는 인간들이 실패와 죄에 대한 의식, 고립과 가치 없음에 대한 감각을 가지고 있으며, 이를 직면해야 함을 기억해야 한다. 대부분의 종교는 죄와 구속간의 어떤 균형을 유지한다. 이는 신의 설득적 은혜와 사랑을 이해해야 할 인간적 필요를 제기하는데 이것이 경험신학 혹은 다른 신학의 중심이며, 계속되는 과정으로서 창조적 변혁에 이른다. 그러므로 우리는 교육이론에서 "신학이 배경에, 은혜와 신앙이 전면"에 있음을 발견한다. 기본적 신뢰로 해석되는 신앙이 이 접근에 본질적이다.

 그런 기본적 진리는 멜란드로 하여금 감식력이 있는 인식(appreciative awareness)을 중심으로서 해석하게 했다.

　　감식력 있는 분별인식을 안내하는 가정(assumption)은 한 사건이 그 상

---

53. Ibid., p. 30.
54. William C. Tremmel, in *Empirical Theology : A Handbook*, pp. 155-161.
55. *Dialogues of Alfred North Whitehead*, as recorded by Lucian Price(Boston : Little, Brown, 1954), pp. 370-371 ; Miller, in *Empirical Theology : A Handbook*, pp. 270-271 ; Whitehead, *Science and the Modern World*, p. 275.

황(context)을 떠나서는 결코 적절히 알려질 수 없다는 것인데, 관계라는 것은 그 내면화된 중심부만큼이나 그 의미의 진정한 일부이기 때문이다. 그러므로 감식력 있는 의식의 관점 내에서의 분석은 부분들을 그들의 기능과 관계적 측면들을 충분히 고려하며 검토하는 형태를 띠어야 한다.[56]

이것이 교육적 과정의 일부로 인정될 필요가 있는 통전적인 종류의 앎이다. 이것은 다른 훈련들을 가르칠 수 있는 것과 마찬가지로 배양될 수 있는 진지한 형태의 성찰이다.[57] 그러므로 종교사상의 미학적 요소는 신학과 종교교육에 대한 경험적 접근에 본질적인 것으로 인식된다.

학습자는 성장할 수 있다. 자신의 삶의 의미 증가를 통해 성장이 일어나며, 특히 민감성과 반응성의 질이 증가함에 따라 그러하다. 의미가 축적됨에 따라 경험은 풍부해지고, 감식력이 있는 인식이 확장되며, 개인들과 자연환경간의 창조적 상호작용이 일어남에 따라 종교적 신앙의 성장이 있다.[58] 위이만은 이러한 증가는 범위, 상황의 확장, 차별, 분석적 전개과정의 순화, 그리고 조직에서 일어나 관심의 발전과정 속에 가치의 부정적, 긍정적 적용으로 이어진다. 양심은 한 사람이 이런 식으로 성장하기 전까지는 발달되지 않는다.[59]

관계들

제임스의 급진적 경험주의의 중심에는 관계의 실재성(reality)에 대한 인식이 있다. 우리가 성장하고 대화하고, 다른 이들을 알고, 신에 대한 신앙을 갖는 것은 관계를 통해서이다. 그런 관계들은 종교교육의 중심

---

56. Meland, *Higher Education and the Human Spirit*, p. 69.
57. *Ibid.*, p. 75.
58. Rosen, *Religious Education and Our Ultimate Commitment*, p. 71.
59. Henry Nelson Wieman and Regina Westcott Wieman, *Normative Psychology of Religion*(New York : Crowell, 1935), pp. 253-255.

에 자리하고 있다. 호레이스 부쉬넬(Horace Bushnell)은 부모와 아이들 간의 관계 및 가족 내 도덕성과 종교의 발달에 대해 논할 때 이 점을 의식하고 있었다. 그는 부모들에 대해 쓰기를 :

> 아무리 그럴듯하게 경건한 척하고, 신앙심 깊은 듯한 말을 하고, 일요일에 근엄한 얼굴을 가진다 해도 불충분할 것이다. 자신이 먼저 신의 빛 가운데 살아야 하며, 자녀들 속에 전해지기 원하는 대로 그런 정신(spirit)을 가지고 실행하며 살아야 한다. 당신은 그들을 당신 자신의 느낌 속에 사랑하고 즐거운 요소로 끌어들이고, 신의 은혜로 할 수만 있다면 그들 마음속에 자신의 마음의 정신을 낳아야 한다.[60]

부쉬넬은 관계를 기초로 하는 가정과 교회의 유기적 견해를 지녔다. 이 수준에서 그는 경험주의자이자 과정사상가였으나, 초자연적인 것으로 보이는 사고에 의해서도 영향을 받았다. 그 후에 루엘 하우(Reuel Howe)는 마틴 부버(M.Buber)의 나-너 관계를 사용해서 대화를 종교교육의 핵심 요소로 삼았다. 관계의 언어라고 불리는 것은 의사소통의 주된 수단이며, 공동체 안에서 우리는 우리가 듣고 사용하는 단어들의 개인적 의미를 발견한다. 우리는 "우리의 사랑을 말할 단어"를 찾는다. 신과 인간 사이에 은혜-신앙의 관계가 중심에 있는데, 경험신학이 그 의미를 결정하여 이를 해석하고 뒷받침한다.[61]

---

60. Horace Bushnell, *Christian Nurture*(New Haven : Yale University Press, 1916), p. 45 ; Miller, "Horace Bushnell : Prophet to America's Children," *Perkins Journal*(Spring 1979), pp. 1-8.
61. Bushnell, *Christian Nurture*, pp. 75-101 ; Reuel Howe, *Man's Need and God's Action*(Greenwich, Conn. : Seabury, 1953) ; Howe, *The Miracle of Dialogue*(Greenwich, Conn. : Seabury, 1963) ; Martin Buber, *I and Thou*(New York : Scribner's, 1970) ; Kendig Cully, ed., *Westminster Dictionary of Christian Education*(Philadelphia : Westminster, 1963), pp. 563-565 ; Miller, *The Clue to Christian Education*, pp. 8-9 ; Frankenberry, in *Empirical Theology : A Handbook*, p. 44.

「시버리 시리즈」(Seabury Series)의 편집진의 일원으로 일했던 루엘 하우는 관계신학과 교사의 역할 사이의 연관을 보았다. 그는 말하기를 교사는 (1) "특정한 교과 내용을 가르치는 자라기보다는 성령을 성육화하는 사람"이고, (2) "학생들이 학습 순간으로 가져오는 의미들에 예민하고", (3) 기다릴 용의가 있는 자이다. 이는 교사가 "성령의 역사(working)와 학생 내면의 역사를 신뢰하기" 때문이며, (4) 따라서 "어떤 교육방법이 사용될지에 대해 우려하지 않으며", (5) "개인에게 한 인격체로서 말을 건네고 응답하기를 기대한다."[62]

이 접근은 환경에 대한 경험신학의 강조를 반영한다. 이 환경 속에서 화이트헤드의 비감각적 해석이 작용하여 신의 설득적 사랑이 적어도 민감한 사람들에게는 드러나는 "은은한 감정적 색조"의 환경을 제공한다. 그래서 학습자는 신과의 올바른 관계 속에 들어오게 되고, 창조적 변화를 경험하게 된다. 좀더 전통적인 언어를 사용하자면, 기독교육의 목적은 하나님을 중심에 놓고 학습자를 하나님과 동료 인간들과의 올바른 관계 속으로 들어오게 하되, 삶의 모든 면에 대해서 근본적인 기독교 진리의 관점 안에서 이 일을 하도록 돕는 것이다.

교육이론들

교육이론의 여러 강조점들은 경험신학과 일치되거나 그렇게 만들어질 수 있다. 마크 벨트(Marc Belth)는 말하기를 교육은

> 학습자 속에 가꾸어지는 개념과 능력들간의 관계를 다루고, 어느 분야에서 사용되는 방법이든 간에 지성의 고안품(inventions)인 개념들을 창조하는 방법들을 다룬다.[63]

---

62. *Religious Education*(November‒December 1959), pp. 494‒496 ; Randolph Crump Miller, *Education for Christian Living*, 2nd. ed.,(Englewood Cliffs, N.J. : Prentice‒Hall, 1963), p. 358.

경험할 수 있는 모든 것이 고려의 대상이 된다. 이렇게 경험신학에 쓰일 수 있는 데이터가 소개될 수 있으며, 주된 작업은 비교, 시험과 평가를 하는 것이다. 교육은 그렇다면 "다르게는 제기되지 않은 질문, 사고하는 능력을 향상시키는 문제에 대한 질문을 제기하고 답하는 하나의 길이 된다."[64] 심지어 7세 정도의 어린이들도 종교적 사고에서 문자적 언어와 은유적 언어를 구별하도록 가르쳐질 수 있다. 이것은 모든 학습자들이 모델(models), 이미지(images)와 은유(metaphors)를 이해하고 사용하기 시작함에 따라 나아가는 중요한 진보 단계이다.

종교교육은 또한 한 가치체계를 가진 공동체로의 입문이기도 하다. 이것은 가족 내 어린 자녀의 발달과정 속에 명백하게 드러난다. 피터스(R.S. Peters)는 입문(initiation)을 그의 이론의 중심으로 삼았다.

> 교육은 가치 있는 것을 의도적이고 자발적인 방법으로 의도적으로 전달하며, 학습자 속에 그것을 성취하고자 하는 욕망을 일으켜 주되, 그 가치 있는 것을 삶 속의 다른 것들과 함께 제자리를 가진 것으로 보게 하는 그런 과정들을 기본적으로 포함한다.[65]

이것에다 여성신학자와 해방신학자들의 통찰을 포함해서 변형하면, 교육은 좀더 포괄적인 모델의 사용을 통해 멜란드가 "감식력이 있는 의식"이라고 불렀던 것에 대한 좀더 폭넓은 관점으로 이끈다. 이것은 그래서

> 주어질 수 있는 것은 당장 인지되는 것이나 생각해 낼 수 있는 것 이상이

---

63. Marc Belth, *Education as a Discipline*(Boston : Allyn & Bacon, 1965), p. 7 ; Miller, *Theory of Christian Education Practice*, pp. 166–168 ; Miller, *The American Spirit in Theology*, pp. 228–232.
64. Marc Belt, *Education as a Discipline*, p. 13.
65. R.S. Peters, in *Philosophical Analysis and Education*, ed. Reginald D. Archambault(London : Routledge & Kegan Paul, 1965), p. 102 ; Miller, *Theory of Christian Education Practice*, pp. 168–170.

라는 원리 위에서 현재 고려의 대상인 기준점(datum)에서 볼 때 최대한의 수용도(degree of receptive)가 된다.[66]

이는 성스러운 것에 대한 감각과 경외의 반응, 그리고 어쩌면 제임스의 신비적인 세균(germ)에 대한 호소까지를 포함한 가능성들을 열어 준다. 그러한 경험들을 진지하게 여기는 공동체 내에서는 학생의 가치의식이 유지되는데, 이는 공동체의 가치들 속에서 각 개인의 가치의 인정을 발견하기 때문이다.

종교교육에서 우리는 "성도를 온전케 하며 봉사의 일을 하게"(엡 4 : 12) 하고자 한다. 이는 창조적 협동적 학습과 행동의 기술에 대한 적절한 훈련을 요구하게 된다. 첫째, 사람은 다른 이들 중심적이 되고, 다른 이들의 필요와 관심을 의식하게 되고, 하나님께서 사람들을 통해 일하시는 방법들에 대해 생각해 볼 필요가 있다. 참여를 통한 훈련 혹은 집단적 과정의 기술들, 혹은 어떤 종류의 과제 속의 협동 등이 이 목표를 달성할 수 있을 것이다. 그것은 사회화하는 과정이며, 공동체의 힘을 학습자가 공유할 수 있다. 중요한 요소는 소속의 경험을 통한 한 개인으로서의 가치인식이다. 둘째는 절차적 훈련으로, 이것은 사실적 자료를 수집하는 도구들, 관찰기술, 그리고 경험적으로 증명될 수 없는 데이터의 활용을 포함한다. 이것은 정보의 보유(기억작업), 추가정보를 찾는 일, 그리고 다양한 체계들을 서로 연관시키는 일, 특히 경험과학과 신학적 주장들의 체계들을 연관시키는 작업을 포함한다.

교사들은 앞에서 언급한 모든 것 위에 감독과 자문을 필요로 하는데 이는 많은 교구(교회)에서는 사실상 찾아볼 수 없다. 훈련되지 않는 교사들은 어느 교육 프로그램에도 방해가 된다. 교사를 모집(recruit)하는 문제는 잘 이해되지 않고 있으며, 자원자를 요청하는 것은 위험성이 있다. 최상의 프로그램은 그 교사들을 선택적 초청을 통해 모집한다. 교사들

---

66. Meland, *Higher Education and the Human Spirit*, p. 57.

은 그들이 가진 잠재성(가능성) 때문에 모집된다. 야고보서의 표현이 건전하다 ; "내 형제들아 너희는 선생된 우리가 더 큰 심판받을 줄을 알고 많이 선생이 되지 말라"(약 3 : 1).[67]

또 다른 견해는 통찰(insight), 노출(disclosure)과 헌신(commitment)을 위한 교육이다. 우리는 '해가 뜨거나' 혹은 '동전이 떨어지듯' 그렇게 모든 것이 '살아나는' 그런 때에 경험을 가진다. 한 사람이 똑바른 사고의 모든 길들을 다 가보았을 때, 혹은 가치에 대한 좀더 깊은 이해에 들어갔을 때, 혹은 타인의 관심을 의식하도록 훈련되었을 때, 또는 특정한 기술을 사용하는 것을 배웠을 때 인지의 진보, 곧 계몽의 순간(moments of enlightenment)이 있을 수 있는데 이것은 삶을 바꾸게(life-transforming) 된다. 이언 램지는 '신'이라는 단어가 종종 평범하게 사용되어 정보를 주고, 의미를 제공하고 행동을 우러나게 할 능력을 잃는다고 했다. 신에 대해 말할 때 논리적으로 이상한 수식어구를 사용하면 무언가 새로운 문제의 해결이 나올지도 모르겠다. 이야기에 적합한 환경에서 거기에 맞는 이야기를 한다면, 삶을 바꾸는 변화에로 이끄는 노출과 헌신들이 있을지 모르겠다. 이것을 보장할 수는 없으나 무언가 새로운 것이 나올 것이다. 그러한 개념에 대한 경험적 '짜맞추기'(fit)가 예배에서 발견된다. 새로운 안목을 깨닫는 통찰의 순간은 종종 보편적으로 오래 사용된 단어들을 새로운 단어로 바꾸는 등, 언어의 다른 사용에서부터 올 수도 있다.[68]

마지막으로, 양육(nurture)으로서의 교육이다. 교육은 그것이 가정, 학교, 또래집단(gang), 이웃, 교회 혹은 국가이든 간에 한 공동체 속의

---

67. David R. Hunter, *Christian Education as Engagement*(New York : Seabury, 1963) ; Daniel Day Williams, *God's Grace and Man's Hope*(New York : Harper, 1949), pp. 194-195.
68. In *Religious Education*(January-February, 1962), p. 95 ; Randolph Crump Miller, *The Language Gap and God*(Philadelphia : Pilgrim Press, 1970), pp. 77-93.

개인에게 일어나는 것이다. 양육은 교육의 해석 가운데 가장 포괄적인 것인데, 왜냐하면 그 목적은 "학생이 공동체를 향한 충성을 교육의 수단으로서 지식을 포함하여 공동체의 환경과 관계 속에 참여하는 것 모두를 설명"[69]하는 것이기 때문이다. 호레이스 부쉬넬은 그의 고전적 저서 「기독교 양육」(*Christian Nurture*)에서 아이들에게 단어(words)가 무슨 의미를 갖기 이전부터 이미 그들을 둘러싼 삶의 태도와 정서적 분위기에 의해 차이가 생긴다는 것을 분명히 보았다. 그에 의하면, 아동이 3세가 되면 부모는 그 아이의 도덕교육을 확립하기 위해 할 수 있는 분량의 절반을 행한 것이다.

제임스와 화이트헤드 모두 종교는 고독(solitariness) 속에서 개인에게 일어나는 일들에서 시작한다고 믿었다. 제임스는 '신비적인 세균'을 강조했고, 화이트헤드는 사물의 정당성과 사람의 의무를 강조했다. 두 사람 모두 사회로 돌아갈 필요와 타인에 의한 경험의 증명을 보았다. 종교가 주로 고립적 경험(solitary experience)의 결과이므로 제임스와 화이트헤드에게 종교교육이 개인에게서 시작한다는 것은 명백하다. 우리들 대부분 속에 제임스가 믿었던 신비적인 세균이 있다면, 학생은 그것을 인식하도록 도움받아야 한다. 그것은 너무나 희미하고 무의식적이어서 알아보기 어려울 수 있으며, 특히 전통적 언어가 혼란을 가져올 때는 더욱 그러하다. 그러나 학생은 도움(교육)을 통해 종교적 언어가 '보다 큰'(the MORE) 무엇을 가리키는 방법들을 가려낼 수 있다. 그런 언어는 "관계가 도덕적 혹은 물질적 혹은 예식적"[70]일 수 있는 종교집단의 행위들 속에서 발견될 수 있다. 우리는 거꾸로 작업하여 언어의 실험으로부터 개인의 의식 중심에 있는 신비적 세균에 도달할 수도 있다.

제임스가 교사들에게 준 충고는 분명했다.

---

69. Miller, *Christian Nurture and the Church*, vii ; Miller, *The Theory of Christian Education Practice*, p. 183.
70. James, *The Varieties of Religious Experience*, p. 31.

> 학생들에게 너무 일방적인 설교를 하거나 추상적인 이야기만 하지 말라. 대신 실제적 기회를 조용히 기다리고, 그 기회가 오면 재빨리 포착하여 한 번에 학생이 생각하고 느끼고 행동하게 하라. 행동의 맥박들이 성격에 새로운 형태를 주고, 좋은 습관을 유기적 조직 속에 집어넣는 것이다.[71]

경험신학은 이 모든 이론들의 배경이 될 수 있다. 왜냐하면 이들은 인간 경험을 가지고 작동하여 교육에 대한 자연주의적 접근을 제시하기 때문이다. 경험, 관찰과 이성을 사용하여 기독교 신앙의 내용이 검토되고 논의될 수 있다. 우리는 타인들이 생각하고 믿는 것을 배우며, 인간 역사와 성서에서 중요한 항목들을 암기하고, 우리 능력에 따라 적절한 기준을 가지고 선택하기에 나아간다. 전문학자들로부터 나온 정보와 해석도 받아들일 수 있으나 이것은 교육을 위해 준비하는 것이지 사상 따위를 주입하려는 것은 아니다. 더 나아가, 학생들의 신앙을 검토함에 있어 우리는 그들이 가지고 이용할 수 있는 증거를 이해할 필요가 있다. 우리는 신자의 신앙과 이용 가능한 증거에 바탕을 두고 신자의 합리성을 받아들인다. 그러한 경우 교사는 학생의 신앙을 있는 그대로 받아들일 수 있으나, 그 이상의 자료를 제공해 줄 책임이 있다. 여기서 교사는 인류가 합리적이라고 발견한 것들을 소개하여 학생들의 합리적인 신앙을 증대시킬 수 있다. 좀더 심화된 경험들로 인도됨에 따라 새로운 자료들-특히 시, 예술, 종교 등의 영역에서-이 계속 생겨날 것이다. 각 학생은 교사와는 독립적으로 사고하기 시작하고, 새로운 차원의 통찰, 지혜와 확신에 도달할 수 있다. 훌륭한 경험주의자처럼 학생들은 개념적 지식은 항상 개정의 여지가 있으나 신에 대한 중심적 충성은 지속될 수 있음을 알 것이다.[72]

---

71. William James, *Talks to Teachers on Psychology : and to Students on Some of Life's Ideals*(New York : Henry Holt, 1899), p. 71 ; "The Educational Philosophy of William James," in *Religious Education*(Fall 1991), pp. 619-634.

실 행

해롤드 로젠(Harold Rosen)은 위이만의 "창조적 인터체인지"(creative interchange)의 철학을 종교교육의 실행에 적용하였다. 주의 깊은 연구적인 자세로 그는 경험신학이 종교교육에 대해 의미하는 것들을 끌어내었다. 가끔 그는 위이만과 의견을 달리하고, 실제 적용에서 소피아 파즈(Sophia Fahs)의 저술을 많이 사용한다. 위이만의 사상에서 세 가지 범주(과정, 내용, 결과)가 두드러진다 : 즉, 과정 - 창조적 인터체인지에 노출됨 ; 내용 - 도덕적, 문화적, 종교적 가치의 고려 ; 결과 - 신과의 공동 창조활동에로 인도[73] 등이다.

어린아이들은 무엇이든 만지고, 냄새 맡고, 맛보고 싶어하는 경험주의자들이다. 구체적인 방법들이 중심에 있다. 정원이나 공원에서 가지는 유치원 산보, 혹은 만져 볼 수 있는 박물관이나 전시회가 가르치는 작업에 중심이 된다. 교실은 만져 보고 말하는 쪽으로 고안되어 있다. 이야기는 사실이든 허구이든 특별한 사람들에 대한 것이며, 그들의 경험이 아동들의 경험과 병행적이다. 아동들은 다른 아동들과 의사소통하고 긍정적인 관계들을 확립하는 법을 배운다. 이 단순한 수준에서 그들은 후에 경험신학으로 이끌어갈 수 있는 경험들을 가지기 시작한다. 그들이 나이가 들면서 이 경험은 더 복잡해지고, 같은 현실과 과정을 가리키는 단어들을 사용할 수 있게 된다. 그들은 여러 수준에서 예배하기 시작하고, 교회전통에 노출되고, 예수에 대한 이야기와 성서의 다른 이야기를 듣고, 믿을 수 있는 것에 대한 경험적 증거를 배우고, 은유와 모델

---

72. Thomas F. Green, *The Activities of Teaching*(New York : McGraw-Hill, 1971), pp. 102-106.
73. Rosen, *Religious Education and Our Ultimate Commitment*, xv. see Sophia Fahs, *Today's Children and Yesterday's Heritage*(Boston : Beacon Press, 1952) ; *Jesus : The Carpenter's Son*(Boston : Beacon Press, 1945).

에 대해 배우며, 문자적 언어는 잘못 인도될 수 있다는 것을 배우고, 약속을 하고 그것을 일상생활 속에서 실행할 기회를 얻게 된다. 그 이후 성인으로서 그들은 그들의 약속(서원)에 대한 헌신을 새롭게 하면서 같은 과정에 계속 노출된다. 그러나 훌륭한 교육적 절차를 거칠 때도 많은 이들은 이들 기회를 거부하고 뒤로 물러설 것이다. 그렇지 않으면 그들은 종교적 언어를 이런 식으로 이해하지 않고 전통적 체계 전체에 반항할 것이다.

이 모든 것에 기본이 되는 것은 '관계'와 '대화'이다. 관계가 실제 개체들만큼이나 진정한 경험의 일부라고 선포하는 윌리엄 제임스의 급진적 경험주의를 따라, 관계신학은 "사람들과 관계하는 신에 대한 진리"[74]로서 정의되는 신학으로 출발한다. 이 신학은 한편으로는 호레이스 부쉬넬의 「기독교적 양육」(Christian Nurture)에 나오는 인간과 신(神)의 유기적 관계에 대한 논의와 다른 한편으로는 마틴 부버의 「나와 너」(I and Thou)에 나오는 해석으로 이 점을 끌어낸다. 양육은 공동체 내에서 일어나며, 그런 공동체 내에서 삶의 질이 매우 중요하다. 이 점에서 성령의 공동체로서의 교회가 가정을 포함한 다른 공동체들 내에서 무엇이 일어나는가에 대한 효과적인 보충이 될 수 있는 것이다.

그리하여 우리는 신학이 종교교육의 배경에, 은혜와 신앙이 전면에 있음을 이야기할 수 있다. 은혜란 받을 자격이 없음에도 주어지는 것을 말하며, 인간 및 우주적 환경의 일부이다. 위이만의 정의는 "'신의 은혜'는 인간의 삶 속에 지배적이 된 창조적 변혁이라고 할 것이다."[75] 은혜의 다른 면은 신이 인간이 행하는 것에 의해 영향을 받는다는 것이다. 그렇다면 은혜는 인간들 사이에 일어나는 것의 신적인 용납, 종종 용서의 결과를 낳는 것을 말한다.[76]

---

74. Miller, *The Clue to Christian Education*, p. 7 ; Miller, *The Theory of Christian Education Practice*, p. 157.
75. Wieman, *The Source of Human Good*, p. 49.
76. John B. Cobb Jr., in *Empirical Theology : A Handbook*, pp. 254–257.

신앙은 우리가 신이라고 부르는 실재 혹은 과정에 대한 개인적인 관계, 신뢰의 태도, 그리고 헌신이다. 가정, 학교, 교회, 공동체의 분위기는 학습상황에서 무엇이 일어날 수 있는가에 영향을 주는 중요한 요소이다. 이는 무엇이 학습되는가에 긍정적 혹은 부정적으로 영향을 끼친다.

돌발적 출현(emerging) 혹은 창조적인 참신성이란 한 사람의 환경의 일부가 된다. 예상 밖의 사건이 우연히 일어난다. 이런 경우는 새로운 가치를 구하고, 예상 밖의 목표를 달성하는 기회가 된다. 그것들은 새로운 안목과 이언 램지(Ian Ramsey)가 묘사하는 그런 종류의 교육으로 이어진다. 그런 교육은 사실상 계획될 수 없는 것이나, 교사는 그런 기회가 나타날 수 있음을 예상하고 대비할 수 있다.

그런 교육적 과정의 목표는 분별과 헌신이란 말로 표현할 수 있다. 학습자가 창조적 변혁과정들을 분별할 수 있게 되고, 그들이 자신의 삶 속에서 결정들을 직면함에 있어 공동체가 그들을 후원하면, 그 과정은 공동체나 혹은 주위를 둘러싼 문화 내의 다른 요소들의 방해에도 불구하고 계속될 수 있다. 학습자가 과정에서 혹은 다른 사람들에게서 소외를 경험할 때는 신의 치유의 능력이 기다리고 있다. "이는 하나님께서 그리스도 안에 계시사 세상을 자기와 화목하게 하신다"(고후 5 : 19). 종교교육은 복음전도의 요소들을 포함하는데, 왜냐하면 교회의 한 목적은 외부인들을 그리스도인들이 인식하는 대로의 신에 대한 신앙에로 인도하는 일이기 때문이다. 그러한 목표가 진정한 대화를 통해 추구하는 한, 인간들이 행동할 자연스러운 길이 있다.

기독교적 사고와 교육에 중심이 되는 것은 성서이다. 어떤 이야기들은 매우 단순해 보이지만, 좀더 숙고해 보면 성서는 엄청난 어려움을 제시한다. 성서가 그리고 있는 세계는 오늘날의 세계와는 큰 대조를 이룬다. 현재와는 상관 없는 고품(antique)처럼 보인다. 전문적인 신학자들에게는 비밀스런, 어떤 가치가 있는지는 몰라도 보통 사람에게는 고대의 인위적 작품(artifact)에 불과하다.

그러나 그런 어려움을 제쳐놓고 성서가 살아 있는 문학작품으로 취급될 때 선택의 책이 된다. 그것은 신자에게 삶과 죽음 사이에, 그리스도의 주장과 자아의 만족 사이에 선택을 하도록 도전한다. 일상생활의 주제들이 성서의 책장마다 나타난다. 종종 과학 이전 시대의 세계에 대한 견해를 반영하는 이상하고 낯선 형태이기는 하지만, 그러나 항시적인 것은 인간관계와 신의 이야기가 펼쳐진다는 것이다.[77] 테오도르 웨델(Theodore Wedel)은 "한 어린이에게 성서의 구속에 대한 사랑 이야기가 관계의 언어로 해석된다면 그는 이해할 수 있다."[78]라고 썼다.

종교적 발달의 심리학에 대한 초기 연구들은 아동의 '성장하는 끝머리'(growing edge)라는 개념을 가져온다. 아동의 전체적 성장수준을 아는 것은 교사가 그 나이수준에 접근할 수 있는 관계, 방법, 개념들을 맞출 수 있게 도왔다. 후에 이 접근은 쟝 삐아제(Jean Piaget), 로날드 골드만(Ronald Goldman), 로렌스 콜버그(Lawrence Kohlberg)와 제임스 파울러(James Fowler) 등의 연구로 더 발전되어, 우리는 이제 연령집단의 능력 뿐 아니라 성장의 단계에 대해 말할 수 있게 되었다. 경험적으로 바탕을 두었지만, 그러나 이 발견들은 일반적인 제안이며, 모든 학생들에게 딱 들어맞지는 않는다.[79] 성서 내용이 학습되어야 할 시기가 있지만, 이는 보통 시행되는 것보다는 더 늦게 찾아온다. 성서는 경험적, 역

---

77. Miller, *The Theory of Christian Education Practice*, pp. 198-202.
78. Theodore Wedel, "Leadership Education," *World Christian Education* (Spring 1952), p. 31.
79. '성장의 끝머리'(the growing edge)에 대한 초기 취급을 위해서는 다음의 책들을 보라. Randolph Crump Miller, *A Guide for Church School Teachers* (Louisville : Cloister Press, 1943, 1947), pp. 8, 20, 27, 41, 76, 102 ; Craig Dykstra and Sharon Parks, eds., *Faith Development and Fowler* (Birmingham, Ala. : Religious Education Press, 1986) ; Brenda Munsey, ed., *Moral Development, Moral Education, and Kohlberg* (Birmingham, Ala. : Religious Education Press, 1980) ; Kenneth Hyde, *Religion in Childhood and Adolescence*(Birmingham, Ala. : Religious Education Press, 1990) ; John H. Peatling, *Religious Education in a Psychological Key*(Birmingham, Ala. : Religious Education Press, 1981).

사적 방법으로 연구될 수 있다. 그래서 아동과 성인 모두를 위해 오늘의 세계에 적용 가능하게 성경공부 자료가 만들어질 수 있다.[80]

경험신학에 바탕을 둔 종교교육 방법의 문제는 어떤 방법이든, 그것이 자연, 동물, 다른 인간, 그리고 궁극적으로는 우주로 확장되는 좋은 관계들을 증진한다면 사용될 수 있다는 것이다. 교육이 신 중심적이 되려면, 경험신학은 창조적 인터체인지에서 나오는 창조적 변혁을 통해 일하는 신을 강조할 것이다. 이 지침이 주어질 때 사람들과 자연을 한데 묶어 줄 어떤 방법도 금지하기 어렵다.

방법은 학습리듬에 따라 안내될 필요가 있다. 화이트헤드는 「교육의 목적」(The Aims of Education)의 서두에 이를 분명히 밝혔는데, 거기서 그는 부동의 관념을 가르치는 것을 반대하였다. 그는 우리가 적은 수의 교과주제(내용)를 가르쳐야 하고, 그것을 매우 철저하게 가르쳐야 한다고 주장했다. "한 관념(idea)을 활용한다는 것은 그 관념을 감각의 인지, 느낌, 희망, 욕망, 그리고 사고를 사고에 맞추는 정신활동 등으로 복합되어 우리 삶을 형성하는 흐름에다가 연관시키는 것을 의미한다."[81]

화이트헤드는 교육리듬의 세 단계를 묘사할 때 그 기능을 경험적 방법의 한계 내에 두었다. 한 교육 분야로 새로 들어갈 때마다 학습자는 낭만(romance)에서 시작하여 그것이 목적을 성취했을 때 정밀(precision)로 옮겨 가며, 그리고는 일반화(generalization)로 나아간다. 그러나 낭만 단계에서도 어려운 학습목표들이 있을 수 있는데, 이는 유아가 말하기를 학습할 때와 같은 경우이다. 그는 말하기를,

> 성장의 리듬법칙에 주의를 기울임으로써 유익을 많이 얻을 수 있는 교육의 분야는 도덕교육 및 종교교육이다. 종교적 진리를 형성하는 어떤 방법이 옳은 것이든 간에, 준비되지 않은 채 정밀의 단계를 고집하는 것은 종

---

80. Miller, *The Theory of Christian Education Practice*, pp. 197-211.
81. Alfred North Whitehead, *The Aims of Education*(New York : Free Press, 1929), p. 3.

교의 종말이다. 종교의 생명력 여부는 종교적 정신이 종교교육이라는 시련을 어떻게 거쳐 냈는지 속에 드러난다.[82]

가치의 감각은 종교와 예술 모두에서 동인력(motive power)의 열쇠이며, 그것은 아름다움의 감각으로 이끈다. 이 가치의식은 큰 노력의 결과물로서 새로운 높이 수준으로의 상승으로 이어진다. 내면적 훈련이 존재한다. "그리고 그 열매맺음은 우리 스스로의 선도적인 독창력의 성과이다."[83]

경험신학은 위이만이든 멜랜드이든, 혹은 다른 이의 것이든 비슷한 교육실행의 이론으로 안내한다. 각 사람은 자신 스스로의 신학자가 된다. 존 캅은「생각하는 그리스도인이 되는 것」(Becoming a Thinking Christian)을 썼는데, 그 책에서 평신도들이 가진 경험에 대한 이해에 바탕을 둔 평신도 스스로의 신학을 세우기를 도전한다.[84] 이것이 신학과 교육이 남에게서만 받는 것을 회피하는 유일한 방법이다. 왜냐하면 궁극적으로 모든 신자는 스스로의 신앙체계와 신앙을 개발해야 하기 때문이다.

결 론

경험신학의 관점에서 본 종교교육의 미래는 듣는 이가 스스로의 경험으로 이해할 수 있는 방법을 사용해서 신에 대해 이야기할 수 있는 능력에 달려 있다. 이 능력이란 듣는 이가 대화에 가져오는 특정 문화와 실재의 본질에 대한 가정들을 인식하는 것을 의미하고, 그리고 교사가 이

---

82. *Ibid.*, p. 39.
83. *Ibid.*
84. John B. Cobb Jr., *Becoming a Thinking Christian*(Nashville : Abingdon, 1993)을 보라. 각 장마다 평신도가 신학적으로 사고하는 것을 돕기 위해 고안된 세 개의 질문이 첨가되어 있다.

들 한계 안에서 움직일 수 있는 능력을 의미한다. 다원주의적 문화 속에서는 풍부하게 다양한 가정들(assumptions)이 있을 것이다. 그리고 아마도 경험적 방법으로부터 전개하는 자연주의적 유신론은 소수만을 위한 하나의 선택일지도 모른다. 종교교육은 삶의 정황을 직면하고 있는 이들을 계몽할 수 있는 한에서만 효율적인 것이 될 것이다. 그들은 사랑과 용납(수용)을 위한, 그들 삶 속의 어느 정도의 구조와 훈련을 위한, 성장의 기회와 자유를 위한, 그리고 그들 삶 속의 신비간에 대한 만족을 위한 기본적 욕구들을 가지고 있다.[85] 사람들은 부동의 관념만으로는 듣는 일에 싫증을 낼 것이다. 경험으로부터 관념은 살아나고 헌신이 일어나는데, 이는 예배하는 회중 안에서, 상호 지탱(유지)하는 대화 속에서, '신비적인 세균'이 깨어나는 고독(solitariness) 속에서, 그리고 타인과 나의 '나-너' 관계 속에서 이루어진다. 그런 모든 경험은 창조적 변혁에로 인도하는 창조적 인터체인지의 형태들인데, 바로 이 창조적 인터체인지가 일하시는 신을 드러낸다. 은혜-신앙관계에서 신의 우선성(the priority of God)은 우리의 헌신을 강화하고, 우리 행동을 받쳐 주는 믿음으로 우리를 인도하는 데에 본질적이다.[86]

---

85. Miller, *The Theory of Christian Education Practice*, pp. 232-234 ; Howe, *Man's Need and God's Action*, pp. 79-141.
86. 내 개인적 입장은 여기서 설명한 철저한 경험주의보다는 넓은 편이다. 나는 과정신학의 안목(통찰)도 많이 사용하기 때문이다. 내가 쓴 *The Theory of Christian Education Practice*의 첫 두 장은 종교교육에 기본이 되는 신학에 대한 나 자신의 접근을 설명하고 있다.

제7장

실존신학과 종교교육
(Existentialist Theology and Religious Education)

데이빗 화이트, 프랭크 로저스
(David F. White and Frank Rogers)

||||||| 1부 |||||||

 진리란 무엇인가? 어떻게 그것을 알게 되는가? 역사라는 극장의 무대에서 수많은 철학의 의상을 걸쳐서 제기해 온 질문들이다. 의상을 걸친 배우마다 앞서 나왔던 배우를 의혹과 극적 효과를 일으키며 무대 뒤로 보내곤 했다. 실존주의 역시 지독하게도 도전적이긴 했지만 그런 배우들 중 하나로서 진정한 진리의 추구라는 드라마에 참여했었다. 이성을 통해(예컨대 Locke) 혹은 경험을 통해(예컨대 Hume), 혹은 두 가지의 건설적 결합을 통해(예컨대 Kant) 알 수 있는 객관적이고도 외부적인 실재(reality)를 자리매김하는 데 철학이 실패하자, 실존주의자들은 인류가 알 수 있는 한에서는 인류와 진리의 본질을 정의하는 객관적 실재가 존재하지 않을지도 모른다는 무서운 가능성을 제기했다. 그들은 또한 앎 자체가 자아의 주관성에서 생겨난다고 제안했다. 앎이란 외부의 실재에 맞춰 나가는 것이 아니다 ; 한 자아가 의미 없는 우주의 심연에 직면하여 단호함과 자유를 가지고 스스로의 의미를 창조하기로 선택하는 것이다. 마틴 하이데거(Martin Heidegger), 쟝 폴 사르트르(Jean-Paul Sartre), 칼 야스퍼스(Karl Jaspers), 프란쯔 카프카(Franz Kafka)와 알베르 카뮈(Albert Camus) 같은 인물들이 외부적 진리의 절대성에 급진적으로 도전했고, 인간의 앎의 본질이라는 개념 자체를 재정의하고 있었다.

물론 진리가 모든 외부적 구성을 회피한다고 보는 철학체계의 본질을 포착하려고 하자면 아이러니가 많이 발생한다. 월터 카우프만(Walter Kaufmann)이 이렇게 말한 것과 같다.

> 실존주의는 철학이 아니라 전통철학에 대항한 다양한 반항들에 붙여진 상표이다. 대부분의 소위 '실존주의자' 들은 이 이름을 거부하였다. 분명히 실존주의는 하나의 사상의 학파가 아니며, 어떤 주장의 묶음들로 축약될 수도 없다.[1]

사실상 사상가들의 느슨한 기라성 같은 집단으로서 실존주의는 신학자, 예술가, 극작가, 정치가와 혁명가들을 포함했다. 실존주의는 보다 진실되게 표현하자면, 역사와 진리에 자신을 관련시키는 하나의 정신(spirit)이다. 이 정신의 불안정성과 개인 사상가들의 다양성을 인식하면 보통 실존주의를 내세울 수 있는 공통된 주장들의 느슨한 묶음을 가려내는 것이 가능할 수도 있겠다.

이 장에서 우리는 먼저 철학적 실존주의의 그러한 주장들을 논하고, 이 철학정신의 유신론적 유용에 대해 설명할 것이다.

실존주의의 주된 주장들

---

1. Walter Kaufmann, *Existentialism From Dostoevsky to Sartre*(New York : Meridian Books, 1962), p. 11.

실존이 본질을 앞선다

실존주의자들에게 공통적인 것은 궁극성이나 확실성을 발견하는 데 있어서 이성의 한계를 인식한다는 것이다. 플라톤의 이상주의(idealism)에는 이 일시적인 평면 속의 모든 것에 대응하는 이상(ideals)의 영역이 존재했다. 한 사물의 본질은 그것의 이상(ideal)에 의해 정의된다. 진리를 아는 것은 그 객관적 본질을 아는 것에 해당된다. 합리주의는 일시적 영역으로부터 본질적 진리의 이상적 세계로의 길을 이성의 통로를 통해 찾고자 했다.

실존주의자들은 그러한 이상적 진리의 존재 여부와 그것을 알게 되는 일에 이성이 차지한 중심적 위치에 대해 의문을 제기했다. 그들에게 인간 주체는 모든 앎의 행위에 자명하게 연루되어 있을 뿐 아니라, 이 주체성 자체가 진리가 알려지는 곳이다. 세계의 사물의 본질은 외부 혹은 형이상학적 영역에 호소하여 발견될 수 없으며, 세계 속에 주체적으로 참여함으로써만 찾을 수 있다. 이 주관적 차원 없이는 개인의 존재는 어떤 객관적이고 임의적인 현실의 구성에 대한 생명 없는 순응에 의해 부인된다. 문제의 심각성은 사르트르의 소설 「구토」(Nausea, 1938)의 한 장면을 통해 설명할 수 있다.

> 푸르스름한 물체들이 차창 밖을 지나간다.…… 푸른 이 거대한 노란 벽돌집이 전진하며 불확실하게 떨며 갑자기 정지하더니 고꾸라진다.…… 다시 일어나 움직이기 시작한다. 창문에 뛰어오른다.…… 일어난다, 부서지며.……옆을 스쳐 가는 자동차와 함께 미끄러져 간다.…… 갑자기 그것은 더 이상 거기에 있지 않다. 뒤에 쳐진 거다.…… 나는 내 손을 자리 위에 기대었다가 급히 빼낸다 : 거기에 내가 있다. 내가 앉아 있는 이 물체, 내 손에 기대어 놓은 이것을 자리라고 부른다. 사람들은 걸터앉으라고 일부러 이 자리를 만들어 놓는다. 가죽과 용수철과 천을 가져다가 자리를 만들 생각으로 작업을 시작하여 그들이 마쳤을 때 그것이 그들이 만들어 놓은 것이었다.……나는 중얼거린다 ; '이것은 자리다.' 마치 귀신을 쫓는 주문을 외우듯, 그러나 이 말은 내 입술 위에 머무른다 ; 그것은 내 입술을 떠

나 그 물건 위로 가기를 거부한다. 그것은 그대로 유지하고 있다. 붉은 천 수천 개의 조그마한 붉은 발톱들이 공중에 떠서 모두 가만히 있다. 자그마한 죽은 발톱들, 이 거대한 뱃가죽은 위를 보며 피를 흘리며, 부풀어 있는…… 이것은 자리가 아니다. 이것은 죽은 당나귀일 수도 있는 거다.…… 이걸 자리라고 부르거나 그것에 대해 무어라고 말하는 것은 우스꽝스러운 것 같다 ; 나는 사물들의 한가운데 있다. 이름 없는 사물들 혼자서 말없이, 힘없이, 그것들은 나를 둘러싸고 있고, 내 아래, 내 뒤, 내 위에 있다. 그것들은 내게서 아무것도 요구하지 않는다 ; 그것들은 자기들을 강요하지 않는다 : 저기에 있을 뿐이다.[2]

이 구절에서 로께탱(Roquetin)은 모든 객관적이고 본질적인 '앎'은 '집'이나 '자리' 같은 물체들에게 이름과 개념들을 붙여 주는 데 달려 있다는 것을 깨달았다. 이런 붙여진 이름과 개념 없이 객관적 세계는 단지 외향만의 흐름이 된다. 실존주의자들에게는 인간이 사물에 이름을 주는 상징적 과정은 보류되고 의문에 붙여진다. 실존주의자들은 이성이나 혹은 다른 어떤 권위의 능력에 대해 의문을 제기한다. 실존주의자들은 그것이 과학이든, 사회이든, 교회이든 혹은 본질적 세계가 '정말로' 어떠한지를 나타내는 다른 어떤 인습적인 체계이든 간에, 이 색상과 감각의 흐름을 떠나서 객관적 현실을 감지할 이성의 능력이나 다른 권위를 가졌는지에 대해 질문을 제기한다. 이 세계에서 모든 것은 불합리하다. 우리가 줄 수 있는 어떤 의미도 전적으로 임의적이거나 사회적 관습에 따른 것일 것이다. 이 단어보다는 저 단어를, 이 행동보다는 저 행동을 택하도록 강요하는 궁극적인 이성이나 권위는 없다. 「구토」의 다른 구절에서 로께탱은 의미 있는 행동의 가능성에 대해 숙고해 본다.

나는 내가 무엇이든 할 수 있다고 느낀다. 예를 들어 이 치즈 나이프를

---

2. Jean Paul Sartre, *Nausea*, trans. L. Alexander(New York : New Directions, 1959), pp. 168-169.

[식사하는 다른 사람의] 눈에다가 찔러 버린다. 그러면 이 모든 사람들이 나를 짓밟고 내 이빨이 부러지도록 나를 때리고 찰 것이다. 하지만 그것 때문에 내가 그만두는 것은 아니다 ; 입 속에서 이 치즈의 맛을 느끼는 대신 피의 맛을 본다고 해서 내게는 아무런 차이가 없다.[3]

어떤 것도 간청에 의해서 하늘의 혹은 이상적인 영역에 대해 그 본질을 알 수 없다. 의미란 사물의 본질 속에 쓰여져 있지 않다. 자아의 진정한 존재는 역사와의 주관적 참여에만 존재한다. 정말로 실존은 사물의 본질을 앞선다. 실재의 순수한 본질이란 없다. 사물의 본질의 진정한 구성은 이미 주관적으로 임의적으로 인간 실존에 의해 결정되었다.

결단을 위한 인간의 책임

그리고 진정으로 아는 것은 자유로운 개인으로 존재하여 그들 자신의 의미 있는 실재를 가정해 보는 것을 요구한다. 따라서 앎의 과정에서 인간의 책임에 대해 큰 강조가 주어진다. 인간은 실재에 대한 스스로의 구성을 선택한다.

우리는 자국(흔적)을 내는 수동적인 진흙이 아니다. 반대로 우리는 '삶-세계들'(life-worlds)을 골라내고 한데 모은다. 어떤 길이의 순간에도 - 어느 순간에든 가장 흥미 있고 우리 운명을 가장 잘 결정해 주는 것들을 전체 우주 속에서 우리는 몇 가지를 선택하여 거기에 관련을 가진다. 이 모든 것에서 우리는 우리에게 의미 있는 우리의 세계를 형성한다. 의도성의 원리가 중심적이다. 자신과 세계를 잘 이해하는 인간들은 의사결정의 중요성을 발견한다. 결국 어떤 이상의 세계나 인위적 사회관습에 의존할 필요가 궁극적으로는 없다. 결정적인 것은 의사결정에 책임을 질 우리의 담대함이다. 실존은 본질을 앞선다. 우리는 우리 결정을 통해 되어감(becoming)의 작업을 수행하고 있는 것이다.

---

3. *Ibid.*, p. 166.

실존적 개인주의

실존주의의 경우, 사회적 권위에 간섭받지 않는 개인은 중심적 위치에 올라 주체적으로 세계와의 관계를 가진다. 한 개인은 어떤 사회적 권위에도 간섭받지 않은 채 스스로의 삶의 과제에 책임을 지는 것을 통해서만 진정한 실존에 이른다. 그러므로 각 사람의 실존 형태는 전적으로 독특하다. 키에르케고르가 선포한 대로 "나의 범주는 개인이다."[4] 어떤 사람도 다른 사람의 죽음을 대신 죽어 줄 수 없음을 깨달을 때 야스퍼스가 증언하는 것이 바로 이 개인주의이다. 모든 사람들이 나온 일반적인 틀이란 없다. 사람은 자신의 삶을 직접 살고 계속하여 그에 대해 성찰함으로써만 자신을 알게 된다. 키에르케고르의 은유적 표현에 의하면, 인간은 외부의 아무런 받침 없이 7천 길 깊이의 바다 속에 빠뜨려져 있다. 비성찰적 사회적 습관성의 늪 속으로 빠져들든지, 아니면 스스로의 길을 헤엄쳐서 스스로 선택하는 결정과 방향 속에서만 의미 있는 삶을 창조하게 된다.

존재의 경이로운 특성

실존주의의 급진적인 개인주의를 볼 때 확실치 않은 실존을 확실한 실존과 대조하여 어떤 논의가 있을 수 있을까? 실존주의자들은 이 문제를 접근할 때 확실한 실존, 참으로 '있는 것'(being)은 외부적인 확실성의 이상에 맞추기보다는 존재의 주관적 특성에 의해 정의된다고 논한다. 존스(W.T. Jones)의 이 설명을 보라.

> 만약 메리를 사랑하지 않는 존이 "왜 내가 메리를 사랑해야 하지?"라고 물으면 우리는 그에게 할 말이 없다. 우리가 그녀의 아름다움을 지적한다고 해보자. 그는 이렇게 대꾸할 것이다. "그래, 그녀가 아름답다고 하자. 하지만 아름다움에 왜 그렇게 신경을 써야 하지?" 메리가 사랑할 만하다고

---

4. Carl Michalson, *Christianity and the Existentialists*(New York : Scribner's, 1956), p. 12.

그를 설득하기 위해 무슨 말을 해주든 그런 식의 응답이 나올 것이다. 그러나 그가 메리와 사랑에 빠진다면 상황은 완전히 달라진다. 그렇다면 (똑같은 논리가) 존재의 질문에 대한 대답에도 적용된다. 이것은 우리가 먼저 이해하고 나서 대답하고자 하는 질문이 아니다. 우리는 이미 대답할 능력을 갖추지 않고서는 이해조차 할 수가 없다. 즉, 우리는 이미 존재에 대해 생각해 보지 않고서는 왜 우리가 존재에 대해 생각해 보아야 하는지 이해할 수 없다. 그리고 존재에 대해 정말 생각해 보고 있을 때는 그런 질문이 일어나지 않는다 ; 존재의 생각해 볼 만함은 우리 앞에서 빛나고 있다. 이제 하이데거의 경우, 인간으로 존재하는 것은 존재의 현존 앞에 단순히 열려 있는 것이다. 그런 존재에 대한 사람의 개방성의 표지는 그가 가진 경탄이다.[5]

확실한 세계에의 참여에 대한 하이데거의 이해는 다른 실존주의자들이 억제할지도 모르는 거의 신비적인 관계를 드러내고 있다.

그러나 우리는 마틴 부버(Martin Buber)의 나-너 관계(I-Thou relationship)의 착상에서 경이(wonder)라는 일종의 주체를 발견한다. 그 반대인 나-그것 관계(I-It relationship)에서 사람이나 상황은 추상화되어 대상으로 여겨진다. 나-그것 관계에서 사람들은

> 사물을 바라보고, 검사해 보고, 시험해 봄으로 그것들과 연관을 짓는다. 사물은 측정되고 분해되고, 다시 합쳐져서 이해된다. 이것을 위해 관찰자는 자신과 그가 알고자 하는 물건 사이에 일정한 거리를 두고자 의식적으로 노력한다. 그는 그의 느낌과 소원(wishes)이 그의 지각을 방해하지 않게 애쓴다. 고도의 기술로까지 올려질 때 이런 형태의 앎은 현대과학의 기초이다. 좀더 덜 자의식적인 수준에서는 이것은 사람들이 일반적으로 그들 주위의 물건과 사람들과 관계를 갖는 방법이다.[6]

---

5. Jones, vol 5., p. 290.
6. Eugene B. Borowitz, *A Layman's Introduction to Religious Existentialism*(Philadelphia : Westminster, 1975), p. 167.

부버에 의하면, 나-너의 관계는 묘사하기 더 어렵다. 한 사람의 모든 것이 그 속에 있다면, 무슨 일이 진행되고 있는지를 관찰하고 이후에 기록할 수 있도록 남아 있는 부분이 없을 것이다. 각자가 전적으로 그 곳에 있어야만 관계가 존재할 수 있다. 나-너 관계에 대해 유진 보로위쯔(Eugene Borowitz)는 말한다.

> 사랑이 좋은 유비이다. 사랑은 두 사람이 가장 친밀한 연합 속에서도 자신으로 남아 있을 수 있게 하는 신비한 힘을 가졌다. 정말 그 사랑 속에서 그들은 진정으로 자신들이 된다. 참 사랑의 표는 사랑하는 이들을 무엇으로 만드는가에 드러난다. 사랑 안에서 각자는 그가 찾고 있던 자신을 좀더 완전하게 깨닫는데, 이는 그의 사랑하는 이를 통해 그가 항상 자신에 대해 생각했던 것을 좀더 확실하게 이를 수 있기 때문이다. 그러한 나-너의 경험은 친밀하고 고무적일 수 있다. 나-너의 관계 속에서 주어지는 것은 다른 이의 자신에 대한 현존이다. 그것이 전부이지만, 이는 비교할 수 없을 만큼 의미심장하다.[7]

부버는 물론 "하이픈(-) 속에서(즉, '자아-'가 붙는 행위를 통해) 신을 발견하는 것"의 성격에 대한 궁극적 주장을 한다. 하이데거나 그 외의 무신론적 실존주의자는 경탄과 경이가 빛나는 존재와의 정열적 만남에 대해서만 이야기한다. 공통주제는 주관적 존재 자체의 특질은 스스로의 자아-확증적 의미를 가진다는 것이다. 앎(Knowing)이란 자아를 분명하게 밝히는(self-defining) 순간 속에 있도록 선택하는 것이고, 그것에 의해 지탱된다.

지속적인 불안감

하이데거에 의하면 인간의 과제는 인간 존재의 유한성의 자각을 떠나서는 완전히 실현될 수 없다. 죽음은 인류에게 항시 존재하는 예상되고

---

7. *Ibid.*, p. 172.

인정된 종말이다. 죽음을 직면하는 데서 유한성과 역사가 분명해진다. 관습 속에 묻힌 삶은 이 죽음과 무의미함의 현실을 회피하고자 죽음의 위협을 부인하는 의미의 건축 속에 숨겨져 있다. 죽음에 대한 항시적 두려움을 가지고 인간들은 그 미래됨을 예측하고 그것을 현재의 일부로 만듦으로써 이 죽음을 활용해야 한다. 그렇게 함으로써 우리는 '죽음을 향한 자유'를 얻는다. 이 죽음은 우리의 모든 행동과 사고에 영향을 미친다.

죽음을 항시적 실재로 가리켜 주고 있는 것이 불안이다. 불안은 구체적인 대상이 없는 두려움이라고 정의된다. 이 불안은 존재(being)라는 것과 우리의 만남이 표현되는 방식이다. 불안은 억제될 수 없고, 그래서도 안 된다. 하이데거는 불안에 대한 우리의 개방성이 그것을 초월하는 것을 가능케 해준다고 믿는다. 우리를 존재 및 의사결정(decision making)에 참여하도록 부르는 것이 이 불안이다.[8]

실존주의는 실존하는 것은 우리 존재에 대해 불안을 일으키는 우리 삶의 여러 조건을 직면하는 것이라는 가정에 바탕을 두고 있다. 마이컬슨(Michalson)에 따르면,

> 기분(moods)은 전통적으로 육신의 삶이 강요하는 인간의 약점으로 여겨져 왔다. 합리적인 사람은 그 기분을 이길 것으로 생각했다. 그러나 실존적인 사람은 자신의 기분 속에 함몰하여 그 속에서 실재(reality)에 대한 믿을 만한 지표를 찾는다. 이 기분은 신경체제의 우연한 산물이 아니라 그의 실존 속에 자리한 계시적 계기판이다. …… 실존한다는 것은 내면의 깊은 곳으로부터 이 신호들을 진지하게 받아들이는 것이다.[9]

확실성(authenticity)은 이 공포감을 대면하여 불안이나 허무의 현실을

---

8. Erich Dinkler, "Martin Heidegger," in *Christianity and the Existentialists*(New York : Scribner's, 1956), p. 107.
9. Michalson, *Christianity and the Existentialists*, p. 11.

억제함 없이 의미를 창조해 낸다.

앎에 있어서 열정의 역할

키에르케고르는 진리를 "가장 열정적인 내향성의 활용과정 속에 철저히 붙들린 객관적 불확실성"[10]이라고 정의한다. 그는 설명하기를 합리적 사고의 과정은 객관적 진리를 찾고자 한다. 그러나 실존하는 인간이 사고를 할 때는 객관적 진리가 역설적인 관계 속에 놓이게 된다. 모든 객관성은 주체의 견지에서는 불확실성이다. 그 불확실성을 전적으로 의식한 채 인간은 행동하도록 부름받는다. 이런 긴장 가운데 열정이 생겨난다. 이 열정은 진정한 실존의 내재적 부분이다. 그것이 없이 사고는 추상적 관념으로 퇴보하고, 행동은 무분별적이고 임의적이 된다. 열정 혹은 죄렌 키에르케고르에게 "열정적 내향성"(passionate inwardness)은 사고와 행동 사이의 긴장의 역학(dynamics)에서 우러나며 그것을 지탱한다. 루이스 맥키(Louis Mackey)가 관찰하는 대로,

> 검토된 삶만이 가치가 있다. 그러나 열정이 없이는 검토된 삶은 손쉽게 전혀 삶이 아닌 것이 되어 무한정의 성찰의 괄호(parenthesis)로 전락할 수 있다. 사고와 행동은 열정에 의해 실존 속에 함께 유지되어야 한다.[11]

철학적 실존주의는 사람들이 물건으로 취급되고, 인간은 거대하고 냉담한 군중 속에 섞여 있는 20세기 산업-기술의 환경 속에서 엄청난 영향력을 행사했다. 실존주의는 인류에게 치아에 달라붙는 사탕처럼 은박지에 싸인 신화들의 가림으로부터 벗어날 것을 요구한다. 실존주의는 우리가 우리의 결단에 책임을 질 것을 요구한다. 또한 우리는 우리 자신

---

10. Louis Mackey, "Kierkegaard and the Problem of Existeantial Philosophy," in *Essays on Kierkegaard*, ed. Jerry H. Gill(Minneapolis : Burgess, 1969), p. 45.
11. *Ibid.*, p. 46.

을 원하는 대로 만들 수 있다고 유혹한다. 우리의 꿈이 우리 앞에 놓여 있다. 그러나 자유의 어두운 면은 궁극적 부조리에 대한 우려, 불안과 공포이다. 칼 마이컬슨에 의하면,

> 실존주의는 아파하는 공허(허무)를 돌보아 주며, 확실하게 치유하는 무언가가 사용될 수 있을 때까지 인간의 상처를 열린 채 그냥 둔다. 실존주의는 시인 홀덜린(Holderlin)이 "거룩한 공허"(a holy emptiness)라고 부른 것을 지지하는데, 그것을 통해 그 무신론을 실재를 향한 갈구의 손벌림으로, 본체적(noumenal) 굶주림으로, 또한 스스로를 계시하여야만 알려질 수 있는 신을 향한 민감한 개방성을 유지하는 영혼의 운동으로 바꾸어 놓는다. 어떤 이들이 실존주의 중 하찮은 것으로 거부하는 것이 어쩌면 건전한 철학적 갈구, 어느 철학도 순결한 처녀이거나 신적이지 못해 충분히 낳을 수 없는 구속(redemption)을 향한 갈구가 될지도 모른다. 철학의 언어가 젊은 니이체(Nietzsche)의 다음의 시구에 스며든 실존적 정열보다 진정 더 고상할 수 있을까? 아니, 더 고상해야 할 것인가? 고상할 필요가 결코 있을 것인가?
> "나는 그대를 알고 싶다. 알려지지 않은 이여,
> 내 영혼 깊은 곳까지 손을 뻗쳐
> 내 생명을 약탈하고 있는 그대, 야만의 질풍이여
> 상상조차 할 수 없으나 가까운 이여!
> 나는 그대를 알고 싶다 – 아니, 섬기고 싶다."[12]

유신론적 실존주의

무신론적 실존주의가 인류로 하여금 자신만만하게 의미를 건축하고 그릇된 확신으로 보호해 온 태도에 대해 저항하는 불을 질렀다면, 유신론적 실존주의는 대신 열정적인 종교적 안목의 돌판을 우리에게 전수해 주었다. 실존주의의 해체적 통찰(안목)은 죄렌 키에르케고르로부터 마틴

---

12. Michalson, *Christianity and the Existentialists*, pp. 21–22.

부버(Martin Buber), 폴 틸리히(Paul Tillich), 아브라함 헤셸(Abraham Heschel), 루돌프 불트만(Rudolf Bultmann) 등으로의 길을 곧게 해주었다. 실존주의의 영향이 어떻게 신학 속에 섞여 들어갔는지를 탐구해 보는 것이 도움이 될 것이다. 우리가 암묵적으로 묻고 대답할 질문은 : 종교는 객관적 실재에 대한 확실성 없이 어떻게 진보하는가? 종교적 진리는 어디에서 나오는가? 혹은 키에르케고르의 유비로 돌아가자면 : 7만 길 깊이의 바닷속에서 든든한 반석 하나를 어떻게 발견할 것인가?

종교적 실존주의자들은 죽은 정통주의나 정치적 이념의 그 어떤 위대한 체제라도 우리 인간을 종속시켜 압제할 수 없음을 확인하였다. 우리는 정말 실존의 의미 없는 바다에 던져져 뿌리 없이 떠다니고 있다. 종교적 실존주의자들은 우리가 정말 되어 가고 있는 과정, 우리의 본질 속으로 성육화하는 과정 중에 있음을 확인한다. 그리고 이 과정 속에서 우리는 우리 자신의 믿을 만한 실존을 결정하고 선택할 용기를 가져야 한다. 종교적 실존주의는 우리가 대하는 실존의 그물로부터 우리의 의미들을 선택한다는 것에 동의한다. 그러나 종교적 실존주의자들은 우리가 대하는 현실(reality)의 인식을 확장한다. 우리는 우리가 자연, 다른 사람들, 문화의 상징, 신앙의 종교적 상징, 경전들과 존재의 근거(the Ground of Being)와의 관계 속에서 의미를 만들어 내고 있음을 발견한다. 존재의 이 거대한 그물(web)과의 만남은 추상화된 교리와 일차적으로 관계가 없지만, 언제나 그 교리에 대한 직접적 경험이다. 우리의 논의는 이제 어떻게 종교적 실존주의자들이 앞서 소개한 실존주의의 주요 주장들과 관계를 가지는지에 대한 문제로 나아갈 것이다.

실존은 본질을 앞선다

죄렌 키에르케고르는 기독교 정통주의와 엄청나게 아치모양으로 걸쳐 있는 철학 및 정치체제의 무기력함을 정확하게 인식하였다. 그는 자신이 정열적으로 뛰어들 종교적 신앙을 추구했다. 키에르케고르가 추구한 신앙은 한 사람 자신의 실존 내에서만 발견될 것이었다. 실존은 본질을 앞선다. 다른 종교적 실존주의자들은 키에르케고르의 안목을 다양한 방법으로 수용하였다.

　루돌프 불트만은 '진정한 실존'(authentic existence)에 대한 그의 특색 있는 논의에서 실존의 우선성을 설명해 준다. 불트만의 실존주의 신학에서 인간들은 항상 그들의 본질성을 찾고 있다. 이는 신 혹은 행운 혹은 성공의 형태를 취할 수 있다. 그러나 이것은 언제나 인간들이 자신에 대해 던지는 질문들이다. 불트만은 말한다. "신에 대한 질문과 나 자신에 대한 질문은 동일하다."[13] 불트만은 인류의 실존적 상황이 신약성서와 현대철학(실존주의) 속에 똑같이 근본적인 방법으로 묘사되어 있다고 주장한다. 신약성서와 하이데거 모두 인간 실존의 두 가지 양태에 대해 말했다. 신약은 즉각적으로 가까이 있는 것, 보이고 만질 수 있는 것에 바탕을 둔 "믿지 않고, 구속되지 않는" 실존을 이야기한다. 믿지 않는 인간은 "자신의 수단을 가지고, 그래서 자신의 통제 아래 미래와 그의 본질성에 도달하고자 한다."[14] 믿지 않는 사람은 만져 볼 수 있는 것에 의존하며, 두려움의 노예가 된다. 믿지 않는 사람은 신과 관계 없이 스스로의 노력으로 본질성을 성취하고자 시도한다. 반대로 "믿는, 구속된" 사람은 "스스로가 만들어 낸 안정감을 포기하고, 그의 삶은 보이지 않고 만져지지 않는 것에 바탕을 둔다."[15]

　믿는 사람들은 자신을 신의 피조물로 이해하고, 삶을 은혜의 선물로 받아들인다. 그런 사람들은 스스로의 노력과 안정의 추구로부터 해방된다. 그들은 죽음이 아니라 생명의 미래에로 열려 있다. 신약이 인간 상황을 이해하는 이 방식은 불트만의 견해로는 하이데거의 확실치 않는 실존과 확실한 실존 사이의 구분과 동일하다. 하이데거의 실존주의에서 '확실하지 않음'은 인간의 삶의 과제, 즉 다른 사람들과 개인적 과제들

---

13. Heinz Zahrnt, *The Questions of God : Protestant Theology in the Twentieth Century*(New York : Harcourt, Brace and World, 1966), p. 228.
14. *Ibid.*, p. 230.
15. *Ibid.*, p. 230.

로부터 성찰 없이 방향을 받아들이는 것으로 특징지어진다. 확실성은 스스로의 결단성에만 자아의식적으로 뿌리박은 삶의 과제에 의해 특징지어진다. 불트만은 신약성서가 신의 사랑에 의해 자유케 된 사람만이 진정한 인간성과 접촉할 수 있다고 말하는 것으로 본다. 그러나 이것은 인간의 성취가 아니라 예수 그리스도와의 만남이다. 불트만은 말한다.

> 사랑받는 사람만이 사랑할 능력이 있다. 신뢰의 선물을 받아 본 이들만이 다른 이에게 신뢰를 보일 수 있다. 자기 헌신을 경험해 본 사람만이 자기 헌신의 능력을 갖게 된다.…… 이는 인간이 아무것도 할 수 없는 바로 그 점에서 신이 끼여들어 인간을 위해 행동한다 – 정말 그는 이미 행동하였다 – 는 것을 의미한다.[16]

예수 그리스도와의 이 실존적 만남의 원천은 무엇인가? 다른 실존주의자들처럼 불트만은 우리를 객체화하고 우리 위에 군림하는 교리체계를 회피한다. 불트만의 사상에서 예수는 케리그마(kerygma) – 기독교 진리의 핵심 – 에서 부활하였다. 우리는 인간으로서 예수 그리스도의 인격 안에서 – 케리그마 안에서 – 신의 말씀을 실존적으로 만난다.

결단을 위한 인간의 책임

부조리의 심연 속에서 실존주의 철학자들은 설 자리를 어떻게 찾는가? 키에르케고르에게 이 확실성의 자리는 절대로 이성 속에 있지는 않았다. 그에게 의미의 추구는 신앙의 문제로 귀착된다. 한 사람은 의지의 행동으로 수렁을 뛰어 건너기로 결단해야 할 뿐이다.

아브라함 헤셸은 신을 아는 한 가지 방법에 대해 이야기하는데, 이는 "행하는 것 – 행동의 도약"을 통해서이다. 행함의 모험을 걸 때 인간들은 신의 욕구에 반응하는 자신들을 알게 된다. "인간 종교성의 마지막 단계

---

16. *Ibid.*, p. 233.

는 신의 필요를 인간 자신의 필요로 만드는 것을 배우고, 신이 원하는 것을 끊임없이 행하는 지점에 이르기를 원하도록 배우는 것이다."[17] 그러므로 헤셀에게 한 삶의 방식으로서 유대교는 신과의 관계 속에서 계시에 대한 연속된 반응에 의해 권위가 부여된다.

폴 틸리히에게 의미의 심연에는 신에 의해 다리가 놓여졌다. 계시에는 계시의 존재를 위해 필수적인 주관적인 면도 있고, 신이 자신을 드러내는 것으로 이루어진 객관적인 면도 있다. 이 두 가지는 기독교의 구체적인 상징들에서 상호 연관이 된다. 종교가 없이는 계시도 없다. 틸리히의 실존신학에서는 새로운 존재 - 예수 그리스도가 의지의 행위 속에 '존재할 용기'를 가지도록 우리를 계속해서 부르고 있다. 이는 자신됨과 존재를 향한 결단을 요청한다는 점에서 키에르케고르의 '활용' (appropriation)이나 불트만의 '진정성'(authenticity)과 유사하다. 결단한다는 것이 실존신학에 중심적인 단어이다.

실존적 개인주의

종교적 실존주의는 사르트르가 가졌던 심연 앞에 선 고독한 실존주의자의 이미지를 탈피한다. 삶의 과제를 만드는 것은 궁극적으로 우리 자신에게 맡겨져 있지만, 자신됨에 이르는 그 수단 자체는 관계 속에 있다. 내 신체조차도 주위의 공기(air)와 구별되면서 그 공기와의 관계 속에 정의된다. 마틴 부버는 '하나'가 존재하게 되기 위해서는 '다수'가 필수적이라고 한다. 진공 속의 한 사람은 무엇이 될 가능성이 전혀 없다. 사르트르의 고독한 실존주의와 대조적으로, 부버는 우리 인간의 과제가 무엇인지 진정으로 알 수 있는 것은 관계 속에서만 가능하다고 주장한다. 부버는 유대의 언약공동체 속에 그 형태를 취한다. 보로위쯔가 제시했던 것처럼, 부버는 종교적 규율이나 객관적 신학체계에 호소하는 대신 훌륭한 실존주의자의 방식대로 인간과 신, 인간과 인간, 그리고 인

---

17. Borowitz, *Layman's Introduction to Religious Existentialism*, p. 156.

류와 모든 현실간의 개인적인 나-너 관계에 호소한다.

　과학은 "나-너를 나-그것으로 변환하여 나-그것으로 설명할 수 없는 것은 진정하게 알 수 있거나 의존할 가치가 없다는 교리를 강요하였다."[18] 객체화의 압력의 시대흐름 속에서 부버는 인격, 개인, 주체를 변호하는 데 단호하다. 나-너 관계는 우주 속에 내재된 실재의 완전한 합법성을 말한다.

　거기에 더해 신은 알려져 있으며, 우리가 다른 사람을 진정으로 아는 모든 일에 신은 함께 동반한다. 우리의 진정한 대면 가운데 우리는 셋으로 만난다. 왜냐하면 신도 함께하기 때문이다. 사람은 신과 만나지 않고서는 신을 증명하지 못한다. 사람은 다른 사람들과 만나고 함께 살지 않고는 다른 사람들의 신원을 증명하지 못한다. "이것이 바로 확실성을 무엇보다 중히 여기는 이들이 사랑할 수 없고, 그러므로 진정으로 살 수 없는 이유이다."[19] 그러므로 종교적 언어는 묘사적이라기보다는 (감정, 기억 따위를) 불러일으키는 것(evocative)이며, 저자가 단지 암시만을 줄 수 있는 짧은 대화(담화)의 세계이다.

　어쨌든 종교적 실존주의자들은 자신을 관계 속에서 인식하는 것의 중요성을 언제나 강조하였는데, 이는 자아에 대한 틸리히의 양극적 개념에서 볼 수 있는 것과 같다. 한 가지 극은 관계의 그물 속에 있고, 또 하나는 우리의 개인적 자아이다. 우리가 관계 속에 있으므로 우리는 자신을 참되게 정의할 능력을 더 가진다. 이런 안목은 종교적 실존주의를 잘 드러낸다.

존재의 경이로운 특질

　하이데거에게 절대자(Being)는 경이로운 특질을 가졌던 반면, 종교적 실존주의자들에게 절대자는 신과 동일시되게 되었다. 모든 사물 속에

---

18. *Ibid.*, p. 129.
19. *Ibid.*, p. 133.

내재된 경이에 대해 부버가 엄청나게 민감했던 것과 유사하게, 아브라함 헤셸은 완전한 종교적 진리로 가는 세 가지 길을 발견한다. 종교적 진리는 자연, 계시, 그리고 성스러운 행위를 통해 발견될 수 있다. 부버처럼 헤셸도 실존과의 한 관계를 일반적으로 제시했으나, 헤셸에게 이는 경이적이고 희미한 특질을 가진다.

보로위쯔는 헤셸을 이렇게 해석한다.

> 현대의 인간은 경탄하지 않도록 자신을 훈련하고, 세계에 대해 경이로 반응하지 않도록 노력을 함으로써 자신을 부자연스럽게 만들어 놓았다. 이것이 개인적 마비와 도덕적 무능에까지 이른 불안한 시대의 병의 뿌리이다.[20]

헤셸은 신앙에 가장 기본이 되는 급진적 경탄을 회복할 필요가 있다고 믿는다. 그는

> "학식, 박식의 소유에 관심을 가진 것이 아니라 공부라는 행위 자체, 신의 창조의 신비에 압도되는 것에 관심이 있다."[21] 헤셸에 의하면 "인류는 정보의 부족으로는 멸망하지 않을 것이다 ; 인식(appreciation)이 부족해 무너질 수는 있다."[22]

그의 말 속에서 우리는 헤셸이 인류가 세계의 장엄함과 신비에 민감하고 인식을 갖게 되기를 원함을 본다. 이것이 절대자의 경외를 위한 교육이다.

조금 다른 방법으로 폴 틸리히는 "믿음으로 가득 찬(belief-full) 현실

---

20. *Ibid.*, p. 151.
21. Abraham J. Heschel, "Religion in a Free Society," *The Insecurity of Freedom*(New York : Farrar, Straus and Giroux, 1966), p. 20.
22. *Ibid.*, p. 21.

주의"는 실재를 향한 올바른 태도를 의미한다고 한다 ; 그 표면을 관통하여 실재의 신적 바탕과 의미를 볼 수 있다. 자안트(Zahrnt)에 의하면,

> 믿음으로 가득한 현실주의 속에 실재에 대한 한 가지 특별한 인식론적 태도가 내포되어 있다. 거기에서 인간과 실재 사이의 주체-객체 이분성이 극복된다. 실재를 안다는 것은 압제가 아니라 통합을 의미한다 ; 그것은 실재로부터 떨어져 서는 태도가 아니라 그 속에 참여하는 데서 일어나는 것이다 ; 무엇인가를 분리된 부분들로 나누어 분석해야 하는 것이 아니라 자신이 전체에 의해 이해될 수 있도록 해야 한다고 요구한다. 지식은 경험으로부터 분리될 수 없다. 직관에 의해서만 사람은 실재의 그런 깊이에 의해 이해될 수 있다. 거기에서 신적인 바탕과 의미가 가시화된다.[23]

종교적 실존주의는 모든 창조된 실존과 창조하는 실존 속에서 가치를 꾸준히 표현해 왔다.

지속적인 불안감

무신론적 실존주의에는 살고 있는 모든 것과 되고 있는 모든 것에 부딪쳐 오는 지속적인 불안감 내지 공포감이 도사리고 있다. 이 두려움과 불안의 원천은 죽음과 비존재라는 피할 수 없는 궁극적인 운명이다. 종교적 실존주의자에게 무의미성은 또한 공포의 상태이다. 폴 틸리히는 불안에 대한 인간 상황을 자세히 설명해 준다. 틸리히에게 실존주의는 인간의 긴장 혹은 불안의 본질을 정확하게 그려 준다. 틸리히는 실존적 불안이 세 가지 형태, 즉 "운명과 죽음의 불안", "공허와 무의미성의 불안", 그리고 "죄책과 정죄의 불안"이 있다고 한다. 틸리히의 체계에서 신('존재 자체', '존재의 근거와 의미', '깊이', '절대자' 또는 '무제약자')은 존재로부터의 인간의 실존적 소외와 상호 관련한다. 종교는 이 두 가지 영역이 만나고, 존재 안에서 표현되고 참여하는 상징들과 함께하는 곳

---

23. Zahrnt, *Question of God*, p. 327.

이다. 가장 중요한 상징은 새로운 존재인 예수 그리스도이다. 예수 안에서 우리는 존재의 근거와 자신을 가장 완벽하게 상호 결합시킨 이를 본다. 그는 진실한 본질적 존재이다. 그러므로 구원이란 인간의 본질적 존재와 그 실존적 상황 사이의 간격이 극복되는 행위이다. 틸리히는 이 구원을 본질과 실존을 함께 가져오는 데서 자아의 치유라고 해석한다. 창조적 실존주의는 인류에게 불안과 무의미를 밀쳐 낼 힘과 현대인들의 상황을 창조적으로 표현할 용기를 준다.

앎에 있어서 열정의 역할

철학의 대부분에서 열정(passion)은 앎의 과정 가운데서 분리되고 게토(ghetto) 취급을 받아 왔다. 계몽주의 영향을 물려받은 근대 서구사상에서는 열정과는 거리가 먼 객관적 앎(지식)이 중시된다. 열정은 좋지 않게 여겨진다. 그러나 앞에서 언급한 대로, 키에르케고르는 열정이 실존과 본질을 함께 묶어 주는 것이라고 했다. 이는 실존주의에서 자주 사용되는 '사랑' 의 은유에서 잘 볼 수 있다. 앎에 대한 그러한 개념은 연인을 조사하는 이들, 사실과 통계를 수집하는 그런 이들은 자신의 연인을 잘 알지 못함을 암시한다. 그러나 사람이 일단 사랑에 빠지면 사실과 통계가 필요 없다. 객관적 앎을 통해 확실성을 추구하기를 고집하는 이는 주관성에 대해서는 죽게 하고 무디게 할 뿐이다.

종교적 실존주의에서는 이것이 특히 흥미로운 형태를 띤다. 앎의 열정은 인격적인 신에 초점을 둔다. 불트만은 다른 여러 종교적 실존주의자들을 떠올리게 하는 방식으로 이를 설명해 준다. 그는 신의 사랑에 의해 자유로워졌을 때에만, 진정한 실존을 위해 자유로워진 이가 곧 진정한 인간이라고 한다. 그는 "사랑받는 이들만이 사랑할 수 있다. 신뢰의 선물을 받아 본 사람만이 다른 이들에게 신뢰를 보일 수 있다."[24] 라고 한다. 신과의 사랑의 만남에서 우리는 실존의 모든 것과 진실한 사랑의

---

24. *Ibid.*, p. 233.

관계를 갖도록 자유로워진다. 틸리히와 불트만에 의하면, 우리를 사랑의 만남으로 초청하는 이가 바로 그리스도이신 예수의 인격이다.

부버와 헤셸에게는 '경이', '경탄', '경외' 같은 단어들이 종교적 앎의 정열적 포옹 뒤에 숨은 의미를 나타내 준다.

이것들은 몇몇 신학자들이 실존주의의 틀 안에서 신학을 구성해 나간 몇 가지 방법의 예에 불과하다. 그들 가운데서도 유사점과 차이점들이 있음을 알아야 한다.

‖‖‖‖ 2부 ‖‖‖‖

실존주의와 교육

틸리히, 키에르케고르, 초기 바르트 등의 많은 기독교 실존주의자들에게 신학은 종교교육에 대한 독특한 접근을 자동적으로 비추어 주지는 않았다. 그러나 유대교 교육의 경우는 사정이 다르다. 모턴 피어만(Morton Fierman)은 아브라함 헤셸에 대해 이렇게 이야기한다.

> (아브라함 헤셸의) 사상과 언어는 하나의 교육철학을 넘어선 무언가에 뿌리를 박을 수밖에 없다. 정말 그러하다. 그것은 헤셸의 신앙의 보다 큰 전통인 유대교의 일부이며, 또한 그의 매우 개인적인 세계관의 부분이기도 하다. 분명 어느 정도까지는 "피르크-아보스"(Pirke-Avoth ; 조상들의 어록 *The Sayings of the Fathers*)에 나오는 다음과 같은 말에 연결될 수 있다. "세계는 세 가지 기둥-학습, 예배와 사랑(자비) 위에 놓여 있다." 헤셸 자신이 이야기하듯, "학습이란 신적 지혜의 한 몫을 가지는 것을 의미했다."[25]

헤셸에게 학습, 예배와 사랑(charity)은 목적을 위한 수단들이 아니라

---

25. Morton C. Fierman, "The Educational Philosophy of Abraham J. Heschel," *Religious Education* 64(July-August 1969), p. 274.

목적 자체이다. 헤셸은 "청소년에 관한 글"(Essays on Youth)이라는 1960년의 아동-청소년에 대한 백악관 학회(White House Conference on Children and Youth)에서 발표한 논문에서 현대의 학습 개념에 대한 자신의 주장을 이렇게 요약하였다.

> 헬라인들은 경외(revere)하기 위하여 학습하였다. 근대인은 사용(use)하기 위해 학습하며, "지식은 힘이다."라고 선언하는 근대의 격언을 받아들인다. 사람들이 공부를 하도록 부추겨지는 것이 이것 때문이다 : 지식은 성공을 의미한다. 우리는 편리함(expediency)을 통해서가 아니고서는 어떤 가치를 정당화할 수 있는 방법을 더 이상 알지 못한다. 인간은 자신을 "최대한의 에너지를 추구하는 자"로 기꺼이 정의한다. 그는 가치라는 것을 사용할 수 있는 것과 동일시한다. 그는 우주의 유일한 목적이 자신의 필요를 채우는 것인 듯 느끼고 행동하고 생각한다.[26]

유사하게, 마틴 부버에게도 그의 교육관은 그의 창조신학과 연결되어 있다. 부버의 견해로는 인류는 창조주, 영원한 너를 일시적인 현재의 너에서 만나며, 고대의 그 날들을 현재의 독특하고 되풀이될 수 없는 상황 속에서 만난다. 부버에 의하면 "인간의 삶은 그 대화적 특성에 힘입어 절대성을 건드린다." 그러므로 부버에게 교육은 그 자체가 종교적 행위이다. 교육학 이론은 이런 전통의 자연스러운 발전이었다.

기독교 종교교육 학계에도 의식적으로 종교교육 이론을 신학적 실마리에서부터 발전시킨 이들이 있는데, 예를 들면 루이스 쉐릴(Lewis Sherrill)은 그의 저서 「능력의 선물」(The Gift of Power)에서 폴 틸리히 신학의 교육학적 의미를 발전시켰으며, 루엘 하우(Reuel Howe)는 저서 「대화의 기적」(The Miracle of Dialogue)에서 마틴 부버의 사상을 개신교적 맥락에서 발전시켰다.[27] 로스와 마아다 스나이더(Ross and Martha

---

26. Abraham J. Heschel, "Essay on Youth"(New York : Synagogue Council of America, 1960), p. 5.

Snyder)는 그들의 의미-조성 워크숍(meaning-making workshops)과 저서 「인간이 되는 것에 대하여」(On Becoming Human)에서 일관성 있는 실존주의 종교교육 이론을 실행하였다.[28] 그러나 실존주의는 종교교육 이론에서 일반적으로 주제들과 특정한 영향의 형태를 띠고 나타났다 (예컨대 토마스 그룸, 파울로 프레이리와 메리 엘리자베스 무어).

실존주의는 종교교육에 대한 독특한 접근을 요한다. 실존주의적 접근에 나타나는 주제들이 아래에 설명되고 있다.

종교교육의 목적

책임성

교육 일반에 대해 이야기하면서 반 클리브 모리스(Van Cleve Morris)는 실존주의 교육의 한 가지 목표는 개인들이 자신의 가치와 관습에 대해 개인적 책임을 지는 진정한 사회 건설이라고 했다. 듀이(Dewey)와 실험주의자들이 청소년에게 객관적 진리의 체계를 부과하는 것으로부터 상당히 벗어난 경험이론을 변호한 것은 인정되지만, 궁극적으로 실험주의 학습에서 가치가 있다면 그것은 개인적이기보다는 공적 기준에 더 의존한다는 것이다. 실존주의 교육은 사람들에게 그들이 "항상, 자유롭게, 바탕(기초) 없이 창조적으로 선택하고 있음"[29]을 상기시킨다. 모리스에 의하면,

> 자신을 삶의 형성자로 온전히 인식하게 되고, 그 삶의 주도권을 잡고 그것을 한 사람이 무엇이 되어야 할지에 대한 스스로의 선언으로 만들어야 한

---

27. Lewis J. Sherrill, *The Gift of Power*(New York : Macmillan, 1955) ; Reuel L. Howe, *The Miracle of Dialogue*(New York : Seabury, 1963).
28. Ross Snyder, *On Becoming Human*(New York : Abingdon, 1967).
29. Van Cleve Morris, *Existentialism in Education : What It Means*(New York : Harper & Row, 1966), p. 111.

다는 것을 깨닫게 되는 한 어린이는 - 이것이 바로 단순한 지적 훈련을 넘고, 단순한 과목(지식) 내용과 단순한 문화화를 넘어, 색다르지만 최상으로 인간적인 영역, 교사와 교과서의 손아귀를 벗어나 스스로의 자신들을 창조하는 가치창조의 영역에까지 인도된 개인이다.[30]

활 용

성격상 실존주의적인 교육의 또 하나의 일반적 특징은 "활용의 인식론"[31]이다. 모리스는 '활용(충당)하다'(appropriate)라는 단어의 어원이 '자신의 것으로 만들다'라는 뜻을 가진다고 지적한다. 전형적인 교육적 상황에서 앎이란 관념, 태도나 견해를 채택하는 것을 의미한다. 실존주의에서 학습은 다른 태도를 취한다. 한 진리의 단순한 인지적 이해보다 자신의 삶을 주관적으로 붙잡고 수용하는 것을 포함한다. 예를 들어 한 학생이 프랑스혁명의 의미를 깨닫기 위해서는 자신의 삶에 연관될 무언가를 창조하여야 한다. 이런 식으로 역사, 과학, 문학 등은 개인적 의미를 지닐 수 있게 된다. 종교교육도 공교육 못지않게 이런 목표를 성취할 수 있다.

자아됨을 향하여

또 하나의 목적을 진술한 것이 루이스 쉐릴의 저서 「능력의 선물」에서 발견되는데, 거기에서 그는 폴 틸리히의 신학으로부터 실마리를 찾아낸다. 틸리히에 의하면 인간은 자신, 서로간에, 그리고 신으로부터 소외되고 있다. 이것이 실존적 불안의 원천이다. 틸리히의 신학적 실마리에서 종교교육을 풀어 감에 있어 쉐릴은 기독교교육의 본질을 실존하는 자아(불안한 자아)에서 본래적 자아 모습에로의 변화로 보면서, 본래적 자아(관계의 자아)됨의 성취를 그 목적으로 삼고 있다. 그는 또한 "인간이 신을 만날 때, 자아가 신적인 (절대)자아에게 보여 주는 반응의 성격

---

30. *Ibid.*, p. 111.
31. *Ibid.*, p. 120.

이 인간 자아의 깊은 내면 속에서 일어나는 변화의 본질을 나타낸다."[32] 라고 했다. 종교교육은 이 만남을 주선하고, 신에 대한 긍정적 반응을 장려한다. 이것이 자아의 치유와 영적 친교(Communion)를 가능하게 할 것이다.

미래의 방향

교육적 대안에 대해 논함에 있어 부버는 플라톤, 듀이, 그리고 자신이 미래에 대한 다른 견해들을 제공한다고 한다. 플라톤의 체계에서 교육은 고정되고 불변하는 시간을 초월한 진리라는 견해에서 출발한다. 그는 실제로 미래에 이루어질 완전의 목표를 추구할 것을 말하지만, 이는 현재의 실존적 상황과는 전혀 연결되지 않는다. 반면에 듀이는 지적 행동에 안내를 받는 변화하는 삶이라는 견해를 강조한다. 그는 미래에 대한 연결점은 거의 제시하지 않는다. 부버는 현재와 미래에 대한 실존적 연결을 제공한다. 이 관심이 그의 전반적인 교육학 작업에 틀을 지어 준다. 라이오넬 에츠코비츠(Lionel Etscovitz)를 인용하자면,

> 교육학적으로 말해서 하나의 프로그램이 학생 앞에서 그가 어디에 서 있고, 스스로 무엇을 결단할 수 있는가를 탐구해 나갈 기회를 그에게 준다면 그 프로그램은 예언적이다. 그런 프로그램은 플라톤의 목표 - 가치(goal - values)처럼 어떤 조건적 힘(conditioning forces)까지도 포함할 수 있다. 그러나 그것이 진정 예언적이려면 그 프로그램의 추진력은 개인적, 공동적 수준에서 인간의 선택과 변화, 인간의 결단과 변혁을 제공하는 것이어야 한다.[33]

---

32. Sherrill, *Gift of Power*, p. 157.
33. Lionel Etscovitz, "Religious Education as Sacred and Profane : An Interpretation of Martin Buber," *Religious Education*, 64(July-August, 1969), p. 284.

그러므로 그렇게 고안된 종교교육은 가능성의 비전을 포함하지만, 결코 현실성의 안목을 놓치지 않는다. 그런 접근은 미래에 대한 대화적 탐구를 장려할 것이다 - 즉, 그것은 미래를 단순히 받아들임(receiving)보다는 만남(meeting)을 의미한다.

교과내용

일반적으로 이해되는 대로 실존주의 교육작업은 교과내용(subject matter)의 발견이 아니라 책임성의 발견이 될 것이다. 실존주의 형태를 가진 학습은 학습자가 자신의 삶에 개인적 책임을 진다는 의식에 생생하게 깨어나는 것이다.

주체성 혹은 내면성

실존주의 철학자들과 신학자들은 모두 인간의 객체화(객관성)라는 상황을 비판적으로 논해 왔다. 실존주의는 그러한 세계에서는 우리가 우리 자신 또한 사물로 보게 된다고 한다. 실존주의 종교교육은 우리의 주체성(subjectivity)에, 그러므로 가치에 우리를 일깨워 준다. 사르트르는 인간 고독을 '나'로 확고하고도 극적으로 강조하였다. 주체로서 우리는 모든 실존과 구분된다 - 우리의 본질은 알 수 없고 불확실하다.

종교교육자들은 대신 모든 존재에 대한 우리의 연결됨을 강조해 왔다. 그들은 우리가 누구인지는 신과 타인과 주위의 공기와 발 아래의 땅과의 관계를 통해서만 알 수 있음을 강조했다. 종교교육자들은 이 관계성을 탐구할 것을 강조했다. 그러나 여전히 책임과 자유를 우리 무릎 위에 확고히 올려놓은 실존적 주체성이 존재한다. 이런 형태로 고안된 종교교육은 정보를 주거나 학생을 사실들로 채워 넣기보다는 학생을 자극하고 일깨울 것이다. 이런 형태의 종교교육은 로스 스나이더(Ross Snyder)가 말하는 대로 "삶의 이야기 속에 성육화(成肉化)하는 것을 확인한다. 역사의 한 시점에 일어났던 영원한 탄생이 그의 속에 일어나야 그가 진실로 존재한다."[34] '나'는 삶의 중심적 실재이다. 심리학에 기초한 과학들, 언어철학, 심지어 화이트헤드 입장에 선 신학까지도 '나'를 그들의 체계(system)로부터 들어 내고 다양한 비인격적인 필요한 일이나 기제(mechanisms)들로 대체하였다.

스나이더가 말하는 대로 "행위자(agent)가 되는 것은 일어나고 있는 일에 한 태도를 취하고, 무엇이 일어날지를 공동 창조하는 데 참여하는 것이다."[35] 이러한 양육을 지닌 종교교육은 이런 의식을 일깨우고자 관심을 갖는다.

주체성 고양

실존주의 종교교육의 주된 목표가 자아됨을 구현하는 것(an emerging selfhood)이라면, 이 자아의식을 어떻게 일으킬 것인가라는 문제가 제기된다. 실존주의 철학과 관련하여 모든 교육 프로그램은 감정의 민감성(감수성)을 배양할 것이다. 이성이 우리의 모든 삶의 환경을 냉정하게 분리시키는 이 과학의 시대에 열정적인 참여는 부정적으로 여겨진다. 그러나 실존주의자에게 참여(involvement)는 "삶의 정황에 개인적으로 뒤얽히는"[36] 경험을 뜻한다. 실존주의자들에 의하면, 우리 감정은 가치에 대한 외부적 기준에 의해 중성화되었다. 실존주의식 학습은 가치나 좋은 것과 나쁜 것의 질문에 의해 이루어짐을 의미한다. 그것은 "책에서, 교사의 말에서, 교실 상황에서 습득하는 경험의 규범적 특질에서 깨어나는 것"[37]을 의미한다. 실존주의자들은 이 의식의 고양을 바라보는 다양한 방법을 제공한다.

경험의 즉각성의 중요성

---

34. Ross Snyder, "Toward Foundations of a Discipline of Religious Education," *Religious Education* 62(September-October 1967), p. 400.
35. *Ibid.*, p. 401.
36. Morris, *Existentialism in Education*, p. 116.
37. *Ibid.*, p. 119.

실존주의 철학의 관점에서 이론화 작업을 하는 종교교육자는 거대하고 미리 형성된 철학적, 신학적 이념들을 회피한다는 데는 대체로 동의한다. 그리고 이들에게는 자연, 자아, 신과 타인과의 즉각적 경험의 맥락에서 의미를 형성한다는 것이 항상 중요하다. 이런 만남들 속에 개인은 다른 이와 함께 참여하면서 자아됨과 이해 속에 성장한다. 로스 스나이더는 말한다.

> 새로운 교회는 경험의 영역을 확대하는 생생한 프로그램을 가지고, 상황에 대한 더 나은 지각들을 가지고(교회상황이 이런 것들을 얻을 수 있는 유일한 장소), 더 나은 감각들을 가지고 시작한다. 일요일 아침의 언어유희는 집어치우고, 제멋대로의 추상화도 집어치우라. 첫 번 행위는 지각(perception)이다. 한 세계를 '본다는' 것은 느끼고 본 삶의 세계를 구성하는 것을 뜻한다.[38]

스나이더에게 경험은 보는 것이나 생각하는 것에 국한된 것이 아니라 몸 전체의 경험이다. 그는 덧붙이기를,

> 지각은 몸 전체에 의해서이다 – 신체화된 의식, 자아화된 몸, 분리된 정신에 의해서가 아니다. 그러나 '몸'(body)이란 단순히 육체적인 것만이 아니다 ; 그것은 우리의 기대치, 기억, 관념, 느낌의 잔재들을 포함한 우리 존재의 모든 것이다. 그러한 몸은 대개 전의식적(preconscious)이다(그리고 우리는 주로 이 전의식을 교육하고 있음을 기억해야 한다). 그러나 또한 의식적이다. 인간은 갈등이 어떤 덩어리를 감추고 있을지라도 무의식과 의식의 이원론이 아니다. 또한 신체와 자아의 이원론도 아니다 – 모든 신체가 자아를 가진 것은 아니지만(예를 들어 단순히 유기적인 생명체) ……일어나고 있는 것을 향해 의도하고, 선택하고, 취하는 태도인 인격 내면의 영역이 있다.[39]

---

38. Snyder, "Foundations," p. 397.
39. *Ibid.*

아브라함 헤셸도 종교교육에서 즉각적 경험의 중요성을 깨닫는다. 그는 말하기를,

> 효과적인 가르침의 비밀은 학생을 가르침의 살아 있는 순간과 동일한 시기에 속하는 사람으로 만드는 데 있다. 가르침의 결과적 산물은 가르친 내용의 보유 뿐 아니라 가르침의 순간의 보유에도 있다.[40]

헤셸은 이 즉각성을 학생과 교과(지식)간의 관계 뿐 아니라 학생과 교사간의 관계에서도 본다. 그는 "제자가 교과내용을 습득하는 것으로 충분하지 않다. 제자와 교사는 의미 있는 순간을 가져서 통찰(insight)과 의견(appreciation)을 함께 나누어야 한다."[41]

헤셸은 또 설명하기를,

> 교사는 지성의 음료수가 나오는 자동적인 샘이 아니다. 그는 증인이거나 아니면 낯선 사람이다. 학생을 약속된 땅으로 인도하기 위해 그는 자신이 그곳에 가 보았어야 한다.……무엇보다 우리가 필요한 것은 교과서가 아니라 교과서-인물(text-people)이다. 학생들이 읽는 교과서는 교사의 인격이다 ; 그들은 그 교과서를 결코 잊지 않을 것이다.[42]

이런 주제들은 마틴 부버, 루엘 하우나 다른 실존주의 종교교육자들에 널리 퍼져 있다.

대화로서의 종교교육

이 논의과정에서 여러 번 보았듯이, 실존주의는 인간을 무디게 하는

---

40. Heschel, "Religion in a Free Society," p. 6.
41. Ibid., p. 55.
42. Abraham J. Heschel, "The Spirit of Jewish Education," *Jewish Education* 24 : 2(Fall 1953), p. 9.

외부적 사고체계를 인간의 정황에서 억압적인 것으로 비판한다. 그러나 관계성은 실존주의자들에게 잠재적 의미를 지닌 것으로 늘 확인되어 왔다. 마틴 부버의 사고는 신, 인간, 자연과의 관계에서 대화의 가치에 대한 주된 논의였다.

부버에게 신은 한 특정한 의미와 동일시될 수 없다. 신은 삶 속에 잠재된 의미와 방향의 현존이다. 그러므로 인간은 자연과의 관계, 그리고 특히 다른 인간과의 관계를 통해 신을 만난다. 인간과 자연과의 관계의 실패는 신과 의미 있게 관계하지 못하는 인간 실패의 근거가 된다. 부버는 "사람을 사랑하지 않으면 신을 진정으로 사랑할 수 없고, 신을 사랑하지 않으면 사람을 진정 사랑할 수 없다."[43]고 말했다. 인간과 모든 존재간의 나-너의 대화라는 부버의 개념은 종교교육의 실존주의적 개념에 중심되는 주제이다. 조지 넬러(George Kneller)에 의하면,

> 대화(dialogue)란 각 사람이 서로에게 주체로 남아 있는 사람 사이의 회화(conversation), 부버의 용어를 쓰자면 '나'와 '너'사이의 회화이다. 대화의 반대는 한 사람이 다른 사람에게 강요하여서 후자를 말로 표현된 자기 의지의 대상으로 만들어 버리는 언어적 조작 또는 압제의 행위이다.[44]

그런 이론적 요소는 방법 뿐 아니라 일반 원리로 드러난다.

공동체의 역할

루이스 쉐릴은 폴 틸리히의 신학적 가정으로 이루어진 기독교 종교교육을 다음과 같이 정의하였다.

---

43. Martin Buber, *Hasidism and Modern Man*(New York : Harper Torchbooks, 1966), p. 233.
44. George F. Kneller, *Introduction to the Philosophy of Education*, 2nd ed. (New York : Wiley, 1964), p. 80.

기독교교육은 (실존적 인간들이) 하나님과의 관계에서, 교회와의 관계에서, 다른 사람들과의 관계에서, 물질세계와의 관계에서, 그리고 자기 자신과의 관계에서 심각한 변화가 일어나도록 지도하고, 직접 참여하게 하는 기독교공동체 구성원들에 의한 시도이다. 이러한 종교교육의 목표는 사람들로 하여금 증대되는 자기 이해와 자기 지식을 성취하고, 자신의 잠재성을 점차 더 인식해 나가게 한다 ; 그리고 그들이 하나님의 자녀로서 삶의 관계와 책임을 유지하도록 돕는다.[45]

쉐릴은 다른 실존주의 종교교육 이론가와 마찬가지로, 신앙공동체 내에 성령 하나님께서 참여자로 임재한 곳에 심오한 만남이 있다는 데 동의한다. 공동체의 목적을 달성하기 위한 수단으로서의 종교교육은, 쉐릴에 의하면 다른 사람들을 기독교공동체로 안내하고, 그들에게 성서와 기독교 유산을 소개해 주고, 하나님의 계시에 대한 개인적 반응을 위한 길을 준비시켜 주어야 할 뿐 아니라 의도성이 있는 행동에로 참여케 하고, 위기를 맞는 기간 중에 참여자들과 상담해 주어야 한다.[46] 실존주의 종교교육에서 신앙공동체는 의미조성의 산실이다. 돌봄과 만남이 이루어지는 맥락에서 사람들은 자신의 삶에서 의미를 조성하도록 도와주는 상징, 신화, 사상과 이야기들을 발견한다.

실존주의에서 나온 종교교육의 실제

교육의 대상자가 주체로서 의미를 활용해 낼 고유한 책임을 지닌 실존주의 종교교육 이론에 반응하여 몇 가지 실제 사항이 종교교육에의 실존주의적 접근에 고려 대상이 된다.

교육과정

일반적으로 어떤 교육과정이 선택되는가는 개인의 독특한 과제와 구

---

45. Sherrill, *Gift of Power*, pp. 82–83.
46. *Ibid.*, p. 85.

체적으로 관련될 것이다. 다시 말하자면 교육과정은 개인들이 활용할 수 있도록 되어 있을 것이다. 현재 사용 중인 보편적인 교육과정 중에서 실존주의 교육에 쓰일 수 있는 몇 가지 가능성은 음악, 무용, 연극, 작문, 미술 등일 것이다. 이런 과목들은 자기 표현을 장려한다. 그런 예술적 산물은 학생이 자신의 세계에서 보는 것에 대한 진정한 표현이어야 한다. 이런 과목들은 가장 자연스럽게 "학습자 내의 의사결정 인식을 일깨워 준다."[47] 전통적 교육철학에는 학습자 위에 우위를 차지하는 진지한 지식체계가 있다. 이 진지한 내용이 어떻게든 실재의 본질 속으로 기록된 것으로 본다면 그 내용은 분명히 숙달되어야 한다.

대조적으로 교과(내용) 외 경험들은 전혀 다른 태도에서 이루어진다. 모리스에 의하면, 그것들은 엄밀히 말해 '놀이'(play)이다. 그것들은 학생들 스스로가 수행한다. 학생이 교과내용보다 더 중요한 것이다. 모리스는 "키에르케고르의 아이러니처럼 놀이가 주체성을 풀어 놓는다."[48]라고 한다. 그러한 놀이활동에서 우리는 학생이 역사, 수학, 과학을 열심히 공부하는 것을 발견하는데, 이는 그것이 그들의 주관적 과제와 들어맞기 때문이다.

교사의 역할

실존주의 교육방법에 관하여 두 가지 접근이 객관적 진리를 탈피한 상황 속에서 주체성의 목표를 향해 가르치는 일에 적합한 것으로 보인다. 하나는 소크라테스식 질문의 탐구방법이다. 다른 하나는 교수방법이라기보다는 하나의 태도로서 마틴 부버가 제안한 나-너의 대화에서 발견되는 것이다. 소크라테스는 학생들에게 집요하게 질문을 던졌다(너무나 많은 질문을 해서 결국 동료 시민들이 격분하여 그를 사형에 처할 정도였다). "메노"(The Meno)에서 재치 있는 질문을 통해 무식한 노예 소년에

---

47. Morris, *Existentialism in Education*, p. 125.
48. *Ibid.*, p. 131.

게 스스로 피타고라스 법칙을 깨닫게 해준 경우처럼, 소크라테스는 본인이 답을 아는 질문들을 하기도 했지만, 그의 주된 방법과 자세는 '진리의 추구자'로서 본인이 알지 못하는 질문의 답도 동료 학습자로 함께 구하는 것이었다. 소크라테스식 질문은 교사가 학습자를 주관적 평면 위에 조작해 넣는 미리 만들어진 대답을 가지고 학생에게 접근하지 않는다. 실존주의 이론은 학습자의 주체성을 존중하고 배양할 것을 요구한다. 이 방법에서 실존주의 교사는 학생 자신도 진리를 새롭게 활용하기를 구하고 있다.

학생의 주체성을 존중하고자 한다는 점에서는 소크라테스식 방법과 유사하지만, 부버의 대화는 교사에게 다른 역할을 요구한다. 부버는 교실에서 개인적 독재를 반대하였을 뿐 아니라 비인격적 지식의 독재도 반대하였다. 지식이 학습될 체계로 이해된다면, 교사의 역할은 단순히 그 내용을 학습자에게 전달해 주는 중개자이다. 이 전통적 역할에서 교사와 학생 모두 가치가 절하된다. 부버는 말하기를,

> 교사는 그가 가르치는 교과에 완전히 익숙해져야 하고, 그것은 인간 활동의 풍성한 열매로서 자신이 그것을 받아들여야 한다. 교사가 교과(지식)를 그의 내면 경험의 일부로 삼았을 때, 그는 그것을 학생들에게 자신으로부터 나오는 것으로 제시할 수 있다. 그러면 이제 교사가 제공하는 지식은 그에게 전해진 것이 아니라 자신의 조건(상태)의 한 측면이기 때문에 학생과 교사는 인격으로 만날 수 있다.[49]

이런 교사의 역할은 신뢰와 정직 뿐 아니라 취약성의 위험을 극복하는 일에도 달려 있다. 교사는 학생들을 동등한 인간 주체로 기꺼이 접근하여 그들이 교사가 제시하는 것을 거부하거나 수용할 수 있게 해야 한다.

요약하자면, 실존주의의 근본적 안목은 과학, 역사, 문학 등의 '사실'

---

49. Kneller, *Philosophy of Education*, p. 81.

이 의미를 가지려면 학생이 먼저 삶의 궤도 혹은 적어도 출발점을 가져야 한다는 것이다. 그렇지 않으면 사실들은 학생의 삶에 관련 없는 백과사전 속에 쌓이게 된다. 키에르케고르는 자신이 먼저 삶, 실존을 가지고 역사를 판단할 수 있기까지는 역사로부터 배울 수 없다고 말하곤 하였다.[50] 역사는 현재 인간사회보다 더 나은 판단자가 결코 아니다. 자신의 삶의 과제 속에 무엇이 진행되고 있는지 인식하고 있는 기초 없는 (baseless) 주체 외에는 그 누구도 주권의 위치를 차지할 수 없다.

의미조성으로서 종교교육

실존주의식 종교교육은 의미의 조성을 도와주는 '산파'의 역할을 스스로 찾는다. 쉐릴에게서 이 작업은 하나님의 계시에 대한 상징들과 성서 이야기들과의 만남을 통해 주로 이루어진다. 이 상징들, 주제들, 이야기들이 의사소통의 수단이고, 실재에 대한 해석과 자신의 삶을 위한 의미조성의 수단이 된다. 마틴 부버에게 하시디적 설화들(Hasidic tales)은 이 의미조성 작업의 수단이 된다.

존재의 실존적 건축의 영역에 가장 일관되게 머물러 온 종교교육학자는 아마 로스 스나이더일 것이다. 그는 그가 "의미의 사역"(ministry of meaning)이라고 부르는 접근방법을 사용한다. 스나이더에 의하면,

> 우리는 그칠 줄 모르는 매스컴의 프로그램화된 화젯거리들의 홍수, 대도시에 편재하는 소음과 움직임, 매일 세계적으로 진행되는 역사적 사건들에 대한 긴박한 의식 등에 얻어맞고 있다. 인간은 '조직자들'(organizers)이 필요하다. 즉, 다양성과 무질서를 형태, 주거지, 의미 있는 세계로 이해하고 질서를 바로 세워 줄 신화, 형상, 몇 가지 관념들…… 그래서 현상학의 두 번째 큰 추세는 우리가 의미의 사역이라고 부르는 것을 향하고 있다. 우리는 다른 사람에게 의미를 줄 수 없다. 왜냐하면 의미(meaning)의 본질은 느껴진 의미(felt significance)이기 때문이다.[51]

---

50. Morris, *Existentialism in Education*, p. 141.

스나이더의 의미조성 워크숍에서, 그는 예를 들어 본회퍼의 삶의 체험 같은 이야기들을 듣고 사람들이 어떻게 반응하는지를 보는 미리 계획된 경험들을 제공한다. 이런 만남에의 반응은 예술적 표현, 그리고 궁극적으로는 의미의 활용이라는 형태를 띤다. 그는 말한다.

> 하나의 결론은 그리스도인들이 문화 형태들을 창조하도록 되어 있다는 점이다. 그리고 우리는 우리의 이 소명을 전심으로 시작할 필요가 있다. 설득력 있는 '예술' 형태로 만들어진 의미 없이는 현대 인간을 혼란 속에 내버려 두는 것이며, 종교 지도자들이 문명을 위해 수행해야 할 본질적 작업을 탕자에게 내버려 두는 것이 되고 만다.[52]

스나이더의 의미형성연구소(Institute for Meaning Formation)는 내면성(interiority)을 장려하도록 고안되었다. 소그룹에서 참여자들은 자신의 삶에 대한 글을 쓰고, 그룹 내에서 해석들을 나눈다. 메리 엘리자베스 무어는 참여자들이 거쳐 가는 스나이더의 단계들을 이렇게 요약하였다.

1) 삶의 순간(lived moment) – 개인에게 의미 있는 경험을 토론함.
2) 심리역사(psychohistory) – 일정 기간 동안 여러 가지 삶의 순간의 기록과 그 순간들의 부분이었던 느낌들의 기록
3) 선언(manifesto) – 개인이 자신을 모험에 걸었을 때의 기록
4) 모험담(saga) – 성스러운 것 혹은 '신의 야생적 에너지'를 가지고 삶의 여정을 어떻게 보냈는지의 설명

이 글들을 나누며 참가자들은 그룹과 함께 성찰하도록 초청되며, 궁극적으로 서로를 도와 의미를 산출하고, 어려운 시기에 각자를 지탱하는 결단과 능력에 대해 생각해 보게 한다.[53]

---

51. Snyder, "Foundations," p. 398.
52. Ibid., p. 399.
53. Mary Elizabeth Moore, *Teaching from the Heart*(Minneapolis : Fortress, 1991), p. 99.

스나이더에 따르면, 인류는 여기 현존하는 것을 비판하도록 우리를 돕고, 새 미래를 꿈꾸게 도울 도구로서 신화, 상징, 실존의 모형들을 필요로 한다. 인간은 문화에서 상징, 신화를 만들어 낸다. 이 상징들은 경험, 대화, 성찰로부터 직접 산출된다.

적합한 방법들

「마음으로부터의 가르침」(Teaching from the Heart)에서 메리 엘리자베스 무어는 유기체적 실존에 적절한 방법론을 탐구한다. 그녀가 탐구하는 다섯 가지 교육학적 방법은 실존주의 종교교육에 알맞는 것으로 보인다. 이 방법들은 사례연구 방법, 게슈탈트 방법, 현상학적 방법, 설화식 방법, 그리고 의식화의 방법 등이다. 무어는 과정신학자이지만, 이 방법들은 약간의 수정을 거치면 실존주의 방법과 상당히 잘 맞을 수 있다.

무어의 저서에서 예로 든 방법들은 그녀의 과정신학과의 대화 속에 자리한다. 그러나 방법들로서는 실존주의식 교육을 위해 많은 가능성을 지니고 있다. 참여자들이 의미를 선택할 수 있는 것으로부터 실존의 복합성을 나타내고자 그녀가 제시하는 방법들의 시도는 실존주의 교육에 적합하다. 이것은 교리적 체계가 학생들보다 우선적으로 존재하는 전달식 접근과는 대조적이다.

사례연구(Case Study) : 무어에 의하면,

> 사례연구 접근은 기본적으로 특별하고 구체적인 실존의 단편조각으로부터 배우고자 하는 시도이다. 특정한 상황의 설명을 제시하는 형태를 일반적으로 가진다. 학생들은 주어진 상황에 대해 생각해 보고, 해석하고, 어떤 행동을 취할지 판단이나 결정을 내리도록 요구받는다. 간단히 말하면, 사례연구 방법은 특별한 사례를 고려해서 진리를 끄집어 내는 것이다.[54]

---

54. *Ibid.*, p. 28.

실존적 사고와 관련하여 그런 방법은 실재의 단편조각과 다른 사람들과의 대화의 개인적 기회가 된다. 더 나아가 이것은 학생들이 자신과 자신들의 더 완전한 존재에 대해 명백해지는 대로 의미들을 활용해 나가는 기회가 된다. 그러나 앞에서 언급한 대로, 자아가 되는 것은 냉정한 분석적 과정이 아니라 열정적인 내향성의 성질을 가진다. 사람이 자신의 열정을 다른 이에게 설명할 수 있을지도 확실치 않고, 꼭 설명할 수 있어야 하는 것도 아니다. 실존주의는 우리의 본성을 결정함에 있어 이성이 지닌 최상의 역할을 부인한다. 실존주의 교육에서 사례연구 과정은 순전히 인지적 과정이 아니라 복합적인 만남이 될 것이다.

게슈탈트 방법(Gestalt Method) : 무어는 말한다.

> 기본적으로 게슈탈트 접근은 여러 가지 관념들을 서로에게 근사하게(in proximity) 제시하여 학습자들이 일종의 통합성을 가지고 관념들을 함께 볼 수 있게 해준다. 제시방식은 특정한 통합을 향한 직선적인 형태를 따르지는 않고, 학습자들이 함께 모을 수 있는 다양한 이미지와 개념들을 제시한다.[55]

게슈탈트의 안목 중 하나는 학습이 인지, 감정, 정신과 신체까지 인간의 전인성을 포함한다는 것이다. 실존주의식 교육은 학습의 통전적(holistic) 성격을 주장한다. 그 이유는 실존주의 교육은 '만남의 교육'(encounter education)으로 생각되어 왔기 때문이다. 실존주의의 방식에서 주제는 그의 개인적 과제와 직접적 관계를 가지도록 적극적으로 유도된다. 그런 교수방법은 참가한 학습자들이 개인적 통찰을 제공하도록 초청한다. 다른 학습자나 다양한 자료들과의 대화의 복합성 속에서 한 사람의 개인적 학습은 자신의 삶의 과제에 바탕을 둔 어떤 통합 안에서 재형성될 수 있다.

---

55. *Ibid.*, p. 61.

현상학적 방법(Phenomenological Method) : 우리는 실존철학과 신학의 기원 및 형성에서 현상학의 중요성을 이미 지적하였다. 무어는 이 방법을 다음과 같이 정의한다.

> 경험에 대해 성찰하고, 이 성찰로부터 결론이 드러나도록 해주는 것……(여기에는) 경험의 연구에서 축소주의를 피하고 의도들과 의미들을 가려 내려는 노력 가운데 괄호를 치는 것, 즉 판단을 유보하는 것이 포함된다.[56]

이것은 우리가 현상들에 붙들어매는 부과된 의미의 층들(layers) 아래까지 들어가 보려는 시도이다. 그런 접근은 로스 스나이더와 그의 의미형성에 관련하여 언급한 바 있다. 이 접근에서 강조점은 사건과의 관계를 경험하고, 그것을 묘사하고, 그것에 대해 이론화하고, 그 이론을 실천, 검증하는 것에 있다. 스나이더는 전기문 자료들(biographical materials)을 접근하는 데 현상학적 방법을 사용한다.

학생은 자신의 삶을 위해 가능한 의미들을 제시하는 만남으로서의 그러한 경험에 반응한다. 무어는 학생들이 권위 있는 주제별 전통적 원천자료들을 접근하는 성경공부 접근을 제안한다.

설화식 방법(Narrative Method) : 무어는 말하기를,

> 설화(narrative)는 인간이 갖는 의사소통의 중요한 형태이며, 문화의 보존자와 비평자로 작용하고, 잠재적으로는 심오하고도 광범위한 의미를 지닌 교육적 방법이다.[57]

실존주의식 종교교육의 한 요소는 상징, 신화, 그리고 의식(ritual)의 사용이라는 것을 이미 언급했다. 우리는 '본질'을 가지기 이전에 '실존' 할

---

56. *Ibid.*, p. 95.
57. *Ibid.*, p. 132.

수 있지만, 우리는 설화 속에서 우리의 뿌리와 우리의 본질을 찾는다. 설화는 우리가 실존 속에서 발견하는 의미들을 함께 연결하는 방법이다. 우리는 설화와 동떨어져서는 의미를 발견하지 못하며, 설화를 형성하지 않고는 의미를 활용하지 못한다. 설화는 직선적이고 추상화된 방식으로는 전달될 수 없는 방법으로 실존의 복합성을 전한다. 키에르케고르는 아이러니(irony)를 인간이 심미적 단계에서 윤리적 단계로 전이하는 수단이고, 해학(humor)이 윤리적 인식에서 종교적 인식으로 전이하는 길이라고 했다. 키에르케고르는 복합적이고 다양한 의미를 가진 진리들을 전달하는 방법으로 '이야기하기'(storytelling)에서 좋은 자원을 발견하였다. 실존주의의 경우, 설화는 한 사람이 자기 이야기를 타인에게 해주면서 삶의 관계의 복합성의 일부를 전달하는 방법이다. 우리는 모두 우리 개인의 이야기를 형성한다. 설화에 대한 실존주의 비평가는 중심 설화(master narrative)의 패권적 억압을 경고한다. 그런 설화는 서구 역사에서 소수인들과 여성을 종속시키고, 그들의 이야기를 침묵케 해왔다.

의식화의 방법(Conscientizing Method) : 금세기 교육학 방법의 가장 중요한 발전 중 하나는 파울로 프레이리(Paulo Freire)가 의식화(conscientization)라고 묘사한 방법이다. 그것은 정의의 목표를 향해 행동에서 성찰에로의 움직임을 포함한다. 프레이리의 방법에서 첫 단계는 세계를 이름지어 주는 명명의 단계이다. 농부들에 의해 이룩된 삶의 세계에 대해 듣는 시간이다. 다음 단계는 그들의 이야기 속에서 사용하는 단어들의 의미를 가려 내는 것으로, 이 단계는 특히 억압의 사회적 구조와 연관되어 있다. 세 번째 단계는 사회구조의 문제를 정의하는 것이다. 마지막 단계는 행동의 전략을 짜고 실행에 옮긴다. 이 교육방법은 순환 과정으로서 행동에서 성찰에로 계속된다. 이 접근은 토마스 그룸, 마리아 해리스, 다니엘 쉬파니(Daniel Schipani)를 포함한 많은 종교교육학자들이 지지하고 있다. 그룸은 이 교육방법 접근이 정의를 위해 교육하는 것은 정의롭게 교육하는 것이라는 신념을 구체적으로 표현한다고 보았다. 해리스는 그녀의 접근방법에 더 많은 감정적 영역을 포함시키는데 여기에는 침묵(silence), 정치적 자각(political awareness), 애통(mourning), 긴밀한 유대(bonding)와 출산(birthing)의 단계가 있다.[58] 종교교육에 대한 이 접근은 부버, 로스 스나이더, 헤셀, 쉐릴 등과 같은 이론가의 관심과 잘 들어맞는다. 그런 방식으로 의식화 접근은 실존의 위치에서 본질의 심화된 정의(definition)에로 옮겨 간다. 이것은 사실상 의미조성의 방법이다. 신학은 실천(praxis)으로부터 발전한다.

결 론

삶과 역사에 연결하는 정신(spirit)으로서 실존주의는 그 창시자인 덴마크인 죄렌 키에르케고르(Søren Kierkegaard)를 잘 묘사하는 우울함(melancholic)으로 특징지어져 왔다. 그것은 환호와 광채의 이야기가 아니었고, 그 메시지의 좋은 점은 불안, 공포, 외경, 무의미와 죽음에 갇혀 왔다. 그러나 열정(passion)의 언어를 볼 눈과 들을 귀를 가진 이에게 실존주의는 죽은 정통주의의 억압의 짐을 덜어 주었다. 기성 종교의 전당에서 실존주의는 다들 귓속말로 언급하는 창피한 고아였다. 실존주의는 주체성, 책임성, 관계성과 만남의 그럴듯한 안목으로 종교교육을 조롱하여 왔다. 오늘날 종교교육을 순수하게 실존주의적 관점에서 접근하는 이는 많지 않다. 그러나 실존주의는 계속해서 책 속의 각주(footnotes)와 신비스런 하이데거식 참고문헌들 속에 여전히 오르내리고 있다. 그러나 실존주의의 근본적 안목(통찰)은 완전히 무시하기가 불가능한 종교의 앞이마에 박힌 혹과 같다. 실존은 정말 본질을 앞서는 것이다! 주체성(subjectivity)을 위한 교육은 종교교육자로서 우리가 필히 관심을 가져야 할 고려(이해)의 한 부분이다.

---

58. *Ibid.*, p. 173.

제3부
특수신학들
(Special Theologies)

"은혜-신앙 관계 안에서 하나님이 최우선의 자리를 차지하는 것은 신념과 행동을 이끌어 주는 건전한 기독교교육에 필수적이다. 이것이 미래의 기독교교육을 위한 희망의 근거이다."

제 8 장
여성신학과 종교교육
(Feminist Theology and Religious Education)

엘리자베스 닷슨 그레이(Elizabeth Dodson Gray)

|||||||| 1부 ||||||||

페미니즘(Feminism)의 도전

여성신학은 남성신학이 우상의 지위를 차지하고 있는 상황하에서는 가능한 신학은 아니다. 페미니즘은 전체 기독교 전통을 철저히 비판하고 있기 때문에, 이 전통을 거의 모두 개조할 것과 이 전통의 역사를 재해석할 것을 요구한다.

페미니즘은 기독교가 남성들이 자신의 남성적 삶의 경험이라는 관점에서 '신성한 것을 명명해 온' 많은 종교적 전통들 중의 하나라는 분명하고도 과거에는 간과되어 왔던 사실을 지적해 준다. 그리스 신화의 나르시스(Narcissus)처럼 남성들은 종교적 전통을 자기 자신의 모습으로 착각하게 해준 연못을 들여다보고 있다.

이것이 페미니스트(feminist)들이 기존의 전통을 '남성 중심' (androcentric)이라고 말할 때 의미하는 것이다. 즉, 기존의 전통은 "남성 색상으로 채색된 안경"을 통해서 전세계를 들여다보고 있다는 것이다. 우리는 이것이 왼손잡이 또는 갈색 눈을 가진 사람이 왼손 또는 갈색 눈이 자기들에게만 '천국의 열쇠'를 가져다 준다고 생각하는 것과 같다는 것을 알게 될 때까지, 일반적으로 인간 상황에 대한 이런 해석의 부당성에 속게 된다.

사물이 '존재하는' 방식을 명명할 권한

창세기 이야기에서 아담은 "모든 동물들의 이름을 지어 주는 존재"로 그려지고 있다. 이것은 남자와 여자 아이들이 남성의 관점과 남성적 삶의 경험의 관점으로 이루어진 전체 사회구조 속에 태어난다는 사실을 말해 주는 좋은 우화이다. 아담처럼 사회적으로 주도권을 쥐고 있는 성으로서 남성들은 일반적으로 "우리의 관점에서 모든 것이 명명되고, 모든 것이 판단된다."고 말할 수 있다. 이런 '아담의 세계' 안에 태어나고 그 안에서 사회화되어 온 우리 모두는 수세기 동안 가부장적 역사가 말해 온 것, 즉 "이것이 세계가 실제로 존재하는 방식이다."라는 것을 의식하고 있다. 왜냐하면 우리는 결코 다른 방식으로 삶을 경험해 본 적이 없기 때문이다.

우리 언어 역시 아담의 세계를 반영하고 있다. 소위 '총칭'(generic) 언어는 모든 인간이 사람(man)과 인류(mankind)라는 말 안에 담겨져 있는 착각을 지속시켜 준다. 로샤(Rorschach) 테스트는 이 점을 확인시켜 준다. 즉, 우리의 언어는 '그의 생각의 **날카로움**'(thrust), '**예리한** (penetrating) 표현', '**독창적인**(seminal) 책', 심지어 '**세미나**'(seminar) 와 같은 표현 속에 남성의 성 경험에 대한 성찰을 내포하고 있다는 것이다. 그러나 미국의 선조를 기념하는 워싱턴 기념비와 같은 남성적 의식은 그 글귀에는 물론이고 기념물에까지 조각된 남근숭배적 성격을 잊어버리게 만들고 있다.

사상사의 긴 세월 동안 아담의 세계는 우리에게 남성구조적 철학, 남성구조적 심리학, 그리고 남성구조적 신학을 남겨 주었다. 사람들은 이런 거대한 개념적 체계를 세워 온 것이다. 그래서 전통적 기독교 신학은 남성의 형태로 보편적 인간을 생각해 왔고, 역시 남성의 형태로 하나님을 생각해 왔다. 아담에게 생명을 불어넣기 위해 창조의 에너지를 담은 손가락을 뻗치는 턱수염 난 하나님의 그림은 서구 문화에서 "하나님께서 그 자신의 형상으로 인간을 만드셨다."는 신학적 표현에 대한 시각적인 요약이요, 묘사로 받아들여져 왔다.

그러나 지식 사회학과 **아는 것을 행동한다**는 개념을 고려해 볼 때, 우리는 '창조의 흐름'이 사실 앞에서 알게 된 것의 **역**으로 일어나고 있다는 것을 알 수 있다. 실제로 인간 남성은 그 자신의 형상으로 하나님을 창조한 것이다. 그렇다, 과거의 나르시스처럼 남성은 영원한 신비의 우주적 성찰의 우물에서 단지 그 자신만을 본 것이다.

뉘우침이 없는 남성-성찰적 기독교 신학

여성신학자 댈리(Mary Daly)는 어느 곳에서든지 하나님이 남성이라면, 남성은 하나님이라고 말했다. 사회학자 버거(Peter Berger)는 "종교는 사회제도에 궁극적으로 명백한 존재론적 위치를 제공해 줌으로써, 즉 사회제도를 성스럽고 우주적인 준거 틀 안에 자리매김함으로써 정당화한다."고 했다.[1] 댈리와 버거가 말한 것은 궁극적 실재가 남성으로 여겨지게 되면, 남성의 힘-남성 정치 지도자, 남성 경영인, 그리고 가부장적 가정의 남성 '어른'-은 신뢰할 수 있고, '자연스럽게' 보여지게 된다는 것이다.

그래서 남성적-성찰적 기독교 신학은 결백하지가 않다. 기독교 신학은 가정, 교회, 그리고 보다 폭넓은 경제, 정치, 사회 권력구조 안에서 남성 권력의 가부장적 구조를 만들어 온 역사에 깊이 연루되어 있다. 댈리에서 류터(Rosemary Radford Ruether), 피오렌자(Elisabeth

---

1. Peter L. Berger, *The Sacred Canopy : Elements of a Sociological Theory of Religion*(Garden City, N.Y. : Anchor, Doubleday, [1967] 1969), p. 33.

Schüssler Fiorenza), 그 외의 많은 학자들에 이르기까지 여성신학자들이 이런 주제로 글을 쓰고 책을 출판해 왔다.[2]

그러나 남성적 기독교 신학은 아직 '그의 형상 안에' 기독교를 형성해 왔던 뻔뻔스러운 방식에 대해 뉘우치고 있지 않는 것같이 보인다.[3] 이것이 고대 히브리 애가의 한 구절 "낯선 땅에서 그들의 노래를 부른다."에서처럼 기독교 여성들에게 낯선 땅을 남겨 주었다.

여성의 모독

하나님의 표지(mark)

기독교 경건과 신학은 늘 우리 인간이 하나님의 형상으로 창조되었다는 사실(창 1 : 26)을 당연시해 왔다. 이것이 우리의 인간됨, 즉 어떻게 우리가 하나님의 표지(또는 형상)를 가지게 되었는가라는 점에 대한 기독교적 자기 이해의 출발점이다. 이런 신학은 최근 몇십 년 동안 이것이 남성적 관점과 자기 도취에 그 뿌리를 두고 있다는 것을 밝혀 낸 페미니스트들의 공격을 받아 왔다. 그럼에도 불구하고 우리는 이 '하나님의 형상 신학' 이 수세기 동안 기독교교회와 서구세계에서 다양한 종류의 인간이 어떻게 '명명되고' 분류되고 판단되는가를 이해하고자 할 때 매우 중요하다는 것을 알아야 한다.

---

2. 기독교 이전의 고대시대로부터 오늘에 이르기까지 이 역사의 개요 및 요약을 위해서는 Rosemary Radford Ruether, *Gaia and God : An Ecofeminist Theology of Earth Healing*(San Francisco : Harper San Francisco, Harper Collins, 1992), 특히 pp. 115 – 201을 보시오.
3. "나는 나다."(출 3 : 14)라는 모세에게 하신 하나님의 자기 계시의 말씀은 마치 하나님께서 모세에게 존재론적으로 남성으로 계시하신 것처럼, 존재하는 '그분' (*He who is*)이라고 아퀴나스에 의해서 *Summa Theologiae*(I q. 13, a. 11 ; 또한 Scg I. 22, par. 10)에 해석되어 있다. Elizabeth Johnson, *She Who Is : The Mystery of God in Feminist Theological Discourse*(New York : Crossroad, 1992), pp. 241 – 243을 보시오.

그러나 기독교 전통에서 여성의 문제는 모든 것이 "그의 형상 안에 있다."는 점과 일치하지 않는다. 이런 남성의 관점에서 여성은 역시 타자로, 그리고 열등하고 악하고 더럽고 '기괴한' 존재로 명명되었다. 그래서 우리는 어떻게 이런 여성에 대한 모독이 수세기에 걸쳐 발전되었고, 신학적으로 설명되어 왔는가를 보다 자세히 살펴볼 필요가 있다.

여성도 하나님의 형상 안에 있는가?

프린스톤 신학교의 역사신학 교수인 더글라스(Jane Dempsey Douglass)는 재미있는 문제를 제기했다. 즉, "왜 모든 인간에 대한 하나님의 형상교리가 과거에 성과 인종의 차별을 철폐하는 데에 기여하지 못했는가?"[4] 이다.

그녀는 이 질문에 대답하면서 기독교 역사 초기로부터 "신학자들은 인간이 하나님의 형상으로 창조되었다고 가르쳤다. 그러나 어떻게 여성이 이 형상을 가지고 있는가를 설명하는 데는 인색했던 것처럼 보인다. 아담은 남성 같거나 아니면 성을 가지고 있지 않은 하나님의 형상대로 창조되었다고 여겨진다. 그러나 인간의 성차별을 설명할 때, 이 형상은 문제가 되어진다."고 말했다.

수세기 동안 여성도 하나님의 형상으로 만들어졌다는 것을 어떻게 설명할 것인가라는 문제로 기독교 신학 분야에 지속적인 논쟁이 있어 왔다. 더글라스는 사도 바울이 고린도 전서 11 : 7~9에 기록해 놓은 것이 이런 문제에 크게 영향을 미쳐 왔다고 지적했다. 즉, "남자는 하나님의 형상과 영광이니 그 머리에 마땅히 쓰지 않거니와 여자는 남자의 영광이니라. 남자가 여자에게서 난 것이 아니요 여자가 남자에게서 났으며, 또 남자가 여자를 위하여 지음을 받지 아니하고 여자가 남자를 위하여

---

4. Jane Dempsey Douglass, "The Historian of Theology and the Witnesses." 예일 대학 신학부 Nathaniel Taylor 강의, 1990년. 이 인용은 강의 테이프에서 발췌한 것이다.

지음을 받은 것이니."

더글라스는 "닛사의 그레고리(Gregory of Nyssa, b. c325)와 어거스틴(354-430)은 이중 창조구조를 발전시켰다. 육적인 구별의 창조(창 2장)가 있기 전에 순수하게 영적인 인간 창조가 있다는 것이다. 그러나 이것이 이루어지고 나서 여성은 남성과 다르고, 남성에 비해 육체적으로 열등하기 때문에 하나님의 형상이 온전하지 않은 것으로 여겨지게 되었다."고 지적했다.

더글라스는 크리소스톰(c. 345-407)과 안디옥에서 활동하던 다른 동부 지중해 지역 신학자들이 "'다스림'과 '통치'가 하나님의 형상의 중요한 부분이라고 주장하기 위해 고린도 전서 11:7에 대단히 비중을 두고 있다. 그리고 남자들은 하나님의 통치를 모방할 능력을 부여받았다. 또 다시 이런 관점은 여성 안에 하나님의 형상의 온전성에 불리하게 작용한다."고 말했다.

여성의 열등함을 선언함

아리스토텔레스(384-322 BC)는 여성과 하나님의 형상에 관한 이런 논의에 매우 중요하다. 그는 "여성은 어떤 질적인 결핍-자연적인 결함-때문에 여성이 되었다. 즉, '잘못 태어난 남성'이다."라고 말한 바가 있다(「동물의 출생에 관하여」 2, 3).

랑케-하이네만(Uta Ranke-Heinemann)은 에센 대학의 종교사 교수이다. 그녀는 「하나님 나라에서 거세된 사람 : 여성, 성, 그리고 가톨릭 교회」라는 책에서 다음과 같이 말했다. 즉, "남성의 정자를 담는 화병이라는 여성에 대한 이런 축소된 개념은 아리스토텔레스에 의해 수천 년 동안 지속된 이론으로 많은 영향을 미쳐 왔다. 아리스토텔레스, 마그누스(Albertus Magnus), 그리고 아퀴나스는 사물을 이렇게 보았다. 즉, '모든 활동적인 요소는 자신과 같은 것을 만들어 낸다는 원리를 따라서, 남자만이 실제로 성적 결합을 통해서 태어난다는 것이다. 정자의 에너지는 스스로 똑같이 완벽한 것, 즉 다른 남자를 만들어 내는 것을 목적으로 삼고 있다. 그러나 적절치 못한 환경 때문에 여자, 즉 잘못된 남자가 존재하게 된다. 아리스토텔레스는 여자를 'arren peperomenon', 즉 불구가 된 또는 불완전한 남자라고 불렀다."[5] 그녀는 계속해서 "아퀴나스는 여자가 완전(남자)을 추구하는 '자연의 일차 의도'에 맞지 않고, 오히려 '자연의 이차 의도', 부패, 기형, 결함에 맞는다(Summa Theologiae I q. 52a. 1 ad 2)고 말했다."고 했다.[6]

아리스토텔레스가 죽은 지 9세기가 지난 585년에 프랑스의 전체 교무 총회(general council), 즉 제 2차 마콩 대회(Synod of Mâcon)가 열렸다. 43명의 기독교 주교와 다른 지도자들을 대표하는 20명의 남자가 여러 문제들 중에 가장 특별한 주제, 즉 "여자가 인간이며, 온전한 '사람' (homo)인가?"에 관해 토론을 벌였다. 마지막으로 투표를 하게 되었을 때, 남자들의 그 한량없는 지혜로 여자들이 공식적으로 인간이라고 선언되었다.[7]

하버드 대학 신학부의 역사신학 교수인 마일즈(Margaret Miles)는 중세에 계속된 이런 논쟁에 관해 언급하고 있다. 그녀는 「세속적인 지식 : 기독화된 서구에서의 여성의 벌거벗음과 종교적 의미」라는 책에서 "중세에 잘못 태어난 남자요, 기형적 남자라는 아리스토텔레스의 여자에 대한 주장이 이브에 관한, 그리고 그녀의 부차적이고 파생적 창조에 관한 기독교적 사상 속으로 쉽게 파고 들어왔다."고 말했다.[8] 결국 하나님

---

5. Uta Ranke-Heinemann, *Eunuchs for the Kingdom of Heaven : Women, Sexuality and the Catholic Church*, trans. Peter Heinegg(New York : Doubleday, 1990), p. 187.
6. *Ibid.*, p. 188.
7. Gregory of Tours, *History of the Franks*, trans. O. M. Dalton.(Oxford : At the Clarendon Press, 1927), pp. 8, 20, 344-345 ; 또한 Charles Joseph Hefele, *A History of the Councils of the Church from the Original Documents*, trans. William R. Clark, vol. 4(451-680 AD) (Edinburgh : T.&T. Clark, 1895), pp. 406-409.
8. Margaret R. Miles, *Carnal Knowing : Female Nakedness and Religious*

께서 아담을 최우선으로 창조하셨고, 그래서 여자는 차선이어야 한다고 주장하게 되었다는 것이다.

이렇게 해서 기독교 신학은 여러 세기 동안 여성이 보다 열등한 존재라고 선언하는 잠재적 문화세력으로 작용해 왔다. 당신은 이것만으로도 인간의 한 반쪽 – 다음 인간 세대를 잉태하고 출산하는 반쪽을 모독하기에 충분하다고 생각할 것이다. 그러나 그렇지 않다. 기독교 신학은 한 걸음 더 나아가, 여성이 악하고 더럽고 위험하고 기괴하기까지 하다고 선언했다.

여성의 악함을 선언함

아담을 불순종에로 이끈 자, 그리고 그 때문에 죄가 세상에 들어오게 한 자라는 이브에 대한 거센 부정적 이미지를 사용함으로써 여성은 인간 죄와 불순종을 상속케 한 자요, 지속케 한 자라고 여러 세대의 기독교 신학자들에 의해 묘사되었다.

터툴리안(c160 – c230)은 "당신 여성들 각자는 하나의 이브라는 사실을 아는가? ……당신은 지옥의 문이고('악마의 통로'라고 때로 번역됨.), 금단나무의 유혹자이고, 하나님의 법을 버린 첫 이탈자이다."라고 말했다.[9] 터툴리안의 언급에 대한 반향은 다음 세기의 기독교 사상에서 지속된다.

중세의 "신학자, 철학자, 의학자들은 과연 여자가 '기형적 피조물'인가라는 문제를 논의했다."[10] 마일즈는 이 논의 가운데 있었던 말을 소개

Meaning in the Christian West(Boston : Beacon Press, 1989), p. 162 ; 또한 Maryanne Cline Horowitz, "The Image of God in Man – Is Woman Included?" *Harvard Theological Review* 72 : 3 – 4(July – October 1979), pp. 175 – 206을 보시오.

9. Tertullian, "On the Apparel of Women," in *The Ante – Nicene Fathers : Translations of the Fathers Down to A.D. 325*, eds. Alexander Roberts and James Donaldson(Buffalo : Christian Literature, 1885), vol. 4, p. 14.

10. Miles, *Carnal Knowing*, pp. 160 – 161.

했다. 즉, "이브처럼 생겼고, 잘못 휘어 있는 갈빗대인 모든 여자들은 비록 감춰진 괴수성이 조심스럽게 사회적으로 용인된 외모와 행동에 따름으로 해서 가려질 수는 있다고 해도 본질적으로 기괴하게 보인다."[11]

마일즈는 "가장 기괴한 모습들 중의 하나는 성적이라는 점과 성기이고, 우리가 아는 것처럼 중세시대에는 여성의 출산기능이 비웃어 넘겨져야만 했던, 그러나 사실은 진정한 두려움이었다."고 말했다. 마일즈는 이 기괴함에 대해 연구하는 주요 학자들 중의 하나인 백틴(Michel Bakhtin)의 글을 인용한다. "백틴은 이 기괴한 존재의 삶 속의 세 가지 주요 행동을 '성관계, 죽음의 산고, 그리고 출산행동'이라고 했다. '태어남과 죽음은 땅의 벌어진 턱이고, 어머니의 열린 자궁이다.'"[12]

마일즈는 중세의 세계에서 "임신과 출생은 '자연적' 기괴함의 이미지를 가져다 주었다."고 말했다. 제롬은 4세기에 "임신한 여자는 하나의 저항하는 광경이다."라고 썼고, 수많은 중세 저자들이 이것에 의견을 같이했다. 마일즈는 "생리처럼 임신은 여자가 개인적이고 자율적이고 '온전한' 존재의 상징인, 닫혀 있고 부드럽고 침입해 들어올 수 없는 몸이 아니라는 것을 보여 준다. 생리, 성관계, 그리고 임신으로 여자의 몸은 그들 자신의 형태와 경계를 잃어버렸다."고 썼다.[13]

유대교와 기독교에서 여자는 생리와 출산의 자연적 신체기능으로 더럽혀지고 오염되었다고 선언되었다. 여자는 남자 제사장에 의해 인도되고 있는 거룩한 예전장소를 오염시키기 때문에, 생리 및 출산기간에는 쫓겨나거나 출입이 금지되었고, 예배드리는 거룩한 곳에 들어오도록 허락되기 전에 특별한 정결예식을 거쳐야 했다.[14]

---

11. *Ibid.*, p. 152.
12. *Ibid.*, p. 153.
13. *Ibid.*
14. 레 15:19-31, 12:1-8, 그리고 공동기도집 1928년. pp. 305-307의 "여성의 교회 출석"(출산 후 감사)을 위한 예배를 보시오.

여성과의 성관계를 악하다고 결정함

그러나 여기서 기독교 신학자들은 여성과 성관계를 갖는 남성들의 문제를 제기했다.[15] 여자와 여자의 몸이 혐오스럽고 더럽다면, 여자와 성관계를 갖는 남자는 어떤가?

라유츨리(Samuel Laeuchli)는 그의 책 「권력과 성 : 엘비라 대회에서 교회법의 등장」에서 어떻게 309년 스페인 엘비라 대회에서 교회 지도자들이 처음으로 분명한 반성관계적 법을 만들고, 남자들에게 영적으로 성적 욕망을 극복하도록 촉구했는가에 관해서 연구했다. "이 법이 전제하는 남성의 이미지 안에 성적 존재로서 여자는 배제되었다."[16] 라유츨리는 "성은 악과 동의어가 되었다. 성적 행동은 혐오스러운 것이 되었고, 사람들은 사막으로 도망치거나 또는 순결을 지켰다는 기록을 남긴다."[17]고 했다.

어거스틴(354-430)은 「고백록」에서 이런 반성적 관점에서 고전적 형식이 되는 것을 제시했다.[18] 그는 보통 '성적 욕망' 또는 '육욕'이라고 번역되는 **색욕**(concupiscence)에 관해 썼다. 그는 원죄가 한 세대에서 다음 세대로 전달된다는 생물학적 이론을 제시했다. 어거스틴은 어떻게 이브의 죄가 우리의 죄가 될 수 있는가라는 문제에 대해 언급했다. 어떻게 그녀의 죄가 우리에게 전달되는가? 그의 답은 색욕 또는 육욕이다. 성관계 안에서 어떤 것이 행동을 부패하게 한다(사실 전인간 종족을 부패

---

15. Ranke-Heinemann, *Eunuchs for the Kingdom of Heaven*를 보시오. 여기에 성관계가 악하다고 선언한 오랜 기독교 전통의 내용이 수록되어 있다.
16. Samuel Laeuchli, *Power and Sexuality : The Emergence of Canon Law at the Synod of Elvira*(Philadelphia : Temple University Press, 1972), p. 104 ; Carter Heyward, *Touching Our Strength : The Erotic as Power and the Love of God*(San Francisco : Harper & Row, 1989), p. 44에서 재인용했다.
17. Laeuchli, *Touching Our Strength*, p. 167.
18. 예를 들어, Margaret R. Miles, *Desire and Delight : A New Reading of Augustine's Confessions*(New York : Crossroad, 1992)을 보시오.

하게 한다). 그 어떤 것이 바로 성적 욕망이었고, 지금도 그렇다.

어거스틴은 세례의 필요성에 관한 신학적인 상황을 설정했다. 그는 세례가 우리 부모의 성적 욕망으로부터 우리에게 전달된 원죄를 씻어 버린다고 말했다. 그래서 세례는 부모가 우리를 잉태할 때 성적 충동으로 생긴 오점을 씻어 내도록 추천된 영적 세척제이다. 그래서 세례는 어거스틴 자신이 저지른 문제에 대한 그의 해결책이다. 이것은 하나의 영적 방부제이고, 그가 신학적으로 생각해 낸 치명적인 '바이러스'를 물리치도록 잘 고안되었다.

그래서 캐치-22라는 종교적 체제가 생겨났다. 이것은 여자의 몸이 감각적이고 성적이고 악하기 때문에 여성에 대한 정상적인 성적 욕망이 결국 남자와 그 아이들을 오염시킨다고 보았던 남자들에 의해서 만들어졌다. 그러나 여자는 성적 욕망을 경험하지 않고도 자녀를 낳을 수 있다는 것을 알아야 한다. 발기와 사정을 위해서 이런 욕망을 경험해야 하는 것이 남자이기 때문에, 어거스틴이 신학적으로 만들어 놓은 것은 이성과 성관계를 갖는 기독교 남성들에게는 두려운 문제가 된다. 결과적으로 어거스틴은 이것을 사용하는 사람을 해치려고 되돌아오는 무시무시한 신학적 부메랑을 던진 것이다.

그러나 이런 피해를 피할 길이 있고, 남성들은 수세기 동안 그들 자신의 성관계에 대한 책임을 회피하기 위해 '명명자'라는 그들의 지위를 사용해 왔다. 그들은 심리학적 투사를 이용했고, 자신의 성적 욕망과 에로틱한 상상의 책임을 부인했고, 이를 '밖'의 여자에게 돌렸다. 그래서 수세대 동안 남자들은 여자가 모든 성적 욕망의 근원이라고 비난할 수 있었고, 이렇게 그들 자신의 성적인 환상과 그들이 저지른 모든 성관계에 직면하는 것을 피했다. 그래서 그들은 어떤 책임도 깨끗하게 피했고, 대신 여자를 앞에서 선언된 악의 근원이라고 생각했다. 종교재판(Inquisition)이 시작된 직후인 1487년 「마녀의 망치」의 저자는 "모든 마법은 **여성 내에 지칠 줄 모르게 일어나는 욕망인 성욕에서 나온다**."고 썼다.[19] 오늘날 우리가 이런 내용을 직접 찾아보기는 어렵다. 오늘 미국의 법정 기록 안에 남성에 의한 강간, 근친상간, 그리고 아동 상대의 성도착증(pedophilia)의 수많은 사례들이 있다.[20] 여성에 의해 저질러지는 이런 범죄를 적은 소수의 기록도 있다. "여성 안에 지칠 줄 모르게 일어나는 성적 욕망"이 있다고? - 우리가 농담하고 있는가?[21]

기독교 전통의 죄악성

페미니스트들 가운데 더글라스, 헤이워드(Carter Heyward), 마일즈, 랑케-하이네만은 기독교 전통의 문헌 기록을 깊이 연구해서 이런 놀라운 반성적이고 반여성적인 내용들을 찾아냈다. 이들의 학문적 성과는 오늘의 여성들로 하여금 자존감, 자신감, 자기 확신을 갖는다는 것이 그들 개인적이고 사적인 문제 이상으로 어렵다는 것을 이해하는 데 도움을 주고 있다. 이런 문제는 문화적인 차원을 갖는다. 이것들은 폭넓게 공유된 피해이다. 이 피해는 그 기원을 오랜 기독교 전통의 역사 내내 지속적으로, 주도적으로, 강하게 퍼뜨려진 여성에 대한 메시지에 그 기

---

19. Jakob Sprenger and Heinrich Institoris, *The Hammer of Witches*(1487), IQ. 6. 이 두 사람은 콜로냐 대학의 신학 교수이고, 독일 도미니칸 수도사들이었다. 교황 인노센트 7세는 1484년의 "마녀 교서"에서 이단의 종교재판관으로 이 두 사람을 임명했다. *The Hammer of Witches*는 바로 이 "마녀 교서"를 해설한 것이다.
20. 오늘날 여성해방론자들은 이런 죄들이 '권력'과 '폭력' 죄로 규정되고 정죄되어야 한다고 주장한다. 그러나 이런 죄들 또한 통제 불능의 성적 욕망을 내포하고 있다. 그래서 이런 죄를 이해하기 위해서 나는 동기 및 죄의 성적인 요소가 결코 무시되어서는 안 된다고 생각한다.
21. 북아프리카의 기독교 교회(터툴리안, 키프리안, 어거스틴)의 2세기에서 5세기까지의 남성 성적 욕망에 대한 문제에 관한 흥미 있는 관찰은 마일즈에 의해서 제시되었다. "Patriarchy as Political Theology : The Establishment of North African Christianity" in *Civil Religion and Political Theology*, ed. Leroy S. Rouner (Notre Dame, Ind. : Boston University Studies in Philosophy and Religion, Vol. 8, University of Notre Dame Press, 1986), pp. 169-186. 또한 마일즈의 *Desire and Delight*를 보시오.

원을 두고 있다.

페미니스트들은 **여성과 여성의 육체에 대한 기독교의 모독이 여성에 대한 폭력을 정당화하는 본질적인 배경이 되어 왔다**고 결론짓는다. 예를 들어 류터는 이렇게 말한다. "역사적 기독교는 여성을 열등하고 종속적이고 악마적이 되기 쉬운 존재로 정의했다. 이런 이미지들은 그들이 집에서 또는 사회에서 남성의 뜻을 거스를 때면 언제나 그들에게 퍼부어지는 거의 끝이 없는 폭력을 정당화했다. 희생자인 여성은 가부장적 역사의 하부면이다.[22]

이런 여성에 대한 폭력의 범위, 강도, 그리고 기간이 단지 지금에 와서야 페미니스트들에 의해 밝혀지고 있다. "마녀 화형기" 동안 수많은 여성들이 마녀로 화형되었다(또는 수장되었다). 이것은 서구 가톨릭과 개신교에서 2세기가 넘도록(1484-1692) 계속되었다. 게다가 문헌과 교회 기록의 증거는 근친상간, 아동 학대, 부인 구타, 종교적으로 허용된 아동 구타, 부인 강간, 면식 강간, 타인 강간, 전쟁 강간, 그리고 개인적인 여성 살인 등의 폭력 범죄들이 늘 있어 왔다는 것을 보여 준다.[23]

이 모든 폭력 형태는 그 안에서 여성이 태어나고 성장하고, 그들 '여성의 자리'를 잡으려 했던 그런 지속되는 억압에 대해 신학적으로, 그리고 종교적으로 승인되어진 문화를 만들어 냈고, 지탱시켜 주었다. 다른 문화에서 여성에 대한 폭력은 다른(그러나 여전히 남성 위주) 사회적 종교적 전통에 그 뿌리를 두고 있다. 그러나 서구 기독교는 이런 폭력이 기

---

22. Rosemary Radford Ruether, "The Western Tradition and Violence Against Women," in *Christianity, Patriarchy and Abuse*, ed. Joanne Carlson Brown and Carole R. Bohn(New York : Pilgrim Press, 1989), p. 37.
23. 보다 상세한 것은 Lawrence Stone, *Family, Sex, and Marriage in England, 1500-1800*(New York : Harper Collins, 1983)과 *Road to Divorce : England 1530-1987*(New York : Oxford University Press, 1990)과 두 권의 사례연구, 즉 *Uncertain Unions : Marriage in England, 1660-1753*(New York : Oxford, 1992)과 *Broken Lives : Separation and Divorce in England, 1660-1857*(New York : Oxford, 1993)을 보시오.

독교적 반여성적, 반성적 전통에 의해 강력하게, 그리고 계속해서 주장된 여성의 모독에 뿌리를 두고 있다. 우리는 우리 마음속에 이것을 분명히 해두는 것이 중요하다. 즉, 이 모든 폭력 안에 **범죄자는 폭력을 행사하는 남성 개인이 아니다. 전체 전통이 여성에게 구조적으로, 신학적으로 폭력을 저지르도록 만든 것이다.**

그것이 전체 전통이었기 때문에, 이제 전체 전통이 진정으로 확실하게 이런 폭력적이고 피해를 입힌 가부장적 과거를, 그리고 여성에게 입혔던 상처를 뉘우치는 것이 매우 중요하다. 나는 이런 뉘우침이 '밖으로 외쳐지기'를 바라고, 큰 소리로 분명하게 우리의 정규적 교회 예배에서, 그리고 우리 교회의 선언으로 표현되어지기를 바란다. 그리고 나는 변화를 바란다.

예수와 여성

여성에 대한 예수의 급진적인 주장

예수 이후 수세기 동안 발전되어 온 기독교 전통은 여성 혐오적(woman-hating)이었다. 그러나 만일 이 전통의 초기 문헌자료들 - 예수의 삶에 관한 4복음서 내용 - 중의 일부를 살펴본다면, 예수 자신의 여성들과의 상호작용보다 이 여성 혐오적 기독교 전통에 대조되는 것은 생각할 수 없다는 것을 알 수 있다. 왈버그(Rachel Conrad Wahlberg)[24]는 이런 상호작용에 초점을 맞추었고, 이것은 내게 예수가 단지 여성 혐오적이지 않았을 뿐 아니라, 그의 말씀과 행동에 관한 복음서의 설명에서 그가 후대의 기독교 전통과 철저하게 다르게 급진적으로 **여성 긍정적**(woman-affirming)이었다는 사실을 볼 수 있는 새로운 시각을 갖게

---

24. Rachel Conrad Wahlberg, *Jesus According to a Woman*(New York : Paulist, 1975)과 *Jesus and the Freed Woman*(New York : Paulist, 1978)을 보시오.

해 주었다.

내가 남침례교 교인으로 성장하고 있을 때, 복음서를 읽은 내용은 설교에서 예수 당시의 사회적 컨텍스트의 특정 부분에 관해 간단히 설명을 들음으로써 보충되었다. 그러나 사회적 컨텍스트의 다른 부분들은 결코 거론되지 않았다. 예를 들어서 나는 예수가 우물가에서 사마리아 여인과 나눈 대화에 대한 복음서의 설명을 이해하기 위해서 유다와 사마리아 사이의 적대적 전통을 알아야만 한다는 점을 깨닫게 되었다.

그 당시 남자와 여자 사이의 대화를 지배하던 전통적인 관습은 거론되지 않았다. 예수와 모든 남자들에게는 안면이 없던 여성과 대화하는 것이 사회 관습에 의해 금지되었다.[25] 그래서 나는 결코 우물가의 예수의 대화가 실제로 얼마나 급진적인 사회적 일탈현상이었는가를 알 수가 없다.

1세기의 추종자들이 아닌 진정한 '제자들'

남자가 대동하지 않는다면 여자는 자기 집 주변을 떠나지 못하도록 사회 관습에 규제를 받고 있었다.[26] 이런 사회 관습을 모른 채, 나는 예수가 여행을 떠났을 때(눅 8：1-3) 그를 따랐던 여성들의 삶의 변화된 헌신을 이해하거나 평가할 만한 배경에 관한 정보를 가지고 있지 못했다. 이들은 진정한 제자이지, 1세기 팔레스타인의 따르는 무리들 또는 애착을 가지고 따라다니는 사람들이 아니었다.

예를 들어서, 나는 유대교의 안식일 규례에 관해 배웠다. 나는 예수가 안식일 규례를 어겼을 때, 그의 행동의 폭발적인 충격파를 이해하기 위해 이것을 알아야만 했다. 그러나 나는 신약시대에 여성의 세계를 축소시켰던 유사한 규례나 관습에 관해서 유년기 시절 설교에서 또는 신학

---

25. Ranke-Heinemann, *Eunuchs for the Kingdom of Heaven*, p. 120.
26. 어린아이와 짐승을 잃어버려서 찾으러 나갈 때는 예외였다. Pheme Perkins, *Jesus As Teacher* (Cambridge：At the University Press, 1990)을 보시오.

교 강의에서 들어 본 적이 없다. 그래서 나는 예수가 그 당시 남녀관계를 지배하던 관습을 무시했을 때, 그가 일으킨 것과 같은 폭발적인 충격파를 이해할 준비가 되어 있지 못했다.

예를 들어서, 예수는 우물가에서 여인에게 **신학**을 이야기했다. 그는 남자들이 공적으로 여자와 이야기할 수 없었을 뿐 아니라 여자가 토라를 배울 수 없었을 그 시기에 이렇게 한 것이다. 이것은 여자가 언제나 종교적 대화에 참여할 수 없었다는 것을 의미한다. 그러나 예수가 마리아와 마르다를 방문했을 때, 그는 마리아가 부엌에 있는 마르다를 떠나 남자와 더불어 신학을 이야기하는 것을 격려했다(눅 10 : 38-42). 그들의 오라비 나사로가 죽은 후, 예수는 마르다가 그가 없었다는 점과 그래서 오라비의 병을 고칠 수가 없었다고 질책하는 것을 책망하지 않았다. 대신 예수는 이제 마르다(전에 부엌에서 일하던)가 죽음과 부활이라는 중요한 신학적 논의에 참여하도록 해주었고, 마침내 "나는 부활이요 생명이다."라고 말했다(요 11 : 1-26).

하나님의 말씀의 청취자요 실천자로서 여성

무리 중의 한 여인이 예수의 어머니의 자궁과 젖가슴에 대해 "당신을 밴 태와 당신을 먹인 젖이 복이 있도소이다."(눅 11 : 27-28)라고 소리를 질렀을 때, 예수는 여자가 자궁보다, 사실 출산능력보다 더 복되다는 놀라운 말씀을 하셨다.[27]

여자가 아이를 낳음으로 해서, 특히 남자 아이를 낳음으로 해서 사회적 가치를 얻고, 아이를 '낳지 못함'으로 심각한 대우를 받을 당시에[28] 예수가 단지 생물학적 출산도구로만의 여성 이미지를 거부했다는 것은 놀라운 일이었다. 예수는 여성 역시 "하나님의 말씀을 듣고 행하는 것"을 선택할 수 있는 중요한 선택 행위자임을 말씀한다(눅 11 : 38). 여성이

---

27. Wahlberg, Jesus According to a Woman, pp. 43-47을 보시오.
28. 예를 들어 눅 1 : 5-25, 또한 창 16 : 1-2, 21 : 1-7을 보시오.

말씀의 청취자요, 실천자라고 말씀한 것이다.[29]

그래서 우리 기독교교회가 기독교 전통 내의 모든 여성 혐오적 행동을 뉘우친 뒤에, 바라는 것은 교회의 창시자이신 예수가 얼마나 철저하게 **여성 긍정적이었는지**를 어린이들이(그리고 모두가) 분명히 알도록 설교하고, 가르치고, 모든 교회생활을 영위해 가는 것이다.

예수와 여성의 사도적 역할

기독교에는 사도라는 것(고전 15 : 3-11을 보라.)과 "가서 전하라."는 사도적 위탁이 매우 많다. 사도는 보통 가서 설교하거나, 또는 예수의 복음을 선포하는 '사도적' 임무를 받고 보냄을 받은 사람이다.

남성 위주의 전통은 여성이 최초의 사도요, 예수 자신으로부터 가서 전하라는 위탁을 받은 최초의 사람이라는 점에 대해서 신중하게 배려하지 않았던 것처럼 보인다. 예수는 우물가의 여인에게 처음으로 자신이 메시야라고, 즉 "네게 말하는 내가 그로라."(요 4 : 26)고 말씀했다. 그때 복음서가 말하는 대로 다른 사람에게 가서 설득력 있게 전함으로 그들이 믿었다(요 4 : 28-30)! 그래서 우물가의 이 여인은 **하나의 사도요**, 아마 예수를 메시야라고 처음 전한 사람일 것이다.

마찬가지로 놀랍게도, 기독교 전통은 우리가 일반적으로 알고 있는 것보다 일찍부터(고전 15 : 5) 부활 설화에서 여성의 '사도적' 역할을 축소시켜 왔다. 그러나 여인들은 예수 부활의 첫 증인들이었다(막 16 : 1-8, 마 28 : 1-10, 눅 24 : 1-11). 여기 이런 부활 설화들에서 사도적 위탁과 동일한 말씀이 나온다. 마가복음 16 : 7에서 천사가 여인에게 "그의 제자들에게 **가서 말하라**"; 마태복음 28 : 8, "그 여자들이 **말하려고** 달음질할새"; 누가복음 24 : 9, "이것을 열한 사도에게 고하니"; 그리고

---

29. Wahlberg, *Jesus According to a Woman*, pp. 43-47 ; 또한 Elizabeth Schüssler Fiorenza, *In Memory of Her : A Feminist Theological Reconstruction of Christian Origins*(New York : Crossroad, 1983), p. 146.

요한복음 20 : 14~18, 막달라 마리아가 예수를 빈 무덤 밖에서 보고 그를 동산지기인 줄로 착각했을 때, 예수는 다시 말씀한다. "**가서 다른 이들에게 말하라.**" 여인들은 예수에 의해 사도로 "보냄을 받았다."

이 여인들의 충성이 없었다면……

이 여인들의 충성이 없었다면 남자 제자들 모두 도망쳐 무덤에 나타나지 않았을 것이기 때문에 부활에 관한 부활절 아침의 설명은 없었을 것이다. 여인들이 예수의 남자 제자들에게 죽음에서 부활하신 그분에 대한 경험을 이야기했을 때, 그들은 이 여인들을 믿지 않았다 — "사도들은 저희 말이 허탄한 듯이 뵈어 믿지 아니하나"(눅 24 : 11). 복음서 전통은 이런 중요한 시기에조차 여인들이 믿어지지 않았거나, 믿을 만한 증인 취급을 받지 못했다는 사실을 보여 준다.

이것이 고린도서에서 신자들에게 그리스도의 부활과 그 자신의 사도적 증거에 대해 설득하고자 했던 바울이 부활절 아침에 부활하신 그리스도가 여인들에게 나타났다는 것을 말하지 않았던 이유일 것이다. 이런 부활절의 주님의 출현이 무엇보다도 여인들에게 있었다는 것은 결코 후대의 경건한 전통에 의해 창작될 수 없었다.[30] 왜냐하면 이런 설명은 사실 대단히 반문화적이었기 때문이다. 더 더욱 이것이 베드로가 부인한 것처럼, 후에 최초 기독교공동체의 지도자가 되었던 남자 제자들을 어둡게 그리고 있다. 그래서 틀림없이 이것은 경건한 남성 위주의 전통이 적절하게 또는 유용하게 찾아낸 것이 아니기 때문에 이런 설명은 의심할 여지가 없다.

---

30. 예수 생애에서 특수한 사건의 역사적 사실성 문제는 신약학자들의 계속되는 관심사이다. 크리스마스 설화에서처럼 그 메시지를 강조하기 위해서 사건을 꾸미고자 했던 초대교회의 경향은 이미 복음서 안에 나타나 있다. 이런 경향은 교회가 4세기에 권위적이지 못하고 '경전적'이지 못하다고 결정한 부가적인 복음서들에서는 더욱 분명하다.

하나님을 언급하기 위한 예수의 여성 메타포의 사용

또한 예수가 복음서에 사용한 하나님의 이미지를 살펴보자. 기독교 전통을 접해 본 사람 모두는 '선한 목자'로 표현된 하나님(그리고 예수)에 관한 많은 것을 들었다. 목자로서 하나님의 이미지는 성화로 묘사되었고, 셀 수 없이 많은 스테인드글라스 창문에 표현되었다. 마찬가지로 우리 모두는 '탕자' 이야기와 집 나간 아들 때문에 슬퍼하는 사랑하는 아버지와 연관된 이미지를 안다.

그러나 자주 되풀이되고, 자주 그려지는 이 두 하나님의 이미지는 예수가 사용한 다른 하나님의 이미지, 즉 여인과 같은 하나님의 이미지와 함께 누가복음(눅 15장)의 같은 장에 나타난다. 이 후자의 이미지는 기도 또는 설교에서 거의 언급되지 않거나 묵상과 위로를 위해 적절한 그림으로 스테인드글라스에 표현되지 않는다. 이것은 잃어버린 동전의 여인 이야기이다.

누가복음 15장의 공통 주제는 잃어버림과 되찾음이다. 잃어버린 양, 잃어버린 동전, 잃어버린 아들. 매번 잃어버려진 것은 되찾아지고, 후렴구가 각각 메아리친다. "나와 함께 기뻐하라. 내가 잃었던 동전(양, 아들)을 찾았다. 죄인들이 회개하면 하나님의 사자들 앞에 기쁨이 되느니라."

하나님의 '남성화'의 불합리성

누가복음 15장에 예수가 청중들에게 여성적 하나님 이미지, 즉 기독교 역사를 통해 대체로 무시되어 왔던 이미지를 제시해 주었다는 것은 그렇게 간단하지가 않다. **예수가 선택한 하나님 이미지를 보면 예수 자신 역시 성-포괄적이었다.** 이것은 하나님의 남성화와 하나님에 대한 성-포괄적 언어사용에 관한 우리의 오늘의 논의를 불합리하게 만든다. 대신 우리가 복음서에 나타난 대로 성서의 예수를 바로 보지 못해 왔다는 것을 보여 준다. 사실은 오랫동안 **남성 위주의 교회가 언어와 이야기 안에 우리의 상징적 우주를 단지 남성 하나님 이미지**, 즉 복음서가 예수 자신이 결코 그리하지 않았다고 보여 주는 것에로 제한해 왔다는 것이다.

또한 암탉이라는 예수의 이미지를 기념하는 어떤 스테인드글라스 창문이 있을 가능성은 전혀 없다(눅 13:34, 마 23:37). 여기에서 예수는 그가 **여성적** 부모, 심지어 그의 날개 아래 새끼를 모으는 암컷 **동물** 어미와 같다고 말하고 있다. 이런 예수의 이미지는 이것이 남성 하나님이라는 그들이 이상화해 놓은 예수의 이미지에 적절하지 않기 때문에, 남성 위주의 기독교 전통에 의해 틀림없이 무시되었다. 당신은 하나님의 이미지 중 하나가 암탉이라고 상상할 수 있는가? 분명히 예수는 할 수 있었다.

출산의 피와 출산 : 불결한 것인가, 성스러운 것인가?

예수는 여성이 '불결하거나' 또는 생리 및 출산 후에 종교적으로 불결하게 되었거나 불결해지고 있다고 선언했던 종교적 문화 안에 살았다. 예수가 여러 해 동안 피의 문제를 가지고 있었던 여인이 단지 손을 대었기 때문에(그래서 '불결하게' 되었다.) 그 자신이 불결하게 되었을 때, 어떻게 반응했는가는 흥미롭다(막 5:24-34).

예수는 자신을 만졌고, 자신을 불결하게 했다고 그녀를 꾸짖지 않았다. 그녀로부터 멀리 떠나거나 그녀를 보내지도 않았다. 대신 그녀를 고쳐 주었고, 그녀에게 평안히 가라고 말했다. 그래서 예수 역시 결정적으로 여성의 불결에 대한 타부를 깨버렸다.[31]

예수는 여성의 출산의 자연적 과정을 불결하고, 성소를 더럽힌다고 여겼던 종교적인 문화 안에서 자랐기 때문에 여성의 육체, 생리, 그리고 출산에 대한 이런 태도를 배웠음에 틀림없다. 그러나 예수는 영적 회심과 변화를 위한 메타포를 선택할 때 **출산을** 선택했다(요 3:3-8에만). 이 얼마나 놀라운가![32]

예수가 영적으로 새 생명을 갖는 것에 대한 메타포로 출생 이미지를

---

31. Wahlberg, *Jesus According to a Woman*, pp. 31-41.
32. Wahlberg, *Jesus and the Freed Woman*, pp. 42-64.

사용했을 때, 그의 말 속에 출생과정에 대한 존경과 존중이 있다. 어떻게 이후 기독교 전통이 매우 중요한 신학적 신조 속에 '중생'이라는 말을 뺐고, 아직도 로마 가톨릭과 성공회 예전집에 여성 모독적 '정결' 예식이 1970년대까지 지속될 수 있는가? 예수의 출산과정에 대한 존중이 남성 위주의 전통 안에 받아들여질 수 없었고, 대신 영적 문제로 받아들여져서 여성의 실제 육체에 대한 신학적 모독이 이어질 수 있었다.

여성의 육체와 정신을 존중한 예수

예수와 여인에 관해서 복음서가 설명하는 이 모든 것에서 내가 결론짓는 것은 무엇인가? 나는 예수가 온전한 성인의 관계를 위한 훌륭한 모델 - 불행하게도 남성 위주의 교회가 따를 수 없고, 오히려 피하고자 했던 모델 - 이라고 결론짓는다.

복음서에 나타난 남자들 가운데 예수만이 여성에 대한 1세기의 모델을 받아들이지 않았다. 그는 남자를 대하는 것처럼 중요하게 여자를 대했다. 그는 결코 여자를 보호하거나 무시하지 않았고,[33] 당시 사회 관습이 규정하는 '그들의 자리'에 제한하지 않았다. 그는 '출산도구' 또는 부엌데기라는 고정적 여성상을 거부했다. 그는 하나님을 위해, 그리고 그 자신을 위해 여성상을 사용했고, 회심을 위한 메타포로 여성의 불결한 출산과정 - 새롭게 또는 다시 태어나는 것 - 을 채택했다.

예수는 예의를 갖추어 여성, 여성의 육체, 그리고 여성의 삶의 과정을 다루었다. 당신은 오늘날 만연되어 있는 포르노, 강간, 근친상간, 구타, 전쟁 강간, 그리고 살인과 같은 여성 상대의 폭력에 대해 예수가 어떻게 반응할 것이라고 생각하는가? 당신은 오늘의 여성 폭력에 대한 예수의 반응에 관한 설교를 들어 본 일이 있는가를 스스로에게 물어 보시오.

예수는 여성의 정신을 존중했다. 그는 그들에게 메시야와 부활에 관

---

33. 예수가 수로보니게 여인을 만난 것은 예외이다(막 7 : 25-30). 그러나 이것 또한 예수가 여성을 인정했다는 신학적 주장에 대한 한 기록이라는 것을 알 수 있다.

한 중요한 신학을 이야기했다. 그는 그의 삶과 메시지에 응답하는 여성의 영적 능력을 존중하고, 되풀이해서 여성에게 "가서 전하라."는 사도적 위탁을 하셨다.

증거 조작

여자들이 초기 기독교공동체에서 이런 역할에 적극적이었다는 것은 오랜 세기 동안 그 이름이 **유니아**라고 알려져 온 한 사람, "사도에게 유명히 여김을 받고, 나보다 먼저 그리스도 안에 있는 자"에 대해 로마서 16:7에 언급한 바울에 의해 입증되었다. 이 사람을 명명한 이야기는 여성 모독 전통이 후세에 증거를 재조작했기 때문에 주의를 기울여야 할 이야기이다.

지난 천 년간 바울이 한 남자 사도를 지칭했을 것이라고 추정되어 왔다. 최근에 브루텐(Bernadette Brooten)은 크리소스톰의 「로마서 주석」 (4세기 말에 기록된 : 그의 생애는 345?-407이다.)을 읽으면서, 크리소스톰이 여자 사도 **유니아**가 있었다고 기록했던 것을 알게 되었다. 그는 "한 사도가 있었다는 것은 놀라운 일이다. ······이 여성의 지혜가 대단했음이 틀림없다."(강조가 첨가되었다.)라고 했다.

브루텐은 사실 놀라운 것 - 초기 기독교에 적어도 한 명의 여성 사도가 있었다는 것을 그들이 알고 있었다는 초기 몇 세기의 강력한 성서 밖의 증거가 있다는 것 - 을 발견하게 되었다.[34] 이것은 지난 천여 년 동안 교회가 단지 남자만이 사도였다고 가르쳐 왔기 때문에 우리를 놀라게 한다.

바울이 로마서 16:7에서 사용한 헬라어에는 모호함이 있다. 즉, 그가 사용한 목적격에는 남성과 여성이 모두 포함되어 있다. 브루텐은 바울

---

34. Bernadette Brooten, "'Junia······Outstanding among the Apostles' (Rom. 16:7)," in *Women Priests : A Catholic Commentary on the Vatican Declaration*, ed. Leonard Swidler and Arlene Swidler(New York : Paulist, 1977), pp. 141-144.

과 편지의 독자들이 - 크리소스톰과 후기 1세기 신자들과 같이 - 유니아, 즉 "나보다 먼저 그리스도 안에 있는" 사도가 여자였다는 것을 알고 있었다는 것을 이해하게 되었다. 그녀는 1200년경부터 유니아가 여자라는 사실이 더 이상 언급되지 않았다는 것을 발견했다. 분명히 교회는 탁월한 초기 사도가 여성이었다고 생각할 수가 없었고, 비록 이 이름의 남성형의 옛것에 대한 증거가 없긴 하지만, 그래서 이름 **유니아**의 남성형을 만들어 냈다.

그래서 루터는 1500년대 초에 유명한 「로마서 주석」에서 이 사도가 남자임에 틀림없다고 생각했다. 19세기까지 로마 가톨릭과 개신교 학자들은 거의 예외 없이 유니아를 언급했다. 그리고 사도라 불렸던 신약 내의 모든 사람이 남성이라는 점이 여성 사제 안수를 더욱 반대하게 만들었다.

"어떤 이유로 주석가들에게 이런 변화가 생겨났는가?" 브루텐은 그 자신에게 물었다. "대답은 간단하다 : 여성은 사도일 수 없었다는 것이다. 여성이 사도일 수 없기 때문에, 여기에 사도로 언급된 여자도 여자일 수 없었던 것이다."[35]

이제 마침내 브루텐의 연구 이후 거의 1600년이 지나서야 성서의 NRSV 번역에서 신약의 이 부분을 바로잡게 되었다. 그러나 여성 사도가 '삭제되었고', 남성으로 둔갑했다는 사실(NRSV에 수정이 필요했던)은 고대교회의 여성의 역할에 대한 철저한 남성의 거부와 불신에 대한 하나의 작지만 충분한 증거이다.[36]

---

35. *Ibid.*, p. 142.
36. 이런 불신은 20세기에까지 이어져 왔다. 하버드 대학의 신학부 교수인 쾌스터(Helmut Köster)는 20세기 초 저명한 신학자인 리쯔만(Hans Lietzmann)도 유니아라는 이름의 사람이 여자라는 것을 믿지 못했다는 것을 내게 알려 주었다. "유니아라는 이름은 다른 곳에서는 나타나지 않는다.…… 짧은 형식은 결코 찾을 수 없다. 그러나 이 이름을 가진 사람은 사도일 것이기 때문에, 비록 이 이름이 고대에 다른 곳에 나타나지 않았다 해도 남자였다는 것을 알 수 있다."(*An die Romer*

또한 기독교 전통 안에 막달라 마리아에 대해 어떤 일이 일어났는가를 알아보자. 막달라 마리아는 초기 기독교 여성들 가운데 가장 탁월한 사람들 중의 하나이고, 복음서에서 두각을 나타내고 있는 사람이다.[37] 그러나 전통은 후에 그녀를 전에 창녀였던 사람으로 그리고 있다. 몰트만 벤델(Elisabeth Moltmann-Wendel)은 이 막달라 마리아에 대한 전통은 신약성서에 기초를 두고 있지 않으며, 후세에 조작된 것이라는 것을 지적했다.[38] 이 시기에 예수의 친구요, 지도자요, 초기 기독교 운동[39]의 탁월성에 있어서 베드로와 경쟁상대였던 이 여자는 결코 삭제될 수 없었다. 그래서 그녀의 명성을 이렇게 공격함으로써 대신 경시되고 사소하게 취급되게 되었다.

하나님 나라, 하나님의 동터 오는 새 시대의 참여자

예수의 주요 관심사는 누군가가 "하나님의 형상대로 창조되었는가"의 여부가 아닌 것처럼 보인다(이것은 교회 교부들의 주요 관심사였다). 그에게 중요한 것은 누가 하나님의 나라, 하나님의 동터 오는 시대에 참여하는가의 여부이다. 예수의 삶과 사역에 대한 복음서 이야기에서 여성은 이 새로운 시대, 새로운 나라에 온전히 참여한 사람으로 기록되어 있다.

복음서 설명은 여인들이 예수가 메시야요, 부활하신 구주라는 복음을 일찍이 받아들인 사람이라고 말한다. 여성은 하나님의 말씀을 듣고, 이를 실천하는 사람으로 묘사되고 있다. 예수를 따르는 무리들이 보는 가운데 하나님의 권능 및 하나님의 **나라**의 임재의 표시로서 여성(어린이와

[Handbuch zum NT], 4th ed. [Tübingen, 1933(1906)], p. 125. 이 부분은 쾌스터가 번역했다.)
37. 막달라 마리아의 이야기는 도마복음, 구세주의 대화, 빌립복음, 마리아복음, 그리고 Pistis Sophia를 포함해서 2세기 문헌들 안에 영지주의 전통에 의해서 성행되었다.
38. Elisabeth Moltmann-Wendel, The Women Around Jesus, trans. John Bowden(New York : Crossroad, 1982), pp. 64-65.
39. Schüssler Fiorenza, In Memory of Her, pp. 50-53을 보시오.

남자, 그리고 최종적으로 죽은 자들까지도)은 예수에 의해서 치료를 받았다. 여성은 실제로 가고, 말하고, 증거하고, 말씀을 전하고, 다른 사람을 회심시키고, 예수의 무리들과 더불어 제자로서 여행했다. 그래서 그의 부활 후에 여성들은 사도행전과 바울 서신에 초기 기독교공동체 내의 중요한 지도자로 묘사되었다.

"여자여, 네가 놓였다"(눅 13 : 12).

왈버그는 예수가 치명적으로 등이 굽은 여자를 고쳤을 때, "너는 고침을 받았다."라고 말하지 않고, 대신 "여자여, 네가 놓였다."라고 말했다는 점을 주지시킨다.[40] 그는 예수가 '명칭, 한계, 그리고 낮은 기대감'으로부터 여자를 해방시켰다고 말한다.[41]

그러므로 우리가 예수를 신중히 생각한다면, 여자와 남자 사이의 새로운 관계를 떠올릴 수 있을 것이다. 하나님의 창조의지가 우리를 그렇게 되도록 의도했던 것처럼, 여자와 남자가 철저하게 동등하고 똑같이 능동적이기 때문에 그 관계는 균형잡힐 수 있고, 양성에 동등하게 권한을 갖게 해줄 수 있다(창 1 : 27). 온전히 놓임받은 여자들은 다른 사람의 삶 속에 단지 객체가 아니라, 그들 자신의 삶 속에 온전히 인간적이고 능동적이고, 그리고 생각하고 느끼고 행동하는 '주체'이다. 이런 여자는 남자들에게 남성의 정체성과 남성의 사회적 권한에 심각한 위협으로 받아들여질 수 있다. 2세기 말의 터툴리안, 3세기의 키프리안, 그리고 4세기 말의 어거스틴 모두가 우리 기독교 전통을 형성하는 데 중요한, 그리고 여자를 위협으로 받아들이고 비난했던 기독교 감독들이었다.[42]

그러나 해방된 여자들은 권한을 나눠 줄 수 있고, 동등하고 능동적인 여성 동반자들과 친구관계를 만들어 갈 수 있는 남자들에 의해 환영받을 수 있다. 빌 클린턴은 공적인 활동에서 줄곧 힐러리 클린턴을 정치여

---

40. Wahlberg, *Jesus and the Freed Woman*, pp. 15-29.
41. *Ibid.*, p. 1.
42. Miles, "Patriarchy as Political Theology"를 보시오.

정의 능력 있는 동반자로 환대했고, 그녀 역시 자신만의 능동적이고 동등한 공적 전문적 삶을 가지고 있었다. 나는 일전에 만일 여자가 그들의 권한을 요구한다면, 남자들은 이 요구 속에 남자들을 위한 어떤 것이 있는가라고 묻는다고 들었다. 그의 답변은 간단하다. 즉, "보다 나은 파트너와 함께 보다 나은 경기를 할 수 있다."는 것이다. 틀림없다!

예수의 십자가에 달리심

예수를 '구원 기계'로 만듦

페미니스트로서 나는 4복음서의 예수의 모습에서 여성에 대한 문제를 발견할 수 없다. 내가 문제시하는 것은 예수의 죽음 후 예수의 삶, 역할, 그리고 메시지에 대해 교회가 저질렀던 일들이다.

예수는 당시 여성, 문둥병 환자(눅 7:22), 병자(요 9:2)에게 가해졌던 금지조항들을 깨부숨으로써, 안식일에 일함으로써(막 2:27-28), 안식일에 병자를 고침으로써(막 3:1-5), 기타 등등 사회적 종교적으로 급진적인 모습을 보였다. 그의 설교는 사회정의에 초점을 맞추고 있었다(예를 들어 눅 4:18-27, 마 6-7, 26:35-40).

그러나 예수의 죽음 직후 몇십 년 동안 사도 바울은 예수에 대한 최고의 해석자요, 우리가 기독교라 알게 된 것을 널리 전파한 위대한 선교사가 되었다. 바울과 대부분 그후의 신학자들은 예수의 삶과 메시지에 일차적으로 초점을 맞추지 않고 대신 예수의 죽음, 그리고 이 **죽음에 대한 그들의 해석에** 초점을 맞추었다.

그들은 십자가 신학으로 예수를 '구원 기계'가 되게 만들었다. 그들은 개인 구원의 방법으로 예수의 죽음에 집착하게 되었다. 거기에는 이 메시지가 구성하고 있는 사회정의가 거의 없거나 전혀 없다.

개인 구원의 '십자가 보혈' 메시지

이 모든 것이 내가 어린 시절 남침례교 교회에서 경험했던 개인 구원의 '십자가 보혈' 메시지의 시작이었다. 그 시절 인종적으로 차별되었던 남부에서, 나는 자신들이 '중생' 했던 날과 시간을 말할 수 있었던 사람들을 알고 있었다. 그러나 이 사람들은 인종차별주의자들의 엄청난 불의를 까맣게 잊고 있었다. 이들은 인종차별의 법적 근거를 마련했던 "짐 크로스 법안"(Jim Cross laws)을 지지했다. 이들은 린치와 간음의 폭력에 관해 눈멀어 있었다.

이 백인 기독교인들은 그리스도의 '수난'의 고통을 구원을 위한 것으로 찬양했다. 그러나 이들은 이 고통과 흑인들의 고통과의 어떤 연관성도 보지 못했다.

그러나 사회정의에 대한 결핍이 내가 성장하면서 들었던 십자가 중심의 설교의 유일한 문제는 아니다. 다른 중요한 문제는 기초를 이루고 있는 신학이 분명히 십자가 자체에 일방적으로 초점을 맞추고 있는 점이다. 경직된 일반적인 개신교 형태 또는 십자가에 대한 동방정교회와 가톨릭의 경건한 형태 안에서 십자가는 수세기 동안 기독교 신앙과 헌신의 주된 표상이었다. "우리의 죄를 위해 죽으신" 그리스도 예수는 구원사의 결정적 동인으로 여겨졌다. 누군가가 말했던 것처럼, 이런 신학은 삶-긍정적(affirming)이기보다 죽음 예찬적이요, 죽음-긍정적이다.

여성을 위한 '이중 마법'(Double whammy)

「기독교, 가부장제, 그리고 학대」라는 책을 쓴 여성신학자들은 특별히 십자가 신학을 여성에게 주어진 사회적 메시지와 연결시키면서, 고통과 자기 희생의 이런 영화(glorification)에 초점을 맞추고 있다. 조안 브라운(Joanne Carlson Brown)과 레베카 파커(Rebecca Parker)는 이를 다음과 같이 요약했다. 즉, "세상의 구원자로서 십자가상의 그리스도의 중심 이미지는 고통이 구원받게 된다는 메시지를 전해 주고", 그래서 이것은 "다른 사람을 위한 우리의 고통이 세상을 구원하게 될 것"이라는 의미를 내포하고 있다.[43] 그리고 "구원을 이루는 것으로서 이런 고통에 대한 영화는 십자가에 달리신 예수의 이미지 안에서 매일 우리 앞에 지속되고 있다."[44]

예수의 고통에 대한 이런 존중은 간디, 루터 킹, 그리고 엘살바도르의 대주교 로메로와 같은 소수 남자들에게 영웅적 순교를 마음먹게 할 수 있다. 그러나 대부분의 남자들에게는 이런 고통에 대한 영화가 일반 사람들은 이것 대신에 그들 자신의 이익, 권한, 경력, 돈, 그리고 성생활을 위해 살아야 한다는 문화적 메시지에 의해 더욱 오염되어진다.

그러나 문화는 남자들에게 주는 것과는 다른 메시지를 여자들에게 준다. 여자들은 "당신 자신을 주라, 당신 자신이 복종하라, 이브는 아담의 반려자로 창조되었다, 그리고 당신은 당신의 남편과 아이들을 돌보는 삶을 살아야 한다."는 말을 듣는다. 이것은 문화의 자기 희생 요구, 즉 단지 여성만을 대상으로 한 메시지이다.

그래서 기독교가 자기 부정과 자기 희생의 삶을 살라고 가르치는 이런 메시지의 정상에는 십자가의 길을 따르라는 것이 있다. 그리고 이렇게 하는 것이 우리 구원의 중심에 있는 경험을 발견하는 것이다.

여성에 대한 '이중 마법'은 압도적이다. 고통을 거룩시하는 것은 여성으로 하여금 여성신학자 헤이워드(Carter Heyward)가 "신학적 매저키즘"이라 부르는 것을 실천하도록 요청하는 것이다.[45] 또는 레드몬드(Sheila Redmond)가 말한 것처럼 "구원의 필요에 초점을 맞추는 것은 무가치의 의미와 궁극적으로 죄의 의미를 만들어 낸다."[46]

이렇게 신학적으로 설득된 '악한 감정'은 그들의 이차 계급상태와 '악한' 신체에 관한 문화적으로 설득된 악한 감정 위에 덮어씌워졌다.

---

43. Joanne Carlson Brown and Rebecca Parker, "For God So Loved the World?" in *Christianity, Patriarchy and Abuse*, p. 2.
44. *Ibid.*, p. 8.
45. Carter Heyward, *The Redemption of God*(Washington, D.C. : University Press of America, 1982), p. 58.
46. Sheila A. Redmond, "Christian 'Virtues' and Recovery from Child Sexual Abuse," in *Christianity, Patriarchy and Abuse*, p. 77.

그래서 페미니스트들이 낮은 자기 존중감을 이 문화 안의 대부분의 여성들에게 있는 주요한 심리학적 문제와 동일시하는 것은 놀랄 만한 일이 아니다!

새로운 빛으로 '고통스러운 옛 십자가'를 봄

여성의 목소리가 들려지기 시작하고, "치료를 시작하기 위해 고통을 명명하기" 시작하면서, 여성과 또한 몇몇 남성들은 아동 근친상간, 즉 육체적이고 성적인 학대의 극심한 고통에 관해서 말하기 시작했다.

이런 컨텍스트하에서 여성은 과거의 엄격한 십자가에 대한 이런 새롭고 힘겨운 관찰을 받아들이고 있고, 우리가 이제 살펴볼 것은 구원을 위해 필요한 것이라고 선포된 '거룩한 아동 학대'이다. 우리가 관심을 갖는 것은 아들의 희생제사로부터 하나님에 의해 제지된 아브라함의 손이 아니고, 대신 자신의 목적을 위해 의도적으로 아들을 죽이라고 말씀하신 하나님이다. 브라운과 파커가 언급한 것처럼, "구원은 단지 십자가를 통해서만 이루어질 수 있다고 주장하는 것은 하나님을 거룩한 변태성욕자요, 거룩한 아동 학대자로 만드는 것이다."[47]

만일 하나님이 아동을 학대한다면, 왜 부모들 또한 이것을 행하지 않겠는가? 그레븐(Philip Greven)은 루쩌스 대학(Rutgers University)의 뛰어난 역사학자이다. 그의 글에서 그는 미국 개신교의 식민신학과 극심한 육체적 아동 학대에 대한 칼빈주의의 유산 사이의 놀랍고도 무서운 연관성을 연구했다.[48] 브라운과 파커는 말한다. "부모가 아들의 전적인 복종 – 심지어 죽음에 이르는 복종까지 – 을 요구하는 의로우신 한 하나

---

47. Brown and Parker, "For God So Loved the World?" p. 23.
48. Philip Greven, *The Protestant Temperament : Patterns of Child-Rearing, Religious Experience, and the Self in Early America*(New York : Knopf, 1977) ; and *Spare the Child : The Religious Roots of Punishment and the Psychological Impact of Physical Abuse*(New York : Knopf, 1990).

님의 이미지를 갖는다면,⁴⁹⁾ 무엇으로 부모들이 성화된 아동 학대를 저지르는 것을 막을 것인가?"

브라운과 파커는 말한다. "자신의 아들의 고통과 죽음을 요구하고 또한 일어나게 하는 아버지 하나님의 이미지는 학대의 문화를 지탱시키고, 학대와 억압의 희생자들로 하여금 스스로 포기하도록 해왔다. 이 이미지가 깨지기까지 정의사회를 만드는 것은 거의 불가능할 것이다."⁵⁰⁾

이것은 라우센부쉬(Walter Rauschenbush)와 사회복음 운동, 또는 마틴 루터 킹과 민권운동, 또는 라인홀드 니이버(Reinhold Niebuhr)와 기독교 윤리적 현실주의, 또는 세계교회협의회의 성명서 또는 교회들의 칙령에서는 결코 볼 수 없었던 정의사회를 향한 한 방향을 제안한다. 이들 모두는 불의와 싸우려던 그들의 노력에 실패했다. 왜냐하면 이들은 십자가 안에 있는 폭력의 영화에 대한 그들 자신의 신앙적 헌신을 이해하지 못했기 때문이다.

폭력과 고통에 미혹되게 함

스위스의 정신분석학자 엘리스 밀러(Alice Miller)는 「당신의 선 : 아동 양육의 감춰진 잔인성과 폭력의 뿌리에 대하여」라는 책에서 한 세대의 부모, 특히 자녀에 대한 아버지의 폭력이 다음 세대의 아들로 하여금 그 자신의 자녀들에게 유사한 폭력을 가하도록 만드는 심리학적 과정을 연구했다.⁵¹⁾ 세 가지 폭넓은 사례연구에서 그녀는 어떻게 아동기의 야수성의 경험이 무시무시한 폭력적이고 야수적인 성인을 만들어 내는가에 대해서 연구했다.

한 사례에서 밀러는 히틀러의 어린 시절에 대해 알려진 모든 것을 조

---

49. Brown and Parker, "For God So Loved the World?" p. 9.
50. Ibid.
51. Alice Miller, *For Your Own Good : Hidden Cruelty in Child-Rearing and the Roots of Violence*(New York : Farrar, Straus, Giroux, 1983), pp. 3-106.

사했다. 그녀는 히틀러의 아버지가 야수적으로 그를 다룬 것에서 유대인들에 대한 그의 폭력의 심리학적 근원을 발견했다.

그래서 밀러는 물었다. 어떻게 이런 '상처받은' 한 남자 히틀러가 연설로 그렇게 빠르고 깊게 모든 사람들의 정서와 심령 속에 파고들 수 있으며, 나치의 주장에 대한 전적인 헌신을 얻어 낼 수 있었는가?

밀러는 이렇게 거대하고 빠른 변화가 단지 히틀러 자신이 아동 학대를 당한 범국민적 성인 생존자들 중의 일부였고, 이런 생존자들에게 연설했기 때문에 가능했다고 말했다. 대부분 그의 독일 청중들은 그 자신과 유사한 아동의 육체적 학대를 경험했었다는 것이다.[52]

"우리의 죄가 그에게 전가되었다."는 속죄론이 그렇게 많은 세대와 많은 세기 동안, 그렇게 많은 기독교인들을 감화시켰다는 사실은[53] 중요한 문제를 제기한다. 즉, 이것이 기독교 가정에서의 거칠고 가학적인 육체적 훈련의 결과인가? 그레븐은 많은 기독교 집단 안에서 여러 세기를 이어온 아동에 대한 이런 학대 옛 전통을 다룬 역사적 기록을 수집했다.[54] 만일 우리 자신의 아동들이 덜 폭력적이라면, 우리는 기독교 속죄론의 고유한 아버지-아들 폭력이 이상하다고 또는 거부감이 느껴진다고 생

---

52. Ibid., pp. 142-197.
53. 헨델의 메시야는 우리에게 이리로 들어가는 창문을 만들어 주었다. 제 2부-"확실히 그는 우리의 슬픔을 담당하셨다", "그리고 그가 맞은 채찍으로 우리가 나음을 입었다"-"우리는 다 양 같아서 제 갈길로 갔거늘 ; 우리는 모든 것을 그의 길에 돌렸다. 그리고 주님은 그분께 우리 모두의 죄악을 담당시키셨다"-그리고 할렐루야 합창의 기쁨의 찬가가 나오고, 이어서 "전능하신 우리 주 하나님이 영원히 통치하시리라"가 이어지고, 하나님의 공의로운 진노와 가혹한 능력에 대한 찬미가 있다 : "당신은 철막대기로 이들을 꺾으실 것이며 ; 당신은 질그릇처럼 이들을 부수실 것이다"-그리고 갑자기 하나님의 권능에 대한 할렐루야 찬양이 울려 퍼진다.

새로운 안목으로 우리는 여기서 권위적인 아버지에 대한 전적인 복종, 가혹한 아버지의 폭력, 그리고 예수에게 담당된 '죄'가 될 학대받은 어린이의 죄/수치가 요구되고 있다는 것을 볼 수 있다.

54. Greven, *The Protestant Temperament*.

각하지 않겠는가?

내가 남침례교의 종교적 컨텍스트 안에서 십대를 지낼 때, 결코 '십자가 보혈' 신학이 왜 세계 창조 안에 나타난 하나님의 사랑의 진리에서처럼 나의 영적 삶과 도저히 공명하지 못하는가를 이해할 수 없었다. 나는 하나님과의 만남의 어렴풋한 순간에 나를 '부르시고', 나를 세우시고, 나를 '찾아오시는' 내 경험 속의 사랑의 하나님의 존재를 알았다. 오늘 나는 '보혈의 피'에 대한 나의 공감 부족이 나의 반폭력적인 아동 양육의 경험에서 온 것이 아닐까 생각한다. 이것에 대해 나는 부모님께 매우 감사한다.

그러나 폭력적 아동 양육을 경험한 사람들은 다른 부가적 결과를 더 하게 된다. 아동기 학대는 남성, 여성 모두를 보다 극단적인 성에 대한 상투적 행동 속으로 밀어넣는다. 소녀는 보다 유순하고 순종적이 되고, 쉽게 희생에 지원하게 된다. 소년은 보다 공격적이고 야수적이고 폭력적인 남자가 된다.[55]

폭력 범죄로 투옥된 많은 사람들(강간자, 살인자, 연쇄 살인범을 포함해서)은 그들 스스로 어린이 시절 육체적으로 또는 성적으로 학대를 받았다. 어린이 시절 학대받거나 무시당하는 것은 폭력죄로 체포될 위험성을 매우 증가시킨다.[56] 아마도 폭력 범죄를 멈추게 하는 것에 관해 우리가 할 수 있는 가장 효과적인 일이 아버지, 할아버지, 삼촌, 형, 이웃 남자, 이웃 형들로 하여금 육체적으로, 성적으로 남자 아이들을 학대하는 것을 중지하도록 하는 것이라는 점은 '법과 질서' 옹호자들에게 뉴스가 될 것이다!

동시에 종교적 명상을 위한 우리의 가장 신성한 표상이 하늘 아버지

---

55. Elaine Hilberman Carmen, Patricia Perri Rieker, and Trudy Mills, "Victims of Violence and Psychiatric Illness" *American Journal of Psychiatry* 141(1984), pp. 378–383.
56. Cathy Spatz Widom, "The Cycle of Violence," *Science* 244(1989), pp. 160–166.

에 의해 명령된 십자가에 달린 예수라면, 어떻게 우리가 자녀 학대를 멈출 수 있는가? 즉, 학교에서 문제아동의 이야기를 아는가? 그가 한 학교에서 다른 학교에로 전학 보내졌다. 그리고 끝내 교구학교에서 '착하게' 됐다. 자비롭지만 이상한 부모는(가톨릭 교도는 아닌) 그에게 새로운 학교에 관해 무엇이 다른가를 물었고, 그는 말했다. "벽에 못박힌 사람을 보신 일이 있어요? 만일 하나님이 자신의 아들에게 이렇게 했다면, 그분이 내게 무엇을 할 수 있는지를 생각해 보았어요!"

2부

전체 전통의 변화

여성을 눈에 띄게 만듦

당신은 어떻게 나르시스 연못과 같은 남성상을 반영하는 전통과 맞서고, 또한 **여성상**을 반영하는 전통으로 이를 개조할 것인가?

이 문제에 답을 찾는 일은 "어떻게 두 마리 호저가 사랑을 나눌 수 있는가?"라는 수수께끼를 생각나게 한다. 그 답은 "어렵다."이다. 왜냐하면 기독교 전통의 남성 중심성의 문제는 남성 중심 언어, 편견의 역사, 독신 신학, 그 이상이기 때문이다. 슈그(Shug)는 「칼라 퍼플」에서 "당신이 어떤 것을 터무니없다고 보기 전에, 남자에게서 당신의 시선을 떼어내야 한다."고 말했다.[57]

어떤 여성들은 우리 무의식에 이런 남성상이 자리잡고 있는 것을 끊는 유일한 방법이 우리의 신학과 특히 우리의 예배 안에 하나님의 여성상을 구체화하는 것이라고 생각한다. 이들은 여성의 모습(여성 하나님, 가이아, 위대한 어머니, 소피아, 지혜 등)으로 거룩한 존재자(I AM)를 그리는

---

57. Alice Walker, *The Color Purple*(New York : Washington Square Press, Simon & Schuster), p. 179.

것이 열등하고 악하다는 여성의 모독을 궁극적으로 교정할 수 있는 수단이기 때문이라는 것이다. 하나님의 모습 속에서 여성적인 것을 보는 것은 가부장제의 수천 년 유산인 하나님에 대한 무의식적인 남성상을 깨뜨리는 것이다. 이들은 우리가 하나님 속의 여성적인 모습을 존중하는 것을 배울 때, 우리가 여성 안의 신성한 모습을 존중하게 된다고 말한다.

이것은 나를 매료시키지는 못한다. 나는 이것이 단지 그 자신의 성 이미지 안에 사회적으로 하나님을 이해하는 가부장적 오류를 청산할 뿐이라고 생각한다.[58] 나는 결코 1조 930억 은하계를 만들어 낸 창조적 에너지의 신비가 남성 형태를 가지고 있다고 생각할 수 없고, 궁극적으로 많은 여성들에게 매우 의미 있어 보이는 '여성 하나님의 길'에 참여하기 위해서, 이미지 또는 메타포에 여성 형태로 창조적 신비를 덧씌우는 것이 철학적으로 또는 신학적으로 도움이 된다고 생각하지 않는다.

성전을 청결케 함

우리는 거룩한 것에 여성상을 첨가할 수도, 하지 않을 수도 있다. 만일 우리가 교회에서 돌보고 있는 아동의 정신적인 건강을 염려한다면, **예배와 교회생활에서, 하나님에 관한 언급에서 남성적 언어/이미지/메타포를 철저하게 벗겨 내야 한다.**

우리는 또한 남성 **사고 중심의 성서본문을 해체시켜야 하고**, 저자의 남성적 목소리와 그들의 남성적 관점을 밝혀 내야 한다. 그리고 우리는 **"이것은 하나님의 말씀이다."라는 신앙을 빙자한 말 속에 거룩한 칠로 성서를 덧칠하는 것을 중지해야만 한다.** 대신 우리는 가부장적 본문들이 저지르고 있는 남성 우상화의 죄를 회개하는 기도로 이 본문들을 받아들여야(또는 따라가야) 한다.

---

58. Elizabeth Dodson Gray, *Patriarchy as a Conceptual Trap*(Wellesley, Mass. : Roundtable Press, 1982)을 보시오.

우리는 여자 아이들에게 긍정적인 권한을 주기 위해서 이렇게 해야 한다. 그러나 만일 우리가 남자 아이들이 살아가면서 여자들(어머니, 누이, 부인, 동료, 자녀)과 천여 년 동안 남성의 삶의 태도를 혼란시키고 잘못되게 만든 여성 혐오적 왜곡된 필터 없이 관계를 맺을 수 있게 되기를 원한다면, 우리의 남자 아이들을 위해서도 이렇게 해야만 한다.

여성이 눈에 띄고 존중되는 교회

1970년대에 우리 가족은 폴 샌트마이어(Paul Santmire)가 목회하고 있는 웰레스리(Wellesley) 여자대학 채플의 주일예배에 참석했었다. 나는 그가 얼마나 철저하게 전통적인 예배를 개작해 왔는가를 점차 알게 되었다.

우리는 어떤 찬송가에 거부감이 느껴지는 남성적 언어 또는 메타포가 없을 경우에 이것을 성곡집에서 찾아 불렀다. 우리는 낱장으로 인쇄된 찬송을 부르기도 했는데, 그것은 폴이 가사를 철저하게 개작했기 때문이었다.

그리고 그가 설교에 사용한 예화 또는 일화가 모두 여성에 관한 것이지, 결코 남성에 관한 것이 아니었다는 것을 알게 되었다. 폴은 설교에서 표현되었거나 그렇지 않았거나 이 웰레스리 대학 학생들이 성 포괄적 언어를 사용하려는 욕구와 그들이 하나의 성으로 눈에 띄게 되려는 욕구에 민감한 반응을 보였다. 마침내 나는 이 대학 채플의 스테인드글라스 창문은 모두가 여성에 관한 것이라는 것을 발견했다.

우리는 너무도 오랫동안 여성이 우리의 전통 안에서 눈에 띄지 않는 존재라는 것에 신경 쓰지 않는다고 생각해 왔다. 우리는 여성이 우리 문화에서 신앙, 교회, 문화, 스테인드글라스 창문, 그리고 우리의 종교 및 국가 전통의 남성적 언어와 문학 내의 주된 인물이었던 남성들 안에서만 '자신을 찾는' 부가적인 심리학적 작업을 수행하기를 기대해 왔다.

여성이 주역이지 구경꾼이 아닌 곳

나는 저명한 신화학자 조셉 캠프벨(Joseph Campbell)이 말한 이야기를 기억한다. 그는 사라 로렌스(Sarah Lawrence) 대학에서 가르치고 있었는데, 아더 왕의 신화에 관한 강의 후에 한 여학생이 그에게 모든 아더 왕의 현자들 중에 여자는 누구였는가를 물었다. 캠프벨은 놀라면서 물론 여자는 영웅의 어머니, 영웅의 아내, 영웅의 누이, 영웅의 딸이라고 대답했다. 여학생은 말했다. "아닙니다. 당신은 이해하지 못하는군요! **나는 영웅을 원합니다.**"

당신은 이것을 알고 있다. 여자가 영웅의 생애의 구경꾼과 후원자라고 말하는 것은 결코 충분하지 않다. 여자는 그 자신이 영웅이기를 원한다. 이제 남자들이 다른 성의 영웅적 인물, 즉 영웅적 여성 안에서 그들 자신을 찾으려는 심리학적 작업을 해야 할 차례이다.

우리가 이제 원하는 것은 막달라 마리아에 대해 아첨하는 설교와 예배가 아니다. 베드로처럼 그녀는 걸출한 초기 기독교 지도자요, 예수의 가장 절친한 친구들 중의 하나이다. 그래서 그녀는 남자든 여자든 우리 모두가 열심히 닮아 보려고 애써야 하는 그런 인물이다.

첫 번째 사도, 즉 우물가의 여인을 기억하자. 우리가 남성이든 여성이든 그녀처럼 효과적인 전도자일 수 있는가?

나는 남자 모두가 도망을 쳤고, 다만 여자들만 부활의 아침에 부활을 증언하고 증거했다는 사실이 흐지부지되었다는 것을 말해 주는 그런 부활절 아침을 원한다. 나는 다만 이런 여자들로 에워싸여진 부활하신 그리스도를 보여 주는 스테인드글라스 창문을 원한다.

그리고 거기에서 최후의 만찬에 자리했고, 부엌에서 요리하고 있던 여자들을 바로 보자. 어떤 이들은 "만일 음식이 있었다면, 당신은 남자들만 있지 않았었다고 믿는 것이 보다 좋을 것이다."라고 빈정거렸다.

나는 또한 남성으로 제한된 제자들의 무리와 중앙에 있는 예수를 그린 기독교 미술작품을 보는 데 지쳤다. 이것은 복음서 기록 또는 사도행전의 내용과 맞지 않는다.

거대한 '잠재된 커리큘럼'으로서의 교회생활

우리는 언어를 열 뿐 아니라 스테인드글라스 창문, 설교, 구연 동화, 성례전도 열어야 하는 거대한 과제를 가지고 있다. 우리는 교회생활 내의 **모든 것**이 아동들은 물론 성인들을 위한 학습 경험이 되기 때문에 이것들을 열 필요가 있다. 교회생활 그 자체는 일어난 모든 것이 누구엔가 어떤 것을 가르치는 **거대한 잠재된 커리큘럼**이다.

그래서 우리는 사라와 하갈의 이름을 거명하지 않은 채로 아브라함을 말해서는 안 되고, 리브가 없이 이삭을 말해서는 안 된다. 우리가 앗시스의 프란시스를 언급할 때, 자신의 창조 영성의 형태에 관한 매우 긴 문헌, 즉 오랜 세기 동안 기독교인들에 의해 무시되었던 문헌을 남겼던 빙엔의 힐데가르트(Hildegard of Bingen)에 관해서 언급할 필요가 있다.

내가 원하는 것은 적어도 모든 예배와 모든 커리큘럼이 여자 - 성서와 신약의 여자, 교회사 속의 여자, 그리고 현대의 여자와 여자 문제 - 를 남자만큼 다루어 달라는 것이다. 여성은 인간 종의 절반이다. 중국 사람이 말하는 것처럼, "여자는 하늘의 절반을 쥐고 있다." 그리고 우리는 결코 교회 예배 또는 설교, 또는 교회전승 - 또는 커리큘럼 안에서 무시되거나 주변으로 밀려나서는 안 될 것이다.

여성의 예찬

내가 남침례교회에서 성장하고 있을 때, 매년 가을과 봄에 우리 교회는 해외선교를 돕기 위해 한 모임을 가졌다. 어린아이였던 나는 어머니와 함께 아침 일찍 교회 지하실에 있는 큰 부엌으로 갔다. 교회 여신도들이 음식을 만들고 있는 동안 교회 관리인이 긴 탁자를 정돈했고, 우리 어린이들은 종이 탁자보를 말았고, 탁자에 은제품과 유리제품, 소금, 후추, 설탕, 종이 휴지를 놓았다.

많은 사람들이 참여해서 성황을 이루었고, 저녁시간에는 만찬을 들기 위해서, 그리고 두 선교사, 즉 가을에 로티 문(Lottie Moon)과 봄에 앤 저드슨(Ann Judson)을 후원하기 위해서 교회에 300~400명의 남자들,

여자들, 어린이들이 모였다. 우리는 **여성**들을 영웅적인 신앙 인물로 축하했다. 후식을 들고 난 후, 나는 남자들과 여자들이(우리가 존경하는 목사님을 포함해서) 기독교 사역에로의 하나님의 부르심을 듣고 이에 순종하는 여자, 즉 문 또는 저드슨에 대해 축사와 칭찬하는 것을 들었다.

나는 지금 이것을 회상해 보면서, 내 삶 속에 이런 여성의 예찬이 얼마나 중요했는가를 깨닫게 되었다. 어린 소녀로서 나는 만일 내가 하나님의 부르심에 응답하기 위해 내 삶을 선택한다면, 내 고향 교회가 여러해 전에 문과 저드슨을 자랑스럽게 여겼던 것처럼, 나를 기뻐하고 축하해 줄 것이라고 생각했다.

남성 예찬의 전통의 변화

남성들이 그들 주위에 종교적인 체계를 만들 때, 우선적으로 그들이 한 일을 기리는 것을 선택했다는 사실은 여전히 슬픈 일이다. 여성의 출산 경험을 결코 성스러운 것으로 존중할 수 없다는 사실을 어떻게 다르게 설명할 수 있는가? 여성의 생리와 출산이라는 자연적 육체기능이 "부정하다", 그리고 종교적 성전을 "모독한다"고 선언되었다.

예수는 여성의 출산을 존중했고, 우리가 새 생명이라고 부르는 것을 '중생'이라고 말했다.[59] 그러나 남성 위주의 전통은 예수의 말씀을 제멋대로 이해했고, 유아세례를 거듭날 때 하나님의 가족이 되는 진정한 출생이라고 부르면서 이것을 남성의 **모의 출산**(imitation-births)을 만드는 데 사용했다. 이것은 자기 어머니로부터의 출생은 아니지만 실제로 중요한 출생이라는 것을 뜻한다. 그러나 당신 스스로에게 묻는다. "하나님께서 실제로 당신에게 생명의 선물을 어떤 출생을 통해서 주셨는가?"

댈리(Mary Daly)는 거울에 그린 풍자 소묘[60]를 통해서 남자들에 의해

---

59. 예수의 니고데모와의 대화를 보시오. 요 3:1-10, 또한 요 1:12-13.
60. Mary Daly, *Beyond God the Father*(Boston : Beacon Press, 1973), pp. 195-198.

서 거행된 거룩한 예식이 얼마나 많은 여성의 거룩한 삶의 경험을 **모방하고 받아들였는가를** 많은 여성들에게 알게 해주었다. 여성이 집에서 음식을 장만해 주는 일이 남성이 교회에서 성만찬을 베푸는 것이 되는 등등.

고대의 불구자로 만드는 여성 혐오의 극복

나는 지금이 남성 종교가 모방하고 채택했던 이런 여성의 경험에로 되돌아가서 다시 신성화하고, 새롭고 신선한 시각에서 이를 수행해야 할 시기라고 말하고 싶다. 제대로 이렇게 하지 않는다면 하나님의 여성 창조를 모독하게 될 것이다. 우리는 우리의 원조(founder)인 예수의 정신으로 무장해야 한다. 그리고 우리는 더 이상 여성 모독 전통을 주도해 온 고대의 불구자로 만드는 여성 혐오에 우리의 정신을 빼앗겨서는 안 된다.

나는 여성 출산의 거룩함을 예찬하는 의식을 원한다. 나는 교회에서 예수를 출산한 마리아만이 아니라 아이를 출산한 모든 여성을 예찬하기를 바란다. 나는 하나님께서 여성으로 우리에게 주신 모든 것, 그리고 어떤 인간 세대도 이 땅에 이것 없이는 존속될 수 없던 모든 것, 즉 여성의 육체 – 단지 여성의 자궁만이 아니라 여성의 유방, 질, 음문, 음핵까지 – 의 거룩성을 예찬하는 강림절과 성탄절의 전통적인 의식이 확대되기를 바란다.

우리는 하나님이 주신 여성의 육체를 예찬하기 위해서 신을 여성이라고 생각해서는 안 된다. 나는 이런 예찬이 화환으로 장식된 성탄절 찬양에서 이미 시작되었다고 믿는다. 그러나 내가 앞에서 이미 언급했던 것처럼, 이것은 알파와 오메가의 찬양이 아니고(그 얼굴을 보라.), 출생을 가능케 만드는(예수의 출생을 포함해서) 여성의 질 부위에 대한 축하이다.

나는 아담의 몸에서 이브가 나왔다는 이야기의 불합리성(그래서 남성이 늘 여성의 육체로부터 태어나는 자연 출생을 뒤바꾼다.)을 지적하는 커리큘럼을 바란다. 나는 여성의 해산의 고통이 이브의 죄에 대한 '저주'의 결과로 보는 창세기 2장의 여성 혐오를 밝히 드러내 보여 주는 커리큘럼을 원한다.

나는 아기가 아버지의 유전자 반과 어머니의 유전자 반을 가지고 있지만 DNA 구조 틀 또는 청사진이 형성될 때, 자라고 있는 태아의 모든 분자와 원자가 산모의 실제 몸과 피로부터 형성된다는 점을 가르쳐 주는 커리큘럼을 원한다. 이것이 우리 각자의 실제 생명이 잉태되고 태어나는 과정이다.

나는 현대 생물학이 모든 태아의 생명이 초기에는 중성이라는 사실 - 이것이 남성 또는 여성이 되어갈 수 있다 - 을 우리에게 '알려 주고 있다'는 점을 가르쳐 주는 교회 커리큘럼을 원한다. 만일 특정 시점에서 개시과정(triggering process)이 시작되면 태아의 남성 성기발달이 진행된다. 이런 개시과정이 없다면 태아는 여성이 되어 간다. 아리스토텔레스, 아퀴나스, 그리고 기독교 전통은 수세기 동안 남성(아담)이 먼저이고, 여성은 '기형적 남성'이라고 생각함으로써 이를 뒤집어 놓았고, 또 잘못 보았다. 이런 잘못된 생각은 반복해서 여성을 사제가 되지 못하게 하는 데 이용되었고, 남성을 완전하다고 말하면서 여성이 불완전하다고 경시하도록 만들었다. 현대 생물학은 이런 오류투성이인 신학적 사고를 뒤집어 놓았고, 교회가 이제 이렇게 여성의 명예를 훼손해 온 세월들을 조용히 잊을 수 있기를 바랄 것이다. 그러나 이렇게 기나긴 기독교의 여성 혐오의 역사는 이제 간단히 무시될 수는 없을 것이다. 이것은 수정되어야만 한다.

나는 또한 여성의 가슴에서 이루어지는 거룩한 양육을 존중하는 커리큘럼을 원한다. 모유는 붉은 혈액 세포가 제거된 여성의 피이고, 이것은 유아의 생명을 지탱시켜 주고, 또한 어머니의 귀중한 항체를 전달해 준다. 우리 신실한 그리스도인들은 해산한 여인이 아기에게 메타포로 말하는 것이 아니라, 진실로 성만찬 예식의 말씀인 "이것은 너에게 주는 나의 몸이다 ; 이것은 너에게 주는 나의 피, 생명의 피이다."라고 말할 수 있다는 것을 알게 될 때 놀라서 주저하게 될 것이다.

우리 자신과 우리 자녀들을 위한 생명-긍정적(Life-Affirming) 전통

예수는 "내가 온 것은 생명을 얻게 하고 더 풍성히 얻게 하려는 것이다."라고 말했다(요 10:10). 우리가 생명-긍정적 전통을 만들려면, 죽음과 고통을 거룩시하는 전통을 가장자리에 두고, 생명의 긍정을 중심에 두어야 한다.

우리가 알고 있는 것처럼, 복음서에서 말하는 풍성한 생명이란 예수에게서는 사회정의요, 모든 사람이 초대된 만찬 식사이다(눅 14:15-24, 마 22:1-14). 예수의 메시지와 삶은 모세 때 시작되었고("나는 내 백성의 고통을 보았다."-출 3:7), 8세기의 선지자들("정의를 하수같이 흘릴지로다."-암 5:24)에게서 계속되고 있는 해방전통을 잇고 있다. 누가복음에 기록된 회당에서 행한 예수의 첫 설교는 그가 이사야 61:1~2의 "나를 보내사 마음이 상한 자를 고치며 포로된 자에게 자유를 갇힌 자에게 놓임을 전파하며 여호와의 은혜의 해와 우리 하나님의 신원의 날을 전파하여"를 읽었다는 것을 말해 준다(눅 4:18-20). 예수는 제자들에게 기대했던 돌봄의 제자도에 대해서 "내가 주릴 때에…… 목마를 때에…… 나그네되었을 때에…… 병들었을 때에……옥에 갇혔을 때에 와서 보았느니라.…… 이 지극히 작은 자 하나에게 하지 아니한 것이 곧 내게 하지 아니한 것이니라."(마 25:31-46)고 말씀했다.

나는 역사적 예수와 해방의 내용, 다양성, 그리고 포괄성을 갖고 있는 그의 놀라운 메시지에 초점을 맞춘 기독교교육을 원한다. 왜냐하면 이 메시지와 예가 인종주의, 남녀차별주의, 이성애주의(heterosexism), 계급주의, 그리고 종차별주의(speciesism)와 대항하고 있는 오늘의 우리의 투쟁을 위한 적극적인 방법에 적절할 것이기 때문이다. 우리가 우리를 – 여성, 가난한 자, 버림받은 자, 소외된 자들과 맺으신 그 놀라운 포괄적 관계의 형태로 – 우리 기독교공동체 안으로 부르신 예수를 상상할 수 있도록 남녀 기독청년들을 도울 수 있는가?

나는 또한 육체-긍정적이고, 성-긍정적인 종교교육을 원한다. 나는 또한 지구의 몸을 존중하는 우리를 좋아한다. 맥패그(Sallie McFague)의 책 「하나님의 몸」(The Body of God)[61]은 신인동형론적으로 남성도 여성도 아닌 하나님의 형상, 그러나 우리가 이것의 한 부분인 전체 창조된 생명계의 다양성과 경이로움을 포함하고, 이를 긍정하는 하나님의 형상을 지향하는 그런 방향을 우리에게 가르쳐 주고 있다.

우리는 계층구조를 떠날 수 있는가?

우리는 계층구조(여성 위에 남성, 다른 생물 종 위에 인간, 자연과 지구 위에 인간, 모든 것 위에 하나님)를 **가정**하지 않고서 가르치는 종교교육을 만들 수 있는가? 우리가 창조에 관해서 가르칠 때, 지구의 생물권역의 순환을 존중하며 가르칠 수 있는가? 이렇게 지구의 창조에 관해서 가르치는 것은 우리의 피조세계가 하나님의 구두명령(창 1장)에 의해서가 아니라, 창조주의 믿기 어려운 수십억 년의 진화과정에의 참여에 의해서 생겨난 것이라는 것을 말해 주는 것이다. 이런 과정이 우리가 살아 있는 지구계라고 부르는 자연 컨텍스트의 몸체들 안에 있는 자아로서 우리의 현생물학적이고 생태학적 존재를 가능케 한다.

우리는 이런 지구계 안에서 우리는 물론이고, 다른 종에 대한 하나님의 관심을 내면화할 수 있는가?(이것을 암시해 주는 우리 유산의 단편들이 있다. "무지개가 구름 사이에 있으리니 내가 보고 나 하나님과 **땅의 무릇 혈기 있는 모든 생물 사이에** 된 영원한 언약을 기억하리라." 창 9 : 16)

우리는 모든 피조물, 우리가 단지 한 부분이지 주인이 아닌 피조물과의 약속 위에 세워진 모든 생물 종에 대한 '**창조에 근거를 둔 가치**'를 발견할 수 있는가? 우리가 스스로 성주요, 모든 생물 종의 지배자로서 가지고 있던 고상한 망상을 버릴 수 있는가?

우리는 하나님이 세우신 사물구조 안에서 우리 위치에 대한 진정한 신학적 겸손은 물론이요, 우리 지구와 지구상의 모든 생물체에 관한 참

---

61. Sallie McFague, *The Body of God*(Minneapolis : Augsburg Fortress, 1993).

된 생물학적 자료로 가득한 커리큘럼을 만들 수 있는가? 우리는 기독교 덕목으로 겸손을 말하지만, 우리 신학 안에서 이것은 거의 실천되고 있지 않다!

우리는 '가난한 자들 편에' 있어야 한다고 하는 점을 우리 아이들에게 분명히 강조하는 종교교육으로 예수를 가르칠 수 있는가? 우리는 예수의 핏방울로 하늘에 올라갈 사람들을 예수의 죽음에서 벗어나게 할 수 있는가? 우리는 결국 예수의 죽음을 사회적 혁명으로 볼 수 있는가? 그리고 우리의 젊은이들을 다만 죽는 것에 초점을 맞추는 대신에 많은 억압과 대항해서 싸우게 할 수 있는가?

브라운과 파커는 "우리는 예수의 죽음에 의해서 원죄로부터 구원받을 필요는 없다. 우리는 인종차별주의, 계급주의, 그리고 성차별주의의 억압, 즉 가부장제로부터 해방되어야 할 필요가 있다."라고 쓰고 있다.[62]

가부장적 정신의 열매

여성의 복종 위에 군림한 남성 권력의 가부장제는 그 자신을 기독교 신학에 첨가시킴으로써 커다란 해악을 저질러 왔다. 이런 동일한 가부장적 형태는 가정 안에 남/여 권력관계에도 스며들어 있다. 그 결과로 생긴 가정 안의 해악은 숨겨져 오다가 지금에 와서야 밝혀지고 있다. 다시 수그러들고 있는 물음이 있는데, 이것은 우리가 기독교 가정 안에서 남성과 여성 사이의 권력관계를 변화시킬 수 있는가라는 것이다.

아내 구타가 가부장적 힘의 불균형에 의해서 합법화되어 왔고, 성서에 의해 정당화되어 왔다.[63] 이 문제에 관한 고전적인 성서본문은 사도 바울의 글이다 : "아내들이여 자기 남편에게 복종하기를 주께 하듯 하

---

62. Brown and Parker, "For God So Loved the World?" p. 27.
63. Susan Brooks Thistlethwaite, "Battered Women and the Bible : From Subjection to Liberation," *Christianity and Crisis*, 16 November 1981. 또한 R. Emerson Dobash and Russell Dobash, *Violence Against Wives*(New York : Free Press, 1979).

라. 이는 남편이 아내의 머리됨이 그리스도께서 교회의 머리됨과 같음이니 그가 친히 몸의 구주시니라. 그러나 교회가 그리스도에게 하듯 아내들도 범사에 그 남편에게 복종할지니라"(엡 5 : 22-24). 20세기의 가장 걸출한 개신교 신학자인 칼 바르트(Karl Barth)도 유사한 말을 했다 : "여성은 본질적으로 남성에게 종속되어 있다."[64]

그러나 이것이 여성이다. 기독교 가정 내의 이런 잘못된 권력관계로 자녀들에게 일어나는 것은 무엇인가? 쥬디스 헤르만(Judith Lewis Herman)의 「아버지-딸 사이의 근친상간」이라는 책이 보여 주는 선구적인 작업은 교회의 중직이요, 지역의 유지로 근친상간을 저지른 아버지의 모습에 초점을 맞추고 있다.[65] 그녀 또한 학대자의 공통적인 위협이 아버지와 어머니 사이의 권력 불균형이라는 점을 확인시켜 준다.[66]

근친상간에서 벗어난 사람들의 종교적인 문제가 「기독교와 근친상간」이라는 책에서 임벤스(Annie Imbens)와 종커(Ineke Jonker)에 의해 경험적으로 연구되었다. 근친상간에서 벗어난 19명의 네덜란드 여성이 개신교와 가톨릭 가정에서 양육되었다. 지금은 성인이 된 당시의 여자 아이

---

64. Karl Barth, *Church Dogmatics*, ed. G.W. Bromiley and T.F. Torrance (Edinburgh : T.& C. Clark, 1956-1962). III/4, pp. 116-240을 보시오. 댈리는 바르트의 입장을 다음과 같이 기록했다. "바르트는 여성이 남성에게 종속된 것이 하나님에 의해서 인정된 것이라고 계속해서 주장했다. 비록 그가 '상호 복종'이라는 허튼 소리를 하면서 수많은 자격을 들고 있기는 하지만, 그는 우리가 여성의 남성에 대한 구체적인 종속을 간과해서는 안 된다고 경고하고 있다(175). 그는 '적절하게 표현해 본다면 여성의 일, 과제, 그리고 기능은 남성이 우선해서 자극을 주고, 이끌어 주고, 영감을 주는 그런 교제를 실제화하는 것이다.…… 이 안에서 남성을 바꾸려 한다거나 남성과 함께 이것을 수행하고자 한다면 그는 여자이기를 포기하려는 것이다.' 분명히 하기 위해 그는 수사학적 질문을 덧붙였다. '여성이 이 결과와 그 자리를 벗어날 수 없다는 것을 보면서 다른 어떤 선택을 하겠는가? (171) 바르트에 의하면 이것은 하나님의 질서로써 정당화된 것이다"(Daly, *Beyond God the Father*, p. 202).
65. Judith Lewis Herman with Lisa Hirschman, *Father-Daughter Incest*(Cambridge, Mass. : Harvard, 1981), pp. 71-72.
66. *Ibid.*, pp. 78-79.

들이 기독교 가정에서 자행된 아동 성적 학대에 관해서 말하는 소리를 들어 보자.

질문 : **당신은 어떤 종교적인 내용이 참기 어렵던가요?**
대답 : 복종입니다. 그리고 여자인 당신은 늘 남자보다 열등했죠. 당신은 언제나 도움이 되야 했고, 자기 희생을 해야 했습니다.[67]

질문 : **당신은 종교와의 어떤 연관성을 발견하셨습니까?**
대답 : 아버지는 여성에 관한 '기독교적인' 사상을 가지고 있었습니다. 즉, 여성은 유순하고 순종적이고 노예적이라는 것입니다. 나는 어떻게 이런 종교적인 가정에서 근친상간이 일어날 수 있는가를 늘 이해할 수 없었습니다. 지금 신앙생활을 하고 있는 가정들은 닫혀진 틀 안에서, 하나의 진공 틀…… 안에서 엄격하게 살고 있다고 생각합니다. 아버지는 신앙적으로 볼 때 교리적이었습니다. 남자들이 자기 여성들을 이런 식으로 취급할 수 있게 만든 교회 안에서 여성에 대한 특정 이미지는 발전되어 갔습니다.[68]

질문 : **당신은 어떤 종교적인 내용이 참기 어렵던가요?**
대답 : 아버지는 종종 계명을 말했습니다. 즉, "네 아버지와 네 어머니를 공경하라." 나는 이런 계명에 순종했기 때문에 그의 뜻에 철저하게 따랐습니다.[69]

질문 : **당신은 종교와의 어떤 연관성을 발견하셨습니까?**
대답 : 때로 나는 아버지에게 왜 내게 이 짓을 하라고 하는지 물었습니다. 그때 아버지가 말했습니다. "모든 여자들은 첫 번째 여자 이브와 똑같다. 네가 나를 유혹한다. 네 마음속에 있는 이것이 이브처럼 네가 원하는 것이다." 나는 "하나님, 제발 그만두게 해주세요!"라고 기도하곤 했습니다. 그러나 하나님은 막지 않으셨습니다. 그래서 나는 생각했죠. 이것이 진짜 하나님의 뜻인지, 또는 그들이 말하는

---

67. Anni Imbens and Ineke Jonker, *Christianity and Incest*(Minneapolis : Fortress, 1992), p. 93.
68. *Ibid.*, pp. 39-40.
69. *Ibid.*, p. 40.

것처럼 내가 악한 것인지, 그리고 이것이 내 형벌이라고.[70]
질문 : **당신은 이런 말을 들을 때 무엇을 생각하십니까? : 용서.**
대답 : 용서 - 이것은 가장 나쁜 것입니다. 나는 "70번에 70번" 그를 용서해야 했습니다. 비록 그가 내게 용서를 구한다 해도 용서받을 수 없습니다 - 그러나 그는 결코 용서받지 못합니다 - 내가 용서에 관해 말할 수 없을 때조차도. 그는 어른입니다. 그렇지 않아요? 나는 단지 어린아이였습니다.[71]

아마도 우리는 임벤스와 종커가 이 내용을 요약해서 한 말을 이해할 수 있을 것이다. **"아동의 성적 학대는 우리가 정상적이라고 부르는 우리 사회의 성 권력관계의 궁극적인 결과이다."**[72] 그리고 이것은 확실히 에베소서에서 칼 바르트에 이르기까지 기독교 연사들이 정상적일 뿐 아니라 하나님이 주셨고, 존재론적으로 설정된 것이라고 선언했던 성 권력관계이다.

"나는 단지 어린아이였습니다."
잊을 수 없는 무서운 말! 그러나 그들은 우리가 아이들에게 다만 병들어 있는 권력관계를 가르치고 있다는 것을 마음에 깨닫게 해주었을 뿐이다. 이런 가르침은 우리에게 해독이 되고, 깊이 상처를 받게 한다. 때로 이것은 근친상간만큼이나 잔인하다. 때로 이것은 하나님께서 주신 DNA 안에 주어진 가능성과 약속의 재능이 충분히 발휘될 수 있는 것에서 꽃피도록 결코 허락받지 못한 여성, 침묵이 강요되고 성장이 저지된 여성의 황폐화된 삶만큼이나 은밀하다.

그래서 거만하고 남성이라는 허울을 쓴 채 독기 어린 남자로 자라는 - 그리고 학대하도록 자라는 남자 아이들만 있다. 우리가 하고 있는

---

70. *Ibid.*, p. 66.
71. *Ibid.*, p. 34.
72. *Ibid.*, p. 119.

것은 우리 아이들이 마시는 우물에 독을 풀어 넣는 일이다.

"나는 단지 어린아이였습니다." 이것은 단순한 아이들의 장난이 아니고, 기독교 가정과 소위 '교회 가정' 안에 평등과 비계층구조를 가르치고 만드는 여성해방론적 종교교육을 필요로 한다는 것을 보여 준다. 이것은 영향력 있는 공범인 기독교에는 대단히 심각하다. 왜냐하면 고통스럽고 성장이 저지된 삶 속에 과거의 결과가 매우 실제적이고 조심스럽게 감춰지고, 침묵이 강요되고 있기 때문이다.

당신은 여성을 존중하는 전통을 가지기 전까지는 어린아이에게 우호적인 전통을 결코 가질 수 없다. 당신은 결코 여성을 긍정하지 않은 채 삶을 긍정할 수 없고, 여성을 긍정하지 않은 채 온전한 어린아이와 삶을 긍정하는 어린아이를 키울 수가 없다. 왜냐하면 어린아이는 그들의 어머니를 사랑하고, 어머니에 의해 양육되어야 하기 때문이다. 그러므로 마치 어머니를 구타하는 남편/아버지를 보는 것이 어린아이에게 해가 되는 것과 같이 기독교 신학, 예전, 그리고 프락시스가 그들의 어머니를 모독하고 학대할 때 이것이 어린아이에게 해가 된다.

"나는 단지 어린아이였습니다." 예수는 말했다. "어린아이들의 내게 오는 것을 용납하고 금하지 말라. 하나님의 나라가 이런 자의 것이니라"(막 10 : 14). 그리고 다시 "누구든지 나를 믿는 이 소자 중 하나를 실족케 하면 차라리 연자 맷돌을 그 목에 달리우고 깊은 바다에 빠뜨리우는 것이 나으니라."(마 18 : 6)고 말했다.

"부모가 아니라 어린아이를 공경하라."는 새로운 계명은 어떤가? "근친상간을 하지 말라."는 제 11계명은 어떤가?[73] "어린아이를 용서하고 회초리를 던져 버리라."는 계명은 어떤가?[74]

"나는 단지 어린아이였습니다." 건강하고 삶을 긍정하고 여성을 긍정

---

73. 11계명은 코네티컷 주의 웨스트포트의 인류학자 라파엘(Dana Raphael)이 제창한 퀘이커 회중의 하나의 행동강령이다.
74. 이 계명은 그레븐의 책에서 영감을 받았다. 그의 *Spare the Rod*를 보시오.

하는 전통 안에서 어린아이를 양육하는 데 필요한 변화를 실제로 일으키기 위해서, 우리가 개신교 및 가톨릭 전통 내의 힘있는 남성과 남성처럼 살아가는 여성에게 도전이 되는 최근의 여성해방적 세계 안에서 우리 어린아이들을 충분히 배려하고 있는가? 나는 모르겠다.

또 다른 개혁

내가 요구하는 것은 기독교의 또 다른 개혁이다. 그리고 이 시대에 교황과 목사의 권한으로부터 우리를 자유롭게 하는 것이 아니라, 지위가 무엇이든지 간에 가부장적 남성의 권한으로부터 우리를 해방시키는 것이다. 이것을 추진한다는 것은 거의 우리 전통 전체에 도전하는 것이고, 이것은 매우 두려운 도전이다. 나는 부분적으로 이 도전과 그 반응을 두려워하고 있다.

리타 브로크(Rita Nakashima Brock)는 "우리의 종교적 사상과 이미지가 자기 부정, 자기 혐오, 아동 학대, 그리고 억압의 힘을 강화하기보다는 우리를 고치고, 힘을 불어넣어 주는 기능을 수행해야 한다."고 말했다.[75] 이 표현을 통해서 그녀는 모든 것을 말하고 있다. 우리의 기독교 전통 – 사상, 예전, 신학, 실천, 그리고 종교교육 – 은 "우리를 고치고, 힘을 불어넣어 주어야만 한다." 이것이 창조주가 우리에 대해 생각하고 있는 것이다. 이것이 어린아이를 자신에게로 부른 예수가 그 마음에 생각하고 있는 것이다.

페미니즘(Feminism)은 우리 전통이 다시 예수에게 충실하고, 모두를 위해 삶을 긍정하게 해주는 급진적인 변화를 이 시대에 시작하도록 우리를 부르시는 하나님의 요청이다.

---

75. Rita Nakashima Brock, "And a Little Child Will Lead Us : Christology and Child Abuse," in *Christianity, Patriarchy and Abuse*, p. 54.

제9장
선포신학과 종교교육
(Kerygmatic Theology and Religious Education)

메리 C. 보이스(Mary C. Boys)

아마도 '선포신학'(kerygmatic theology)은 일상적으로 사용되는 말은 아닐 것이다. 그러나 이것은 20세기 중엽의 특정 흐름을 이루고 있고, 지난 25년 동안 다른 신학적 관점에 의해서 가려져 있었다. 사실 오늘날 분명한 선포적인 경향과 방법을 나타내고 있는 중요한 책과 논문을 살펴볼 필요가 있다. 그래서 이 글은 부분적으로 다음의 세 가지 질문을 중심으로 전개될 것이다. 즉, 선포신학은 무엇인가? 선포신학은 어떻게 되었는가? 그리고 왜 그런가?

다른 질문들도 이 연구에 포함된다. 특별히 1950년대와 1960년대의 절정기에 선포신학이 기독교교육에 어떻게, 왜 영향을 미쳤는가? 그리고 결론적으로 선포신학의 현재 상태에 관해서 살피게 된다. 만일 선포신학이 오늘날 신학 논의의 부록으로 시들어 간다면, 비록 인정받지 못한 채 한때 풍미했다 하더라도 종교교육에 여전히 중요한 역할을 수행하고 있지는 않은가?

이런 물음에 답하기 위해서 선포신학의 발전과 이것이 일으킨 주된 교육운동을 먼저 살펴보면서 시대를 따라 진행해 갈 필요가 있다. 그리고 나서 신학적이고 교육적인 공헌과 약점을 평가함으로써 보다 비판적인 견해를 취하는 것이 적절하다. 왜냐하면 특히 유대교와 기독교의 관계에 대한 보다 깊은 연구가 이루어진 이 20세기의 마지막 1/4분기에서야 이것들이 분명해질 것이기 때문이다. 끝으로 이런 견해는 「가톨릭교회의 교리문답」(1992. 12. 8. 공포됨) 안에서 선포신학의 부흥으로 보이는 것을 살펴보는 것을 가능케 만든다.

선포신학의 기원

선포신학이라는 이름은 '설교하다' 또는 '선포'를 뜻하는 헬라어 단어 *kerygma*에서 왔다. 이것은 기독교 신앙이 선포하는 핵심적 내용을 강조하는 그런 신학을 의미한다(마 12 : 41, 롬 16 : 25, 고전 1 : 21, 2 : 4, 15 : 14, 딤후 4 : 17, 딛 1 : 3).

유럽교회의 두 가지 중요한 발전 - 소위 '성서신학 '운동[1]과 예전운동[2] - 이 선포신학을 형성했다. 비록 전자는 개신교에서 보다 큰 영향력을 발휘했고, 후자는 가톨릭에서 영향력을 발휘했지만, 이 두 운동은 여러 가지 점에서 공통점을 가지고 있다. 가장 분명한 것은 '구원역사' (*Heilsgeschichte*)를 함께 강조하고 있다는 점이다.[3]

비록 19세기까지 충분한 내용으로 발전되지는 않았지만, 선례가 17세기 신학자 코케이우스(Johannes Cocceius)의 글에서는 물론이고, 이레니우스와 어거스틴의 글에서도 나타난다.[4] 이 개념의 중심에는 19세기

---

1. Brevard S. Childs, *Biblical Theology in Crisis*(Philadelphia : Westminster, 1970)을 보시오.
2. Virgil C. Funk, "The Liturgical Movement(1830 - 1969)," in *The New Dictionary of Sacramental Worship*, ed. Peter Fink(Collegeville, Minn. : The Liturgical Press, 1990), pp. 695 - 715를 보시오.
3. 상세한 연구 동향을 위해서는 내 책 *Biblical Interpretation in Religious Education : A Study of the Kerygmatic Era*(Birmingham, Ala. : Religious Education Press, 1980)을 보시오.
4. Irenaeus, *Adversus haereses* 4 : 14, p. 3 ; Augustine, *De catechzandis*

의 호프만(J.C.K. von Hofmann)이 지적한 공식, 즉 하나님은 점진적으로 역사 속에 계시된다는 것이 있다.

비록 후세 신학자들에 의해 다양하게 강조되고 해석되긴 하지만 '구속사'라는 범주에 드는 학자들 사이에 호프만의 공식의 근본적인 내용은 변함 없이 남아 있다. 즉,

- 하나님은 역사 속에 계시된다.
- 하나님의 자기 계시는 점진적이다. 즉, 점진적인 단계를 따라 움직인다.
- 계시의 점진적 특성은 신약이 구약을 완성하고 성취하는 그런 방법으로 명백하게 나타난다. 그래서 성서는 구원의 역사를 기록하고 있다.
- 그리스도는 하나님의 점진적인 자기 계시의 초점이다. 모든 것이 그 안에서 성취된다.

종종 성서의 유형론적 이해가 구속사와 연결된다.[5] 비록 기독교에서만 제한적으로 사용되는 것은 아니지만 - 이사야는 새롭고 보다 커다란 출애굽을 생각함으로써 유다로부터의 추방을 위로하기 위해서 이를 사용했다(사 43:16-18) - 이것은 종종 어거스틴의 주장의 근거가 되는 변증적 도구로 사용된다. 즉, "구약 안에 신약이 감추어져 있고 ; 신약 안에서 구약이 명백해진다."[6] 결국 구약의 유형들은 신약의 실재, 즉 '원형'의 단순한 그림자들이다. 대니루(Jean Daniélou)는 "유형은 현재의

---

rubidus ; Cocceius's *Summa doctrinae de foedere et testamento Dei*는 Hans W. Frei, *The Eclipse of Biblical Narrative : A Study in Eighteenth and Nineteenth Century Hermeneutics*(New Haven : Yale University Press, 1974), pp. 46-50, 173-176에 요약되어 있다.

5. 유형론은 현재의 사건, 인물, 상황 또는 일들이 과거의 사건, 인물, 상황 또는 일과 유사한 것으로 보는 해석 양식이다. P. Joseph Cahill, "Hermeneutical Implication of Typology," *The Catholic Biblical Quarterly* 44(1982), p. 267을 보시오.

6. *Questions on the Heptateuch*, 2. 73.

질서를 어떤 방법으로든지 변화시키지 않은 채로 미래의 어둠을 밝혀 주는 번개의 섬광과 같다."[7]고 했다. 그래서 모리아 산의 이삭의 번제는 갈보리의 그리스도의 희생을 예시해 주고, 레아와 라헬은 회당과 교회를, 다윗 왕은 기름부음 받은 왕이신 그리스도를 예시한다.

유형론은 초대 기독교 저술가들이 변증학에서 즐겨 사용한 방법이다. "바나바의 편지"와 사르디스의 멜리토(Melito of Sardis)의 "유월절 주석"에서 유형론은 이스라엘 역사에 대한 기독교적 해석의 탁월성을 입증하기 위해서 극단적으로 사용되었다. 즉, 이스라엘이 그들 자신의 성서를 너무 문자적으로 해석해서 '그리스도'를 볼 수 없었기 때문에 잘못 해석했다는 것이다. 유형론을 자주 사용한 이런 문헌들은 반유대적인(Adversus Judaeos)것으로 알려진 많은 문헌들 중의 일부분으로 간주되었다.[8]

비록 유형론이 신약의 탁월성을 강조하기 위해 사용될 필요가 없었더라도, 성서신학 운동과 관련된 사람들을 위해서 그런 역할을 했다. 더더욱 유형론은 예전적으로도 분명히 사용되었다.

성서신학, 케리그마와 기독교교육

'성서신학 운동'은 신정통주의 신학과 대략 같은 시대에 나타났고, 또한 유사하다. 특별히 독일의 구약신학자 폰라트(Gerhard von Rad)와 스

---

7. Jean Daniélou, *From Shadows to Reality : Studies in the Biblical Typology of the Fathers* (Westminster, Md. : Newman, 1961).
8. "The Epistle of Barnabas," in *The Apostolic Fathers*, ed. Kirsopp Lake, vol. 1(Cambridge : Harvard University Press, and London : W. Weinemann, 1952)을 보시오. 멜리토의 "A Homily on the Passover"를 위해서는 Richard A. Norris Jr., *The Christological Controversy, Sources of Early Christian Thought*(Philadelphia : Fortress, 1980), pp. 33-47을 보시오. 이 저자들이 살았던 컨텍스트에 관한 중요한 연구를 위해서는 Robert S. MacLennan, *Early Christian Texts on Jews and Judaism*, Brown Judaic Studies 194 (Atlanta : Scholars Press, 1990)을 보시오.

위스의 신약신학자 쿨만(Oscar Cullmann)과 관련된 이 운동의 주된 내용이 선포신학을 형성하는 데 도움이 되었다.[9] 특히 성서신학의 네 가지 특징이 선포적 사고에 주된 역할을 했다. 즉, (1) 구약이 신약을 위한 준비라고 여김과 동시에 성서의 통일성에 대한 강조[10] (2) 히브리적 사고방식과 헬라적 사고방식의 대조[11] (3) 단어연구에 대한 강조[12] (4) 역사 속의 하나님의 점진적 계시를 중요시함.[13]

사촌 격인 신정통주의처럼 성서신학은 부분적으로 자유주의 신학과 '자유주의자들'이 성서를 연구하는 방법에 대한 대응으로서 발전했다. 많은 기독교교육자들 사이에서도 비슷하게 성서신학은 성서의 중심적 역할을 인정하지 않는 코우(George Albert Coe)와 파즈(Sophia Lyon Fahs) 같은 이론가들의 영향하에 있는 분야에서 보다 신학적 근거를 회복시키는 역할을 했다. 선포신학의 역할은 컬리(Iris Cully)의 연구에서 가장 명확히 나타난다.[14]

---

9. James Barr, "Biblical Theology" in *The Interpreter's Dictionary of the Bible*, Supplementary Volume(Nashville : Abingdon, 1976), pp. 104-111을 보시오.
10. 여기서 '구속사'는 분명한 해석학적 원리이다. 이것은 쿨만의 용어로는 "모든 텍스트를 함께 묶는 요소"이다(*Salvation in History* [New York : Harper & Row, 1967], p. 297).
11. 예를 들어, 폰라트는 헬라적 사고가 본질적으로 보다 형이상학적이라면, 히브리적 사고는 역사적 전통 내의 사고라고 했다(*Old Testament Theology, I* [New York : Harper & Row, 1962], p. 116). 또한 T. Boman, *Hebrew Thought Compared with Greek*(London : SCM, 1960) ; O. Cullmann, *Christ and Time*, rev. ed.(Philadelphia : Westminster, 1964), pp. 50-53을 보시오.
12. Gerhard Kittel 등에 의해서 *Theological Dictionary of the New Testament*, 10 vols.(Grand Rapids, Mich. : Eerdmans, 1964)에 보다 자세하게 예증되어 있다.
13. George Ernest Wright, *God Who Acts : Biblical Theology as Recital* (London, SCM, 1952)에 의해서 특히 알려졌다.
14. Randolf Crump Miller, *Biblical Theology and Christian Education*(New York : Scribner's, 1956)을 보시오. Sara Little(*The Role of the Bible in*

컬리는 **케리그마**를 기독교교육에 대한 실존주의적 접근의 중심으로 삼는다. 그녀는 교회공동체의 유기적 기능이 **디다케**(가르침)의 내용을 발전시켰고, 이 가르침은 **케리그마**에서 파생되었고, **케리그마**에 기초를 두고 있다고 전제한다. **케리그마**는 교회를 형성하고, 또한 교회에 의해서 형성된다.

> **케리그마**는 고백문과 성례전의 예식에 표현되었고, 교리 안에서 지적으로 정리되었고, 윤리적인 관점에서 즉각적인 상황에 맞는 가르침이 생겨나게 했다. 나아가 **케리그마**는 구원의 경험을 설명하고, 자녀들을 양육하고, 세계에 증언하도록 공동체에 능력을 공급해 주는 친교를 통해서 가르침을 만들어 낸다.[15]

교회는 **디다케**만을 강조할 때 실패한다. 윤리적 가르침은 다른 종교와 철학에서도 발견될 수 있다. 그러나 '기독교 가르침의 배후의 힘'-**케리그마**-은 기독교의 독특한 통찰이다. 그래서 교사들은 불필요하게 '방법'에 집착해서는 안 된다. 왜냐하면 "기독교 양육은 역동적이고, 복음은 다섯 단계로 축소되지 않기 때문이다.……내용이 방법을 규정한다."[16]

기독교 가르침을 위한 방법은 더욱더 삶 중심적(life-centered)이어야지 '경험 중심적'(experience-centered)이어서는 안 된다. 전자가 기억에 의해서 현재에 존재하는 삶의 사건에의 참여를 말하는 반면에, 후자는 현재의 경험을 나타낸다. 어린이들이 성서 인물의 필요 및 문제가 아닌 그들의 필요 및 문제를 발견했을 때, 그들은 그들 자신 너머에서 관

Contemporary Christian Education [Richmond : John Knox Press, 1961])은 밀러와 *Christian Faith and Life Series*의 편집을 주도했던 James D. Smart 및 많은 학자들 중에서 가장 찬사를 보냈다.
15. Iris V. Cully, *The Dynamics of Christian Education*(Philadelphia : Westminster, 1958), p. 59.
16. *Ibid.*, p. 117.

점을 열어 주는 하나의 초점을 발견할 것이다. 그래서 비록 어린이들의 실존적 상황에서 시작해도, 현재의 경험을 심화시켜 주는 역사적인 의미를 제공해 주기 위해서 **케리그마**의 폭넓은 컨텍스트를 마련해 주는 것이 필요하다. 컬리는 다음과 같이 결론을 맺는다.

> 하나님께서 예수 그리스도를 통해서 새롭고 놀라운 방법으로 그의 백성을 구원하기 위해 인간 삶 속에 오셨다는 복음의 선포는 처음에 선포되었을 때처럼 오늘도 살아 있는 메시지이다. 이로부터 생겨난 모든 가르침은 그 생동감을 공유한다. 그러나 가르침은 선포에 뿌리를 두고 있다. 가르침 역시 복음이다. 단지 역동적인 방법들이 이를 전달해서 빛과 생명을 사람들에게 전해 주는 작업은 계속될 것이다.[17]

예전운동, 선포신학, 그리고 교리문답

20세기 개신교 신학에서 중개역할을 했던 성서신학 운동과는 대조적으로, 가톨릭에서는 예전운동이 20세기 스콜라주의에 대한 대응으로 등장해서 진보적 세력의 역할을 했다.[18] 예전 갱신과 선포신학의 합류는

---

17. *Ibid*. 또한 그녀의 *Imparting the Word : The Bible in Christian Education*(Philadelphia : Westminster, 1960)을 보시오. 그녀의 책의 해석은 Kendig Brubaker Cully, *The Search for a Christian Education - Since 1940*(Philadelphia : Westminster, 1975)에서 찾아볼 수 있다. 성 포괄적 용어를 사용하고 있는 이 인용 및 다른 곳에서 나는 보충하는 명사 또는 대명사를 첨가했다.

18. Mark D. Jordan, "Scholasticism," in *The New Dictionary of Theology*, ed. Joseph A. Komonchak, Mary Collins, and Dermot A. Lane(Wilmington, Del. : Michael Glazier, 1987), pp. 936-938은 스콜라주의라는 것이 단일 사안이 아니고, 개념의 집합 또는 과정을 가리키는 것이라고 주장했다. 그러나 그랩만(Martin Grabmann)을 인용한 조단의 정의는 융만과 그의 동료가 말했던 것에 가장 조화를 잘 이루는 것처럼 보인다. 즉, "스콜라적 방법은 신앙의 내용에 대한 가장 가능한 이해를 얻기 위해서 계시의 진리에 이성 또는 철학을 적용한다. 이것은 전체 구원의 진리에 대한 이성의 걸림돌을 해결하고자 하면서, 이 구원의 진리에 대한 '체계적'이고, '유기적'인 표현을 하려고 노력한다."

오스트리아의 예전학자 융만(Jesuit Josef Jungmann, 1889-1975)의 글에 가장 분명하게 나타난다.

그의 1936년 책「복음과 신앙의 선포」는 말하자면 선포운동의 첫 번째 공격으로 불을 뿜었다. 그 목적은 신학의 중심에 그리스도를 회복시키는 것이었다.[19] 융만은 이 회복이 신학의 현상태 때문에라도 부분적으로나마 꼭 필요하게 되었다고 믿었다. 그는 신학이-그는 스콜라주의를 지칭한다-진리 문제에 관심을 가져야 하고, 특성, 한계성, 입증 및 해답에 관심을 가져야 하기 때문에 신학이 일차적으로 지식을 섬기고 있다고 주장했다. 그의 관점에서 이런 신학은 살아 있는 기독교인의 삶을 위한 의미를 적절하게 탐구하도록 허용하지 않았다. 필요한 것은 신앙을 **선포**하는 과제를 추구하는 접근이다.

> 근본적으로 신앙의 선포는 하나님께로 인도하는 길에 관한, 그 시작과 비판적인 변화에 관한, 그리고 그 결과에 관한 지식이 필요하다. 이것의 적절한 주제는 복음-초기 기독교에서 **케리그마**라고 불렸던-이다. 교리는 알려져야만 하고 ; **케리그마**는 선포되어야만 한다.[20]

그러므로 신학적 분석은 이것이 신앙의 선포가 될 때 유용한 기능을 가지게 된다. 선포의 방법은 모든 것의 "존재론적 질서를 재현하는 것"에 관심을 기울이지 않고 **구원의 섭리**[21]에 관심을 기울이기 때문에, 선

---

19. 모든 참고자료는 W.A. Huesman and Johannes Hofinger, eds., *The Good News Yesterday and Today*(New York : Sadlier, 1962)에 영어로 번역되어 있다.
20. *Ibid.*, pp. 33-34.
21. 선포신학에서 대단히 중요한 '구원의 섭리'라는 말은 오랜 역사를 가지고 있다. 헬라어 *oikonomia*에서 유래한 이 말은 다양한 말로 사용되었다. 융만과 기타 다른 몇 사람은 하나님의 계획이라는 의미로 사용했는데, 이것은 엡 1 : 9-10을 그 중심 본문으로 삼고 있기 때문이다. "그 뜻의 비밀을 우리에게 알리셨으니 곧 그 기쁘심을 따라 그리스도 안에서 때가 찬 경륜을 위하여 예정하신 것이니 하늘에

포의 방법은 스콜라신학과는 다르다. 그래서 이것은 대학에서 정확하게 정의된 언어보다 "성서의 본래적이고 단순한 양식"을 더 좋아한다.[22]

융만이 제안한 것은 구원의 섭리가 그 안에서 다른 모든 중심주제 위에 있었던 신앙의 선포라는 것이다. 만일 이렇게 된다면 많은 변화가 생겨나게 될 것이다. 가톨릭 교리의 객관적 그리스도 중심주의는 "생생하고 역동적인 주관적 진술이 될 것이다." 예수의 생명 공여적 사역에 대한 강조가 기독교 이단의 시기 동안 나타났던 예수의 신성에 대한 일방적인 강조를 수정해 주기 때문에, 여러 세기에 걸쳐 적절한 그리스도 중심적 전망을 어둡게 해왔던 이런 영향은 옅어질 것이다. 더 더욱 은혜는 다시 기독교 교리의 전체성 안에서 조망되어질 것이다. 간단히 말해서, 신앙의 선포에 대한 관심 증대는 중개자로서 그리스도의 위치, 즉 다중적 헌신 안에서 오랫동안 모호했던 우선성을 회복함으로써 가톨릭 교인의 삶을 개혁해 갈 것이다.[23]

융만의 많은 주장이 되풀이되고 다듬어진 후기 책「복음의 빛 안에서의 신앙의 선포」는 1930년대에 출판되었다.[24] 그는 또다시 하나님의 계획이 전방에 위치되어야 한다는 것과 이 계획에서 파생된 여러 명령이 후방으로 밀려나야 한다는 것을 강조했다. 융만은 신학자들이 새롭게

있는 것이나 땅에 있는 것이 다 그리스도 안에서 통일되게 하려 하심이라." 이 말에 대한 훌륭한 분석을 위해서는 Catherine Mowry LaCugna, *God for Us : The Trinity and Christian Life*(San Francisco : Harper San Francisco, 1991), pp. 24-52를 보시오.
22. Huesman and Hofinger, *The Good News*, p. 35.
23. 분명히 이런 주장은 바티칸의 특정 교직자들을 곤란하게 만들었다. 예수회의 총감독 레도코프스키(Ladislaus Ledochowski)는 이 책을 시장에서 회수함으로써 복음의 비난을 모면했다. 1960년대에 와서야 이 책에 다시 유통되었다. Jeremy Hall, "The American Liturgical Movement : The Early Years," *Worship 50*(1976), pp. 472-489 ; Johannes Hofinger, "J.A. Jungmann(1889-1975) : In Memoriam," *The Living Light 13*(1976), pp. 354-356을 보시오.
24. Joseph A. Jungmann, *Announcing the Word of God*(London : Burns and Oates, 1967). 이 번역에서 참고자료가 발췌되었다.

시작할 필요가 있다고 생각하지 않았고, 오히려 전체에 부분을 적절하게 맞출 필요가 있다고 생각했다. 여기서 전체란 인생의 한 단계를 통과해 가려는 다양한 노력과 투쟁을 위한 변하지 않는 배경이요, 고정된 구조 틀인 새로운 하나님의 질서의 모습이다.[25] 이런 전체를 설명하기 위해서 융만은 다음을 제안한다.

> 구속사는 옛 언약에서 시작되었고, 때가 찰 때 절정에 도달하게 되고, 우리 주님의 재림 때까지 교회의 역사 속에서 지속되어 갈 것이다. 바울은 이것을 태초 이전에 하나님 안에 감추어졌고, 이제 성도들에게 계시된 신비라고 불렀다. 그는 이것을 하나님의 뜻, 또는 하늘과 땅에 있는 모든 것이 그리스도 안에서 함께 통일되게 하려는 목적을 갖는 계획이라고 불렀다(엡 1:10). 다른 곳에서 이 통일은 인간에 대한 하나님의 은혜로운 부르심으로(κλῆσις - 엡 1:18, 4:1 등), 또는 그 부르심을 듣고 순종하는 사람들의 모임(ἐκκλησία), 즉 거룩한 교회로 나타난다.[26]

그리스도의 인격은 언제나 "다른 모든 교리적 초점들이 밝게 비추어져 나오는 빛의 근원이기"[27] 때문에 그 중심에 서 있다. 그러나 융만의 관점에서 볼 때 스콜라주의는 늘 이렇지가 않다. 그는 비록 스콜라주의가 유익한 점이 있을 수 있으나, 스콜라주의는 '많은 분리된 지식조각들'에 초점을 맞추려는 경향이 있어서 구속사의 사실에 관심을 기울이는 진정한 메시지를 모호하게 만든다고 믿는다. 그의 분석에 따르면 기독교는 일차적이고 최우선적으로 하나의 '사실'이고, 교리는 다만 이차적일 뿐이다. 신학적 학문이 케리그마에 이차적이고 삼차적인 것들로 과중하게 짐을 지우기 때문에, 융만은 초대교회의 설교에서 명백하게 밝혀진 것처럼 케리그마의 본래적이고 통합적인 힘을 회복시켜야 한다

---

25. *Ibid.*, p. 17.
26. *Ibid.*
27. *Ibid.*, p. 18.

는 감동적인 호소를 하고 있는 것이다.[28] 이것은 "신앙의 본질을 지나치게 쪼개 놓은 모든 것", 그리고 외곽에서 배양된 모든 것을 피하는 것을 말한다. 교의신학은 그 지위를 유지하지만, 탁월성, 주제, 그리고 가설들의 모든 복잡한 내용들 속에 구속사의 중심 사상이 보존되어야 한다. 선포적 절정은 그 복잡한 내용들 속에 다시 한번 나타나야 한다.[29]

융만과 그의 제자들의 주장이 전형적인 선포신학이라는 이름으로 분류되는 이유는 분명하다. 그가 기독교 선포, 즉 케리그마의 핵심에 초점을 맞추는 것은 예수 그리스도 안에서 성취된 하나님의 구원계획의 중심성을 밝히 드러냄으로써 신학을 재정립하려는 시도이다.

> **케리그마**는 '선포된 것' 이라는 의미를 갖는 성서적인 개념이다. 그러므로 이것은 그리스도 자신이 선포한 것과 그의 제자들이 그의 전도자로서 외부로 선포한 것으로서, 하나님의 나라가 세계 속에 들어와서 인간에게 구원이 나타났다는 설교의 내용을 말한다. 이것은 처음에 아직 믿지 않던 사람들에게 행해진 초기 설교를 말하지만, 이것은 또한 나중에 믿게 된 신자들의 지도와 교육의 요점과 근거를 마련해 주게 되었고, 여러 가지 신앙노선들이 생기게 되고, 방향제시 및 안내에 대한 새로운 요청이 생겨나게 된 곳에서 보다 분명하게 전해져야만 했다. **케리그마**는 사실들, 특히 하나님 자신이 이것을 통해서 인간 역사에 개입하시고, 인간의 소명을 촉구하시는 모든 사실들에 대한 선포이다.[30]

융만의 주장은 이 선포신학이 신학의 하나의 구분된 분야인가에 관한 논쟁을 불러일으킨다. 「복음」이 출판된 직후 그가 편집한 잡지에 몇 논문이 발표되었는데, 여기서 그는 '학문적 신학' 이 학자들의 분야라면 선포신학은 목회하는 사제들을 위한 분야라고 주장했다.[31] 이에 대한 융만

---

28. *Ibid.*, p. 46.
29. *Ibid.*, p. 62.
30. *Ibid.*, pp. 59–60.

자신의 관점은 1955년의 책 「교리문답」(Katechetik) 이전에는 확실하게 드러나지 않았다. 그는 이 책에서 "이런 갱신을 일으키고자 하는 노력은 특별한 종류의 신학을 내포하지 않고, 오히려 기독교 메시지 자체에 대한 분명하고 효과적인 제시이다."라고 말했다.[32]

융만의 설명은 이 글의 중심 문제를 제기한다. 즉, **선포신학은 하나의 명확한 신학적 흐름이라기보다는 신앙의 행동화 과정에서 신앙의 핵심에 보다 주의를 기울이도록 호소하는 것이라는 점이다. 기독교인의 삶을 재활성화하고자 하는 열정에 의해 야기된 선포신학은 하나의 방법이라기보다는 전략이고, 하나의 체계라기보다는 선언이다. 개신교 경건주의와 가톨릭 예전 갱신에 뿌리를 둔 선포신학은 철학적 사변화에 거의 관심을 보이지 않는다. 그 언어는 성서의 것이고, 그 목적은 교육적이라기보다는 권고적이다.**

이런 선포신학의 목회적 경향은 왜 가톨릭 교육자들이 열성적으로 이것을 받아들이고 있는가를 암시해 준다.

선포신학의 교리문답 신학에로의 변신

선포신학은 융만의 제자요, 예수회 형제인 호핑거(Johannes Hofinger, 1905-1986)의 끈질긴 노력에 의해서, 그리고 1959년과 1968년 사이에 호핑거가 후원하고 감독한 6개국 교리문답 연구 주간 (catechetical study weeks)에서 가장 순수하게 가톨릭 교육에로 전환되었다.[33]

---

31. F. Lakner, "Das Zentralobjeckt der Theologie," *Zeitschrift für katholische Theologie 62*(1938), pp. 1-36 ; J.B. Lotz, "Wissenschaft und Verkündigung," *Zeitschrift für katholische Theologie 62*(1938), pp. 501-565를 보시오.
32. Joseph A. Jungmann, *Handing on the Faith*(New York : Herder and Herder, 1959), p. 398.
33. 이런 국제 연구 주간은 1959년 네덜란드 니즈메겐에서 시작되었다. 독일의 아이히쉬테트에서 열린 1960년 회기는 선포적 교리문답의 중요성을 강조했다. 방콕

호핑거는 실제로 융만이 언급한 모든 케리그마 주제를 받아들였고, 이를 전세계의 교리문답 교사들에게 제시해 주었다. 구속사의 주제는 분명하게 반향되었다. 성서 가르침에 대한 그의 추천을 살펴보자.

> 구약은 본질적으로 우리의 '그리스도 안에서의 몽학선생'(갈 3 : 24)이다. 우리는 이로부터 '그리스도의 신비'를 위한 준비를 선정할 것이다. 우리는 계속해서 구약의 불완전성을 지적해야 한다. 만일 그리스도가 오시지 않았다면 구약은 불완전했을 것이다. 아동을 위한 기초 교육에서 가장 훌륭한 교리문답 교사의 예를 든 후, 타락 이야기와 구세주에 대한 약속에서 바로 이 약속(성모에게 주어진 고지)의 성취로 나아가야 한다. 충분한 시간이 있다면 어른들을 가르칠 때(전도 교리문답) 구약의 다른 구절을 다룰 수 있지만, 언제나 기독교적 관점에서(기독론적) 다루어야 할 것이다.[34]

호핑거는 "선포신학 : 그 본질과 사제 형성에서의 역할"이라는 장에서 자세하게 그의 이론적 배경을 밝히고 있다.[35] 그는 선포신학을 보다 명확하게 기독교 메시지의 설교 및 가르침에 맞추어진 것이라고 정의했다. 이것은 분명히 스콜라신학이 초점을 맞추고 있는 이성적인 측면보다는 기독교 메시지의 역동적 측면을 강조한다. 결국 호핑거는 스콜라적 사변이 기독교 메시지의 의미, 본질, 그리고 특성을 나타내기 위해서 성서와 교부들의 글에 대한 연구로 보완되어져야만 한다고 했다.

(1962), 카디곤도(〔우간다〕1964), 마닐라(1967), 그리고 메델린(1968) 등 다른 주간에서는 아이히쉬테트의 이 주제를 다양한 강도에서 채택했다. 문서 및 해설을 위해서 Michael Warren, ed., *Sourcebook for Modern Catechetics*(Winona, Minn. : Saint Mary's Press, 1983), pp. 23 – 109를 보시오.

34. Johannes Hofinger, "Our Message," *Lumen Vitae* 5(1950) : 265.
35. In *The Art of Teaching Christian Doctrine : The Good News and Its Proclamation*, rev. and enlarged ed.(Notre Dame, Ind. : University of Notre Dame Press, 1962), pp. 245 – 260.

스콜라적 이성적 접근은 정확한 기독교 교리를 가르치는 데 큰 도움이 되기 때문에 교회는 신학 훈련에 이 접근을 지혜롭고 건전하게 사용할 필요가 있다. 그러나 정확함은 사실 기독교 설교의 유일한 측면은 아니다. 그리스도의 전도자는 정신만을 위한 것이 아니라 전인, 즉 삶과 행동을 위한 메시지를 선포해야 한다.[36]

호핑거는 이런 주장에 네 가지 조건을 제안했다. 첫째, 선포신학은 신학의 새로운 분야가 아니라 신학의 '기능적 경향성'이다. 그래서 그는 '선포신학'이라는 말보다 '신학에의 선포적 접근'이라는 말을 사용하기를 좋아한다. 둘째, 선포적 접근은 스콜라주의에 대립되는 것이 아니라 보완되는 것이다.[37] 셋째, '선포신학'은 학문적 재능이 부족한 신학생들을 위한 실천신학적 과목이 아니라, 기독교 교리의 종교적 가치를 모든 학생들에게 강조해 주는 신학의 한 양식이다. 넷째, '선포적' 신학은 신학교와 대학교의 신학교수에 의해 사용된 스콜라신학에 대조되는 '평신도신학'이라고 간주되어서도 안 된다.

한마디로 호핑거에게 선포신학은 교리문답 신학(catechetical theology)이다. 이것은 내용의 관점에서 종교교육과 함께 나타난다. 왜냐하면 이것은 이제 교리문답적 관심에 초점이 된 문제들에 대해 정확하게 **신앙고백으로부터**(ex professo) 답을 하기 때문이다. 여기서 교리문답적 관심이란 자료의 바른 선택, 교리문답 자료의 조직, 그리고 자료

---

36. *Ibid.*, p. 249.
37. 스콜라신학은 일차적으로 기독교 교리에 대한 지적인 추구를 목적으로 삼는다. …… 반면에 선포신학은 신앙적 감사와 계시된 진리의 선교적 선포를 목적으로 삼는다. …… 원리상 스콜라신학은 계시된 진리 전체에 관심을 기울인다(*Summa Theologca*). 그러나 선포신학은 체험되고 선포된 진리에 관심을 기울인다. …… 스콜라신학은 기독교 교리의 정확한 조항을 우리에게 제공해 주고, 올바른 신념을 강조한다. 선포적 접근은 이에 반해서 특별히 실재의 의미, 그리고 관계와 기독교 교리의 종교적 가치를 발전시킨다. 이것은 우리에게 기도하고, 감사하고, 기독교 교리를 실천할 능력을 제공해 준다(*Ibid.*, pp. 254–255).

의 개인적인 부분이 그 안에서 제시되어야 하는 전체와의 특별한 관계와 같은 관심을 말한다.[38]

선포신학과 교리문답적 신학이 불가분의 관계를 맺고 있다고 확신하는 호핑거의 생각은 오늘의 독자들에게 선포신학의 '위치'와 교리문답 운동의 특성에 관해서 비판으로 해명을 해준다. 적어도 가톨릭 영역에서는 신학에 대한 선포적 접근이 신학 영역보다 교육 영역에 더 많은 영향을 미쳐 왔다. 왜냐하면 시작부터 그 방향성이 우선 목회적이었기 때문이다.

그럼에도 불구하고 라너(Karl Rahner), 라찡거(Joseph Ratzinger), 그리고 폰 발트하살(Hans Urs von Balthasar)과 같은 주요 가톨릭 신학자들은 구속사를 중요한 신학적 개념으로 믿고 있다. 예를 들어 라너에게는 하나님의 점진적인 자기 계시라는 주제가 분명히 나타난다. 그에게서 구약은 예수의 강림에 의해서 완성될 뿐 아니라 결과적으로 종결될 구속사 내의 한 시기이다. 즉, "구약은 예수 그리스도 안에서의 새로운 약속에 의해 종결된다." "구약은 그 안에서 폐지되면서 성취되는 새롭고 영원한 약속의 전역사로서,"[39] 이것은 새로운 약속이라는 관점에서만 정확하고 온전히 해석될 수 있다. 왜냐하면 이것의 진정한 본성은 단지 그 마침($\tau\epsilon\lambda o\varsigma$-롬 10 : 4)에 대한 계시 안에서만 드러나기 때문이다(고후 3 : 14).[40]

「가톨릭교회의 교리문답」[41]에 대한 그의 영향력 때문에 현대 가톨릭계에 대단한 영향을 미치고 있는 라찡거의 글에도 유사한 주제가 나타난다. 라너와 함께 쓴 간단한 글에서 라찡거는 여러 성서신학을 구분한

---

38. *Ibid.*, p. 259.
39. Karl Rahner, "History of Salvation," in *Encyclopedia of Theology : The Concise Sacramentum Mundi*, ed. K. Rahner(New York : Seabury, 1975), pp. 1506-1518. Quotation, pp. 1512-1513.
40. *Ibid.*, p. 1516.
41. 조셉 라찡거(Joseph Ratzinger)는 교리문답서가 출판된 신조 회의의 의장이다.

다. 하나는 역사가로부터 나온 것이고, 다른 하나는 구약의 신약신학("순수한 구약에 대한 역사적 고찰에서 나온 것이 아닌, 그리스도 사건의 빛에서의 새로운 해석")이고, 셋째는 역사가에 의해 수행된 신약신학이고, 넷째는 "우리가 교의신학이라고 부르는" 신약의 교회신학이다. 교의신학을 성서신학에서 구분하는 것이 전통이다.[42]

라찡거는 그가 역사비평(그는 특별히 디벨리우스와 불트만을 염두에 두고 있다.)의 철학적 근거에 문제를 제기하는 최근의 논문에서 성서신학 해석에 대한 그의 이해를 발전시키고 있다. 본문은 그 역사적 컨텍스트 안에 자리할 필요가 있지만, "역사의 전체 흐름의 빛 안에서, 그리고 역사의 중심 사건, 즉 예수 그리스도의 빛 안에서" 보여질 때만 적절한 이해를 도출해 낼 수 있다.[43] 이 논문에서 명백히 드러나고, 앞에서 인용한 글에 드리워 있는 것은 역사비평을 교회의 성서 해석에서 중요한 역할로 받아들이는 것을 싫어한다는 것이다.

신구약 사이의 관계에 대한 폰 발트하살의 이해는 그의 책 「역사신학」의 제 2장 "아들과 구속사"에 분명히 드러나 있다. 그는 구약에서 신약으로의 도약을 만들어 내는 창조적 요소가 그리스도가 순종했던 사랑, 즉 "옛 원리인 노예적인 복종에서 벗어나게 해주고, 율법을 사랑의 종으로 만들어 줄 정도로 완벽한 사랑이라고 했다."[44] 폰 발트하살의 관점에

---

42. Karl Rahner and Joseph Ratzinger, *Revelation and Tradition*(New York : Herder and Herder, 1966), p. 44.
43. Joseph Ratzinger, "Biblical Interpretation in Crisis : On the Question of the Foundations and approaches of Exegesis Today," in *Biblical Interpretation in Crisis : The Ratzinger Conference on Bible and Church*, ed. Richard J. Neuhaus(Grand Rapids, Mich. : Eerdmans, 1989), pp. 20-21. 이어지는 Raymond E. Brown의 논문("The Contribution of Historical Biblical Criticism to Ecumenical Church Discussion," pp. 24-49)은 라찡거의 논문을 보완할 수 있는 통찰을 제공해 준다.
44. Hans Urs von Balthasar, *A Theology of History*(New York : Sheed and Ward, 1963), p. 55. 독일어 원본은 1959년에 출판됨.

서 "옛 약속은 미래의 성취에 대한 밑그림이고, 약속 준수에 대한 강요는 미래의 자유의 기초이고, 아직 이루어지지 않은 내용의 그릇을 만들어 준다."[45]

의심할 여지 없이 라너, 라찡거, 그리고 폰 발트하살은 20세기 가톨릭 사상의 중심 인물들이고, 구속사와 선포신학이 오늘날에 많은 영향을 미치게 했던 주요 요인이다. 그러나 주로 선포적/ 교리문답적 관점에서 신학화 작업을 했던 사람들이 학문 분야를 지배하지는 못했다. 구속사라는 가정을 갖고 있는 성서신학자들의 점차 드러나는 약점을 지적하는 다른 신학구조와 방법이 발전했다. 그러나 **케리그마**가 교리문답으로 변신했기 때문에, 교리문답은 우선적으로 교육학적 이론과 실천에 근거를 두지 못한 채 거의 신학적 관점에서 이해되었다.[46] 특히 초창기(ca. 1960-1975)에 지도적 역할을 했던 사람들은 학문적 관점보다 목회적 관점을 가지고 있던 신학자들이었다.

그래서 선포적 접근은 본질적으로 교리문답을 통해서 수행되었다. 사실 1960년 아이히쉬테트(Eichstätt) 연구 주간에 설명된 원리들은 비록 중요한 방법에서 변화가 있었지만, 교리문답에서 놀라운 힘을 발휘해 왔다.[47] 그 원리는 이렇다.[48]

---

45. *Ibid*. 발트하살은 그의 후기의 책(*Man in History : A Theological Study* [London : Sheed and Ward, 1968])에서 성서 후기의 유대교는 '가능한 내적 발전'이 없었다고 했다 ; 그리스도 이후의 이스라엘은 신학적인 적만이 아니고, 역사-철학적 적이기도 했다. 이스라엘은 존재를 유지하기 위해서 율법의 '서신', 지혜의 '정신,' 또는 계몽된 영지주의의 주위에서 탈세속화해야만 했다. 제도, 성전 예배, 그리고 제사주의에 모여 서 있는 제사장들은 시간에 묶여 있고, 결코 되돌려질 수가 없다(현재 이스라엘조차도) : 그래서 이스라엘은 다만 세속화된 것에 의해서만 그의 이전 제도를 대치할 수 있다. 쿰란에서 종국은 이미 보여졌다"(172).
46. James Michael Lee, *The Shape of Religious Instruction : A Social Science Approach* (Birmingham, Ala. : Religious Education Press, 1971), pp. 31-34의 교육적 의미에 관한 논의를 보시오.

1. 교리교육은 모든 백성에게 하나님의 구원 메시지를 선포하라는 그리스도의 명령을 수행한다.
2. 교리교육은 우리를 위한 하나님의 자비로운 사랑을 선포하고, 하나님 나라의 복음을 선포한다.
3. 교리교육은 그리스도 중심적이고, 아버지의 사랑하시는 계획이 그리스도 안에서, 그리고 그리스도를 통해서 성취됨을 반영한다.
4. 교리교육은 그리스도가 성령과 그의 목자들의 사역을 통해서 지속적으로 교회 안에서 살아 역사한다.
5. 교리교육은 예배가 기독교공동체 생활의 핵심임을 강조한다.
6. 교리교육은 믿음과 소망의 생활, 그리고 하나님의 명령에 대한 사랑 어린 순종의 생활로 나타나는 마음의 내적인 변화에 의한 하나님의 부르심에 응답하도록 우리를 가르친다.
7. 교리문답은 그리스도인들에게 그들의 세계와 그 환경 개선을 위한 책임을 알게 해준다.
8. 교리문답은 그리스도인들로 하여금 다른 사람들과 신앙을 나누도록 이끌어 준다.
9. 교리문답은 하나님의 방법을 따라 마음을 감동시키고 삶 전체를 고무시킴으로써 진리와 특히 사랑을 보여 주는 하나님의 놀라운 사역을 선포한다.
10. 교리문답은 신앙의 사중적 표현, 즉 예전, 성서, 체계적인 가르침, 그리고 기독교인의 삶의 증거를 채택한다.[49]
11. 교리문답은 그 자신을 사람들의 생활과 사상에 맞추고, 그들의 좋은 관점과 습관을 적절히 평가하고, 이를 기독교인의 삶의 방식 안에 조화롭

---

47. 유사한 용어인 catechesis와 catechetics에 관한 분석을 위해서 나의 책 *Educating in Faith : Maps and Visions*(San Francisco : Harper & Row, 1989), pp. 109-110을 보시오. 나는 이 둘 사이의 명백한 차이를 조사했다.
48. 다음 것이 워렌의 「자료집」, pp. 34-38에서 받아들여진 아이히쉬테트 문서의 본 내용이다.
49. 이 문서의 다음 절에서 저자는 "행동에로의 교육 없는, 그리고 무엇보다도 양심의 내용이 없는 진정한 신앙 내용은 없다."고 했다(*The Art of Teaching Christian Doctrine*의 부록 p. 273을 보시오).

게 통합한다.
12. 교리교육은 교리문답자들에게 살아 있는 공동체를 소개해 주고, 이 안에 뿌리를 내리도록 도와준다.[50]

이 원리는 간단하고 인기 있는 교사지침서(특히 기독교 교리 단체[CCD] 프로그램의 자원교사들을 위한 지침서)인 「현대 교리문답의 ABC」에서,[51] 또는 가톨릭 중학생을 위한 4년 공과 시리즈인 「주와 왕」에서,[52] 또는 유럽 잡지인 *Lumen Vitae*의 여러 논문에서 널리 받아들여지고 있다. 분명히 신앙의 사중적 표현(#10)이 핵심적 위치를 차지하고 있다. 예를 들어 이런 생각은 *Lumen Vitae* 학교의 세 동문에 의해 쓰여진 「주와 왕」 시리즈의 조직 원리였다. 첫해 공과는 성서적인 내용이고(「역사의 주」), 둘째 해는 예전적인 내용이고(「예수 그리스도 : 우리의 삶과 예배」), 셋째 해는 교리적인 내용이고(「교회 : 하나님의 백성」), 넷째 해는 증거의 표시이다(「기독교 증거 : 그리스도에의 응답」). 이 시리즈는 1960년대 중반에 거의 65%의 가톨릭 중학교에서 사용되었다.

네 표시는 미국 가톨릭 교인을 위한 국내 교리문답 지침인 「신앙의 빛을 나누며」에서 다시 찾아볼 수 있다. 여기서는 비록 네 번째 것이 자연적인 표지로 선포되었지만, 신자들은 '전적인 기독교 정신' 안에서 테스트를 받고, 설명해야만 했다.[53] 그러나 비록 그 반향이 "구약의 주요 주

---

50. "더 더욱 기독교인의 삶은 그 자체로 교회 안에서 매일 이루어지기 때문에 세례교육자들은 수강자들의 개인적 성격을 형성하는 일을 피해야 한다. 이런 목적으로 이들을 교구공동체와 연결시켜 주어야 하고, 무엇보다도 예배생활에 참여케 해주어야 한다(*Ibid.*, p. 274).
51. Johannes Hofinger and William J. Reedy, *The ABC's of Modern Catechetics*(New York : Sadlier, 1962).
52. 빈센트 노박(Vincent M. Novak)이 첫 번째 두 해 동안, 넬슨(John Nelson)이 세 번째 해에, 그리고 조셉 노박(Joseph Novak)이 네 번째 해에 이 책을 썼다. 특히 V.M. Novak, *Teachers Guide, Lord of History*(New York : Holt, Rinehart and Wiston, 1966)을 보시오.

제들이 그리스도를 위한 준비"라는 가르침 안에서, 그리고 구약이 "보다 폭넓고 깊은 약속, 즉 예수 그리스도 안에서 하나님의 가장 완전한 자기 계시"를 위한 단계로 주어졌다는 생각 속에서 받아들여질 수는 있지만, 구속사는 보다 분명하지가 않다.[54]

간단히 말해서, 선포신학은 교리문답 속으로 사라졌다. 또는 신학에 의 선포적 접근은 적어도 그 초기에(ca. 1955-1970) **교리문답 운동으로 변신되었다고 말할 수 있다.** 기독교의 활력을 강조하면서 이것은 스콜라신학 또는 질문과 대답이라는 교리문답 형식에서 보다 역동적인 신앙 이해를 보여 주었다. 하나님의 계획의 통일성을 가르치면서 스스로 처음 성서를 잡은 많은 가톨릭 신자들로 하여금 성서 각 권 속에서 일관성을 발견할 수 있게 해주고, 특히 구약과 신약을 연결지을 수 있는 하나의 방법을 발견할 수 있게 해주었다.[55] 그리스도를 중심이라 강조함으로써 이것은 하나의 진리의 계층구조를 보여 주었고, 그래서 하나님의 구원방법의 중심적 측면을 강조하고, 보다 주변적인 신념과 실천은 덜 강조했다.[56]

---

53. *Sharing the Light of Faith* : *National Catechetical Directory for Catholics of the United States*(Washington, D.C. : The United States Catholic Conference, 1979), #s 42-46. Quotation #46.
54. *Ibid.*, #s60 and 53.
55. 대부분의 가톨릭 신자들은 1546년 트렌트 회의에서 결정된 내용과 직접 연관된 오해, 즉 성서를 직접 읽는 것이 금지되었다고 잘못 생각하고 있다. 성서의 사적인 해석을 금한다는 조항은 실제로 '무지하지만 경건한' 평신도들이 성서의 참 의미를 파악할 수 있다는 루터의 주장에 대해 교회의 성경 해석의 권위를 설명하고자 하는 의미를 갖는다. 안됐지만 가톨릭 교회 안팎의 대다수는 트렌트 회의의 조항을 성경의 사적인 해석을 금하는 것으로 이해하고 있다. F.J. Crehan, "The Bible in the Roman Catholic Church from Trent to the Present Day," in *The Cambridge History of the Bible*, vol. 2 : The West from the Reformation to the Present Day, ed. S.L. Greenslade(Cambridge : Cambridge University Press, 1963), pp. 199-237을 보시오.
56. 이 구절은 1964년 반포된 바티칸 II의 에큐메니즘에 대한 조항 #11에서 발췌한 것

그러나 성서연구와 성서신학이 발전하고 교리문답 운동이 다른 국면으로 접어들게 되면서 선포적 '시대'는 거의 지나갔다. 융만, 호핑거, 그리고 많은 그들의 제자들에게 그렇게 중요하게 다루어졌던 신학적 주장들이 종교교육의 개혁을 이끌어 가기에는 점차 불충분한 것으로 드러나게 되었다.

비록 1972년 교리교육 회복을 위한 많은 글에 명백하게 나타난 예전과 교육 사이의 밀접한 연결이 근본적인 방법 안에서 융만의 통찰을 존중하고 있다고 해도, 종교교육은 보다 덜 선포신학에 뿌리를 내리고 있는 방법으로 꽃피고 있다.[57]

선포신학 : 비판적 평가

여러 학문 분야에서 받아들여지고 있는 선포신학의 실패는 그 주된 개념들 중의 하나인 구속사의 중대한 약점에 기인한다고 할 수 있다. 1980년의 책에서 나는 계시, 기독론, 신구약 사이의 관계, 그리고 교회론에 대한 새로운 신학적 사고가 구속사 위에 "무거운 그림자를 드리우고 있다."고 말한 바가 있다.[58] 최근에 조직신학자 브래드포드 힌쯔(Bradford Hinze)는 구속사와 연관된 많은 문제들을 알기 쉽게 설명했다.[59] 첫 번째는 용어의 부정확성에 있고, 두 번째는 성서의 문학 장르의

이다. "서로가 교리를 비교해 볼 때, 이 교리들이 기독교 신앙의 기초와의 관계에서 차이를 나타낸다고 하면 가톨릭 신자들은 가톨릭 교리 안에 하나의 질서 또는 진리의 계층이 있음을 기억해야만 한다."(Austin Flannery, ed., *Vatican Council II : The Conciliar and PostConciliar Documents*, vol. 1 ; cf. William Henn, s.v., "Hierarchy of Truths," in *The New Dictionary of Theology*, pp. 464-466에서 인용했다.)

57. 가장 잘 알려진 것 중에 James B. Dunning, *Echoing God's Word : Formation for Catechists and Homilists in a Catechumenal Church*(Arlington, Va. : The North American Forum on the Catechumenate, 1993)과 Philip J. McBrien, *How to Teach with the Lectionary*(Mystic, Conn. : Twenty-Third Publications, 1992)이 있다.

58. Boys, *Biblical Interpretation in Religious Education*, pp. 141-202.

다양성에 대한 왜곡에 있다. 구속사에서 하는 것처럼 역사적 주제와 예언적 주제를 연결시키는 것은 지혜, 우화, 그리고 제사와 같은 장르를 간과하게 된다. 그래서 전체로서 성서의 역사 기록에 한 계획 또는 한 명령을 상위에 배치함으로써 구속사는 성서의 설화 형태 기록의 다양성을 무시하게 된다.[60]

더 더욱 구속사는 다양한 본문을 통일된 해석적 구조 안에 강제적으로 적용시킬 뿐 아니라 불연속성을 배제한다. 그 중요한 예가 하나님의 이스라엘과의 약속과 하나님의 교회와의 약속 사이의 관계이다. 힌쯔는 이렇게 쓰고 있다.

> 약속과 성취라는 주제와 유형론적 석의방법은 본문의 표면을 벗겨 내고, 다양한 플롯과 설명의 구조를 살피게 될 때 드러나는 많은 문제를 얼버무리고 넘어갈 수가 있다. 구속사에서 유대인의 역할은 무엇인가? 유대인은 새로운 약속의 출범인 예수를 드러내기 위해 하나님의 계획과 뜻을 거역한 사람들로 설명되어야만 하지 않는가? 기독교의 특수한 성격을 부인함이 없이 예수를 유대교 전통 및 나아가야 할 길의 견본이라는 설명이 가능한가? 이것이 유대교와 기독교 사이의 대화 뿐 아니라 신약 석의의 중요한 문제이다.[61]

구속사적 관점에서 다른 신학적인 문제들이 제기된다. 힌쯔는 여섯 가지를 들고 있다. (1) 구속사의 하나님은 그렇게 배타적인 신인동형론적 방법으로 묘사되기 때문에 다른 방법으로 하나님을 상상하는 것이 어렵게 되는 것은 아닌가? (2) 구속사의 개념이 지나치게 미래 지향적인 것은 아닌가? 즉, 약속 성취라는 주제가 종말론을 손상시켜 가면서까지

---

59. Bradford E. Hinze, "The End of Salvation History," Horizons 18 : 2(1991), pp. 227-245.
60. Ibid., p. 235.
61. Ibid., pp. 236-237.

강조되는 것은 아닌가? (3) 구속사의 기독론이 성령에 대한 적절한 존중 없이 왜곡되고 근시안적인 것은 아닌가? (4) 구속사가 성서 본문의 정치적이고 사회적인 역동성을 적절하게 설명하고 있는가? (5) 구속사의 설명이 제시될 때 이것은 대부분 남성에 관한 이야기이고, 여성은 단지 종속적이고 보조적 역할을 하는 것은 아닌가? (6) 구속사는 성서의 증언과 오늘의 세계 안에서 창조, 자연, 그리고 우주를 충분히 설명하고 있는가?

힌쯔의 결론은 길게 인용할 가치가 있다.

> 성서는 자연과 역사 속에서 일어난 하나님의 구원의 섭리를 증언한다. 그러나 이런 섭리는 신비이지 지도가 아니다. 왜냐하면 미래의 하나님은 우리가 그려지지 않은 영역으로 들어오는 것을 금하고 계시기 때문이다. 순례의 길은 이런 존경받고 존중되는 글들의 도움을 받는다. 이런 글들은 우리가 누구이며, 누구로부터 부름받았는가를 우리에게 말해 준다. 그러나 이런 구원전통은 소멸되지 않는다 ; 그럼에도 불구하고 이것은 모든 것을 말해 주지도, 그 종말에 대해서 자세히 보여 주지도 않는다.[62]

근본적인 문제 : 대체주의적인(Supersessionist) 선포적 접근

앞에서 언급한 나와 힌쯔의 주장에 기초해서, 신학에의 선포적 접근이 교리문답 운동으로 전환되어질 때 생기는 근본적인 문제라고 내가 믿는 것, 즉 하나님의 점진적인 자기 계시라는 가정과 약속 - 성취라는 주제를 사용함으로써 유대교를 비방하는 것을 보다 자세하게 살펴보자.[63] 간단히 말해서 선포적 접근은 **대체주의적**이다. 즉, 이것은 유대인

---

62. *Ibid.*, p. 245.
63. 유대인들이 왜 성서신학에 관심을 보이지 않는가에 관한 레벤슨(Jon D. Levenson)의 설명을 보시오(*The Hebrew Bible, the Old Testament, and Historical Criticism*[Louisville : Westminster/John Knox, 1993]), pp. 33-61.

의 예수 그리스도의 배척 때문에 유대인은 하나님의 백성으로 대체-교체-되었다는 오래된, 그러나 이제는 낡아빠진 기독교적 관점이다.[64]

결론적으로, 선포적 접근에 의해 영향을 받은 이런 관점은 구약-내가 '첫째' 약속이라고 부르기를 좋아하는 것-을 축소주의적으로 해석했고, 단순한 형태로 예수를 설명했고, 유대교로부터 기독교의 출현을 왜곡했다.

내가 채택한 용어-'옛' 약속 대신에 '첫째' 약속-조차도 선포적/교리문답적 접근을 싫어하고 있음을 나타내 준다. 틀림없이 이 용어는 시적이지는 않지만, 종종 '옛' 약속과 함께 나오는 낡고 대체된 표현과 '히브리 성서'라는 보다 최근의 용어의 언어적 불충분성을 피한다.[65]

선포적 접근에 의해 영향을 받은 용어들은 우리 기독교 선조들이 첫째 약속을 해석한 방법이 성서가 읽혀질 단 하나의 가능한 방법이 아니라는 점-사실, 첫째 약속에 대한 기독교적 해석은 철저하게 독특한 기독론적 관점에 의해 이루어져 있다-을 깨닫는 데 실패했다. 첫째 약속에 대한 기독교적 수용은 말하자면 고백적인 관점에서 나온 이차적인 해석이다. 특별히 부활의 경험은 예수의 제자들을 재교육시켰다. 이것은 그들이 하나님과 자신과의 관계를 이해하는 새로운 '렌즈'를 제공해 주었다. 따라서 그들은 하나님께서 그들 한가운데서 행하신 것을 이해하고 말하도록 도와주는 이미지, 이야기, 기대를 주목하면서, '기독론적 안목'으로 그들의 성서를 살펴 갔다. 이들은 이 본문에서 새로운 의미층

---

64. 내가 쓴 "A More Faithful Portrait of Judaism : An Imperative for Christian Educators," in *Within Context : Essays on Jews and Judaism in the New Testament*, ed. David Efroymson, Eugene J. Fisher, and Leon Klenicki(Collegeville, Minn. : Liturgical Press, 1993), pp. 1-20을 보시오.

65. Roland E. Murphy, "Old Testament/Tanakh-Canon and Inspiration," in *Hebrew Bible or Old Testament?* Christianity and Judaism in Antiquity, ed. Roger Brooks and John J. Collins, vol. 5(Notre Dame, Ind. : University of Notre Dame Press, 1990), pp. 11-30을 보시오.

을 구별해 냈다. 그러나 이 층은 일차적인 층이 아니다. 오히려 이것은 고전적 본문의 본질적인 '의미의 잉여물'로부터 흘러 나온 것이다. 모니카 헬위그(Monika Hellwig)는 이런 과정을 적절하게 요약했다.

> 달리 말하면, 신학을 연구해 온 사람들 사이에 일반적인 인식이 있다. 즉, 히브리 성서는 일차적인 의미로서 신약 없이도 완전한 의미, 즉 유대적 경건과 전통에 의해 그 안에서 구별되는 것을 가지고 있다는 것이다. 기독교인들이 유대인 예수에 대한 경험과 그가 유대인들의 세계에 미친 영향에 대한 경험의 빛 안에서 구별해 낸 의미는 재해석된 것이다. 즉, 히브리 본문 자체의 일차적이고 분명한 의미는 아니다.[66]

부활의 경험은 제자들이 이미 전통에 관해서 알고 있던 것을 해명하는 일에 다시 초점을 맞추게 했다. 예수의 부활은 그들이 전에 알고 있던 것을 보다 잘 이해할 수 있게 해주는 촉매역할을 했다. 반 뷰렌(Paul van Buren)이 제안하는 것처럼 선포신학자들이 좋아하는 구조인 약속-성취는 사도적 문서(반 뷰렌이 신약이라는 말보다 좋아하는 용어)가 증언하는 것이 "공동체 내의 진정한 새로운 경험"을 바르게 다루고 있지 않기 때문에 적절치 못하다. 우리는 약속과 성취보다 **약속과 확인**(confirmation)이라고 말하는 것이 보다 적절할 것이다.

> 확인하는 것은 확실하게 하는 것이요, 확증하는 것이다. 이것은 그렇다고 말하는 것이다. 교회가 사도적 문서와 수세기에 걸친 증언을 통해서 이스라엘의 성서를 확인했고, 이때 그들의 증언이 옳다고 말하고 있다. 교회는 아멘, 즉 그렇다고 말하고 있다. 교회는 결코 이 증언을 그들 자신의 것으로 대체하고자 할 수가 없었다. 교회는 이방인의 사도와 함께 "하나님의 약속은 얼마든지 그리스도 안에서 예가 된다."(고후 1:20)고 믿기 때문에

---

66. Monika K. Hellwig, "Bible Interpretation : Has Anything Changed?" in *Biblical Studies : Meeting Ground of Jews and Christians*, p. 175.

그렇게 한다.[67]

기독교인들은 사실 첫째 약속 안에서 그리스도 예수의 모습을 구별해 낸다. 왜냐하면 예수에 대한 설명이 본문의 문자적 수준에서가 아니라, 경전적이고 교회적인 수준에서 그들의 통찰이 새로운 차원을 '해석해 주기' 때문이다.[68]

이런 특징은 첫째 약속에 대한 보다 민감하고 적절한 기독교적 해석을 가능케 해준다. 게일 램쇼우(Gail Ramshaw)는 선포적 '두 단계' 해석, 즉 (1) 첫째 약속이 그리스도 안에서 성취된 약속을 담고 있고, (2) 유대교가 이렇게 해석하지 않지만, 기독교가 완성의 부분이라고 보는 해석에 반대하는 예전적 해석을 제안한다. 그녀는 세 번째 단계를 첨가할 때 보다 충분한 만족을 얻을 수 있다고 한다. 예를 들어서 부활절 버질(Easter Vigil)에 대한 해석은 (1) 유대 백성의 설화이고, (2) 그리스도의 부활에 대한 상상의 모습이고, (3) 이해의 세례공동체를 묘사하는 말이라는 것이다.[69]

나아가 램쇼우는 첫째 약속의 본문 해석을 위한 세 가지 기법을 제안한다.[70] 첫째 기법은 명확한 이해를 얻기 위해 **컨텍스트**에서 첫째 약속의 도움을 얻는 것이다. 예를 들어서 종종 세례 요한에 관한 마가복음

---

67. Paul van Buren, *A Christian Theology of the People Israel*(New York : Seabury, 1983), pp. 27-29. 반 뷰렌은 하나님의 이스라엘에 대한 선택, 언약, 약속을 확인함 없이는 그 자체일 수 없다고 말했다.
68. 나는 여기서 브라운(Raymond E. Brown)이 제시해 주는 구분을 따르고자 한다 (*The Critical Meaning of the Bible* [New York : Paulist, 1981], pp. 23-44).
69. Gail Ramshaw, "The First Testament in Christian Lectionaries," *Worship* 64 (1989), p. 503. 또한 "Problems of Typology : Reading the Jewish and the Christian Scriptures"라는 주제에 관해서는 *SIDIC* 21 : 3 (1988)을 보시오.
70. 램쇼우는 성서일과에 이런 기법을 적용했다. 그러나 나는 이 기법이 폭넓게 적용될 수 있다고 믿는다. 우리는 한 예배자가 성서 교수를 위한 중요한 의미를 제안함으로써 융만의 전과정을 완수하게 된다는 것을 알아야 한다.

1 : 1~8을 이해하기 위해서 이사야 40장의 포로 후기의 컨텍스트를 이해할 필요가 있는 것과 같이, 둘째 약속을 이해하기 위해 첫째 약속의 언어를 이해할 필요가 있다. 둘째 기법은 심도 있는 이해를 위해서 **메타포**를 사용하는 것이다. 이것은 구속사 내에서 일어난 일도 아니고, 역사적 배경도 아닌 단지 '부활을 위한 메타포로서' 부활절 버질의 독본에서 가장 쉽게 찾아볼 수 있다.

> 세상이 창조된 것 ; 노아가 홍수에서 구원받은 것 ; 이삭이 칼로부터 구원받은 것 ; 이스라엘이 바로의 군대에서 구원받은 것 ; 마른 뼈가 되살아난 것 : 이런 것들은 부활절을 위한 이미지요, 복음서의 예수의 빈 무덤 이야기와 교회의 세례를 위한 은유적 평행구절들이다.[71]

램쇼우가 제안하는 셋째 기법, 즉 **대조에 의한 평행구절** - 그리스도의 구원의 생명과 인간 조건의 죽음의 대조 - 은 이것이 첫째 약속 이야기를 부정적으로 그리고 있기 때문에 특별히 반셈족주의(antisemitism)에 영향받기 쉽다. 이것은 "유대교 - 기독교는 이들에게 선하게 대하지만 - 를 악이라고 저주하는 본문을 일방적으로 석의하도록 할 수 있다."[72] 분명히 이 기법은 사용하기가 가장 어렵기 때문에 삼가서 사용되어야 한다. 그럼에도 불구하고 램쇼우는 사순절 첫 번째 주일(A주기)에 아담과 이브의 타락이 그리스도의 시험과 한 짝을 이룰 때 효과적이라고 보았다. 즉, "우리 자신의 상실에서 우리 자신이 잃어버린 것을 우리 스스로가 찾는 인간의 이야기는 우리의 회복에 대해 하나님께 예배하는 그리스도와 대조된다."[73]

'옛' 약속에 대한 선포적 해석에서 또 다른 주요 실수는 유대교 내의 본문 해석의 풍부한 전통을 아는 데 실패한 것이다. 일반적으로 기독교

---

71. *Ibid.*, p. 507.
72. *Ibid.*, p. 509.
73. *Ibid.*, p. 508.

인들은 유대인들이 오랜 세월 타나크(Tanakh)를 해석해 온 방법에 관해 너무도 무지했기 때문에 이것은 그렇게 놀라운 일이 아니다.[74] 기독교인들은 사실 유대인들이 그들의 성서를 해석하기 위해 사용해 온 다중적 전통들 - 홀쯔(Barry Holtz)[75]가 구분해 놓은 범주를 따라 볼 때 탈무드, 미드라쉬, 중세 성서주석, 중세 유대교 철학, 카바라 본문(Kabbalistic texts), 하시딤 지도자들과 기도자들의 가르침 등 - 에 대한 어떤 지식도 가지고 있지 못하다. 사실 유대교적 해석에 대한 이해를 단지 선포신학자들의 관점에서만 가정한다면, 1세기 이후에는 아무런 해석도 없었다고 결론을 내리게 된다.

첫째 약속에 대한 그들의 축소주의적 해석의 결과처럼, 선포신학자들(다른 신학자들 가운데)은 예수에 대한 설명을 매우 단순화하고 있다. 기독교인의 삶의 표현 속에 역동성을 회복하려는 그들의 의도된 노력으로 인해서 기독교인들은 그리스도를 '중심', 즉 모든 역사가 그에 의해서 그에게로 이끌려 가는, 다시 말해서 일종의 진화론적 향상이 일어나는 그런 중심으로 만들어 놓았다. 예를 들어서 그들은 예언자들이 분명하게 예언했던, 그러나 유대인들이 알지 못했던 오래 기다려 온 메시야로 예수의 확실한 모습을 그리고 있다.

그러나 이 역사의 실제는 보다 훨씬 복잡하다. 이스라엘의 역사와 문헌은 유대교 자체가 다양하기 때문에 '메시야'에 대한 다양한 의미를 보여 준다.[76] 1세기 유대교는 서로 배타적이기까지 한 많은 다른 메시야주

---

74. 여기서 나는 세 부분 토라(Torah), 예언서(Neviim), 성문서(Ketuvim)로 구분되는 유대교 경전의 두문자어(acronym)로서 이 용어를 사용하고 있다. "Bible" in Dan Cohn-Sherbok, *A Dictionary of Judaism and Christianity* (Philadelphia : Trinity Press, International 1991), p. 13을 보시오.

75. Barry Holtz, ed., *Back to the Sources : Reading the Classic Jewish Texts*(New York : Summit Books, 1984). 또한 Burton L. Visotzki, *Reading the Book : Making the Bible a Timeless Text*(New York : Anchor Books, Doubleday, 1991) ; Frederick E. Greenspahn, ed., *Scripture in the Jewish and Christian Traditions*(Nashville : Abingdon, 1982).

의에 관한 상과 신념을 가지고 있었다. 가톨릭 학자 클레멘스 토마(Clemens Thoma)가 언급한 것처럼, "예수 시대의 유대교 안에 메시야에 대한 개념이 다양하다.…… 결론은 분명하다. 즉, 인간 예수와 대조되는 완전히 형성되고, 보편적으로 묘사된 유대적 메시야 모습은 없다는 것이다."[77]

간단히 말해서, 유대인들은 메시야의 본성과 기능에 관한 예언들에 대한 어떠한 단일 문건이나 직접적인 목록을 가지고 있지 않다. 더 더욱 메시야적 언어는 하나님의 구원을 설명하는 한 방법일 뿐이고, 이것이 가장 중요한 것도 아니다. 초대교회가 예수를 '그리스도'라 부를 때, 이것은 용어에 새로운 의미층을 첨가했고, 이것을 유대교에서 보다 더 중심적인 것으로 만들었다. 그래서 예수를 우리의 메시야라고 말하는 것은 신앙적 주장이지, 확실한 예언적 공리는 아니다.

비슷하게도 선포적 접근은 유대교로부터 기독교가 나타난 복잡한 역동성을 모호하게 하려는 경향이 있다. 언약의 약속 성취로서 그리스도에 대한 강조는 그가 강림했을 때, 기독교의 독특한 정체성이 형성되었다고 암묵적으로 말해 준다. 그러나 실제로 이것은 보다 복잡하다.

많은 연구들이 관례적인 설명을 분명하게 뒤바꿔 놓는 기독교 기원에 대한 새로운 이해를 입증해 주고 있다. 이 연구들은 다음과 같이 요약될 수 있을 것이다.

---

76. 그래서 노이스너는 "유대교들과 그들의 메시야들"이라고 했다. J. Neusner, William S. Green, and Ernest Frerichs, eds., *Judaisms and their Messiahs at the Turn of the Christian Era* (Cambridge : Cambridge University Press, 1987). 또한 James H. Charlesworth, ed., *The Messiah : Developments in Earliest Judaism and Christianity*(Minneapolis : Fortress, 1992).

77. Clemens Thoma, *A Christian Theology of Judaism.* A Stimulus Book(New York : Paulist, 1980), p. 134. Cf. Henning Graf Reventlow, *Problems of Biblical Theology in the Twentieth Century*(Philadelphia : Fortress, 1986), p. 50.

- 초기 유대교는 여러 다양한 흐름을 허용했고, 그들 중의 하나가 기독교였다. 우리가 오늘날 알고 있는 유대교('랍비적 유대교') 또한 같은 근원에서 나왔지만, 이 두 흐름의 출현과 분리는 매우 복잡하다. 마치 "예수 운동이 기독교가 되었고, 바리새파 운동이 랍비적 유대교가 되었고, 이것이 유대교가 되었던 것"처럼, 이것은 초기 유대교라는 같은 모태로부터 나왔지만 매우 다르게 자란 이란성 쌍둥이이다.
- 기독교는 기틀을 잡아 가고 있던 유대교로부터 순식간에 생겨난 것이 아니라, 특정 발화점들(성전, 할례, 음식 금기, 토라의 지위, 유일신관)에 대한 차이의 결과로 생겨났다.[78]
- 적어도 2세기 중엽까지는(그리고 이 시기가 지나서도 많은 곳에서는) '유대교'와 '기독교' 사이의 경계가 대부분의 사람들이 생각하는 것처럼 그렇게 굳어지지 않았었다.[79]
- 예를 들어서 예수가 유대공동체와 적대적 위치에 서 있는 것처럼 보이는 마태복음과 같은 기록들은 유대교 내부의 논쟁으로 보다 잘 해석된다. 그래서 많은 신약 기록의 극단적인 차원은 특별한 경우에(예를 들어 마 23장) 전통에 대한 권위주의적 해석에 관한 공동체의 가열되고 긴장된 비난을 반영하는 것으로 여겨져야 한다.[80]
- 어떤 경우 논쟁은 고대세계의 문학적 컨텍스트 안에서 이해되어야 한다.[81] 후기 독자들은 극단적인 적대적 언어로 표현된 것을 상대적으로 다루어야 한다.

---

78. James D.G. Dunn, *The Partings of the Ways : Between Christianity and Judaism and Their Significance for the Character of Christianity* (London : SCM, and Philadelphia : Trinity Press International, 1991)을 보시오.
79. John Gager, "The Parting of the Ways : A View from Early Christianity : 'A Christian Perspective,'" in *Interwoven Destinies : Jews and Christians Through the Ages*, A Stimulus Book, ed. Eugene J. Fisher (New York : Paulist, 1993), p. 67.
80. Anthony J. Saldarini, "Deligitimation of Leaders in Matthew 23," *The Catholic Biblical Quarterly* 54 : 4(1992), pp. 659-680을 보시오.
81. Pheme Perkins, "Irenaeus and the Gnostics, Rhetoric and Composition in Adversus Haereses Book One," *Vigilae Christianae* 30(1976), pp. 193-

선포신학자들은 보다 최근의 성서적 역사적 학문의 결과이기 때문에, 이런 많은 통찰은 그들에게 유용하지 않다. 그러나 만일 우리가 정확한 유대교의 설명에 근거한 기독교에 대한 이해를 얻기 바란다면, 이런 많은 통찰은 오늘날 반드시 고려해야 하는 중요한 지식을 제공해 줄 것이다.

다시 살아난 선포신학 : 「가톨릭교회의 교리문답」

그렇게 많은 선포신학자들의 대체주의적 가정들이 사장된 것처럼 보이는 이런 최근의 학문 분위기 가운데, 「가톨릭교회의 교리문답」이라는 매우 중요한 문서 안에서 이것들을 다시 볼 수 있다는 것은 실망스러운 일이다.[82]

하나의 긴 설화인 「교리문답」은 네 책으로 구성되어 있다. 첫째는 "신앙의 고백"으로 신조가 중심을 이루고 있고, 둘째는 "거룩한 신비에 대한 경축"으로 예전과 성례를 설명하고 있다. 셋째 책은 "그리스도 안의 생활"로 십계명에 특별히 주의를 기울이면서 율법과 은혜의 관계를 다루고 있다. 마지막 책인 "기독교 기도"는 기도의 중심성을 다루고 있고, 주기도문에 대한 해석을 포함하고 있다.

분명히 이 글에서 방대하고 복잡한 이 문서를 적절하게 분석할 수는 없다. 그러나 선포신학이 구체화되고, 그 구속사 주제가 두드러지기 때문에 그 연관성을 아는 것은 중요하다. **이럼으로써 케리그마가 종교교육 안에 여전히 살아 있다는 것이 분명해진다.**

이 문서가 구약에 대해 언급할 때, 특정한 관점에서 일종의 긴장을 찾

---

200 : Luke Timothy Johnson, "The New Testament's Anti-Jewish Slander and the Conventions of Ancient Polemic," *Journal of Biblical Literature* 108 : 3(1989).

82. John Paul II, "Apostolic Constitution on Publication of Catechism of the Catholic Church," *Origins* 22 : 31(January 14, 1993)을 보시오. 배경을 위해서는 *The Living Light* 29 : 4의 특별 주제를 보시오. 그리고 *The Living Light* 30 : 1(Fall 1993)의 심포지엄 논문을 보시오.

아낼 수 있을 것이다. 한편에서 교리문답은 구약이 거룩한 성서의 필수 불가결한 부분이라고 말하고 있다. "구약의 책들은 거룩하게 영감되어 졌고, 영원한 가치를 보존하고 있다. 왜냐하면 옛 약속이 결코 없어질 수 없기 때문이다."[83] 그러나 그 목적은 전적으로 준비를 위한 것처럼 보인다. 즉, "사실 '구약의 섭리의 주된 목적은 구세주인 그리스도의 강림을 준비하는 것이었다.' 비록 구약의 책들이 '불완전하고 예비적인 내용을 담고 있지만', 그럼에도 불구하고 이들은 하나님의 구원하시는 사랑에 대한 온전한 '하나님의 교육'(divine pedagogy)을 보여 준다."[84] 하나님의 교육에 대한 언급은 하나님의 점진적인 자기 계시를 전제한다.

> 하나님은 "서로 본질적으로 연결된 행위와 말씀으로" 당신의 계시에 대한 계획을 완성하셨다. 이 계획은 특별한 하나님의 교육을 담고 있다. 즉, 하나님의 점진적인 자기 의사소통은 성육신하신 말씀이신 예수 그리스도의 인격과 사역 안에서 정점을 이루고 있는 초자연적인 자기 계시를 받아들이도록 여러 단계의 사람들을 준비시켰다.[85]

하나님의 교육과 점진적 계시 사이의 연계는 "하나님이 그의 백성을 그리스도께로 이끌어 가시는 개인교사로서 율법 문자를 주셨다."는 후기 주장에서 확실히 드러난다. 그러나 하나님의 인애를 상실한 인간을 구원하기에는 무력하지만, 죄에 대한 인식을 깨우쳐 주는 율법은 백성들 속에 성령에 대한 욕구를 유발한다.[86]

이 점진적인 자기 계시 때문에 "두 약속 사이의 통일은 하나님의 계

---

83. *The Catechism of the Catholic Church*(Città del Vaticano : Libreria Editrice Vaticana, 1992) #121. 아직 영어로 출판되지는 않았음.
84. #122. 이 인용구절은 제 2차 바티칸 회의의 "하나님의 계시에 관한 교리 조항"에서 발췌했다(*Dei verbum*) #15 ; (Flannery, *Vatican Council II : The Conciliar and Post Conciliar Documents*를 보시오).
85. #53.
86. #708.

획과 계시의 통일로부터 진행된다. 구약은 신약을 준비시키고, 신약은 구약을 성취한다. 이 둘은 서로에게 빛을 비춰 주고, 이 둘 모두는 하나님의 말씀이다."[87] 약속 – 성취 구조는 다음의 주장 속에 분명히 드러나 있다.

> 하나님의 아들의 지상에로의 강림은 너무도 큰 사건이기 때문에 하나님은 오랜 세기 동안 이것을 준비하고자 했다. 그분은 '첫 약속'의 모든 예식과 희생을 만드셨고, 모든 인물과 상징은 그리스도로 집중된다. 이스라엘 안에서 서로 전수되어 온 예언자들의 입을 통해서 하나님은 메시야의 강림을 선포했고, 이방인들의 마음속에 이 강림에 대한 모호한 희망을 일깨웠다.[88]

이런 주장의 빛 안에서 예견될 수 있는 것처럼, 유형론은 교리문답에서 중요한 역할을 한다. 다음의 연속된 세 구절이 골격을 보여 준다.

> 사도시대의 교회와 변함 없는 전통 속의 교회는 유형론을 통해서 두 약속 내의 하나님의 계획의 통일을 밝혀 준다. 여기서 유형론은 그의 성육신하신 아들의 인격 안에서, 그리고 때가 되어서 성취하실 것에 대한 예표를 구약의 하나님 사역 속에서 분별해 낸다.
> 그리스도인들은 십자가에 달리시고 부활하신 그리스도의 빛 안에서 구약을 해석한다. 이런 유형론적 해석은 구약의 고갈될 수 없는 내용을 드러내 주는데, 구약은 우리 주님이 다시 긍정했을 때 계시로서 그 자신의 가치를 가지고 있다는 것을 잊지 못하게 한다. 덧붙여서 신약은 구약의 빛 안에서 해석되어야만 한다. 초기 기독교 교리교육은 구약을 늘 사용했다. 어거스틴에 따르면 구약이 신약에 드러난 것 속에 있는 반면에, 신약은 구약 속에 감추어져 있다.
> 유형론은 "하나님이 모든 것 속의 모든 것일 때" 하나님의 계획의 성취를

---

87. #140.
88. #522.

향한 역동성을 드러내 보여 준다. 예를 들어 족장들의 부르심과 출애굽은 그들이 중개적 단계에 불과하다는 사실로 인해 하나님의 계획 속의 그들의 적절한 가치를 결코 잃을 수 없다.[89]

이런 구절이 입증해 주는 것은 선포신학자들의 구약에 대한 대체주의적 해석이 지속되고 있다는 것이다. 우리는 앞에서 인용된 "지속적으로 구약의 불완전성을 지적해야 한다."는 호핑거의 충고를 들을 수 있다. 동시에 구약을 존중하려는 시도도 있다. 구약은 '필수불가결하고', 그 내용은 '고갈될 수 없고', 이것은 '계시로서 자신의 가치를 유지하고 있다.' 신약은 이 구약의 빛 안에서 해석되어야만 한다.

그러나 분명히 '옛 약속'이 폐지되지 않는다고 해도, 그리스도 이후에 존재할 실제적인 이유는 없다. 이것은 「가톨릭 교리문답」이 단순히 오늘날의 유대교의 존재와 생동력을 인식하고 있지 못한 것과 같다. 유대인이 이런 교리문답 속의 유대교에 대한 설명을 알고 있는가? 나는 그렇지 않다고 생각한다. 이것은 단지 준비로만 존재한다. 이상하게도 이전의 문서(1985)는 "상호 지식이 모든 수준에서 권장되어야 한다."는 사실을 말하고 있다. 특별히 유대교의 역사와 전통에 대한 애처로운 무지가 있다. 그런데 유대교에 대한 부정적인 측면과 모습이 기독교인들의 고정관념의 한 부분을 이루고 있는 것처럼 보인다.[90]

이 교리문답의 가치가 무엇이든지 간에, 선포신학의 가정에 근거를 두고 있다는 사실이 그 가치를 떨어뜨린다. 선포신학이 사실 기독교 메

---

89. #s128-129.
90. Commission for Religious Relations with the Jews, "Notes on the Correct Way to Present the Jews and Judaism in Preaching and Catechesis in the Roman Catholic Church," in Helga Croner, *More Stepping Stones to Jewish-Christian Relations : An Unabridged Collection of Christian Documents 1975-1983*, A Stimulus Book(New York : Paulist, 1985) #27. 또한 이 문서의 유형론에 관한 논의가 알려져 있는데, 이것은 많은 사람들을 어렵게 만들고, 아마도 해결되지 않은 문제의 표시로 알려져 있을 것이다.

시지의 역동적인 내용에 초점을 맞추는 데에 중요한 역할을 하지만, 이 신학의 대체주의적 가정은 그 스스로 보다 건전한 학문에 의해 대체되어 왔다. 우리가 그 한계를 인식할 때 그 공헌에 감사할 수 있을 것이다. 그렇게 함으로써만 **케리그마**가 다시 울려 퍼지게 될 것이다.

제10장
설화신학과 종교교육
(Narrative Theology and Religious Education)

제리 H. 스톤(Jerry H. Stone)

    할아버지가 바알 셈 톱(Baal Shem Tov)의 제자였던 한 랍비가 어떤 이야기를 해달라고 요청을 받은 적이 있었다. 그는 "이야기가 그 자체로 하나의 도움이 되기만 한다면 이야기되어야 한다."고 했고, 다음과 같은 이야기를 했다. "우리 할아버지는 중풍을 앓고 계셨습니다. 할아버지께서 스승에 관해 이야기해 달라는 부탁을 받으신 적이 있었는데, 할아버지는 거룩한 바알 셈 톱이 기도할 때 어떻게 뛰고 춤추곤 했는지를 말씀하셨습니다. 우리 할아버지는 그 이야기를 하시는 동안 서 계셨고, 그 이야기는 스승께서 어떻게 하셨는지를 보이기 위해 그렇게 뛰고 춤추어야 하도록 우리 할아버지를 도취시켰습니다. 그 순간 할아버지는 고침을 받았습니다. 이것이 이야기가 말해져야 할 방법입니다."

메쯔(Johann Baptist Metz)가
이야기해 주는
부버(Martin Buber)

ⅠⅠⅠⅠⅠⅠⅠ 1부 ⅠⅠⅠⅠⅠⅠⅠ
설화신학의 의의

설화신학자들은 인간 경험의 모호한 테두리를 하나님의 신비로운 임재에 연관시키는 가장 좋은 방법이 이야기를 사용하는 것이라고 말한다. 이들은 도움이 된다면 종교 이야기가 말해져야 한다는 위의 랍비 이야기에 동의한다. 이 글은 '이야기를 말한다' 는 것이 무엇을 의미하는가? 그리고 이야기를 한다는 것이 육체적 마비가 아닐지라도 정신적 마비를 치료하는 데 도움이 되는 기독교교육에 하나의 접근방법을 어떻게 제공해 주는가를 탐구한다.

설화신학이란 무엇인가?

많은 신학자들은 넓은 의미에서 우리를 양육하는 문화가 우리의 종교적이고 사회적인 신념을 형성한다고 본다. 우리는 그 자체로 문화의 산물인 언어를 다음 세대에 우리의 이야기를 기록하고 말하기 위해 사용하고, 이런 방법으로 우리의 신념을 전하고 전통을 수립한다.

우리는 늘 설화를 통해서 서구 문화적 전통을 전달해 왔기 때문에 이것은 새로운 것이 아니다. 호머의 서사시 「일리아드와 오디세이」(The Iliad and The Odyssey)는 그리스의 귀족 전사들에게 개인적인 한계를 나타내 주었고 ; 버질(Virgil)의 「이니이드」(Aeneid)는 로마 정치가들을 위한 정치적 방향을 설정해 주었고 ; 성서 기록은 경건한 유대교인과 기독교인에게 하나님의 영감을 불러일으켜 주었다. 이 모든 텍스트들은 시공의 구조 안에서 사건들과 인물들을 줄거리로 짜 놓은 기초적인 이야기들을 가지고 있다. 이것이 인간 문화에 한계와 타당성을 가져다 주는 설화들이다.[1] 대부분의 설화신학자들은 문화적, 종교적 발전에 관한

---

1. 나는 여기서 하나의 플롯을 가진 설화는 그 이야기의 '이유'를 우리에게 말해 준

이런 이해를 긍정한다. 이들은 문화의 설화적 전통 안에서 문화의 의미의 핵심을 발견한다. 그래서 이 장의 초점인 설화적 기독교 신학은 종교에 대한 가장 풍부한 표현을 위해서 성서와 보다 폭넓은 기독교 전통의 설화들에 주의를 기울인다.

종교적 표현에 대한 설화의 고유한 공헌

멋진 설화는 신학적 서술 및 도덕적 선언보다 우리의 개인적 경험과 더욱 생생하게 공감대를 이룬다. 모든 유능한 교사들은 설화를 요약하고, 압축하고, 해석한 것이 얼마나 생동감을 반감시키는지를 알고 있다. 학생들이 「모비 딕」(Moby Dick)이라는 소설 자체가 아니라 그 요약을 읽음으로써 이 소설의 의미를 잃어버리게 되는 것처럼, 「햄릿」(Hamlet)을 읽는 대신에 "클리프 노트"(Cliffs Notes)의 요약의 도움을 받음으로써 이 희곡이 의미하는 뉘앙스적 수준을 잃어버리고 만다. 이런 점을 인식하면서 설화신학자들은 우리가 종교적 문학전통의 온전한 설화적 흐름 안으로 들어가게 될 때, 진정한 종교적 의미에 가장 가깝게 갈 수 있다고 믿는다.

로버트 알터(Robert Alter)는 창세기의 요셉과 그 형제들의 이야기를

다는 힐만(James Hillman)의 입장을 따른다. 플롯은 인물의 동기와 인물들 및 사건들 사이의 상호 관계를 설명해 준다. 다른 한편 연속된 사건들은 인물의 동기를 설명해 줌 없이 연관되어진다. James Hillman, "The Fiction of Case History : A Round," in *Religion as Story*, ed. James B. Wiggins(Lanham, Md. : University Press of America, 1975), pp. 129-132. 힐만이 지적해 준 것처럼, 포스터(E.M. Forster)는 플롯이 사건들과 인물들이 왜 그들이 행한 것대로 상호 관련을 맺는가를 설명해 주는 반면에, 사건의 '순서'는 일어난 것을 묘사해 준다고 설명했다. 그래서 포스터는 "'왕이 죽었고, 그 다음에 여왕도 죽었다.'는 하나의 이야기이다." "'왕이 죽었고, 여왕은 슬퍼서 죽었다.' 이것은 하나의 플롯이다."라고 말할 수 있다. 이야기는 다음에 일어난 것을 말하지만, 플롯은 그 이유를 우리에게 설명해 준다. E.M. Forster, *Aspects of The Novel*(1927, 재판, Harmondsworth : Penquin, 1962), pp. 37-38.

영적 의미와 심리학적 의미의 근원으로서 성서 설화의 예로 든다.[2] 요셉의 이야기는 어떻게 하나님께서 덕과 악이 혼합된 인물들을 통해서 세계에 개입하시는가? 그리고 비록 형제들이 요셉을 배반함으로써, 또한 다말이 유다를 속임으로써 일시적으로 혼선이 빚어지기는 하지만, 하나님의 뜻이 어떻게 인물들의 행동을 통해서 궁극적으로 성취되는가를 말해 주고 있다(창 37-39장). 알터는 "히브리 성서의 함축적 신학은 하나님의 목적이 언제나 역사 안에 속박되고, 개개인의 지속적인 자기 실현을 위한 행동들에 의존하기 때문에 성서 설화 안의 복잡한 도덕적이고 심리학적인 현실주의를 말해 준다."고 했다.[3] 그래서 하나님의 목적을 충실하게 이해하기 위해서 우리는 이 목적이 여러 사건들의 결과를 통해서 인물 안에서 어떻게 전개되는가, 다시 말해서 이 목적이 설화 형식 안에서 어떻게 전개되는가를 살펴보아야만 한다. 하나님의 목적이 역사의 흐름에 의해 속박을 당하고, 불완전한 인간을 통해서 모호하게 전개되기 때문에 우리는 인생의 의미 흐름을 신학적 개념 또는 도덕적 원리의 용어로 축소할 수 없는 것처럼, 성서적 의미를 신학적 개념 또는 도덕적 원리들로 축소할 수 없다.

우리는 성서적 의미를 여러 방법으로 축소하고 왜곡한다. 예를 들어 우리가 예수님의 말씀을 그분의 삶의 설화적 컨텍스트로부터 추상화시킬 때 그분의 말씀의 의도를 왜곡시킨다. 예수님의 친숙한 선언, 즉 "사람이 친구를 위하여 자기 목숨을 버리면 이에서 더 큰 사랑이 없나니"(요 15 : 13)라는 말씀은 때로 패배한 전쟁 영웅을 칭송하기 위해서, 그리고 전쟁이 보존하고자 하는 문화적 가치에 대한 사랑과 전쟁의 영광을 찬양하기 위해서 군 장례식에서 인용된다. 그러나 예수님의 선언은 요한 복음의 보다 넓은 설화적 컨텍스트 안에서 다른 의미를 갖는다. 예수님

---

2. Robert Alter, *The Art of Biblical Narrative*(New York : Basic Books, 1981), p. 12.
3. *Ibid.*, p. 12.

자신은 친구를 위해서 그 자신의 생명을 버릴 유일한 분이시고, 그분은 문화적 가치에 대한 사랑과 함께하는 세상의 영광을 버리도록 그들을 부르신 것이다. 나라와 문화의 영광을 위해서 싸우도록 부름받은 군인들과 대조적으로, 예수님은 그 친구들에게 "너희가 세상에 속하였으면 세상이 자기의 것을 사랑할 터이나 너희는 세상에 속한 자가 아니요, 도리어 세상에서 나의 택함을 입은 자인고로 세상이 너희를 미워하느니라."(요 15 : 19)고 말씀하신다. 더 더욱 예수님의 부르심에 대한 기독교적 의미는 전체로서 성서 설화의 컨텍스트, 즉 세계 창조로부터 하나님 나라의 완성에까지 하나님의 행동이 펼쳐지는 성서 플롯 안에서 주인공으로서 예수님의 역할 안에서만 충실하게 이해할 수 있다. 설화신학자들에게는 이것이 우리가 이야기되어진 컨텍스트의 전체적인 흐름 안에서 본문을 가장 잘 이해할 수 있는 이유인 것이다.

설화 안에서의 의미와 진리

하나의 설화는 의미를 전달하기 위해서 역사적으로 진실일 필요는 없다. 헤르만 멜빌(Herman Melville)이 거대한 백경 모비 딕을 추적하는 아합에 관한 허구적 이야기는 역사적으로 진실인 여러 설화들보다 우리에게 더 놀라운 악마적 차원을 보여 준다. 더 더욱 에릭 오이어바흐(Eric Auerbach)는 신화적인 호머의 서사시의 몇 구절이 성서의 많은 구체적인 설화들이 보여 주는 것보다 더 생생하게 우리를 감동시킨다는 점을 보여 준다.[4] 그러나 많은 종교적인 사람들은 이야기가 개인적 의미의 감동적 차원을 가지고 있기 때문일 뿐 아니라, 그들이 이것을 상징적이고 실제적인 의미로 진실이라고 믿기 때문에 이 이야기에 신앙적 공감을 표한다. 대부분 전통적인 유대교인들과 기독교인들에게는 성서가 호머

---

4. 호머의 설화와 성서 설화에 대한 이런 비교를 위해서는 Eric Auerbach, *Mimesis* (Princeton : Princeton University Press, 1953), 제 1장, "Odysseus' Scar"를 보시오.

의 서사시와 다르게 '진실한' 이야기를 담고 있는 것이다.

대부분의 설화신학자들이 성서 설화가 역사적 진리를 포함하고 있다는 점에 동의를 하지만, 이들은 종종 그 진리의 본질에는 동의하지 않는다. 어떻게 가장 중요한 성서 설화들이 확실한 사건(예를 들어 그리스도의 부활과 승천사건)을 정확하게 묘사하는가라는 점에 일치를 보고 있지 못하다. 그리스도의 부활을 설명해 주는 사건 자체 안에 진실이 담겨져 있는가? 또는 이 진리가 '중생'의 경험을 통해 신자들 자신의 '부활' 안에 자리하고 있기 때문에, 그리스도의 부활이 성서에 언급된 그대로 일어났는지의 여부가 실제로 중요하지 않은 것은 아닌가? 여러 가지 목적에서 그리스도의 생애, 죽음, 그리고 부활의 이야기와 같은 근본적인 기독교 설화는 실제 세계 안에서 일어났던 사건을, 즉 신자들이 신앙으로, 또는 이성으로, 또는 이 두 가지 모두 진실이라고 정당하게 믿을 수 있는 사건을 표현하고 있다고 받아들여진다. 하나의 신념이 진실이라고 증명될 수 있는 그런 방법은 가장 사려 깊게 생각하는 사람들조차도 동의할 수 없는 대단히 복잡한 문제이고, 이 문제에 대한 철학적이고 신학적인 논의를 살펴보는 것은 이 글의 주제와는 동떨어지는 것이다. 여기서는 여러 신학자들이 기독교 신앙의 기초가 신앙적 응답에 있기 때문에 합리적인 증명이 필요치 않다라고 믿는 반면에, 책임 있는 신학자들은 기본적인 기독교 신념이 진실이라는 합리적인 증명을 위한 논리정연한 주장을 펴고 있다는 것을 말하는 것으로 충분하다.[5] (나는 '순수' [pure]

---

5. 진정한 신념의 정당화에 포함된 문제들에 대한 훌륭한 설명을 위해서는 Laurence BonJour, *The Structure of Empirical Knowledge*(Cambridge : Harvard University Press, 1985)를 보시오. 봉주르가 이 문제를 비록 기독교적 관점에서 접근하지는 않았지만, 기독교 신념의 합리적 정당화를 추구하는 학자들에게 그의 통찰은 매우 유용하다. 특별히 기독교적 관점에서 종교적 신념의 합리적 정당화를 위해서 William P. Alston, *Perceiving God : The Epistemology of Religious Experience*(Ithaca, N.Y. and London : Cornell University Press, 1991)를 보시오. 이 문제에 또 다른 중요한 공헌을 하고 있는 것이 두 권으로 출판된 프란팅가의 책이다. Alvin Plantinga, *Warrant and Proper*

설화주의자와 '혼합'[impure] 설화주의자에 대한 논의에서 다시 설화가 진리와 어떻게 연관되는가라는 이 문제에로 돌아갈 것이다.)

설화의 의미에 대한 문화 언어학적 접근

전부는 아니지만 많은 설화신학자들은 종교적 경험 안에서 발견되는 의미를 이루어 가는 힘이 문화 및 언어라고 거의 배타적으로 강조하는 문화 언어학적 접근을 따른다.[6] 이 설화신학자들에게는 문화 언어학적 과정 안에서 설명되기 전에는, 또는 이를 넘어서는 그 어떤 의미로는 인간 경험이 거의 이해될 수 없다. 선도적 문화 언어학자인 린드벡(George Lindbeck)은 이런 관점의 예로 헬렌 켈러를 든다. 영아기에서부터 청각과 시각 장애를 가지고 있던 헬렌 켈러는 이것을 통해서 경험을 조직화하고, 이 경험에 의미를 가져다 준 언어를 배울 때까지 혼돈된 감각의 거대한 자리로서 그녀 안에 원초적 경험(raw experience)이 있었다는 것을 보여 준다.[7] 켈러의 경험이 보편적인 사람들의 경험에서도 옳다면, 우리는 인지할 수 있는 종교적 경험을 먼저 갖고, 그 다음에 이것을 묘

    Function and Warrant : The Current Debate(New York : Oxford University Press, 1993).

6. 문화 언어학적 신학자들은 크게 두 학파, 즉 "예일 학파"와 "시카고 학파"로 나뉜다. "예일 학파"는 예일의 신학대학 교수인 린드벡의 글에서 찾아볼 수 있는 것처럼, 의미와 진리의 일차적 형성자(shaper)로 문화와 언어를 강조한다. 조지 린드벡의 *The Nature of Doctrine : Religion and Theology in a Postliberal Age*(Philadelphia : Westminster, 1984)를 보시오. "시카고 학파"는 시카고 대학의 데이비드 트레이시의 글에서 찾아볼 수 있는 것처럼, 신학의 문화 언어학적 근원에 대한 보다 보편적이고 철학적인 설명을 탐구한다. 설화신학에 대한 이 두 접근의 논의를 위해서 Gary Comstock, "Two Types of Narrative Theology," *Journal of The American Academy of Religion* 55 : 4(Winter 1987), pp. 687-717을 보시오. 문화 언어적 입장을 위해서는 Lindbeck, *The Nature of Doctrine*을 보시오.

7. 헬렌 켈러에 대한 이 설명은 린드벡의 *The Nature of Doctrine*, p. 34에서 인용했다.

사할 언어를 발견하는 것이 아니라는 것을 알 수 있다. 오히려 문화적 컨텍스트 안에서 표현된 언어 자체는 종교적 경험과 그 안에서 우리가 발견하는 의미를 형성함에 있어서 우선적이다.

이런 문화 언어학적 관점을 받아들인 설화신학자들은 이야기를 종교적 의미가 문화적으로 그 안에서 전달된 가장 풍부한 언어학적 형식이라고 본다. 이들은 이야기가 가리키는 내적인 경험으로부터 이 내적 경험을 만들고 형성하는 이야기 자체의 힘에로 그 초점을 옮기면서, 헬렌 켈러의 것과 비슷한 관점을 받아들인다. 내가 1학년 때 "한 영리한 늙은 개"라는 이야기를 읽었던 경험이 이 점을 예증해 준다. 여기서 그 내용을 요약해 보면 다음과 같다.[8]

> 어떤 농부의 개, 브랜은 강아지 한 마리를 가지고 있었는데, 이 강아지는 우연히 옥수수 밭으로 달려갔고, 거기서 물이 반이나 차 있던 깊은 구덩이 속으로 빠졌다. 브랜은 강아지를 구하려고 뛰어들었고, 입에 강아지를 물고는 물에 빠지지 않기 위해서 물장구를 치고 있었다. 구덩이의 벽면은 너무 가파라서 기어오를 수 없었고, 의지하고 서 있을 만한 둔덕도 전혀 없었다. 입에 강아지를 물고 있던 브랜은 농부가 찾아다니며 소리를 지를 때도 도와 달라고 짖어 댈 수가 없었다. 마침내 농부는 옥수수 밭에 있던 깊은 구덩이를 기억했고, 젖어 추위에 떨고 있는 개와 강아지를 아슬아슬하게 끌어 내어 구조하게 되었다. 그후에 아이들이 학교에서 돌아왔을 때, 그는 이 사고에 관해서 아이들에게 말해 주었다. "착한 브랜!" 그들 모두가 소리쳤고, 이 이야기는 행복하고 사랑스러운 결말을 맺었다.

나는 브랜이 한 행동 때문에 그 개를 사랑하게 되었고, 이 이야기는 내게 개인적 관심과 윤리적 행동으로서 사랑이라는 감정을 일깨워 주었다. 이 이야기가 기존의 사랑에 대한 나의 경험과 지식보다 더 많은 것

---

8. 이야기는 Herman Dressel과 몇 사람이 편집한 *The Laidlaw Readers*(Chicago and New York : Laidlaw Brothers, 1928), pp. 35 – 46에 소개되어 있다.

을 내게 가르쳐 주었다고 믿는다. 나는 이 이야기가 내게 사랑이 관심 어린 행동이라는 인식을 어느 정도 형성시켜 주었다고 생각한다. 이야기 자체는 마치 이 장 서두에서 언급된 랍비에게서처럼 경험의 의미를 형성하는 것을 도와준다(여기서 나의 의도는 의미와 진리를 형성하는 데 미치는 문화와 언어의 영향을 강조하고자 하는 것이다. 이것은 문화 언어학적 용어로 의미와 진리가 축소될 수 있는 보다 급진적인 관점을 받아들이는 것을 말하지는 않는다).

설화 속의 진리에 관한 '순수' 설화신학자와 '혼합' 설화신학자 사이의 논쟁

문화 언어학 학파를 따라 하우어즈(Stanley Hauerwas)와 크라이츠(Stephen Crites)와 같은 '순수' 설화신학자들은 우리가 성서 진리를 입증하기 위해 성서 설화 밖의 진리에 의존하지 않는다고, 그리고 설화의 특수한 진리는 이야기의 흐름과 뒤섞여 있기 때문에 이것은 이야기의 흐름과 거의 분리될 수 없다고 주장한다. 이야기의 의미가 무엇이든지 간에 우리가 그 이야기의 진리에 가장 근접할 수 있는 방법은 그 이야기의 '우리를 위한 진리'를 구체화하기 위해 설화 안에 우리가 참여하는 것이다.

반대로 하트(Julian Hartt)와 같은 '혼합' 설화신학자들은 설화가 그 스스로 옳다는 것을 보증할 수 없기 때문에, 신자들은 그리스도의 육체적 부활과 승천과 같은 객관적 역사적 사건의 진리에 관한 신앙적 선언을 만들어 낸다고 단언한다.[9] 하트는 비록 성서 설화가 인간 문화의 작품으로 기록되고 이제 읽혀진다고 해도 문화적이고 언어학적인 한계를

---

9. 이 문제에 관한 훌륭한 논의를 위해서 Stanley Hauerwas and L. Gregory Jones, eds., *Why Narrative?: Readings in Narrative Theology*(Grand Rapids, Mich.: Eerdmans, 1989)를 보시오. 특별히 하우어즈, 하트, 크라이츠 사이의 대화, pp. 279-319를 보시오. 하우어즈는 우리가 이야기를 주의 깊게 해석하고 신앙적으로 응답하지 않는다면 진리에 보다 더 가까이 갈 수 없고, 우리는 이야기가 지시해 주는 초월적 진리를 결코 주장할 수 없다고 했다. 반대로 하트는 이야기가 우리에게 계시해 주는 초월적 진리를 주장할 수 있다고 했다. "Two

초월하는 세계 속의 하나님의 현존에 관한 명제적 진리를 내포한다고 믿는다. 하트에게 있어서 그리스도의 승천은 명제적 진리로서 신학, 교리, 그리고 신조 안에서 확인되어지는 그 이야기 자체를 넘어서는 역사적 사건을 말한다.

하트의 관점은 경전적 성서 문헌에 대한 전통적인 기독교 이해를 반영한다. 그런데 이 경전적 성서 문헌은 우리의 내적인 경험에 의미 있을 뿐 아니라, 우리의 경험 너머의 실제 세계 안에서 하나의 명제로서 옳은 하나님의 그림을 우리에게 제공해 주는 실제적인 이야기를 그 안에 포함하고 있다. 프라이(Hans Frei)에 의하면 최근까지 이 경전은 역사 속에 하나님의 행동의 의미를 입증해 주었고, 기독교인들이 그들의 문화적 역사적인 관점을 주장할 역사적 표준을 제공해 주었다.[10] 더 더욱 프라이는 다양한 성서 이야기에 대한 기독교의 전통적 해석은 인간 역사 속의 하나님의 행동에 대한 통일되고 연속된 하나의 설화를 드러내 주었다고 말한다. 이런 인간 존재에의 하나님의 참여 설화는 구약성서 자체가 신약성서의 그리스도의 출현을 예시했던 것과 같은 성서 설화에 대한 형태적 또는 유형론적 해석 안에서 발견된다. 죄인을 대신해서 희생당하시기 위해 하나님의 어린 양으로 오신 그리스도는 이삭의 자리에 아브라함에 의해 희생당한 덤불의 한 마리 양으로 나타난 같은 그리스도이다. 그래서 하나의 주도적 성서 설화는 지속되는 하나님의 세계와

Types of Narrative Theology"에 소개되어 있는 이 문제에 관한 콤스톡의 설명을 보시오. 그는 하트가 신자들은 설화에 대한 신앙적 응답으로 독자로서 그들이 어떻게 느끼는가보다도 그리스도의 부활에 의해서 보다 많은 의미를 갖는다고 한 주장에 대해 말했다. 그는 하트가 한 말을 인용했다. "우리가 기독교 신앙을 신중히, 그리고 확고하게 갖게 될 때, 우리는 다만 복음이 진실이라고 믿을 뿐 아니라 이것이 진실이라고 주장하고, 이 진실을 강조하게 된다.······ 모델로 사도행전 13장을 볼 때, 우리는 설화의 강조점이나 정점이 실제 사건으로서 예수의 부활에 대한 주장이라고 말해야 한다." pp. 120-121.

10. Hans W. Frei, *The Decline of Biblical Narrative*(New Haven : Yale University Press, 1974), 특히 제 1장을 보시오.

의 약속과 연관된 많은 분리된 성서 설화들을 연결시킨다(나는 후에 많은 다양한 성서 설화에 대한 전체를 망라하는 해석에서 생겨나는 문제를 다루어 볼 것이다).

설화신학에 대한 근대 자유주의의 영향(그리고 종교교육)

프라이는 또한 성서 안에 기록된 기적과 초자연적 사건의 성서 세계가 결코 실제 세계의 부분으로 받아들여질 수 없다는 것을 학자들이 깨닫게 된 18세기에 성서 설화에 대한 위의 해석이 어떻게 쇠퇴하게 되었는가를 설명해 준다. 이것 때문에 설화에 대한 메타포적이고 비신화화적인 해석이 과거의 사실주의적 해석을 대치하기 시작했다. 18, 19세기의 신학 거장인 슐라이에르마허(Friedrich Schleiermacher)와 불트만(Rudolf Bultmann)이 이런 흐름에 포함된다. 이들은 그리스도의 의미를 기적과 초자연적 사건에 관한 성서 이야기의 세계로부터 그리스도의 죽음과 부활에 대한 '우리를 위한 내적 의미'로 전환시켰다. 이 내적 의미는 신자들의 하나님에 대한 '절대적 의존의 감정' 안에(슐라이에르마허), 그리고 죽음으로부터 생명에로의 신자의 영적 삶의 실존적 변형 안에 자리한다.[11] 불트만에게는 그리스도의 삶, 죽음, 그리고 부활의 성서 설화는 과학시대를 살아가는 근대 신자들이 지적 희생 없이는 결코 받아들일 수 없는 신화적 설화였다. 그래서 불트만은 이 설화가 신자들이 자기 중심적 삶에 대한 그 자신의 죽음과 널리 확산되는 사랑의 삶에로의 재탄생 속에 실존적으로 경험된 내적 진리를 전달한다고 말했다. 그래서 부활 설화에 대한 비신화화된 의미가 부활의 사실주의적 이해를 대치했다. 설

---

11. Friedrich Schleiermacher, *The Christian Faith*, trans. and ed. H.R. Mackintosh and J.S. Stewart(Edinburgh : T.&T. Clark, 1948). 슐라이에르마허 자신의 '절대 의존적 감정'이라는 이해를 보려면 1장을 보시오. 불트만의 유명한 비신화화와 실존적인 해석을 위해서 그의 논문 "New Testament and Mythology," in *Kerygma and Myth*, trans. Reginald H. Fuller, ed. Hans Werner Bartsch(New York : Macmillan, 1957), pp. 1-44를 보시오.

화사건은 이제 원시신화적 세계관의 문화적 산물로, 역사적 사건의 연대기보다는 소설 속의 허구적 묘사에 보다 가까운 사건으로 간주되었다.

　근대 신학적 자유주의는 이런 변화와 함께 탄생되었다. 하나님은 결코 외부적 사건을 통해서 인간 경험의 영역 안으로 신비롭게 개입해 들어오는 초월적 '타자'로서 통치하지 않는다. 오히려 하나님은 근대 신자들의 내재적인 '내적 경험'으로 축소된다. 비록 불트만 자신이 내적 경험을 통해서 하나님의 초월적 '타자성'이 드러난다고 주장하기는 했지만, 자유주의 운동의 하나님과 인간 경험의 철저한 동일시는 하나님의 '타자성'의 실제적 임재를 신자들의 주관적 경험이 되도록 만드는 것처럼 보인다. 더 더욱 자유주의가 성서 설화를 내적 종교 경험의 상징적 표현이라고 해석하고 있기 때문에, 사실주의적 형식을 갖는 특별한 설화들은 더 이상 유일한 진리를 주장할 수 없다. 이 설화들의 권위는 이제 모든 신자들에 의해 공유되는 내적 종교의식과 공명하는 힘 안에 있게 된다. 그래서 신화의 내용은 언제나 실제 사건을 묘사하는 것이 아니고, 그 상징적 의미가 독자들의 종교적 의식을 불러일으킬 수 있는 것이다.

　이런 자유주의적 관점은 오늘도 뉴에이지 종교들, 유니테리안, 그리고 많은 근대 기독교 종파와 같은 현대적 종교적 흐름 안에서 활발히 영향을 미치고 있다. 이런 흐름들은 하나님의 임재의 중심을 성서본문의 설화적 세계로부터 신자들의 개인적 경험의 세계로 옮긴다. 이것은 금세기 초기에 왜 자유주의 비전의 영향을 받은 많은 기독교교육자들이 성서적 접근에서 종교교육의 경험적 기초를 갖는 접근으로 옮아갔는지, 또는 랜돌프 밀러(Randolph Crump Miller)가 말한 것처럼 "하나님 중심에서 신학을 철저히 배제하는, 인간의 신성을 강조하는 학습자 중심 커리큘럼"에로 옮아갔는지를 설명하는 데 도움이 된다.[12]

---

12. Randolph Crump Miller, "Theology in the Background," in *Religious Education and Theology*, ed. Norma H. Thompson(Birmingham, Ala. : Religious Education Press, 1982), pp. 18-23.

요약해 보면, 종교교육의 자유주의적 흐름은 무엇을 강조하든지 간에 성서 설화 안에 전개된 하나님과 인간 사이의 만남을 배제한 채, 현대 인간 경험에 커리큘럼의 초점을 맞추고 있다. 정확하게 현대 인간 경험 (우리의 삶의 이야기)과 성서 설화(경전 이야기) 사이의 관계는 설화신학자들에게는 핵심적인 문제이다. 나는 이제 이것을 종교교육의 이론과 실제에 적용하기 위해서, 이 관계에 대한 한 관점을 설명할 것이다.

세 종류의 이야기로서 설화신학 : 정경 이야기, 삶의 이야기, 그리고 공동체 이야기

설화신학은 기독교공동체 이야기의 컨텍스트 안에 있는 신자들의 개인적 삶의 이야기를 포함하기 위해서 정경 또는 성서 이야기를 넘어서 나아간다. 종교교육은 과거 전통을 비슷한 방법으로 근대 기독교 경험과 연관시키기 때문에, 우리는 설화신학을 종교교육에 적용시키기 위해서 이런 세 이야기 형식을 이해할 필요가 있다. 나는 여기서 설화신학을 정경 이야기, 삶의 이야기, 그리고 공동체 이야기로 분류하는 파커(Gabriel Fackre)를 따르고자 한다. 파커가 지적하는 것처럼 이 세 종류의 이야기는 성서, 인간 경험, 그리고 전통이라는 전통신학 내의 권위의 세 형식과 놀랍게도 유사성을 가지고 있다.[13]

정경 이야기는 기독교공동체가 하나님께서 세계와 맺으신 약속에 대한 진정한 설명이라고 받아들이는 성서 문헌의 정경을 말한다. 이것은 진리가 성서 무오설의 옹호자들의 주장처럼 무오한 본문 안에 '돌로 새겨진 것'이라는 것을 말하지 않는다. 경전 문헌 안에 표현된 하나님의

---

13. Gabriel Fackre, "Narrative Theology : An Overview," *Interpretation : A Journal of Bible and Theology* 37 : 4(October 1983), pp. 340-352. 보다 자세한 개인적 삶의 이야기와 기독교 전통 안에서 구체화된 이야기들과의 폭넓은 관계에 대한 논의를 위해서는 George W. Stroup, *The Promise of Narrative Theology*(Atlanta : John Knox Press, 1981), 특히 제 4장 "The Narrative Form of Personal Identity"를 보시오.

목적은 인간 사건을 초월한다. 그러나 이것은 역시 성서 저자들 자신이 종속된 인간 역사의 모호성 안에서 전개된다. 그들 자신의 역사의 피조물로서 저자들은 그들의 특별한 문화적이고 개인적인 상황 안에 하나님의 행동의 설화를 기록한다. 따라서 4복음서 저자들 각자는 그들 자신의 관점에서 그리스도의 생애 설화를 제시했다. 그러나 하트(Julian Hartt)가 말한 것처럼 많은 이야기들이 인위적이고 인간적으로 만들어지긴 했지만, 기독교 성서 설화는 그 자체를 초월하는 예수 그리스도 안에서, 그리고 예수 그리스도를 통해서 하나님의 임재를 언급하고 기술하므로 경전적이다. 신앙으로, 또는 합리적인 정당화 과정으로, 또는 이 둘의 조화로 기독교 설화가 형성되었든지 간에, 명제적 진리로서 그리스도 내의 하나님의 임재에 대한 언급 없이는 기독교는 존재를 위한 본질적인 이유를 잃어버린다.

삶의 이야기는 각 개인의 구별된 삶의 이야기요, 개인적 인격의 발달에 영향을 미치고 도덕적 행동을 위해 방향을 제공해 주는 이야기를 말한다. 설화신학은 기독교인의 도덕적 인격과 행동을 형성하기 위해 어떻게 경전 및 공동체 이야기와 연합되는가에 초점을 맞춘다. 그러나 이런 이야기들의 상호 관계가 지속적으로 기독교 전통이 성장하는 데에 기본적이지만, 이것은 또한 이 전통 안에서 상당한 갈등의 요인이다. 예를 들어 루터가 1521년 자기 글에 대해 변호하려고 보름스 국회에 섰을 때, 그는 자신의 삶의 이야기와 자신의 정경 이야기에 대한 이해로 기성교회의 공동체 이야기에 대항했다. 그는 선언했다. "만일 내가 성서와 순수한 이성에 의해 유죄로 선고되지 않는다면⋯⋯ 나는 교황과 공의회가 서로 반대해 왔기 때문에 이들의 권위를 받아들이지 않는다.⋯⋯ 나의 양심은 하나님의 말씀에 사로잡혀 있고, 나는 양심을 거역하는 것이 옳지도 않고 안전하지도 않기 때문에 그 어느 것도 철회할 수도, 철회하지도 않을 것이다. 하나님께서 나를 도우실 것이다. 아멘." 루터가 정당하든 않든 간에, 그의 선언은 공동체 이야기와의 갈등 안에 나타난 경전 이야기와 삶의 이야기에 대한 고전적 표현이다.

공동체 이야기는 로마 천주교, 동방정교회, 그리고 개신교와 같은 다양한 기독교 형태에서 전개되어 온 공동생활의 이야기를 의미한다. 특별한 공동체 이야기는 개개인에게 그들 자신의 삶의 이야기를 위한 준거 틀을 제공해 준다. 엄격한 수도원적 공동체 또는 암만파(Amish) 공동체 안에서처럼, 어떤 경우 삶의 이야기는 공동체 이야기와 철저하게 일치한다. 위에서 살펴본 루터의 경우에서처럼 어떤 경우는 공동체 이야기와 삶의 이야기 사이에 극적인 갈등이 생겨난다.

설화신학은 어떻게 이런 세 이야기가 개개의 신자들 안에 있게 되는가, 어떻게 이 세 이야기가 어떤 사람 안에서는 서로 통합되어지고, 다른 사람 안에서는 갈라지고, 또 다른 사람 안에서는 다르게 부딪치는가를 연구한다. 아마도 많은 현대 기독교인들이 전통적 이야기들과 의미 있는 연결을 짓지 못하여 표류하고 있고, 그래서 아주 다르게 이 전통적 이야기들을 대하고 있다고 말하는 것이 옳을 것이다. 종교교육의 주된 임무는 이들 세 이야기들의 통합문제를 어떻게 설명할 것인가를 살피는 것이다. 나는 이 장의 2부에서 이 문제를 다루게 될 것이다.

경전 이야기에 관한 관심

그러나 2부를 시작하기 전에 경전 이야기에 지나치게 충실할 때 생기는 위험에 관해서 주의를 환기시키고자 한다. 만일 우리가 기독교 경전 이야기가 세계 내의 하나님의 임재에 관한 명제적 진리를 말한다는 하트의 입장을 받아들인다면, 이런 입장을 받아들이는 것은 경전 이야기에 대한 교리적 집착이 자신을 비국교도들을 박해하거나 억압하도록 몰아가는 광신도들을 격려할 수 있다. 제 3차 나치 독일 정부의 신화에 대한 집착은 경전 이야기에 대한 주장이 포악하게 나타나게 된 최근의 한 예이다. 최후 며칠 동안의 히틀러와 나치 내부에 대한 위탁연구에서 트레보-로퍼(H.R. Trevor-Roper)는 S.S. 사령관 힘러(Heinrich Himmler)를 예수회 '종교재판 소장' 벨라민(Robert Bellarmine) 추기경(1542-1621)과 비교했다. 각자 다른 시대, 다른 장소에서 그들 자신의 경전 이야기 안에서 살았던 이 두 사람은 '올바른' 경전의 길을 방해하는 사람들에게는 어떤 처벌도 가혹하지 않다고 믿었다. 더 더욱 벨라민 추기경은 이교도들에 대한 처벌은 옳은 것이라고 믿었다. 트레보-로퍼는 이교도들이 그들에게 베푸는 자비로운 행동으로써 처형되어야 한다고 기록했던 벨라민 서신에서 다음을 인용했다. "만일 그들이 더 오래 산다면 그들은 다른 사람들을 속일 뿐이고, 그래서 그들의 죄를 가중시킬 뿐이다."[14]

또 다른 관심은 때로 어떤 경전 이야기를 주장하는 사람이 비록 다른 이야기를 따르는 사람들을 실제로 박해하고 억압하지는 않는다 해도 이 다른 경전 이야기를 위험하게 해석하는 것이다. 예를 들어 어떻게 몇몇 기독교학자들이 하나님의 행동에 대한 통일된 표현이라고 전성서 설화를 그리스도 안에서 이해하는 성서의 유형론적 해석을 가지게 되는가를 보자. 유대교 학자 골드버그(Michael Goldberg)는 구약성서 안에서 그리스도를 발견하려는 욕망은 유대교 성서에 대한 피상적이고 부정확하고 해로운 해석을 야기시킨다는 타당한 주장을 했다.[15] 특별한 목적에 맞는 교리적 방법으로 경전 이야기를 해석하는 교회, 교파, 분파, 그리고 종파들 안에 있는 여러 차이점들과 더불어 또 다른 문제가 기독교공동체 자체 안에서 일어난다.

이와 같은 문제들은 이미 논의했던 설화 안에서의 진리문제를 다시 제기한다. 모든 인간들을 위해 옳고 의미 있는 하나의 주도적인 경전 이야기가 있을 수 있는가? 만일 그렇지 않다면 종교적이든 세속적이든 모든 경전 이야기가 그 자신을 탄생시킨 문화와 연관되어 있다는 것인가? 이런 의미와 진리문제에 대한 지속적인 인식이 종교교육을 위한 설화신학의 의미에 대한 우리의 논의에 있어서 중요하다. 우리는 이것을 다시 종

---

14. H.R. Trevor-Roper, *The Last Days of Hitler*, 3rd ed.(New York : Collier Books, 1973), pp. 81-83.
15. Michael Goldberg, "God, Action, and Narrative : Which Narrative? Which Action? Which God?" in *Why Narrative?* pp. 348-365.

교교육의 프락시스적 접근에 대한 우리의 고찰에서 살피게 될 것이다.

||||||| 2부 |||||||

종교교육을 위한 설화신학의 의의

이제 나는 종교교육을 위한 기독교 설화의 의의를 생각해 볼 것이다. 나는 1부에 제시된 경전, 공동체, 그리고 삶이라는 설화의 세 형식이 어떻게 종교교육과 연관되었는가를 이해하기 위한 올바른 준거 틀을 제공해 주는 고대 그리스의 프락시스 개념으로부터 시작하고자 한다.

교육의 프락시스 이해 안에서의 설화의 위치

아리스토텔레스에게는 프락시스란 한 사람으로 하여금 현재 컨텍스트 안에서 전통의 의미를 변형시킬 수 있게 해주는 그런 전통 안에서 배운 실천적 지식과 기술에 의해서 알게 된 성찰적 행동을 의미한다. 이런 실천적 지식으로 행동한다는 것은 덕, 곧 도덕적 탁월성을 나타내는 것이다. 덕을 갖춘 사람은 각 상황 안에서 정확하게 도덕적으로 응답할 줄을 안다. 그는 가정적 컨텍스트 안에서 훌륭한 가족 구성원이고, 정치적 컨텍스트 안에서 훌륭한 시민이고, 신앙적 컨텍스트 안에서 훌륭한 신앙인이다. 덕을 갖춘 사람은 문화적 전통을 통해서 도덕적으로 사는 기술을 배우고, 교육의 목적은 이것을 성취할 수단을 제공해 주는 것이다. 호머 시대의 그리스의 귀족 통치시대의 전사사회(warrior society)에서는 개인교사(paidogogos)는 모든 상황하에서 올바르게 행하게 하는 올바른 기술을 갖춘 올바른 사람이 되도록 남자 아동들에게 전쟁, 운동, 연극, 사회적 행동의 기술을 훈련시켰다. 아동은 창, 방패, 전차에 관해서 배우는 것 대신에 이것들을 다루는 방법에 대해 배운다. 아동은 적절한 사회적 태도를 배우는 것 대신에 집에서, 식탁에서 손님 또는 주인으로서 처신하는 방법을 배운다. 고대 그리스 사람들은 이런 덕스런 삶의 양식을 위한 이상적인 상으로 율리시즈(Ulysses)를 생각한다. 율리시즈는 모든 상황에서 행동하는 방법을 알기 때문에, 인격을 발달시킨다는 것은 율리시즈는 모델로 아동을 양육하는 것을 말한다.[16] 그래서 개인은 특별한 문화적 전통에 대한 실천적 지식을 구체화함으로써 덕을 갖추도록 배워 간다. 그는 추상적인 선으로써보다는 삶의 방법으로써 덕을 분별하도록 배운다. 맥킨타이어(Alasdair MacIntyre)는 그의 명저「덕 이후에」(*After Virtue*)에서 이 문제에 관해서 설명했다. 그는 합리적이고 도덕적인 사고 자체를 통해서 덕을 갖추어서는 안 된다고 제안한다. 오히려 덕은 우리의 문화적 전통의 컨텍스트 안에서 생겨나는 것이다. 우리는 우리의 특별한 공동체 안에 구체화된 전통으로부터 훌륭한 그리스 전사 또는 훌륭한 기독교인이 되는 법을 배운다.[17]

이런 프락시스 관점이 지적받는 주된 문제점은 분명한 상대주의이다. 이 관점은 누가 도덕적으로 보다 나은 사람이고, 보다 나은 전사이고, 보다 나은 기독교 신자인가를 결정할 근거를 제공해 주지 못하는 것처럼 보인다. 의미와 진리에 대한 문제는 한번 더 생각하지 않을 수 없다. 만일 문화적 컨텍스트가 가치를 설정한다면, 이것이 문화를 초월하는

---

16. 그리스 교육이 형성되는 과정에 대한 설명을 위해서는 Werner Jaeger, *Paideia : The Ideals of Greek Culture*, 2vols., 2nd. ed.(Oxford University Press, 1974), 특히 Vol. I, pp. 22-23의 오딧슈즈에 관한 부분을 보시오. 그리스, 헬레니즘, 로마의 교육에 관한, 잘 알려져 있고 간략하면서도 학문적인 설명을 위해서는 Henri I. Marrou, *Education in Antiquity*(Madison : University of Wisconsin Press, 1982)를 보시오.
17. 맥킨타이어(Alasdair MacIntyre)의 중요한 책 *After Virtue*(Notre Dame, Ind. : University of Notre Dame Press, 1981)는 덕의 근원에 관한 현대 논쟁의 중심 역할을 한다. 그는 문화적 전통에 대한 도덕적 위치를 독립적으로 정당화할 수 있는 인간의 능력을 인정하려고 한 18세기 계몽주의적 관점을 거부하고 아리스토텔레스의 덕 이해를 지지한다. 그는 많은 학자들의 강력한 지지를 받고 있다. 맥킨타이어와 번스타인(Richard J. Bernstein) 사이의 흥미로운 논쟁을 위해서 *Soundings : An Interdisciplinary Journal* 67 : 1(Spring 1984)을 보시오. 번스타인은 계몽주의적 관점을 지지한다.

보편적 가치가 없다는 것을 말하는가? 중요하면서도 아마도 해결할 수 없어 보이는 이런 논쟁이 끝난 것이 아니지만(나는 각주 5와 17에서 이 논쟁을 요약했다.) 나는 여기서 종교교육에 대한 프락시스 접근이 어떻게 우리를 우리 자신의 설화적 전통 속으로 이끌어 주는가? 보다 폭을 좁혀서 우리 자신의 삶의 이야기를 확장하기 위해서 덕의 근원으로써 우리의 경전 및 공동체 이야기 속으로 이끌어 주는가에 초점을 맞출 것이다.

프락시스 관점에서 호머 시대에 또는 기독교 세계 안에서 덕을 갖춘다는 것은 경전 이야기를 실현하는 공동체의 컨텍스트 안에서 개인 자신의 삶의 이야기에 이 경전 이야기를 통합하는 것을 의미한다. 오늘날 종교교육이 이 접근을 따르게 될 때, 프락시스 접근은 공동체 이야기가 경전 이야기와 삶의 이야기의 상호작용을 지원해 주는 사회 컨텍스트를 내포한다. 설화신학은 기독교 이야기의 이 세 형식 사이의 상호작용을 창조적 형식으로 발전시킴으로써 이 모델의 종교교육에 기여할 수 있다.[18]

그러나 어떤 사람들은 근대 공동체 이야기의 붕괴가 이런 이야기들의 상호작용을 불가능하게 만들지 않는다 해도, 어렵게 만든다는 이유로 반대할 것이다. 근대사회는 기독교공동체 안팎에서 살아 있는 기독교공동체에는 종종 이질적인 것처럼 보이는 습관, 가치, 삶의 양식을 발전시키는 다양한 대중문화에 의해 대체로 길들여진다. 이것이 사실이라면 전통적인 교육방법이 기독교 경전 이야기를 매우 적대적 위치에 있는 대중공동체 문화 안에 성공적으로 통합할 수 있을 것인가? 무엇보다 호머 시대의 경전 설화는 고대 그리스가 귀족정치의 전사사회에서 아테네의 도시국가의 황금시대가 등장하면서 보다 도시 민주정치 사회에로 전환을 이루었을 때, 그리스인의 삶의 이야기에 영향을 미칠 그 힘을 잃어

---

18. 종교교육에 대한 프락시스 접근의 훌륭하고 폭넓은 논의를 위해서는 Thomas H. Groome, *Sharing Faith : A Comprehensive Approach to Religious Education and Pastoral Ministry : The Way of Shared Praxis*(San Francisco : Harper Collins, 1991)를 보시오. 특별히 2부, pp. 133-449를 보시오.

버리기 시작했다. 후기 로마제국도 사회구조가 변했을 때 비슷한 운명을 경험했고, 또한 우리의 근대 대중문화도 마찬가지이다. 맥킨타이어는 우리 근대 대중문화는 후기 로마제국이 그랬던 것처럼 전통적 도덕공동체와 자신을 동일시하는 것을 중지했다고 보았다. 그러나 야만과 암흑이 5세기 로마제국을 뒤덮었을 때, 베네딕트 수도원 제도가 도덕생활이 그 안에서 지탱되었던 공동체의 새로운 형식으로 등장했다고 맥킨타이어는 말했다.[19] 베네딕트 수도원 제도는 경전 이야기와 수도승들의 삶의 이야기를 통합한 새로운 공동체 이야기를 구현했다. 그래서 맥킨타이어는 자신의 새로운 형식을 받아들인 그런 공동체가 근대 문화배경에서 나타날 수 있는지의 여부를 물었다.

현대 기독교 집단이 그들 자신의 공동체 이야기를 만들 수 있는지의 여부는 불확실하다. 그러나 내 자신의 성인교육과 학부과정에서의 교수 경험이 내게 어떤 학생들은 기독교 전통, 공동체, 그리고 개인의 삶 안의 활발한 상호 연관에 관해 관심을 가지고 있고, 이들을 통합할 방법을 찾고 있다고 말해 준다. 우리 종교교육자들은 이런 도전에 창조적으로 응답해야 할 것이다.

교육의 프락시스 이해 안에서의 설화의 형식

나는 이제 교육의 프락시스 이해 안에서 설화신학이 받아들인 특수한 형식을 살펴볼 것이다. 교수 보조물로서 이런 설화 형식에 대한 나의 제안은 폭넓은 커리큘럼 개정을 위한 지침에 관한 것이 아니고, 오히려 기독교공동체의 신앙생활이 그 안에서 보다 풍요로워지는 이런 특별한 방법을 탐구하고자 하는 관심, 에너지, 재능을 가지고 있는 그런 교사와 학생에 관한 것이다. 물론 여기에 탐구하고자 하는 종교교육을 위한 다른 중요한 지침들도 있다.

---

19. MacIntyre, *After Virtue*, pp. 244-245.

종교교육에서의 전기적 설화의 사용

율리시즈 모델로 덕을 갖추는 방법을 아는 것은 호머의 작품 안에 율리시즈에 관한 이야기를 아는 것을 말한다. 그리고 예수의 모델로 덕을 갖추는 것을 안다는 것은 신약성서의 예수에 관한 이야기를 아는 것을 말한다. 이것은 우리 자신의 공동체 컨텍스트 안의 이상적인 기독교적 삶을 개인화하는 근대 인물을 포함해서, 또한 오랜 세기 동안의 기독교 영웅의 전기에 관해 아는 것을 포함한다.

맥렌돈(James McLendon)은 신학으로써 전기를 가르치는 것은 살아 있는 사람이든 죽은 사람이든, 영감을 받은 사람의 생애가 독특한 방식으로 우리의 인격과 우리의 확신에 대해 말해 줄 수 있기 때문에 특별히 중요하다고 말했다. 그는 '확신'을 집요한 신념이라고 정의했는데, 여기서 집요한 신념은 이것을 받아들였을 때 한 사람 또는 한 공동체의 특성을 정의해 준다는 것이다.[20] 확신은 우리가 강의실 상황에서 배운 종교적 신념과 도덕적 원리를 받아들이는 것 이상이다. 확신은 의식적으로 형성되지 않은 우리의 도덕적 직관의 가능한 차원을 포함해서 한 인간이 된다는 근본적인 의미를 내포한다. 우리가 어떤 문제에 대한 도덕적 입장을 취할 때, 확신은 "(우리의) 도덕적 저울 위에서 보이지 않는 누르는 무게"이다. 확신은 바로 우리가 믿는다고 말하는 것이 아니라, 우리가 믿는 것을 말한다. 맥렌돈은 "사람들은 확신하는 대로 살아가고, 확신을 갖는 공동체도 마찬가지다."라고 말했다.[21] 더 더욱 그는 사람들, 즉 우리 공동체의 비전을 나누고 이를 새로운 힘에 투자하는 그런 사람들, 그리고 그들의 삶이 우리 공동체의 확신을 실현하고 있는 사람들을 우리의 현공동체 안에서, 또는 우리의 현공동체와 유사한 곳에서 때로 찾아볼 수 있다고 말했다. 이런 사람들은 우리 공동체를 위한, 그리고

---

20. James McLendon, *Biography as Theology : How Life Stories Can Remake Today's Theology*(Nashville : Abingdon, 1974), p. 34.
21. *Ibid.*, p. 35.

우리 각자를 위한 모델 역할을 할 수 있다. 이런 영웅들의 전기(그들의 삶의 이야기)를 통해서 이들을 알게 됨으로써 우리와 우리 공동체는 그들과 관련을 맺게 된다. 우리의 영혼은 그들의 영혼과 공명하기 시작하고, 우리는 함머쇨드(Dag Hammarskjöld), 루터 킹(Martin Luther King Jr.), 조단(Clarence Leonard Jordan), 또는 아이브즈(Charles Edward Ives)와 같은 사람들의 영웅적 영혼에 참여한다. 이런 방법으로 우리는 우리의 전통에 참여하도록 우리를 도와주는 실천적 지식을 얻게 된다. 우리는 전기적 설화의 도움을 받아 교육의 프락시스 양식을 수행한다.

우리의 영웅의 삶의 모방이라기보다 재연으로서 교육

이런 전기적 접근의 수행은 우리 자신의 공동체 이야기와 개인 이야기의 컨텍스트 안에서 우리 영웅의 이야기의 사려 깊은 재연에 교사와 학습자로서 우리를 참여시킨다. 나는 여기서 재연을 말하지 모방을 말하지 않는다. 우리는 영웅들이 했던 특별한 일을 반복하면서 그들의 삶을 모방하지 않고, 오히려 우리의 삶을 위해서 그들의 삶의 의미를 해석하고, 우리의 특별한 상황에 적절한 방법으로 그 의미를 적용한다. 가다머(Hans-George Gadamer)는 우리가 예술적 표현의 모델로 '연극'에서 해석과 적용을 혼합한다고 했다.[22] 로렌스 올리비에(Laurence Olivier)의 「햄릿」에 대한 해석이 세익스피어의 연극에 새롭고 독특한 표현을 가져다 주었던 것처럼, 살아 있는 기독교공동체가 그 전통적인 이야기에 새롭고 독특한 표현을 가져다 준다. 우리는 이런 과정을 "성찰적 행동으로서 프락시스"라고 부르고자 한다.

다른 글에서 나는 다음과 같이 언급한 바가 있다. "모사(mimesis)로서 진정한 연극은 원본의 외적인 특성을 '모방'하지는 않는다. 오히려 현대적 형식으로 그 본질을 이끌어 냄으로써 원본을 재연 또는 다시 현재화

---

22. Hans-George Gadamer, *Truth and Method*(New York : Seabury, 1975), 특히 pp. 91-99를 보시오. 또한 많은 연극에 관한 참고자료 가운데 가다머에 관한 주제 인덱스를 보시오.

한다. 그래서 근대 수난극은 복음 설화를 문자적으로, 표면적으로 표현함에 있어서 그리스도의 수난주일을 연기하는 데까지 '모방' 한다."[23] 이와는 달리, 우리 자신의 교사-학습자 상황하에서 예수의 이야기를 재연한다는 것은 올리비에가 그 자신의 형식으로「햄릿」의 본질을 이끌어 냈던 것처럼, 우리 자신의 형식으로 예수의 삶의 이야기의 본질을 이끌어 내야 할 것이다. 이런 재연은 모든 훌륭한 공연예술에서 시행된다. 그리고 훌륭한 종교교육에서도 이루어질 수 있다. 우리 영웅들의 삶에 대한 이런 재연이 성공하려면, 우리는 전기적 이야기와 우리 자신의 삶의 이야기 및 공동체 이야기 사이의 내적인 관계를 찾아내야만 한다. 루터 킹의 영웅적 행동을 재연한다는 것은 우리가 그의 행동의 외적인 부분을 반복하는 것을 말하지 않는다. 우리 자신의 사회적 상황이 아마도 시내버스 앞좌석으로 가라고 강요하지도 않고, 좌석이 분리된 식당에 앉도록 배치하지도 않을 것이다. 그러나 분명히 새로운 형식으로 킹의 정신을 재연하도록 요청하고, 우리의 영혼으로 그의 영혼을 드러내도록 부르는 우리 자신의 사회세계 내의 인종차별의 미묘한 형식이 있다. 그래서 우리는 감명 깊게 그의 전기를 읽게 된다. 그리고 내적인 '영적 관계'가 형성될 때까지 킹의 이야기의 외적인 부분에 대한 지식이 우리의 종교적 삶을 거의 발전시켜 주지 못한다는 것을 깨닫는다.

거의 모든 교육자들은 학생들이 규칙과 원리를 단지 암기하는 것만으로는 알 수 없고, 이것을 **적용**할 수 있을 때, 그리고 다른 컨텍스트 하에서 프락시스로 **재연**할 수 있을 때 알게 된다는 점에 동의할 것이다. 그러나 이런 교육자들은 종종 이야기를 암기하는 것이 어느 정도 우리 신앙생활을 증진시킬 수 있는 것처럼 우리의 위대한 신앙 영웅들에 관한 이야기를 가르친다. 이런 이야기의 암기된 지식은 이런 신앙 증진의 기

---

23. "Christian Praxis as Reflective Action" in *Legal Hermeneutics : History, Theory, and Practice*, ed. Gregory Leyl(Berkeley : University of California Press, 1992), p. 106에서 mimesis에 관한 나의 설명을 보시오.

반을 제공하기는 하지만, 우리의 경험이 이런 지식 자체만으로는 신앙을 증진시키지 못한다는 것을 말해 준다.

물론 설화신학은 프락시스 방법으로 삶의 이야기와 공동체 이야기에 우리의 종교적 전통을 적용시키기 위한 과정에 관한 하나의 지침을 제공해 줄 수는 없지만, 다른 유익한 방향에서 종교교육에 시사점을 제공해 준다. 이런 방향이 임상심리학, 즉 우리의 경전 이야기와 삶의 이야기 사이의 내적인 관계를 형성하도록 우리를 안내해 줄 수 있는 상담 실천이다.

설화신학, 임상심리학, 그리고 종교교육

여기서 '임상심리학'이란 개인 상담의 전문적인 실천이요, 프로이트 및 융의 심리학, 스키너의 행동주의, 그리고 로저스의 내담자 중심 심리학과 같은 흐름들을 다양하게 혼합하고, 종종 비교조주의적으로 혼합한 정신치료의 한 형식이다.

임상심리학과 종교교육은 비슷한 설화적 관심을 성격을 변화시키기 위해 경전 이야기, 공동체 이야기, 그리고 삶의 이야기를 상호 연관시키는 방법에서 공유하고 있다. 힐만(James Hillman)은 상담 환자가 "말하기 위한 이야기"를 가지고 있다고 했다.[24] 치료자의 역할은 개인적 삶의 이야기를 공동체 이야기와 같은 역할을 하는 심리학적 이론의 보다 큰 구조 틀에 연합시킴으로써 환자를 '치료' 하는 것이다. 이론심리학의 선택된 경전이 무엇이든지 간에 아마도 어떤 이들에게는 삶의 이야기를 해석하는 방법에 대한 프로이트적 관점과 융적 관점을 연합시켰는데, 환자가 이런 보다 권위적인 경전 이야기의 빛 안에서 그 자신의 삶의 이야기를 이해하기 시작할 때, 이것이 그의 삶을 변형시킬 힘을 갖는다고 볼 수 있다. 치료는 보통 다음과 같은 과정을 밟는다. 즉, 치료자가 감정

---

24. Hillman, "The Fiction of Case History : A Round," 4절, "Stories in Therapy," pp. 136-141.

이입으로 환자의 삶의 이야기를 듣는다. 그리고 받아들여진 경전 이야기 안에서 이를 재해석한다. 환자는 아마도 보다 폭넓은 전통적 이야기에 그 자신의 이야기를 맞물리게 함으로써, 그리고 그 자신의 경험과 이에 대한 상담자의 해석 사이의 내적 관계를 발견함으로써 치료되어 간다. 예를 들어 프로이트 학파의 영향을 받은 치료에서 상담자는 의미 있고 지속적인 개인적 관계를 이루어 갈 수 없는 무능함이 어느 정도 그의 부모와 또는 다른 중요한 어른들과의 제대로 성취되지 못한 관계와 연관되어 있다는 점을 환자에게서 찾아내고자 할 것이다. 이렇게 환자의 치료는 그의 현재 관계 안에서 과거의 관계의 재연을 포함한다.

이것이 종교교육 과정에 적용될 때, 내가 이미 언급한 것처럼 현재 공동체 이야기 및 개인 삶의 이야기 안에서 전통적 기독교 이야기를 재연하는 것을 의미한다. 이것은 교사가 기독교 전통을 그 자체가 하나의 목적인 배워야 할 외적인 자료로 학생들에게 제시해 주는 것을 뜻하지 않는다. 우리에게 영양분을 제공해 주는 씨리얼 그릇의 능력이 아침 식탁 위에 놓여 있다는 데 있는 것이 아닌 것처럼, 우리의 삶을 변형시키는 전통의 힘은 교실에서 제시된 표면적인 의미에 있는 것이 아니다. 교육의 문제는 우리 자신의 삶의 이야기를 위한 영양분으로써 전통적 이야기를 섭취하는 우리의 능력에 초점이 맞추어져 있는 것이지, 우리의 기억 속에서 표면적 사건으로써 이 전통적 이야기를 찾아내는 능력에 초점이 맞추어져 있는 것이 아니다. 하나의 이야기를 섭취한다는 것은 우리 자신의 삶의 컨텍스트 안에서 이 이야기를 해석하는 것을 말하고, 우리 자신의 표현에 활기를 불어넣어 주는 형식에로 이 이야기를 변화시키는 것을 말한다.

우리의 가장 친숙한 개인적 이야기들일지라도 이것은 우리가 기억하는 과거 사건의 한 가닥 끈 이상이다. 나 자신의 삶의 이야기는 의미의 이야기-구조 안에서 내가 **해석한** 사건에 대한 하나의 회상이고, 이 해석을 통해서 이런 사건들은 내 삶을 변화시키는 신비한 힘을 가진다. 내 삶의 이야기에 대한 나의 해석은 나를 쇠약하게 만들 수도, 파멸시킬 수도 있으며, 또한 나를 재충전할 수도, 새롭게 할 수도 있다. 의미의 무의식적 수준은 나의 과거, 즉 아마도 내가 이제는 본래 사건 그 자체를 초월하는 방식으로 자아에 대한 현재의 감각에 영향을 미치는 생생한 의미로 해석하고 바꾸어 놓은, 갑자기 기억난 어머니의 행동 또는 아버지의 표현인 과거를 통해서 나의 내적 순례 속에 나타날 수 있다.

우리 삶의 이야기에 대한 우리의 해석은 자아에 대한 우리의 인식을 형성하고, 우리는 우리 자신을 넘어 도달하고자 하는 본연의 인간 욕구를 통해서 우리 삶의 이야기가 속해 있는 보다 큰 이야기들, 즉 이미 형성된 삶의 이야기를 다시 형성해 주는 경전 이야기와 공동체 이야기에 대한 물음을 야기한다. 이런 컨텍스트 안에서 정신치료와 마찬가지로 종교교육은 이야기의 다층적이고 상호 연관된 의미를 해석하도록 요청을 받는다. 하나의 이야기를 해석한다는 것은 이야기의 구조에 대한 이해, 즉 시간의 연속 안에서의 플롯의 형식과 인물의 상호작용의 형식 안에서 하나의 이야기가 구성되는 방식에 대한 지식을 필요로 한다. 플롯은 그 안에서 인물들이 전개되고 형성되는 틀을 제공해 주기 때문에 이 플롯을 이해하는 것은 필수적이다. 종교교육의 목적은 인물을 형성하는 것이고 우리 모두가 보다 큰 기독교 플롯 안에서 인물들이기 때문에, 우리는 이제 다루게 될 주제인 플롯이 작용하는 방식을 정확하게 이해할 필요가 있다.

우리 삶의 이야기의 해석 안에서의 플롯의 역할

우리가 문학 안에서, 그리고 우리의 삶 속에서 발견하는 플롯은 우리의 비전을 형성한다. 어떤 플롯은 우리를 행복하게 만들고, 어떤 플롯은 우리를 슬프게 만들고 ; 어떤 플롯은 우리를 격려하고, 어떤 플롯은 우리에게 실망을 가져다 주고 ; 어떤 플롯은 우리를 치료하고, 어떤 플롯은 우리를 병들게 한다. 그리고 신앙적인 관점에서 어떤 플롯은 우리를 구원하고, 어떤 플롯은 우리를 저주한다. 그러나 문학 이야기든지 삶의 이야기든지, 우리가 이야기들을 읽을 때마다 언제나 실제로 그 이야기 안에 있는 플롯을 발견하는 것은 아니다. 때로 우리는 플롯을 만들거나 적어도 바꾸어 놓는다. 예를 들어 자유주의 신학은 복음주의 신학보다 예수의 삶의 이야기의 플롯을 다르게 해석한다.

우리 종교교육자들이 우리 이야기에 어떤 플롯을 부여하는가?(또는 그 안에서 발견하는가?) 우리는 이야기 안에서 발견하는 플롯이 이야기 자체와 그 안에 우리가 투사한 것들의 혼합물이라는 데에 동의할 것이다. 우리 대부분은 우리 자신의 환상에 맞추어 이야기할 때, 우리 개인의 역사를 부분적으로 왜곡시킨다. 성 어거스틴조차도 그의 자서전 「고백록」에서 그가 발전시키고자 했던 플롯을 표현하기 위해 그의 삶의 경험을 개작했다. 더 더욱 어떤 플롯 컨텍스트 안에서 우리 자신의 이야기와 공동체 이야기를 해석한 뒤에, 우리는 전통적 기독교 경전에 대한 우리의 해석에 이런 플롯 이해를 투사시키고자 한다. 우리는 이미 자유주의 전통이 어떻게 했는지(모든 다른 전통들이 했던 것처럼, 그리고 아직도 그 자신의 방식대로 하고 있는 것처럼)에 관해서 살펴보았다. 그래서 우리는 채택된 플롯의 흐름을 따라 우리 과거의 역사를 해석할 뿐 아니라, 이 채택된 플롯을 따라 우리의 현재의 삶을 살아가고자 한다.

이런 관점을 부연설명하기 위해서 나는 다른 사람들이 그들의 삶의 이야기 안에서 발견한 플롯들을 설명해 보고자 한다. 특별히 다음과 같은 플롯 양식, 즉 희극, 비극, 희-비극, 그리고 악당의 극으로 표현된 삶의 이야기를 살펴보고자 한다.[25] 희극 양식으로 자신의 삶을 해석하는 사람들은 종종 개인적 성숙과 물질적인 성공을 이루기 위해서 그들 자신과 그들의 환경을 조직하고 관리한다. 그들은 바라는 목표에 도달하기 위해 그들의 삶을 조정한다. 여기서 바라는 목표란 정확하게 하나의 플롯의 본질, 즉 바라는 목적을 향한 사건의 순서와 배열을 말한다. 세익스피어의 희극 「말괄량이 길들이기」는 하나의 고전적인 예이다. 페트루치오는 케이트가 말괄량이에서 사랑스럽고 순종적인 여인으로 바뀌

---

25. 플롯에 관한 이 논의는 위에서 인용한 힐만의 논문에서 빌려 왔다.

게 만든 조건화된 환경을 만들었고, 그들 두 사람은 이후에 남편과 아내로서 행복하게 살았을 것이다(여기서 나는 **남편**과 아내를 의미했다 ; 케이트의 변화가 개선인지 개악인지가 현재의 페미니스트들에게는 문제가 되겠지만).

우리는 비슷한 희극 형태를 행동주의 심리학 실천가들에게서 발견한다. 행동주의적 경전 이야기는 인간 실존에 대한 적극적인 강화를 통해 환자가 치료될 수 있다는 점에서 희극적이라고 해석된다. 적극적인 강화란 바람직한 성격 변화에로 이끌어 가는 신선한 반응을 환자로부터 이끌어 내기 위해서 환경적 컨텍스트가 재조정하는 것을 말한다. 이렇게 해서 실패한 삶의 이야기가 아마도 성공적인 삶의 이야기로 변화될 것이다.

많은 사람들은 희극 양식으로 그들의 개인적 삶의 이야기를 만든다. 그들은 물질적 번영, 직업의 성공, 행복한 지역생활, 그리고 정신의 영적 평화를 얻기 위해 그들의 삶과 환경을 조직하고 관리한다. 기독교교회는 희극 양식으로 그들의 삶을 해석한 사람들로 가득 차 있다. 더 더욱 그들은 때로 그들의 비전을 예수의 삶에 대한 복음의 설명 이해에 투영하곤 한다. 셰익스피어의 페트루치오(Petruchio)처럼, 예수는 그의 추종자들이 사랑받고 순종적인 사람이 되도록 환경을 만들었고, 이후 그들 모두가 행복한 삶을 영위하게 된다. 나는 신앙교사로서 많은 학생들이 그들 자신의 삶의 의미를 희극적 관점에서 해석할 뿐 아니라, 그들이 같은 관점에서 예수의 삶을 이해한다는 것을 발견했다(나는 후에 이 주제를 다룰 것이다).

다른 한편, 어떤 사람들은 삶의 보다 비극적 양식을 받아들인다. 이런 사람들은 과거 개인적으로 실패한 사건을 그들의 현재 상황과 연결시킨다. 그리고 알콜중독, 깨어진 인간관계, 직업의 실패, 그리고 정신질환과 같은 불행을 포함해서 그들의 삶을 좌절과 도덕적 투쟁의 연속으로 영위해 간다. 그들은 실망, 좌절, 그리고 때로 파멸의 끝을 생각한다(자기 성취의 예견으로써?). 근대 오이디푸스(Oedipus)처럼 어떤 '예언자'들은 아마도 그들을 괴롭혀서 좋은 일조차도 약속이 아니라 위협으로 받아들이게 만든다. 그들의 비극적 삶에 대한 풍자를 통해서 모든 성공조차도 실패에 대한 그들 자신의 부담으로 짐 지워져 있는 것 같다.

그러나 또 다른 사람은 악당(picaresque)의 양식으로 그의 삶을 영위해 간다. 그리고 결코 그가 보다 좋게 또는 보다 나쁘게 변할 수 있다고 생각하지 않는다. 그는 모든 상황하에서 자신을 위해 가장 많은 것을 장악하려고 그와 관련된 세계를 기회주의적으로 교묘하게 조작한다. 그는 결코 개인적으로 사랑의 관계에 몰입하지도, 그의 삶을 의미 있게 해주는 목적에 헌신하지도 않는다. 그는 결코 변하지 않는다. 그는 피상적이고 고립되고 심지어 건달과 같은 그 자신의 인격으로 살고 죽는다.

연관된 이야기들에서의 종교교육의 역할

이미 언급한 바와 같이 우리들 대부분은 우리 자신의 삶의 이야기를 플롯 형식으로 이해하고, 이 이야기를 보다 큰 공동체 이야기 및 경전 이야기와 연관지으려 한다. **여기서 종교교육의 주된 과제는 연관된 이야기의 과정을 안내하는 것이다.** 이런 안내는 앞에서 언급한 삶의 이야기의 플롯 컨텍스트에 대한 이해와 경전 이야기 및 공동체 이야기의 플롯 컨텍스트에 대한 이해를 포함한다. 이런 이해와 함께 위에서 살펴본 것처럼, 경전 이야기 및 공동체 이야기의 외적인 적용은 그 자체만으로는 불충분하다. 교사들이 학생들을 위한 외적 양식으로 예수의 생애와 가르침에 대한 성서의 설명을 암기하도록 하는 것은 일반적으로 잘하는 것은 아니다. 가르치는 과정은 예수의 이야기와 우리 이야기 사이에 내적인 플롯의 연관에 대한 앎을 포함하는 예수의 비전에 대한 **자아실현**을 향해 나아가야 한다.

희극 양식에서의 연관된 이야기

많은 종교교육자들이 금세기 초에 자유주의 신학의 영향하에서 그랬던 것처럼, 희극 양식으로 성서 이야기를 해석할 때 예수의 가르침을 진보적 공동체의 환경 안에서 학습되어진 도덕 원리로 이해하고자 한다.

그래서 소위 자유주의적 '성공의 복음'이 종교교육 안에 들어왔다. 사단의 세력과의 싸움, 세계의 운명에 대한 그 자신의 어둡고 묵시적인 예언, 그리고 실망과 패배와 같은 예수의 삶에 대한 보다 비극적 주제들은 예수의 이야기 내에서 긍정적인 요소에 대한 지속적이고 확실한 초점을 유지하기 위해서 비신화화되었고 얼버무려졌다. 따라서 종교교육의 과제는 와이즈(Carroll Wise)가 여러 해 전에 말한 것처럼, "인격 성숙의 나라"를 발전시킴으로써 하나님의 나라를 촉진시키는 것이다.[26]

 더 더욱 많은 국내 저명한 기독교 인사들과 저자들은 이런 자유주의적 희극 양식으로 말하고 글을 썼다. 그리고 이들은 우리의 삶의 이야기가 종교적이고 세속적인 양식 모두 안에서 권위를 가지는 것처럼 보이는, 보다 큰 '행복한' 경전 이야기와 조화를 이룰 수 있다고 말한다. 노만 필(Norman Vincent Peale)의 「적극적 사고의 능력」(The Power of Positive Thinking), 브루스 바톤(Bruce Barton)의 「아무도 모르는 사람」(The Man Nobody Knows), 그리고 조슈아 리브만(Joshua R. Liebman)의 「정신의 평화」(Peace of Mind)는 이런 자유주의적 풍조의 예이다. 이와 유사하게 많은 아동부 종교교육 커리큘럼 자료들이 정신적으로 성서 이야기의 세계에보다는 "딕크(Dick)와 제인(Jane)"의 완성도 높은 세계에 더 가깝다. 이 "딕크와 제인" 이야기는 또한 그 시대의 세속적 공동체의 이야기와 쉽게 연관을 맺는다. "뉴딜(New Deal) 정책"에서 "뉴프론티어(New Frontier) 정책"에까지 사회 정치적 영역에서 정치가들과 사회 지도자들은 근대 기술과 개인 및 자연자원에 대한 적절한 관리가 보다 나은 미래를 일굴 수 있다고 주장했다.

희극적 해석 양식의 한계

---

26. Carroll Wise, *Pastoral Counseling : Its Theory and Practice*(New York : Harper and Brothers, 1951). 와이즈 책의 의미에 대한 해석을 위해서는 나의 논문 "Christian Praxis as Reflective Action," in *Legal Hermeneutics*를 보시오.

이런 자유주의적 해석이 전적으로 잘못된 것은 아니지만, 그렇다고 완전히 옳은 것도 아니다. 그러나 자유주의적 희극적 해석 양식의 장점이 무엇이든지 간에, 대부분 현대 종교교육자들은 이런 양식이 오늘의 종교교육 커리큘럼을 위한 의미를 갖는다기보다는 어제의 것을 위한 의미를 갖는다는 데에 동의하는 것처럼 보인다. 이런 변화의 원인들로 주도적인 '까다로운' 중산층 정신의 경고와 우리 근대 다원주의적 문화의 등장, 실패했으나 아직 결론이 나지 않은 베트남 전쟁, 그리고 실패한 세인트루이스 고급주택 증축 프로젝트인 프루트-이고(Pruitt-Igoe)의 계획된 폐지와 최근에 훈련된 모든 병사들, 건축기술 수준, 또한 댐들과 제방들로 1993년 미시시피 대홍수를 조절하는 데 실패한 미 육군 공병대로 상징화되는 사회 개발을 위한 정부의 대규모 사회 프로그램의 실패 등을 들 수 있다.

자유주의의 진보적 분위기에서 벗어나려는 이런 움직임의 특별한 원인을 우리가 알든지 그렇지 못하든지 간에, 결론적으로 우리는 진보적 정신에 찬물을 끼얹어 온 공공생활의 역사적 사건들이 부정적이고 비극적이기조차 한 요소들을 깨닫게 해주었다고 할 수 있다. 거의 모든 진보의 약속은 상응하는 위협을 지니고 있는 것처럼 보인다. 핵에너지가 세계를 구원할 것인가, 파괴할 것인가? 의료기술의 정교함은 개인 및 정부 사업에 의해 기획된 조절을 어렵게 만들 의료 서비스의 재정적 낭비의 조건과 사회적으로 불평등한 분배를 만들어 내지는 않을 것인가? 자세하게 다루지 않더라도 이런 질문들은 그 자체로 우리 공공 공동체 이야기 속에 비극적 요소에 대한 우리의 인식을 계속해서 일깨워 준다.

1990년대를 거쳐 모호하고 불확실한 시대인 다음 세기로 나아갈 때, 우리 종교교육자들은 우리의 세속 이야기들과 종교 이야기들 사이의 관계에 다시 주목해야 한다. 아마도 이런 관계에 대한 도피주의적 접근은 다른 비극적 플롯으로 전개되는 문화적 설화 안에서 살아가고 있는 학생들에게 희극적 양식으로 경전 이야기를 가르치게 될 것이다. 그렇다면 어떻게 우리 기독교 경전 이야기의 비극적 요소에 대한 인식이 근대 문화적 상황에서 종교를 가르침에 있어서 타당성을 갖게 될 것인가?

마가복음의 복음 플롯의 비극적 요소

이야기의 상세한 내용과 플롯에 초점을 맞추고 있는 설화신학은 희극적인 방법으로 성서 이야기가 획일적으로 읽혀질 필요도 없고, 또한 읽혀져서도 안 된다는 것을 알게 해준다. 특별히 **마가복음**에는 비극적 요소가 있다.[27] 마가복음의 비극적 주제는 이 복음서의 기자가 오해, 부인, 도망, 배신, 그리고 회의에 관해서 썼을 때 다루어진다. 예수의 제자들은 반복해서 예수를 오해했고, 베드로가 예수를 저버리는 동안 그들은 예수를 피해 도망쳤다. 비극적 풍자는 예수가 십자가에 달릴 것을 확고하게 예언했을 때 더욱 완전하게 나타나고, 십자가에서 "나의 하나님, 나의 하나님, 어찌하여 나를 버리셨나이까?"(막 15 : 34)라고 절규했을 때 회의를 나타내 보여 주었다. 예수는 좌절을 경험한 비극적 영웅이요, 성공적으로 이 세상에서의 종말을 이루기 위해서 주변 사람들을 조정하거나 환경을 바꾸지 않은(할 수 없는) 비극적 영웅이다. 이런 예수의 삶의 비극적 차원은 스스로의 인간적인 계획으로 비슷한 종말을 경험한 오늘의 사람들에게 설득력 있게 이야기한다.

물론 마가복음은 계속해서 비극적이지는 않다. 왜냐하면 마가복음이 독자들에게 그리스도는 다시 일어날 것이고, 하나님의 나라는 고난주간의 비극적 사건을 통해서 실현될 것이라는 것 ; 즉 고통당하는 비극적 영웅은 또한 회복될 희극적 영웅(비극적 희극이라는 장르라 할 수 있는 하나의 문학적 혼합물)이라는 점을 독자들에게 확인시켜 준다. 그러나 틸리히(Paul Tillich)가 "무덤에서의 탄생"이라는 설교를 통해서 우리에게 경고하고 있는 것처럼, 우리가 사도신경에서 "그리스도가 '고난을 받으시고,

---

27. 나는 여기에서 보다 상세한 마가복음의 비극적 요소에 관한 나의 논문, "The Gospel of Mark and *Oedipus The King* : Two Tragic Visions," in *Soundings : An Interdisciplinary Journal* 67 : 1(Spring 1984)을 요약했다.

십자가에 달리시고, 죽으시고, 장사되시고, 죽음에서 다시 살아나셨다.' 는 것을 읽을 때, 우리는 이미 첫 단어를 들으면서 그 종말, 즉 '다시 사셨다는' 것을 안다. 그리고 많은 사람들에게 이것은 다만 분명한 '해피 엔딩' 이상 아무것도 아니다."[28] 틸리히는 많은 사람들이 하고 있는 이런 피상적인 해석에 반대한다. 왜냐하면 그는 그리스도의 부활에 대한 집중이 십자가와 죽음을 모호하게 만들 때 쉽게 잊혀지게 되는 희극과 비극 사이의 단조로운 긴장을 기독교 메시지가 구체화한다고 믿기 때문이다. 틸리히는 예수가 비극적 영웅이 경험하는 것과 같이 십자가에서 버림당한다는 절규 속에서 죽음의 전적인 충격을 경험했다고 보았다.

그래서 플롯 형식에 민감한 설화신학은 우리 이야기에 대한 긴장되고 잘 짜여진 이해로 우리를 이끌어 줄 수 있고, 경전 형식, 공동체 형식, 그리고 개인 형식 안에서 이들 이야기 사이의 내적인 연관을 찾아내도록 교육자인 우리에게 요구한다. 우리가 권위와 전통 위에서 받아들인 과거에 우리의 경전 이야기들을 머무르게 하는 한, 이것들은 서서히 죽어 갈 것이다. 왜냐하면 우리의 양심 밖 또는 양심 위로부터 임하는 외부의 법으로써 전통적인 권위의 근대적인 붕괴가 사려 깊고 예민한 대부분의 사람들의 정신 속에서 기세가 꺾일 것 같지 않기 때문이다. 이것은 새로운 것이 아니다. 여기서 다시 수십 년 전에 틸리히는 인간의 창의성은 결코 사람들이 전적으로 그들 자신의 법(잘못된 자율)으로, 또는 합리적이고 도덕적인 경험 밖으로부터 온 외부의 법(타율, 독단적인 종교체계에 의해 강요된 법)으로 살려는 한 꽃필 수 없다고 했다. 오히려 틸리히는 인간 법이 하나님의 법과 공명할 때, 그래서 그들 자신의 영적 깊이(신율)와 연합될 때 창조적 표현이 나타난다고 말했다.[29] 설화신학의 용어로 바꾸어 보면, 이것은 삶의 이야기 및 공동체 이야기가 경전 이야

---

28. Paul Tillich, "Born in The Grave," in *The Shaking of The Foundations* (New York : Scribner's 1955), pp. 164-168.
29. Paul Tillich, *Systematic Theology*, Vol. I(Chicago : University of Chicago Press, 1951), pp. 83-86.

기와 공명하여 그들 자신의 영적 깊이와 연합할 때 창의적 표현이 나타 난다는 것을 의미한다. 이런 창의적 표현이 나타나는 것보다 무엇이 종 교교육에 더 적절할 수 있는가?

현대 교육 컨텍스트 안에서의 경전 이야기의 이해와 전달

우리는 특별히 플롯 형식으로 된 설화구조가 교사와 학생이 근대 종 교적 및 세속적 공동체 안에서 살아가고 있을 때, 우리의 현생활과 경전 이야기 사이의 내적인 연관을 발전시키기 위해서 희극과 비극 양식 안 에서 어떻게 전개되고 있는가를 이해해야 한다는 것을 살펴보았다. 이 것은 우리로 하여금 경전적 복음의 근본적인 주제, 즉 구원의 주제가 표 현되어 있는 설화구조를 이해하도록 요청한다(구원론은 신학적 주제이다). 나는 이제 어떻게 설화적 접근이 교육적 컨텍스트 안에서 구원에 대한 우리의 이해를 증진시킬 수 있는가를 살펴볼 것이다.

루트(Michael Root)에 의하면, 구원은 "인간 실존의 주된 상태, 즉 타 락(죄와 부패)의 상태와 타락으로부터의 벗어남(구원, 해방)의 상태, 그리 고 첫째 상태에서 둘째 상태로의 변화를 일으켜 줄 사건을 가정한다. 이 것은 설화의 충분한 조건, 즉 실존의 두 상태와 첫째 상태에서 둘째 상 태에로 변화되는 사건을 가정한다."[30] 구원은 한 사람이 실존의 한 상태 로부터 다른 상태로 옮아가는 시기의 한 과정이다. 성서 설화는 문제/해 결, 긴장/이완의 구조로 전개된다. 즉, 인간의 죄와 부패의 긴장이 영웅 적 인물, 즉 예수 그리스도와 연관된 연속적 사건 안에서 해결된다. 구 원이 이런 연속된 과정이기 때문에 "설화는 단지 구원론(구원) 안에서 장 식적일 뿐 아니라 본질적이다."라고 루트는 말했다.[31]

물론 구원의 의미는 요약해서 설명될 수 있지만, 이것이 정적인 사건

---

30. Michael Root, "The Narrative Structure of Soteriology," in *Why Narrative?* p. 263. 구원론에 관한 나의 논의는 이 루트의 논문에서 대부분 도움을 얻었다.
31. *Ibid.*, p. 263.

으로 일어나지 않고 어떤 시기에 걸쳐서 일어나기 때문에, 우리는 새가 날아가는 것을 하나의 사진에 담아 낼 수 없는 것처럼 그 본질을 하나의 교리에로 축소시킬 수 없다(이것이 기독교 전통 안에서 구원에 관한 공식적인 교리가 결코 발전될 수 없는 이유를 부분적으로 설명해 줄 수 있을 것이다). 그래서 경전 이야기의 핵심은 학습되어질 교리 또는 수업을 통해 전달될 원리가 아니다. 오히려 하나의 시기에 걸쳐서 전개되는 신자 자신의 삶의 이야기 안에서 구체화되어지는 하나의 이야기이다.

이제 종교교육을 위한 설화신학의 질문은 "어떻게 교육이 삶의 이야기 안에 구원에 관한 경전 이야기를 구체화할 수 있을 것인가?"가 된다. 루트에게서 그 대답은 **확대된 형식으로 경전 이야기가 다시 말해지고(retelling), 다시 체험되는 것**(reliving)**으로** 나타난다. 복음이 형식을 갖추었던 경전화 시기 이전의 초대교회에서, 복음 이야기는 특별한 해석을 보여 온 확대된 형식으로 이야기를 다시 말함을 통해 전수되었다. 이런 확대는 새로운 화자 또는 저자의 삶의 이야기 안에서 적절해지기 위해 확장되면서도 본래 이야기의 온전성을 보존했다. 사실 '확대하다' 라는 동사는 '보다 크게 하다 ; 확장하다'를 의미한다. 그래서 각 복음서 기자들은 그의 독특한 신앙공동체 안에서 그 자신의 신앙생활의 경험이라는 관점에서 예수의 본래 이야기를 보존하고 또한 확장했다. 루트는 이 과정을 다음과 같이 설명했다.

'속죄론'이 풀고자 했던 문제는 예수의 이야기가 적어도 이것과 확실한 관계를 맺고 있는 사람들에게 어떻게 구원의 이야기인가라는 것이다. 이 특별한 관계가 일종의 포함(inclusion)으로 이해된다면, 과제는 예수의 이야기, 삶, 죽음 안의 결과와 이제 신자의 이야기, 삶, 구원 안에 포함된 다른 결과 사이의 관계를 도출해 내는 것이다. 다시 우리는 설화 해석의 과제, 단일 이야기라 전해진 것 안에서 두 결과 사이의 관계에 대한 해명의 과제를 갖는다.[32]

---

32. *Ibid.*, p. 267. 루트는 커모드(Frank Kermode)와 같은 몇 학자들은 예수의 이야

루트는 여기서 **우리의** 구원을 설명하는 역동적 속죄론이 예수의 이야기 내의 사건의 결과를 우리 각자의 삶의 이야기 내의 사건들의 결과와 연결지어 준다는 것을 말하고 있다. 달리 말해서 구원의 과정은 다른 이야기들 사이의 **내적 연관**을 맺고 있다는 것이다. 종교교육에서는 구원에 대한 복음 이야기와 우리의 근대적 삶의 이야기 사이의 내적 연관을 찾아내야 한다는 요청을 받아들이는 것과 이런 과제를 실제로 이루는 것은 다른 것이다. 많은 보수주의자들은 성서 설화를 우리 삶에 있는 그대로 적용해야 할 정형화된 하나님의 말씀으로 본다. 이들에게서는 메시지의 '진정한 색깔'은 우리 자신의 삶의 이야기의 색깔이 어떻게든지 섞여서는 안 된다. 또 다른 극단적 입장에 서 있는 많은 자유주의자들은 우리의 근대적 삶의 양식의 요구에 부응하기 위해서 원래 이야기를 변형시키려는 것 이상으로 이 원래 이야기를 왜곡시킨다. '진정한 색깔'은 생각 이상으로 희미해진다.[33]

기가 복음서 기자들에 의해 확대되었다는 것에 동의하지만, 이들의 복음서가 정경화된 후에는 텍스트가 경전 형식 안에 '얼어붙게' 되었고, 이것들이 결코 확대되도록 열려질 수 없기 때문에 단지 석의를 통한 해석에만 열려져 있다는 것에 동의하고 있다고 말했다. 루트는 커모드의 *The Genesis of Secrecy : On the Interpretation of Narrative*(Cambridge : Harvard University Press, 1979), pp. 81, 98을 인용했다. 커모드는 복음서 기자들의 예수의 원래 이야기의 확대에 관해 다음과 같이 말했다. "전도자들은 정경화가 이루어지기 전에 알 수 없게 된 것, 또는 화나게 만드는 것을 제하거나 수용할 수 있게 하기 위해서 고대 텍스트들이 개정하거나 수용한 사람들과의 연속성을 유지하는 방법을 써 왔다는 것이 넓게 동의를 받아 왔다." p. 81.

33. 확대에 관한 논의에서 루트는 칼 바르트의 신학을 원래 텍스트의 온전성을 보존하는 복음서 이야기를 다시 이야기하고 체험하는 것이라는 프라이(Hans Frei)의 설명을 참고한다. 나도 프라이에 동의한다. 그러나 바르트는 급진적 자유주의자들과 성서 문자주의자들 모두를 강하게 비판했다. 자유주의자들은 성서 세계가 그의 마음을 흠뻑 적시고 있기 때문에 그는 근대 세계의 실제 도전에 무감각하게 되었다고 비판했다. 반대로 성서 문자주의자들은 그를 텍스트의 의미를 단절시키고 잃어버리게 했다고 비판했다(내 생각에 바르트는 이것에 관해 매우 재미있게 대꾸했다고 생각한다). 프라이의 평가를 참고하려면 Hans W. Frei, "An Afterword :

그러나 이것은 설화신학이 종교교육에 던지는 도전이고, 비록 이것이 힘든 과제라 할지라도 이것은 분명히 불가능한 것은 아니다. 많은 기독교인들이 경전 이야기와 관계를 맺는 일에보다는 그들의 가족 및 직장과 관계를 맺는 일에 더 관심을 가지고 있다는 것이 분명한 사실일 것이다. 그러나 대학생과 성인교육의 교사로서 경험한 바로는 기독교 이야기를 자신의 이야기 안에 의미 있게 확대하는 것에 관심을 가지고 있는 여러 연령층의 교사들과 학생들이 있다. 이런 사람들은 **내적으로** 어거스틴과 연관을 맺을 수 있고, "우리의 마음이 당신 안에서 쉼을 찾기까지 쉬이 없나이다."라는 그의 기도를 함께 드릴 수 있게 된다.

분명한 사실은 이런 폭넓은 종교적 목적을 향해 나아가려는 교육 컨텍스트하에서 함께 사역하는 교사들과 학생들이 있다는 것이다. 예를 들어 내가 지도하던 기독교 학급에서 종종 신앙적인 차원에 접근하기 위해서 효과적인 방법으로 성서 설화와 근대 소설을 함께 다루었다. 그 목적은 결코 이 둘을 비교하거나 대조시키려는 것이 아니고, 오히려 성서 이야기 및 소설에 묘사된 세계들과 연관 속에서 우리 자신의 이야기의 내적 흐름을 찾고자 하는 것이다. 비록 채택된 소설과 복음 이야기가 서로 다른 흐름으로 진행되기는 하지만, 우리는 독자로서 잠시 각각 이 두 흐름 안에서 헤엄치고자 애쓴다. 복음 이야기와 소설의 수면 아래에서 느끼면서, 우리는 때로 이 두 흐름의 깊은 곳과 얕은 곳에서 유사한 흐름에 대해 말하곤 한다.

나는 한 예로서 수중 상징들로 많은 의미가 전개되고 있는 「포장하기」[34]라는 애트우드(Margaret Atwood)의 소설을 들고자 한다. 주인공

Eberhard Busch's Biography of Karl Barth," in *Karl Barth in Review : Posthumous Works Reviewed and Assessed*, ed. H. Martin Rumscheidt, *Pittsburgh Theological Monograph Series* 30(Pittsburgh : Pickwick Press, 1981), p. 110을 보시오.

34. Margaret Atwood, *Surfacing*(New York : Fawcett Crest Ballantine Books, 1972).

(그 이름은 밝혀지지 않았다.)은 그녀가 어린 시절 대부분을 보냈던 캐나다 호수로 돌아감으로써 자아 발견의 여행을 떠났다. 자아 발견이 진전되면서 그녀는 자신과 자신의 과거 및 아버지와 연결시켜 줄 수중 절벽에 쓰여진 상형문자를 찾기 위해서 호수 속으로 잠수한다. 그녀는 죽은 아버지의 이미지와 태아의 이미지 대신에 아마도 그녀가 낙태했던 아이를 발견한다. 그녀는 이런 만남들을 통해서 그녀 자신과 대면하게 되고, 그녀의 자아 변형이 시작된다. 그녀는 자신의 새로운 자아를 다시 옷 입기 위해서 옛 자아를 벗고, 문화적 과거의 외투 속에 놓여 있는 자신 안의 실존의 원시적 상태를 발견하기 위해서 정결의식을 거행한다. 그녀는 부모의 오두막으로 돌아가고, 자신의 눈에 보이는 옷과 사진 앨범과 같은 과거에 대한 애착물을 남김 없이 부숴 버린다. 그러나 그녀의 시련은 단지 자신을 씻기 위한 일시적인 움츠러듦일 뿐이다. 그녀는 이제 새롭게 자신의 과거세계로 다시 들어가기 위해 포장한다(비록 머뭇거리고 임시로 하긴 하지만).

만일 우리가 원한다면 우리는 그녀의 이야기 안에서 우리 자신의 이야기의 요소들을 발견할 수 있고, 하나의 설화과정으로서 삶의 재탄생을 이해함으로써 그녀의 이야기를 분명하게 드러낼 수 있다. 이렇게 될 때 애트우드의 설화는 우리로 하여금 타락, 어거스틴의 왜곡된 의지와 문화의 부패, 정결케 하고 다시 새롭게 하는 세례의 물, 성 프란시스의 전통의 에덴의 원시적 순결로의 회귀, 그리고 궁극적으로 모호하고 회의에 찬 타락된 일상세계에로의 재진입과 같은 많은 기독교 경전적 주제들에 대한 확대된 인식을 갖게 해준다.

그러나 매우 얄궂게도 내 관점은 이것이 이루어지면서 거의 상실되어 버렸다. 왜냐하면 이야기들 사이의 실제로 중요한 연관이 내가 해왔던 것과 같은 유사성에 대한 외적인 설명을 통해서는 결코 이루어질 수 없기 때문이다. 오히려 이야기들 사이의 중요한 상관관계는 우리 자신의 이야기에로의 원이야기의 확대를 통해서 우리 자신의 컨텍스트 안에서 이야기들을 다시 말하고 다시 체험함으로써 일어나는 내적인 연관이다.

이것이 서문에서 다루었던 랍비 이야기의 관점이다. 불구가 된 할아버지는 그의 선생님이 뛰었고 춤추었던 이야기를 하기 위해서 뛰며 춤을 추어야 했다. 할아버지는 그 이야기를 내면화하고 확대한 것이다.

그러나 이 점을 지적하는 것은 또한 모든 교육에서 제기되는 답변되지 않은(답변할 수 없는) 질문을 던지는 것이다. 교육의 기독교적 형식은 다음과 같다. "왜 어떤 학생은 다른 학생이 할 수 없거나 하지 않는 방법으로 복음, 소설, 그리고 그 자신의 삶의 이야기를 함께 연결할 수 있는가?" 교육자는 이 질문에 대한 정형화된 답변을 할 수 없을 것처럼 보이거나, 그들의 부분적인 답변을 통해서 특별한 결과를 보장할 수조차 없을 것처럼 보인다. 예수 자신은 "바람이 임의로 불고 너희는 그 소리를 듣지만, 어디서 불어 오고 또 어디로 부는지 알지 못한다 : 그래서 영으로 난 모든 사람은 이와 같다."고 말씀하심으로써 '중생'을 설명했다. 예수 자신의 삶의 빛에서 해석해 볼 때, 이 구절은 종교교육 및 개인적 성장과정이 보장된 결과를 만들어 줄 하나의 형식에로 축소될 수 없는 지속적인 이야기라는 것을 우리에게 말해 주는 것 같다. 오히려 이것은 그럼에도 불구하고 세계를 우리 모두를 위한 자리로 만들 수 있도록 도와주기 위해서 결국 함께 연결되는 좌절, 실망, 그리고 방해로 가득 찬 희비극 형식으로 발전되어지는 하나의 이야기이다.

설화신학, 종교교육, 그리고 하나님의 '타자성'의 신비

종교교육은 우리의 일상세계 속에서 기독교 비전을 우리 삶과 연관시켜야 하는 반면에, 만일 하나님의 초월적 '타자성'을 무시한다면 사회학 또는 심리학 외에 다른 것은 거의 가르칠 수 없게 될 것이다. 사실 세계 속에서 생동적 신자는 세계를 창조하고 지탱하는 한편, 세계를 초월하시는 신비로운 하나님에 대한 인식을 필요로 한다. 이런 하나님의 신비적 차원은 특히 우리 종교교육자들과 연관되어 있다. 왜냐하면 종교교육의 주제가 이런 신비 안에 가려진 하나님 외에 그 어떤 것도 아니기 때문이다. 만일 우리가 교수 안에서 이런 신비를 슬쩍 넘겨 버린다면,

우리는 세속 교실 속에서 전문가에 의해 수행되어지는 것보다 결코 나을 수 없는 교실 안에서 아무것도 하지 못할 것이다.

인간 경험의 한계 영역 근처에서 하나님의 다가갈 수 없는 존재는 신비의 광범위한 존재를 우리에게 감지케 해주고, 하나님을 우리 자신의 모습에로 축소하는 것을 막아 준다. 많은 사람들은 필립(J.B. Phillip)의 「당신의 하나님은 너무 작다」라는 책 제목을 알지만, 소수만이 그 제목의 진정한 의미를 안다. 문자주의자들에게서는 기록된 말씀 속에서 하나님의 행동을 직접 설명하는 것이 종종 실제 신비로운 하나님의 존재를 사라지게 한다. 극단적인 자유주의자들에게서는 때로 하나님의 개념이 단지 인간 사고의 투사일 뿐이라는 포이에르바하(Ludwig Feuerbach)의 유명한 주장을 확인시켜 주는 것 같은 자유주의자들 자신의 근대적 삶의 이야기에 대한 거울 이미지 정도가 된다.

설화신학은 하나님의 초월적 '타자성'의 의미, 즉 그 충만함이 우리 인간 개념을 벗어나게 하는 하나님의 신비로운 '존재'의 의미를 전달하는 데 도움을 줄 수 있다.[35] 우리 종교교육자들은 이런 하나님의 '타자성'의 의미를 일깨우기 위해 좋은 소설들을 사용할 수 있다. 소설은 종종 우리에게 하나님의 '신비로운' 차원, 즉 인간 경험 자체 안에 결코 전적으로 포함될 수 없는 인간 경험의 변수들을 따른 존재를 기억나게 해준다. 멜빌(Herman Melville)의 「모비 딕」(Moby Dick)은 하나의 고전적인 예이다. 우리는 엄습해 오는 두려움과 거대한 흰 고래 모비 딕의 사라짐이 문자적으로 초자연적 존재를 의미하지 않는다는 것을 안다. 그러나 플롯이 전개될 때 이것은 우리에게 '타자성'의 의미, 즉 "모호한 기호 및 징조를 통해서 전달되는 이해할 수 없는 것, 알 수 없는 깊이, 그리고 답변할 수 없는 물음의 세계"를 제시해 준다.[36] 멜빌은 그의 설

---

35. 설화 내의 '타자성'의 의미에 관한 훌륭한 논의를 위해서 Giles B. Gunn, "American Literature and the Imagination of Otherness," in *Religion as Story*, pp. 65-92 ; Stephen Crites, "Angels We Have Heard," in *Religion as Story*, pp. 23-63을 보시오.

화 속에서 고래의 있음과 없음 사이의 거의 지속될 수 없는 긴장을 조장하고, 이 긴장을 모세에게 하나님의 나타나심 및 사라지심과 교차시킨다. 하나님께서 모세에게 말씀하신다.

> 보라 내 곁에 한 곳이 있으니 너는 그 반석 위에 섰으라. 내 영광이 지날 때에 내가 너를 반석 틈에 두고 내가 지나도록 내 손으로 너를 덮었다가 손을 거두리니 네가 내 등을 볼 것이요 얼굴은 보지 못하리라(출 33 : 21 - 23).

이 출애굽 구절에 대한 분명한 문학적 놀이를 통해서 멜빌은 고래의 해부에 대한 생각을 한다.

> 어떻게 그를 해부하든지 간에 나는 가죽 깊이 들어간다. 나는 그를 모른다. 그리고 결코 모를 것이다. 그러나 만일 내가 이 고래의 꼬리조차 모른다면 어떻게 그의 머리를 이해할 것인가? 더 더욱 그가 어떤 얼굴도 가지고 있지 않을 때 어떻게 그의 얼굴을 이해할 것인가? 그는 당신은 내 등 부분, 내 꼬리를 보아야 한다. 그러나 내 얼굴은 보아서는 안 된다고 말하는 것 같았다. 그러나 나는 그의 등 부분과 그가 암시하고자 했던 그의 얼굴에 관한 암시를 알 수 없었다. 나는 다시 그는 얼굴이 없다고 말했다.[37]

출애굽기와 「모비 딕」에서 위의 구절에 표현된 초월의 의미는 전개되는 설화 자체에 의해서 생겨난다. 설화는 결코 단순한 율법 제공자요, 도덕성의 강요자로 축소될 수 없는 신비로운 하나님을 시사한다. 출애굽기 설화는 십계명과 같은 도덕적 선언을 포함하고 있고, 독자들에게 이를 따르도록 권고한다. 그러나 그 자체 안에 목적으로 받아들여진 도덕적 선언과 율법을 따르라는 권고는 보통 「오즈의 마법사」의 도로시의

---

36. 멜빌의 소설에 대한 논문 또는 해설집에서 이 부분을 인용한 것 같은데, 그 정확한 위치는 잘 모르겠다.
37. Herman Melville, *Moby Dick*(New York : Signet Classic, 1961), p. 363.

캔사스 같은 편평하고 어두운 세계에서 가장 활발하게 나타난다.[38] 물론 종교교육은 도덕발달을 강조해야 하지만, 이런 가르침이 풍부하고 신비롭고 영적인 천에서 놋 단추같이 뜯겨진 도덕 원리와 종교적 가르침을 법적으로 강조할 때 그 활력을 잃게 된다. 이것이 예수님의 포도원 농부 비유와 탕자 비유의 핵심이다. 도덕은 이 두 비유에서 거부되지 않지만, 오히려 중생할 수 있는 영적 존재에 의해서 변형된다.

종교교육은 어떻게 성서 설화가 언제나 인간 도덕과 사랑을 하나님의 신비로운 '타자성'의 컨텍스트 안에 둘 수 있는가를 이해하지 못하게 될 때 그 자체로 해가 된다. 모세에게 십계명을 주신 하나님은 시내산 구름 속에 숨어 계신다. 이 하나님은 사람들에게 너무 가까이 다가오지 말도록 경고하라고 말씀하신다. 왜냐하면 하나님의 '타자성'이 그들을 대항해서 돌출해 나올 것이기 때문이다(출 19 : 23 - 35). 인간 역사 안에 수세기 동안 지속된 하나님의 약속에 대한 성서의 설명을 통해 되풀이해서 하나님의 신비로운 '타자성'은 인간의 합리적이고 도덕적 형식에 의문을 제기한다.

여기서 내가 수행해 온 종교교육 안에서의 신비의 역할에 관한 논의와 그 전체를 통해서 신비를 경험하는 것은 다른 것이다. 설화를 민감하게 사용하는 것은 이런 초월적 차원을 발견하도록 우리를 도와준다. 그런데 이 초월적 차원은 우리가 하나의 형식 또는 화단의 울타리로 축소할 수 있는 대상이 아니고, 오히려 비록 이름도 없고 통제되지도 않지만 우리 자신 안에 신선한 시각을 갖게 해주기 위해 우리 자신을 넘어서게 할 수 있는 우리의 경험의 경계 위의 매혹적인 존재이다.

예수의 비유를 가르침에 관하여 : 교육과정에 대한 포스트모던적 접근

---

38. 도로시의 캔사스에 대한 이 이미지를 Linda Hansen, "Experiencing the World as Home : Reflections on Dorothy's Quest in *The Wizard of OZ*," *Soundings*, 67 : 1(Spring 1984), pp. 91-102에서 채택했다.

마지막으로 성서 설화의 독특한 형식인 예수의 비유에 관한 주의 깊은 이해가 어떻게 교육적 과정을 증진시켜 줄 수 있는지를 설명해 보고자 한다. 브리치(James Breech)의 비유에 대한 통찰이 우리를 안내해 줄 것이다.[39] 그는 고전적 세계에는 예수의 우화와 유사한 내용의 이야기들이 수없이 많았지만, 예수의 우화는 플롯의 배열과 결론에 있어서 독특하다고 말했다. 고전 이야기들이 도덕적 강조점을 만들어 내는 행동과 사건의 결론적 결과와 긴밀히 연관되어 있는 데 반해서, 예수의 개방된 우화는 도덕적 가르침과 어떤 연관도 없다.

예수의 우화에서 직접적인 갈등 상황은 새로운 미해결 상황을 열어 가기 위해서만 해결된다. 예를 들어 선한 사마리아 사람은 강도 만난 사람의 상처를 싸매 주고, 여관 주인에게 맡기고 떠난다. 우화는 끝나고, 우리는 여관 주인의 반응을 끝내 알지 못한다. 그가 회복될 때까지 강도 만난 사람을 보살필 것인가? 선한 사마리아 사람이 떠난 후 그를 쫓아 낼 것인가? 그를 쫓아 내기 전에 그의 돈을 훔칠 것인가? 또는 강도 만난 사람이 밤에 회복되어 여관을 털고 도망칠 것인가? 우리는 같은 개방된 종말을 탕자의 이야기에서도 찾을 수 있다. 탕자가 결코 변화되지 않고 늘 다른 사람을 실망시키는 악당처럼 다시 그의 아버지를 실망시키고 다음의 탐험을 떠날 것인가? 또는 그가 마침내 그의 가족 및 그의 세계와 화해하게 되는 희극적 인물인가?

비록 이 이야기들이 해결되지 않은 채 남겨진다 해도 우리에게 새로운 가능성을 갖는 새로운 상황을 남겨 준다. 선한 사마리아 사람과 탕자의 아버지와 같은 주인공은 주변의 다른 사람들에게 자비롭고 정성을

---

39. James Breech, *Jesus and Postmodernism*(Minneapolis : Fortress, 1989). 이 작지만 훌륭한 책은 우화의 근원적인 의미에 관심을 가지고 있는 사려 깊은 독자들에게는 필독서이다. 와일더(Amos Wilder)는 책 뒷면에 이렇게 썼다. "브리치의 연구수준, 도덕적이고 훈련에 관한 문제와 함께 그의 토포이(topoi), 그가 다루고 있는 내용들, 다양한 저자들과의 폭넓은 만남 - 이 모든 것은 그의 책에 나타나 있지 않다.

다하여 자유롭고 자발적으로 행동한다. 이렇게 함으로써 그들은 조연들이 사랑의 행동 또는 미움으로 가득 찬 공격적 행동을 하기 위해 사건의 결과 속으로 빨려 들어가는 새로운 컨텍스트를 만들어 낸다. 그래서 인간의 상호관계를 위한 새로운 가능성을 가져다 주는 새로운 상황이 형성된다.

그러나 모든 상황 안에서 미래는 불확실하고 모호한 채로 남아 있다. 왜냐하면 우리가 영향을 받은 인물들이 어떻게 반응할 것인지를 모르기 때문이다. '천사'가 사랑과 돌봄의 반응 형식 안에서 나타나는 동안 '악마'가 파괴적 형식으로 나타날 것 또한 열려 있다(장남이 그의 탕자 동생을 반겨 맞을 것인가, 아니면 결국 가인이 아벨을 살해했던 것처럼 그를 끝내 죽일 것인가?).

브리치의 우화에 대한 연구는 예수가 실제 삶의 역동성을 이해했고, 이를 표현하기 위해서 우화를 만들어 냈다고 확신하게 만들었다. 그는 예수가 서구에서 비연역적, 비도덕화된, 허구적, 현실적 설화를 이야기한 첫 번째 사람이라고 말했고, 그가 정확하다면 "실재에 관한 진리를 전하기 위해서 인간 상상을 처음 해방시켰던 사람이 예수라는 것을 의미한다."고 했다.[40]

예수가 이것을 성취한 첫 번째 사람이든지 아니든지, 그의 우화는 우리가 보통 경험하는 삶, 즉 우리가 결코 우리의 결정과 행동의 전적인 결과라고 확신할 수 없는 삶을 우리에게 제시해 준다. 실제 삶은 예견된 형식을 따라 전개되지 않는다. 보통 희극, 비극, 또는 악당극과 같이 특정 플롯의 배열을 정확하게 따른다는 것은 일반적으로 확인할 수 없다. 사실 우리 대부분은 우리의 도덕적 직관과 상호 연관되고, 정의 및 사랑의 궁극적 체계를 따르는 삶의 유랑과 흥망 아래 어떤 형식, 어떤 진리가 있을 것이라는 어느 정도의 확신 안에서 최선의 삶을 위해 행동하고 또 이를 바란다.

---

40. *Ibid.*, p. 64.

결론적 관찰

일차적으로 볼 때 브리치의 관점을 받아들여 인간 삶의 핵심에 개방적 종말을 인정한다는 것은 복음 메시지와는 잘 어울리지 않는 것처럼 보인다. 앞에서 우리는 그리스도의 생애, 죽음, 그리고 부활 이야기가 우화와는 대조적으로 보이면서 도덕 종결로 나아가는 하나의 문제와 그 결과를 중심으로 조직되는 설화의 과정으로 이해하는 기독교적 구원 이해에 관해서 살펴보았다. 루트 또한 우리에게 신자들이 어떻게 다시 말함과 다시 체험함을 통해서 우리 개인적 삶의 이야기 속에 이런 그리스도의 사역에 관한 경전 이야기를 내면화할 수 있는가에 관해 설명했다. 그러나 브리치와 루트가 옳다면, 우리는 미결이고 아직 전개되고 있는 플롯과 함께 개방적 종말의 우화에 관해 말씀하시는 예수, 그러면서도 역시 그 자체가 도덕적 종결, 즉 인간의 죄와 죽음의 모호성과 불확실성에 묶여 있는 것으로부터 그리스도의 궁극적인 인간 해방 안에서 해결되는 보다 큰 성서 플롯 안에 사로잡혀 있는 예수와 대면하게 될 것이다.

이런 삶의 이야기와 경전 이야기 사이의 외관상의 모순은 종교적 경험의 중심에 있는 역설을 드러내 줄 것이다. 우리는 한편으로 개방된 종말의 삶을 산다는 것을 믿으며, 다른 한편으로 도덕적 종결의 궁극적 틀 안에 살고 있다고 믿는다. 우리는 아직 모르는 선택과 방향을 열어 갈 새로운 방향에로 이끌고 갈 선택을 그 안에서 하게 될 선구적인 하이퍼-텍스트(hyper-text)와 같이 삶을 통해서 움직여 가지만, 우리는 이 이야기가 최종적이고 단일 종결을 가지고 있다고 믿는다. 사려 깊은 신자는 우리의 도덕적 직관과 상관관계를 갖고 전체 인간 계획과 함께 연관된 삶의 기발한 행동과 기회 아래 어떤 형식과 진리가 있다고 어느 정도 믿는 것처럼 보인다.

우리는 이제 종교의식이 어느 정도 인식의 독특한 형식, 즉 창조적인 긴장 아래 의식의 다른 수준들과 함께 연관된 지각이라고 생각한다. 그러나 이것은 새로운 것이 아니다. 왜냐하면 이런 이중 의식은 대부분 다른 종교의 경전에 기록된 것처럼 구약과 신약성서에 널려 있기 때문이다. 우리는 이런 이중 의식을 초대교회 문헌에서 발견할 수 있다. 사실 이를 표현해 주는 어떤 구절은 매우 진부하다. 요한복음에서 예수님은 제자들에게 세계 안에 있으나 세계에 속하지 말라고 명령하셨다. 왜냐하면 이 세계는 지나갈 것이고 하나님의 나라는 영원하기 때문이다(요 15-17장). 그리고 바울 서신은 계속 우리에게 종교 경험의 이중적 차원을 기억나게 한다. "너희는 이 세대를 본받지 말고 오직 마음을 새롭게 함으로 변화를 받아 하나님의 선하시고 기뻐하시고 온전하신 뜻이 무엇인지 분별하도록 하라"(롬 12 : 2). 그리고 "우리 곧 성령의 처음 익은 열매를 받은 우리까지도 속으로 탄식하여 양자될 것 곧 우리 몸의 구속을 기다리느니라. 우리가 소망으로 구원을 얻었으매 보이는 소망이 소망이 아니니 보는 것을 누가 바라리요"(롬 8 : 23-24).

이 글에서 나는 설화신학이 종교교육으로 하여금 표면에 종교의식의 다층적 차원에 대한 의식을 불러일으키도록 도울 수 있다는 것과 설화신학이 많은 사람이 갈망해 하는 '영의 양식'을 만족시켜 주는 신앙의 보다 문학적이고 시적인 표현을 통해서 이를 수행할 수 있다는 것을 보이고자 노력해 왔다. 이로써 나는 교리적이고 신학적인 신념, 도덕적 원리, 그리고 교회와 성례의 의미에 대한 수업과 같은 다른 교수 형식이 중요하지 않다고 말하는 것은 아니다. 그러나 종교교육에서 설화신학의 역할이 역시 중요하다면, 우리는 이를 제공할 지도력과 커리큘럼을 발전시켜야 한다. 보다 상세히 말해 보면, 이것은 전통적 기독교 메시지와 삶의 이야기 사이의 내적인 연관을 불러일으키는 교수의 한 양식으로써 설화적 접근을 포함할 것이고, 오늘의 자신의 공동체 컨텍스트 안에서 살아가는 교사와 학생의 경험을 다룰 것이다.

더 더욱 설화적 접근은 종교교육이 대하고 있는 주된 문제들에 대한 유익한 응답을 제공해 줄 것이다. 아마도 가장 두려운 문제는 영적 활력을 잃어버린 기독교공동체이다. 우리는 교육의 프락시스 이해가 그 안에서 경전적 삶의 이야기와 개인적 삶의 이야기 사이의 상호작용을 지원해 주는 사회적 컨텍스트를 포함하고 있다는 것을 보았다. 그러나 만일 기독교공동체가 영적인 감각을 잃어버린다면, 때로 어떤 교육 프로그램도 성공적일 수 없다는 것은 확실한 진리가 될 것이다. 결국 비극적 플롯은 이 세계 안에서 전개된다. 그러나 늘 그랬던 것처럼 영적인 인식의 흔적이 남아 있다면, 교육은 죽어 가는 공동체와 공동체의 개개인에 관한 죽음의 과정의 충격의 설화에 관한 회중적 연구가 시작될 것이다. 소돔 고모라의 창세기 이야기로부터 알버트 캐무스(Albert Camus)의 소설 「페스트」에 이르기까지 유력한 설화는 정말 얼마든지 있다.

종교교육을 위한 둘째 문제는 특별히 보다 문학적인 설화적 접근에 초점을 맞춘 교육 프로그램을 이끌어 갈 지식, 재능, 흥미를 가진 교사의 부족이다. 이런 교사들은 대학과 신학교의 종교연구 프로그램 안에 있을 것이고, 이런 프로그램의 지속적인 발전은 교수의 책임이다. 이 글의 목적은 교육 프로그램의 이행을 위한 지침을 제공해 주는 데 있지 않으나, 내가 이미 언급한 것과 같이 지역교회에서의 내 경험으로부터 '영적 양식'을 제공해 주고 좋은 설화의 역할을 평가해 줄 평신도들이 있다는 것을 말할 수 있다. 우리는 이들을 찾아야 하고 그들의 가르치는 재능을 발전시켜야 한다. 나는 문학적 연구에 어떤 공식적인 배경을 가지고 있지 못한 평신도들이 문학적 본문을 이해할 때 놀라운 통찰을 가지고 있다는 것을 발견했다. 그들은 자신을 기술적 전문성을 가진 지도자로 세우기 위해 문학적 훈련을 받은 적이 없지만, 이들은 다른 사람들과 연합하고 영적 여정, 즉 순례를 위한 지침을 제공할 감각을 가지고 있다.

유명한 종교교육자 세이뮤어(Jack Seymour)는 '여정의 안내'로써 교사에 대한 예민한 표현을 우리에게 제공해 준다. 그는

> 교사는 의미를 향한 순례에 올라 있는 학습자들을 위한 하나의 안내의 역할을 한다. 교사는 길에 대해서 분명히 아는 사람인 반면에, 그는 이미 여정을 완성한 사람으로서, 즉 손짓하여 부르기보다는 이 여행을 지속할 필

요가 없는 사람으로서 앞에 서 있는 학습자를 뒤에서 떠미는 학습자와 함께 여행을 하는 사람이다. 교사는 학습자와 공동 여행에 참여할 위험을 안고 있고, 그렇게 함으로써 하나의 모델로 행동한다. 그룸(Thomas Groome)은 교사는 "이끌어 가는 학습자(leading learner)이다."라고 말한 바가 있다.[41]

세이뮤어의 공동 여행을 하는 여행자라는 교사와 학습자의 이미지는 설화 양식을 암시해 준다. 여행자로서 우리는 등장인물이고, 플롯은 우리가 순례의 길을 함께 공유할 때 전개된다. 「켄터베리 이야기」(Canterbury Tales)에서 초우서(Chaucer)의 순례자처럼 우리 각자는 우리 자신의 할 이야기를 가지고 있다. 그러나 분명하든 모호하든 어떤 이유에서든지 우리는 공동 여행을 위한 길을 함께 간다. 교사는 목표의 전체 열매를 우리에게 제공해 줄 수 없다. 왜냐하면 이들이 순례의 지점을 잃어버릴 것이기 때문이다. 목표의 열매가 우리에게 주어진다면 우리는 이를 향한 순례를 할 필요가 없게 된다. 그래서 플롯의 배열은 공동 목표를 향한 같은 길을 여행하도록 교사와 학습자로서 우리를 함께 묶는다. 그리고 교사는 학습자들과 목표를 향한 길과 연관되어 있는 지도와 지침서를 공유한다. 그리고 우리 교사와 학습자 모두는 우리가 왔던 곳, 우리가 있는 곳, 그리고 우리가 가야 할 곳 각각을 기억한다.

---

41. Jack L. Seymour and Donald E. Miller, *Contemporary Approaches to Christian Education* (Nashville : Abingdon, 1982), pp. 131-132.

제11장
해방신학과 종교교육
(Liberation Theology and Religious Education)

다니엘 S. 쉬파니(Daniel S. Schipani)

||||||| **1부** |||||||

　해방적 기독교교육(liberative Christian education)은 단순히 신학의 수중에 있는 도구일 수가 없다. 왜냐하면 후자가 세계와 분리된 상아탑 안에서는 결코 수행될 수 없기 때문이다. 이제 신학은 범세계적인 변형과정 속에 자신의 특별한 위치를 점하고자 노력하고 있다.…… 즉, 해방적 기독교교육과 해방신학 사이의 관계(본질상 변증법적인)를 발전시키고자 노력하고 있다. 여기서 신학은 교육이고, 교육은 신학적이다.……
　신학은 이런 신앙 성찰과 실천의 통합으로부터 자신의 교육적 특성을 끌어 낸다.…… 이것은 역사적 실천 속에서(그러나 모호하고 제한된) 실천의 행위자-백성-가 생명의 하나님의 임재를 실천으로 구현하기 위해서 정의를 위한 투쟁을 통해서 분명하게 드러나는 이 생명의 하나님의 임재를 발견하고 명확하게 그려 내는 일이다.……
　해방적 기독교교육은…… 역사 속에서의 예수 그리스도와의 만남과 해방 투쟁에로 이끌어 가야 한다. 기독교교육이 관심을 갖는 것은 앎이 아니고 삶이며, 단순한 지식이 아닌 행동이고, 단순한 해석이 아닌 변형이다. 기독교교육은 복음적 프락시스(praxis), 즉 하나님의 해방활동에 기초한 행동-성찰-행동의 과정이다.[1]

서 론

해방신학[2]을 기독교적[3] 종교교육과 연관시키고자 하는 과제는 내가 전에 썼던 책의 고유한 교육적 방향성과 구조에 나타나 있다.[4] 사실 해방신학의 본래적인 교육적 추진력과 관심은 예수의 가르침의 규범적 중요성(예수의 가르치는 방법을 포함해서), 교회의 텍스트요 백성들을 위한 하나님의 책이라는 성서에 관한 견해, 제자도-즉, 하나님의 통치라는 '커리큘럼'(예를 들어 '산상수훈')의 빛 안에서 예수 그리스도를 헌신적으

---

1. Matias Preiswerk, *Educating in the Living Word : A Theoretical Framework for Christian Education*, trans. Robert R. Barr(Maryknoll, N. Y. : Orbis, 1987), pp. 109, 112-113.
2. 이 논문에서 '해방신학'이란 용어는 다양한 형태와 경향을 포함한 신학적 흐름의 폭넓은 의미로 사용되고 있다. 그러나 우리는 우선 남미의 해방신학의 공헌을 주로 고려해 갈 것이다. 아시아와 아프리카에서 뿐 아니라 흑인(아프리카 미국인), 여성해방주의자, 남미계 미국인(히스패닉), 북미 원주민 사이에도 해방신학이라는 유사한 표현이 있다. 남미 해방신학은 대부분 다른 해방신학 형태보다도 체계적으로 기술되고 발전되었다. 남미 해방신학의 많은 저서들은 지난 30년 동안 폭넓게 번역되어 읽혔다.
3. 개인적 신앙 참여, 학문적이고 전문적인 경험, 신학적인 선호도와 편견이라는 관점에서 볼 때 우리가 이 논문에서 고려하는 것은 기독교적 종교교육이다. 그래서 다음 논의의 특수한 컨텍스트와 방향은 일차적으로 기독교 신앙공동체의 것이다. 우리는 그럼에도 불구하고 해방이라는 관심사가 다른 종교전통, 신학전통 뿐 아니라 다른 신앙공동체 내의 종교교육자에 의한 여러 방법들 속에 공유되고 있다는 것을 알고 있다.
4. 종교교육과 해방신학 사이의 효과적인 상호작용에 대한 체계적이고 포괄적인 연구를 위해서는 Daniel S. Schipani, *Religious Education Encounters Liberation Theology*(Birmingham, Ala. : Religious Education Press, 1988)를 보시오.

로 따르는 것 – 라는 관점에서 이해된 신앙, 그리고 역사 한복판에서 교회공동체의 교역과 선교를 위한 본질적인 교육적 과제로서 행동신학(doing theology)에 대한 초점을 맞추는 것에서 이미 분명하게 드러나 있다. 보다 근본적으로, 그리고 위에서 인용된 내용의 중심으로서 해방신학은 신앙 성찰과 실천의 통합에서 교육적 성격을 이끌어 내고 있다.

이 장의 첫 번째 부분 – **해방신학 이해** – 은 그 첫 번째 관심, 즉 하나님의 섭리 속에서 눌린 자들의 특별한 상황으로부터 시작되는 몇 가지 내용을 다루게 된다. 다음으로 연관된 주제인 해방자 예수 그리스도와 하나님의 통치, 그리고 하나님의 윤리와 정치라는 관점에서 재해석된 충성이 이어진다. 끝으로 하나님의 말씀과의 대화에서 해석학적이고 교육적인 과제로서 행동신학에 관한 개략적인 논의가 있게 된다. 두 번째 부분 – **해방신학이 종교교육을 재형성한다** – 에서 우리는 어떻게 이 신학이 특히 교회의 교육목회의 실천 뿐 아니라 이론에 이르기까지 정보를 제공해 주고 방향을 제시해 주는가를 살펴보게 될 것이다.

해방신학 이해

해방신학이란 신학이론 또는 체계의 한 학파를 말하는 것은 아니다. 오히려 이것은 불의, 억압, 그리고 거대한 인간 고통이라는 역사적 컨텍스트로부터 생겨난 사회 – 정치적 관심과 신학을 통합하는 하나의 운동을 말한다. 해방신학은 종종 "말씀의 빛 안에서 기독교 프락시스에 대한 비판적 성찰"로 정의되는 행동신학의 한 방법을 의미한다.[5] 이것은 전통적인 신학('자유주의' 또는 '개혁주의' 모델은 물론이고, '정통주의' 또는 '보수주의'를 포함해서)[6]을 비판하고, 지적이고 학문적인 방법에서 대안

---

5. Gustavo Gutiérrez, *A Theology of Liberation*, rev. ed., trans, Caridad Inda and John Eagleson (Maryknoll, N.Y. : Orbis, 1988), 1장을 보시오.
6. 이 세 기초적인 신학구조 – 정통주의, 자유주의, 급진주의 – 에 대한 유용한 설명과 비교를 위해서는 Dorothee Sölle, *Thinking About God : An Introduction to*

적인 신학화 작업을 하는 것 이상이 되려고 노력한다. 사실 가난한 자와 눌린 자와의 행동적인 결속(solidarity)을 지원함으로써, 해방신학은 우리가 살아가고 있는 실제 세계 안에서 예수 그리스도의 방법을 따르고 분별하는 실천적인 사회 정치적 의미를 포함하는 값비싼 제자도에 초점을 맞추는 **급진적** 모델을 따른다. 다른 말로 해서 해방신학은 헌신적이고 고백적인 신학적 작업일 뿐 아니라 분명히 컨텍스트 안에서 수행되는 신학적 작업이다.[7]

이 새로운 패러다임(해석적 구조와 모델이라는 관점에서)[8]의 핵심적인 상호 연관된 내용은 다음과 같다. (1) 해방신학은 최선의 자리 - 신학의 자리 - 요, 기독교 신앙을 성찰하고 확신, 가치, 실제 실천을 검사하는 단서로서 인간 고통의 사회적 컨텍스트에 우선적으로 초점을 맞춘다. 이것은 불의, 즉 억압의 결과인 이런 고통에 특히 관심을 기울이고, 결국 해방에 대한 헌신과 해방을 위한 탐구가 그 핵심적 관심사이다. (2) 그러므로 이런 신학적 성찰은 '아래로부터' - '역사의 하부면' 으로부터, 즉 눌린 자, 가난한 자, 소외된 자들의 자리로부터 - 발전되고, 이것은 사회구조의 변형 뿐 아니라 대중의 변형을 지향한다. (3) 해방신학은 두

Theology, trans. John Bowden(Philadelphia : Trinity, 1990)을 보시오. 급진적 패러다임에서 해방의 신학은 신학 자체의 과제를 하나님의 해방사역에 동참하는 것으로 재정의되고 있다.

7. 신학의 컨텍스트적이고 고백적이고 관여적인 특성에 관한 통찰력 있는 논의는 Douglas John Hall, *Thinking the Faith : Christian Theology in a North American Context*(Minneapolis : Fortress, 1991), 1부에 설명되어 있다. 이 논의는 북미의 관점에서 컨텍스트에 대한 고려와 비판적 분별, 우리 세계에의 열정적인 참여, 그리고 교회사역을 위한 신학적 과제의 자리에 관한 해방신학의 근본적인 주장을 잘 설명해 주고 있다.

8. 신학의 '패러다임'에 관한 포괄적인 논의를 위해서 Hans Küng and David Tracy, eds., *Paradigm Change in Theology : A Symposium for the Future*, trans. Margaret Kohl(New York : Crossroad, 1989), 특히 큉(Küng), 램(Matthew L. Lamb), 그리고 보프(Leonardo Boff)의 논문을 참조하시오.

가지 근본적인 가정 위에서 신학화 작업을 한다. 즉, 하나님은 자비로우시고 해방시키시며, 복음의 소식은 하나님의 통치의 좋은 소식이라는 점 ; 그리고 우리를 인간화를 위한 투쟁에로 부르시는 그 부르심을 기초하고 있는 자유, 정의, 평화에 대한 본래적인 인간의 갈망이 있다는 점이다. (4) 이것은 프락시스 – 행동과 성찰의 변증법적 연관 – 를 강조하고, 그래서 신앙을 하나님의 윤리와 정치에의 참여라 정의하고, 변형을 위한 해석학을 하나님의 말씀과의 대화 안에서의 지속적인 신학적이고 교육적인 과정이라 정의한다. 이런 새로운 신학 패러다임으로서 해방신학과 상호 연관된 핵심적인 내용은 다음의 네 절에 제시되어 있다.

눌린 자와 하나님의 백성

신학적 초점으로서 눌린 자

가난한 자와 눌린 자를 만나는 것, 즉 이들에의 관여(commitment)는 신학적 연구와 성찰을 위한 우선적이고 필수불가결한 행동이다. 가난한 자와 눌린 자는 필요한 컨텍스트와 출발점이 될 뿐 아니라, 신학자들에게는 특별한 대담자들이다. 신학적 관여는 눌린 자의 '인식론적 특권'을 전제한다. 이 특권은 첫째로 이들이 세계를 보는 인식이 가진 자와 힘있는 자들이 세계를 보는 인식보다 세계의 진실에 더 가깝다는 점(그래서 가난한 자와 눌린 자가 실제로 우리 주변에서 일어나고 있는 것을 보다 적절하게 드러낼 수 있다.)이고 ; 둘째로 이런 이점(利點)은 이들이 보다 쉽게 하나님의 계시의 통로가 될 수 있다는 것과 모두를 위한 사회적 실재의 수정과 같은 변형적 학습의 촉발자가 될 수 있다는 사실을 말해 준다는 점이다. 사실 이것은 해방신학자들이 예수의 첫 번째 축복, 즉 누가복음 6 : 20의 "가난한 자는 복이 있나니……"라는 말씀을 이해하기 위한 열쇠가 된다. 축복은 가난한 자의 내적인 영적 기질이 아니라 하나님의 경향성, 즉 약한 자, 희생자, 소외된 자, 눌린 자의 편에 서기를 좋아하시는 습관을 말한다. 달리 말하면 이런 통찰은 우선적으로 하나님의 통치를 나타내는 자비와 정의를 시사해 준다. 그리고 이어서 그리스도의 대리자로서 교회 또한 **가난한 자와 눌린 자를 위한 우선적인 선택**을 강조해야 한다는 것을 말한다.

더 나아가 신학적 성찰은 눌린 자 자신에 의해서 제기되는 질문을 책임 있게 다루어야만 하고, 이들과의 대화와 협력 안으로 들어가야만 한다. 이것은 모든 진정한 신학이 하나 또는 다른 하나의 구체적인 영성 (즉, 역사 속에 하나님과의 실존적인 만남)으로부터 나온다는 사실을 재천명한 후에, 해방신학자들이 그들의 신학은 "가난한 자에게 영구적으로 존속하고 있는 불의와의 신앙적 맞닥뜨림에서 그 요람을 발견해 왔다."는 것을 확인할 수 있기 때문이다.[9] 해방신학자들은 눌린 자의 '자리'를 추정하는 것이 그들의 관심과 요구, 즉 정의를 위하고 공동체 내의 실제적인 삶의 새로운 방법을 위한 투쟁을 인식하고 지원하는 것이라고 이해한다. 그래서 이런 신학적 재배치(relocation)는 일차적으로 프락시스와 성찰을 정의하는 **결속**의 행동이다. 다른 말로 해서 신학적 탐구와 논의의 자리 또는 컨텍스트는 교회 자신이 새로운 형태와 방향을 받아들이도록 요청받는 그런 소외와 주변화(marginalization)의 실제 역사적 상황 속에 포함되고 참여하는 것과 상호 연관이 된다. 결속 안에서 이런 역사적 해방 프락시스 - 즉, 해방시켜 주고 자격을 부여해 주는 사회 경제적, 도덕적, 문화적, 그리고 영적인 차원을 포함하는 통전적으로 이해된 구원 - 에의 관여는 해방신학적 관점 안에서 '일차 행동'을 이루고 ; 실제 신학화는 '이차 행동'이 된다. 구띠에레즈(Gustavo Gutiérrez)는 여기서 우리가 좁은 의미로의 방법론 이상의 것을 말하고 있다는 점을 시사했다. 즉, "우리가 '일차 행동'과 '이차 행동'에 관해서 말할 때……우리는 삶의 양식, 즉, 신앙을 실현하는 방법을 말하는 것이다. 최종 분석에서 우리는 말씀의 가장 선하고 가장 진정한 의미 안에서 영성을 말

---

9. Clodovis Boff and Leonardo Boff, *Como Hacer Teología de la Liberación* (Madrid : Ediciones Paulinas, 1986), p. 12.

하고 있다.…… 해방신학에서 우리의 방법론은 우리의 영성 – 실현해 가는 삶의 과정 – 이다."[10]

가난한 자와 눌린 자가 특별한 신학적이고 종교적인 자리, 즉 기독교 프락시스와 성찰을 위한 특별한 컨텍스트를 이룬다는 주장으로부터 세 가지 의미를 도출해 낼 수 있다. 첫째, 가난한 자와 눌린 자가 예수의 하나님이 특별히 해명과 회심에 대한 이중적 요구를 하면서 임재하고 있는 그런 자리를 이루고 있다. 눌린 자들 사이에 거하시는 하나님의 임재는 새로운 시대를 재촉하는 예언적(즉, 비난하고 선포하는)이고 묵시적인 임재이다. 둘째, '신학적 자리'는 또한 예수 그리스도 안에서의 신앙의 종교적 경험을 위한, 그리고 제자도에 일치하는 프락시스를 위한 가장 적절하고 도움이 되는 상황에 대한 생각을 보여 준다. 셋째, 가난한 자와 눌린 자의 위치가 제자도의 성찰을 위한 가장 적절한 자리이다. 가난한 자와 눌린 자의 위치가 기독교 신앙에 대한 성찰을 위한, 즉 행동신학을 위한 가장 적절한 자리이다. 그래서 해방신학에서 계시와 신앙의 최적의 자리는 역시 해방을 이루는 구원 프락시스와 신학적 프락시스의 최적의 자리가 된다.

기초공동체로서 교회

남미 및 다른 곳에서 일부 해방신학자들이 말하는 "행동신학의 새로운 방법"은 교회가 존재하고, 교회를 이해하는 '새로운 방법'이라 할 수 있는 기초 교회공동체가 확산되어 가는 것과 상호 연관되어 있다.[11] 기

---

10. Gustavo Gutiérrez, *The Power of the Poor in History*, trans. Robert R. Barr(Maryknoll, N.Y. : Orbis, 1983), pp. 103 - 104.
11. Leonardo Boff, *Church : Charisma and Power : Liberation Theology and the Institutional Church*, trans. John W. Dierksmeir(New York : Crossroad, 1985)과 *Ecclesiogenesis : The Base Communities Reinvent the Church*, trans. Robert R. Barr(Maryknoll, N.Y. : Orbis, 1986)를 참조하시오.

초라는 말은 가난하고 눌린 기독교인들을 가리키고, 예배와 성경공부, 서로 돕는 일과 섬기는 일, 그리고 특별히 교육과 사회행동이라는 컨텍스트 안에서 이들과 결속을 이루는 사람들을 뜻한다. 이들은 복음의 중심성, 가난한 자와 눌린 자의 편에서의 헌신, 정의와 평화를 위한 교육은 물론이고, 정의와 평화의 사역에의 참여, 그리고 교회 구조에의 선교적 접근(현재의 도전과 가능성의 빛에서 연속성과 변화를 촉진한다는 의미에서)을 강조하고자 한다.

앞 절에서 대중의 고통과 하나님의 자비 및 정의라는 관점에서 변화되기 위해서, 그리고 재조정되기 위해서 교회가 받아들인 소명에 관해서 언급한 바가 있다. 기독교 기초공동체는 가톨릭과 개신교의 기성교회들을 도전하는 기독교 실천과 신념의 급진적인 재방향 설정을 여러가지 방법으로 정확하게 설명해 준다. (1) 이런 기초공동체는 교회의 자기 이해, 교회의 제도주의(institutionalism), 공동체 정신과 연대감의 결핍, 그리고 수세기 동안 지속된 교회와 국가의 연합에 도전하기 때문에 **역사적으로** 중요하다. (2) 이것은 제도적인 화석화에 대한 창조적인 대안일 뿐 아니라 이에 대한 풀뿌리적 저항사건이기 때문에 **사회학적으로** 중요하다. (3) 이것은 전통적이고 권위적이고 피라미드적인 교회의 구조에 대항하고 있기 때문에 **교회론적으로** 중요하다. (4) 이것은 또한 일부 기독교교회에 **선교적** 이론과 실천을 요구하고 있다.[12]

기초공동체는 실제로 여러 가지 응집(cohesion)의 형태, 목적, 그리고 정도를 보여 준다. 이것은 보통 20개 이하의 정해진 원칙을 따라 함께 모인 가정들로 이루어진다. 여기에 상당한 정도의 평신도의 참여 및 평신도의 지휘 감독이 있는데, 이것은 심지어 목회자들에 의해 시작된 교회 집단들의 경우에서, 그리고 사제와 수녀가 계속해서 지도력을 발휘하고 있는 경우에서조차도 마찬가지다. 강력한 공동체적 정신은 평등

---

12. Guillermo Cook, *The Expectation of the Poor : Latin American Basic Ecclesial Communities in Protestant Perspective*(Maryknoll, N.Y. : Orbis, 1985), pp. 2-3을 참조하시오.

성, 상호성, 그리고 친밀성을 촉진시킨다. 이것은 기도, 찬송, 성서 해석 및 성찰, 그리고 음식 및 떡과 포도주의 나눔 – 성만찬으로, 그리고 비형식적으로 – 을 위한 경축(celebration) 공동체이다. 이것은 여러 정치적 참여 형태를 유발해 내고, 이것을 성찰하게 하는 사회 경제적 문제에 대한 비판적 분석 뿐만 아니라 상호 지원 및 도움, 이웃에 대한 자선활동과 봉사 프로젝트를 촉진시켜 간다.

요약해 보면, 풀뿌리 기독교공동체는 교회가 직면하고 있는 위기 및 기회에 대해서 뿐 아니라 원폭, 정체불명, 그리고 억압, 개발, 조작의 새로운 형태를 포함한 사회 – 역사적 상황에 대응한다.[13] 우리는 이 장의 두 번째 부분에서 교회가 진정한 기초공동체로서 살아가고 교역해 가는 시기가 언제든지, 그리고 장소가 어디든지 교회는 해방이라는 주제 안에서 행동신학과 종교교육을 위한 독특한 컨텍스트가 된다는 것을 살피게 될 것이다.

예수 그리스도와 하나님의 통치

해방신학은 하나님의 통치(또는 나라)에 대한 성서적 상징의 중심성을 다시 포착하고, 복음서에 나타난 예수의 인격과 사역에 대한 날카로운 관심이라는 맥락에서 이것을 새롭게 수용하도록 제안한다. 그래서 이 신학은 정치적이고 종말론적 차원을 강조하고, 규범적이고 예언적인 비전과 유토피아적 비전이라는 관점에서 기독교 복음의 중요성을 강조한다.

---

13. 기독교 기초공동체/북미의 해방신학 흐름에 대한 주도적인 논의를 위해서 Richard Shaull, *Heralds of a New Reformation : The Poor of South and North America*(Maryknoll, N.Y. : Orbis, 1984)와 *The Reformation and Liberation Theology – Insights for the Challenges of Today*(Louisville : WJKP, 1991) ; Robert McAfee Brown, *Liberation Theology : An Introductory Guide*(Louisville : WJKP, 1993)를 참조하시오.

하나님의 통치와 정의에 초점을 맞춘다는 것은 두 가지 의미를 갖는다. 즉, 이것은 하나님의 위엄, 능력, 의지를 가리키고, 또한 이것은 인간과 세계를 위한 하나님의 뜻에 일치된 상태에서, 그리고 하나님의 위엄과 능력에 대한 응답으로 나타난 사회질서와 삶의 양식을 가리킨다. 해방신학자들은 예수가 하나님의 통치의 도래가 삶의 새롭고 보다 나은 질 - 치유, 용서와 화해, 그리고 사랑하고 창조하도록 힘 주심을 통해서 - 을 창조한다는 것을 가르치고 나타냈을 뿐 아니라, 하나님의 통치의 추구(그리고 하나님의 통치에 들어감)에 대해서 언급했다(마 6 : 33)고 주장한다. 그래서 예수는 제자들 편에서 선택, 헌신, 그리고 실제의 참여를 제안했다. 더 더욱 우리는 예수의 하나님의 통치에 대한 비전 및 가르침과 일반적인 문화의식 및 관례적인 지혜, 윤리, 정치와의 놀랄 만한 대조를 알아야 한다. 예수는 전통적인 가치, 실재에 대한 정상적인 관심과 이해, 그리고 개인적 충성을 대단한 강도로 비판했다. 그리고 그의 여정에 참여토록 초대된 사람들이 새로운 비전으로 힘을 얻게 되는 동안 극단적으로 다른 길을 말씀했다.[14]

예수의 사역에서 중심 위치를 차지하고 있는 예언적이고 유토피아적인 비전은 해방신학의 기독론에서 특별히 강조된다.[15] 진정한, 그리고 충성된 제자가 된다는 것은 복음서의 유토피아, 즉 하나님의 정치와 일치하는 실제적인 참여를 수용하고 선포하는 것, 그리고 예수의 십자가와 부활이라는 방법을 환영하는 것을 말한다.

---

14. 현자, 활성화 운동의 창시자, 예언자로서 예수 역할 내의 예수의 대안적 비전에 관한 참신한 논의, 즉 이런 내용에 관한 해방신학자들의 관점을 잘 설명해 주고 있는 논의를 위해서 Marcus J. Borg, *Jesus : A New Vision : Spirit, Culture, and the Life of Discipleship*(San Francisco : Harper & Row, 1987)을 참조하시오.
15. 이 주제를 다룰 때 우리는 많은 해방신학자들의 자료, 특히 보프와 소브리노의 책들을 참고할 것이다.

해방자 예수 그리스도

해방신학의 기독론은 일관되게 해방자 예수 그리스도 - 모든 사회질서에 도전하고, 이것을 하나님의 심판 앞에서 설명하도록 촉구하는 예수의 모습을 보여 준다.[16] …… 근본적인 질문에 초점을 맞추게 된다. 즉, "누가 오늘 우리에게 예수 그리스도인가……?" 이 질문은 서술, 분석, 프락시스의 교차되는 수준에서, 그리고 성서 역사적, 신학적, 목회적 관점의 보완적 시각에서 다루어져야 한다.[17]

그래서 기독론적 성찰은 하나님에 대한 중심적, 근원적 메타포인 해방자로부터 시작되는 자연스러운 흐름을 형성한다. 이런 핵심 메타포는 창조와 구원을 역사적 성취에 대한 약속과 소망 안에서 연합시키는 범례적인 출애굽 사건과 이야기를 보여 준다. 해방신학적 메타포는 나사렛 예수를 그리스도와 하나님의 아들, 성육신하신 하나님, 주로 설명하는 전통적인 고백을 받아들이면서, 또한 현사회 역사적 상황의 빛 안에서 복음에 대한 있는 그대로의 관찰로부터 예수의 인격과 프락시스를 받아들이는 것을 중요시한다. 예수 그리스도는 실제로 자비와 가난한 자, 눌린 자, 소외된 자들과의 결속 안에서 ; 하나님의 통치에 관한 그의 예언적이고 유토피아적인 선포와 가르침 안에서 ; 그의 세속적이고 영적인 거센 저항 안에서 ; 그리고 사랑과 정의를 통한 변형과 인간화의 그의 전사역 안에서 해방을 이루고 해방의 모델을 제시한다. 예수의 프락시스는 실제로 해방을 이루고, 그의 부활은 그의 생명의 진리와 그의 인격의 궁극적인 진리를 확인시킨다.[18] 다음으로 부활의 승리는 정의를

---

16. 해방자로서 예수에 대한 유익한 설명을 포함해서 서구 문화사 내에서의 예수의 이미지에 관한 연구에 관해서는 Jaroslav Pelikan, *Jesus Through the Centuries : His Place in the History of Culture*(New Haven : Yale University Press, 1985), 특히 pp. 206 - 219를 참조하시오.
17. José Míguez Bonino, "Who is Jesus Christ in America Latina?" in *Faces of Jesus : Latin American Christologies*, ed. José Míguez Bonino, trans. Robert R. Barr(Maryknoll, N.Y. : Orbis, 1984), pp. 1 - 6을 참조하시오.

위한 노력과 고통받는 사람들과 결속하는 기독교 프락시스 사이의 실천적인 상관관계로서 '문화를 해방시키는 그리스도'라는 모델 안에서 기독교 신앙의 능력을 자유롭게 해준다.[19]

해방자 예수 그리스도에 대한 주장은 해방신학자들로 하여금 실제 역사와 그들 대중의 경험(남미의 스페인 식민통치자에게 사취당하게 된 그런 사람들, 그런데 이것은 1492년부터 시작되었다.) 안에서 억압자의 기독론을 비난하고 부정하게 해줄 뿐 아니라, 고전적이고 전통적인 기독론의 '고상한 추상적 관념'에 대한 대안을 제시할 수 있게 해준다.[20] 그러므로 해방신학자들은 비판적인 성찰과 함께 구조적으로 다음을 강조한다. (1) 삶의 양식의 문제로서 올바른 프락시스(orthopraxis) - 즉, 기독교 신앙을 고백하는 대중들 편에서 진실되게 살고 행동하는 것 ; 예수를 아는 유일한 방법이 실제 생활 속에서 그를 따르는 것이기 때문에 윤리적 인식론적 차원이 이것에 집중된다. (2) 사회적이고 교회적인 차원의 우선

---

18. Jon Sobrino, *Jesus in Latin America*, trans. Robert R. Barr(Maryknoll, N.Y. : Orbis, 1987), pp. 14, 89ff.
19. 그리스도-해방-문화라는 이 문제는 촙(Rebecca S. Chopp)이 *The Praxis of Suffering : An Interpretation of Liberation and Political Theologies*(Maryknoll, N.Y. : Orbis, 1986), 7장에서 잘 설명해 주고 있다. 촙은 그리스도 문화 해방자 모델이 해방신학자들의 두 가지 중요하고 특별한 신학적 주장에 근거를 두고 있다고 보았다. 1) 기독교인들이 고통당하는 사람들과의 결속의 해방 프락시스 안에서 문화와 관계를 맺는 이유는 하나님께서 눌린 자들을 선택하셨기 때문이다. 2) 두 번째 주장은 신앙과 가장 가까운 것이 정의라는 것이다 (즉, 신앙은 죄로부터 하나님과 세계를 위한 자유를 누리는 것이고, 신앙은 구조적이고 개인적인 변화를 통해서 인간 정의를 실현할 때 사랑으로 역사하는 것이다).
20. 이 표현은 Jon Sobrino, *Christology at the Crossroads : A Latin American Approach*, trans. John Drury(Maryknoll, N.Y. : Orbis, 1978), xv에서 인용했다. 소브리노는 해방신학의 기독론의 두 가지 본질적인 지침을 설명해 준다. 1) 역사적 예수의 중심성 ; 2) 그리스도를 알기 위한 기초적 수단으로서 제자도이다. 이 문제에 대한 보다 자세한 내용은 소브리노의 책 *Jesus the Liberator : An Historical-Theological Reading of Jesus of Nazareth*(Maryknoll, N.Y. : Orbis, 1993)을 참조하시오.

성, 그리고 개인적 경건의 사적인 왜곡을 바로잡는 것으로서 기독교 영성에 대한 표현. (3) 변형에로의 개방을 이끌어 내는, 궁극적으로 하나님의 선물인, 희망으로 가득 찬 유토피아적인 미래.

마지막으로, 하나님의 통치의 복음 - 성서 안에 서술되고 주로 예수 그리스도의 사역의 빛으로 묘사된 - 은 다음의 세 가지 함축된 의미를 일깨워 준다.[21] (1) **형식적 의미** : 기독교 증언과 신학적 성찰 안에서의 하나님의 통치의 중심성은 통치하시는 유일하신 분의 규범적인 의미를 강조하고, 역사와 인간 공동체를 중요하게 받아들이도록 요청한다 ; 신학과 윤리가 결코 분리될 수 없기 때문에 철저한 제자도(discipleship)와 충실한 시민도(citizenship)의 특징 안에 정치적인 복종을 요청한다. (2) **실질적 비판적 의미** : 하나님의 통치는 기존 질서에 대한 상호 배타적인 대안을 제시한다(예를 들어 하나님이냐 재물이냐) ; 하나님의 나라는 개인의 회심과 포괄적인 이 인간 세계에 대한 재구조화를 요청하는 '거꾸로 된 나라' 이다(예를 들어 힘은 공익에 대한 봉사에 있다). (3) **실질적 구조적 의미** : 행동과 말에 있어서 하나님의 통치에 대한 주장은 능동적인 연루 및 참여와 더불어 이런 유토피아의 역사적인 실현을 야기하고 가능케 한다 ; 이런 복음은 하나님의 윤리 및 정치와 일치하는 것을 분별해 낼 특별한 기준을 제공해 준다 ; 끝으로 교회공동체는 종종 '대조적인 사회' 로서 하나님의 통치의 범례 즉, 역사의 성례전이 되도록 요청받는다.

충성과 하나님의 정치

해방신학자들은 올바른 신념(orthodoxy)보다는 올바른 프락시스(orthopraxis)가 신학을 위한 참된 기준이 되어야 한다고 주장한다. 즉, 복음을 정의하고 규정하고 변호하는 것보다 복음을 순종하는 것이 기준

---

21. 이 의미에 대한 체계적인 논의는 Schipani, *Religious Education Encounters Liberation Theology*, pp. 83-93을 참조하시오.

이 되어야 한다는 것이다. 이들은 앞 절에서 살펴본 것처럼 예수에 대한 충실한 추종이 예수에 대한 지식의 선결조건이라고 주장하면서, 사실 **복종의 인식론**을 재언급하고 있는 것이다. 더 더욱 이런 견해에 따르면, 기독교 신앙은 세계를 위한 하나님의 해방과 재창조 사역에 대한 헌신적인 참여라는 것이다. 그래서 해방신학에는 앎과 신앙에 대한 성서적 이해와 행동 및 성찰의 변증법으로서 프락시스에 대한 인식의 세심한 혼합이 있다.

프락시스와 앎에 대한 성서적 관점

해방신학자들은 일반적인 진리에 대한 이상주의적이고 이분법적이고 합리적인 신학적 관점이 앎과 신앙에 대한 핵심적인 성서적 개념에 공명하는 데에 실패했다고 비판했다. 이 점에 대해서 이들의 주된 관심은 진리의 실제 역사적 실천, 또는 앎과 복종과의 관계에 대한 물음에 있다. 그래서 해방신학자들은 행위자로서 인간을 포함하는 구체적인 역사적 상황 밖에 있는, 또는 그 너머에 있는 진리는 없다는 것, 그러므로 행동 밖에서, 특히 역사 참여를 통한 세계 변화과정 밖에서 어떤 의미 있는 지식은 없다고 확언한다. 이 부분에 대한 주된 인식론적 주장은 앎과 진리에 대한 성서적 관점이 교육에서 뿐 아니라 신학에서도 회복되어야 하고 재수용되어야 한다는 것이다.

특히 구약의 예언서와 신약의 요한 문헌의 성서 기록은 성실한 행동에 의존하는 정확하고 올바른 앎을 말해 준다. 다른 말로, 가치가 있고 중요한 지식 – 하나님에 대한 지식 – 은 올바른 행위 안에서 드러난다는 것이다. 잘못된 행동은 무지와 불신이다 ; 더 나아가 중립적 지식(또는 지식의 결핍)과 같은 것은 없다. 이런 맥락에서 하나님을 아는 것은 추상적인 이론적 지식이 아니라 하나님의 뜻에 대한 실제적인 복종이다 – 복종은 하나님에 대한 우리의 지식이고, 우리와 하나님과의 관계 안에는 동떨어져 있는 순수 이성적 순간은 없다.[22] 해방신학자들은 특별히 하나님을 아는 것과 야훼 자신의 특성에 대한 성서의 설명을 살피면서, 예언자들이 하나님을 아는 것과 정의를 실천하는 것을 동일시했다는 점을 강조한다(예를 들어서 렘 9 : 23 - 24). 그러므로 하나님을 아는 것은 하나님 자신의 존재 및 행동방식을 따라서 자신의 삶을 형태짓는 것이다. 그리고 참된 성서적 지식은 원래 본성상 윤리적이고, 앎과 행동이 함께하는 것(예를 들어 렘 22 : 14 - 16, 호 4 : 1 - 6, 6 : 6, 10 : 12, 12 : 6)은 역사 속에 나타난 하나님의 본성과 행동에 근거를 둔다(호 14 : 3).

해방신학자들의 지배적인 이상주의적이고 합리주의적인 신학적 접근에 대한 거부는 대체로 헛되고 컨텍스트화되지 못한 학문적인 시도를 해온 유럽(그리고 북미) 신학자들에 대한 폭넓은 비판을 포함한다.[23] 특히 교회의 신앙공동체 안에서 진실된 행동, 또는 실천과 분리된 진리에 대한 지식을 얻거나 발전시킬 수 있다는 가정을 거부한다(윤리적, 목회적, 실천적 관심사에 대한 '응용적' 조직신학적 성찰의 전통적 모델에 대한 대안을 포함하는 하나의 관점이다). 이런 거부는 '자연적 이해'(natural understanding)와 대조될 뿐 아니라 별개인 프락시스적 앎이 생겨나게 해주는 예수 그리스도에 대한 실존적이고 역사적인 추종 안에 존재하는 '인식론적 중단' (epistemological break)에 대한 특별한 표현이다.[24] 이런 '중단'은 신실한 제자도의 관점에서 기독교 신앙 자체를 재정의하는 데 또한 도움이 된다.

재정의된 신앙 : 분별(Discernment)과 참여

예수를 실제로 따른다는 것 - 제자도 - 은 하나님의 뜻을 이해할 뿐 아니라 이것을 실행하기 위해서 하나님의 뜻을 특별히 탐구하는 분별의

---

22. 해방신학자들의 인식론에 대해서는 José Míguez Bonino, *Christians and Marxists : The Mutual Challenge to Revolution*(Grand Rapids, Mich. : Eerdmans, 1976)을 참조하시오.
23. 신학적 과제를 계몽이라는 인식론적 도전의 관점에서 받아들이는 두 가지 방법, 즉 '유럽' 신학과 '라틴 아메리카 신학'의 비교에 대해서는 Jon Sobrino, *The True Church and the Poor*, trans. Matthew J. O'Connell(Maryknoll, N. Y. : Orbis, 1984), pp. 10 - 38을 참조하시오.
24. *Ibid.*, p. 25.

지속적인 과정을 전제로 한다 : 이것은 실행된 하나님의 뜻이 생각했던 하나님의 뜻이라고 입증되어지는 과정이다. 더 나아가 해방신학자들은 만일 그리스도인이라는 것이 아들 안에서 하나님의 자녀가 되는 것을 의미한다면, 기독교의 분별은 충실하게 예수를 따름으로써만 실현될 수 있는 예수의 분별과 유비되는 구조를 가져야만 한다고 주장한다. 예수 자신의 분별의 경험과 프락시스는 모든 기독교인의 분별의 원형을 제공해 준다.[25]

해방신학은 하나님의 통치의 예언적이고 유토피아적인 비전과 복음의 정치적이고 종말론적 차원에 맞추어 신앙의 실행적(즉, 프락시스 지향적) 관점을 제시한다. 그래서 이것은 일관되게 정의의 실천이 사회와 문화 수준에서 자유를 위한 효과적인 책임을 통해 신앙과 사랑을 통합해야만 한다고 제안한다. 사실 해방신학은 정의의 실천이 우리의 현역사적 상황 안에서 신앙의 구별된 형태를 정의해 준다고 주장한다.

간단히 말해서 정의는 효과적으로 인간화하고자 하는, 즉 가난하고 눌린 대중에게 풍성한 삶을 제공해 주고자 하는 사랑의 구체적인 형태라고 간주된다 ; 이것은 만일 하나님의 통치가 역사적 실재가 된다면, 또는 역사 안에서 이 통치의 역사 초월적 유토피아적 실재에 대한 성찰이 있다면 없어서는 안 될 사랑의 형태이다.[26] 요약해 보면 해방신학자들은 정의가 기독교 사랑의 필요한 역사적으로 선택된 구현이고, 충성을 정의하기 위한 핵심적 규범과 기준이라고 강조한다.

그래서 신앙은 헌신, 추종, 실행, 그리고 행동의 관점에서 정의된 삶의 실천방법, 즉 샬롬을 의미하는 하나님의 유토피아의 실현을 지향하는 제자도이다. 그래서 신앙은 객관적이고 주관적인 차원에서 전개되고 있는 하나님의 통치의 과정적 성격과 역동성이라는 관점에서 판단된다.

---

25. Sobrino, *Jesus in Latin America*, p.131. 5장 "Following Jesus as Discernment"의 기독교 분별의 과정과 구조에 관한 소브리노의 설명을 참조하시오.
26. Sobrino, *The True Church and the Poor*, pp. 47, 53.

객관적으로 정의를 실행하는 신앙은 그 용어의 가장 완전한 의미(즉, 복음화한다는 것은 선한 실재가 되어지고 있는 선한 소식을 제시해 주는 것) 안에서 복음화가 하나님의 통치를 세우는 사역과 대응된다 ; 주관적으로 - 하나님의 사역에 응답하고 참여하는 기독교적 실제 주체라는 의미에서 - 요점은 제자란 새로운 실재를 구성하는 것에 구체적으로 참여하는 과정 안에서 만들어진다는 것이다. **그래서 신앙은 세계 안에서의 하나님의 지속적으로 창조하시고 해방하시는 사역에 참여하는 현재적 양식이다.** 이것이 다음 절의 초점인 "말씀의 빛 안에서" 신학적 성찰의 대상으로서 '기독교 프락시스'의 주된 의미이다.

행동신학과 하나님의 말씀

변형을 위한 비판적 성찰과 이해는 질서정연한 질문을 보여 주는 또 다른 주요 해방적 주제를 형성한다. 우리가 이런 관점에서 고려해야 할 상호 긴밀히 연관된 두 가지 질문은 신학의 해방과 성서의 해방이다.

신학의 해방

해방신학자들의 방법론적 접근을 조망해 볼 유용한 방법은 "말씀의 빛 안에서 기독교 프락시스에 대한 비판적 성찰"이라는 위에서 언급한 정의를 간략히 살펴보는 것이다. 그런데 이때 이 정의에 포함된 세 차원이 실천과 분리될 수 없는 것이라는 점을 인식해야 한다.

"비판적 성찰······" 우리는 해방신학자들에게 있어서 이것이 신학적 과제의 출발이 아니라 눌리고 고통받는 대중들에 대한, 그리고 프락시스(즉, 해방과 변형을 위한 탐구)에 대한 우선적인 헌신을 전제하고 또한 필요로 하는 훈련된 노력이라는 점을 재차 강조해야 한다. 간단히 말해서 비판적 성찰은 기독교 프락시스가 일어나는 역사적 상황에 대한 주의 깊은 분석적 관찰로 이루어진다. 이런 관찰의 이중적 목적은 (1) 억압의 본질과 원인을 발견하고 파악하는 것이고, (2) 불의와 억압을 만들어

내고, 지속시키고, 조장하고, 정당화하는 일반적인 조건들(예를 들어 사회 경제적, 문화적, 정치적 구조)의 특성과 역동성을 가능한 한 충분히, 그리고 분명히 이해하는 것이다. 주요 신학적 과제로서 비판적 성찰이 왜 이런 '일시적' 문제에 관여하고, 이것에 주의를 집중하는가라는 질문에 대해서 해방신학자들은 죄로부터의 구원이라는 하나님의 은사는 실제로 포괄적이고 전체적인 해방으로 이루어진다는 일치된 반응을 보이고 있다. 구원은 인간성의 완전하고 전적인 성취이다 ; 역으로 불의, 굶주림, 억압은 하나님과 인간의 근본적인 소외인 죄의 사회적 표현이다.[27]

"기독교 프락시스에 대하여……" 해방신학이 드러난 진리를 이해하는 것이 아니라 진리를 행함-올바른 프락시스-을 일차적이고 우선적인 신학적 과제로서 강조하고 있기 때문에, 프락시스를 수행하는 것이 그 열쇠가 된다. 다시 말해서 올바른 신념이 아니라 올바른 프락시스를 강조한다. 앞 단락에서 논의된 비판적 성찰은 복음을 실천함으로써, 특히 눌린 자의 고통과 희망, 그리고 해방과 정의를 위한 투쟁을 공유함으로

---

27. 구띠에레즈는 죄가 모든 소외 형식의 기초이고, 그래서 이 죄는 결코 소외의 어떤 단일 표현 안에 적절히 포함될 수 없다고 했다. 더 더욱 죄는 급진적인 범세계적 해방(이어서 구체적이고 실천적이고 특별한 해방을 필수적으로 포함하고 있는 것)을 필요로 한다는 것이다. 같은 의미에서 구원은 인간 변화, 완성 또는 해방이라는 어떤 단일 경우에로 축소될 수 없거나 동일시될 수 없다. 그러나 죄와의 관계 안에서 구원은 역사 한복판에서 특별한 성취를 통한 급진적이고 실천적인 구속적 중개를 포함한다. 구원과 해방의 밀접한 연관은 구띠에레즈가 해방의 세 가지 상호 연관된 수준으로 설명해 준다. 즉, 인간을 파멸시키는 불의한 사회(정치, 문화, 경제, 종교) 구조에서 해방 ; 불감증과 절망으로 몰고 가는 운명의 힘에서의 해방 ; 그리고 개인적 죄와 허물에서의 해방이다. 다른 말로 해방은 특별한 사건을 수반하고, 구원에 본래적인 것이다(그러나 해방의 어떤 단일 행동도 구원의 깊이와 포괄성과 완전히 동일시될 수는 없다). 결국 해방은 새로운 인간성의 지속적인 변화라는 역사의 본질과 목적에 있어서 고유한 것으로 간주된다. 구체적인 상황하에서 해방은 하나님의 통치의 은사로서 궁극적으로 하나님의 은사인 구원의 완성과 관련되어 있다. *Theology of Liberation*, pp. 24-25, 103-104, 107 ; Gutiérrez, *The Truth Shall Make You Free*(Maryknoll, N.Y. : Orbis, 1990), pp. 121-136을 참조하시오.

써 실제적인 참여로부터 파생되고, 이 참여를 설명해 준다. 이런 프락시스는 분별된 사려 깊은 행동이요, 성찰과 비판을 통해 선택되고 방향지어지고 평가된다. 이것은 그 자체로 진리의 제한된 기준이 아닌 실천적 참여이다(예를 들어 사회변동과 대안의 모색을 위한 계획 안에). 왜냐하면 프락시스는 공동의 평가를 따를 필요가 있기 때문이다(그리고 "……말씀의 빛 안에서"). 요점은 해방신학자들이 현재의 죄악된 상황의 실재를 인간 불행에 대항하고 억압을 몰아 낼 분명한 목적과 만나게 할 필요가 있다고 생각한다는 점이다.[28]

"말씀의 빛 안에서." 하나님의 말씀은 해방신학자들이 성찰과 행동을 근거지우는 기준이다. 이 말씀은 무엇보다도 예수 그리스도 - 육신이 되신 말씀(요 1:1-14) - 이고, 인간의 양심 뿐 아니라 교회의 전통 안에서 구체화된다. 특별히 성서는 신앙공동체를 위한 텍스트, 즉 그 백성을 위한 책이 되는 그런 방식으로 하나님의 말씀을 증언한다. 성서는 주된 관심이 정확하게 하나님의 통치의 복음과 현재의 역사적 프락시스를 연관시키는 해방신학 안에서 핵심적 역할을 수행한다.

성서의 해방

해방신학자들의 '행동신학의 새로운 방법' 은 해석학적 과정으로서 신학적 과제 안에서 뿐 아니라 백성의 삶과 투쟁 안에서 성서의 특별한 위상을 가정한다. 이런 과정은 현역사적 상황이라는 '프리텍스트'(pre-text), 성서 텍스트(text), 그리고 신앙공동체의 컨텍스트(context)를 포함하는 다양한 방식의 대화로 이루어진다.[29] 그래서 신학방법의 중심에

---

28. 해방신학자들의 관점에서 변형(합리성에 반대되는)에 관한 관심을 다룬 논의는 Sobrino, *The True Church and the Poor*, pp. 10-29를 참조하시오.
29. 풀뿌리 교회공동체 컨텍스트 안에서의 이 과정에 관한 유익한 논의는 Carlos Mesters, "The Use of the Bible in Christian Communities of the Common People," in *The Challenge of Basic Christian Communities*, ed. Sergio Torres and John Eagleson, trans. John Drury(Maryknoll, N.Y. : Orbis, 1981) ; *Defenseless Flower*(Maryknoll, N.Y. : Orbis, 1990)를 참조하시오.

서 해석학적 순환은 성서의 역사적인 컨텍스트 내에서의 성서 각 권과 텍스트를 자신의 사회 역사적 컨텍스트 안에서 해석하는 해석공동체 사이의 상호작용이라고 간주되고, 또한 이렇게 실행된다. 이런 과정의 최종적인 목적은 단지 성서를 보다 잘 해석하는 것 뿐 아니라 보다 명확하게 실재를 보고, 이 실재를 보다 충실하게 변형시키는 것이다.

특히 성서는 전문가들이(교사, 학자, 그리고 목회자) 섬기는 지도자요, 함께하는 제자가 되면서 일반 백성에 의해 재수용됨으로써 '해방된다.' 더 나아가 이것은 우리가 하나님의 말씀에 의해 도전받고 힘을 얻는 것을 방해하는 이념적 속박에 대한 공동 분별을 통해서 '해방된다.'[30]

‖‖‖ 2부 ‖‖‖

해방신학이 종교교육을 재형성한다

이 장 초반부에서 우리는 해방신학 본래의 교육방향과 구조에 대해 언급한 바가 있다. 종교교육의 관점에서 볼 때, 우리는 사실 본질과 형태로는 공동 사회적(communal)이고, 정신으로는 대화적이고, 비전으로는 예언적이고 종말론적이고 프락시스 지향적이며, 변증법적-해석학적으로 의식화해 가는 교육목회의 모델을 알아 낼 수가 있다.

해방신학은 교육목회를 위해 필요한 '배경'과 '단서'[31]를 제공해 줄

---

30. 성서와 미국 컨텍스트에서의 이념적 포로에 대한 자극적인 설명은 Stanley Hauerwas, *Unleashing the Scripture : Freeing the Bible from Captivity to America*(Nashville : Abingdon, 1993)를 참조하시오.
31. 우리는 여기서 랜돌프 밀러의 용어를 사용하고자 한다. 그의 "Theology in the Background," in *Religious Education and Theology*, ed. Norma H. Thompson(Birmingham, Ala. : Religious Education Press, 1982), pp. 17-41을 참조하시오. 밀러의 입장은 어떤 종교교육 이론의 배경에 어떤 종류의 신학이 자리하고 있다는 것이고, 이 신학이 사실 종교교육을 이해하고 실행하기 위한 '단서'가 된다는 것이다. 결론은 모든 종교교육자들은 그들 자신의 신학적 가정과

수 있고, 또 실제로 제공해 준다. 예를 들어 이것은 교수학습 과정과 커리큘럼을 위한 본질적인 내용 또는 주제의 많은 부분을 공급해 줄 수 있다. 그래서 재발견되고 공유되는 복음 메시지가 있다 ; 즉 하나님의 해방하시고 재창조하시는 사역의 이야기는 도래하는 하나님의 통치에 대한 비전과 더불어 실제 기독교 프락시스 안에 수용되어야 한다는 것이다. 그리고 이런(본질적인) 내용은 교육의 컨텍스트 뿐 아니라 구조적인 내용(교육 전략이란 의미에서)의 문제와 긴밀히 연결되어 있다. 그래서 해방신학자들 또한 교육목회의 신학적 평가에서 안내하는 역할[32]을 할 수 있다는 것이다. 예를 들어서 이런 규범적인 역할은 가르쳐진 그리스도 및 구원의 빗나간 교리들에 관한, 또는 사용되고 있는 조작적이고 권위적인 수업기술들에 관한 신학적 비판 안에서 찾아볼 수 있고 ; 억압, 대화, 비판적 분별, 그리고 변화하고 희망적인 방향의 컨텍스트에의 참여에 대한 신학적 승인 안에서 찾아볼 수 있다.

'배경'과 '단서'로서 해방신학은 기독교적 종교교육을 수행할 뿐 아니라 이해하는 우리의 방식을 재형성한다.[33] 이제 해방의 관점에서의 교

기초를 잘 알아야 한다는 것이다. Randolph Crump Miller, *The Theory of Christian Education Practice : How Theology Affects Christian Education*(Birmingham, Ala. : Religious Education Press, 1980), 특히 3장과 9장을 보시오.

32. 사라 리틀은 신학과 종교교육 사이의 관계를 다섯 가지로 설명한다. 즉, 가르쳐야 할 내용으로서의 신학 ; 규범으로서의 신학 ; 관계없는 것으로서의 신학 ; 교육함으로서의 '행동하는' 신학 ; 그리고 신학과의 대화 내의 종교교육이다. "Theology and Religious Education," in *Foundations for Christian Education in an Era of Change*, ed. Marvin J. Taylor(Nashville : Abingdon, 1976), pp. 30-40. 해방신학은 리틀의 내용, 규범, 신학화, 그리고 대화의 영역이라는 관점에서 기독교적 종교교육과 연관된다고 말할 수 있다.

33. Preiswerk, *Educating in the Living Word*와 더불어 해방이라는 실마리로 기독교적 종교교육을 설명하는 남미 학자들의 주장은 Enrique García Ahumada, "Qu'est-ce qu'une caté chise libératrice?," *Lumen Vitae*, 46 : 4, "Unir Justice et Foi"(1991), pp. 425-436을 참조하시오 ; 이 책 전체

육목회의 이론과 실천에 대한 간략한 논의로 우리의 주의를 돌려 보자.

해방의 관점에서 종교교육을 살펴봄

특별히 교육목회에 유익한 관점에서 해방신학을 살펴볼 때, 많은 내용들이 교육목회를 재형성하기 위해 기초적이고 필수불가결하다고 강조될 수 있다. 그 내용들이란 다음과 같다. (1) 교회 – 우선적으로 '기초 공동체'(즉, 역사 속에 하나님의 임재 및 통치의 유효한 표시) – 는 눌린 자와 소외된 자, 이방인과 주변인에 대해 편견을 가지고 있고, 종교교육을 위한 특별한 **컨텍스트**로서 그렇게 작용하고 있다. (2) 하나님의 통치의 복음은 해방신학의 예언적 특성 안에서 기독교적 종교교육에 필수적인 '훈련'(즉, 개인적이고 공동체적인 수준에서의 형성, 변형, 위임)의 **총체적인 목적**을 형성한다 ; 그리고 이런 총체적 목적은 자유와 정의와 더불어 평화라는 하나님 나라의 유토피아(샬롬)를 지향한다. (3) 충성된 제자도는 특별히 자유, 평화, 정의를 위해서 우리 세계 안에서 하나님의 윤리와 정치에 참여하는 것으로 이루어진 프락시스적 앎의 **과정과 내용**을 정의한다. (4) 교육적 과제로서 행동신학은 해방시키시고 재창조하시는 하나님의 성령과의 신실한 동역 안에서 현역사적 상황 및 경험을 성서와 전통과 맞물리게 하는 해석학적이고 변증법적인 상호작용이라는 입장에서 교육목회의 과정과 내용을 보다 밝혀 준다. 이런 해방의 관점에서 종교교육에 대한 총체적인 수정을 간략하게 살펴보면 다음과 같다.

컨텍스트 내의 백성 : 기초공동체로서의 교회

이것은 해방신학으로 영감되고 방향지어진 기독교적 종교교육의 이

의 내용은 우리의 논의와 관련이 있다. 다른 유럽 학자들의 관점은 Dermot A. Lane, ed. *Religious Education and the Future*(New York : Paulist, 1986)을 참조하시오.

론을 위해 필요한 출발점이다. 간단히 말해서 우리는 누가 어디에라는 핵심적이고 상호 긴밀히 연관되어 있는 프락시스 질문을 던져야 한다. 즉, 교육과정의 파트너인 그 백성은 누구이고, 그들의 역할은 무엇인가? 신앙 안에서의 변형적 학습과 성장에 가장 이바지하는 장소와 상황은 어떤 것인가? 어떤 상호작용이 학습 과제와 전체적인 경험을 가장 잘 촉발시켜 주는가? 신앙공동체는 훈련을 위한 충실한 컨텍스트로서 어떤 면을 가지고 있어야 하는가?[34] 눌린 자와 하나님의 백성에 대한 해방신학자들의 논의가 어떻게 이런 연관된 질문에 답하고 있는가에 대해서 다음 몇 가지 점을 살펴보자.

해방신학적 종교교육은 인식론적 회심을 요구한다

해방신학이 주장하는 신학적 성찰의 변형은 인식론적 회심의 우선성을 가정한다. 이 과정의 첫 번째 행동은 일반 백성, 특히 가난한 자, 눌린 자, 주변인들의 신앙의 표현을 듣는 것이다. 인간의 고통과 자유, 정의, 평화에 대한 갈망에 의해 자극되어진 성찰은 단순히 고통의 본질을 설명하고, 이것을 정당화하거나 하나님의 계시의 사실과의 조화를 조사하는 노력만을 말하지 않는다 ; 오히려 이것은 이런 고통에 대항하고, 이 고통을 제거하려는 노력이다. 우리의 실재가 하나님의 통치의 계획과 모순되는 한, 회심은 이런 실재에 대한 지식조차도 변형시키는 것을 의미한다.

결속 안에서의 자비와 복종에 대한 기대의 결집은 하나님의 일반 백성, 특히 눌린 자의 근본적인 **권위**에 대한 인식과 일치한다. 이것은 가난한 자와 눌린 자의 인식론적 이점 또는 특권에 대해 언급하는 또 다른 방식이다. 일반 신실한 백성들은 교회의 교육목회에서 신학자들과 교회 지도자들이 적절히 시대의 표지를 이해하고, "소리를 갖지 못한 사람들

---

34. 여기서 '훈련' 이란 말은 예수 그리스도에 속한 인간 출현을 지원하는 다측면적 과제(즉, 형성, 변형, 능력 공급)이다. 이것은 교육목회의 핵심적 관심사이다.

의 소리"가 되는 한 간접적인 저작권을 갖는다. 더 더욱 하나님의 눌린 백성은 물론 그들 자신의 성찰, 비전, 꿈의 직접적인 저자들이기도 하다. 그런데 이것은 신앙 성장과 모든 목회에 기여한다. 다른 눌린 자들과의 만남의 중요성은 교육적 구조와 역동성을 가질 뿐 아니라 신학적 차원을 갖는 핵심적인 인식론적 원리이다 ; 우리는 여기에서 기독교적 종교교육을 위한 기초 원리를 갖게 된다. 신학적 가르침은 하나님의 계시가 눌린 자와의 만남과 그들에의 헌신을 통해서 주어진다는 것이고 ; 교육적 가르침은 이런 주의 깊은 청취와 프락시스(복종)가 변형적 학습을 이끌어 낼 수 있다는 것이다.[35]

신학적이고 교육적 컨텍스트로서의 교회

해방신학이 제안하는 인식론적 회심은 대안공동체로서 교회의 반문화적인 의식의 형성과 변형을 이해하기 위해서 필수적이다. 더 더욱 해방신학자의 예언적이고 유토피아적인 입장은 지배적인 문화와 관습적인 지혜, 윤리, 그리고 정치에 대한 의식과 인식에 대한 대안적 의식과 인식을 일깨워 주고 길러 준다. 해방신학에서 서로 밀접하게 연관된 신학화(theologizing)와 교육화(educating)는 그래서 의식의 형성과 변형에 대한 모든 훈련 노력에 연관되어 있다. 대안적 또는 반문화적 의식은 기존의 일반적인 의식을 비판적으로 깨뜨리고, 공동체와 그 백성들이 움직여 나아가는 보다 나은 세계에 대한 약속과 희망 안에서 이들을 격려하고 힘을 불어넣어 주는 역할을 한다. 교회를 위한 '보다 나은 세계'란 도래하는 하나님의 통치와의 조화 안에서의 해방과 재창조를 의미한다.

---

35. 우리의 간단한 논의의 주요 주제들은 해방신학 저자들에 의해 제시되었다. Ignacio Ellacuría, *Conversión de la Iglesia al Reino de Dios*(Santander, Espana : Sal Terrae, 1984), Leonardo Boff, *Teología Desde el Lugar del Pobre*(Santander, Espana : Sal Terrae, 1986) ; Jon Sobrino, "The 'Doctrinal Authority' of the People of God in Latin America," *Concilium*(August, 1985).

이것은 은사를 포함하며 약속, 즉 예수 그리스도를 따르는 새로운 인간에 대한 기대와 요구를 포함한다. 이것은 해방신학자들이 주장하는 것처럼 신앙공동체가 인간 생활의 모든 국면에 관여하고, 모든 사람들을 위한 정의와 샬롬(또는 삶의 온전성)에 관한 종교적, 사회적, 정치적, 그리고 경제적 차원의 통합을 추구하는 이유이다. 이런 프로젝트는 말할 필요도 없이 대안적 의식을 지원하기 위해서 일반 생활을 필요로 한다: 그래서 웨스터호프(John Westerhoff)의 표현대로 교회는 이방인, 낯선 자, 소외된 자들에 대한 편견에 사로잡힌 열심을 나타내고, 사람들에게 그들이 "받을 가치가 있는 것"이 아니라 필요한 것을 제공해 주고 있는 공동체로서 삶을 보는 대안적 방식(신앙)과 존재하는 대안적 방식(정체성)을 요청받고 있는 것이다.[36] 교회의 전체 본질과 전체 목회에 참여하는 기독교교육을 위한 독특한 컨텍스트로서, 이런 신앙 공동체는 하나님의 통치의 빛 안에서 신앙 성장에 특히 기여할 많은 모습과 실천을 발전시켜 갈 것이다.[37]

총체적 목적 : 하나님의 통치를 위한 훈련

종교교육 이론의 해방신학적 기초는 하나님의 통치의 복음이라는 관점에서 그 총체적인 목적 뿐 아니라 선도적 원리 – 즉, 교육목회의 전체 과제를 방향지우는 문제의 핵심 – 를 재진술하도록 이끌어 간다. 이런 성서의 상징과 주된 메타포의 재발견된 중심성은 사실 하나님의 통치가 전체 예수의 교훈과 사역 내용의 핵심이라는 복음서의 증언과 더불어 강조되고 있다.

해방신학은 역사적 예수에 대한 관심과 함께, 오늘의 세계에 비추어

---

36. John H. Westerhoff III, *Living the Faith Community : The Church That Makes a Difference* (Minneapolis : Winston, 1985), p. 83.
37. 기독교적 종교교육을 위한 컨텍스트로서 신앙공동체에 관한 보다 충분한 논의는 Schipani, *Religious Education Encounters Liberation Thelogy*, pp. 244–250을 참조하시오.

서 복음의 예언적이고 정치적인 차원 안에서 하나님 나라의 유토피아적이고 종말론적인 비전을 강조한다. 이런 선도적 원리는 하나님의 통치의 '이미'(주어진 은사, 부분적으로 실현된 꿈)와 '아직 아님'(약속, 갈망) 사이의 긴장을 불러일으킨다 ; 이것은 또한 현재 사회구조 한복판에서 희망 뿐 아니라 소외도 불러일으킨다. 더 더욱 이것은 순응, 무저항, 길들임을 조장하는 일반적인 교회의 실천과 교육 실천에 대한 바로잡는, 그리고 창조적인 대안을 제시해 준다.

이런 관점에서 하나님의 통치를 찾고 이 안으로 들어간다는 것은 약속과 새 창조의 요구가 신앙공동체와 그 사역 안에서 추진력일 뿐 아니라 주된 가치요 관심의 초점이 된다는 것을 말해 준다. 그러므로 간단히 말해서 **선도적 원리는 훈련의 교육적 과제가 하나님의 통치의 복음의 빛 안에서 인식되고 방향지워지고 평가되도록 요구한다.** 그리고 교회생활과 그 삼중적 존재이유 – 예배, 공동체 형성, 선교 – 에 관심을 두고 있는 한, 이런 과제는 세 가지 근본적인 기능을 수행해야 한다 : (1) **예배**(하나님의 도래하는 통치에 대한 인식과 경축으로서 우선적으로 거행되고 이해되는 것)를 위한 자격을 부여하기(enabling), (2) **공동체 형성**(하나님의 가족과 사회로서의 삶의 구체적인 실현, 즉 하나님께서 실제로 통치하시는 것과 같은 삶)을 위한 준비하기(equipping), (3) **선교**(특히 자유, 평화, 정의라는 관점에서 임재, 행동, 말씀 안에서의 하나님의 통치를 선포하고 증진시키는 것)를 위한 능력을 공급해 주기(empowering)이다. 간단히 말해서 기독교적 종교교육은 하나님과 이웃의 사랑에 관한 명령을 이행하는 것에 포괄적으로 관심을 가져야 한다는 것이다.[38]

그러므로 해방신학적 관점에서 보면, 무엇보다 중요한 목적으로서 하나님의 통치 복음의 역사적이고 실존적인 수용이 기독교적 종교교육의 목적 진술에 특별한 내용을 제공해 준다. 이런 관점은 사실 존재를 위한

---

38. 교회의 존재를 위한 삼중적 이유와 신앙공동체 안의 교육목회의 중심성에 대한 언급은 이 주제에 관한 최근의 우리 연구에서 시작되었다. 교회 지도자들에게 우리가 회중 훈련의 비전과 모델이라 불러 왔던 것의 중요성과 의미를 일러 주기 위해 한 권의 책이 집필되고 있다.

교회의 삼중적 이유 뿐 아니라 특별히 교육목회에 참여하는 사람들의 구체적인 상황을 설명해 준다. 이렇게 볼 때 우리는 요약해서 다음과 같이 말할 수 있다. 즉, **총체적인 목적은 사람들로 하여금 기독교 신앙생활 안에서 성장해 감으로써 그 소명이 충실한 시민도와 자유, 정의, 평화를 위한 사회 변형을 증진시키고, 하나님을 알고 사랑할 수 있게 하고, 인간의 출현과 전체성을 촉진시키는 것인 교회공동체 한복판에서 회심과 제자도로의 부르심에 대해 실존적으로 응답함으로써 하나님의 통치의 복음을 수용하도록 돕는 것이다.** 이런 포괄적인 목적의 해방하려는 특성은 인간 출현(human emergence) - 개인적, 공동체적, 사회적 - 이 도래하는 하나님의 통치의 관점에서 분별되고 지원된다는 사실 안에 놓여 있다.

과정과 내용(I) : 신앙 - 프락시스로서의 훈련

해방신학자들의 공헌은 기독교 훈련의 '어떻게'와 '무엇을'이라는 종교교육의 질문에 관해서 많은 것을 제공해 준다는 것이다. 역사의 한복판에서 하나님의 윤리와 정치에 헌신한다는 것은 관심사에 대한 초점을 다시 맞추는 것, 적절한 접근을 발전시키는 것, 그리고 자비롭고 책임적인 시민으로서 기독교 제자를 다시 정의하는 것을 필요로 한다.

관심사의 재초점화

앞에서 살펴본 것처럼 기독교적 종교교육의 총체적인 목적 가운데 하나의 핵심적 차원은 자유, 정의, 평화를 위해서 사회 변화를 촉진시키는 것이다. 이것은 사회의 정치적이고 사회 경제적 영역에 대한 관심과 참여라는 특수한 목적인데 ; 이런 목적은 개인, 사람들의 집단, 또는 대인적이고 공동체적인 관계들의 특수한 실재에 초점을 맞출 때조차 이 영역의 체계와 구조를 설명하도록 요청한다. 정치적이고 교육적인 전략을 포함해서 권력의 형식과 표현, 정의와 평화에의 추구 뿐 아니라 억압과 고통의 표현, 이념과 흥미의 역할, 그리고 사회적 갈등의 역동성은 관여되고 컨텍스트화된 종교교육 안에 포함되어져야 한다.

접근의 재조정

해방의 관점으로 수행되는 교육목회는 학습, 교수, 변형의 무엇보다도 중요한 변증법적 과정으로서 행동-성찰-행동 패러다임을 필요로 한다. 교육 전략 이상으로 이 패러다임은 세계 내의 교회의 선교와 일치된 다양한 활동을 망라한다. '믿기'와 '행동하기'는 상호 영향을 미치는 역동적 관계 안에 묶여져야 한다. 일관된 교수 원리는 또한 섬기는 지도자로서 교육자의 위치와 역할에 대한 질문과 함께 묶여져야 한다. 달리 말해서 교육자는 자유롭고 평화롭고 정의롭게 교육함으로써 자유, 평화, 정의를 위한 교육을 실시해야 한다.

책임적 시민으로서 기독교 제자

비판적으로 말해서 정의와 평화를 위한 종교교육은 묵인, 풍요, 개인주의, 성취, 외모, 경쟁, 소비와 같은 현대 미국생활의 주도적인 가치와 실천에 대항한다. 사실 충실한 제자 만들기는 한편으로 길들임(즉, 단순한 조정과 순응), 무관심 또는 침묵, 불의와 억압의 구조에의 순종과 연루에 대항하는 것이다. 다른 한편으로 자비롭고, 용기 있고, 염려해 주는 시민으로서 하나님의 통치에의 능동적인 참여를 위한 요청이 있다. 그래서 과정과 내용이라는 관점에서 교회의 교육목회에 가공할 만한 도전이 생겨났다. 즉, 제자도의 교육과 시민도의 교육의 통합이다.[39]

과정과 내용(II) : 교육적 과제로서의 행동신학

풀뿌리 기독교공동체의 실제 경험이라는 관점에서 살펴볼 때, 해방신

---

39. 이 주제에 대해서는 John A. Coleman, "The Two Pedagogies : Discipleship and Citizenship," in Mary C. Boys, ed., *Education for Citizenship and Discipleship*(New York : Pilgrim Press, 1989), 2장을 보시오.

학자들에 의해 긍정된 해방신학의 실천과 신학적 성찰의 양식은 보다 특수한 형식과 의미를 드러낸다. 사실 "말씀의 빛 안에서 기독교 프락시스에 대한 비판적 성찰"은 세 가지 행동 – **보기, 판단하기, 행동하기** – 으로 특징지워지는 목회적 접근과 매우 비슷한 종교교육을 위한 특별한 형태가 된다. 그래서 참된 기초 교회공동체 안에서 실시되는 기독교교육은 그 자체로 신학의 발전을 이룬다.[40]

해방신학자들은 신학적이고 교육적인 과정의 수단 또는 도구라는 의미로 세 가지 주요 '중재'(mediations)를 말한다. 요약해 보면 이런 세 중재는 다음의 세 단계 안에서 기능을 발휘하고 서로 관계를 맺는다. (1) 사회 – 분석적 (또는 역사 – 분석적) 중재는 눌린 자의 세계의 컨텍스트 안에서 기능을 발휘한다 ; 이것은 눌린 자들이 왜 억압당하는가를 탐구하고자 한다. (2) 해석학적 중재는 하나님의 세계의 영역에서 기능을 발휘한다 ; 이것은 유비적으로 말해서 가난한 자와 눌린 자를 위한 하나님의 꿈과 계획이 무엇인가를 분별함으로써 기능을 발휘한다. (3) 실천적 중재는 행동의 영역에서 기능을 발휘한다 ; 이것은 하나님의 꿈과 계획에 일치하게 불의의 상황을 극복하기 위해 전개될 필요가 있는 행동을 찾고자 한다.[41]

---

40. 남미의 해방신학적 종교교육에 관해 살피면서 – 특히 기독교 기초공동체의 프락시스에 관해서 – 오고만(Robert T. O'Gorman)은 북미 기독교교육에 도움을 주는 일곱 가지 도전을 발견했다. (1) 교회와 사회 모두가 변형의 대상이다. (2) 프락시스로서 교육은 공동체의 산물이다. (3) 교육은 교회에서 중심적 위치를 차지한다. (4) 교육은 신학, 조직하기, 연구, 그리고 가르치기의 통합체이다. (5) 과거 전통의 실재 뿐 아니라 현재의 실재도 교수/학습 상호작용을 위한 자료이다. (6) 종교교육은 상징적 또는 상상적 교육으로부터 시작된다. (7) 해방이 가능하기 전에 우리는 사회가 형성된 토대를 발견해야 한다. In "Latin American Theology and Education," *Theological Approaches to Christian Education*, ed. Jack L. Seymour and Donald E. Miller(Nashville : Abingdon, 1990), pp. 195 – 215.
41. 해방신학의 과정과 내용에 관한 이런 질문에 관한 논의는 Leonardo Boff and Clodovis Boff, *Introducing Liberation Theology*(Maryknoll, N.Y. : Orbis, 1987), 3장 "How Liberation Theology is Done"을 참조하시오.

내용-시간 원리

해방신학적 기독교적 종교교육은 또한 위에서 언급한 목적의 빛 안에서 포괄적이고 전체적인 방식으로 '언제' 라는 여러 가지 측면을 가진 질문을 던지도록 요청한다.[42] 그래서 네 영역이 함께, 그리고 긴밀히 상호 연결되어 고려되어야 한다. (1) 신앙공동체의 현재의 경험과 프락시스, 이것의 과거(역사와 전통)와 미래의 방향(약속과 희망, 도래하는 통치에 대한 기대 안에서 하나님의 해방하시고 재창조하시는 사역에 더욱 참여할 것에 대한 예견) (2) 교회의 '시기' 가 사회와 세계 안의 상황과 역사의 흐름과의 관계 안에서 인식되어야 한다. 이 두 영역과 연관해서 (3) 역사 안에서 - 전체 피조세계 뿐 아니라 교회와 사회 안에서 - 구별된 하나님의 활동에 민감하게 반응하고 이것을 대비한다는 뜻에서, 그리고 교육적 과제의 핵심적 관심으로서 하나님의 통치의 복음이라는 종말론적 관점과 일치한 상태에서 확실히 알기 어려운 카이로스(kairos) 또는 하나님의 시간의 차원에 초점을 맞추도록 요청한다. (4) 물론 과정의 한가운데에서 개인적이고 공동체적인 인간 출현이라는 특별한 문제, 즉 학습과 성장, 형성, 변형, 그리고 신앙과 삶을 위한 능력을 공급해 주기라는 문제에 대한 특별한 관심이 있다.

해방의 관점에서 종교교육을 실시함

이 장에서 우리는 이미 1부에서 논의된 신학적 성찰로서 해방신학의 중요한 견해와 해방의 관점에서의 기독교적 종교교육의 비전의 주된 모습 사이의 직접적인 상관관계를 설정해 왔다. 이 마지막 절에서 우리는 두 분야 사이에서 나타나는 보다 정교한 상관관계로서 교육목회의 실제 실천을 해방신학이 어떻게 재형성하고 있는가를 살펴볼 것이다.

---

42. 시간 원리에 관한 보다 충분한 논의는 Schipani, *Religious Education Encounters Liberation Theology*, pp. 190-194를 참조하시오.

중심적인 서론적 내용은 해방신학에 의해 제안된 '인식론적 단절'에 적합하고, 이 빛 안에 있고, 이것을 따르며, 이 내용은 단지 의도된 결과로서 뿐 아니라 교육과정에 필수적인 것으로서 **행동과 책임의 포괄**이다.[43] 다른 말로 '실천적 중재'의 특징을 지어 주는 프락시스에의 헌신과 참여가 신학방법의 필수불가결한 차원으로서 일어나야 하는 것과 같이, 책임적 행동은 변형적 학습의 과정에 포함되어야만 한다는 것이다.[44] 그리고 이런 조건은 분명하게 다음에 논의될 각각의 네 영역에 나타나 있다.

의식화 방법

이것은 이 절의 적절한 출발점이 된다. 그것은 역사적인 이유, 즉 파울로 프레이리(Paulo Freire)의 글과 사상이 의식화의 접근 및 철학이라는 견지에서 해방신학을 위한 원조격인, 그리고 핵심적인 방법론적 원리를 제공해 주었다는 이유 때문이다.[45]

---

43. 북미 및 기타 지역의 기독교적 종교교육의 가장 중요한 실패들 중의 하나는 주일학교, CCD, 그리고 참여한 사람들의 기독교적 제자도와 시민도를 갖춘 실제적인 일상생활과 같은 기독교교육의 프로그램과 과정 사이의 명백하고 지속적인 연결과 연속성의 결여라고 할 수 있다.
44. 여기서 성찰, 나눔, 논의라는 지적인 과제를 넘어가는 '인식론적 중단'을 중요하게 받아들이는 해방신학적 관점으로부터 그룹의 '공유된 프락시스' 접근이 충분하게 발전되지 못했다는 점이 지적되어야 한다. 이 접근의 개념화에서는 공유된 성찰과 결정이 기독교적 종교교육의 과정에 본래적이고, 이를 구성하는 것으로서 사회적 행동에 대한 실제적 경험이 동반되거나 따라올 필요는 없다. 그룹의 인식론적 기초는 다차원적 지혜라는 '함축된 의미'라는 관점에서 *Sharing Faith : A Comprehensive Approach to Religious Education & Pastoral Ministry*(San Francisco : Harper & Row, 1991)에서 확장되었고 잘 설명되었다. 그러나 이 접근의 다섯째 단계는 여전히 "이 공유된 기독교 프락시스 사건의 역사적 산물로서 개인적 또는 집합적인 그들의 응답에 관한 결정에 참석자들을 분명히 초대하고 있다.(226)
45. 프레이리의 성찰과 책에 담겨 있는 교육 실천은 브라질 및 기타 지역에 적절한 때에 이중적 충격을 가해 왔다. 첫째 충격은 가난한 자와 눌린 자와 함께하도록 교회

원래 브라질과 칠레에서 기독교적 분위기 속에 있는 대중교육의 컨텍스트에서 프레이리와 몇몇 사람들에 의해 발전된 **의식화**(conscientization)는 개인적이고 사회적인 변형 뿐 아니라 해방적(liberative) 학습과 교수의 통합된 과정을 의미한다.[46] 그래서 의식화는 사람들이 그들의 자유와 창의성의 가능성 뿐 아니라 그들이 삶을 형성해 주는 역사적 권력을 인식하게 되는 곳에서 생기는 비판적 의식의 과정을 말한다 ; 이 용어는 또한 개인, 공동체, 그리고 사회에서 해방과 인간 출현을 지향하는 실제 행동을 말한다.

의식화 교육은 다음의 몇 차원을 결합시킨다. (1) 사람들이 이야기와 비전을 나눌 수 있는 협력적이고 대화적인 공동체 컨텍스트, (2) 문제 제기 또는 그들의 실재를 문제화하는 것에서 시작되는 비판적이고 창조적 성찰에 참여하는 참여자들, (3) 지속적인 해방 프락시스 안에서 실제로 그리고 구체적으로 파트너로서 보다 나은 대안 찾기. 방법론적이 절차상 의식화 접근은 보기-판단하기-행동하기 과정의 구조와 유사한 행동-성찰-행동 모델을 유지하면서도 다양한 사회적 상황하에서 다른 많은 형식들을 취할 수 있다. 그래서 이것은 해방적 기독교교육 프로그램과 교육의 영감을 주는 중심으로 여겨질 수 있다.[47] 또한 이것은 성인

를 채찍질했다는 것이다. 둘째 충격은 남미 해방신학 방법을 형성함에 있어서 결정적인 기독교 '프락시스'에 대한 새로운 통찰의 자극을 강하게 만들었다는 것이다. 헌신과 프락시스의 우선성을 강조하는 그 자신의 해방신학적 비전을 설명할 때, 프레이리는 해방신학자들에 의해 채용된 신학방법을 위한 근거를 놓는 데 일조를 했다. Schipani, *Religious Education Encounters Liberation Theology*, 1장을 참조하시오.

46. Paulo Freire, *Education for Critical Consciousness*(New York : Seabury, 1973), *Pedagogy of the Oppressed*, trans. Myra Bergman Ramos(New York : Herder, 1970), *The Politics of Education*, trans. Donald Macedo(South Hadley, Mass. : Bergin and Garney, 1985)을 참조하시오.

47. 이 주제에 관해서 Daniel S. Schipani, *Conscientization and Creativity : Paulo Freire and Christian Education*(Lanham, Md. : University Press of America, 1984)을 참조하시오.

종교교육의 특수한 교육이라는 관점에서,[48] 그리고 '마음으로부터' 라는 해방적 교수의 범례적 표현으로서 평가되어질 수 있다.[49]

교육 전략으로서 컨텍스트 위치 이동

우리가 "가기와 보기"(going and seeing), 그리고 "환영하기" (welcoming)라 부를 두 가지 근본적으로 보완적인 행동이 구체적으로 이 영역의 교육 실천에서 고려되어야 한다. 분명히 아래에서 언급될 상황에 포함되어진 교육(그리고 확실히 좁은 의미에서 기독교적 종교교육) 이상의 것이 있다 ; 그러나 이것은 정확하게 해방의 관점에서 '행동하는'(doing) 교육목회 안에서 실행되는 것으로서 해방지향적 비전의 요점이다.

가기와 보기

자원봉사적 컨텍스트의 위치 이동의 영역에서 성공한 이야기들 중의 하나는 여행 세미나 모델이다.[50] 이 모델은 참여자들을 특정 국가의 상황과 문제에 대해 여러 가지 입장을 보이는 종교 지도자 및 정치 지도자들 뿐 아니라 일반 사람들과 함께 여행을 하면서 여러 제 3세계 국가의 문화에 몰입하게 한다. 이 계획은 또한 참여자들의 충격과 그 정도를 평가하기 위해 연속된 여행 세미나에 관한 체계적인 평가연구를 도입한다. 참여자들은 초대한 사람들과만 지내고, 경험하고 배운 것은 돌아왔을 때에 말하기로 사전약속을 맺는다. 사람들을 자신의 '안전지대'를 떠나서 억압과 가난의 컨텍스트하에서 무능하게 되도록 초대함으로써, 이

---

48. R.E.Y. Wickett, *Models of Adult Religious Education Practice* (Birmingham, Ala. : Religious Education Press, 1991), 17장을 참조하시오.
49. Mary Elizabeth Mullino Moore, *Teaching From the Heart : Theology and Educational Method*(Minneapolis : Fortress, 1991), 6장을 참조하시오.
50. 이 모델에 대한 유익한 제시와 논의는 Alice Frazer Evans, Robert A. Evans, & William Bean Kennedy, eds., *Pedagogies for the Non-Poor*(Maryknoll, N. Y. : Orbis, 1987), 7장 "Traveling for Transformation"을 참조하시오.

모델은 자기 인식과 관점을 포함해서 중요한 시각의 변화와 전체 문화와 정치에 대한 평가 및 소개에 있어서의 중요한 변화를 체험시키고자 한다.[51]

낯선 자, 이방인, 눌린 자의 환영

방금 논의된 한 가지에 대한 보완적 행동과 전략은 신앙공동체 한가운데에 주변인, 피난민 또는 다른 희생자, 눌린 자를 열린 마음으로 초대하고 영접하는 사람들의 세심한 행동이다. 그러나 두 가지 상호 연관된 조건이 충족되어야 한다. 한 가지는 이런 공동체가 환영을 받고 있는 사람들의 육체적, 정서적, 영적 필요에 대한 자선과 지원 이상이 되어야 한다는 것이다(비록 이런 봉사의 방향이 분명히 본질적이긴 해도) ; 이들은 직업과 복지체계, 교육, 의료혜택, 주택 등 '불법체류자'의 지위문제와 연관된 정의와 정치적 차원 및 이슈들과 씨름해야 한다. 다른 한 가지는 환영하는 공동체가 '이방인'/이웃의 존재와 참여로 인해서 그 자체가 재형성되도록, 그리고 변화되도록 허용될 수 있어야 한다는 것이다.[52] 회중의 삶과 목회 실천, 즉 예배와 선교의 형태는 근본적으로 도전받게 되고 재형성되게 될 것이다. 달리 말해서 기독교 환대(Christian

---

51. 플로우쉐어 연구소(Plowshares Institute)는 변형적이고 해방적인 학습을 위한 이 창조적 위치이동 영역의 세미나, 워크숍, 그리고 연구를 후원해 왔다. 또 다른 예는 콜롬비아 보고타에 설립된 에큐메니칼한 북미 의식화 프로그램이다. 한 달간의 워크숍은 급진적인 새로운 경험, 대안적 시각, 그리고 사회분석 및 "정의와 평화를 만들기 위한 하나님의 도구가 되는" 방법모색 기회를 제공해 주기 위해 기획되었다. 비슷한 교육경험의 결과는 중미 상황을 중산층 북미인들에게 보여 줌으로써 평화의 증인을 조직하는 데서도 나타난다. 매우 흥미롭게도 이 모든 경우의 의식화 과정의 내용은 종종 새로운 통찰, 태도, 그리고 다른 사람들의 억압과 그 요인에 관한 선택 뿐 아니라 그 자신의 소외와 억압의 새로운 소현을 포함하기도 한다.
52. 예를 들어 이런 재형성 및 회심은 특히 아시아와 남미의 난민으로 북미에 온 대단히 많은 사람들을 영접한 캐나다와 미국의 많은 신앙공동체의 경우에서 실제로 보고되고 있다.

hospitality)의 친절한 공간은 자유, 정의, 그리고 평화의 하나님 나라에 적절한 증언, 모두를 위한 복지와 더불어 공공의 영역에서 뿐 아니라 돌봄의 신앙공동체의 영역 안에서 변형을 위한 특별한 컨텍스트가 될 것이다.[53]

또한 컨텍스트 위치 이동의 '가기'와 '환영하기' 차원을 연결하거나 또는 교체시키는 많은 교육적 전략과 방법이 있다. 이들 중의 하나는 중산층과 저소득층 사이의 세심하게 배려된 만남이다. 이런 만남은 신뢰와 존중의 분위기를 촉진시키기 위해서 사려 깊은 준비를 필요로 한다. 더 나아가 이런 만남은 이야기를 나누고, 듣고, 가난하고 눌린 사람들의 실재 안에로 구체적으로 들어가고(예를 들어 특정 이웃을 찾아 집을 방문하는 것), 음식, 친교, 예배, 놀이 등의 활동과 경험을 나누고, 공동 프로젝트를 수행할 수 있도록 만들어진 방법들로 구조화된다. 만남의 과정과 평가, 더 나아가 평화와 정의에 대한 헌신은 역시 필수적이다.[54]

평화와 정의를 위한 교육

해방의 관점에서 이해되고 수행된 기독교적 종교교육은 중요하고 필수불가결한 목적으로서 뿐 아니라, 본질적 내용과 교수학습 과정의 문제로서 평화와 정의를 주목한다. 사실 교회 커리큘럼 전체는 하나님의 통치에의 참여로서 신앙의 빛 안에서 형성되고 전개될 것이다.[55] 특별히 대부분의 행동하는 해방-지향적 기독교교육은 시의적절하고 타당성이 있는 실천과 사회적 돌봄, 사회적 의식, 사회적 위임, 그리고 사회적 입

---

53. Nelle G. Slater, ed. *Tension Between Citizenship and Discipleship : A Case Study*(New York : Pilgrim Press, 1989)를 참조하시오.
54. 집단 사이의 만남이라는 이 주제에 관해서는 Gerald W. Schlabach, *And Who is My Neighbor?-Poverty, Privilege, and the Gospel of Christ*(Scottdale, Pa. : Herald, 1990), pp. 197-206을 참조하시오.
55. 종교교육 내의 구성요소로서 정의와 평화에 관한 논의는 Groome, *Sharing Faith*, pp. 397-406을 참조하시오.

법과 같은 형식을 포함하는 마리아 해리스(Maria Harris)의 용어로 '봉사의 커리큘럼'(diakonia)의 과제로 이루어진다.[56] 더 더욱 많은 특별한 접근과 방법론이 최근에 정의와 평화를 위한 훈련을 목적으로 개발되어 왔다.[57] 다음에서 두 가지의 예를 살펴보자.

프락시스의 나선형 구조

이 모델은 목회와 교육목회를 결합시키고, 분명히 프레이리와 성서해석학에 관련되어 있는 목회신학자들의 남미 해방신학에 대한 공헌과 연결되어 있다.[58] 네 가지 상호 연결되어 있는 행동이 경험의 중재라는 관점에서 확인될 수 있다. 이것을 요약해 보면 다음과 같다. (1) 개입(insertion), 즉 불의와 억압 컨텍스트에서 실제적이고 살아 있는 헌신과 참여, (2) 사회 분석, 즉 이해의 폭넓은 구조에 이 참여의 경험을 위치시키는 것, (3) 신학적 성찰, 즉 신앙과 프락시스에 관해 중요하고 의미 있는 물음에 초점을 맞추는 것, (4) 오랜 기간의 변화를 지향하는 목회적 계획. 우리는 이것을 프락시스의 나선형 구조 – 행동과 성찰의 변증법 – 라 부른다. 왜냐하면 과정이 지속적인 보기 – 판단하기 – 행동하기의 역동적인 양식에 새로운 근거를 마련하고 있기 때문이다.[59]

---

56. Maria Harris, *Fashion Me a People : Curriculum in the Church* (Louisville : WJKP, 1989), 8장.
57. 북미 컨텍스트하에서 평화와 정의를 위한 교육의 접근 및 방법론의 창조적인 수용 및 발전의 가장 좋은 예들 중의 하나는 Schlabach, *And Who is My Neighbor?*이다.
58. 이 모델에 관한 가장 확실한 번역은 Joe Holland and Peter Henriot, *Social Analysis – Linking Faith and Justice*(Maryknoll, N.Y. : Orbis, 1983), 1장에서 '목회적 순환'으로 표현되었다. 여기서 우리는 이들의 개념화를 사용했다.
59. 남아프리카의 룸코 연구소는 그리스도의 연합교회 교단의 세계선교부에 의해서 재수용된 이 모델을 받아들이고자 했고, Robin Petersen and Lou Ann Parsons, "See – Judge – Act : Pastoral Planning for a Prophetic Church"를 출판하여 널리 알려졌다.

인식, 관심, 그리고 행동

평화와 정의를 위한 교육을 위해서 특별히 고안된 이 접근은 삶의 양식, 방법론, 내용이 결코 분리될 수 없다는 점을 확실한 전제로 삼는다.[60] 총체적 목표는 방법론적 요소, 즉 인식-관심-행동을 나타내 주는 방식으로 표현된다. (1) 인식(인지적 목표)은 자아(사람의 은사, 자기-존중 등), 평화와 정의의 문제, 조작과 선전, 불의의 근원, 교회의 가르침, 그리고 변화가 일어나는 방법의 차원을 갖는다. (2) 관심(정서적 목표)은 효과적으로 인식과 행동을 포용하는 결속의식과 기질을 발전시켜 간다. 마음의 교육의 한 형식으로서 영적인 소명 경험, 정의의 옹호자들 뿐 아니라 불의의 희생자들과의 접촉, 그리고 훈련된 돌봄의 신앙공동체에 의한 지원과 같은 지속적인 회심과정의 여러 차원이 포함된다. (3) 행동(행위적 목표)은 사회와 구조적 변화-'정의의 사역' 뿐 아니라 직접적인 봉사의 행동-'자비의 사역'을 말한다. 또한 행동은 같은 문제(예를 들어 폭력과 갈등의 해결)의 지역적이고 세계적인 차원에 초점을 맞춘다. 계획은 또한 평화와 정의를 위한 신앙교육의 실제적인 과정을 수행하고 촉발하고 평가하기 위한 특별한 지침을 보여 준다.

성서연구의 해방

해방의 관점에서 종교교육을 실시하는 것의 최종적인 요점은 두 가지 면에 관심을 기울인다. 즉, 성서가 컨텍스트 안에서 해석될 하나님의 백성을 위한 책이라는 것과 해석학적 순환과정은 교육과 신학에 있어서 주축이 된다는 것이다. 그러므로 성서연구를 해방하기 위해서 위치와 과정에 관한 두 가지 짧고 상호 연관된 문제가 이제 고려되어야 한다.[61]

---

60. James McGinnis, "Toward Compassionate and Courageous Action : A Methodology for Educating for Peace and Justice"(St. Louis : Institute for Peace and Justice, 1987)을 참조하시오. 우리는 이 책자의 주요 절을 요약했다.

위치 : 기대하지 않았던 소식

남미 풀뿌리 교회공동체가 특별히 강조하고 있는 것들 중의 하나는 성서가 우선적으로 신자들이 성찰한 그들 자신의 실재를 보고, 또한 과정 속에서 그들 자신에 관해서 배울 수 있는 거울로서의 역할을 할 수 있다는 점이다. 그러나 경건한 해석공동체의 구조 안에서 겸손으로 채워져 있고, 이미 언급한 하나님의 윤리와 정치에 헌신된 신실한 접근과 정신이 요구된다. 그래서 이런 컨텍스트에서 성령의 은혜로 새로운 눈과 귀로 하나님의 말씀을 새롭게 보고 듣는 것을 시작할 수 있는 것이다. 좋은 위치와 관점의 세심하고 훈련된 변화는 특히 성서와 연관된 행동-성찰 순환과정이라는 입장에서 변형될 수 있는 자리(예를 들어 제3세계 기독교인들 또는 국내에서 억압받고 있는 사람들에 의해서 알려지고 도전되는 것을 추적함으로써)를 잡을 수 있다.[62]

말씀과의 대화 안에서 : 다양한 방식의 대화

위에서 언급한 특수한 지침과 더불어 우리는 간략히 해방 훈련을 위한 다른 원리들을 제안하는 남미 성서학계[63]의 풀뿌리 해석학을 살펴볼 필요가 있다. 간단히 말해서 이런 해석학은 성서를 해석하면서 구체적인 실재와 그들 자신의 실존적 상황을 해석과정 속에 개입시키는 사람

---

61. 이 주제 및 연관된 주제들은 Norman K. Gottwald and Richard Horsley, eds., *The Bible and Liberation : Political and Social Hermeneutics*, rev. ed.(Maryknoll, N.Y. : Orbis, 1991)를 참조하시오.
62. 대안적 위치와 관점을 포함하는 성서연구 해방의 예 및 자료는 Robert McAfee Brown, *Unexpected News : Reading the Bible With Third World Eyes*(Philadelphia : Westminster, 1984). 기독교적 종교교육을 위한 기초로 "해방적 석의"에 관한 유익한 논의는 *Liberating Exegesis : The Challenge of Liberation Theology to Biblical Studies*(Louisville : WJKP, 1989)를 참조하시오.
63. 여기서 주요 자료는 Mesters, "The Use of the Bible"과 *Defenseless Flower* 이다.

들의 공동체로 이루어진다. 해방신학적 성서연구의 주요 세 가지 차원은 성서 자체, 기독교 신앙공동체, 그리고 주변세계의 실재이다. 그래서 세 가지 차원 또는 요소 – 텍스트, 실생활 상황의 '프리텍스트', 그리고 교회공동체의 컨텍스트 – 각각이 오늘날 그 안에서 하나님의 말씀을 진정으로 듣고 응답하기 위해서 필수불가결한 것으로 보이는 그런 다양한 방식의 대화가 가능해질 것이다. 더 더욱 성서연구 집단이 '프리텍스트'의 실재, 성서, 또는 그들이 설명하는 교회공동체, 어디에서부터 시작해야 하는가라는 것은 문제가 되지 않는다. 해방적 교육과정으로서 성서 해석에서 중요한 것은 참여자들이 그들 자신이 발견하도록, 그리고 그들의 학습내용을 통합하도록 도움을 받는 동안(그리고 서로를 돕는다.), 세 차원 모두를 포함하는 것이다. 이런 관점에서 이 요소들 중에 어느 하나라도 빠지게 되면, 언제나 성서읽기와 해석은 실제로 진행되지 않을 것이고, 심지어 왜곡되기까지 한다. 성서, 실생활 상황, 그리고 교회공동체의 역동적 상호작용과 통합은 창의적이고 해방시켜 주는 하나님의 말씀과의 지속적인 대화로서 프락시스 요소를 늘 포함하는 변형적 학습과정을 촉발시킨다.

결 론

이 장 전체에서 우리의 논의는 해방신학이 기독교적 종교교육을 수행할 뿐 아니라 이해하고자 할 때, 본질적 배경과 준거 틀을 제공해 줄 수 있다는 것이다. 그러나 우리는 해방신학 스스로가 이론과 실천의 충분한 신학적 근거로서 작용한다고 가정하지는 않는다.[64] 그럼에도 불구하고 우리는 이런 신학적 흐름이 북미와 빠르게 변화하는 세계교회의 교

---

64. 다양한 신학적 관점과 접근 및 이들 사이의 보완성의 폭넓음은 이 책에서 물론 잘 다루어졌다. 우리는 이 문제에 대해서 더 많은 대화와 연구를 해야 할 것이며, 이것은 아직도 우리에게 하나의 도전해 볼 만한 것으로 남아 있다.

육목회를 위해 필요하고, 사실 없어서는 안 될 공헌을 하고 있다고 강조하고자 한다.[65] 우리가 3천년대로 접근해 가면서 통전적인 해방-정의 및 평화와 함께하는 자유-과 사회적이고 개인적인 변형에 대한 일관된 위탁(commitment)을 받아들이라는 기독교공동체에 대한 요청은 바로 이 방향을 말한다.

---

65. 여기서 두 가지 일반적인 관점이 관련이 있다. 하나는 범세계적 관점에서 소위 '새로운 세계 질서'는 진정한 정의, 인간화, 그리고 복지를 증진시키기 위해 나타나기보다는 오히려 가난과 억압의 조건을 악화시킬 뿐이라는 것이다. 그래서 다양한 해방신학의 형식들은 거대한 인간 고통에 지속적으로 대항할 필요가 있다. 다른 하나는 특히 북미 컨텍스트하의 관점인데, 우리는 역사적 의식화가 기독교 후기, 어느 정도 비교회화, 그리고 콘스탄틴 이후의 문화(더 이상 기독교 신앙과 교회를 국가가 지원해 주지 않는 문화)를 향해서 패러다임이 변화하고 있는 것을 목격하고 있다는 것이다. 이런 역사적인 상황하에서 교회는 해방신학에 의해서 주창된 방식으로 하나님의 윤리와 정치를 위한 신실하고 예언적 소수로서 그 정체성의 위치를 재천명해야 한다는 것이 우리의 주장이다.

제12장
흑인신학과 종교교육
(Black Theology and Religious Education)

그랜트 S. 쇼클리(Grant S. Shockley)

서 론

흑인신학과 종교교육에 대해 다루는 이 장의 목적은 두 가지이다. (1) 흑인신학의 배경과 현재의 상황을 탐구하는 것, (2) 흑인신학이 일차적으로 흑인교회들의 종교교육 이론과 실행에 미친 영향과 함축적인 의미를 논의하는 것이다. 배경과 내용을 다루는 부분은 다음과 같은 항목들을 논의할 것이다. 즉, 흑인신학의 기원 ; 흑인신학에 대한 반작용 ; 흑인신학의 정의와 원천자료 ; 흑인신학들과 신학자들 ; 그리고 흑인신학에 대한 평가 등이 그것이다. 영향과 함축적인 의미를 다루는 부분은 다음과 같은 항목들을 논의할 것이다. 즉, 새로운 흑인교회 패러다임 ; 도전과 가정들 ; 새로운 패러다임과 해방을 지향하는 인종 문화적인 (ethnocultural) 흑인교회 교육 패러다임의 모델들에 대한 탐구 등이다.

1부

흑인신학의 기원

흑인신학은 흔히 북아메리카에서 가장 결실 있고 활기찬 발전을 이룬 신학으로 일컬어져 왔다. 그것은 1966년 전국 흑인계 기독교인위원회(NCNC)에 의해 블랙파워 성명서(Black Power Statement)가 문서화되면서 시작되었다. 이 성명서는 흑인 성직자들로 이루어진 한 그룹이 그 당시에 막 출현하고 있던 블랙파워 운동을 추인하기로 결정하면서 나오게 되었다. 그 성명서의 주장은 블랙파워에 대한 논쟁에서 전투적인 수사(修辭)와 귀에 거슬리는(strident) 언어 때문에…… '중요한 인간의 실존적 현실들'(realities)이 무시되어서는 안 된다는 깊은 염려(관심)를 담고 있었다. 성명서는 주장하기를 "블랙파워 논쟁에 관해 우리가 직면하고 있는 근본적인 왜곡은 흑인계 미국인과 백인계 미국인의 권력과 양심의 엄청난 불균형에 뿌리를 두고 있다."[1] 더욱이 이들 흑인 목사들은 아래와 같은 가정을 더 이상 따르지 않을 것이라는 점을 분명히 했다.

> 백인은 권력(power)의 사용을 통하여 그들이 원하는 것을 얻어도 정당한 것으로 간주된다. 그러나 흑인계 미국인은 본성적인 요인 때문에, 혹은 환경적인 요인 때문에 오직 양심을 통해서만 그들이 원하는 것을 호소할 수 있다. 그 결과…… 백인의 권력은 거의 저항을 받지 않은 이유로 인해서 부패되고…… 흑인의 양심은 다음과 같은 이유로 인해서 부패되었다. 양심의 명령을 시행할 권력을 가지지 못했기 때문에 정의에 대한 관심이 왜곡된 형태의 사랑, 즉 정의가 결핍되면 무질서한 자기 굴복이 되어 버리는 그런 형태의 사랑으로 변질되었다. 권력이 없는 상태(powerlessness)가 거지 족속을 만들어 낸다. 우리는 지금 양심 없는 권력이 권력 없는 양심을 만나 우리 나라의 기반을 위협하는 어려운 상황에 처해 있다.[2]

흑인신학의 주위에 도사리고 있는 많은 혼란의 국면들은 이러한 초기

---

1. "Black Power : Statement by National Committee of Negro Churchmen," *New York Times*, 31 July 1966, E5.
2. *Ibid.*

의 블랙파워와의 연관성과 지속적으로 제기된 다음과 같은 주장 때문에 생겨났다. 즉, "흑인들은 권력, 말하자면······ [그들이] ······ 교류하는 사람들에게 실제로 영향을 미칠 조직적인 정치적, 경제적 힘을 가지고 참여할 능력을 가져야만 한다."

흑인신학 운동의 두 번째의 주요 목표는 백인교회 구조 속에서 뿐만 아니라 전체 사회 속에서의 인종차별주의(racism)를 근절시키는 것이었다. 1968년 세계교회협의회 웁살라 총회에서 "차별과 배제의 경향성"을 지니고 있는······ "인종 중심적인 편견"[3]으로 규정된 이 사회적 암(인종차별주의)은 수세기 동안 사회에서 버림받고 권력을 지니지 못한 채 사는 사람들의 삶과 희망을 파괴시켜 왔다.

"어쩔 수 없는 분명한 운명"(Manifest Destiny)이라는 미명하에, 그것은 미국에서 백인 거주자들이 현재 미합중국을 이루고 있는 땅의 대부분을 인디언들로부터 강탈하는 것을 묵과하고 허용했다.[4] 인종차별주의는 "지금까지 존재했던 것 가운데 가장 야비한 제도"[5]인 가계 노예 노동(chattel slave labor) 체계를 통하여 이 나라(북과 남)의 사회, 경제, 정치 구조의 부패에 기여했다. 스페인이 신대륙에서 소유한 땅은 '영토 확장'이라는 불법적인 전쟁을 통하여 획득했다. 그리고 형편없는 임금을 받고 서부지역의 많은 부분과 그 농장을 개발한 아시아계 미국인들에게는 인종차별로 가득 찬 배타주의 법안들과 이주(relocation)[집단수용소(detention camps)] 센터라는 '보상'이 기다리고 있었다.[6]

---

3. "The Uppsala 68 Report," World Council of Churches, Geneva, Switzerland, 1968, p. 241.
4. Dee Brown, *Bury My Heart at Wounded Knee*(New York : Holt, Rinehart and Winston, 1971), 1-2장.
5. *The Works of John Wesley*, vol. 13(Grand Rapids, Mich. : Zondervan, n.d.), p. 153.
6. Milton L. Barron, ed., *Minorities in a Changing World*(New York : Knopf, 1967), 3-4장 ; George E. Simpson and J. Milton Yinger, *Racial and*

미국에서 가장 고전적이고 극심한 인종차별주의의 사례는 흑인들이 당한 것이었다. 17세기 초 이후부터 그들은 일반 사회 뿐만 아니라 교회에서조차도 감히 생각할 수 없는 모든 형태의 모욕을 받아 왔다. 흑인들은 "이 지구상에서 가장 계몽된 민주주의" 헌법에서조차 단지 3/5짜리 인간으로 간주되었다. 1854년에 대법원은 흑인들은 "백인들이 존중해야 하는 그 어떤 권리도 가지고 있지 않다."고 주장했다. 1896년에 대법원은 피부색에 입각하여 '자유' 시민들을 분리하는 인종 분리안을 법제화했다. 유엔이 그 헌장의 구성원이었던 미국의 흑인선거구(constituency)로부터 "미합중국에서 흑인계 시민들의 사례에서 보여지는 소수민족에 대한 인권 부인에 관한 성명과 그 시정에 대한 호소"라는 제목하의 문서를 받은 것은 유엔이 창설된 지 채 3년이 지나기도 전이었다. 1954년에 가서야 대법원은 1896년의 결정이 법의 공정을 왜곡한 것이라는 점과 개방사회에서의 인종 격리가 정의상 '불평등'한 것이라는 점을 인정했다. 1964년과 1965년에 의회는 한 세기 만에 남부에서 선거권을 박탈당한 수백만의 흑인들을 위한 선거권을 포함하는 최초의 포괄적인 시민권 법안을 입법화했다.

1964~1966년 어간은 환상에서 깨어나는 시기였다. 시민권 운동은 마틴 루터 킹의 "나는 꿈을 가지고 있습니다."라는 멋진 연설(Washington, D.C., 1963)과 함께 절정에 이르렀다. 1964~1965년에 강제로 시행할 수 없는 법들이 포괄적인 공정고용 관행을 위한 분명한 결의(tokenism)와 정의를 대체했을 때에는 깊은 좌절감이 만연했다.

간결하게 표현하면, 1960년대 말경에 점진주의, 법제주의(legalism), 땜질식 개혁, 회유책과 더불어 대부분의 흑인들의 인내의 극단이 생겨났다. 그런 다음에 권력에 대한 흑인의 혁명이라고 할 수 있는 블랙파워

Cultural Minorities(New York : Harper and Bros., 1953), 11-15장 ; Philip Hayasaka, "The Asian Experience in White America," *Journal of Intergroup Relations* 2(Spring 1973), pp. 67-73.

운동이 생겨났다. 이 운동은 백인공동체(그리고 약간의 흑인지역)에게 자극을 주었다. 그것은 완전히 새로운 흑인들의 '대담한' 행동방식이었다. 그것은 권력에 대한 새로운 평가를 의미했다. 다시 말하면 그것은 기회의 균등을 성취하는 것 뿐만 아니라 유리한 조건과 결과의 균등을 성취하는 것을 의미했다. 이러한 새로운 권력 개념과 더불어 다른 통찰이 생겨났다. 블랙파워는 흑인들의 검은 피부색, 가치, 존엄성, 유산에 대한 새로운 이해를 표시했다. 그것은 부정보다는 긍정, 수동성보다는 능동성, 자기 혐오 대신에 자긍심을 의미했다. 이러한 새로운 시각에서 흑인의 생존은 흑인 스스로에 의해 지배되고 있는 상태를 의미했다. 교육, 경제, 사회, 정치, 종교기관들은 흑인들의 자기 결정능력을 불어넣게 되었다.

흑인신학에 대한 반작용들

일반적으로 흑인의 민권운동과 백인의 인종우월주의로부터의 해방을 위한 길고 긴 투쟁과정에서 교회의 증언은 무엇이었는가? 기껏해야 교회의 증언은 온정주의적인 차원을 벗어나지 못했다. 복음의 명령(위임)에 입각해 볼 때 그것은 마지못해 했던(그리고 여전히 지금도 마지못해 하는) 것이었다. 교회는 차별정책을 묵인하고, 거의 전국민의 15퍼센트요 그들 가운데 80퍼센트는 동료 그리스도인인 흑인들이 직면한 인종차별문제의 공통적인 측면을 확인하거나 규정하거나, 비판적인 견해를 표하거나 효과적으로 도전하지 못했다.

물론 교회가 비록 결정적인 영향을 주지는 못했지만, 그래도 적극적인 기능을 수행한 성실한 반대의 목소리들을 주기적으로 내놓은 것은 사실이다. 그럼에도 불구하고 그것은 참여의 한계를 지니고 있었다고 말하는 것이 정직하다. 더욱이 흑인들의 혁명이 인종차별주의를 가능하게 했던 권력체제의 뿌리를 도전하는 방향으로 나아가고, 그 체제를 지지하고 있던 권력의 중심부에 있는 사람들에게 책임성을 요청했을 때,

비록 전부는 아니지만 백인 '자유주의' 진영에 속한 대부분의 사람들의 목소리는 무대 뒤로 밀려났다. 이 점에서 두 가지가 분명해졌다. 흑인들의 정의와 해방을 위한 투쟁은 독자적이어야만 했다. 백인 '개혁자들'을 확실하게 의존할 수가 없었다. 이 투쟁은 흑인공동체와 무엇보다도 흑인교회들 안에서 지지기반을 구축해야만 했다. 둘째, 흑인교회들은 흑인 회중들과 그들의 해방에 헌신해야만 했다. 새로운 세대의 흑인 젊은 이들은 그들이 주장했던 이슈들을 좇아 용기 있게 행동할 수 없는, 혹은 행동하려고 하지 않은 기관(교회)에 대한 신임도에 의문을 제기하기 시작했다. 왜냐하면 기관(교회)은 그 사명을 유기하고, 그 교제를 무너뜨리고, 그 증언을 조롱했기 때문이다. 이러한 교회와 사회의 상황 속에서 흑인교회에 속한 흑인 교인들이 지니고 있던 신앙과 바르게 교정된 정의를 획득하려고 하는 흑인들의 결의를 결합시키려고 했던 해방운동이 일어났다.

흑인신학의 정의와 원천자원

흑인신학은 블랙파워를 '종교적으로 특수화시킨'(religiocified) 운동의 명칭이 되었다. 그것은 미국이라는 신학적 배경에서 발전된 독특하고도 고유한 운동이었다. 그것은 유럽-아메리카 신학을 '흑인화시킨' 신학이라기보다는 그것을 넘어서는 새로운 방식의 '행동' 신학(doing theology)이었다. 흑인신학은 흑인들의 경험과 관련해서 기독교 신앙의 기본적인 성격에 대한 새로운 질문들을 제기하고, 새로운 개념들을 발전시키고, 새로운 주제들(motifs)을 구성하는 과제들을 자신의 사명으로 삼았다. 그것은 "물론 모든 주요한 신학적 범주에 대한 재정의는 아닐지라도" 주요한 신학적 범주에 대한 재고찰을 요구했다. 제임스 콘(James Cone)은 그 문제를 초기에 정의하면서 매우 분명하게 서술하고 있다.

흑인신학은 무엇인가? 흑인신학은 적대적인 백인세계 속에서 흑인이 실존한다는 사실의 의미(significance)를 분명히 표현할 필요성에서 발생한 신학이라는 것이다. 그것은 흑인들이 자신들의 경험을 종교적으로 성찰하면서 기독교의 복음이 그들의 삶에 대해 가지는 관련성(relevance)을 재규정하려는 시도이다.[7]

해방을 위한 흑인들의 투쟁의 와중에서 생겨난 흑인신학은 그 자신의 독특한 목적과 정의를 발전시켰을 뿐만 아니라 새로운 원천들을 발전시켰다. 이러한 내용들은 다음과 같이 확인될 수 있다. (1) 민권운동, (2) 조시프 워싱톤(Joseph Washington)의 「흑인 종교」(Black Religion, 1964), (3) 흑인혁명(1966), (4) 미국 이외의 신학자들 사이에서의 대화 등이다.

평등을 지향하는 민권투쟁이 흑인신학을 발전시키는 일차적인 원천이었다. 그 자료는 노예화, 노예 반란, 지하철 도피(Underground Railroad escapes), 그리고 내전(남북전쟁) 참여에 대한 격렬한 저항으로 시작한다. 이 세기에 들어와서 모든 사법적 차원에서의 소송을 포함한 모든 알려진 형태의 저항이 폭발적으로 일어났다. 1950년 이래로 해방투쟁을 전개하는 과정에서 전략적인 표현들이 부가되었다. 이것들 가운데 첫 번째가 자유운동(Freedom Movement : 1955 – 1965)이었다. 이 운동은 흑인 대중의 정치화와 마틴 루터 킹 목사(1929 – 1968)의 탁월한 지도력 가운데 인격화되어 나타난 강력한 흑인 지도층의 성장을 몰고 왔다.

조시프 워싱턴의 「흑인 종교」[8]의 출판(1964)은 흑인들의 해방투쟁에 있어서 또 다른 중요한 시기를 열었다. 종종 "흑인신학의 역사상 가장 중요한 저작물 가운데 하나"로 대표되는 이 책은 이후의 빈센트 하딩(Vincent Harding), 찰스 롱(Charles Long), 그리고 특별히 제임스 콘과

---

7. James H. Cone, "Black Consciousness and the Black Church : A Historical – Theological Interpretation," *Annals of the American Academy of Political and Social Science* 387(January 1970), p. 33.
8. Joseph R. Washington, *Black Religion*(Boston : Beacon Press, 1964).

같은 저항적인 학자들의 흑인 종교와 신학을 위한 핵심적인 기초자료가 되었다. 워싱턴의 「흑인 종교」에 대한 간결한 요약은 콘, 롱, 그리고 그 외의 학자들을 위한 출발점으로서 그 책이 가지는 중요성을 보여 준다. 워싱턴은 그의 책에서 다음과 같은 몇 가지를 주장하고 있다. (1) 흑인은 기독교 신학전통의 '주류'의 일부분이 아니다. (2) 흑인들은 역사적인 기독교 전통 가운데 '진정한'(authentic) 뿌리를 가지지도 못했다. (3) 흑인들은 에큐메니칼한 비전을 결핍하고 있는 것처럼 보인다. (4) 모든 실천적인 목적을 위해 흑인들은 비(非)흑인들을 배제하지는 않지만, 의도적으로 비흑인을 포함하려고도 하지 않는 것처럼 보인다. 워싱턴의 주장에 대한 동의나 반대는 제쳐 두고, 그의 저서가 막 발생하고 있는 초기의 흑인신학 운동에 대한 꼭 필요한 비판을 제공했다는 점은 지적되어야 할 것이다. 이 책은 흑인 종교의 성격, 목적, 형식에 대한 근본적인 질문을 제기함으로써 비판적 역할을 수행했다. 이들 질문들은 적어도 20년 동안 흑인신학을 지배했던 대화를 이끌어 내는 계기를 마련해 주었다.

워싱턴의 「흑인 종교」가 선풍적인 반향을 일으킨 지 얼마 지나지 않아 흑인 혁명이 흑인 사회를 뒤덮었다. 흑인 해방이라는 목표를 이루기 위한 전략의 차원에서 본질적으로는 비폭력적으로 대응하면서도 대치하는 식의 전략이 1966년에서 1976년에 이르는 10년 동안 빈번히 사용되었다. 새롭고도 격렬한 독립적인 흑인 지도부는 '흑인의 정체성', '흑인의 자기 결단', 그리고 '블랙파워'에 대해 말했다. 인종간의 대화는 종종 백인과의 '전략적인 이탈'이라는 고통스런 기간으로 대체되었다. 흑인교회의 '지도부'(caucuses)가 형성되었다. 흑인 전통의 회복(reclamation)과 흑인 문화의 토착화는 당위적인 과제가 되었다. 정치적인 의식화는 급진화되었다. 이러한 고통의 기간이 그 당시에 막 등장하고 있던 흑인신학의 패러다임을 위한 결정적인 입력(input) 에너지가 되었다.[9]

흑인신학의 발전에 영향을 미친 네 번째 원천자원은 미국 밖에서 활동하는 신학자들과의 많은 대화들이었다. (대략 1976년 이래) 아프리카계 유럽 출신, 아시아 출신, 라틴아메리카 출신, 그리고 북아메리카 출신 신학자들과 흑인신학자들 사이의 교환 강의, 협의, 출판은 흑인신학에 대한 연구를 확대하고 심화시키는 데 기여했다.[10]

흑인신학의 발전에 영향을 끼친 마지막이면서 가장 최근의 원천자원은 점차 증가하고 있는 흑인 여성들과의 대화이다. 최근에 출판된 자클린 그랜트(Jacqueline Grant)의 영향력 있는 논문인 "백인 여성의 그리스도와 흑인 여성의 예수 : 여성적 그리스도론과 여성의 반응"[11]은 신학의 영역에서 나타나는 흑인 남성의 우월성을 가시화시키고 비판하는 데 큰 역할을 수행했다. 그러나 그러한 역할 이상으로, 그 논문은 해방신학과 특별히 흑인신학에서 나타나는 여성에 대한 몇 가지의 가정에 대해 문제를 제기했다.

흑인신학과 신학자들

민권운동, 반(反)민권 비타협론, 성차별주의, 수사적이고 편안하게 기본적인 개혁만을 외치는 경건한 자유주의적 선언을 넘어서기를 꺼리는 백인교회의 경향은 흑인들로 하여금 그들의 세계관과 종교적인 신앙을 재고려하고 재정의하고 재구성하게 했다. 세속 진영에서의 이러한 분위기는 블랙파워를 지향하는 외침으로 귀결되었다. 그리고 종교적인 영역에서 그것은 흑인신학으로 나타났다.

---

9. 흑인신학을 다루는 저작에 관해 탁월하게 소개해 주는 책으로는 *Black Theology : A Critical Assessment*, comp. James H. Evans Jr.(New York : Greenwood Press, 1987)가 있다.
10. James H. Cone and Gayraud S. Wilmore, eds, *Black Theology : A Documentary History, 1966 – 1979*, vol. 1(Maryknoll, N.Y. : Orbis, 1993)의 특별히 제 4부, pp. 349 – 454를 보라.
11. *Ibid.*, 제 5부, pp. 279 – 348을 보라. 흑인신학과 여성신학의 이슈에 관한 가장 유용한 정보를 제공해 주고 있다.

제임스 콘은 그의 주저인 「흑인신학과 블랙파워」[12]에서, 미국신학 사상에 있어서 새로운 시작, 즉 미국신학 사상의 지배적인 경향을 사회적인 관점으로부터 도전하려는 최초의 시도를 개괄적으로 보여 주었다. 그는 몇 가지의 구체적인 주장을 제시했다. (1) 신학은 이전의 패러다임과 상관없이 독자적으로 수행될 수 있다. 그리고 그것은 흑인의 관점에서 수행될 수 있다. (2) 흑인신학은 억압당하는 자들의 신학이고, 그들을 위한 신학이다. 그것은 억압당하는 자들의 신학이어야 하고, 그들을 위한 신학이어야 한다. (3) 흑인신학은 흑인 대중들을 대신한 흑인교회의 투쟁에서 기원되었다. (4) 흑인신학은 하나님이 항상 그의 백성의 역사 속에서 수행한 역할에 대한 타당성 있는 해명작업이다.

콘의 흑인 해방을 위한 "블랙파워의 신학"은 흑인신학 운동에서 주요한 목소리가 되었다. 그러나 콘과는 다른 입장들이 과거에도 있었고, 지금도 있다. 알버트 클리지(Albert Cleage)는 그의 책 「흑인 메시야」(1968)에서 흑인 종교와 흑인교회에 대한 철저한 흑인 민족주의적인 해석을 제공하였다. 데오티스 로버츠(J. Deotis Roberts)는 「해방과 화해 : 흑인신학」(1971)에서 한편으로는 해방의 중요성을 부인하지 않으면서도 화해가 그 해방에 반드시 선행되어야 한다고 주장한다. 「흑인의 각성 : 희망의 신학」(1971)에서 "희망의 신학"의 입장에서 신학을 하고 있는 메이저 존스(Major Jones)는 흑인신학은 어떠한 종류의 인종차별주의를 넘어서 새로운 공동체를 지향하는 흑인교회로 나아갈 때만이 타당하다고 믿었다. 찰스 롱은 그의 핵심적인 논문들(1971과 1975)에서, 만일 흑인신학이 아프리카의 신학사상에 기초하기보다는 서구사상에 기초하고 있다면 그것이 정통성을 가지고 있는 것인지를 묻는다. 기본적으로는 롱의 주장에 동의하면서도 여전히 제임스 콘의 흑인신학 전통을 고수하고 있는

---

12. James H. Cone, *Black Theology and Black Power*(New York : Seabury, 1969). 또한 Cone의 *A Black Theology of Liberation*(Philadelphia : Westminster, 1970)을 보라.

게이로드 윌모어(Gayraud Wilmore)는 그의 책 「흑인 종교와 흑인 급진 (근본)주의」(1972)에서 흑인 급진주의는 "블랙파워에 기초하고 있는 백인 신학의 흑인판"이라기보다는 흑인 종교에 기초한 흑인신학일 때에야 가장 타당한 것일 수 있다고 주장한다. 제임스 콘의 형제인 세실 콘(Cecil Cone)은 흑인신학 논의에 중요한 진술을 덧붙이고 있다. 그의 입장은 흑인신학은 아프리카 출신의 그리스도인, 흑인의 종교적 뿌리, 흑인교회의 뿌리로부터 성장해 나온다는 것이다.[13] 그러나 흑인신학의 이슈에 관한 또 다른 목소리가 있다. 윌리엄 존스(William Jones)는 그의 책 「하나님은 백인 인종차별주의자인가?」(1973)에서 고난의 문제를 흑인신학의 논의 지평 속으로 끌고 들어온다. 그는 흑인 인도주의적(humanistic) 관점에서 흑인신학은 하나님이 존재하는지, 하나님이 흑인들을 억압에서 실제로 구원하셨는지를 경험적으로 증명할 수 없기 때문에 예외적(이례적)인 것(anomaly)이라고 주장한다.

흑인신학에 대한 평가

흑인신학의 배경, 성장, 발전에 대한 지금까지의 간단한 고찰은 자연히 흑인신학이 흑인교회와 그것의 종교교육에 대해 가지는 가치와 적합성에 대한 평가로 나아가게 한다. 흑인신학은 몇 가지의 역할을 수행해 왔다. **첫째,** 그것은 흑인교회로 하여금 직접 억압받는 흑인들의 해방에 효과적으로 참여하게끔 도전했다. 이러한 도전은 역사적인 의미를 지니고 있다. 그것은 미국에서의 교회생활의 역사에 있어서 처음으로 급진적인 소수 집단 혹은 운동이 그 자신의 고유한 포용성(inclusiveness)과 정의에 기초하고 있는 기독교 신앙의 신학적 가정에 대해 공격적으로 도전해 왔다는 사실을 나타내 준다. 아울러 그것은 유색 소수 인종이 급진

---

13. Cecil W. Cone, *Identity Crisis in Black Theology*(Nashville : African Methodist Espiscopal Church, 1975)를 보라.

적인 대안체계와 교회양식, 즉 흑인신학과 사회 해방에 대한 공공의 프로그램의 형식으로 저항을 보여 준 최초의 의미를 지닌다.

둘째, 흑인신학은 흑인교회로 하여금 완전히 새로운 관점에서 종교교육을 보게끔 했다. 흑인신학은 바야흐로 "전민중에게 관심을 보이는 세계관을 재구성할 필요"[14]가 있다는 점을 제시한다. 그러한 세계관은 흑인들이 가질 수 있는 새로운 미래를 조명해 준다. 그것은 그들이 그것을 위해 고난을 당하고 희생을 무릅쓰고 심지어는 죽을 수도 있는 그러한 자유를 원한다면, 그들이 자유로워질 수 있다는 사실을 믿고 아는 미래이다.

셋째, 흑인신학은 흑인들에게 그들이 자신들의 미래 의제(agenda)를 개발하고 착수해야 한다는 점을 가르쳐 준다. 해방은 '나', 그리고 '우리' 와 더불어 시작한다. 그것은 우리를 위해 행해질 수 있는 그 무엇이 아니다. 유사한 억압의 상황에 있는 다른 사람들 - 여성들, 아시아인들, 라틴어를 사용하는 사람들(Latinos), 아메리카 원주민들 - 과의 연대 속에서 '의식화' 가 제기되어야 하고, 자기 정체성이 긍정되어져야 하고, 해방 - 우리의 해방 - 이 주장되어져야 한다.

넷째, 흑인신학은 우리(흑인)의 상황에서 종교교육이 정보지식 뿐만 아니라 변혁(transformation)을 포함하지 않으면 안 된다는 점을 흑인들로 하여금 깨닫게 했다. 종교교육은 그것이 정의와 새로운 인간성이 나타날 때까지 끊임없이 교수학습 과정을 안내하려고 할 때 고도로 규범적인 기능을 수행하게 된다.

마지막으로, 흑인신학은 우리로 하여금 모든 종교교육 프로그램이 이룩한 다음의 사실을 알게 한다는 점에서 교훈적이다. 즉, 그것은 흑인들이 적대감을 가지고, 돌봄이 없고 다수 인종이 지배하는 사회 속에서 살아 남기 위해, 자신을 개발하고 발전시키기 위한 매일매일의 투쟁 속에

---

14. Leon E. Wright, "Black Theology or Black Experience?" *Journal of Religious Thought*(Summer 1969), p. 46.

서 그들이 직면하는 경험, 관계, 상황적인 딜레마로부터 성장할 뿐 아니라 그러한 경험, 관계, 상황적 딜레마에 그들의 관심을 집중시키고 있다는 점이다. 이 장에 이어지는 논의는 이러한 원리를 구체화하고 보완하고 강화하는 실천사항들, 방법들, 기술들에 대한 계속적이고도 충실한 탐구이다.

||||||| 2부 |||||||

새로운 흑인교회 패러다임

1960년대 후반의 흑인 혁명으로부터 생겨난 흑인교회는 흑인 혁명 이전의 전통적인 흑인교회에 놀랍도록 시의적절한 반응이었다. 그것은 정체성, 평등, 자기 결정을 확보하려는 의기양양한 외침에 대한 반응이었을 뿐만 아니라, 흑인 종교는 일반적으로 "결함이 있다"고 역사적으로 주장해 온 백인 기독교와 백인 아메리카 신학체계에 대한 생존에 적합한 대안이었다. 이에 덧붙여 그것은 포용성, 백인 우월사상, 인종차별주의의 도전에 대한 단순한 수사적 표현 그 이상을 제공하기 위한 북아메리카 백인 기독교에 대한 반항(unwillingness) 혹은 무능력에 대한 대응이었다.

억압당하는 자와 함께하는 사역을 수행하는 데 있어서 통전적인 접근을 주장하는 새로운 흑인교회 패러다임의 개괄적인 내용은 무엇인가? 게이로드 윌모어(Gayraud Wilmore)는 네 개의 원리(axioms)로 이루어진 자율적이고 독립해 있는 체계를 확인시켜 주고 있다. 그는 다음의 네 가지 원리를 강조한다.

1. 흑인교회가 지니고 있는 예전적인 삶, 신학적인 해석, 선교에 대한 이해…… 에 입각한 흑인교회의 갱신과 고양
2. 종교적인 교제로서 뿐만 아니라 자신의 자원을 사용하는…… 공동체

조직…… 흑인공동체로서의 흑인교회의 발전
3. 흑인들의 특수한 경험에 뿌리를 박고 있는 문화적 유산과…… 그것들을 보존시킨 신앙의 파수꾼과 해석자로서 교회를 준비시키고 강화시킬 새로운 성격의 교회생활 계획
4. 자유를 위한 고난과 열망의 경험, 전체 그리스도 교회에 활력을 불어넣고, 능력을 공급하고, 새롭게 하고, 일치시키는 믿음, 소망, 사랑의 경험을 통한 흑인교회의 기여 등이다.[15]

이러한 "새로운 개념적, 방법론적, 이론적인 가정들을 구체화하고 있는 패러다임 이행"[16]은 흑인교회의 방향을 새롭게 설정하는 데 큰 영향을 미쳤고, 상황에 맞게, 다시 말하면 특징적이고 독특한 방식으로 사역을 '수행'하라는 폭넓게 지지된 자기 확증적인 위임을 흑인교회에 가져다 주었다. 상당수의 흑인교회에 의한 이러한 '실천'(praxis)의 이행은 가파른 벼랑을 오르는 것과 같은 힘난한 과정은 아니었다. 이러한 이행은 백인과 흑인으로 이루어진 교파들에 속해 있는, 소위 많은 자유주의적인 백인들 뿐만 아니라 많은 비급진적인 흑인 목사들과 평신도들을 소외시키리라는 충분한 인식이 이루어진 상태에서 시작되었다. 또한 이러한 이행은 다수의 선견지명을 지닌 흑인교회 지도자들로 하여금 게이로드 윌모어의 말대로 "일방적인 통합이라는 환상적인 목표에 대한 상징적인 헌신을 깨뜨리고, 흑인공동체에 정의와 자유라는 목적을 실현하는 데 기여할 적극적인 권력 개념과 초월적인 소명감을 불어넣는 것이 흑인교회에게는 마지막 기회일 것"[17]이라는 점을 알게 했다.

---

15. Gayraud S. Wilmore, "The Case for a New Black Church Style," in *The Black Experience and Religion*, ed. C. Eric Lincoln(Garden City, N.Y. : Doubleday, 1974), pp. 33-44.
16. Ian G. Barbour, *Myths, Models and Paradigms : A Study in Science and Religion*(New York : Harper & Row, 1974), p. 8.
17. K.B. Cully and F. Niles Harper, *Will the Church Lose the City?*(New York : World, 1969).

3부

흑인교회의 해방교육 설계

위에서 제시한 배경에서 우리는 이제 흑인 해방신학을 실행할 종교교육 설계에 필요한 몇 가지 구성요소들을 논의할 차례이다. 거기에 덧붙여 우리는 사회정의라는 관심 영역에서 활동하는 몇몇 이론가들의 모델 설정을 위한 탐색을 함께 나눌 것이다. 그러나 먼저 다루어야 할 내용은 도전과 가정들이다.

도전과 가정들

새로운 흑인교회가 종교교육에 미친 전체적인 도전은 복음의 '영적-복음주의적'(개인 구원) 내용과 '사회 해방'(사회 구원)의 내용의 재결합을 반영하는 전체 교회공동체 사역과 관계를 재구축하는 작업을 하는 데 있어서 도움을 주는 것이다. 이러한 전체적인 과제를 강화하는 몇 가지의 가정들을 조명해 보아야 한다.

가정 I: 변화를 위한 교육: 새로운 흑인교회는 그 구성원들이 교회 안에서, 교회를 통하여 변화하는 요구에 열려져 있고, 그들 앞에 직면한 이슈들에 민감하고, 충격과 반전(reversals)에 적응할 수 있는 그리스도인들로 살고 사역할 수 있도록 가르침으로써 도전을 줄 수 있다. 그것은 변화에 대해 적극적으로 대응하여 '열려진', 그리고 '가능성이 있는'(possible) 미래에 대한 책임적인 참여를 통하여 변화를 형성해야 한다.

가정 II: 예언적인 교육: 새로운 흑인교회는 단순히 보수적인 '현상유지'(status quo) 세력이 되거나 이용되는 것에 저항하기 위하여 예언적이고 지속적으로 흑인교회의 책임을 인식함으로써 종교교육에 도전을 줄 수 있다. 흑인교회는 항상 '일시적인'(faddish) 가치들과 '전통적인' 지혜에 도전을 줄 의무가 있다. 그리고 위르겐 몰트만의 영성으로 말하자면, 현재를 하나님이 미래에 약속하신 것이 일어날 시간으로 마주할 의무가 있다.

가정 III : 해방을 위한 교육 : 파울로 프레이리(Paulo Freire)의 사상을 따라 교육의 중립성은 허구라는 사실이 전제된다. 모든 교육은 궁극적으로 지배 아니면 해방을 위한 것이지, 그 양자 모두일 수는 없다. 새로운 흑인교회의 종교교육에 대한 도전은 이 점에서 너무나도 분명하다. 영성과 개인 구원에도 불구하고 흑인교회의 주요한, 지배적인 책임은 비인간화된 자들의 인간화와 억눌린 자들의 해방이었고, 지금도 그렇고, 앞으로도 계속해서 그럴 것이다.

가정 IV : 선교를 위한 교육 : 콜만(C.D. Coleman)은 흑인신학의 종교교육에 대한 도전을 위한 '선교 가정'(mission assumption)을 명시한다. 새로운 흑인교회는 '제도' 지향적이어서는 안 되고, 오히려 선교 지향적이어야 한다. 더욱이 그는 흑인교회가 "그 제도적인 지위와 상징에 사로잡히지 않고, 흑인공동체를 영적으로 벌거벗은 사회를 재구속하고 재형성할 신적인 운명에로 이끌 의제(agenda)를 형성할 기회를 붙잡으라."[18]고 권고한다.

가정 V : 흑인교회의 특성은 현실 적응성과 회복성을 위한 교회가 지닌 역사적이고 현재적인 능력이다. 흑인공동체의 필요, 그리고/혹은 상황-생존, 저항, 의식화, 개혁, 혁명-이 무엇이든지 간에 흑인교회와 그들이 지닌 그 자원들이 항상 존재하는 토대가 되었다(그리고 앞으로도 될 것이다).

모델 설정을 위한 탐구

---

18. Ceasar D. Coleman, "Agenda for the Black Church," *Religious Education* 64(November-December 1969), pp. 441-446.

흑인신학에 의해 고무된 교육적 접근의 개발을 위해 필요한 근본적인 비전 제시, 헌신, 인식, 성찰, 의도성을 구체화하는 모델을 찾는 작업은 어려운 과제이다. 그 결과는 문화적으로 다양한 공동체 속에서 흑인과 백인 교육학자들과 종교교육자들에 의해 해방을 위한 교육으로 표명되었던 개념들(concepts)과 구성 개념들(constructs)과 실험적인 프로그램들과 이론들의 합성물이다.

이러한 다양한 단편 조각들(fragments)을 압도적으로 흑인 중심인, 그러나 배타적이지는 않은 공동체를 위한 인종 문화적인 흑인교회의 해방 지향적인 교육 패러다임으로 상호 관련시키는 것이 지금 우리의 과제이다.

근본적인 가정

교회의 본성과 목적의 중요하고도 결정적인 측면이 교회의 개인적, 사회적, 그리고 세상에서의 삶 가운데서의 화해적인 현존 뿐만 아니라 근본적으로 바꾸는 것이라는 가정은 지금 제시되고 있는 계획을 강화시킨다. 교회와 사회에서의 새로운 상황은 흑인신학이 제시한 것과 같은 비판적인 신학적이고 교육적인 분석을 요구한다. 다시 말하면 회중들은 인종차별주의와 국가적, 경제적, 사회적 발전의 쟁점들에 대해 근본적으로 인식하고 있어야 한다. 로버트 매카피 브라운(Robert McAfee Brown)은 "우리가 교회의 신학을 넘어서 세계의 신학을 발전시키도록 부름을 받고 있다. 만일 그것이 교회를 위한 신학이 되어야 한다면, 그 신학은 그 자신을 위해서 존재하는 것이 아니라 세상을 위해서 존재하는 그러한 교회의 신학이어야만 한다."고 주장한다.[19]

---

19. Robert McAfee Brown, "Doing Theology Today : Some Footnotes on Theological Method," *Action-Reaction*(Summer 1969), pp. 3-4.

변화를 일으키는 교육

파울로 프레이리의 "변화를 가져오는 학습"(transformational learning)이 흑인신학을 위한 보완적인 교육철학의 훌륭한 예일 것이다. 교육이 억눌린 자와 억압하는 자를 위한 해방의 수단이어야 한다는 인도주의적 신념에 확고하게 선 채, 프레이리는 억압하는 자와 억눌린 자 모두 그들의 세계임을 '명명한다'고 주장한다. 이것이 참된 인간성을 위해 기본적이다. 그들의 세계를 명명할 이러한 새로운 능력을 가지고 그들은 이전에는 깨닫지 못했던 선택들을 분별하고, 그들의 자유를 획득하고 유지하기 위한 행동 절차들을 자발적으로 추구할 수도 있다. 이것이 성취될 수 있는 방법은 네 단계를 포함하고 있다. (1) 자신의 억압과 억압자들에 대한 날카로운 인식, (2) 자유를 위해 부과된 '한계 상황들'과 자유를 위해 요구되는 '한계 행위들'의 정도와 영향에 대한 실제적인 분석, (3) 만일 교육이 지적인 공허함 그 이상이기 위해서 분석을 따라야만 하는 비평적인 활동 혹은 실천의 표명, (4) 이러한 과정에서 생겨나는 '새로운' 인간이 "이제는 더 이상 억압자나 억압당하는 자가 아니라 자유를 성취하는 과정에 있는 자……"[20] 라는 사실을 검증 또는 확인하는 것 등이다.

통전적인 교회교육

해방을 위한 흑인교회의 교육은 통전적인 접근, 말하자면 전체 체계에 관심을 가지는 접근이 필요하다는 것을 제안한다. 해방교육 프로그램을 실행하기 위한 디이터 헤셀(Dieter Hessel)의 통전적인 혹은 통합적인 모델은 이 프로그램을 행하는 데 매우 적절하다. 해방교육 모델이 흥미를 지닌 흑인교회에 적용되었을 때, 그것은 몇 가지의 함축된 의미를

---

20. Paulo Freire, *Pedagogy of the Oppressed*(New York : Herder and Herder, 1970), pp. 33-34.

지닐 것이다.

첫째, 그것은 정의(이 경우에는 해방)가 단순히 일단의 이슈가 아니라 그러한 사역을 바라는 교회들의 정체성이 되어야 한다는 수전 티슬스웨이트(Susan Thistlethwaite)의 주장에 기본적으로 동의하는 모델일 것이다.[21] 둘째, 헤셀이 제안하듯이 교회의 각각의 사역, 예를 들면 설교, 가르침, 예배 등은 약간의 '해방교육'의 성격을 지녀야만 한다. 셋째, 헤셀의 접근방법을 실행함에 있어서 기독교의 교회력에 따른 성서일과(the lectionary for the Christian year)가 사용될 것이다(헤셀의 「교회력의 사회적 주제들」을 보라). 교회력에 따른 성서일과에 대한 이러한 에큐메니칼한 주석은 일 년을 기초로 한 사회정의의 이슈들에 대한 가르침의 의미와 잠재적인 용도를 탐구한다.

헤셀의 통전적인 접근을 위한 다섯 가지의 기초들이 있다. (1) "예배, 가르침, 공적인 참여 사이의" 연계를 포함하는 사역에 관한 비평적인 성찰, (2) "약속으로 우리를 창조하고 은혜에 의해 우리에게 사명을 위임하고, 그 사명을 위해 우리를 파송하는, 성서에 나오는 사회적인 하나님의 이야기 가운데" 토대를 두고, (3) 기독교 신앙의 개인적 측면과 사회적 측면 사이에 그 어떤 구별도 이루어질 수 없다는 주장, (4) "개인적인 통전성을 동시에 유지하는 공적인 참여"를 포함하는 복음에 대한 신실성, (5) "하나님의 변혁적인 활동"의 유일하게 참된 센터로서의 "구속적인 교회" 삶에의 참여 등이다.[22]

제자화를 위한 가르침과 학습

사라 리틀(Sara Little)의 "제자화" 모델은 흑인 해방신학과 교수학습

---

21. Susan Thistlewaite, "Peace and Justice, Not Issues but Identities for the Church," *Engage/Social Action*(January 1987), p. 33.
22. Dieter T. Hessel, *Social Ministry*(Philadelphia : Westminster, 1982), p. 198.

(teaching-learning) 과정에 대한 흥미 있는 통찰을 제공해 준다. 그러나 그것은 동시에 어려운 문제를 제기한다. 그녀는 말한다. "어떻게 우리가 사회정의를 수행하는(effecting) 실제적인 행위들을 가르침으로 포함하는가?" 그녀는 계속해서 '행함'이 토마스 그룸(Thomas Groome)의 표현대로 '진리를 행함'인지를 묻는다. 리틀은 '모의실험하는', '계획하는', 그리고 '궁리하는' 경험이 그렇게 의미 있는 것은 아니라고 믿는다. 그녀는 사람들과 더불어 상황을 고려하면서 작업하여 "복음을 그들의 상황에 관련시키도록 [그들을]…… 돕고, 그들과 더불어 배우고, '책임적인 자유'를 향하여 나아가도록 연구하는 것이 중요하다고 확신한다." 이것을 성취하기 위하여 그녀가 취하는 과정은 네 단계의 국면(Phase)을 지니고 있다. 즉, 인식(Awareness), 분석(Analysis), 행동(Action), 성찰(Reflection)이 그것이다.

> **인식** : "인간의 삶에 대한 하나님의 의도와 목적"과 "…… 그와 관련된 그리스도인의 책임감"과 관련해서 인식과 이해의 수준을 증대시키기 위해 계획된 학습과정의 국면
>
> **분석** : 정보와 사상들이 목표들, 자원들, 대안들, 긴급성, 그리고 복음의 통전성과의 관련 속에서 모여지고, 탐구되고, 인식되는 학습과정의 국면
>
> **행동** : "그리스도인의 윤리와 부합하고" 사회정의(해방)의 확립을 지향하는 참여적인 개인, 그리고/혹은 집단적 행동이 실행되는 학습과정의 국면
>
> **성찰** : 실천 경험에 대한 신학적인 성찰을 위해 계획된 것이 "행위가 기초하고 있는 하나님의 의지에 대한 우리의 지각의 윤리적인 가정을 테스트하기" 위해 갖는 학습과정의 국면[23]

---

23. Sara Little, *To Set One's Heart : Belief and Teaching in the Church* (Atlanta : John Knox Press, 1983), pp. 76-79.

평화와 정의를 위한 관계적인 가르침

다소 다른 교육이론 체계 안으로부터 작업하면서, 제임스 맥귀니스(James McGinnis)는 '관계적' 모델, 말하자면 프로그램 안에서 "행위에 대한 관심의 인식으로부터 평화와 정의를 위한 교육"으로 '나아가는' 모델을 계획한다. 평화(그리고 다른 사회정의의 관심사들)가 단순히 가르쳐져야 할 개념이 아니라 삶을 통해 실천되어야 할 실재라는 신념을 전제로 하여 인식, 관심, 행동이 양심적인 의사결정을 위한 기초로서 다음과 같이 전개된다.

> 사회정의의 이슈들에 대한 **인식**(awareness)과 변화를 위한 노력의 경향은 '자존감을 고양시키고', 우리가 받은 '은사'들은 모든 사람의 선을 위해 다른 사람들과 공유해야 한다는 감정을 고양시킴으로써 고무될 것이다.
>
> 사회적 이슈들에 대한 **관심**(concern)은 부정의에 의한 희생자들과의 연대의식을 통하여 고취될 것이다. 그러한 연결은 행동을 위해 중요하다.
>
> **행동**(Action) 자체는 관심으로부터 일어나야 한다. 그것은 한 사람의 '자유의 영역' 안에서 국부적인 이슈들, 그리고/혹은 행동에 입각하여 행위하는 직접적인 봉사의 형식을 취할 것이다.[24]

체제의 변화를 위한 가르침

하나의 기초로서의 흑인신학이 지닌 해방교육에 대한 마지막 관련 접근방법으로는 수제인 토턴(Suzanne Toton)의 체제의 변화 모델을 들 수

---

24. James B. McGinnis, "Educating for Peace and Justice," *Religious Education*(Summer 1986), pp. 446–465.

있다.[25)]

"우리 세계의 혼란과 고통에 진지하게 반응하는 것이 무엇을 의미하는가?"라는 질문을 마주하고 그 질문에 대답하려는 용기 있는 시도를 하는 가운데, 수제인 토턴은 종교교육이 교회교육의 내부적인 이슈들과 심지어는 '의식화'와 '가치변화' 학습을 넘어서야 한다고 확신한다. 그녀의 통찰력 있는 명제는 "만일 정의가 종교교육의 중심이 되는 관심사라면, 그것은 구조적인 변화와 체제의 변화를 이루는 역할을 수행해야만 한다는 것"이다. 보다 분명하게 말해서, 개인의 태도와 가치체계들을 변화시키려는 교육적 노력은 현실적으로 "사회구조의 본성과 사회질서를 구성하는 구조적인 관계망"과 관련시켜서 접근하지 않으면 안된다는 것이다. 예를 들면 식량 위기에 대한 연구에서, 그녀는 이 이슈에 대한 국가정책과 입법이 "일차적으로는 우리 나라의 경제적 이익을 고려하고, 단지 부차적으로 배고픈 사람들의 필요를 고려하는 방향으로 구조화되어 있다."는 사실을 발견했다. 사회정의와의 관련 속에 있는 종교교육의 기본적인 이슈가 이러한 비판 속에 암시되어 있다. 애국적 의무라는 하나의 이유로 비판을 받지 않고 복종하게 되는 그러한 구조들과 체제들이 세워질 수 있을까? 더욱이 그리스도인들이 이것을 할 수 있을까?

토턴(Toton)은 구조적인 불의의 본성의 문제들에 참여하고자 하면서 몇 가지의 제안들을 내놓는다. 종교교육과 일반 혹은 공교육의 구별로 시작하면서 불의에 관한 종교교육의 특수한 과제는 "그것이 개인적이든 구조적이든, 혹은 체제적이든 억압을 야기시키는 것은 그 무엇이나 제거하기 위하여 정의, 평화, 사랑의 세계를 만들기 위해" 그 문제들을 가지고 씨름하는 것이라고 주장한다.

---

25. Suzanne Toton, "Structural Change : The Next Step in Justice Education," *Religious Education*(Summer 1985).

새로운 패러다임을 향하여

흑인신학과 그 종교교육을 다루는 이 장의 끝부분은 설령 흑인신학의 가정들을 지향하지는 않지만, 그것에 공감하는 네 흑인교회의 해방교육 모델을 인용할 것이다. 이들 모델들이 제시되는 부분의 결론에서 흑인교회의 해방교육 패러다임이 제시될 것이다. 흑인 종교교육자들뿐만 아니라 비흑인 종교교육자들의 단편들과 통찰들을 포함하고 있으면서, 그것은 흑인교회들에서의 종교교육의 이론과 실행에 대한 인종문화적인 접근을 반영할 것이다. 그러나 먼저 그 모델들에 대한 비판이 논의된다.

백인교회들에 대한 비판

흑인의 관점에서 사회정의 사역들을 위한 모델이 비판받을 필요가 있다는 점에 대해서는 앞에서 논의했다. 본질적으로 그것들이 유용하고 암시적이며 흥미를 야기시키는 것은 사실이지만, 그것들은 흑인신학에 헌신하는 흑인교회들이 직면한 문제들에 대한 적절한 해결책에 미치지 못하는 것을 산출한다. 이 점에 대해 몇 가지의 설명이 이루어져야 할 것이다.

첫째, 사회정의와 특별히 흑인의 해방을 위한 사역들은 비(非)흑인교회들의 선교, 사역, 혹은 프로그램에 있어서는 설령 반영되더라도 거의 중심적이지 못하다. 사정이 이러하기 때문에 흑인의 해방을 위한 사역들은 항시 주변화되고 우선순위에서 뒤로 밀려난다. 피터 버거(Peter Berger)가 백인 기독교를 언급하면서 종교는 현상유지와 관련해서 '역기능적'(dysfunctional)이라기보다는 '순기능적'(functional)이라고 말한 것은 아마도 옳은 주장일 것이다. 그것은 '혁명의 상징들'이라기보다는 '통합적인' 상징들을 제공하는 경향이 있다.[26]

둘째, 다수 인종의 교회들은 그들의 일상적인 '조정의 사역들'을 넘어서 불의, 억압, 인종차별주의의 근본원인이고, 하층민들에게 고통을 가져다 주는 지속적으로 폭력적인 구조와 체제에 진지하게 도전할 준비가 되어 있고, 기꺼이 도전하고 혹은 도전할 수 있다고 믿을 확고한 증거는 거의 없다.

셋째, 억압자들의 교회는 얼굴을 맞대고 날마다 억압받는 자들의 문제를 다루지 않는다. 그들의 접촉은 비인격적이고 느긋한 태도이다. 더욱이 그들의 제도들, 특별히 그들의 교회들은 대체로 그들의 행위들이나 정책들의 결과들로부터 안전한 거리를 유지한다.

앞에 언급한 이유들과 그와 유사한 다른 이유들 때문에 흑인신학은 백인 동료교회들 밖에서 해방사역을 지지하는 체제들과 전략들을 만들고 발전시키는 것이 거의 보편적으로 필요하다는 것을 발견했다.

흑인교회 해방교육 모델

1960년대 후반의 흑인 혁명 이래 몇 명의 흑인 종교교육자들은 교회교육을 위한 교회/회중 모델들을 발전시켜 왔다. 이러한 모델들 가운데 가장 초기의 하나의 모델은 1960년대 후반에 이보네 델크(Yvonne Delk, 그리스도 연합교회)에 의해 계획되어졌다. 델크가 이 모델을 내놓은 근본 이유는 흑인 아이들, 젊은이들, 어른들이 지닌 정체성, 자신의 가치에 대한 인식과 자기 존경심의 결핍이라는 문제를 대면할 필요를 인식했기 때문이다. 그녀의 관점으로부터 종교교육 프로그램의 네 가지 요점이 이들의 결핍을 교정해 주기 위해 필요했다. (1) 아프리카와 아프리카-아메리카의 역사와 종교신앙에 기초한 연구-성찰-행위 모델들을 통한 "우리는 누구인가?"(정체성)에 대한 이야기의 낭송, (2) 아프리카의 구두전승 속에 반영된 긍정적인 학습 가치들의 회복, (3) 흑인교회들에서 이루어지는 세대간의 학습과 교육의 가치들에 대한 재탐구, (4) 종교교

---

26. Peter Berger, *The Precarious Vision*(New York : Doubleday, 1961), p. 111.

육을 위한 기초로서의 진지하고 인격화된, 현실적인 적합성(관련성)을 지닌 성서연구 등이 그것이다. 이러한 성서적 커리큘럼을 위한 전략적 주제들은 "말씀을 듣기", "말씀을 해석하기", "말씀대로 살기", "말씀대로 행동하기"이다.[27]

토요일 유색인종 학교 모델

이보네 델크의 연구와 동시에 올리비어 스톡스(Olivia Stokes)의 기여가 있었다. 스톡스는 전국교회협의회(NCC) 기독교교육 분과의 전문위원(proféssional staff)에 임명된 최초의 흑인이었다. "흑인 기독교교육 연구과제"를 통하여 스톡스는 향후 10년 동안의 종교교육의 방향을 설정하면서, 흑인교회의 종교교육 과제에 대해 다음과 같은 정의를 제시했다. 그 시대의 흑인신학의 본질적인 진술에 부응하여, 그녀는 본질적으로 흑인교회의 종교교육의 과제는 노예화시키는 구조들을 들추어 내어 자유를 위한 기술(방법)들을 발전시키고, 하나님의 백성의 공동체를 세우기 위한 흑인의 경험들의 가치들을 구조화하는 과정을 신학적 성찰과 결합시키는 것이라고 말했다.[28]

스톡스는 또한 토요일 유색인종 학교(Saturday Ethnic School) 모델을 시작하고 추진하는 데 결정적 기여를 하였다. 그 목적은 다음과 같다.

흑인교회사, 흑인의 역사, 그리고 현대의 이슈를 강조하는 커리큘럼을 개

---

27. Yvonne Delk의 선구적인 연구는 Delores H. Carpenter에 의해 "Interpreting the History of Religious Education in the Twentieth Century," *Religious Education* 88 : 4(Fall 1993), pp. 622-623이라는 논문에서 다루어지고 있다.
28. 보다 상세한 내용을 위해서는 Olivia P. Stokes, "Black Theology : A Challenge to Religious Education," in *Religious Education and Theology*, ed. Norma H. Thompson(Birmingham, Ala. : Religious Education Press, 1982)를 보라.

발하기.

구성원들이 극, 음악, 그림, 시, 창조적인 글쓰기를 통하여 그들의 종교적 감정을 표현할 수 있도록 해서 그들이 지닌 창의성을 개발하기.

공동체 발전, 사회적이고 정치적인 연대, 그리고 그 이외의 해방적 이슈들의 필요를 표현할 수 있도록 청소년과 성인들에게 토론의 기회를 제공하기.

흑인공동체를 위한 흑인 자료센터를 제공하기. 그러한 센터에서 아프리카와 아메리카 문화와 유산이 연구되고 가르쳐질 것이다. 그러한 활동은 아프리카계 아메리칸 학생들과 그 이외의 다른 사람들의 자긍심과 자기 발전을 크게 고양시킬 것이다.

구두전승 모델

아프리카, 특별히 서부 아프리카에서의 몇 년간의 연구, 가르침, 조사 연구, 여행 경험에 기초하여, 엘라 미첼(Ella Mitchell)[29]은 흑인교회 종교교육을 위한 상황적인 교육 모델을 개발했다. 미첼에게 '상황적' (contextual)이라는 단어는 하나의 당연한 일(결과)로서 가정, 공동체, 사회에서 진행되고 있는 것을 구조화하고, 그것에 지침을 부여하고, 그것을 해석하는 것을 의미한다. 그녀의 말로 표현하면 "그것이 공식적으로 주어져 있든지 아니면 비공식적으로 주어져 있든지 간에, 말과 생생한 사례들이 모두 효과적이다. 왜냐하면 그 두 가지 모두가 관련된 경험 가운데서 일어나기 때문이다." 몇 가지의 통찰이 여기 미국과 아프리카에

---

29. Ella P. Mitchell은 그녀의 논문인 "Oral Tradition : Legacy of Faith for the Black Church," *Religious Education* 81 : 1(Winter 1986), pp. 93–112에서 보다 상세하게 그녀의 맥락적인 양태를 논의하고 있다.

서 이루어진 미첼의 연구로부터 생겨났다.

1. 구두 의사소통과 학습의 기본적인 형태는 아프리카계 아메리카 문화보다는 오히려 아프리카 문화에 뿌리를 두고 있다.
2. '이른바' 많은 문맹 문화들은 꽤 많은 '이른바' 글을 쓰고 읽을 수 있는 비문맹 문화들보다 효과적으로 그들의 종교적 신념을 전달한다.
3. 구두(oral) 학습과정은 가르침과 기억(보존)의 합당한 학습체계이다. 구두 학습방법론은 아프리카계 아메리카인의 교육경험 속으로 삽입되어야만 할 뿐만 아니라 삽입될 수 있다.
4. 초기의 아프리카인과 아프리카계 아메리카인의 가르침과 학습은 '상황적', 다시 말하면 지속적인 삶의 경험과의 관련 속에서 전수되었다.
5. 상황적/구두전승 학습자료와 방법들은 다음과 같은 것들을 포함했다. 노예선 생활, 노예농장 이야기, 식사시 식탁 담화, 비밀스런 '교회' 모임, 식민지 교회들, 이야기 말하기, 음악, 무용, 속담거리의 통용어 말하기 등이다.

아프리카계 아메리칸 모델

콜게이트/로체스터 신학교에서 교수직에 있기 전에 연합감리교회 유색인종교회(Racial and Ethnic congregations)의 감독(Director)이었던 조지프 크록킷(Joseph Crockett)은 아프리카계 아메리카인들의 가르침/학습경전(scripture)에 대해 많은 문제들을 제기했다. 그들의 학습에 영향을 주는 것은 무엇인가? 성서는 어떻게 가르쳐지고 있는가? 교회교육에서 문화적 유산의 역할과 기능은 무엇인가?

이러한 질문들과 더 나아가 내용과 해석의 쟁점들이 그의 아프리카계 아메리칸 교수학습 모델 개발의 배후에 도사리고 있다.

세 가지의 일반적 원칙들이 복합 문화적인(multicultural) 커리큘럼 계획을 향한 이러한 노력에 적용된다.

아프리카계 아메리카인의 종교적 경험의 원천 자원들간의 불가분리성과 구별성

미리 결론지어진 견해보다는 개방성을 가지고 해석의 과제에 접근해야 할 필요성

"성서를 아프리카계 아메리카인들의 개인적이고 공동체적인 감정, 사고, 삶의 과제들과 관련지어 비교하기."

이러한 아프리카계 아메리칸 접근의 결론을 내리면서, 네 가지의 기능적 전략들이 제시된다.

이야기 말하기 방식(storytelling)을 통하여 정체성과 소명의 문제들을 통합하는 **이야기**(story) 전략

기독교공동체에 대한 유산, 전통, 그리고 하나님의 사랑의 돌보심과 소명에 초점을 맞추는 **포로화**(exile) 전략

아프리카계 아메리칸교회의 독특한 사명, 정의, 사회 참여의 책임을 강조하는 **엑소더스**(Exodus) 전략

아프리카계 아메리카인의 생활, 특별히 그 예배 측면에서 교회공동체의 중심적 위치를 인정하는 **성소**(sanctuary) 전략[30]

해방을 위한(인종 문화적인) 흑인교회 교육의 패러다임

---

30. 그의 책 *Teaching Scripture from an African-American Perspective* (Nashville : Discipleship Resources, 1990)에서 조지프 크록킷은 흑인의 교육 경험 속에서 성서의 사용에 주의 깊은 관심을 보여 준다.

해방을 위한 합성적인 인종 문화적 흑인교회의 교육 패러다임은 몇 가지의 표제하에서 논의될 것이다. 즉, 도전, 사명(mission), 지침들, 교회 참여, 가르침, 학습, 커리큘럼 축소, 지도력 개발 등이다.

도전(Challenge) : 흑인교회는 20세기의 마지막 10년 동안 몇 가지의 주요한 이슈들을 다루는 일에 착수해야 한다. 그렇지 않으면 추종하는 많은 사람들에게 존경심과 신뢰심을 계속해서 주장할 수 없을지도 모른다.

첫째, 윌리엄 줄리우스 윌슨(William Julius Wilson)이 말한 바 엄청난 수의 "정말로 권리를 박탈당한 자들", 다시 말하면 점증하는 하류계층, 가정이 없는 자들, 많은 새로운 유형의 가족들, 에이즈 희생자들, 도움을 호소하는 가난한 흑인들과 그외의 다른 사람들의 지속적이고도 필사적인 요구들에 보다 분명하게 반응해야 한다.[31]

둘째, 그것은 흑인의 자존심, 자긍심, 문화적 통전성, 토착성(indigeneity)에 대한 이지러지고 있는 열정을 새롭게 불러일으켜야 한다. 이것은 월터 브루거만(Walter Brueggemann)이 "성서 안에 나타나는 세계사의 중심적인 비전, 다시 말하면 공동체에 속한 모든 피조물들이 다른 모든 피조물들의 기쁨과 복지를 위하여, 다른 모든 피조물들과 조화롭고 안전한 관계를 가지는…… 것"[32]이라고 아주 적절하게 부른 것을 추구하는 데 실패하지 않고 수행되어져야 한다.

셋째, 그것은 흑인과 다른 그리스도인들에게 로즈마리 류터(Rosemary Ruether)가 "하나의 가능한 형식의 통전적인 신학"이라고 불렀던 흑인신학의 새로운 이해와 같은 어떤 것을 제공해 주는 입장에 있어야 한다.

---

31. William Julius Wilson, *The Truly Disadvantaged*(Chicago : University of Chicago Press, 1987)를 보라.
32. Walter Brueggemann, *Living Toward a Vision*(New York : United Church Press, 1982), p. 15를 보라.

넷째, 교회들과 그 교회의 구성원들은 지역주의와 인종차별주의에서 벗어나 오직 그리스도 안에서 모든 개인들이 화해할 수 있는 개인적이고 사회적인 복음의 변혁적 사역에 의도적으로 참여해야 한다.

사명(Mission) : 흑인교회는 그 구성원들이 개인의 삶에서 뿐만 아니라 사회에서도 혁명적인 원동력이 되는 데 보편적으로 기여하는 교회의 중심적인 신조를 이해하고, 받아들이고, 적극적으로 추구한다라는 점을 보편적으로 가정할 수 없다. 백인 구성원들 뿐만 아니라 많은 흑인 구성원들도 "기독교인은 혁명에 대해 항상 알고 있었음에 틀림없고…… 오직 비기독교인들은…… 혁명에 놀라곤 했다."[33]라는 폴 레만(Paul Lehman)의 주장을 깨닫지 못할 수도 있다.

지침(Guidelines) : 흑인신학과 종교교육을 지역교회에 접목시키기를 바라는 흑인교회들과 그외의 다른 교회들을 위하여 몇 가지의 지침들이 제시된다.

> "흑인신학과 종교교육은 그들의 공통적인 과제, 다시 말하면 이 세상 속에 온전히 사회적으로, 그리고 근본적으로 현존하는 하나님에 의한 사회적 참여에로의 부름에 반응할 과제 속에서 공통의 기반을 찾을 수 있다."[34] 그러한 반응은 사회적이고 정치적인 참여의 '전선에 서게' 할 뿐만 아니라 교회에 해방의 주창자라는 '정체성'을 부여해 준다.

교회의 참여 : 흑인신학이 설득력 있게 주장하는 것같이, 만일 하나님이 역사 속에서 억압당하는 자들을 구속하기 위해 활동하시고, 그분이 이 사실을 나타내기 위하여 성육신을 통하여 결정적으로 행동하셨다면, 교회들은 해방을 위한 흑인들의 투쟁에 동참하지 않으면 안 된다. 이 땅

---

33. Paul L. Lehmann, "The Shape of Theology for a World in Revolution," *Motive*(April 1965), p. 9.
34. Dieter T. Hessel, *Social Ministry*(Philadelphia : Westminster, 1982), p. 18.

위에서의 그리스도의 지속적인 현존처럼 교회의 사역은 그리스도를 나타내고, 마찬가지로 그들이 행하는 것 역시 그리스도를 나타낸다. 그러므로 교회가 교육 프로그램을 통하여 특별히 억압당하는 자들 가운데서 그리스도가 수행한 것을 이루려고 노력하리라고 기대하는 것은 합당하다. 교회의 구성원 전체가 그들의 온전한 인격으로 그들의 전체 삶의 정황 속에서 수행하는 통전적인 사역은 교회로 하여금 "하나님의 백성"[35]이 되게 한다. 랜돌프 크럼프 밀러(Randolph Crump Miller)는 이 사실을 이렇게 해석한다. "우리는 권력의 중심부들에 도사리고 있는 소명, 즉 정치적인 행위, 경제적인 결정들, 그리고 사회적인 관심사들 속에서 관련되는 종교적인 쟁점들(issues)의 견지에서 볼 때 평신도의 사역이 아주 중요하다는 사실을…… 발견한다."[36]

교수-학습 : 흑인의 해방 지향적인 종교교육을 위한 교육적인 기초는 실천학습(praxis-learning), 다시 말하면 현실적 상황의 실제적인 변화(transformation)를 향한 상호작용적인 성찰이다. 만일 이러한 핵심적인 주지(主旨)가 흑인교회의 사역의 계획 속에 들어 있지 않고, 의도적으로 추구되지 않는다면, 기독교적 가르침의 핵심을 부정하는 것이 되고 만다. 파울로 프레이리는 이것을 다음과 같이 말한다. 즉, "우리는 말(word) 속에 두 가지의 차원, 즉 만일 누군가가 희생된다면…… 다른 사람들이 즉각적으로 고통을 느끼는 그러한 근본적인 상호작용에서의 성찰과 행위를 발견한다. 이같이 참된 말은 동시에 실천을 함축하고 있다."[37]

커리큘럼 구성(Construction) : 해방의 교육적 경험을 지향하는 인종문화적인 흑인교회의 교육을 위한 커리큘럼을 구성하고, 그 커리큘럼의

---

35. George E. Koehler, "Some Methodist Hopes for a New Educational Ministry," *Religious Education*(May-June 1966).
36. Randolph C. Miller, "From Where I Sit : Some Issues in Christian Education," *Religious Education*(March-April 1965), p. 101.
37. Freire, *Pedagogy of the Oppressed*, p. 75.

자원들을 개발하는 데는 세 가지의 주요한 목적들이 있다.

(1) **성서적/신학적/역사적 통전성**: 흑인의 종교 경험은 구약과 신약성서의 준거들(references)과 정의(justice), 공의(righteousness), 자유에 대한 하나님의 관심의 이미지들로 가득 차 있다. 예수님의 생애와 가르침들, 사람들과 사람들의 필요에 대한 예수님의 관심의 예들은 풍부하다. 예컨대 그의 가난한 자들과의 연대성, 버림받은 자들과의 연합, 그리고 그 시대의 "소외계층에 속해 있던" 사람들과의 동일시 등을 보면 알 수 있다. 이러한 단편들은 흑인교회의 해방적 관심을 추구하는 모든 세대와 모임들을 위한 커리큘럼을 구성하는 데 있어서 기본적이다. 강조되어야 할 본질적인 주제들은 이런 것들이다. 즉, 하나님은 역사의 주이다. 하나님은 역사에 관심을 가질 뿐 아니라 참여한다. 하나님은 억압당하는 자들의 하나님이다. 그리고 하나님은 모든 억압당하는 자들과 억압하는 자들을 해방하기 위하여 예수 그리스도라는 역사적 인물을 통하여 오셨다.

(2) **상황적 현실**(Contextual Reality): 커리큘럼 구성은 흑인의 종교적 경험의 배경(환경)을 진지하게 고려해야 한다. 그것은 하나님의 활동이 일차적으로는 모든 종류의 억압당하는 자들의 시련과 환란 가운데서 일어난다는 믿음을 가르쳐야만 한다. 제임스 콘이 흑인신학을 "적대적인 백인의 세상 속에서 흑인들의 실존의 의미를 표명할 필요로부터 생겨나는 신학"이라고 정의했을 때 이 점을 잘 설명하고 있다. 윌리엄 존스가 "모든 흑인신학은 암시적이든 명시적이든, 흑인 해방을 위한 구체적인 전략으로서 그 자체를 드러낸다."[38]라고 말할 때도 동일한 점을 지적한 것이다.

(3) **구조적인 참여**: 성서적 통전성과 상황적 현실은 커리큘럼에 있어서 세 번째로 중요한 기초인 체계적인 참여에로 이끈다. 본질적으로 이

---

38. William R. Jones, "Toward An Interim Assessment of Black Theology," *Christian Century* 89, 3 May 1972, pp. 513-517.

것은 학생들이 억압, 인종차별주의, 성차별주의를 지지하고 지탱하는 억압적인 혹은 파괴적인 구조들, 그리고/혹은 체제들을 확인하고, 분석하고, 교정하고, 혹은 제거하는 법을 배워야 한다는 것을 의미한다. 이것이 마틴 루터 킹 목사의 관심사였다. "인간의 문제에 대한 킹의 인식(perception)은······ 그로 하여금 그의 투쟁이 악을 행하는······ 사람 혹은 집단보다는 악 그 자체의 세력 혹은 구조를 대항하는 방향으로 나아가야 한다는 점을 강조하게 했다."[39]

(4) **지도력 개발** : 인종 문화적인 흑인교회의 해방교육 프로그램을 위해 교사들과 지도자들을 발굴하고, 명단을 작성하고, 훈련시키고, 지원하는 일은 특유한 도전적 활동으로 보인다. 집단들을 지휘하고/혹은 지도하는 사람들에게서 기대된 표준적인 자질, 예컨대 집단의 목표들을 설정하는 능력, 기술의 한계와 잠재력을 지각하는 능력, 자신의 이미지와 자긍심을 세우는 능력, 주도능력, 집단 참여기술 등의 자질에 덧붙여 해방을 지향하는 지도자-교육자들은 아마도 다른 능력들도 더 갖추어야 할 것이다.

지역교회에서의 해방 지향적 교육은 기본적인 사회변화의 잠재적인 수행기관으로서의 흑인교회의 개념과 아울러 그 교회 구성원들이 변화에 대한 필요를 깨달아야만 하고, 깨달을 수 있다는 신념에 헌신할 수 있는 그 나름의 유능한 양태의 지도력을 필요로 할 것이다. 흑인교회의 흑인 부모들, 교사들, 집단 지도자들, 직원들, 목회자들은 개인적으로 의미 있는 지도력 유형들과 학습방법을 모아서 구성할 수 있는 다양한 학습이론들과 지도력의 유형들을 숙지하고 드러낼 필요가 있을 것이다.

---

39. Herbert Richardson as quoted in *Roots of Resistance : The Non-Violent Ethic of Martin Luther King, Jr.*, by William D. Wately(Valley Forge, Pa. : Judson Press, 1985), p. 15.

제13장
생태신학과 종교교육
(Ecological Theology and Religious Education)

랜돌프 크럼프 밀러(Randolph Crump Miller)

|||||| 1부 ||||||

이 장에서 우리의 목표는 우리 세계의 생태계에 대한 경험의 근거 위에 신학적 입장을 끌어 내는 것이다. 이것은 생태학 전문가들이 제공해 주는 유용한 자료를 살피는 것으로부터 시작되고, 이런 자료를 교육이론과 실천을 끌어 낼 수 있는 여러 신학적 입장과 연관시키게 된다.

신학은 자연 및 환경에 관한 문제를 다룬다. 과거에 자연은 창세기 이야기가 설명해 주는 것처럼 하나님의 활동 안에 포함되었었다. 화이트(Lynn White)는 약 50년 전에 신학자들의 생태학에 관한 오랜 무관심을 지적했다. 자연, 즉 식물과 동물 뿐만 아니라 지구 자체는 인간의 편이를 위해 사용될 것으로 여겨졌다. 자연은 남용을 견딜 수 있고, 사다리의 정점에 있는 인간은 원하는 것을 무엇이나 할 수 있다고 생각되어졌다. 왜냐하면 인간이 모든 피조물과 무생물에 대한 지배권을 가지고 있다고 창조 이야기가 말했기 때문이다.

이런 류의 사고방식을 따르고 있는 하나님의 모델은 절대적인 주권을 가지고 있고, 세계와 그 안의 거주자들과 분리되어 있으나, 세계와의 관계 안에서 특별히 인간에게만 호의적이다. 하나님은 간섭 또는 예정을 통해서 모든 것을 통제하신다. 하나님은 하늘에 계시고 모든 것이 옳다-하늘에서. 이런 입장은 하나님과 세계, 남성과 여성, 인간과 인간 이외의 피조물, 유기체와 비유기체, 그리고 궁극적으로 한 종족과 다른 종족 사이, 너와 나 사이의 이원성을 강화시킨다.[1]

이런 군주적 모델은 기독교 전통 초기에 생겨났다. 복음서의 가르침 위에 하나님의 모델을 세우는 것 대신에 바로(pharaoh), 황제, 왕, 심지어 독재자(바르트는 하나님을 '지배자'라 불렀다.)의 모델을 좋아하면서 설득적 사랑의 모델을 거부한다. 이런 관점은 지난 세기 내내 신학을 지배해 왔다. 이것은 악, 자연의 힘, 환경에 대한 관심, 그리고 인간의 자유의 문제에 대처하는 방법을 제공해 주는 것에 실패했다.

생태학은 전통적인 신학에 대한 도전으로서 최근에야 비로소 등장했다. 이 시기에 신학자들이 직면한 문제는 우리가 아는 대로 자연 파괴의 가능성과 지구가 생명체 없는 혹성이 될 가능성을 설명할 신학을 발전시키는 것이다. 인간은 이것을 할 수 있는 가능성을 가지고 있고, 만일 신학과 우주 환경을 다룰 새로운 윤리의 발전 기회가 없다면 이런 파괴는 일어나게 될 것이다.

생태학

헥켈(Ernst Haeckel)이 생태학이라는 말을 처음 사용했다.

생태학이란 자연의 질서에 관한 지식을 말한다. 즉, 그 동물(인간)이 직

---

1. Sallie McFague, "Imaging a Theology of Nature," in *Liberating Life*, ed. Charles Birch, William Eakin, and Jay B. McDaniel(Maryknoll, N.Y. : Orbis, 1990), pp. 209-210을 참조하시오.

접 또는 간접적으로 연관되어 있는 동식물들과의 유익한, 그리고 해로운 관계 모두를 포함해서 그의 유기적, 무기적 환경과의 전관계에 대한 연구를 말한다.[2]

버치(Charles Birch)와 콥(John B. Cobb)은 "이것은 현존하는 종들을 보존하는 것은 물론이고, 이들을 멸종시키는 것에 대한 연구"라고 덧붙였다.[3]

  자연이 연구되고 해석되어 오면서, 다윈의 통찰은 현재 문화에 의해 받아들여져 왔다. 다윈은 존재를 위한 투쟁 속에 우연한 변이가 있다고 가르쳤다. 이런 변이의 자연적 선택은 진화와 궁극적으로 자유를 가능케 했다. 모든 유기적 과정의 상관성과 상호 의존성은 또한 생명을 지탱하는 데 도움을 준다. 자연의 풍요는 수백만 년을 거치면서 빈 틈을 메우는 새로운 생명체 및 새로운 종과 더불어 거대한 폐기물을 만들어 내었다.

  인간 사회는 또한 우연한 사건에 의해 도움을 받았고, 폐기물을 만들어 내었다. 자연의 폐기물은 재활용이 가능하지만, 인간의 폐기물은 순전한 폐기물이고 재활용이 불가능한 쓰레기가 되었다. "자기를 지탱할 수 있던 체계가 지탱할 수 없는 것이 되어 버리고 만 것이다."[4] 그래서 우리는 화석 연료와 같은 재생 불가능한 자원의 고갈을 겪게 되었다는 것을 알게 되었다. 우리는 무한대로 오염을 증가시키고 있고, 자연이 재생할 수 없거나 지탱할 수 없을 정도로 빠르게 재생 가능한 자원을 사용하고 있다.

  이것은 결코 새로운 것이 아니다. 구약의 예언자에게로 돌아가 보면, 이사야는 이 문제와 위험성을 알고 있었다.

---

  2. Charles Birch and John B. Cobb Jr., *The Liberation of Life*(Cambridge : Cambridge University Press, 1981), p. 29에서 헥켈을 인용했다.
  3. *Ibid.*
  4. *Ibid.*, p. 36.

땅이 또한 그 거민 아래서
더럽게 되었으니 ;
이는 그들이 율법을 범하며,
율례를 어기며,
영원한 언약을 파하였음이라.
그러므로 저주가 땅을 삼켰고,
그 중에 거하는 자들이 정죄를 당하였고,
땅의 거민이 불타서,
남은 자가 적으며,
새 포도즙이 슬퍼하고,
포도나무가 쇠잔하며,
마음이 즐겁던 자가 다 탄식하며,
소고 치는 기쁨이 그치고,
즐거워하는 자의 소리가 마치고,
수금 타는 기쁨이 그쳤으며,
성읍이 황무하고,
성문이 파괴되었느니라.
세계 민족 중에 이러한 일이 있으리라.

(사 24 : 5-8, 12-13 상)

초기의 인류는 사냥을 했고 함께 모여 살았다. 그 후로 인근 숲을 베어 버리고, 작은 정착촌을 만들었고, 집 근처에서 농사를 짓게 되었다. 이미 주전 9000년경에 양을 길렀다. 주전 7000년경에 여리고는 번창한 마을로 자리잡고 있었다. 곧 이어 돼지와 가축을 사육했고, 도기를 만들었고, 주전 5000년에 쿠찌쯔탄에서는 관개농업이 시작되었다. 조, 쌀, 후추, 토마토, 호박, 조롱박, 옥수수와 같은 개량된 농산품이 재배되었다.[5]

---

5. Clive Ponting, *A Green History of the World*(New York : St. Martin's Press, 1991), p. 53을 보시오.

산림 파괴가 계속되었고, 이것에 대해서 플라톤은 그의 「크리타스」 (Critas)에서 다음과 같이 기록하고 있다.

> 과거에 존재하던 것과 비교해 볼 때 현재 남아 있는 것은 병든 사람의 해골과 같고, 비옥하고 부드러운 흙은 황폐화되고 있고, 벌거벗은 땅만 남겨졌다. 단지 거기에는 벌들의 먹이만 남은 산들이 있고, 그리 오래되지 않은 나무들만 있다.…… 더 더욱 남아 있는 것들은 제우스가 매년 내려 주는 비로 인해서 풍성해지지만, 지금처럼 벌거벗은 땅으로부터 바다로 흘러들어감으로써 이것에 영향을 미치지 못한다.[6]

버치와 콥은 세포, 유기체, 개체군을 관찰함으로써 자연의 지탱할 수 있는 능력(sustainability)에 관해 설명했다. 이런 사건을 이해할 때 관계는 중요하다. 세포 안에 분자들 사이의 관계가 있다. 유기체는 환경, 다른 유기체들, 그리고 개체군 안에서 점차 늘어나는 요소들 사이의 생태학적 관계를 갖는다. 생태학이란 우리가 이런 관계를 이해하는 하나의 수단이다. 이런 과정은 엔트로피의 감소와 질서의 증가로 나타난다.[7]

질서가 나타나고, 그 자체를 유지하고, 결국 사라진다. 모든 생명은 하나의 생성되고 소멸되는 지속적인 과정이다. 살아 있는 유기체들 가운데 생명은 보다 단순한 질서에서 보다 덜 고정되어 있다.

> 여기서 핵심적인 개념은 그 전략들 가운데 개체의 적응과 위기의 확산을 포함하는 '존재를 위한 투쟁'이다. 이런 역동적 과정으로부터 살아 있는 유기체와 이 유기체의 환경의 독립의 원리가 나타난다.[8]

이런 관계는 인간의 공격을 받고 있고, 인간만이 이것을 회복시킬 수

---

6. Ibid., p. 76에서 재인용.
7. Birch and Cobb, Liberation of Life, p. 42를 보시오.
8. Ibid., p. 43.

있다.

인간은 자연과 생태체계(ecosystem)의 일부이다. 인간은 생태체계의 모든 부분, 심지어 바다에까지 퍼져 있고, 이 체계를 바꾸려고 기술을 사용해 왔다. 분명히 인구 폭발은 다른 모든 위협을 더욱 심각하게 만들었고, 지탱할 수 있는 능력을 약화시켰다. 다른 환경적 위험 없이도 지구의 자원은 수백만씩 늘어나는 인구 증가를 지탱할 수가 없다. 식량 부족, 토양 변질, 해양의 어족 남획, 그리고 수질, 공기, 산림의 오염이 일차적으로 압박해 오고 있다.

기술은 특히 제 1세계에 많은 유익을 가져다 주었으나, 환경 비용은 알려지지 않았고 무시되어 왔다. 우리 시대의 문화가 근거를 두고 있는 산업혁명은 지구의 온난화, 오존층 파괴, 산림 벌채, 토양 부식으로 많은 생물의 멸종을 포함해서 동식물의 건강에 위험을 가져다 주면서 우리를 위협해 온다.

특별히 근대 과학과 기술을 통한 인간의 능력의 증대는 핵 폐기물을 포함해서 독성 폐기물을 널리 확산되게 했고, 원주민과 그들의 문화를 때론 선교사들의 도움으로 황폐화시켰고, 게다가 내부 게토의 원주민들의 고통과 궁핍을 유발시켰다. 여기에 정부의 부패하고 전체주의적 성격이 더해질 때, 환경에 대한 위험은 물론이고 인간 고통의 증가는 엄청나다. 그러나 이런 인간의 능력과 지식의 증가는 특별히 혜택을 누리는 소수에게 근대 생활의 쾌적함, 간문화적이고 국제적인 관계의 증진, 그리고 동식물 및 인간의 수많은 질병의 극복을 가져다 주었다.

경제학은 하나의 독립된 학문 분야로 발전해 왔다. 미국에서는 재정적인 용어로 인간 복지를 수립하는 방법으로 전체 국가 생산을 강조한다. 이것은 상품이 거래되는 방법, 손익, 그리고 자본의 손실과 감소에 국한된다. 이것은 이런 핵심적 초점 이상의 것에는 그것이 무엇이든지 무시하고, 그래서 환경비용은 경시된다(정화가 의무화될 때를 제외하고). 원유, 석탄, 물과 같은 것의 매장량의 고갈은 GNP에서 제외되었다. 여기에 잘못된 현실성의 오류(the fallacy of misplaced concreteness)가 있다(화이트헤드의 용어를 빌려서 표현해 보면).

헤르만 댈리(Herman Daly)는 시스몬디(Sismondi, 1827)를 인용해서 "인간은 우리로 하여금 사실을 볼 수 있는 시각을 잃게 하는 모든 사상의 보편화로부터, 그리고 부를 만들어 낸 인간의 고통으로부터 분리된 부를 공익과 동일시하는 모든 잘못을 넘어서서 보호되어야만 한다."고 적고 있다.[9] 그래서 생산의 생태학적이고 문화적 비용을 무시함으로써 경제학은 지구의 점증하는 복지를 위한 표준을 세우는 데 실패하고 있다. 기초적 생명체계를 폐쇄하는 것은 생태학적 손실과 재난 뿐 아니라 하나의 경제이다.

생물학 및 다른 과학의 발견에도 불구하고 많은 현대 사상에서 인간은 종종 자연으로부터 분리된다. 이런 이원론(dualism)은 우리의 관점에 영향을 미쳐 왔고, 인간을 동물의 왕국의 한 부분으로 보는 것 대신에 인간에게 자연에 대한 지배권을 주어 왔다. 고어(Albert Gore)는 이 점을 분명하게 보았다.

> 인생의 목적에 대한 유대 – 기독교적 정의를 확인해 보려는 노력으로 어떤 구절을 선택하든지 간에, 이 목적은 하나님께 속하고 "좋다"고 보셨던 것을 무자비하게 파괴한 것과는 분명히 모순된다. 창조를 경멸하면서 어떻게 창조주께 영광을 돌릴 수 있는가? 자연을 사정없이 파괴해 놓고서 어떻게 자연의 하나님과 겸손히 함께 걸을 수 있는가?[10]

인간은 진화되어 가는 피조물이고, 새로운 삶의 형식을 만들어 내는 우연한(chance) 변화의 산물이다. 기회와 필요는 함께 진화의 기초적인

---

9. Herman E. Daly and John B. Cobb Jr., *For the Common Good*(Boston : Beacon Press, 1988), p. 36 ; pp. 62-63을 보시오.
10. Albert Gore, *Earth in the Balance*(New York : Houghton, Mifflin, 1992), p. 244. "Earth in the Balance," *Christian Century*, 8 April 1992, pp. 368-374를 보시오.

원리를 만들어 낸다. 존재를 위한 투쟁을 돕는 동물의 지성과 목적이 이것 너머에 있다. 그래서 인간은 자연과 이어져 있다.[11] 인간의 뇌는 서서히 진화하고, 인간은 개별적으로가 아니라 하나의 집단으로 진화한다. 이런 발전은 단지 의도적 행위라는 관점에서만 이해될 수 있다. 진화는 계속되어지고, 생태학과 진화는 서로에게 속해 있다. 인간 문화의 발전은 인간이 가져다 준 자유와 목적과 더불어 인생에 새로운 요소를 소개해 준다.[12]

버치와 콥은 생태학적 모델이 실재에 관한 사고 안에서 주요 요소가 되어질 필요가 있다고 제안한다. 기계적 모델은 무생물의 세계 내의 단절된 국면을 다루는 데는 유용하다. 그러나 환경과의 관계 안에 있는 하찮은 돌 하나와, 그리고 그 돌이 환경에 미치는 영향을 다루는 데는 생태학적 모델이 필요하다. 실천적 목적을 위해서 기계적 모델은 제한된 방법으로 작용한다. 생태학적 모델은 사건을 우선적인 것으로 보고, "실질적인 사물은 변화하는 사건들 사이에 지속적인 형태로 간주되어져야 한다."[13]

인간은 환경적 위기와 종교적 사고방식에서의 변화에 대해 우선 거부 반응을 보인다. 서구세계에 사는 우리는 연속성에 대한 위협을 무시하는 삶의 양식에 중독되어 있다. 우리의 삶의 방식이 오래 지탱될 수 없고 미래세대가 변화 없이는 고통을 당하게 됨에도 불구하고, 우리는 이런 사실을 부인한다. 우리는 현재 소비율을 지원하기 위해서 발견할 수 있고, 만들어 낼 수 있는 필요한 것들을 사용한다. 우리는 요구된 자연에 대한 지배를 다시 주장하고, 이런 지배를 지지하기 위한 우리의 기술을 의지하지만, 이런 주장은 확인될 필요가 있다. 댈리와 콥이 말한 것처럼, "인간과 다른 종 사이의 관계의 증진이 보다 주도적으로 나타나

---

11. Birch and Cobb, *Liberation of Life*, pp. 44-45를 보시오.
12. *Ibid.*, pp. 64-65를 보시오. Philip Hefner, *The Human Factor* (Minneapolis : Fortress, 1993), pp. 28-31을 참조하시오.
13. Birch and Cobb, *Liberation of Life*, p. 95.

지, 이것이 포기되는 방향으로 나타나지 않을 것이다."[14]

대부분의 사람들은 환경에 일어나고 있는 것에 대해서 거의 알지 못하고 있다. 이들은 핵 폐기물 처리의 위협이 있을 때, 또는 러브 캐널과 같은 재난이 발생되거나 호주 상공의 오존층에 구멍이 났을 때 겨우 악화된 모습을 알게 될 것이지만, 이들은 다른 문제의 표시들을 무시하고 있는 경제적인 부를 위한 요구 또는 기술에 대한 신뢰에 의해서 제약을 받는다. 생태학자들과 환경론자들의 연구결과가 주된 관심사가 되기에는 아직도 요원하다.

신 학

현대신학은 전체적으로 이런 도전에 대한 준비가 되어 있지 않다. 베리(Thomas Berry)는 기독교가 중심에 있는 창조를 무시하는 희생을 치르면서 인간 중심적 개념인 구원을 강조해 왔다고 주장했다. "자연은 우리가 속해 있는 가장 큰 신성한 공동체이다."[15]

라스무센(Larry Rasmussen)은 과거의 모든 신학과 현대신학은 인간 곧 하나님의 형상(*imago dei*)에 초점을 맞추어 왔고, 그래서 인간을 자연 질서 안에 두기보다는 자연과 하나님 사이에 위치시켰다고 말했다. 불트만(Rudolf Bultmann)과 키에르케고르(Søren Kierkegaard)에게는 자연과 인간 자유는 다른 평면 위에 놓여 있었고, 역사는 자연으로부터 분리되었고, 강조점은 인간 구원에 놓여 있었다. 이웃 사랑은 결코 하나님의 풍성한 오백만에서 천만에 이르는 다른 종들을 포함하지 않았다.……같은 자리에 선을 그음으로써 불트만과 연결된 사람들 가운데 바르트(Karl Barth)와 니이버(Reinhold Niebuhr) 같은 거장은 없을 것이다. 이

---

14. Daly and Cobb, *For the Common Good*, p. 387.
15. Thomas Berry, *The Dream of Earth*(San Francisco : Sierra Club Books, 1989), p. 79.

것은 왜 그렇게도 적은 조직신학자들만이 생태 위기에 관심을 가지는가, 또는 이것을 신학적으로 다룰 줄 아는가에 대해 설명해 줄 것이다.[16] 그래서 라스무센은 과정신학에로 돌아섰다. 그는 "과정신학은 자연이 신학적 진공상태를 그렇게도 싫어하기 때문에 하위 리그에서 상위 리그로 도약해 왔다."고 했다.[17]

시애틀(Chief Seattle)은 백인 문화를 변호하면서 다음과 같이 주장한다.

> 이것이 우리가 아는 것이다. 지구는 인간에게 속해 있지 않다. 이것이 우리가 아는 것이다. 모든 것은 한 가족을 연합시키는 피와 같이 연결되어 있다. 모든 것은 연결되어 있다. 지구에 속한 모든 것은 지구의 아들들에게 속해 있다. 인간이 생명의 직물을 짜지 않았고, 인간은 단지 그 직물 안의 한 가닥 실일 뿐이다. 그는 이 생명의 직물에게 행하는 것이 무엇이든지 그것을 자신에게 행한다.[18]

경험신학은 하나의 출발점을 제공해 준다. 노드롭(F.S.C. Northrop)은 '미분화되었다'[19]는 말을 강조하면서, '미분화된 미학적 연속체'에 관해서 말했다. 그는 이것을 개인이 의식적으로 또는 무의식적으로 아는 어떤 부분으로 쪼개질 수 없는 진정한 인간 경험이라고 보았다. 이것은 신비적으로 언급될 수도, 그렇지 않을 수도 있을 것이다. 루이스(H.D. Lewis)는 "어떤 한계들이 그 안에서 폐지되어지는 '저 너머'(beyond) 것에 대한, 특히 일관된 인식"에 대해서 말한다.[20] 제임스(William James)

---

16. Larry Rasmussen, "Ecocrisis and Theology's Quest," *Christianity and Crisis*, 16 March 1992, p. 85.
17. *Ibid.*
18. Albert Gore, "Earth in Balance," p. 259에서 재인용.
19. F.S.C. Northrop, *Man, Nature, and God*(New York : Pocket Books, 1962), p. 242.
20. Hywel D. Lewis, "God and Mystery," in *Prospect for Metaphysics*, ed. Ian

는 "하나의 신비로운 근원(germ)이 있다. 이것은 매우 일반적인 근원이다. 이것이 일반 신자들을 만든다."고 한다. 그는 종교적 경험이 개인에게 영적인 것, 즉 '고향'의 실재를 확인시켜 주는 생명의 순간을 의미한다고 했다.[21]

이것은 하나님께서 어떻게 사람들 가운데서 일하시는가에 관한 이해의 시작일 수는 있지만, 필시 우주 또는 생태학에 대한 이해를 이끌어 주지는 못한다. 이것은 어떻게 신학이 그런 출발점에서 시작하느냐에 달려 있다.

위이만(Henry Nelson Wieman)은 경험주의자요, 자연주의적 유신론자이다. 그는 초기 작품에서 우리가 살고 있는 세계의 이해를 위한 기초를 제공해 주는 화이트헤드의 형이상학에 공감했다. 후에 위이만은 특히 이런 접근을 거부했고, 그의 경험적 증명을 인간에 의해서 경험되어진 '창조적인 교환'(creative interchange)으로 제한했다. '창조적 사건'이 인간 이상이지만, 위이만은 동물, 식물 또는 전체 자연의 하나님에 관해서는 관심이 없었다. 하나님은 인간을 위한 선의 근원이다.

그러나 위이만은 생태학적 재난의 가능성에 대해서 인식하고 있었다. 그는 인간이 얼마나 파괴적일 수 있는가에 관해서 알고 있었다. 그는 이런 파괴성이 창조적 교환에의 참여에 실패함으로써 형성되어 왔다고 했다. 개인이 "어떤 창조된 체계, 지적, 정치적, 경제적 또는 자신의 자아의 체계에" 참여할 때, 개인 또는 집단은 "침몰할 운명에 놓이게 된다." 인간의 능력이 오용되고 많은 악이 야기된다. "단지 창조적 교환이 다른 모든 것 위에 주도적이 될 때 우리는 안전할 수 있다."[22] 어떤 사람이 인

T. Ramsey(London : Allen and Unwin, 1961), p. 231.
21. *The Letters of William James*, ed. Henry James, vol. II(Boston : Atlantic Monthly Press, 1920), pp. 211, 215. William James, *Pragmatism*(New York : Longmans, Green, 1907), pp. 154-155를 참조하시오.
22. Henry Nelson Wieman, *Religious Inquiry*(Boston : Beacon Press, 1969), p. 211.

간 실존의 잠재력 밖에서 지원을 발견할 수 있다는 것은 착각이다. "이 것은 인간 실존을 지지할 때를 제외하고는 인간 이하의 우주를 배제한다. 그리고 이것은 모든 존재의 근거에 적용된다."[23]

맥패그(Sallie McFague)는 우리가 살펴 온 문제를 직접 다루는 생태학적 핵시대를 위한 신학을 발전시켜 왔다. 그녀는 우리에게 모델과 메타포는 결코 문자적으로 받아들여져서는 안 되고, 이것들이 단조롭고 문학적인 언어로 서술될 수 없는 실재를 암시해 준다는 것을 기억하게 해 주었다. 더 더욱 그 어떤 한 모델이 결코 하나님의 의미의 무게를 전달해 줄 수 없다는 것이다. 이런 문제에 대한 그녀의 접근은 많은 이미지가 사용되고, 이들 모두가 진리의 한 부분을 가지고 있다는 부쉬넬(Horace Bushnell)의 주장을 생각나게 한다. 그는 동료들에게 한 단어(one-word)의 신학자와 설교가가 되는 위험성을 경고했다.[24]

모든 신학 용어는 일차적인 모델에 기초하고, 본질적으로 형이상학적이다. 맥패그는 중심을 하나님의 몸으로서 세계에 두었다. 그녀는 우리에게 기독교 전통이 몸의 언어를 얼마나 자주 사용해 왔는가를 기억나게 해주었다. 즉, 몸의 부활, 성찬에서의 몸과 피, 그리고 그리스도의 몸으로서 교회 : 모든 메타포. 그러나 하나님의 몸으로서 세계의 모델은 기독교 상상(imagery) 너머에 있고, 세계의 종교인들에 의해 사용될 수 있다.

이런 상상은 몸과 영혼, 정신과 물질의 이원성을 극복하고, 하나님의 세계와의 관계의 유기적 관점을 제공해 준다. 세계는 "보이지 않는 하나

---

23. Henry Nelson Wieman, *Seeking a Faith for a New Age*, ed. Cedric Hepler(Metuchen, N.J. : Scarecrow Press, 1975), p. 266 ; Frederick Ferré, "The Integrity of Creation," in *Empirical Theology : A Handbook*, ed. Randolph C. Miller(Birmingham, Ala : Religious Education Press, 1992), pp. 230-232를 참조하시오.
24. Horace Bushnell, *God in Christ*(New York : Scribner's, 1876), pp. 48-50 ; H. Shelton Smith, ed., *Horace Bushnell*(New York : Oxford University Press, 1965), pp. 92-93.

님의 하나의 성체"가 된다. 이런 신성한 것이 허약해져 있고 위험에 처해 있다. 왜냐하면 한 피조물 곧 인간에 의해 남용되고, 무시되고, 파괴되기 때문이다. 그러나 하나님은 세계의 몸 안에서 기꺼이 고통당하시고, 하나님의 몸을 돌보는 위험을 기꺼이 당하신다. "하나님의 몸으로서 세계에 대한 실험이 결국 도달하게 되는 것은 소스라치게 놀랍게도 세계의 몸의 존재로서 우리가 하나님의 존재 안에 있다는 깨달음이다."[25] 이것이 우주에 대한 인간의 책임을 이끌어 내는 비계층적(nonheirarchical) 이미지이다. 우리는 한 개체 또는 한 종의 상실에 민감하게 된다.

맥패그는 자신의 신학에서 늘 창의적이고 설득력이 있고, 하나님의 몸이라는 세계의 모델은 우리에게 기계적 모델의 실패에 관해서 깨닫게 해준다. 그러나 바버(Ian Barbour)는 "이 모델이 군주적 모델과 마찬가지로 인간의 자유 및 책임과는 양립할 수 없다고 했다."[26] 더 더욱 이것

---

25. Sallie McFague, "The World as God's Body," *Christian Century*, July 20-27, 1988, p. 672. *Models of God*(Philadelphia : Fortress, 1987), p. 181. 그녀는 몇 모델을 제안했다. "우리가 하나님을 어머니, 아버지, 연인, 친구라고 하거나, 또는 심판자, 치료자, 해방자, 동료로 하거나, 또는 태양, 달, 산림, 피난처라 하거나, 또는 창조자, 구원자, 지원자라 할 때, 우리는 이것들이 하나님에 대한 묘사가 아니라는 것을 알게 된다. 우리가 하나님을 말할 때 우리는 하나님에 관한 우리의 언어가 얼마나 부적절한지를 알게 될 것이다." 맥패그의 생태신학(eco-theology)에 대한 해석은 *National Catholic Reporter*, 25 March 1994, pp. 20-24를 참조하시오.

26. Ian Barbour, *Religion in an Age of Science*(San Francisco : Harper & Row, 1990), pp. 50-51. 그러나 맥패그는 자유를 말한다. "자아-의식은 자유의지, 상상, 선택, 우리 자신과 우리 세계를 변화시킬 수 있게 해주는 인간 존재의 차원이라고 부르는 것의 근거이다."(*The Body of God* [Minneapolis : Fortress, 1993], p. 123). "생명, 다양성, 복잡성, 참신성-그리고 우리의 자유의지조차도-이 모두는 쇠약, 폐기, 죽음 뿐 아니라 자연적 선택의 임의성에 의존한다. 그러나 이런 형태의 불가피성을 받아들인다면, 우리는-하나님께서 우주적 그리스도 안에서 하시고 계신 것처럼-소멸되고 폐기당하는 사람들을 위해 슬퍼하고, 이들과 더불어 고통받을 것이다."

은 하나님의 몸 이상의 어떤 실재도 허락하지 않고, 그래서 닫혀진 일원론적 우주를 제안한다. 이것은 그녀가 분명히 거부했던 범신론에 접근하는 범무신론(panentheism)의 한 형식이다.

맥패그에 의해서 제안된 다른 모델들은 인간의 자유는 제공해 주지만, 생태학의 문제를 다루지는 않는다. 오히려 이 모델들은 우리가 언급한 하나로서 하나님에 관한 사고에는 유익하고 창조적인 방법이지만, 이 모델들은 단지 하나님과 인간 사이의 관계를 명확히 하고 있을 뿐이다. 아마도 맥패그는 하나님과 환경 사이의 관계에 다른 단계를 제공해 줄 모델들의 조화를 제시해 왔다고 할 수 있다. 하나님은 세계와 다른 분이고, 인간은 하나님의 몸 위에서, 그리고 하나님의 몸 안에서 자유롭게 행동할 수 있다는 의미가 있을 수 있는가?

바버는 하나님의 몸이라는 모델을 고찰하고, 보다 사회적이고 다원적인 보다 폭넓은 과정의 관점에로 나아간다. 그는 "우리는 **우주적 공동체의 지도자**로서 하나님을 생각할 수 있다."고 했다.[27] 자유와 의도를 포함하는 다원주의적 세계 안에서의 대인적(interpersonal) 모델을 사용함으로써, 하나님은 지도자로서 전체 우주 안에 깊이 참여하는 분으로 보여진다. 우주는 아직 불완전하고, 존재 안으로 나아오고, 결과는 예측할 수 없이 열려 있다. 인간은 이런 자연공동체의 한 부분이다.

> 모든 피조물은 비록 경험의 복잡성과 강도에 있어서 수많은 차이가 있기는 하지만, 각자가 본질적으로 경험의 중심이기 때문에 가치가 있다. 더욱 내재성과 초월성의 균형에 의해서 과정사상은 자연에 대한 존중을 격려한다.[28]

이것은 열려진 미래를 맞이하는 데 하나의 기초가 되는 법과 기회의 조화를 고려한다.

---

27. Barbour, *Religion in an Age of Science*, p. 260.
28. *Ibid.*, p. 262.

루머(Bernard Loomer)는 세계 상황에 대한 경험적 응답은 모호하다고 주장함으로써 신학적 사고에 혼란을 야기시켰다. 하나님에 대한 척도는 선과 악을 포함할 수 있는 능력, 한 사람의 완전함을 지킬 수 있는 능력을 의미하는 '크기'이다. 그는 범신론적 세계관 안에서는 하나님과 세계에 대한 이런 증거들이 모호하다고 해석했다. 만일 경험주의가 경험된 모든 것을 설명할 수 있다는 것을 의미한다면, 이것은 핵심으로서 모호성에 도달할 것이 틀림없다. 하나님을 단순한 선으로 축소하는 것은 전체에 대한 구체적인 경험으로부터 추출된 잘못된 추상이다.

루머는 다음과 같이 적었다.

> 비극은 극복되지 않는다. 이것은 극복될 수 없고, 단지 모호성이 거룩한 삶 속에서 극복될 수 있다.…… 대부분 근대신학의 기초적인 이원성을 극복했다고 자부하는 과정 사상가들은 아직도 가장 커다란 이원성, 즉 하나님과 악 사이의 이원성을 사용하고 있는 잘못을 저지르고 있다는 것이 나의 주장이다. 그래서 이런 의미에서 당신은 하나님을 단순히, 그리고 분명하게 선의 편에 연합시키지 않는다. 그리고 악은 밖에 있는 어떤 것이다. 당신은 이 둘을 인정해야 한다. 그리고 만일 당신이 악을 몰아 내야 한다면, 당신은 선 밖의 내용을 잘라 버리는 일을 끝낸다.[29]

루머의 제안은 설득력이 있고 실제적이지만, 많은 문제가 해결되지 않은 채로 남아 있다. 모호한 신성이 단지 범신론적 세계 안에서만 타당

---

29. Bernard Loomer, in *American Journal of Theology and Philosophy*(May-September, 1984), pp. 141-142. William Dean, "Empiricism and God," in *Empirical Theology : A Handbook*, p. 126 ; Tyron Inbody, pp. 26-27 ; Marjorie Hewitt Suchocki, pp. 100-104 ; Dean, pp. 125-127, in *Ibid.* Bernard Loomer, *The Size of God*, ed. William Dean and Larry Axel(Macon, Ga. : Mercer University Press, 1987), 특히 pp. 20-51 ; Douglas A. Fox, "Bernard Loomer's Concept of Interconnectedness," in *God, Values, and Empiricism*, ed. Creighton Peden and Larry Axel(Macon, Ga. : Mercer University Press, 1989), pp. 53-63.

한가? 구체적인 신성은 경험적 개념인가, 또는 잘못된 추상인가? 루머의 관점은 다원주의적 과정 사상 안에서 필요한 것인가?

멜랜드(Bernard Meland)는 그 자신을 경험적 실재론자라고 부른다. 그는 세계를 묘사함에 있어서 '일관성'(coherence)에 대조되는 것으로 '불일치'(dissonance)라는 말을 사용했다. 이것은 루머의 모호성과 통하는 개념이다. 멜랜드는 비극과 절망을 안다. 그는 인간의 지구와의 관계를 심각하게 받아들임으로써 시작한다.

> 그의 신학은 자연 안의 민감성(Sensitivity)에 대한 피조물적인 인식으로부터 시작하고, 이런 산 경험에 참여한 사람들에게 주어지는 같은 고통을 짊어졌고, 그 자신의 가눌 수 없는 의도 및 구원 열망의 결과를 통해서 성장 및 갱신에 대한 재촉을 받고 있고, 우리 자신의 피조물 인식에 지속적 의도와 열망을 나누어 준다.

비극과 절망에 대한 인식은 "현실적으로 받아들여진 피조물적인 신뢰의 식을 배제할 필요는 없다."[30]

멜랜드의 신학의 기저에는 신비적 자연주의가 있다. 이것은 하나님의 신비에 대한 깊은 의식에 의한 인식이다. 멜랜드에게 '하나님'이라는 말은 '집합적 용어'이고, 우리가 관계하고 있는 기능의 다양성을 말한다. 하나님은 하나로서 예배를 받으시고, 활동의 다원성 안에서 표현되는 부와 실재를 통해서 섬김을 받는다. 멜랜드는 이 점에서 다른 경험주의 신학자들 및 과정신학자들과 다르다. 그는 시간이 지나면서 힘에 대한 부드러움의 승리를 강조하는 방향으로 나아갔고, 하나의 유기체로 받아들여진 자연의 중심에의 민감성과 자연 및 인간에 영향을 미치는 하나님의 일차적인 방법으로서의 설득으로 신학을 이어 갔다. 멜랜드는 그의 분위기는 "이런 산 경험의 힘들고 뇌리를 떠나지 않는" 실재들에 보

---

30. Bernard Meland, *American Journal of Theology and Philosophy*(May-September, 1984), p. 77.

다 깊은 관심을 보이게 될 때, "우주적 방향에서 문화적 방향으로 바뀌었다."고 말했다. '창조적 문장'(Creative Passage)이라는 그의 이미지의 발전은 "경험의 직접성 안에 궁극성(Ultimacy)의 깊이로서 먼 우주적 신비에 대한 새로운 적응을 의미한다."[31]

멜랜드의 최종적 입장은 생태학적 시대를 위한 신학을 보여 준다. 하나님은 인간이 각자를 위해서는 물론이고, 우주의 건강을 위해서 책임을 지고 있는 다원적 우주 안에서 다원적으로 일하신다. 그의 입장은 페레(Frederick Ferré)가 쓴 대로, 진화론적 자연주의가 살아 남을 준비가 덜된 것들을 무자비하게 제거하는 것에 의존하고 있는 유기체주의적 철학의 약점을 피한다. 개체가 희생하여 종이 살아 남는다는 것이 규범이다. 이것은 인간 수준에서의 악마적 전체주의가 될 수 있다.[32]

다원적 세계 안에서의 제한된 신성은 멜랜드의 입장에서는 뚜렷하다. 이것은 역시 버치와 콥의 글에서도 나타나지만, 여기서는 그렇게 명확하지는 않다. 이것은 분명히 일원론의 문제를 다루는 유일한 방법이 "사실은 다원적이어야 했고, 초인적 의식이 거창할 수 있어도 그 자체로 외적 환경을 가지며, 결국 제한된다."고 가정했던 제임스의 입장이다.[33]

제임스에게서 하나님은 환경 안에서, 자연 안에서, 시간과 역사의 구속 안에서 일하시는 분이요, 그래서 어떤 무시간적 추상적 절대로부터 자유롭다. 내적이고 외적인 관계에 대한 경험을 포함하는 그의 급진적

---

31. *Ibid.*, pp. 98-99. Bernard Meland, *Modern Man's Worship*(New York : Harper & Bros., 1934), pp. 171-181 ; *The Reawakening of Christian Faith*(New York : Macmillan, 1949), pp. 95-100 ; *The Secularization of Modern Culture*(New York : Oxford, 1966), p. 121 ; *Fallible Forms and Symbols*(Philadelphia : Fortress, 1976), p. 168을 보시오.
32. Bernard Meland, *American Journal of Theology and Philosophy*(May-September, 1984), p. 113.
33. William James, *A Pluralistic Universe*(New York : Longmans, Green, 1909), pp. 310-311 ; Randolph C. Miller, *The American Spirit in Theology*(Philadelphia : Pilgrim Press, 1974), pp. 29-44, 231-232.

경험주의 때문에 이것은 실재에 대한 유기체론적(organismic) 관점이 된다. 우리는 단우주(universe)가 아닌 '다우주'(multiverse) 안에 살지만, "이것은 순수하고 단순한 단우주도, 순수하고 단순한 다우주도 아니다."[34] 이것은 "하나로 짜여진 형태, 연속성, 인접성 또는 연결성의 형태"라 불리어질 수 있는 것 안에 함께 묶여진 다우주이다. 구체적인 경험 안에서 연결되었다는 사실은 경험주의를 급진적으로 만들고, 관계의 경험을 기초적인 것으로 인식케 한다.[35]

> 나는 진정한 상실과 진정한 상실자가 있어야 하고, 그 자체로 모든 것의 전체 보존자는 없어야 한다고 보고 싶다. 잔이 다 비워졌을 때 찌꺼기가 영원 저 너머로 사라지지만, 비워진 것의 가능성은 충분히 받아들일 만큼 달콤하다.[36]

이것이 "환경에 에워싸인 채 시간 안에 존재하며, 우리처럼 역사 안에서 일하는 하나님에 대한 진실이고…… 하나님은 인간적인 모든 것의 이방성과 정적이고 무시간적인 완전한 절대의 이방성으로부터,"[37] 그리고 닫혀진 세계의 모호성으로부터 도피한다.

내가 알기에 제임스에 관한 최상의 해석자인 프랑켄베리(Nancy Frankenberry)는 다음과 같이 기록했다.

> 관계들을 경험 안에 주어진 것이요, 주어진 것으로 느껴지는 것이라고 분리된 것이 아닌 연결된 것으로 설명함으로써, 제임스는 고전적 경험주의의 해체된 세계를 수정하고, 동시에 통일의 초월적 수행자에 대한 합리주의의 입장에 대한 필요를 제거한다. 그래서 그는 종교적 관심과 흥미의 자

---

34. James, *Pragmatism*, p. 148. 이 책의 6장을 참조하시오.
35. James, *A Pluralistic Universe*, p. 325.
36. James, *Pragmatism*, p. 295.
37. James, *A Pluralistic Universe*, p. 318.

리에 대한 강조의 놀라운 변화에 영향을 미쳤다 : 절대로부터 상대로의 변화 : 감각 경험으로부터 외곽 경험의 배경에로의 변화이다. 다른 세계가 아닌 보다 넓은 세계에 종교적 관심의 초점이 두어진다.[38]

"하나님은 세계 안에 있거나 또는 어디에도 없고, 우리 안에서 창조하고, 우리 주변에서 창조한다."고 화이트헤드는 말했다.[39] 성공회의 「공동 기도집」에는 생태학에 관련된 기도가 수록되었다. 이것은 하나님에 관해서 기록하고 있다.

당신은 모든 것, 즉 별들 사이에서의 우주의 거대한 팽창, 은하계, 태양, 경로를 따라 도는 행성들, 그리고 이 연약한 우리의 집 지구가 있어라 명령하셨습니다.…… 원시 요소로 당신은 인간을 만드셨고, 우리를 기억, 이성, 기술을 주심으로 축복하셨습니다. 당신은 우리를 피조물의 통치자로 만드셨습니다. 그러나 우리는 당신을 대적했고, 당신의 신뢰를 배신했고 ; 우리는 우리 서로를 대적했고…… 반복해서 당신은 우리를 돌아오라 부르셨습니다. 예언자와 현인들을 통해서 당신은 의로운 율법을 계시하셨습니다. 그리고 때가 차매 당신은 여인을 통해서 당신의 독생자를 당신의 율법을 완성시키기 위해서, 그리고 자유와 평화의 길을 우리에게 여시기 위해서 보내셨습니다.[40]

여기에 몇 단어가 기독교의 핵심적 요소이고, 이것이 생태학과 연관되어 있다. 우리가 열거했던 신학자들에게서 이것이 가장 잘 이해된다.

---

38. Nancy Frankenberry, *Religion and Radical Pluralism*(Albany, N.Y. : SUNY, 1987), pp. 103-104 ; Nancy Frankenberry, "Consequences of William James's Pragmatism to Religion," in *God, Values, and Empiricism*, pp. 64-72.
39. *Dialogues of Alfred North Whitehead*, as recorded by Lucian Price(Boston : Little, Brown, 1954), p. 370.
40. *Book of Common Prayer*(New York : Church Pension Fund, 1976), p. 370.

우리가 맥패그, 바버, 루머, 멜랜드, 특히 제임스의 말을 들을 때, 생태학적 문제와 연관된 종교교육을 해석하기 위한 신학적 배경을 가지게 될 것이다.

||||||| **2부** |||||||

종교교육의 이론

이제 생태신학의 종교교육과의 관계에로 관심을 돌려 보자. 만일 생태학이 종교교육의 이론발달 안에서 관심의 중심에 있다면, 우리는 생태학의 관심에 기인하는 목적으로부터 시작할 수 있다. 세계종교의회 (The Parliament of the World's Religions)는 사회 질서를 위한 노력을 포함해서 실행되어야 할 많은 것들을 강조한다. 우선 이들은 다음과 같이 말했다.

> 만일 개인의 의식이 먼저 변하지 않으면 지구는 보다 낫게 변할 수 없다.…… 우리는 서로 이해하기 위해서 이런 범세계적 윤리에 참여하고, 사회적으로 유익한, 평화를 증진시키는, 그리고 자연과 우호적인 삶의 방법에 참여한다. 우리는 종교인이든 아니든 모든 사람을 같은 일을 하도록 초대한다.[41]

우리는 몇 가지 목적을 설정하기 위해서 베리(Thomas Berry)의 제안을 받아들일 수 있다. 우리는 다음을 이루도록 사람들을 교육할 수 있다.

1. 인간과 지구 기술에 대한 이해
2. 지구의 필요와 건강과의 인간 행위의 관계에 관한 사고의 변형
3. 전지구공동체에 대한, 그리고 지탱능력(sustainability)을 위한 기초

---

41. *USA Weekend*, 17-19 December 1993, p. 11.

에 대한 분별

4. 심각한 오염으로부터 육지와 바다를 지키기 위한 핵 폐기물을 포함한 폐기물의 취급에 대한 새로운 접근
5. 우주, 지구, 생명체, 인간 의식의 형태가 태초로부터 육체적-물질적 측면 뿐만 아니라 정신적-영적 측면을 가지고 있었다고 보는 지구 존중적 해석
6. 자연은 자비롭기도 하지만 난폭하기도 하다는 인식. 우리는 자연의 습격, 질병, 지진, 태풍, 그리고 다른 재난들에 대비하는 방법을 찾을 필요가 있다.
7. 우리는 지역, 기후, 자원, 동물, 식물, 그리고 한 지역의 일반적인 필요에 대한 고려를 받아들임으로써, 지역생태 컨텍스트 안에서 기능할 수 있는 새로운 치료기술을 필요로 한다.
8. 우리는 기술의 방향을 전환할 필요가 있다. 왜냐하면 "우리는 과거보다 더 많은 과학과 기술이 필요하다는 것, 즉 우리는 기술 없이 인간의 생존을 위해 또는 지구 치료를 위해 적절하게 할 수 있는 것이 아무것도 없다는 것을 알기 때문이다. 만일 우리가 지구의 기초적 생명체계의 통합적 기능을 알아야 하고 상호 발전적 관계를 이루어야 한다면 확대된 과학연구가 필요하다."[42]
9. 우리는 이런 문제들로부터 형성되는 신학, 그리고 다른 신학체계의 통찰을 포함하는 하나님과 인간에 대한 해석을 제공해 주는 신학을 필요로 한다.
10. 끝으로 우리는 이런 신학을 배경으로 삼고 있으며, 학습자들을 실천을 통해서 생태학적 책임에로 이끌어 줄 수 있는 교육이론이 필요하다.

페레는 "지속적인 해결을 위해서 무지, 특히 산림 재조림 방법의 중요성과 가족계획 및 출산 통제에 관한 남녀 교육, 그리고 가족 정착의 적절한 기술사용을 다룰 필요가 있을 것이다."라고 제안했다.[43]

---

42. Berry, *Dream of Earth*, pp. 65-69.
43. Ferré, "Integrity of Creation," p. 243 ; 스윔(Brian Swimme)은 "어떤 부족

환경적 측면이나 윤리적 측면에 대한 어떤 공통된 견해는 없다. 아직도 인간 본성(nature)과 자연 사이 ; 인간과 다른 동물 사이 ; 인간의 필요와 환경의 필요 사이에 간격이 있다. 생태학자들이 경고하는 위험이 아직도 세계 대부분에 존재하고 있다. 필요한 것은 교육이론 및 실천에 대한 요구가 담겨진 생태학적 모델의 수용이다. 그러나 이런 목적을 성취하기 위해서 인간의 유전적이고 문화적인 진화에 대한 보다 근원적인 이해가 필요하다.

버치와 콥은 다음과 같이 기록하고 있다.

> 생태학적 모델에 포함된 것에 관한 온전한 이해는 단지 인간이 이 모델을 예증해 주고 예시해 주는 것으로서, 직접적인 경험의 구체성 안에서 자신을 받아들일 때만 가능하다. 비인간 세계에 관한 이해가 인간 경험이 이해될 수 있는 범주를 제공해 준다는 것은 아니다. 그러나 비인간 세계가 인간이 직접적이고 즉각적으로 이해하는 것 - 인간 경험 - 의 견지에서만 적절하게 이해될 수 있다는 것이다.[44]

그러면 신학의 생태학적 모델이 직면하고 있는 문제는 무엇인가? 우리가 제안한 신학적 배경에서, 우리는 교육에 대한 하나의 접근으로서 윤리적 질문에로 나아갈 수 있다. 버치와 콥은 초점이 권리와 의무에 두어져야 한다고 했다. 만일 동물이 진정한 주체로 고려된다면, 이것은 모두가 상호 연결되었다는 인식을 포함하는 권리와 의무에 대한 우리의 개념을 확장할 것이다. 인간은 도덕적 책임감 이상인 좋아하는 마음으로

신화도 그것이 야생적인 것일지라도 태초로부터 내적 방식으로 모든 것을 연결시키는 보다 근원적인 관계를 상상케 하는 것은 없다. 모든 사고는 이런 우주적 발생 관계로부터 시작되어야 한다."고 했다. "Science : A Partner in Creating the Vision," in *Thomas Berry and The New Cosmology*, ed. Anne Lonergan and Caroline Richards(Mystic, Conn. : Twenty-Third Publication, 1987), p. 87. 맥패그의 *The Body of God*, p. 106에서 재인용.

44. Birch and Cobb, *Liberation of Life*, p. 139.

행동한다. 이것은 문제를 복잡하게 만들지만, 도덕적 자유의 실재를 다룸에 있어서 실패한다. "우리는 보다 적절한 행동방법에로 변화하기 원하지만, 우리는 그것이 무엇인지 알지 못한다. 우리에게 부족한 것은 좋아하는 마음이 아니고 지침이다."[45] 멜랜드와 다른 경험주의자들은 인간 진화는 삶의 증진을 위한 모호한 용어인 "경험의 보다 큰 풍성함"을 향한 이동이라고 제안해 왔다. 다른 동물들에 유용한 삶의 증진을 이루기 위해서 우리는 무엇을 할 수 있는가?

모세의 십계명은 목적으로서 그들의 가치가 인식된 개인들 사이의 관계에 대한 최초의 예이다. 그러나 순수하게 경제적인 것을 제외하고는 땅에 관한 어떤 해석도 여기에는 없다. 사람, 동물, 사물이 하나님께 가치가 있다.

> 예수는 참새와 심지어 들풀에 대한 하나님의 관심을 표현했다. 만일 한 사람이 많은 참새를 귀하게 여긴다고 참새의 가치가 없어지는 것이 아니다. 그러나 기독교 전통은 창조주의 뜻을 따라 살지 못했다.[46]

인간과 동물 사이의 진화론적 관계를 이해하는 데 실패함으로써 사람들은 동물에 대한 친절과 동정을 베풀고 사회가 이들을 지키고자 하지만, 사람들은 단지 인간에 대한 그들의 가치라는 관점에서만 동물들을 평가해 왔다. 필요한 것은 전통적 관점을 바꾸어 주는 수단이요 목적으로 동물을 이해하는 것이다. 그러나 여기에는 가치의 범위와 폭넓은 경험의 수준이 있다. 그래서 돌고래가 상어보다 상위에 랭크된다.

---

45. *Ibid.*, p. 145. 연관된 성경구절은 창 1:1-2:4, 2:4-24, 3:1-4:25 ; 출 33:20-33(맥패그, *The Body of God*, pp. 131-136을 보시오) ; 사 25:5-19, 19-20 ; 마 13:18-51 ; 행 17:22-34 ; 롬 1:18-25 ; 엡 4:11-14 ; 시 8, 9, 24, 39, 103, 139:1-17, 150편. 바벨론 포로는 Donald B. Rogers, *Religious Education*(Summer 1990)을 참조하시오.
46. Birch and Cobb, *Liberation of Life*, p. 147을 보시오.

다른 동물들과 마찬가지로 인간도 수단이요 목적이다. 차이점은 보다 큰 문화적 진화, 그래서 생기는 보다 큰 풍부한 경험이다. 대부분의 동물들은 육체의 만족을 추구하지만, 인간은 그 자신을 의식하고 정신적 경험을 포함해서 풍부한 경험을 추구하며, 그래서 그 경험들이 목적이 되고 또한 그 경험들이 사용될 때 내적 가치에 대한 그들의 인식이 보존된다. 인간들 사이에 차이가 있지만 그 차이는 도구적 가치 안에 있고, 본질적 가치의 동등성을 위한 요구가 있다. 일상생활에서 이것은 불가능해 보인다. 왜냐하면 유전적 차이, 문화적 기회와 결핍, 사고와 유아중독을 유발하는 부모의 마약중독과 같은 사건들이 있기 때문이다.

교육적으로 우리가 각자 서로의 운명을 나누는 것을 뜻하는 정의를 위한 소명이 있다. 농부, 노예, 여성, 소수 민족, 그리고 민족 말살로 인해 고통당하는 사람들 가운데 기회의 불평등이 있다. 이런 불평등은 사회의 오류를 바로잡으라는 요구를 불러일으킨다. 여기에 몇 나라에서 중요한 문제가 되고 있는 낙태와 안락사와 같은 문제들이 포함된다.[47]

우리가 생물권(biosphere)에로 관심을 돌릴 때 다른 종류의 문제를 만나게 된다. 개인이 할 수 있는 일은 보다 적고, 집단행동이 바람직하고 필요하다. 예를 들어 인간이 동물을 다룬다는 것이 다소 자연적 조건 안에서 살아갈 그들의 권리를 유전적으로 박탈하도록 그들에게 도전하는 것을 말하지 않는다. 우리가 극단적으로 동물들의 습관을 바꿀 때 그 동물들은 빠르게 죽어 갈 수 있다. 대부분의 경우 개개 동물은 보잘것없이 취급되고, 종의 권한이 강조된다. 특별한 경우가 새로운 백신 개발과 시험을 위해 사용될 수 있는 침팬지이다. 단지 5만 마리 정도의 침팬지만 야생에 남아 있고, 이 종이 위기를 맞고 있기 때문에 비록 인간을 위해서 백신이 대단히 중요하지만 그들의 환경을 보호하고, 우리의 의약 실험을 제한해야 할 책임이 있다.[48]

---

47. Ibid., pp. 162-168.
48. Ibid., p. 170.

버치와 콥은 다음과 같이 말한다.

> 이런 관점에서 생명의 복잡한 관계, 다양성의 가치, 그리고 다른 것과의 내적 관계에 의해 사람들이 살아가는 방법에 대한 인식이 상상을 이끌어 내 줄 것이다. 게다가 본질적이고 도구적인 가치의 관계를 고려할 필요가 있다.[49]

이것은 모두를 위한 삶을 증진시킬 새로운 방법을 약속해 준다. 이것을 행하는 길이 있지만, 서구세계에 있는 대부분의 사람들은 우리 경험의 풍성함을 극대화하고자 한다. 첫 번째 요청은 운 좋은 소수들이 보다 검소하게 살아서 지구에 사는 다른 사람들이 보다 큰 경험의 풍부함을 이룰 수 있게 하는 것이다. 농경의 변화는 야생동물을 위한 보다 넓은 공간을 포함해서 다른 사람들이 사용하도록 땅을 비어 놓을 것이다. 아열대 우림은 지능적인 조림과 계획으로 회복될 수 있을 것이다. 출산률의 반전은 보다 나은 경제적 조건과 교육으로 이루어질 것이다. 산아제한은 매우 교육수준이 높은 나라에서만 이루어져 왔고, 교회와 국가 사이의 보다 긴밀한 협력이 보다 광범위한 교육 실시를 위해서 필수적이다.

피터(Kenneth Peter)는 두 가지 지배의 형태가 있기 때문에 생태학을 위한 교육으로 두 가지 접근을 제안한다.[50] 첫째로, 그는 인간의 권력욕의 중심에 자리잡고 있는 허영심이라고 설명한다. 개개인은 이것을 좋게도, 나쁘게도 말한다. 이것은 조절할 수 있는 열정적인 동기이고, 여기에 도덕교육이 효과적일 수 있다. 부분적으로 성공한 이런 접근의 예가 있다. 그러나 인간 중심주의가 인간 활동을 통제할 때 자연과의 관계는 물론이고, 다른 사람들과의 관계는 파괴적 경쟁이 될 수 있다.

---

49. *Ibid.*
50. Kenneth Peter, "Domination of Nature : Hobbesian Vainglory and Military Herrschaft," *Journal of Political and Military Sociology* 21(Winter) 1993, pp. 181-195.

다른 접근은 보다 비인격적이다. 그리고 이 접근은 기술의 진보 및 발전에 대한 신념과 여러 관료제도와 같은 합리적-법적 제도의 발전과 연관을 맺고 있다. 권력은 다른 사람들을 지배하기 위해서 인간 조직 안에서 사용된다. 관료제도는 통치와 법의 합법적 수단이 된다. 인간 행위는 합리적이지 않은 채로 합리화된다. 피터는 막스 베버(Max Weber)를 인용한다.

> 금욕주의가 작은 수도원에서 일상생활로 전해졌을 때, 그리고 세계 도덕을 지배하기 시작했을 때, 이것은 근대의 놀라운 경제질서 세계를 세우는 데 일익을 담당했다. 이 질서는 오늘 이런 메커니즘 속에 태어난 개인들 모두의 삶을 결정짓는 기계 생산품의 기술적이고 경제적인 조건과 연관되어 있지 않다.[51]

피터는 이 두 가지 접근들을 유효하게 만든다. 루즈벨트(Teddy Roosevelt)는 첫 번째 보호관리주의자(conservationist) 대통령이라 불리는데, 그가 확대된 국립공원 개발, 국립화된 국유림, 그리고 기포트 핀초트(Gifford Pinchot)를 지지함으로써 이런 이름을 얻었다. 그러나 이것은 인간 유익을 위한 청지기직에 기초하고 있지, 환경을 위한 목적에 기초하고 있지는 않았다. 그는 관개 댐을 건설하기 위한 돈을 벌기 위해서 공유지를 팔고자 했고, 심지어 그의 이름으로 댐 하나를 건설하기까지 했다. 그는 역시 동물을 죽이는 것과 실력으로 얻은 상패를 모으는 것을 즐기는 사냥꾼이었다. 피터는 다음과 같이 말했다.

> 루즈벨트의 허영심이 인간의 향락을 위해 공원을 보존할 수 있었던 반면에, 이것은 역시 경제적으로 의문이 가고 생태학적으로 비참한 개간의 세기, 곰, 쿠거, 늑대와 같은 위험하거나 해를 끼치는 동물들의 멸종을 촉진

---

51. *Ibid.*, p. 187 ; Max Weber, *The Protestant Ethic and the Spirit of Capitalism*, trans. Talcott Parsons(New York : Scribner's, 1958), p. 181.

시키는 세기, 그리고 국가적으로 조직된 산림 경작의 공공 정책의 세기를 만들었다.[52]

이 항변은 하나의 교육목적으로서 받아들여질 필요가 있다. 태도는 효과적인 도덕교육으로써 변화되어질 수 있고, 교회가 이를 훌륭하게 수행할 준비가 되어 있고, 이를 따라 더 많은 것이 성취될 수 있을 것이다.

비인격적이고 관료적인 다른 상황은 교육을 통해서 접근될 수 없는데, 우리가 비인격적 회사, 정부 정책, 그리고 이런 방해로부터의 사람들의 도피를 만나게 되기 때문이다. 이것은 아이젠하우어의 군수산업 공장에서와 비슷하다. 가장 극명한 예는 군대이다.

전쟁이 환경에 위협적이라는 것은 분명하지만, 우리는 평화시 군대에 의한 위험을 무시한다. 군대는 훈련 목적을 위해 많은 지역을 점령하고 있고, 환경은 고통을 겪고 있다. 군대는 많은 자연 자원을 소모하고, 거대한 핵과 기타 폐기물들을 축적해 놓고 있다. 이것은 군의 반사회적 또는 반환경적 태도에 기인하는 것이 아니지만, 그 결과는 군체계의 특유한 것이다.

개개인의 교육은 이런 정도의 환경문제를 다루고자 하지 않는다. 이 점에서 교육은 사회적이고 정치적인 변화의 필요에 초점을 맞추어야 한다. 기계는 결코 교육될 수 없지만, 이것을 사용하는 것은 교정될 수 있다. 사회의 극단적인 재구조화는 궁극적으로 오늘의 문화의 생태학을 바꿀 필요가 있다. 그래서 교육은 환경을 보존하기 위해 필요한 변화를 이루도록 정부기관 또는 산업체에 정치적 압력을 가하는 방법을 찾아야만 한다. 이것은 결코 쉬운 작업이 아니고, 분명히 교회는 오늘 이런 도전을 수행하지 않고 있다. 대답되지 않는 질문이 남아 있다. 즉, 관심을 보이고 있는 사람들이 환경이 파괴로부터 보호될 수 있도록 변화될 수 있는 비인격적 공장(complex)과 협력할 수 있는 길을 찾을 수 있거나 이

---

52. Peter, "Domination of Nature," p. 190.

공장에 압력을 가할 수 있는가?[53]

이런 제안으로부터 파생된 커리큘럼은 우리가 살펴본 것과 같이 생태학을 지향하는 신학적 배경을 필요로 한다.

생명의 신앙

버치와 콥에게 '생명'이란 말은 하나님이 말씀하시는 것과는 다르지만, 하나님에 대한 전통적인 교리의 오해를 피하고 있다. 생명은 생명 공여적이고 설득적이고 사랑하는 것이지만, 전능하지는 않다. 이것은 악과 고통을 참작하지만, 창조적이고 가치와 자유를 가능케 한다. 이것은 혼돈에서 질서를 만들어 낸다. 이런 창조성은 인간이 되어질 수 있는 모든 것의 중심에 있다.[54]

위이만은 창조적 선(creative good)과 창조된 선(created good) 사이를 구분한다. 만일 창조된 선을 따른다면, 이것은 결코 앞으로 이끌어 갈 수 없는 정지하고 있는 자리이다. 이것은 일종의 우상이다. 이것은 창조적 선의 작업을 가로막는다. "창조적 선은 생명과 동일시된다. 생명은 신뢰되어져야 하고 섬겨져야 한다."[55]

교육은 우리로 하여금 과거로부터 현재의 우리의 감정과 목적에로 나아오도록 도와주고, 새로운 자극을 위한 배경으로 이것들을 사용하게 도와주며, 과거와 현재가 조화될 수 있는 요소들 안에서 혼합된다. 우리는 새로운 어떤 것을 그리게 될 것이고, 새로운 개인적 목적에로 옮아갈 수 있을 것이다. 이것은 생명의 작업인 참신하고 예측할 수 없는 가능성이다. 생명의 선물인 발현하는 참신성(novelty)은 단순한 변화 이상이다. 왜냐하면 이것이 경험을 풍성하게 하는 새로운 가능성을 제공해 주기

---

53. *Ibid.*, p. 193을 보시오.
54. Birch and Cobb, *Liberation of Life*, p. 192.
55. *Ibid.*, p. 180.

때문이다.[56]

　이런 창조적 참신성에 대한 강조는 습관을 발전시킬 필요를 무효화시키지 않는다. 제임스가 우리에게 가르쳐 준 것과 같이 습관은 좋은 교육의 핵심이다. 왜냐하면 습관이 좋은 습관을 발전시키도록, 삶 속에서 참신한 요소를 받아들이도록 우리를 자유롭게 해주기 때문이다. "그러므로 학습은 이중적 과정이다. 즉, 우리는 사려 깊은 사고의 과정을 '본능적'이고 자동적이 되게 하는 것을 배우고, 자동적이고 본능적인 과정을 분석적 사고의 주제로 만드는 것을 배운다. 이 후자의 과정 안에 생명이 가장 완전하게 존재한다."[57]

　이 접근은 우리의 몸에 대한 태도에 영향을 미친다. 생명은 우리의 세포 안에 존재한다. 우리는 정신과 몸의 이분화된 존재가 아니고, 긴장, 불안, 통제에 의해 영향을 받는 살아 있는 세포들의 하나의 연합체이다. 우리가 즐거이 몸을 돌볼 때 세포의 전체 공동체는 우리의 건강과 유익을 위해 기능하도록 자유롭게 된다.

　생명 또는 정의된 하나님을 신뢰한다는 것은 우리의 미래와 사회 및 자연의 미래에 대해 개방된다(open-ended)는 것이다. 미래를 향한 모든 희망에 '아직 아님'(not yet)이 있다. 우리가 이루고자 바라는 세계는 역시 개방되어 있고, 그렇지 않다면 정지된 상태의 자연은 희망을 포기하게 될 것이다. 생명은 옳은 길을 따르라고 우리에게 강요하지 않고, 우리는 죽게 될 경직되고 정지된 세계를 선택할 수도, 그 안에 영속적인 되어짐(becoming)과 사라짐(perishing)이 있는 세계를 선택할 수도 있다.[58]

　버치와 콥이 보았던 것처럼 생명 또는 하나님은 우리의 생태학 이해에 매우 적절한 신학적 입장인 화이트헤드의 과정철학의 관점에서 해석되어진다. 1부에서 살펴본 맥패그, 루머, 멜랜드, 제임스의 신학적 입장

---

56. *Ibid.*, pp. 183-185.
57. *Ibid.*, p. 186.
58. *Ibid.*, pp. 186-187.

은 과정신학의 통찰과 일치하고, 이런 신학적 흐름은 생태학을 위한 우리의 교육이론의 배경이 될 수 있다.

실 천

어린 시절에 나는 나의 신학과 생태학에 대한 접근에 영향을 미쳤던 테니슨(Tennyson)의 시 한 수를 배웠다.

> 갈라진 벽에 핀 꽃이여,
> 나는 그 틈새에서 당신을 땁니다 ;
> 여기 당신, 뿌리와 모든 것을 내 손에 잡습니다.
> 작은 꽃이여, 그러나 내가 당신-뿌리와 모든 것, 모든 것 안의 모든 것-
> 이 무엇인지 알 수만 있다면,
> 나는 하나님과 사람이 무엇인지 알게 될 것입니다.[59]

이것은 어려서 생태학과 신학을 공부하게 되는 출발점이 되었다. 어린이들은 꽃들을 뽑아 뿌리와 흙을 살펴볼 기회를 갖게 되고, 배후에 있는 물, 비, 하늘, 태양, 달을 살피는 데 도움을 받게 될 때 모든 것이 상호 연관되어 있다는 사실을 깨닫게 된다. 화이트헤드에 의하면 자연 안의 이런 질서는 미적이고, "미적인 질서는 하나님의 내재로부터 파생된다."[60] 고학년 학생들도 비슷한 방법으로 도움을 얻을 수 있다.

종종 예배는 종교교육 안에서 핵심적 경험이라고 생각되어진다. 이것은 교육과정 내의 어느 시점에서도 일어날 수 있고, 주일 아침에 분반에 앞서서 가장 자연스럽게 일어날 수 있다. 어떤 교구에서는 일차적으로

---

59. Randolph C. Miller, *The Language Gap and God*(Philadelphia : Pilgrim Press, 1970), pp. 149-150.
60. Alfred North Whitehead, *Religion in the Making*(New York : Macmillan, 1926), p. 105.

어린이에게 맞도록 조정된 짧은 예배(30-35분)로 함께 드리는 가정 예배의 전통을 발전시켜 왔다. 생태학적 문제를 적절하게 다룬 전통적 찬송은 찾아보기 힘들다.

로우돈(Jeffery Rowthorn)은 과정적 관점과 생태학적 조망에 관한 찬송을 썼다.

>창조하시는 하나님, 당신의 손가락이 가장 먼
>우주의 뚜렷한 설계도를 만드셨습니다 ;
>태양과 달과 별과 빛과 감추어진 것들로
>당신의 능력을 찬양케 하소서.
>
>지탱하시는 하나님, 당신의 손이 알려졌든지
>혹은 아니든지 지구의 신비를 지탱하십니다 ;
>생명을 가능케 하는 물의 깨지기 쉬운 공기와의 섞임
>으로 하여금 당신의 돌봄을 선포하게 하소서.
>
>구원하시는 하나님, 당신의 팔이 신조로, 인종으로
>지금 멸시당하는 모든 자들을 품으십니다 ;
>비둘기처럼 내려오는 평화로 하여금 당신의
>치료하시는 사랑을 온 땅에 알리게 하소서.
>
>내주하시는 하나님, 당신의 복음은 수십억의
>이름을 한가족이라 부르십니다 ;
>모든 생명으로 우리가 얼굴과 얼굴을 맞대고
>당신을 찬양할 때까지 은혜를 받게 하소서.[61]

하이드(William De Witt Hyde)는 창조에 관한 찬송을 썼다.

---

61. *The Hymnal* 1992, #394에서.

창조의 주여, 감사드립니다.
당신의 세계가 불완전한 것을 ;
전쟁이 우리의 행군을 부르는 것을 ;
일이 우리의 손과 발을 기다리는 것을 ;
당신이 아직 인간을 완성하지 않으신 것을 ;
우리가 아직 만들어지고 있다는 것을 ;
창조주의 계획을 공유하는 친구로서,
아버지의 뜻을 아는 아들로서.[62]

여기 다소 전통적인 자연을 다룬 두 개의 기도가 있다.

은혜로우신 하나님, 땅과 하늘과 바다의 아름다움으로 인하여, 산들과 평야들과 강들의 풍성함을 인하여, 새들의 노랫소리와 꽃들의 사랑스러움을 인하여 당신께 감사를 드립니다. 우리는 이런 좋은 선물들로 인하여 당신을 찬양하옵고, 후손들을 위해 이들을 지킬 수 있게 해주시기를 기도드립니다. 우리가 계속해서 당신의 놀라운 창조를 더 더욱 누릴 수 있게 하여 주시옵소서. 존귀와 영광이 지금부터 영원토록 당신의 이름에 돌려지기를……[63].

우리에게 땅의 모든 것을 다스리게 하시는 하나님, 우리를 당신의 창조의 동역자가 되게 해주시고 : 우리에게 지혜와 경외심을 주셔서 자연 자원을 사용하되 어느 누구도 우리의 남용 때문에 고통당하지 않게 하시고, 후세대가 지속적으로 당신의 선물로 인해 당신을 지속적으로 찬양케 하시옵소서. 우리 주님 예수 그리스도의 이름으로 기도드립니다.[64]

한 낯선 사람이 성 프란시스의 날에 뉴욕에 있는 성 요한 성공회 성당

---

62. *The Hymnal* 1940, #548에서
63. *Book of Common Prayer*, 1986, p. 840.
64. *Book of Common Prayer*, 1986, p. 827.

안을 배회하고 있었다. 창조에 관한 예배가 드려지고 있었다. 예배는 *Missa Gaia*(지구 미사)에 초점을 맞추고 있었다. 이것은 상주 예술가인 윈터(Paul Winters)에 의해 창작된 것이다. 성 프란시스의 "태양의 찬가"와 "평화를 위한 기도"에 이어, 위험에 처한 늑대와 고래의 소리가 들렸다. 윈터의 소프라노 색소폰, 두드리는 부족의 리듬과 제단 주변에서의 춤추는 무희들, 그리고 장엄한 행진이 예배의 한 부분이었다. 설교는 모든 피조물을 돌보라는 요청이었다. 많은 사람들이 축복의 포옹을 나누었다. 크고 거대한 청동 문이 열렸고, 코끼리, 낙타, 라마, 새의 깃털을 단 사람과 꽃으로 덮여진 바나나를 든 사람이 들어왔다. 주임사제인 모톤(James Parks Morton)은 "종교는 위로부터 출발한 전우주와 연합된다 ; 생태학은 아래로부터 시작된 전우주와 연합된다."라고 말했다.

생태학과 관련된 다른 많은 것들이 성당 안에서 이루어지고 있다. 매주일 위험에 처한 종들을 위한 기도가 드려진다. 환경보호 활동이 격려된다. 생태학 종합연구소(think tank)가 생태학에 관한 지적이고 영적인 결정들을 연결시키고자 노력한다. 마당에는 커다란 재활용 센터가 있다. 거기에는 미 원주민의 관심을 구체화한 봉사가 펼쳐지고 있다. 성당 안에 한 마리 청색 게가 살고 있었는데, 이 게는 허드슨 강의 작은 물고기들, 줄무늬 농어들, 홍합들, 그리고 다른 생물들과 함께 춤을 추고 있었다. 주임사제인 모톤은 말했다. "모든 피조물들은 마치 장미 화분의 모든 휘어진 마디들이 중심의 그리스도를 통해 서로 연결되는 것처럼 하나님의 자비를 통해 전체 안에 연합된다."[65]

일반 회중들이 성당 안의 많은 실천을 모방하기 위한 자원을 충분하게 가지고 있지 못하지만, 몇몇 아이디어는 일반 회중들도 채용할 수 있다. 특히 성당의 신학이 생태학적으로 책임적이라면, 하나의 작은 상상과 생태학에 관한 지식이 생태학적으로 사고하고 느끼도록 예배자들을 자극할 수 있다.

---

65. *National Catholic Reporter*, 25 March 1964, p. 19의 기사를 보시오.

애니 로우돈(Anne Rowthorn)은 생태학적 응답을 위한 십계명을 제안했다. 이 계명을 지킨다는 것은 자연에 대한, 그리고 하나님의 우주와의 관계에 대한 사람들의 관점에 달려 있다. 만일 하나님께서 세계를 창조하시고 지탱하시기 위해 일하고 계시지 않는다면, 우리의 절망에 어떤 도전도 없을 것이다. 그러나 만일 하나님께서 모든 자연 안에서 창조에 관한 말씀처럼 일하시고, 아직은 단우주인 다원적 다우주 안에서 일하시는 신적인 큰 분(MORE)이라면, 희망과 인간 책임을 위한 근거가 있을 것이다. 생태학을 위한 기독교교육은 지침을 위한 이런 안내의 도움을 받을 수 있다.

로우돈은 우리가 (1) 피조물의 필요를 무시했던 것에 대한 회개로부터 시작해야 한다고 제안한다. 이것은 환경을 위태롭게 만드는, 특별히 황폐화의 위험(원자력과 그 폐기물의 평화적인 사용조차도)을 초래하는 사람들로부터 태도와 행동의 변화를 이끌어 낼 수 있을 것이다. (2) 제 3세계 국가의 조건에 대한 특별한 주의와 함께 특수한 산업노동의 위험, 즉 노동 현장, 착취, 실직, 그리고 고통 안에서의 불의에 대한 청취, (3) 우리가 경제적인 부를 위해 의존하는, 그러나 환경을 지탱하기 위한 경제적인 비용 지출에 반대하는 대기업인 우리의 적들을 위해 기도하고, 이들을 사랑하기 위해 애쓰는 것, (4) 참여자들 사이에 통일을 이루고, 우리의 지혜를 일깨워 주는 의식에 참여하는 것. 이것은 우리의 생태학적 모험에 대한 긍정적이고 부정적인 관점을 일깨워 줄 축제, 시골 박람회, 세속적이고 종교적인 예전을 포함한다. (5) 다른 사람들, 특별히 평화유지군(Peace Corps), 교환 학생, 또는 국내외의 교회사역을 위한 자원봉사자로 참가하고 있는 사람들로부터 배우는 것. 범문화적 학습은 환경윤리에서 필수적이다. (6) 기회가 주어질 때 행동하기, 그리고 그런 기회를 모색하기. 이 점에 있어서 교회는 듣기는 하나 응답하지 않는 사람들을 위한 도피처가 아니다. 우리가 이런 사람들에 대한 반환경주의자들의 사주를 알고 있기 때문에 정치 경제적 행동에 참여할 필요가 있다. (7) 공익의 연구와 우리의 개인적 도덕성을 일치시키는 것. 예를 들어서 최근에 성생활을 위한 도덕적 표준을 연구하는 일이 교회를 타락시키고 있다. 해방신학은 억압받는 사람들, 무숙자와 굶는 사람들, 남미와 북아프리카 뿐 아니라 부유한 국가의 억압받는 사람들의 고통을 다루고 있다. (8) 창조세계에 이미 저질러진 것을 치료하기 위해 희생을 자원하는 것. 이제부터 우리의 결정은 고통, 쇠퇴, 그리고 불필요한 죽음에서의 비용을 다루어야 할 것이다. 우리는 특별히 혜택받고 있는 소수의 보다 낮은 기준의 생활비에서 경제 정치적 결정을 함으로써 올바른 결정으로 이런 결과를 피하도록 도울 수 있을 것이다. (9) 종교적 활동으로서 정의롭고 지탱할 수 있는 세계에 대한 봉사를 찾는 것. 역사와 대인적 관계 안에서 뿐만 아니라 자연세계 안에서도 일하시는 하나님에 대한 신앙은 새로운 형태의 평신도와 성직자의 사역을 안내해 줄 것이다. 여기서 이 사역은 평신도와 성직자들로 하여금 인간과 다른 동물들을 위한 지속적인 경험의 풍부함에로 이끌어 줄 창조성을 발휘하게 해줄 것이다. (10) 끝으로 피조물이 치료되었을 때 돌봐 주는 것, 그리고 하나님께 핵 폐기물을 제거하기 위해 여러 가지로 노력한 사람들에게, 또한 우리와 하나님이 함께 능동적인 행위자로 그 안에 참여하고 있는 지구와 우주를 오염시키는 것을 중단한 사람들에게 감사하는 것. 지구가 그 스스로를 치료하게 하는 갱신과 개혁의 징후가 있다.[66]

우리가 언급해 온 그런 신학에 적합한 기독교교육은 이 신학에서 유래한 교육이론과 실천으로 창조 보존을 지키도록 우리를 준비시켜 줄 것이다.

---

66. Anne Rowthorn, *Caring for Creation*(Wilton, Conn. : Morehouse, 1989), pp. 111–143.

집필자 소개

Mary C. Boys
콜롬비아 대학교에서 「종교와 교육」 전공으로 교육학 박사 학위
보스턴 대학에서 종교교육학 교수 역임
현재 뉴욕 유니온 신학교 실천신학(종교교육) 교수
저서 : *Biblical Interpretation in Religious Education*
Educating in Faith : Maps and Visions(1989)

Kenneth O. Gangel
현재 달라스 신학교 기독교교육학 교수 및 부총장
저서 : *Building Leaders for Church Education*
Christian Education : Its History and Philosophy(공저)
The Christian Educator's Hand-book(공저)

Helen Goggin
캐나다 장로교회 목사로서 19년간 교육목사로 사역

과정신학과 포스트모더니즘에 대해 집중연구
현재 캐나다 토론토 대학교 신학부와 녹스 대학(Knox College)에서 기독교교육학 교수

Elizabeth Dodson Gray
여성신학자
MIT, Williams College, Boston College, Antioch New England Graduate School에서 강의
하버드 대학교 신학부 내 신학교육 프로그램 조정자(Coordinator)
저서 : *Green Paradise Lost*(1979)
Patriarchy as a Conceptual Trap(1982)
Children of Joy : Raising Your Own Home-Grown Christian(1976)
Sacred Dimensions of Women's Experience(편저)

Mark Heath
성 루이스 버트랜드교회 담임목사 역임
La Salle University 와 Providence College에서 대학원 과정 종교교육 분야 director 역임
미국 종교교육협회(REA)와 종교교육 분야 교수 및 연구자 협의회(APRRE) 이사 역임
현재 Washington Permanent Deacon Formation Program의 신학 전임강사 및 Development of the Dominican House of Studies in Washington의 Director

Sara Little
예일 대학교에서 기독교교육 전공으로 철학박사 학위
PSCE와 Union Theological Seminary in Virginia에서 교수 역임

현재 PSCE와 Union 신학교 명예교수
최근 저서 : *To Set One's Heart : Belief and Teaching in the Church*(1983).

Randolph Crump Miller
Church Divinity School of the Pacific in Berkeley에서 교수 역임(1936-1952).
Yale University에서 기독교교육학 교수 역임(1952-1981)
Religious Education 학술지의 편집인(1958-1978)
현재 예일 대학교 명예교수
최근 저서 : *Empirical Theology : A Handbook*(1992)

Frank Rogers Jr.
현재 The School of Theology at Claremont 종교교육학 교수
시애틀 대학교와 프린스턴 신학교에서 강의
교회 청소년을 위한 사역 경력
최근 논문이 「종교교육」지(誌)에 발표

Daniel S. Schipani
프린스턴 신학교에서 기독교교육 전공으로 철학 박사 학위
현재 The Associated Mennonite Biblical Seminary에서 기독교교육학 교수
북 침례교 신학교에서 기독교교육과 목회상담 분야의 겸임교수 (Affiliate Professor)
저서 : *Conscientization and Creativity*
Religious Education Encounters Liber-ation Theology
Freedom and Discipleship

Grant S. Shockley

Gammon Theological Seminary, Garrett Theological Seminary, Candler School of Theology, Duke University 등에서 교수 역임
The Interdenominational Center in Atlanta 회장 역임(1975-1979)
Philander Smith College 학장 역임(1979-1983)
현재 Duke 대학교 신학부 기독교교육학 명예교수

Jerry H. Stone

현재 Illinois Wesleyan University 종교교육학 교수
저서 : *Soundings : An Interdisciplinary Journal, Christian Century*
Legal Hermeneutics : History, Theory, and Practice
*Harper's Encyclopedia of Religious Education*에 집필 기고

Christy Sullivan

현재 Dallas Theological Seminary에서 기독교교육 교수 겸 External Studies의 Director

Constance J. Tarasar

현재 세계교회협의회(WCC) "신앙과 직제" 분과 회원이면서 미국 NCC "신앙과 직제" 분과 부책임자
동유럽 지역 정교회 자문위원
미국 정교회 교육 담당부의 조정자(Coordinator)
St. Vladimir's Orthodox Seminary에서 종교교육 강사
어린이와 성인을 위한 종교교육에 관한 많은 논문과 저서 있음.

David F. White

알래스카 선교사
연합감리교육 커리큘럼 집필 참여
현재 The School of Theology in Claremont에서 기독교교육 전공 Ph.D. candidate로서 "Youth Ministry Models" 개발에 Mary Elizabeth Moore 교수와 함께 집중 연구 중이다.

기독교교육학 전문연구도서 ①
기독교 종교교육과 신학

초판발행　1998년 8월 10일
3쇄발행　2013년 7월 25일

지은이　랜돌프 C. 밀러
옮긴이　고용수, 박봉수
펴낸이　채형욱
펴낸곳　한국장로교출판사
주　　소　110-470 / 서울 종로구 연지동 135 한국교회100주년기념관 별관
전　　화　(02) 741-4381 / 팩스 741-7886
영 업 국　(031) 944-4340 / 팩스 944-2623
등　　록　No. 1-84(1951. 8. 3.)

ISBN 978-89-398-0418-0 / Printed in Korea
값　30,000원

편 집 장　정현선
업무차장　박호애　　**영업차장**　박창원

※ 이 출판물은 저작권법에 의해 보호를 받는 저작물이므로 무단전재와 무단복제를 할 수 없습니다.